宋代儒宗歐陽修

黃篤書 編著

臺灣商務印書館發行

神宗熙寧五年八月丁亥十一日贈太子太師

歐陽某以文章革浮靡之風，以道德鎮流競之俗。挺節彊毅而不撓，當官明辨而莫奪。三世寵榮，一德端亮。朕方將圖任舊老，疇咨蕭乂。而雅志沖邈，必期退休。未閱數月，章踰十上。在大義難盡其力，茲勤請所以不違。謂其脱去人間之累，當饗期頤之壽。天遽殲奪，曾靡憖遺。覽奏之日，爲之不能臨朝。儲坊六傅，師爲長首，可特贈太子太師。

神宗熙寧七年八月謚文忠

謚誥

省司準勑定謚。據本家發到故推誠保德崇仁翊戴功臣觀文殿學士特進太子少師致仕上柱國樂安郡開國公，食邑四千三百戶，食實封一千二百戶，贈太子太師歐陽某行狀。依例牒太常禮院擬謚。今準回牒，連到議狀。謚曰文忠。

宣德郎守太常丞充集賢校理同知太常禮院李清臣

太子太師歐陽公歸老於其家，以疾不起。將葬，行狀上尚書省，移太常請謚。太常合議曰：公維聖宋賢臣，一世學者之所師法。明於道德，見於文章。究覽六經羣史，諸子百氏。馳騁貫穿，述作數十百萬言，以傳先王之遺意。其文卓然，自成一家。比司馬遷、揚雄、韓愈，無所不及而有過之者。方天下溺於末習，爲章句聲律之時。聞公之風，一變爲古文。咸知趨尚根本，使朝廷文明不愧於三代漢唐者。太師之功，於教化治道爲最多。如太師眞可謂文矣！博士李清臣得其議，則閱讀行狀，考按謚法。曰唐韓愈、李翺、權德輿、孫逖、本朝楊億，皆謚文。太師固宜以文謚。吏持衆議白太常官長。官長有曰：文則信然，不復易也。然公平生好諫諍，當加獻爲文獻。無已，則加忠爲文忠。衆相視曰：其如何？則又合言曰：忠亦太師之大節。太師嘗參天下政事，進言仁宗。乞早下詔立皇子，使有明名定分以安人心。及英宗繼體，今上即皇帝位，兩預定策翊戴有安社稷功。和裕內外，周旋兩宮間，迄於英宗之視政。蓋太師天性正直，心誠洞達明白無所欺隱。不肯曲意順俗，以自求便安。好論列是非，分別賢不肖。不避人之怨誹狙嫉，忘身履危，以爲朝廷立事。按謚法：道德博聞曰文。廉方公正曰忠。加忠以麗文，宜爲當。衆以狀授清臣爲論議。清臣曰：不改於文而傅之以忠，議者之盡也，清臣其敢不從。遂謚文忠。謹議。

朝奉郎，守尚書工部郎中，充秘閣校理、直舍人院兼同修起居注權判吏部流內銓、騎都尉、賜緋魚袋錢藻。宣德郎、守尚書刑部員外郎、充集賢校理兼同修起居注、權同判吏部流內銓、騎都尉、賜緋魚袋竇卞。伏準太常禮院論議如前。

天下文物，繁盛之極。學士大夫競夫鎪刻組繪，日益靡靡。以汩沒於倬詭魁殊之説，而不復知淳古之爲正也。於是時，天下曰是，太師曰非。天下以爲韙，太師以爲陋學士。大夫磨牙淬爪，爭相出力以致之危害。太師不之顧曰：我道，堯舜也。我言，孔子、孟軻也。而天下不我從，將焉往！然卒由太師而一歸於醇正。故仁義之言，其華曄然獨耀灼乎一代之盛，遠出二京之上。嗚虖爀哉！大丈夫束帶立夫人之朝，所以大過人者，大節立焉。不齪齪小節以求曲全，可也。怫衆慮，彊君以難，是爲大節。不徇世俗之論，而先識以制未形，是爲大節。

太師當嘉祐之間，協議建儲正名，挈天下之疑而泮之，萬世因而若維太山而安不危，斯之謂大節。謚法：道德博聞曰文。廉方公正曰忠。生平論譔文章，務明堯、舜、孔、孟之教於已壞之後，可謂道德博聞矣。排左右持祿取容之慮，特建萬世無窮之策。而自不以爲功，可謂廉方公正矣。太常易名曰文忠。庶乎天下有以知公議之不能泯也。省司準例於都亭驛集合省官同參詳，皆協令式，請有司準例施行。謹詳定訖。遂具狀中書門下取裁。奉宰臣判準申謹具狀奏聞。伏候勅旨。

尚書都省。宋故推誠保德崇仁翊戴功臣觀文殿學士特進太子少師致仕上柱國樂安郡開國公。食邑四千三百戶，食實封一千二百戶，贈太子太師歐陽脩。謚曰文忠。

四朝國史本傳 淳熙間進

……史臣曰：由三代以降，薄乎秦漢。文章雖與時盛衰，而藹如其言，曄如其光，皦如其音，蓋均有先王之遺烈。涉晉、魏而弊。至唐，韓愈氏而復起。唐之文，涉五季而弊。至修復起，闕百川之頹波，導之東注。斯文正傳，追步前古。匹夫而爲百世師，一言而爲天下法，此兩人足以當之。愈不極於用，修用矣而不極其至。然國朝文風，彬彬至今。修之功，學士大夫相與尸而祝之。可也。

自序

我於一九九五年四月至一九九八年二月，先後出版「千古奇才蘇東坡全傳」及「江夏無雙黃山谷全傳」兩部約一百餘萬言之後，旋於二〇〇四年十月，又完成「宋代儒宗歐陽修」約六十餘萬言付梓。使我對於發揚歐陽、蘇、黃三位先賢之志節風範於世界的心願，終於完成。至感欣慰。

歐陽先生名修，字永叔，自號醉翁，又號六一居士。四歲而孤，全賴賢母鄭氏太夫人守節自誓，親教讀書為文。撫育誨勉，終成大器。報效國家，倚為棟樑。世稱畫荻教子之賢母者，即引歐母以為喻。不幸於神宗熙寧五年閏七月庚午二十三日，病逝於汝陰私第，壽終正寢，享年六十有六。

朝廷贈太子太師。制詞云：

歐陽某以文章戒浮靡之風，道德鎮流競之俗。挺節彊毅而不撓，當官明辨而莫奪。三世寵榮，一德端亮……。

熙寧七年甲寅八月，謚「文忠」。明世宗嘉端九年，進入文廟，從祀孔子，稱先儒歐陽子。

先生學問道德，偉大人格，崇高思想，率皆繼承聖聖相傳之道統而發揚光大。其公忠體國之情操，濟世牖民之襟懷，孝悌忠信之懇摯，識拔人才之器度，浩然正氣所顯示有所爲有所不爲之志節，無我無私之大無畏精神，勇於擔當之魄力，百折不撓之特立獨行，在在堪爲現代有志之士的式範。希望大家見賢思齊，以期導正極端個人功利主義之不良風尙。是所企禱！

綜觀史冊流傳昔賢之讚言，允稱蓋棺定論之公評，可爲千秋萬世所欽頌。茲摘錄當代賢士之評論三則，藉悉儒宗之因由：

一、先生知友當代宰相韓琦云：

……公之文章，獨步當世。……復古之功，在時莫二。公雖云亡，其傳益貴。……公之諫諍，務傾大忠。……於穆仁廟，誠推至公。……二十年間，由公變風。公之功業，其大可記。屢殿藩垣，所至懷惠。嘗尹京邑，沛有餘地。早踐西掖，晚當內制。凡厥代言，莫謨之懿。凡厥出令，風雷其勢。三代炳焉，公辭無媿。樞幄猷爲，台衡弼貳。撫御四夷，兵戈不試。整齊百度，官師咸治。服勞一心，定策二帝。中外以安，神人胥慰。不校讒言，懇求去位。見之進退，遠邁前賢。合既不苟，高惟戒顚。身雖公輔，志則林泉……。

二、曾蒙先生薦舉之當代宰相王安石云：

……公生有聞於當時，死有傳於後世。……如公器質之深厚，智識之高遠，而輔以學術之精微。故形於文章，見於議論。豪健俊偉，怪巧瑰琦。其積於中者，浩如江河之停蓄。其發於外者，爛如日星之光輝。其清音幽韻，淒如飄風急雨之驟至。其雄辭閎辯，快如輕車駿馬之奔馳。世之學者，無問乎識與不識，而讀其文，則其人可知。……既壓復起，遂顯於世。果敢之氣，剛正之節，至晚而不衰……。

三、得意門人蘇軾號東坡居士云：

……歐陽子，其學推韓愈、孟子，以達於孔氏。著禮樂仁義之實，以合於大道。其言簡而明，信而通。引物連類，折之於至理，以服人心，故天下翕然師尊之。自歐陽子之存，世之不說者，譁而攻之，能折困其身而不能屈其言。士無賢不肖，不謀而同曰：歐陽子今之韓愈也。……自歐陽子出，天下爭自濯磨。以通今學古爲高，以救時行道爲賢，以犯顏納說爲忠。長育成就，至嘉祐末，號稱多士，歐陽子之功爲多……。

本書之成，全賴堅定意志與信心。我雖八秩之年，尚幸身體粗健，精神愉快。時間充裕，眼明手快。既無俗務煩擾，更荷賢內助鼓勵協助，以及先後完成蘇、黃二公全傳之體會，故能順利脫稿付梓。

至於知我愛我諸友好多方鼓勵指教，隆情厚誼，銘誌弗忘。謹此致謝。

二〇〇四年十月十七日八閩梅溪龍峰居士黃篤書於台灣台北市梅廬

目次

宋代儒宗歐陽修

第一章　時代背景與家世

第一節　時代背景

古今中外，每一時代，每一國家，當其治亂興亡之際，皆有聖哲賢豪之輩，出現於世，肩負旋乾轉坤，開創新局的重責大任。文治武功，實爲主導國運盛衰的關鍵，影響最爲深遠，而仁厚道德，更爲移風易俗的根本。

宋代自太祖乘周世宗駕崩傳位幼主之際，因陳橋兵變，黃袍加身而即帝位。然其立國之規模，實基於周世宗在位六年，雄圖大略，先服南唐，以絕後顧，次討契丹，以摧其銳之苦心力征經營所創立的宏遠大計。惜天不假年，幼主無法應付變局，以致被迫禪讓易祚。太祖素爲世宗親信，擢爲禁軍之長的一位殿前都點檢，時勢所趨，遂登大位。確能一本忠恕之道，仁厚道德之心，嚴禁殺害皇室，善待柴氏子孫（世宗柴氏），並恪遵世宗未完成統一大業的遺志。是故，蘇洵（老泉）稱頌其爲：「聖人出，四海平一。」歷史評價甚高。太祖神武英勇，智略超群，奮發圖强，夙夜匪懈。就當時形勢而言，內有禁軍跋扈的習氣，藩鎭擅權的陰影，以及北漢、西蜀未定之憂；外有契丹、西夏之患。而外患尙未迫於眉睫，權衡輕重，乃決定先行安內，再求攘外。爲免重蹈覆轍，更確定以文治爲基本國策。採君主專制的中央集權制，以文官爲各路軍政首長。嚴格規定不能掌握軍權、人事、及財政權，一切聽命行事。以爲心腹禍患，永遠根除。然而，天下事有利必有弊。況國家大事，更因時代環境不同，創業與守成者的心志與氣勢亦異。其用人行政，顯然有別。功能成效，不可同日而語。舉凡良好的政策制度，無法墨守成規。必須順應潮流，針對人民的需要，適時予以修正遵行，庶幾相傳久遠。茲就安內攘外兩方面，簡述如次。

其一、安內方面

先以軍權而言。太祖運用智略，以杯酒釋去陳橋之役石守道等六大將的兵權，分別以資淺者代之。而各路的宣撫經略使以及各地知軍州事知府事，皆次第由文臣出任，委以掌兵統帥御衆的重責。並行更戍法，即中央及各地所配置的禁軍，輪番更戍，使無固定將帥。旨在使將不得專其兵，兵亦不得向心於其將。尤其統軍之責，又分爲三：樞密司，專負調遣；殿前侍衛司，專責訓練；帥臣名爲統帥。實則三者分立，各不統屬。一旦有警，無法應變發揮戰力。此對擁兵自重，時迫易主之禍，雖可消弭於無形。然影響後代積弱之漸，應爲始料未及的重大弊害。以致邊患無窮，國將不保。

再以人事、財賦來說。朝廷爲政治中心，指揮樞紐。人才薈萃，賢奸俱有。其所顯示政治之隆污，財賦之盈虧，關係士氣民心，至深且鉅。自改官制，矯枉過正。地方行政窳敗，監司官不能盡職。朝廷素以京官爲重，又爲某種考慮，常將節度使留於京城，不以赴鎮。而觀察、團練、防禦、刺史，皆無職任，只不過作爲武官遷轉之階。但凡宰執大臣忤旨或請郡外任，則以出典外州，謂之知某州軍州事。軍謂兵，州謂民。其於府軍監亦然，美其名爲差遣，實則即是貶謫遷徙而已。至於各府州軍監，皆有本任官。多已授職，卻不令赴任，謂之寄祿官，名實皆不相符。尤其諸州通判，皆可簽書公事專摺上達。宋設通判，原以牽制武臣。節度使既不赴鎮，各軍州守，又以文臣委任，則通判如與軍州守意見不合，豈非徒增掣肘？相沿既久，問題叢生。另諸路監司官，計有帥、漕、憲、倉四種，作爲中央與地方的橋樑。安撫使爲帥臣，總攬軍民之政；都轉運使爲漕臣，總攬財賦漕運兼察吏之權；憲司提點刑獄；倉官則提點常平（即常平倉與義倉相類）。但朝廷常有以宰執大臣遷徙爲軍州守者，則監司官多所顧忌。處在專制獨裁時代，根本沒有人權可言。內自宰執大臣，外至封疆帥吏，軍州守令，只要一時不慎違逆上意，或遭小人誣陷，疏於察問。就會無緣無故地被捕，以疑似罪名受審。不明不白地貶謫，忽又糊裡糊塗地詔復原職。簡直形同兒戲，難以理喻。

不僅傷害人權，破壞朝廷人事正常運作。更使賢者寒心，小人得意。此一陋習，有宋一代，愈演愈烈。此即重在中央，輕視地方，官制紊亂，人事權責不分，行政效率低落。久而形成地方軍州守令無能爲力，除少數幹練有爲的儒士在其權責範圍之內，敢於認眞負責爲民服務外。多是敷衍塞責，得過且過，好官我自爲之的可悲現象。其影響民心士氣，莫此爲甚。

又如財賦的徵收，皆由中央命官統籌徵收全國各地財賦，地方政府不得留用。初期，國庫充盈。但經幾次用兵討伐，兵額激增，運輸頻繁，軍費浩大，頓感籌措維艱。而朝廷冗官充斥，俸祿浮濫，各種恩賞優厚。且因西北長期重兵困守，以及遼、夏和議，歲幣支出等，日見加重。迨至仁宗末年，呈現國庫空虛，財用匱乏狀況。更爲神宗起用王安石變法，倡以理財爲先之議得行，嚴重影響後來一再紹述新法的悲慘黨禍。

其二、攘外方面

宋代以北遼（契丹）、西夏之爲患，最感威脅。茲摘要簡述其運用外交與武力概況如次：

宋初與遼的關係，溯自太祖開寶七年（九七四）甲戌冬，許遼講和。八年春，遼使來聘，自是至太宗太平興國三年（九七八）戊寅，兩國於正旦、生辰、國恤，皆互相通使。太宗即位，時已削平諸國，獨北漢未下，因有遼國爲之後援。太宗太平興國四年（九七九）己卯正月，決伐北漢，遼使來問興師之故。太宗曰：「河東逆命，所當問罪。若北朝不援，和約如舊，不然則戰。」兩國和約破裂。未幾，遼命將來援北漢，宋兵與戰於白馬嶺，大破之。五月，宋滅北漢，遼不能救，太宗乃乘勝北征，以爲收復幽燕之計。

太宗先後兩次征遼，皆無功而返，尤以第一次親征，僅以身免。據宋史本紀載：「太平興國四年（九七九）七月癸未，帝督諸將與契丹戰於高梁河，敗績，甲申班師。」但遼史則云：「耶律休哥橫擊宋兵於高梁河，大敗之，太宗僅以身免，至涿州，乘驢車逸去。」兩相參照，即可概見。第二次爲雍熙三年（九八六）丙戌三月，知雄州賀令圖上言，遼釁可乘，乃分四路出兵，以佀燕雲，主力仍敗於遼將耶律休哥。宋軍經此兩次戰役，精銳損失慘重，北征之勢受阻，但兩國的釁端，遂難遏戢。

眞宗景德元年（一○○四）甲辰冬，宋於澶淵（今名澶淵陂）以待遼軍輕騎越千里南下。糧運不繼，人馬俱乏之時，倘若發動攻擊，定可主宰戰場。誠如寧邊軍都部署楊延昭建言：「契丹屯兵澶淵，去北境千里。人馬俱乏，雖衆易敗。凡有剽掠，率在馬上。願飭諸軍，扼其要路，衆可殲焉。即幽、易數州，可襲而取①。」似此勝算在握有所作爲的戰略優勢，不加運用，竟然棄戰言和。由於眞宗膽怯，并受小人包圍。不聽宰相寇準力戰之議，不用守將楊延昭制勝之策。而寇準亦因會有讒言幸兵以自取重者，不得已乃許其成，遂遣閣門祗候曹利用與契丹軍議歲幣。帝曰：「必不得已，雖百萬亦可。」準聞之，召利用至幄，謂

① 宋史楊業傳附子延昭事。

曰：「雖有敕旨，汝所許過三十萬，吾斬汝矣！」利用至契丹軍，竟以「銀十萬兩，絹二十萬匹，成約而還。」契丹遣其閤門使丁振持誓書來，乃以「兄禮事帝，引兵北歸②。」此役功敗垂成，致貽無窮後患。「澶淵之盟」實爲放棄主動優勢而屈就所訂的不平等條約，雖能得到外患暫時的平靜。然而，內則建國以來，連年征戰，民生凋敝，國庫空虛。朝廷爲求挹注，對於財政措施，除各種賦稅外，多巧立名目，增加各種苛捐雜稅。以致人民生活，益增艱困。

宋取天下，以迄統一，但無力恢復燕雲十六州，另加平、營、易三州，實應爲十九州，仍與契丹成南北對峙之勢。而西夏的崛起，益增西顧之憂。宋代國勢雖非强盛，然人才之衆，道德仁義之風，足多稱頌。揆其緣由，實自太祖方取帝位之際，嚴禁部屬：「公卿不得侵陵，朝市府庫不得侵掠。」軍紀嚴肅，深得朝野士庶歸心。然後修文偃武，仁厚治國。寬柔御衆，重視法律。不嗜殺人，尤其禁殺士大夫。屢臨曲阜，謁孔子祠，拜其墓。詔令各地官府增葺祠宇，塑繪先聖先賢像，自爲贊書於孔、顏座端。令群臣分撰餘贊，并監令武臣讀書，使知爲治之道。上行下效，蔚爲風尙，由是臣庶始貴文學③。足見天理之在人心，自有

② 宋陳師道後山談叢卷一、邵伯溫聞見錄卷一、文淵閣四庫全書宋史全文元不著撰人（以下略）三三〇冊編年類卷五、清、吳楚村綱鑑易知錄卷六十六、清、畢沅續資治通鑑卷二十五。
③ 宋史全文三三〇冊卷五、綱鑑易知錄卷六十四至六十六，續資治通鑑卷二。

不可得而泯沒者。宋代三百年基業，其精神命脈，皆本於此。太祖、太宗朝儒道振興。自澶淵之盟後，宋、遼兩國和好逾百餘年。導致眞宗、仁宗、英宗各朝，朝局穩定。尤其眞宗在位二十五年，仁宗在位四十一年，力求施行仁政。上下一心，國泰民安。人才輩出，良相賢臣可以媲美漢、唐盛世的規模。然因邊警頻傳，朝廷爲鞏固國防，遂於西北邊境佈置重兵防備。考西夏之爲患，始於太宗時的李繼盛，次以仁宗時的趙元昊，叛服無常。致對邊陲用兵，斷續將近六十年。最後賂以重幣，始獲得名義上的臣附。是則西夏的禍患，尤甚於契丹。

宋代北有強大的契丹（遼），西北有善變的西夏，實深感受兩大外族的侵擾爲最大禍患。而宋室始終未能收復其地，致無法完成統一全國的大業。檢討原因，固爲宋室國力，迄未強盛。然而遼與西夏相結盟，互爲犄角之勢，應是主要因素。蓋西夏與遼的關係，大異於宋。夏之於宋，名爲臣屬，實爲敵國。至其與遼則有二重關係：一爲宗屬之國，自李繼遷降遼之後，累世受遼冊封；二爲甥舅之國，遼之宗女，嫁於夏王室者凡三次。關於遼與西夏的狀況，概述如次。

遼，其先爲契丹，崛起於松源，史稱契丹或遼。梁太祖開平元年（九〇七）丁卯，耶律阿保機即汗位，受代九年。用漢人謀，第十年不復受代。建元神冊，其後改國號遼稱遼太祖始強大。後唐明宗天成元年（九二六）丙戌，阿保機死，其次子德光嗣位，是爲遼太宗。採漢人之議，試用以華治華，以夷制華二策，以制中國。據有今遼、吉、黑、熱、察、綏諸省，及河北、山西二省之北部與大漠以北之地，後滅於金。

西夏，亦稱大夏。其先爲黨項羌，姓拓跋氏名思恭者於唐末討黃巢有功，賜姓李，世爲夏州節度使。至宋賜姓趙。宋仁宗寶元元年（一〇三八）戊寅，元昊稱帝，國號大夏，史稱西夏。據有十四州，今綏遠省境內鄂爾多斯、寧夏省境內阿拉善、及甘肅省西北部皆其地，後滅於元。

英宗在位不到四年，時間短暫。承襲祖宗制度，狀似治平。但積弱已久，政府組織鬆弛。官僚作祟，政治無從振作。重大缺失，日見增多。財政短絀，更爲嚴重。

迨至神宗，經過一百餘年君權至上的專制統治。其間政治隆污，國勢强弱。內憂外患，交相乘除，實已到了必須痛下決心實行全國改革的時候。

處在這樣內外形勢極端險惡的環境中，年富力强的神宗，雖勵志於富國强兵之道，亟欲有所作爲。無奈滿朝大臣，果敢有爲者少，樂於苟安者多，自然形成保守作風。民心士氣，萎靡不振。神宗憂患意識日深，大有無法施展的困擾。旋即起用素有盛譽的王安石，實行變法。君臣遇合，如魚得水。惟新法推行，毀多於譽。新舊勢力，衝突極大。人爲因素，引發不斷黨爭。因果循環，此消彼長，以致產生極爲嚴重的負面影響。

若論宋代以文治國的基本國策，允稱良善。太祖、太宗之世。禁旅節鎭帥臣，各州長吏，未嘗不因時制宜。文武並用，適才適所。各盡其能，發揮所長，故能安內攘外。但自眞宗以後，墨守祖宗成法，不能因時制宜。更因北有强大遼軍的威脅，西北有善變西夏的侵擾。尤其眞宗澶淵之役，怯戰議和。仁宗又絀於謀夏，士氣民心渙散，以致形成內外積弱之勢④。據綱鑑易知錄中所載陳、張二士人之言，足證史實之可鑑。

其一、陳瓘曰：當時若無寇準，天下分爲南北矣！向行其言盡用，不惟無慶曆（仁宗）之悔，亦無靖康（欽宗）之禍矣！

其二、雲間張氏曰：謝安以奕棋而敗苻堅投鞭斷流之衆，寇準以飲博而喪契丹傾國入寇之師，同一矯情鎭物也，厥功偉矣！夫何晉、宋之君，一以偷安江左爲念，一以畏懼戎狄爲心。不能長慮，卻顧而狃於目前之見，所謂見小利則大事不成是也。使能乘勝於風聲鶴唳之餘，決戰於士卒歡呼之頃。立定厥功，以克永世。豈致篡竊相仍，而子孫被俘哉！晉之孝武、宋之眞宗，其失一也。

綜上所述，宋自五代長期戰亂之後建國，一般人士，並不喜歡讀書。此時，忽然需要許多文官，作爲全國各地封疆帥吏及各軍州守令，自然倍感困難。因此，朝廷竭力倡導讀書風氣，藉以廣開文人仕進的途徑。

太祖既定以文治國，則首要急務。而爲選拔人才，以爲國用。開寶元年（九六八）戊辰三月，進士殿試後發現弊端，立即下詔曰：「造士之選，匪樹私恩。世祿之家，宜敦素業。如聞黨與，頗容竊吹。文衡公器，豈宜斯濫。自今舉人，凡關食祿之家。委禮部具析以聞，

④ 宋史全文三三〇冊卷一至五，綱鑑易知錄卷六十四至六十六續資治通鑑卷二至二十五、遼史本紀。

當令覆試。」開寶六年（九七三）癸酉三月，新及第進士，亦有不公情事。太祖爲求慎重，乃令貢院登錄終場下第者及已舉者姓名。親御講武殿，各賜紙扎，別試詩賦，得進士諸科一百二十七人，皆賜及第。又賜錢二十萬，以張宴會，殿試遂爲常式。太平興國元年（九七六）丙子，太宗初即位，以疆宇至遠，吏員益衆。思廣振淹滯，以資其闕。顧對侍臣說：「朕欲博求俊彥於科場中，非敢望拔十得五，止得一二，亦可爲政治之具矣！」三月戊辰，太宗御講武殿（後易名爲文德殿）內出詩賦題，覆試進士諸科得一百零九人，庚午覆試諸科得二百零七人，並賜及第。另賜進士，賜同三傳出身者合爲五百人。皆先賜祿袍鞾笏，賜宴開寶寺，太宗並自爲詩二章賜之。雍熙二年（九八五）乙酉三月，試進士梁顥以下有宰相李昉之子，參知政事呂蒙正之從弟等四人。太宗謂：「此並勢家，與孤寒競進。縱以藝升，人亦謂朕爲有私也。」於是四人俱落選。由此可以想見當時太宗求才之誠，進士的嚴格與無私。然因君權至上，賜進士出身者衆多。例如後來哲宗元祐三年一科，據參詳官黃庭堅（魯直）統計：應試舉人總數爲四千七百三十二人，上奏禮部中試的進士爲五百人，錄取額約爲十分之一。然而，殿試賜進士出身的即達一千一百二十二人之多，竟超出正式考中名額一倍以上。致造成極端浮濫的怪異現象，自非始料所及⑤。

宋代建國初期，貢舉之法，雖無定期。然朝廷網羅人才的殷切，科場選拔的公正認眞，

---

⑤ 宋史三一四冊續資治通鑑長編卷九至十二、宋史全文三三〇冊卷二三、綱鑑易知錄卷六十四、六十五。

禮遇的隆重，以及一舉成名天下知。立即成爲第一等士大夫的榮耀，實爲鼓舞天下士子十載寒窗苦讀的最大希望。經過多年的努力，奠定殿試、覆試與三年貢舉制度。不僅培養成全國各地的讀書風氣，同時亦改變了武人專橫跋扈的積弊，開創一個嶄新的文治局面。蘇洵（老泉）在其所作「族譜後錄下篇」中，對於此種教化洋溢與風俗變改的成就，至表稱許。至於應如何始能發揮其最好的功能，則全賴在位執政者的睿智公正。高瞻遠矚，胸襟開闊。集思廣益以設計一套適應時代的需求，適合國情的完整教育制度。庶幾振奮民心，奠定國本。古今中外，無論任何體制，都是人本政治。制度再好，倘若不知人善任忠貞幹練的人才去實行，一切還是會落空的。

迨至眞宗年間，朝野漸趨於安樂，更由於身居要職主持文壇的楊億、劉筠等經常酬對，皆以詩文唱和爲樂。且多以李商隱爲依歸，專門效法侈靡雅麗，浮艷雕刻爲能事。經過楊億整理，編成「西崑酬唱集」，故有「西崑體」的流行。時人欲求仕進，必須熟讀此類詩文，透過科舉的洗禮，才有希望宦途的順利發展。有識之士，深感憂心。所幸朝廷亦覺事態嚴重，遂於眞宗大中祥符二年（一〇〇九）己酉正月十四日，下詔嚴譴讀非聖之書及屬辭浮靡者，庶復古風。如云：「近代以來，屬辭多弊。侈靡滋甚，浮艷相高。忘祖述之大猷，競雕刻之小巧。……今後屬文之事，有辭涉浮華，玷於名教者。必加朝典，庶復古風。」

大中祥符九年（一〇一六）丙辰，先生時年十歲，於隨州州南大姓李氏之子堯輔家弊筐所貯故書中，得破漏韓愈文卷，讀而愛之。由是啓發其明道致用的復古思想。

仁宗天聖三年（一〇二五）乙丑，范仲淹上表奏請改革時弊，內含文風的改革。天聖七年（一〇二九）己巳，仁宗詔斥文士著作，多涉浮華。先生時年二十三歲，從翰林學士胥偃在京城，應試國子監爲第一，補廣文館生。秋，赴國學解試，又第一。翌年，進士及第，後補西京留守推官，得與尹洙（師魯）、梅堯臣（聖俞）等幕府名士，交同莫逆。相與作古文，唱和以詩歌，遂以文章名天下。後來，先生終於繼孟軻、韓愈之後，成爲宋代儒宗大賢，流芳千古！

第二節　家世

先生姓歐陽，名修，字永叔，自號醉翁，晚號六一居士。宋江西廬陵（今江西永豐縣）人。眞宗景德四年（一〇〇七）丁未六月二十一日寅時出生於綿州（今四川綿陽市）。神宗熙寧五年（一〇七二）壬子閏七月二十三日（庚午）病逝於潁州（今安徽阜陽）私第正寢，享年六十有六。八月十一日（丁亥），贈太子少師。熙寧七年（一〇七四）甲寅八月謚「文忠」。熙寧八年（一〇七五）乙卯九月二十六日（乙酉）賜葬於開封府新鄭縣旌賢鄉（今河南鄭州市新鄭縣歐陽寺村）。元豐三年（一〇八〇）庚申十二月，贈太尉。元豐八年（一〇八五）乙丑十一月，贈太師，追封康國公。哲宗、徽宗先後追封兗國公及楚國公。明世宗嘉靖九年（一五三〇），從祀文廟。

廬陵，舊縣名，漢置，三國吳改名高昌爲廬陵郡治。晉移治石陽，隨又改石陽曰廬陵。唐還故治，宋廢，在江西吉水縣東北。按先生自謂：「仁宗至和二年（一〇五五）分吉水置永豐縣，而沙溪分屬永豐。」今年譜雖稱廬陵，而實爲吉州永豐人。

宋周密（必大）題方季申所刻歐陽文忠古跋中有云：「廬陵公之父母邦。……毋乃謂公生於綿，長於隨（今湖北隨縣），仕於朝，家於潁（今安徽阜陽）。雖中間葬母一至永豐……。」又歐陽守道在書普樽齋過六一祠堂詩中云：「吾家六一翁，生於綿，長於隨。鄉貢後貫開封，仕官於朝，於京、洛、淮、楚、三河。老於潁，薨葬於開封……。」

先生之祖先，源遠流長。茲摘錄先生所撰「歐陽氏譜圖序」中所云，當知其來有自。如云：

歐陽氏之先，本出於夏禹之苗裔。自帝少康封其庶子於會稽，使守禹祀。歷夏、商、周，以世相傳，至於允常，子曰勾踐，是爲越王。傳五世至王無疆，爲楚威王所滅。其諸族子，分散爭立，皆受封於楚。而無疆之子蹄，封於烏程歐餘山之陽，爲歐陽亭侯。其後子孫，遂以爲氏……。

先生九世祖萬爲吉州安福令，其後世或居安福，或居廬陵，或居吉水，而他的皇祖始居沙溪。

曾祖父名郴，字可封，仕南唐爲武昌令、吉州軍事推官、至檢校右散騎常侍兼御史大夫。性至孝，兄弟相友愛，享年九十有四。累封金紫光祿大夫、太師中書令。曾祖母劉氏，累封楚國太夫人。

祖父名偃，少以文學著稱南唐，恥從進士舉。乃詣文理院上書，獻其所爲文十餘萬言。召試，爲南京街院判官。享年三十有八，葬於吉水之回陂。累封金紫光祿大夫、太師中書令兼尚書令。祖母李氏，累封吳國太夫人。

父親名觀，字仲賓，少孤力學，眞宗咸平三年進士及第。天性仁孝，胸襟闊達。一生淡泊名利，好賓客，樂善好施。居官決獄，主於平恕哀矜。奉公守法，廉潔自持。俸祿雖薄，常不使有餘。每言勿以是爲累，是一位君子型的儒臣。生二子，昞、修，女一。歷官道州判官，泗、綿二州推官、泰州（今江蘇泰州市）判官，病逝於官所，享年五十有九，翌年，葬吉水縣瀧岡（今江西永豐縣鳳凰山）。贈金紫光祿大夫、太師中書令兼尚書令、封鄭國公。

母親名德儀，爲江南名族，賢慧端淑，四德俱全，恭儉仁愛而有禮。父親病逝之時，先生年僅四歲。父親一生清廉，竟無一瓦之覆，一壟之植，以庇而爲生。處在這樣客居悲慘的境遇下，二十九歲的寡母只好茹苦含辛地攜帶稚齡的兒子，遠赴隨州（今湖北隨縣）去投奔時任隨州推官的叔父曄，字日華。然而，叔父雖一再職務調動，家境貧困，然仍盡力照顧孤兒寡母的生活，對於孤兒的長養教育，克盡心力。此在先生所作「祭叔父文」中有云：「使修哭不及喪而葬不臨穴。孩童孤艱，哺養提挈。昊天之報，于義何闕。惟其報者，庶幾大節。」及「尚書都官員外郎歐陽公墓誌銘」中亦云：「嘗奉太夫人之敎曰：爾欲識爾父乎？視爾叔父，其狀貌起居言笑，皆爾父也。修雖幼，已能知太夫人之言爲悲，而叔父之爲親也。……其長養教育之恩，既不可報，而至於狀貌起居言笑之可思慕者，皆不得而見焉矣！惟勉而紀吾叔父之可傳於世者，庶以盡修之志焉。」至於撫孤教養，自力於衣食。全賴母親對父親「心厚於仁者必有後」的堅定信念，以及傳統婦人「望子成龍」的至誠希望所激發之大無畏精神。守節自誓，刻苦持家。以長以教，以至於成。鄭太夫人堪稱媲美孟母，終於見子身名皆顯。而太夫人亦壽考康寧，子孫滿堂。此即仁厚積德之報，青史留名，足資矜式。仁宗皇祐四年（一〇五二）壬辰三月十七日（壬戌）病逝於南京官舍內寢，享年七十有二，累封韓國太夫人。先生時任龍圖閣直學士尚書吏部郎中留守南京，即歸葬母親於吉州瀧岡與先君合葬，然後回潁州，守制終喪。

兄弟二人，兄昞，字晦叔。他在滁州謝上表中說：「同母之親，惟有一妹。」並在祭皇妣太夫人江文中又說：「遺兄之子嗣立以告。」足見兄昞爲前母所生。先生對於其兄慷慨有大志，讀史能識盛衰之變化。只因不合於時，困於位卑，致終老無所用。曾在「游儵亭記」中，懇切表達關心手足之情懷。

妹一（生卒年齡不詳），適張龜正，無子，有女非歐陽氏所生。妹既寡，無所依靠，乃攜七歲孤女投奔兄家。張女及笄，以嫁宗人晟。張女後以他事下獄，奸佞乘機誣陷。先生因此屢被小人讒謗，幸仁宗英明，連降手詔詰問。小人承認誣罔，悉被貶逐，冤枉得以昭雪。

妻室先後三位，胥氏、楊氏、薛氏。

仁宗天聖九年（一〇三一）辛未，先生二十五歲，娶翰林學士胥偃之女爲妻。後二年，即明道二年（一〇三三）癸酉三月，胥氏夫人生子，未逾月病逝，享年十有七。他痛失愛妻，至感哀傷。胥氏逝後五年，所生子亦告夭折。

景祐元年（一〇三四）甲戌，先生二十八歲，再娶諫議大夫楊大雅之女爲繼室，相處僅一年，不幸於翌年九月，楊氏夫人又告病逝，享年亦僅十有八。眞是造化弄人，情何以堪！胥、楊兩位夫人，雖俱年輕，然皆是書香門第，賢德淑女，不到三年，竟先後去世，使他始終無法釋懷，就連欲寫祭文，都哀不成文。直到二十年後從其姑附葬於吉州瀧岡之時，始命門人徐無黨、焦千之二人代序其意爲作墓誌銘。

景祐四年（一〇三七）丁丑，先生三十一歲，被貶夷陵，三月，告假至許昌迎娶故資政殿學士戶部侍郎贈太尉薛奎之女爲繼室。薛氏夫人，時年二十，名門閨秀，知書達禮，賢慧淑德。婚後伉儷情深，事姑至孝，從此宜室宜家，承先啓後。先生仙去後十八年亦即哲宗元祐四年（一〇八九）薛氏夫人病逝，享年七十有二。累封仁壽郡夫人，岐國太夫人。

子孫：根據先生於神宗熙寧八年（一〇七五）乙卯九月二十六日賜葬時，吳充所撰行狀、韓琦所撰墓誌銘中所列：男八人，三人早卒。女三人，皆早卒。孫男四人，孫女六人。

又根據徽宗崇寧五年（一一〇六）丙戌，先生仙去之後三十四年，門人蘇轍所撰歐陽文忠公神道碑中所列，則爲：男八人，發，故承議郎。奕，故光祿寺丞。棐、朝奉大夫。辯，故承議郎。餘早亡。女三人，皆早亡。孫男六人，愻，故臨邑縣尉。憲，通仕郎，恕，奉議郎。愬，故宣議郎。愿、懋，皆將仕郎。孫女七人，皆通仕族。

第二章　求學與應試

第一節　賢母畫荻教子

眞宗大中祥符元年（一〇〇八）戊申，先生二歲，在綿州。

正月乙丑三日，有天書見於京城開封承天門（時宰相王欽若假造天書），眞宗召羣臣拜迎。

戊辰六日，大赦天下，改元，羣臣加恩賜。

六月乙未六日，再得天書於泰山。朝廷宰輔大臣迎合眞宗意欲湔雪澶淵之盟恥辱，蓋仿前代有人力爲之者。徒以尋求刺激，自欺欺人，君臣合作演出一齣以鎭四海，誇示外國，勞民傷財的政治鬧劇而已！

大中祥符二年（一〇〇九）己酉，先生三歲，在綿州。

正月癸亥七日，朝廷慶祝完成封禪大典，大賜封贈宗室輔臣。庚午十四日，詔復古文風。宋史本紀載：「詔讀非聖之書及屬辭浮靡者，嚴譴之。已鏤版文集，令轉運司擇官詳看，可者錄奏。」

大中祥符三年（一〇一〇）庚戌，先生四歲，父觀病逝於泰州（今江蘇省泰州市）軍事判官任所，享年五十有九。時母親鄭氏二十九歲。處在世態炎涼，人情冷暖的環境下，對於一位州推官的二十九歲遺孀和四歲孤兒，誰能安置援助？鄭太夫人經過冷靜週詳考慮之後，決定攜帶孤兒遠赴隨州（今湖北隨縣）去投奔惟一親人時任州推官的叔父曄，字日華。雖因其家境貧困，然仍盡力照顧孤兒寡母的生活。更賴母親守節自誓，居窮自力於衣食，以長以教，俾至於成人。

大中祥符四年（一〇一一）辛亥，先生五歲，在隨州。住定之後，母親即面臨歸葬父親的大事，乃商請叔父攜子隨同扶護父親靈柩歸葬於吉州吉水縣瀧岡祖塋內。然後仍回隨州定居，無論如何困難，但有現任的官親叔父照顧，諸較方便，在心理上總覺得自然安定。不過，他的童少年生活，卻很艱苦。尤其影響深遠的受教問題，全靠母親一肩承擔。母親雖自力維持家計，然卻無力購買書籍和筆墨紙硯以供他讀書寫字。首先讓賢母想出一種非常簡便的方法，就是以荻莖在沙土地上練習畫字學書，於是解決了識字最基本的工具問題。同時，並利用現存的若干詩文書籍，把握時間，妥爲教導閱讀，曉諭義理。有時，就到附近有藏書的人家洽借抄誦。他天性仁孝敏悟，更能體會母親的心意，格外勤苦用功，所有讀過的詩文書籍，過目不忘。義理含意，一經指點，立即領悟暢通。他異於常童的是每當母親在燭下慈祥講授詩文，心領神會之時；或於借書抄誦，沈潛於廣博精妙意境之際；頓覺充滿喜悅。他能善用天賦的敏悟，仰承賢母悉心的教導。力求向上，根本忘了兒童的娛嬉！故自韓愈繼孟軻之後三百有餘年，而後得歐陽子以接續孔、孟之道統而發揚光大者。

鄭太夫人這種堅貞志節的偉大情操，凝聚智慧所散發的慈愛熱力，故能撫育成就一位養天地正氣，法古今完人的儒宗大賢，名彰青史。其慈母更可媲美孟母，成爲耀映千古的佳話。誠如江西清江縣縣尉李觀（夢符）嘗爲太守祭歐陽母鄭太夫人之文曰：「孟軻亞聖，母之教也。有子如軻，雖死何憾！」先生爲之擊節稱歎！

先生常聽母親說：「汝孤而幼，吾不能知汝之必有立，然知汝父之必將有後也。」母親是基於對父親終身言行觀察的體會。所謂：「吾之始歸也，汝父免於母喪，方逾年。歲時祭祀，則必涕泣曰：祭而豐，不如養之薄也。間御酒食，則又涕泣曰：昔常不足，今常有餘，其何及也。吾始一二見之，以爲新免於喪適然耳。既而其後常然，至其終身未嘗不然。吾雖不及事姑，而以此知汝父之能養也。」

尤其母親對於父親居官決獄的仁心所展示平恕哀矜的風範，更加深信「積善之家必有餘慶」的古訓。況陰功厚德之積累，豈筆墨所能形容！所以母親又說：「汝父爲吏，嘗夜燭治官書，屢廢而歎！吾問之，則曰：此死獄也，我求其生不得爾！吾曰：可求乎？曰：求其生而不得，則死者與我皆無恨也。矧求而有得耶！以其有得，則知不求而死者有恨也。夫常求其生猶失之死，而世常求其死也。回顧乳者，抱汝而立於旁，因指而歎曰：術者謂我歲行在戌，將死。使其言然，吾不及見兒之立也，後當以我言告之。其平居語他子弟，常用此語。

吾耳熟焉，故能詳也。其施於外者吾不能知，其居於家，無所矜飾，而所爲若此，是眞發於中者耶！嗚呼！其心厚於仁者耶！此吾知汝父之必將有後也。汝其勉之！夫養不必豐，要於孝。利雖不得博於物，要其心之厚於仁。吾不能教汝，此汝父之志也。」

鄭太夫人一生，不僅時常提示上述之言以勉其子，且治家儉約，常不使過之。蓋了解其子不能苟合於世，教以儉薄所以居患難。當其子被貶夷陵時，言笑自若，以家固貧賤，處之有素，故母子均能安之。而先生始終淡泊名利，安適自在，絕不受任何橫逆之阻礙有所動搖，此即他永遠不會忘記「養不必豐，要於孝。利雖不得博於物，要其心之厚於仁」的父親遺志。他一生念茲在茲，確實遵守奉行，不敢或忘。此不僅是爲人誠正修身的要素，更是齊家治國的根本。

先生四歲喪父，五歲跟母親隨同叔父日華歸葬父親故鄉吉州吉水縣瀧岡。他於神宗熙寧三年（一〇七〇）庚戌六十四歲時的四月十五日，撰有一篇非常有名的「瀧岡阡表」。如上摘錄，是以太夫人口述先德，少孤由母親撫育教導成人。直至父親卜葬後迄至六十年，始克表於其阡。非敢緩也，蓋有所待也。他說父亡後二十年，始得祿而養。又十有二年，列官於朝，始得贈封其親。又十年，累官吏部郎中留守南京。太夫人病逝於官舍，享年七十有二，累封韓國太夫人。又八年，入副樞密，遂參政事，又七年而罷。自登二府，天子推恩，褒其三世。幸全大節，不辱其先者，其來有自。乃知先生非敢緩也，蓋有所待的孝行原因。

第二節　童少年敏悟勤學

大中祥符五年（一〇一二）壬子，先生六歲，在隨州。

九月二十三日，朝廷以儒臣領樞密使相，自此始。十月二十五日，大赦天下，賜致仕（退休）官全俸。十二月九日，改孔子謚號為「至聖先師。」

大中祥符六年（一〇一三）癸丑，先生七歲，在隨州。

大中祥符七年（一〇一四）甲寅，先生八歲，在隨州。

二月六日，朝廷恭謝天地於南郊，大赦天下。按宋代郊祀，每三年舉行一次，例皆頒詔封贈群臣，以鼓舞士氣。

大中祥符八年（一〇一五）乙卯，先生九歲，在隨州。

是年，應天府（今河南商丘市）升為南京。

四月十三日，詔文武百官上章論事，不得有所隱蔽。

先生在這童少年可塑性最重要期間，賢母負擔雖重，生活雖苦。然而，看到天性仁孝乖順兒子的超凡表現，深感滿心欣慰，頓忘一切煩惱，故更堅定信心，克服任何艱苦。母子形影不離，相依為命，終於有成。茲摘錄史實數則，藉明梗概。

宋史載：母鄭氏守節，親誨之學。家貧，至以荻畫地學書。幼敏悟過人，讀書輒成誦。

神宗實錄本傳載：修四歲而孤，母鄭氏有女節，以荻畫地，教修書字。稍長，從鄰里借書讀，或手抄之，抄未竟而成誦。

吳充在贈太子太師歐陽公行狀中云：皇考之捐館舍，公纔四歲。太夫人守節自誓，而教公以讀書爲文。及公成人，太夫人自力衣食，不以家事累公，使專務爲學。及見公之身名皆顯，而夫人壽考康寧。爲善之報，豈虛也哉！……公幼孤，家貧無資。太夫人以荻畫地，教以字書。稍長，從閭里借書讀，或手抄之，抄未畢而成誦。

韓琦在贈太子太師文忠歐陽公墓誌並序中云：公四歲而孤，母韓國太夫人鄭氏，守節不奪。家雖貧，力自營贍，教公爲學。公亦天資警絕，經目一覽，則能誦記。爲文下筆，出人意表。

蘇轍在歐陽文忠神道碑中云：公生四歲而孤，韓國守節自誓，親教公讀書。家貧，至以荻畫地學書。公敏悟過人，所覽輒能誦。

先生之男發等在所述事跡中亦云：先公四歲而孤，家貧無資。太夫人以荻畫地，教以書字。多誦古人篇章，使學爲詩。及其稍長，而家無書讀，就閭里士人家借而讀之。或因而抄錄，抄錄未畢而已能誦其書。以至晝夜忘寢食，惟讀書是務。自幼所作詩賦文字，下筆已成文。兵部府君（叔父曄）閱之，謂韓國太夫人曰：嫂無以家貧子幼爲念，此奇兒也。不惟起家以大吾門，他日必名重當世。

大中祥符九年（一〇一六）丙辰，先生十歲，在隨州。

先生在一次偶然間得有破舊脫落的昌黎先生文集六卷，經過專心閱讀，甚覺浩然可愛。從此使他仰慕聖聖相傳的道統文化，奠定他對推廣古文運動的信念，實爲啓迪他傳承聖賢思想的關鍵因緣。他在「記舊本韓文後」云：

> 予少家漢東，漢東僻陋無學者。吾家又貧，無藏書。州南有大姓李氏者，其子堯輔頗好學。予爲兒童時，多遊其家。見其弊筐貯故書，在壁間。發而視之，得唐昌黎先生文集六卷，脫落顚倒無次序。因乞李氏以歸，讀之，見其言深厚而雄博。然予年猶少，未能悉究其義。徒見其浩然無涯，甚可愛。時天下學者，楊、劉之作，號爲時文。能者取科第擅名聲以誇榮當世，未嘗道韓文者。

宋史本傳載：「修游隨，得韓愈遺藁於廢書簏中，讀而心慕焉。晝停食，夜忘寐，苦心探賾，必欲並轡絕馳而追與之。」其志氣雄心，躍然紙上。

年譜載：「公年十歲，在隨。家益貧，借書抄誦。州南大戶李姓子好學，公多游其家。於故書中，得唐韓昌黎文六卷。乞以歸，讀而愛之。爲詩賦，下筆如成人。都官（叔父曄，終都官員外郎）曰：奇童也，他日必有重名。」

東坡志林載有一則趣事，在此特錄供一粲。如云：「歐陽文忠公嘗云：『少時有僧相我，耳白於面，名滿天下。唇不著齒，無事得謗。』其言頗驗，耳白於面，眾所共見。唇不著齒，余不敢問，不知何如也。」

天禧元年（一〇一七）丁巳，先生十一歲，在隨州。

先生獲得唐代書法家虞世南撰書孔子廟堂碑刻以學書。此在其全集集古錄卷五唐孔子廟堂碑中有云：「孔子廟堂碑，虞世南撰並書。余爲兒童時，嘗得此碑以學書，當時刻劃完好。」由是學習名家書法，奠定穩固基礎，日見精進。後來變化，自成一家。

天禧二年（一○一八）戊午，先生十二歲，在隨州。

八月四日，朝廷立皇子昇王受益爲皇太子，更名禎。大赦天下，宗室加恩，羣臣賜勛。

天禧三年（一○一九）己未，先生十三歲，至五年（一○二一）辛酉十五歲，在隨州。

他已成人，本可稍助母親劬勞。但太夫人仍躬親日操井臼，自力於衣食。絕不許以家事爲累，惟囑專務爲學。故能專心一志，博通古今羣書，準備應試。賢母愛子之心，期望之殷切，惟天可鑒！

仁宗乾興元年（一○二二）壬戌，先生十六歲，在隨州。

二月戊午十九日，眞宗崩，在位二十五年，享年五十有五。遺詔皇太子禎即皇帝位，是爲仁宗。尊皇后劉氏爲皇太后，權處分軍國事，垂簾聽政。按仁宗即位未改元，時年十四歲。

第三節　進士科場波折

天聖元年（一〇二三）癸亥，先生十七歲，在隨州。秋，應舉隨州，試「左氏失之誣論」。因試卷逸出官韻而未能錄取。年譜載：「應舉隨州，試左氏失之誣論。其略云：石言于晉，神降于莘。內蛇鬥而外蛇傷，新鬼大而故鬼小。人已傳誦，坐賦逸官韻，黜。」

他在文中列舉四個實例，作爲引證立論的正確。茲簡述左傳原文如次，藉以了解。

例一、石言于晉：左傳昭公八年，春，石言于晉魏榆。晉侯問于師曠曰：石何故言？對曰：石不能言，或馮焉。不然，民聽濫。抑臣又聞之曰：作事不時，怨讟，動于民，則有未言之物而言。今宮室崇侈，民力凋盡。怨讟並作，莫保其性。石言，不亦宜乎？

這一段文意，是說是年春，晉侯據聞魏榆地方，石頭能說話。就問其臣師曠，石頭何故能說話？答道：石頭不能說話，但人可憑藉以石頭能說的怪異現象去聳動聽聞。不然，就是人民以訛傳訛，假託虛言而失實。再則，臣又聽說：徵召民伕勞役，妨礙耕作時間。人民多有誹謗怨恨之聲，所以就發生不能說話的東西而說話了。現今，大興土木，建築崇高的宮殿，極盡奢侈的裝修。弄得民窮財盡，怨誹並作，驚動人民恐懼無法保全性命。在這樣的情況下，石頭能說話，豈不適宜！旨在言師曠以石頭能說話的怪異現象，諷勸晉侯應即停止興建各種工程，戒奢以恤民。

例二、神降于莘：左傳莊公三十二年，秋七月，有神降于莘。惠王：問諸內史過曰：是何故也？對曰：國之將興，明神降之，監其德也。將亡，神又降之，觀其惡也。故有得神以興，亦有以亡。虞、夏、商、周皆有之。王曰：若之何？對曰：以其物享焉。其至之日，亦其物也。王從之，內史過往，聞虢請命。反曰：虢必亡矣！虐而聽于神。

這一段文意，是說惠王與內史過討論國之興亡，明神降臨問題，三代皆有。有神降臨，不必緊張，只要以適合其祭品供爲祭祀即可。於是內史過前往虢國觀政，返國而向惠王報告：虢國必亡，因其施行虐政以害民，而又聽命於神。

例三、內蛇鬥而外蛇傷：左傳莊公十四年，夏、鄭厲公自櫟侵鄭，及大陵，獲傅瑕（鄭大夫）。傅瑕曰：苟舍我，吾請納君（鄭厲公原先出奔在外，此時，由蔡返國）。與之盟，而赦之。六月甲子，傅瑕殺鄭子及其二子而納厲公。初，內蛇與外蛇鬥於鄭南門中，內蛇死。六年而厲公入。莊公聞之，問於申繻曰：猶有妖乎？對曰：人之所忌，其氣燄以取之，妖由人興也。人無釁焉，妖不自作，人棄常則妖興，故有妖。厲公入，遂殺傅瑕。

這一段文意，是說鄭厲公侵鄭途中，擒獲鄭大夫傅瑕。受其「吾請納君」之餌，將其釋放。結果，厲公入鄭，仍殺傅瑕。因原先鄭之境內發生內蛇與外蛇鬥於鄭南門中，內蛇死而外蛇傷的市井流言，乃有莊公與申繻問答的話。旨在指點「妖由人興」，凡事應本守常義理，遂有肅奸平亂的因果報應。

例四、新鬼大而故鬼小：左傳文公二年，秋，八月丁卯。大事於太廟，躋僖公，逆祀也。於是長父弗忌爲宗伯，尊僖公，且明見曰：吾見新鬼大，故鬼小；先大後小，順也；躋聖賢，明也；明順，禮也。君子以爲失禮，禮無不順。祀，國之大事也，而逆之，可謂禮乎！

這一段文意，是說祭祀，國之大事。國君失禮，大臣不敢糾正。而長父弗忌身爲宗伯，竟厚顏編出一段鬼話以獻媚人主，不僅失禮，而主事者的醜穢言行，更是遺羞千古！

根據上述題旨文意分析，若就當時先生的學問而言，早已博通古今。對於經傳，尤其精熟。作文賦詩，下筆立就，故有人已傳誦之說。照理，不但中舉毫無問題，就算魁首，亦不遑多讓。詎料因作詩逸韻，或因不認同時文風格。竟被指逸出官韻，而不予錄取。他初次參加科舉受挫，雖感有點失望。但對自己多年勤學苦讀得來的學問，深信不疑，絕不懷憂喪志。而充滿自信，雖屬重要。然「知子莫若母」堅定信念的支持作爲後盾，更爲重要。鄭太夫人對於兒子的仕途，固很關心。但對其考場的得失，卻絲毫不以爲念。一切均以平常心看待，慰勉有加，母子照常保持平淡的歡愉生活。

先生經過這次考試的體驗，覺得確有反省檢討的必要。他不附和於時文，仍取出韓昌黎文集反覆閱讀，深有感悟，乃決心不遺餘力，推行古文，以期尋求根本解決之道。如在「記舊本韓文後」云：

是時天下學者，楊（億）、劉（筠）之作，號爲時文，能者取科第擅名聲以誇榮當世，未嘗有道韓文者。予亦方舉進士，以禮部詩賦爲事。年十有七，試於州，爲有司所黜。因取所藏韓氏之文復閱之，則喟然嘆曰：學者當至於是而止爾！因怪時人之不道，而顧己亦未暇學，徒時時獨念於予心。以謂方從進士干祿以養親，苟得祿矣，當盡力於斯文以償其素志。

天聖二年（一〇二四）甲子，先生十八歲起至四年（一〇二六）丙寅二十歲，在隨州。他基於上述的感悟，故在此三年間虛心省察之後，益勵修身養性工夫。一本勤愼，重新窮究三代以來聖聖相傳之道統文化，以及諸子百家之說。務期與聖賢之意相傳，脈絡相承。對於韓文及古詩、詞、歌賦，皆能觸類旁通。精益求精，允執厥中。

天聖五年（一〇二七）丁卯，先生二十一歲，在京城開封。

春，參加禮部考試，未中。科場再次受挫，可說是千里良駒未遇伯樂。誠如韓愈所謂「莫爲之前，雖美不彰」者是也。他落第沮喪，隻身逗留京城。舉目無親，諸多感概。再三思維，總不能就此隱跡山林，以終一生。他究非常人，在未達素志之前。無論經過任何挫折，必須堅定志向，奮發有爲。百折不撓，克服一切困難，力謀發展。終於想到韓愈與于襄陽書的故事，不妨一試。實爲其一生的轉捩點，也可說是天之將降大任於斯人也，必先勞其筋骨，餓其體膚，苦其心志的最佳寫照。

第四節　翰林學士胥偃知己

天聖六年（一〇二八）戊辰，先生二十二歲，在漢陽。

年譜載：「是歲，公攜文謁胥學士偃於漢陽。胥公大奇之，留置門下。冬，攜公泛江，如京師。」

上胥學士啓

某聞在昔築黃金之館，首北路以爭趨。附青雲之名，使西山而起價。誠以求千里之迹者先其市骨，得一字之寵者榮袞章。而況天下之風采聳聞，口吻之雌黃並出。以末塗之佁儗，說定鑒於姸媸。目論所加，能令重於九鼎。髦端或倚，可使逸於太霄。是宜殫重研宿春之勞，懷漫刺署里之字。鋪論有素，題品攸歸。伏惟某官稟粹天英，抽華道祕。虹蜺遠映，拂霄堮而垂光。黼黻摛文，絢雲河而發藻。遊士鄉而著品，入聖域以踐優。爽爽之聲，軼前良而通美。琅琅其璞，瑞昭世以稱珍。爰自覽輝下翔，階木特起。掎袂於羣英之轂，頻弁乎千齡之辰。列坐棘以聯曹，署法庭而奏讞。半若懷綬，宛轉於一綸。翹翹聘車，雍容於半刺。陳仲舉以題輿而擅美，何恭祖以纚幘而馳稱。垂腰佩刀，見賞三公之器。追鋒給傳，終膺雙武之皮。第連最以推高，貫初儀而上獲。公車以兩令而持牘，綈几以十篇而奏文。禪衣曲裾，暮召大臺之對。尚方給札，霈灑鴻都之毫。雖西崑者册書之藏，是開乎仙室。而東壁者文章之府，載郁於時風。居爲顯化之階，式是育材之地。爰膺麗正之選，首被集仙之名。白蟫芸簡以生香，茲焉辟惡。紫袷荷囊而備問，最近清光。固已丹穀解嘲，天祿草經而擬聖。金刀博學，太一秉藜而下觀。頃緣泛駕之求，亟發違行之訟。恥從吏對，出檢猾商。謂軒冕之儻來，視同於寄物。履名教之中樂，坦照乎清襟。旋闢掌於郡條，久從容於別乘。一麾出守，固雅尚之所存。千里佩青，乃上心之攸注。距棣江之清郡，摽軍壁之上游。犬氂之警無譁，賈室之繁甚富。足以坐堂聽訟，閉閤凝神。秀野頒春，過蘅皐而倦目。清言捉麈，臨雅俗以鎮浮。然而未央居半夜而生思，安石以蒼生而待起。望之補吏，意雅在於本朝。主父出遊，帝已嗟於見晚。行奉一封之傳，入隨三節之趨。見堂堂之姿，送之逆目。對顒顒之表，威不違顏。登涉乎赤墀之塗，進重於高門之地。卓然遠韻，度越諸公。霑芳潤者漱其清芬，仰龍光者思其末照。英風有煥，物議攸歸。矧此妄庸，盍希品目。伏念某社樗樠槁，膏棗鈍昏。抱器質以何堪，賦天機而甚淺。晞髮華旦，徒跂於清流。措足英躔，終慚於遠到。自遭家之不造，早遂生於百憂。茹歎之音，悲存乎手澤動明之韻，遠失於先時。西華以孤露而見哀，庾信以流離而多感。矧復齊氣多緩，嵇筋甚駑。乏朽木之先容，無一錢而爲地。旁魄而論都邑，則被傖父之訶。頑鈍以取世資，但聽斲輪之曉。終非令器，第困窮塗。一昨竊萬家之應書，隨重車而上計。方策條對，麈至猥并。雅拜匪儀，失於盤辟。甘觸閽而引去，但飲墨以蒙羞。臥漳濱而養痾，竄身茲久。弔湘纍而感賦，些語迷招。當樹之於無何，宜匠者之不顧。而或竊先生之餘論，企諸公之末暉。聞伯夷之名，增其懦氣。伏海濱之下，久以望風。是敢強飾固陋之容，庶伸伏拜之謁。綴窮愁之汗簡，奏蕪累之庸音。竊覘崇闕，將塵隱几。登太山者小天下，在培塿以宜慚。奏咸池而張洞庭，非蛙蛟之可度。然遇某官量陂無際，宇蔭甚穠。推轂成猷，噓枯振德。襄陽秋於皮裏，不言備乎四時。呑雲夢於胸中，兼容盡於一介。幸望許承音旨，少貶光塵。曲垂褒采之私，俾獲題評之目。如是則六轡在手，驥足何希於蟻封。五色成文，樂節或資於牛鐸。荷恩有素，累牘奚陳。

胥學士答啓

伏蒙眷私，以盛製文筆二編先之長牋焉贄者。恭以某人象輿異稟，龍輔至珍。奉奕世之貽謀，克隆堂室。傾羣言之妙旨，深達淵源。伏膺聖域以惟勤，策足俊躔而迥異。敏學該乎變貫，英識極於覃研。秉節高奇，發清吟於梁甫。締交名勝，綴雅聚於蘭臺。飄飄之逸思窮窮，籍籍之芳塵自遠。偶刱一飛之翼，行躋多士之魁。何誤采於虛聲，辱遠垂於厚顧。方披晬表，遽捧雄篇。恣探賞以忘勞，信窺測而靡暇。幽意絢於道德，高義薄於雲天。飛染道麗以盈箱，雕繢紛華而滿眼。賞孫詩之零雨，何止一章。贊沈賦之碪星，豈惟數句。固將備西崑之玉府，奚獨易東堂之桂枝。允矣難能，誠哉可畏。雖亨衢自至，靡資左古之先容。而名語共成，敢惜齒牙之餘論。

謝胥學士啓

近贄蕪音，仰塵紬几。載形答復，深極褒稱。弊帚無庸，愧藏家而自享。重言外獎，千尺牘以必珍。始繩窮而匣開，爛然在目。旋骨驚而心折，至矣聞音。退揆頑疎，陰加震疊。竊以昔者魯衮垂乎一字，寵極於華章。汝月更乎坐評，自成於往法。得河南之口占，多藏去以爲榮。獲江左之筆蹤，則神明之來復。至有不喜人事，常堆案而弗酬。靡答私書，或矜才而格物。未若翠緌鴻玉之彥，蘭臺金馬之英。品風流坐正物之源，交士林忘公侯之貴。俯存寒素之目，毋密謦欬之音。兔墨流英，酒鴻都百金之筆。犀談對客，發荆州一日之函。有煥私藏，因爲殊遇。某倥蒙惟舊，操檢弗支。乏沃若之軒髦，有尾兮之長醜。顧右臂而爲彈，早歎荼疲。雖左肘之生楊，徒能殫化。爰以自童髮之交翦，浴聖日之光華。勉紹箕裘，懼隳門素。冠乎枝木，莫踐化人之場。鈍若神槌，爰對囊錐之穎。一昨與偕外計，續食縣官之郵。召詣中臺，果玷浮華之目。州閭貶於素論，篋衍棄於祭芻。委末路而弗振，與清涂而自隔。然或鼓舞至化，呻吟變儒。效騷人之鬱伊，慕獐濱之模楷。品之上下，曾弗齒於鍾評。擲中宮商，宜遠慚於孫賦。奚辨麗而可紀，徒骫骳以興譏。何弗避於詆訶，輒外彰於嗤鄙。踸踔短韻，迨無取於擊轅。盧胡見貽，乃自珍於乾璞。所期用覆醬瓿，譬十年之練都。投置皮箱，資一笑於相樂。伏蒙某官憫芼愚之無似，加品目之惟優。醜以愛忘，音緣賞奏。許上修名之謌，獲伸拜德之恭。後堂執經，飫陪一肉之賜。西齋坐宴，密親三雅之歎。執如意以指譚，務車轂而推引。噴咳珠玉，大小以之成珍。指顧飛沈，眄睞於焉起色。出乎望表，溢乃情涯。而復俾十倍而增榮，示一嗛爲美。當黯闇之多暇，枉虞筆以摛文。縟旨星稠，襞嵗雲落。布帛之言甚暖，暴以秋陽。齒牙之論所加，重於大呂。譬以明月，闇投於人。不意此音，猥來入耳。謹當納藏行褚，歸耀當閭。襲以十綈，爲天下之至寶。脱復一讀，解體中之不安。貴洛紙而爭傳，與吳刀而共布。隱恩所及，頂踵奚勝。

上述三啓中，藉悉先生攜文謁見胥學士敘談相敬重的因緣，而胥學士對於一個素未謀面而毛遂自薦的青年文士，觀其書中千餘言的卓見高論，言談舉止的風儀，不卑不亢的態度，至感佩慰與驚奇。即當面稱許「子當有名於世。」於是留置門下。堪稱良驥之遇伯樂，得遂日行千里之能。然而，對於胥學士的學問道德，以清節爲時名臣的所以然，謹先簡介，以明究竟。此在後來先生所作「胥夫人墓誌銘」中有云：

公諱偃，世爲潭州（今湖南省長沙市）人。官至工部郎中翰林學士，以文章取高第，以清節爲時名臣。爲人沉厚周密，其居家雖宴必嚴，不少懈。每端坐堂上，四顧終日，如無人。雖其嬰兒女子，無一敢舉足發聲。其飲食衣服，少長貴賤，皆有常數。

是年，先生隨同胥學士泛江偕至京城，途經揚州，給他留下永難忘懷的良好印象，以啓發他仁民愛物應如何著手之道，藉作將來施行仁政的依循。此事直到二十年後的慶曆八年（一〇四八）戊子，他四十二歲的二月，由滁州徙知揚州，在「與杜正獻公世昌書」中（杜衍，字世昌，諡正獻。）所云，始悉因由。故特摘錄，以明仁者胸襟。君子志節，其心行始終如一。如云：

> ……某昨蒙恩，自滁徙揚。揚古名郡，嘗多鉅公臨治。憶爲進士時，從故胥公自南還。方次郡下，遊里市中。但見郡人稱頌太守之政，愛之如父母。某時尚未登公之門，然始聞公之盛德矣！因竊歎慕不已，以爲君子爲政使人愛之如此足矣。然不知公以何道而能使人如此？又不知使己他日爲之，亦能使人如此否？是時天聖六年冬也，去今幾二十年。而幸得繼公爲政於此，以償夙昔歎慕之心。而其材薄力劣，復何能爲，徒有志爾！相公道德材業，著於天下。一郡之政，不足多述。因小生之幸，遂以及之。聊陳始末，不覺言繁……。

先生隨胥學士到京城後，胥學士即爲他稱譽於諸公名士之間，助益甚大。從此開創宋代儒學之正宗，長育成就高賢忠厚之風，邁越漢、唐盛世之規模者，全賴先生之功也。誠如其門生千古奇才蘇東坡在「歐陽文忠居士集序」中有云：

> 學者以愈配孟子，蓋庶幾焉！愈之後三百有餘年，而後得歐陽子。其學推韓愈、孟子，以達於孔子。著禮樂仁義之實，以合於大道。其言簡而明，信而通。引物連類，折之於至理，以服人心，故天下翕然師尊之。……歐陽子今之韓愈也。宋興七十餘年，民不知兵，富而藏之，至天聖、景祐極矣！而斯文終有愧於古，士亦因陋守舊，論卑而氣弱。自歐陽子出，天下爭自濯磨。以通經學古爲高，以救時行道爲賢，

以犯顏納説為忠。長育成就，至嘉祐末，號稱多士，歐陽子之功為多……。

第五節　三試第一進士高第

天聖七年（一〇二九）己巳，先生二十三歲，在京城開封。春，參加國子監試，名列第一，補廣文館生。這是他自十七歲應舉隨州失意，二十一歲試禮部未中。迄今瞬已六年，不斷反省檢討。深信自幼勤學苦讀，博通今古。無論道德學問，莫不夙夜匪懈。對於科場應試文章，應是牛刀小試。詎料一再受挫，確感意料之外。雖不氣餒，但經冷靜思考，不得不面對現實，力謀解決之道。勢必適應四六時文，始期宿志得酬，方能發展抱負。故一念之間，文體略作調適。立即勢如破竹，三次登魁。從此益勵勤慎，遂成復興古文的中流砥柱，尊為一代儒宗。

春，應試國子監，名列第一，所作賦。如次：

監試玉不琢不成器賦

至寶雖美，因人乃彰。欲成器而斯尚，由載琢以為良。瑕玷弗施，始中含於溫潤。切磋有則，取應用於圓方。披大禮之遺言，洞先儒之所錄。以謂玉不因琢，器莫得以自貴。人不因學，道無由而內勗。故我誘之於人，諭之以玉。內含其美，雖稟質而可嘉。外飾其形，假載雕而後足。然以寶有可尚，世誠所希。價連城而有待，氣如虹而上揮。禮神之用斯在，磨玷之言則非。稟爾天眞，包十德而成質。制由工巧，參六瑞以凝輝。然則攻自它山，列乎良璞。雖曰寶也，不能效於自用。雖曰堅也，未有成於不琢。美在中矣！徒內抱於英華。礱而錯諸，始外成於圭角。豈不以玉者華於國而可重，器者用於人而克安。規矩殊形於圭璧，短長具制於躬桓。亦猶在鎔者金，必資乎鍛礪之設。從繩者木，遂分乎曲直之端。且夫人務其師，玉貴其德。性雖本善，不學則弗至於道。質雖至美，不琢則弗成其飾。稽匪刻匪雕之說，理實異斯。嘉如切如磋之言，義誠有得。彼大圭貴乎尚質，鳴珮取乎揚聲。雖效珍而並用，在設諭以非精。曷若彰教晦而有漸，譬琢雕可成。是故西琥東圭，捨規模而安創。半璋全璧，非制度以難明。向若追琢不加，刻畫非備。雖縝密以含彩，在文華而曷視。故揚子以謂玉不雕，則璠璵不作器。

秋，國學解試，又拔第一，所作賦。如次：

國學試人主之尊如堂賦

位既異等，君宜有常。惟居尊而體國，爰取諭於如堂。望而畏之，使人民之咸仰。高爲貴者，譬遠地以同彰。稽往諜之遺文，懿嘉言之洞啓。謂立制於君上，諭相承於堂陛。蓋以貴賤殊品，尊卑異禮。下臨於物，必也尊嚴而有儀。上譬於堂，所以崇高乎正體。誠以赫赫化被，巍巍道隆。儼正宁以居極，統群黎於宅中。蓋取乎馭民之貴，非資於構廈之功。位正當陽，若盛九筵之制。民欣戴后，如瞻七尺之崇。然則堂非高則偪下而易陵，君弗尊則保位而難愼。卑高必貴乎不瀆，上下於焉而克順。邇臣內附，類榱楝之相依。列辟下陳，由陛廉而比峻。豈不以富有函夏，躬臨兆民。示臣庶之弗越，表等威之有倫。將使制爾萬國，宗予一人。下絕僭王，非歷階之可及。世惟與子，彰肯構以相因。是知制眾室者莫先乎堂，奄九有者必尊其主。蓋兼統於邦國，匪專稱於棟宇。化有於下，奉穆穆以深居。仰之彌高，若耽耽之可睹。蓋由堂不可以卑而亂制，君不可以黷而不尊。喻穹隆於九仞，用總制於羣元。且異夫蓋之如天，但述居高之旨。就之如日，惟明照下之言。大哉陛峻而堂高者勢之然，臣貴而君尊者國之理。伊制度之有別，俾崇高而是視。所以建公卿大夫而天子加焉，其尊也於斯見矣！

試後，作有「謝國學解元啓」，摘錄如次：

謝國學解元啓

右脩啓。伏覩解文，濫膺名薦。肄三合雅，方列於胄筵。旅百在庭，遽陪於方貢。惟遴柬之彌眾，叨首舉以爲榮。飾讓無從，循涯有溢。竊以姬庭講治，務多士之思皇。漢席遲賢，以得人而爲盛。然皆謹能書而上獻，始揚進造之名。隨計吏而與偕，乃署秀廉之等。一適謂之有德，九變選乎知言。所以樂育羣材，並贊郁乎之化。潤色鴻業，協暢炳然之風。用登至平，皆由此道。……夫何濫吹之曲，誤中程文之規。用冠譽髦，越陞上級。屛間誤墨，本無望於成蠅。竈下焦桐，豈有思於爲器。玷茲褎采，實駭羣倫。顧楊粃以增羞，在冠鼇而曷稱。再循竊據，實用靦顏。此蓋伏遇某官表燭羣倫，丹青上化。雌黃在口，捉麈尾而不休。翦拂長鳴，託旌端而可逝。因與民於三物，務推轂於諸生。致此妄庸，及於甄采。敢不仰銜提奬，益勵進修。磨鈆鈍以爲銛，策蹇步而睎驥。哆兮箕舌，已簸糠而在前。沛乎鴻毛，使培風而直上。用於知己，答乃初心。過此以還，未知所措。

是年，作有國學試策三道幷問目、詔重修太學詩三首、易童子問三卷。先生對於易經，確有深邃的研究與心得。

仁宗詔斥文士著作，多屬浮華。略云：「文章所示，必以理會爲要……。庶有裨于國教，期增闡于儒風。」可見當時文風的敗壞，已經到了非常嚴重的程度。

天聖八年（一〇三〇）庚午，先生二十四歲，在京城。

正月，詔以翰林學士晏殊（同叔）知貢舉。省試，先生再爲第一。所作賦。如次：

省試司空掌輿地圖賦

率土雖廣，披圖可明。命乃司空之職，掌夫輿地之名。奉水上以勤修，愼司無曠。覽山川而盡載，按牒惟精。所以專一官而克謹，辨九區而底平者也。伊昔令王，尊臨下土。以謂綿宇非一，不可以周覽。眾職異守，俾從於各主。故我因地理之察，宜建冬官而法古。將使如指諸掌，括乎地以無遺。皆聚此書，著之圖而可睹。險固咸在，方隅異宜。分形勝以昭若，庶指陳而辨之。度地居民，既脩官而有舊。辨方正位，俾披文而可知。其或作屏建親，命侯封國。小大有民社之制，遠近異封圻之式。非圖無以辨乎數，非官無以奉其職。主於空土，既險阻之盡明。別爾分疆，誌廣輪而可識。誠由據函夏之至要，贊大君之永圖。上以體國而經野，下以建邦而設都。參古號於周官，各司其局。辨羣方於禹跡，無得而踰。是何標區域以並分，限華夷而靡爽。域中所以張乎大，天下無以逾其廣。亦猶五土異物，必辨於司徒之官。九州有宜，乃命乎職方之掌。用能三壤咸則，四民奠居。窮人跡於遐域，包坤載於方輿。且異夫充國論兵，但模方略之狀。酇侯創業，惟收圖籍之餘。彼夏貢紀乎州名，漢史標乎地志。雖前策之並載，在設官而未備。曷若我謹三公於漢儀，專掌圖於輿地。

先生長公子發等在全集附錄卷五事迹中有云：「先公……。及舉進士時，學者方爲四六，號時文，公已獨步其間。天聖七年，補國子監。是秋取解，明年南省試，皆爲第一人，由是名重當世。」

三月，御試崇政殿，先生中甲科第十四名進士及第。

他自去春國子監試，秋，國學解試及今春正月禮部試，三次皆爲第一。無論師友或朝野名士，咸認今科魁首非歐陽修莫屬，他亦充滿自信。然而，天下事不如人意者，十常八九。揭榜竟中甲科第十四名進士，大出意外，所以後來韓琦在文忠歐陽公墓誌銘中有云：「天聖中舉進士，凡兩試國子監，一試禮部，皆爲第一。逮崇政殿試，雖中甲科，人猶以不魁多士爲恨。」即可概見。

殿試中甲科第十四名，所作賦。如次：

殿試藏珠於淵賦

稽治古之敦化，仰聖人之作君。務藏珠而弗寶，俾在淵而可分。效乎至珍，雖希世而弗產。棄於無用，媲還浦以攸聞。得外篇之寓言，述臨民之致理。將革紛華於媮俗，復芚愚於赤子。謂非欲以自化，則爭心之不起。蓋賤貨者爲貴德之義，敦本者由抑末而始。示不復用，雖乎寶而奚爲。捨之則藏，祕諸淵而有以。誠由窒民情者在杜其漸，防世欲者必藏其機。使嗜欲不得以外誘，則淳朴於焉而可歸。將抵璧以同議，諒彈雀而誠非。照乘無庸，盡遺碕岸之側。連城奚取，皆沉媚水之輝。用能崇儉德以外昭，復淳風而有謂。民心朴以歸本，物產全而靡費。珍雖無脛，俾臨淵而盡除。事異暗投，永沉川而不貴。然而道既散則民薄，風一澆而朴殘。玩好既紛乎外役，質素無由而內安。故我斥乃珍奇之用，絕乎侈靡之端。將令物遂乎生，老蚌蔑剖胎之患。民知非尚，驪龍無探頷之難。是則恢至治之風，揚淳古之式。不寶於遠，則知用物之足。不見其欲，則無亂心之惑。上苟賤於所好，下豈求於難得。是雖寶也，將去泰而去奢。從而屏之，使不知而不識。彼捐金者由是類矣，擿玉者可同言之。諒率歸於至理，實大化於無爲。致爾漢皋之濱，各全其本。雖有淮蠙之產，無得而窺。自然道著不貪，時無異物。民用遵乎至儉，地實蓄而不屈。所以虞舜垂衣，亦由斯而弗咈。

進士及第，例須以門生禮拜謝主考官。先生作有「進士及第謝啓」一千多言的一篇宏文。摘錄如次：

謝進士及第啓

楓宸蠖濩，方贊趨而在庭。雲屋靚深，遽臚傳而唱第。竊顧無庸之品，仍躋異等之科。祗服寵靈，實增震悸。竊以思皇之詠多士，雅頌播於姬庭。間出之有異人，文筆炳乎漢德。選知言於九變，東都下深詔之辭。開孝秀之一門，唐家有得賢之盛。皆所以招徠時彥，樂育人材。講求精祲之原，潤色帝王之美。卓爲往範，垂照來今。丕哉文物之華，屬我動靈之運。國家右賢興治，若古敷猷。……榮中甲科，聯俊乂以服官，陪英雄而入彀。如某者，風猷靡立，操植素淪。……戴枝冠而竦誚，切愧命儒。問天咫以不知，終然懵學。加以素鍾舛運，生遘百罹。自翦髮以交垂，已不髦而茹歎。逐耕夫而衣襏，早去先疇。署生版以占名，轉隨僑籍。流離末路，佁儗後塵。借譽羣公之遊，本無題目。接足諸生之後，多見排抵。嗟盛際之親逢，忍窮途而自竄。陪貢廉於百郡，每與計偕。領試墨之一升，嘗從罷去。退慚踸踔，數此隻奇。撫骨嗟乎淪鋪，卷耳甘於藏密。然而良裘學冶，惜先芬而懼隳。母髮垂星，感親闈之思養。未及衰於駒齒，勉自奮於駑筋。……顧惟庸妄，首玷甄陞。獲召於公車之庭，給試乎上方之札。致狂言之誤擇，叨署第以開榮。若若飛華，交垂宛轉之綬。諄諄其誨，載聆郁穆之言。浸雲澤以芳流，沐天光之下燭。竊慚鈆鈍，嘗廁翰場。屢以下中之才，當乎第一之選。宜不失於舊物，期仰答於知人。然其戰屢勝而後驕，鼓至三而乃竭。

綆短褚小，嗟遠用以奚勝。弓撥矢鉤，惜前功之皆廢。……尚賴鞋流之過聽，兼求箕斗之虛名。謂簸揚之在前，常先於羣彥。以薦藉之良厚，重達於大臣。猥自下流，參聯上列。省逢辰之至幸，實叨恩之有因。此蓋某官闡繹帝猷，雍容朝首。粉澤光華之治，表燭薦修之倫。膺上心之東求，主斯文之盟會。言皆有味，務推轂以彌勤。先為之容，俾朽株之見用。致茲孱瑣，及此抽揚。敢不慎服官箴，遵修士則。轉後策足，更希遠致之塗。鎔金鈞泥，尚依陶者之力。誓殫用拙之效，少酬再造之恩。過此以還，未知所措。

據當代名士王銍在默記中，有兩則關於先生科場的記載，特錄供參考。

其一、晏元獻（殊）知貢舉，出「司空掌輿地圖賦」。既而舉人上請，皆不契元獻之意。最後一目眊瘦弱少年，獨於簾前上請云：

「据賦題出周禮司空。鄭康成注云：如今之司空掌輿地圖也。若周司空不止掌輿地之圖而已。若如鄭說，今司空掌與地之圖也？漢司空也？不知做周司空與漢司空也？」

元獻微應曰：「今一場惟賢一人識題，正謂漢司空也。」少年舉人，歐陽修也，是榜為省元。

先生滿腹經綸，對於賦題旨意，早已成竹在胸，俟諸舉人上請畢，最後神定氣閒地從容質疑應對，深得主考官的心許稱賢，流傳佳話。

其二、王拱辰榜，是時歐公為省元。有李郎中忘其名，是年赴南宮將省試，忍患疫氣昏憒，同試相迫，勉扶疾以入。既而疾作，憑案上困睡，殆不知人。已過午，忽有人掖下觸之，李驚覺乃鄰座也。問所以不下筆之由，李具言其病。其人曰：科場難得，已至此，切勉强，再三言之。李試下筆，頗能運思。鄰座者見李能屬文甚喜，因盡說賦內當用之事，及將己卷子拽過鋪在李案上。云：某乃國學解元歐陽修，請公持拽回互盡用之不妨。李見開懷若此，頗覺成篇，至於詩亦然。是日程式，半是歐卷。李大感激，遂覺病去。二場亦復如此。榜出，歐公作魁，李亦上列。後李於家廟之旁畫歐公像，事之如父母，以獲祿位皆公力也。李嘗與先祖同官，引先祖至影堂觀之。先祖、先公每言此，以爲世之場屋虛誕，以相忌嫉者戒！

此事乃係默記作者王銍聽其先祖、先公每爲之言，以訓勉子孫應本爲人積善，冥冥中必獲貴人相助。並肯定李君祖先必爲積善之人，始有如此奇遇福報。李君爲官，敬於家廟之旁，懸掛歐公畫像，事之如父母，可謂報德赤忱，不忘其本，言行必守官箴。因果循環，導正人心，影響社會風氣，善莫大焉！

先生忠孝傳家，仁厚遺訓。天賦智慧，敏悟勤學。孤苦零丁，全賴賢母茹苦含辛、撫育成人。其胸襟度量，道德學問，超越常人。行善積德，不受任何環境影響。此不過進士伊始，尚未報效國家之前的一點小事而已！但足以說明其來有自，而積善後昆的相承。故特不憚煩瑣引述，期望大家共勉。

先生與王拱辰同年進士，王爲該科狀元，故稱王拱辰榜，宋代每科殿試揭曉後，皆以狀元姓名稱榜。先生嘗爲作「代王狀元拱辰謝及第啓。」後來二人同爲故資政殿學士薛奎的女婿。二人因志節不同，彼此雖是同年，又爲連襟，但卻無往來，成就亦殊異。王拱辰熟諳爲官之道，仕途頗爲順遂，累官至拜宣徽使，終身未能參政，且乏善可陳。先生屢遭貶謫遷徙，仍以德望才識，權登二府，參政稱治。雖入相出帥，然晚年一再謙辭高位，堅請提前五年退休，卒遂其請。終受朝野一致遵奉爲一代儒宗。

五月，授將仕郎試秘書省校書郎，任西京（今河南省洛陽市）留守推官。按宋制：全國設有四京，除京城開封（稱汴京或東京）外，尙有西京（洛陽）、南京（河南商丘）、及北京（河北大名）三京，平時各置留守以知府事兼之。天子巡幸親征時，則命親王或大臣總留守事。自眞宗澶淵之盟後，已無親征巡幸之事，則多詔以大臣外放充任。

先生在京期間，結交很多時賢名士，如同年進士石介（守道）、劉渙（凝之）等。此時，他與運途乖舛，屢試不第，但磊落奇特之士方希則君，卻有一段邂逅相知的不平凡因緣。他二人一見如故，交淺誼深。先生交友不妄許人，竟稱許其爲達人，使其由衷欽敬，而臨別索言爲贈，故與諸友好爲之餞行，將終席，有人欲離去，他則執筆揮毫，頃刻寫就「送方希則序」一篇五百餘字的精妙文章，以爲贈言。如云：

蒙莊以紳笏爲柴柵，班伯以名聲爲韁鎖。夫軒裳輝華，人之所甚欲。彼豈惡之邪，蓋將有激云爾。是以君子輕去就，隨卷舒，富貴不可誘，故其氣浩然。勇過乎賁育，毀譽不以屑，其量恬然不見其喜慍。能及是者，達人之節而大方之家也。希則茂才入官，三舉進士不利，命乎數奇，時不見用。而且夷然拂衣，師心自往。推否泰以消息，輕寄物以去來。淵乎其大雅之君子，而幾於昔賢者乎……余雖後進晚出，而掎裳摩趺，攘臂以遊其閒交者固已多矣。晚方得君，傾蓋道塗，一笑相樂。形忘乎外，心照乎內，雖濠梁之遊，不若是也。未幾，君召試中臺，枉於有司，奪席見罷。搢紳議者，感傷冤之。君方澹乎沖襟，竟於使人不能窺也。後數日，齎裝具舟，泛然東下，以余辱交者，索言以爲贈。夫恢識宇以見乎遠，窮倚伏以至於命，此非可爲淺見寡聞者道也。希則，達人爾！可一言之。昔公孫常退歸，鄉人再推，射策遂第一。更生書數十上，每聞報罷，而終爲漢名臣。以希則之資材識業而沉冥鬱堙者，豈非天將張之而固翕之邪！不然，何邅迴而若此也。夫良工晚成者器之大，後發先至者驥之良。異日垂光虹蜺，濯髮雲漢，使諸儒後生企仰而不暇，書固希則褚囊中所畜爾！豈假予詳言之哉……。

此次與會者，同年景山、欽之、識之亦賦詩以爲別。

先生送別希則後，感慨殊深！乃決心交遊天下士；舉凡山林逸士，方外高人，以及市井屠販之流。藉以虛心博採眾意，俾廣見聞，此亦爲深入了解民意與民心的最佳方法。

是年，尚有南省試策五道並問目、翠旌詩等多篇詩文。

第三章 仕進

第一節 初任西京留守推官知友互勉古文學

天聖九年（一〇三一）辛未，先生二十五歲，在洛陽。

三月，先生由京城至洛陽就任西京留守推官。他與交代推官仲簡啓中有云：「況上邦英俊之躔，大相熒煌之座。幕中諸彥，泛泛蓮池之賓。門下並遊，一一蘭臺之眾。勉策駑筋之緩，仰陪席聘之珍。問祈招而不知，因慚諮訪。奉南陽之坐嘯，曷有籌謀。賴乎天幸之然，續於賢者之躅。睨伐柯而取則，獲企前規。告舊政以乞靈，得師餘矱。已積想之慕，彌增竊抃之懷……。」在此啓中，就很明白地道出他與有才學的諸幕友，時有歡聚、並遊、酬唱之盛況。且對前任推官的爲人與績效，諸多稱頌。

他自十七歲應試舉人未能錄取，迄今初任推官，瞬歷八寒暑。其間備嘗科場波折的無奈，幸賴賢母仁慈的愛護與慰勉。益堅心志，力求向上。於是隻身赴京，仍遭阻滯。轉趨漢陽，得遇翰林學士胥偃的知遇稱譽，三試第一，終於得中甲科進士及第。名動京城，前程似錦。然其文名滿天下，終成當代儒宗。傳承孔、孟、韓愈道統諸多因素的關鍵，在於此際賓主相敬，知友互勉古文學，議論當世事的成效。茲爲探悉因由，首先簡介留守錢惟演的爲人處事。至於知交僚友諸君子，容俟適時引敘。

錢惟演，字希聖，臨安人，吳越王俶子。博學能文，詞藻清麗，從父俶歸宋，初爲右神武將軍。眞宗朝，歷翰林學士，遷工部尙書。仁宗朝，爲樞密使，官終崇信軍節度使，卒諡文僖。他的文本揚、劉派，詩尙西崑體。惟素喜愛文學，亦無門派之見。故其屬下諸人，因皆崇尙古文，唱和盛唐詩詞。仍能相處融洽，賓主極歡。足見其器度恢宏，確亦異數。

幕友方面：謝絳（希深）爲通判，尹洙（師魯）爲書記，先生爲推官，梅堯臣（聖俞）爲幕賓。以及張太素、張堯夫、楊子聰、王幾道等諸友，都是道義交遊。時以古文、詩、詞、歌、賦，相與唱和，切磋砥礪。尤與尹洙、梅堯臣二人交誼最深，互爲影響亦最大。

全集年譜：「天聖九年辛未三月，公至西京。錢文僖公惟演爲留守。幕府多名士，與尹洙師魯、梅堯臣聖兪尤善。日爲古文歌詩，遂以文章名冠天下。」

蘇轍（子由）云：「補西京留守推官，始從尹師魯遊，爲古文，議論當世事，迭相師友。與梅聖俞遊，爲歌詩相唱和，遂以文章名冠天下。」

先生自謂：「舉進士及第，官於洛陽，而尹師魯之徒皆在，遂相與作爲古文，因出所藏昌黎集而補輯綴之，求人家所有舊本而校定之。」

他初到西京，看到衙署東園，亂草塞路，久未整治，甚覺可惜。他久居隨州僻地，對於農耕蔬圃各種墾植方法，多所了解，經過親自勘察週圍環境，就有全盤概念。首囑園守以糞肥調和瘠土，以井水灌溉枯樹花果。幷即開闢蔬圃十數畦，又植花果桐竹百本。此時，適值春陽浮現，萬物容易萌動之際。園守既佩服推官的學驗豐富，且已囑令著手進行工作，故亦進言。意謂園內有樗樹，根壯葉大。因其根壯則橫梗地脈，消耗陽氣，將使新植的花果蔬菜得不到滋養。其葉大則陰翳蒙礙，將使新植的花果蔬菜不能舒暢繁茂。而其材拳曲臃腫，疎輕不堅，留之無用，應宜砍伐。先生採納其言，使盡伐以爲薪炭之用。翌日，園守又說，園之南有杏，故不得種蔬，是亦宜伐爲薪。先生歎道：「今杏方春且華，將待其實，若獨不能損數畦之廣爲杏地邪？」不許其砍伐。他根據園守先後之言，所作取捨的決定，深有感觸。他日客來，與談所疑，因然其說。故作「伐樹記」一文，殊堪體會。如云：

……因勿伐，既而悟且歎曰：吁！莊周之說，曰樗櫟以不材終其天年，桂漆以有用而見傷夭。今樗誠不材矣，然一旦悉翦棄。杏之體最堅密，美澤可用反見存，豈才不才各遭其時之可否邪？他日客有過修者，僕夫曳薪過堂下，因指而語客以所疑。客曰：是何怪邪？夫以無用處無用莊園之貴也。以無用而賊有用，烏能免哉！彼杏之有華實也，以有生之具而庇其根，幸矣！若桂漆之不能逃乎斤斧者，蓋有利之者在死，勢不得以生也，與夫杏實，異矣！今樗之臃腫不材而以壯大害物，其見伐，誠宜爾。與夫才者死不才者生之說，又異矣！凡物幸之與不幸，視其處之而已。

他作有「七交七首」五言古詩，在此詩中，得以了解諸君子的爲人志趣，彼此相互敬重。公餘之暇，文酒唱和相歡的概況。本書亦以此作爲選錄先生精妙詩詞的開端，依序如次：

其一、河南府張推官

堯夫大雅哲，稟德實溫粹。霜筠秀含潤，玉海湛無際。
平明坐大府，官事盈案几。高談遣放紛，外物不能累。
非惟席上珍，乃是青雲器。

其二、尹書記

師魯天下才，神鋒凜豪儁。逸驥臥秋櫪，意在騤騤迅。
平居弄翰墨，揮洒不停瞬。談笑帝王略，驅馳古今論。
良工正求玉，片石胡爲韞。

其三、楊戶曹

子聰江山稟，弱歲擅奇譽。盱衡恣文辯，落筆妙言語。
胡爲冉冉趨，三十滯公府。美璞思善價，浮雲有夷路。
大雅惡速成，俟命宜希古。

其四、梅主簿

聖俞翹楚才，乃是東南秀。玉山高岑岑，映我覺形陋。
離騷喻草香，詩人識鳥獸。城中爭擁鼻，欲學不能就。

平日禮文賢，寧久滯奔走。

其五、張判官

洛城車隆隆，曉門爭道入。連袂紛如帷，文者豈無十。
壯矣張太素，拂羽擇其集。遠慕鄴才子，一笑權相挹。
雖有軒與冕，攀翔莫能及。人將孰君子，盡視其遊執。

其六、王秀才

幾道顏之徒，沈深務覃聖。采藻薦良璧，文潤相輝映。
入市羊駕車，談道犀爲柄。時時一文出，往往紙價盛。
無爲戀丘樊，遂滯蒲輪聘。

其七、自敘

余本漫浪者，茲亦漫爲官。胡然類鴟夷，託載隨車轅。
時士不挽眉，默默誰與言。類有洛中俊，日許相躋攀。
飲德醉醇酎，襲馨佩春蘭。平時罷軍檄，文酒聊相歡。

另有答楊闢（一作子靜）喜雨長句一篇，概略可分兩段來說。前段是引古之爲政，能知陰陽天地寒暑四時不息的循環運動，都不一定會得到歲時風調雨順與五穀豐收。因此必須勤勞工作，凡事預爲準備，適時適切的調節，始期不虞偶發的水旱之災。如云：

吾聞陰陽在天地，升降上下無時窮。環回不得不差失，所以歲時無常豐。古之爲政知若此，均節收斂勤人功。三年必有一年食，九歲常備三歲凶。縱令水旱或時遇，以多補少能相通。

後段則以當時弊政惡習，嚴重影響社會風氣與國計民生。由於多數吏愚不善於政，不知民間疾苦。上行下效，民亦游手好閑。懶惰農耕，荒廢田地。一遇水旱，吏民愴惶失措。悽慘情狀，觸目驚心。何況軍國大事所需賦稅的徵收，急如星火。而富貴人家，仍多醉生夢死過著奢侈的生活。似此情形，無論歲時豐歉，天下百姓，常感虛空。在古代以農立國，靠天吃飯的農業社會。只要偶一不雨，人民就感困急無奈！惟有祈求天公垂憐降雨，以利農作之途。責吏不善於政，徒呼負負而已！他久居鄉僻，深諳民心。於今，初任推官，位卑言輕。空懷滿腔熱血與報國赤忱，又能有何作爲？只好以詩諷詠，藉以抒懷了。如云：

今者吏愚不善政，民亦游惰離於農。軍國賦斂急星火，兼並奉養過王公。終年之耕幸一熟，聚而耗者多於蠡。是以比歲屢登稔，然而民室常虛空。遂令一時暫不雨，輒以困急號天公。賴天閔民不責吏，甘澤流布何其濃。農當勉力吏當愧，敢不酌酒澆神龍。

他對於釋氏，雖有評論，然一生中與有學問的得道高僧多有交遊，彼此敬重。迄晚自號六一居士，後當適時擇要敘及。此時，作有與「智蟾上人遊南岳」五言律詩兩首。如云：

終日念雲壑，南歸心浩然。青山入楚路，白水望湖田。
野渡惟浮缽，山家少施錢。到時春尚早，收茗綠巖前。

六月，先生與諸君子有普明寺後園之遊，作有「遊大字院記」一百餘字的短文。道盡時序酷熱，避暑以消煩炎。銜觴對奕，吟詠詩歌，留名於壁的種種歡樂情景。照錄如次：

六月之庚，金伏火見。往往暑虹晝明，驚雷破柱。鬱雲蒸雨，斜風酷熱。非有清勝，不可以消煩炎，故與君子有普明後園之遊。春筍解籜，夏潦漲渠。引流穿林，命席當水。紅薇始開，影照波上。折花弄流，銜觴對奕。非有清吟嘯歌，不足以開歡情，故與諸君子有避暑之詠。太素最少飲，詩獨先成，坐者欣然繼之。日斜酒歡，不能徧以詩寫，獨留名於壁而去。他日語且道之，拂塵視壁，某人題也。因共索舊句，揭之於版。以致一時之勝，而爲後會之尋云。

另有「秋郊曉行」律詩五言兩首，可以體會當時人民樵歌之樂。充分顯示秋收豐熟，家家釀酒，熱忱待客的喜悅。如云：

寒郊桑柘稀，秋色曉依依。野燒侵河斷，山鴉向日飛。
行歌採樵去，荷鍤刈田歸。秫酒家家熟，相邀白竹扉。

是年，先生偕母太夫人及家屬住在洛陽，並親迎胥氏夫人於東武。然而何時奉母到洛陽？何時迎娶元配胥氏夫人於東武？全集中未有明確的記載，只有偶於詩文中有點脈絡可尋。而年譜僅云：「初，胥公許以女妻公，是歲，親迎於東武。」此亦先生少提家事所致，故特爲敘及。

明道元年（一〇三二）壬申，先生二十六歲，在洛陽。

宋史本記：「春，二月丁卯二十四日，以眞宗順容李氏爲宸妃卒。」按本史：「宸妃，杭州人，初爲章獻太后侍兒，幸於眞宗，生仁宗。卒年四十六（九八七—一〇三二），進爲宸妃。帝遵妃爲皇太后，謚章懿。」

年譜：「是春及秋，兩遊嵩嶽，從通判謝絳奉御香告廟也。禮畢，同行五人，皆見峭壁大書『神清之洞』。公又嘗行縣，視旱蝗。」

今年，先生兩次遊嵩山，第一次爲春遊，有梅聖俞、楊子聰同遊。第二次爲秋遊，因公與楊子聰隨同謝希深，并有尹師魯、王幾道前往同遊。

他第一次遊覽途中，得有唐代武后時廬山林藪人韓覃撰「幽林思」詩碑，愛其辭翰皆不俗，攜歸以藏篋。十餘年後，始集古金石之文，發篋得之，不勝其喜。但當發篋見此詩時，惜謝希深、楊子聰二人已逝。其後尹師魯、王幾道、梅聖俞三人亦相繼去世。迄至嘉祐八年六月，因數當時同遊嵩嶽六人，惟獨己身尚在，歎時光倏忽，瞬已三十一年，感物追往，愴然神傷。故特爲文以誌慨。

此時，他有嵩山五言古詩十二首，以記其勝，讀後恍若身歷其境，故特照錄如次：

一、公路澗

驅馬渡寒流，斷澗橫荒堡。槎危欲欹岸，花落多依草。
擊汰翫游鯈，倒影看飛鳥。留連看芳杜，漸下四峰照。

二、拜馬澗

昔聞王子晉，把袂浮丘仙。金駿於此墮，吹笙不復還。
玉蹄無迹久，澗草但荒煙。

三、二室道

二室對岧嶢，群峰聳崙直。雲墮高下起，路轉參差碧。
春晚桂叢深，日下山煙白。芝英已可茹，悠然想泉石。

四、自峻極中院步登太室中峰

繫馬青松陰，躡屣蒼崖路。驚鳥動林花，空山答人語。
雲霞不可攬，直入冥冥霧。

五、玉女窗

玉女不可邀，蒼崖鬱岩直。石乳滴空竇，仰見沈寥碧。
徙倚難久留，桂樹含春色。

六、玉女擣衣石

玉女擣仙衣，夜下青松嶺。山深風露寒，月杵遙相應。
靈蹤杳可尋，片石秋光瑩。

七、天門

石徑方盤紆，雙峰忽中斷。呀豁青冥間，畜泄煙雲亂。
杉蘿試舉手，自可階天漢。

八、天門泉：舊號救命泉，惡其名鄙，因取美名，書爲續命泉，大書三字，立於泉側。

煙霞天門深，靈泉吐巖側。雲濕顥氣寒，石老林腴碧。

長松暫休坐，一酌煩心滌。

九、天池

高步登天池，靈源湛然吐。俯窺不可見，淵默神龍護。

靜夜天籟寒，宿客疑風雨。

十、三醉石：在八仙壇上，南臨巨崖，峰岫迤邐。蒼煙白雲，鬱鬱在下。物外之適，相與酣酌。坐石欹醉，似非人間。因索筆目梅聖俞書三醉字於石上。而三人者，又各題其姓名而刻之。

拂石登古壇，曠懷聊共醉。雲霞伴酣樂，忽在千峰外。

坐久還自醒，日落松聲起。

十一、峻極寺

路入石門見，蒼蒼深靄間。雲生石砌潤，木老天風寒。

客來依近照，徙倚聽山蟬。

十二、中峰

望望不可到，行行何屈盤。一逕林杪出，千巖雲下看。

煙嵐半明滅，落照在峰端。

洛陽，地當瀍、澗入洛之會，北帶黃河，南襟伊、洛，東制成皋，西控崤、坂，四塞險固。自周以降，歷漢、曹魏、晉、隋、唐、梁，以至後唐，皆都於此。宋設置西京，以留守鎮之。先生於去年春來此，對於附近山川形勢，民情風俗，早已瞭若指掌，無論偕友俱遊或寓興獨行，都有很精妙的詩文傳世。就以「叢翠亭記」來說，其氣勢宏觀，意義非凡。如云：

九州皆有名山以爲鎭，而洛陽天下中。周宮漢都，自古常以王者制度臨四方。宜其山川之勢，雄深偉麗，以壯萬邦之所瞻。由都城而南以東，山之近者。闕塞高安轘轅緱氏以連嵩室，首尾盤屈踰百里。從城中因高以望之，眾山靡迤。或見或否，惟嵩最遠最獨出。其蘄巖聳秀，拔立諸峰上而不可掩蔽。蓋其名在祀典，與四嶽俱備天子巡狩望祭。其秩甚尊，則其高大殊傑，當然。城中可以望而見者，若巡檢署之居洛北者爲尤高。巡檢署內殿崇班李君始入其署，即相其西南隅而增築之。治亭於上，敞其南北。嚮而望焉，見山之連者峰者岫者，駱驛聯亘。卑相附，高相摩。亭然起，崒然止。來而向，去而背。頹崖怪壑，若奔若蹲，若鬥若倚。世所傳嵩陽三十六峰者，皆可以坐而數之。因取其蒼翠叢列之狀，遂以叢翠名其亭。亭成，李君與賓客以酒食登而落之，其古所謂登高明而遠眺望者歟！

李君爲祝此亭落成之喜，欲誌始造的歲月，故請先生爲文以誌慶，并刻石留念，俾垂久遠。

宜。留守錢惟演，照顧僚屬，無微不至。尤其禮遇先生，特爲整修辦公廳舍，竣工之時，他曾爲文記於壁末。因環境清幽雅靜，遂於其西偏一隅之地，營建一堂。四週栽植叢竹，在其南方闢有窗戶，使能接納日月的光輝。堂內設置一几一榻，架書數百卷，朝夕居其中。以其靜，故能閉目澄心。覽今照古，思慮無所不至。他基於諸多感慨，乃名新堂爲「非非堂」，幷作「非非堂記」，確實發人深省。如云：

權衡之平物，動則輕重差。其於靜也，錙銖不失。水之鑒物，動則不能有睹。其於靜也，毫髮可辨。在乎人，耳司聽，目司視，動則亂於聰明。其於靜也，聞必見審。處身者不爲外物眩晃而動，則其心靜。心靜則智識明，是是非非無所施而不中。夫！是是近乎諂，非非近乎訕。不幸而過，寧訕無諂。是者君子之常，是之何加！一以觀之，未若非非之爲正也。予居洛之明年，既新廳事，有文紀於壁末。營其西偏作堂，户北嚮，植叢竹。闢户於其南，納日月之光。設一几一榻，架書數百卷。朝夕居其中，以其靜也。閉目澄心，覽今照古。思慮無所不至焉，故其堂以非非爲名云。

先生有一位朋友姓張名谷，字仲谷，在洛陽爲河南縣主簿。他覺得「谷之爲義，窪而不盈，動而能應，湛然而深。有似乎賢人君子之德，其所謂名而可言者也。」因此，認爲其名甚佳。但仲谷之字，不足以表其所以名之之義，故宜易其字爲「應之」。他說：谷以言其虛之狀，不若應以體乎谷之德也。君早以孝廉文藝，孝行於鄉里，薦之於有司。而又試其用於春官者之選，深中隱厚。學優道充，其有以應乎物矣。」今其雖方爲小官，只負責簿書的工作。所應者近而小，實未能有以大發其聲。然而，他深知，只要「虛以待之，則物之來者益廣，響之應者益遠，可涯也哉！」他基於上述觀點，深感既是同以進士登科，又同在洛陽爲吏。平時群居相處，攜手並肩，宴閑談笑。若得以字相呼，則必親切自然。爲此，他既不能讓而默，於義又不能辭，故特爲序而易之。張君得遇先生的知己與期許，其感慰之情，不言可喻。由此可見他對朋友的事，無論大小，都非常關心。幷樂而助之，始終如一。

春末夏初，洛陽附近地區，旱蝗爲患。府縣吏民，俱感憂慮。留守錢惟演亦率同有司禱雨以應民需。先生作有「留守相公禱雨九龍祠應時獲澍呈府中同僚」五言律詩五首。對於獲降應時之雨，得以抒困農耕，至感欣慰。詩云：

古木鬱沉沉，祠亭相衮臨。雷驅山外響，雲結日邊陰。
霡霂來初合，依微勢稍深。土膏潛動脈，野氣欲成霖。
隴上連雲色，田間擊壤聲。時光應奏瑞，黃屋正焦心。
帝邑三川美，離宮萬瓦森。廢溝嗚故宛，紅蘤發青林。
南畝猶須勸，餘春尚可尋。應容後車客，時作洛生吟。

他心感上蒼降下應時之雨，以抒民困，精神愉快。於是獨自外出漫遊，藉以欣賞雨後風景。作有「雨後獨遊洛北」兩首。詩云：

北闕望南山，明嵐雜紫煙。歸雲向嵩嶺，殘雨過伊川。
樹繞芳隄外，橋橫落照前。依依半荒苑，行處獨聞蟬。

他旋即奉命赴各縣視察旱蝗災情，深入民間，探詢民瘼，了解實情。既可適時建議留守相公採取措施外，更以實地體察經驗，備供他日施行仁政的參考。作有「被牒行縣因書所見呈僚友」五言律詩一篇。詩云：

周禮恤凶荒，軺車出四方。土龍朝祀雨，田火夜驅蝗。

木落孤村迥，原高百草黃。亂鴉鳴古堞，寒雀聚空倉。

桑野人行饁，魚陂鳥下梁。晚煙茅店月，初日棗林霜。

墐户催寒候，叢祠禱歲穰。不妨行覽物，山木正蒼茫。

又有「緱氏縣作」兩首。詩云：

亭候徹郊畿，人家嶺坂西。青山臨古縣，綠竹繞寒溪。

道上行收穗，桑間晚溉畦。東皐有深趣，便擬卜幽棲。

另有「行次作」兩首。詩云：

秋色滿郊原，人行禾黍間。雉飛橫斷澗，曉響入空山。

野水蒼煙起，平林夕鳥還。嵩嵐久不見，寒碧更孱顏。

他曾與河南府尹曹、參軍楊子聰、河南縣主簿張應之、游學洛陽秀才陳經，偕同遊覽龍門，夜宿廣化寺，作有「遊龍門分題十五首」五言古詩，得以更加體會他作古詩氣韻與意境，故特照錄如次：

一、上山

躡蹻上高山，探險慕幽賞。初驚澗芳早，忽望巖扉敞。林窮路已迷，但逐樵歌響。

二、下山

行歌翠微裏，共下山前路。千峰返照外，一鳥投巖去。渡口晚無人，繫舸芳洲樹。

三、石樓

高灘復下灘，風急刺舟難。不及樓中客，徘徊川上山。夕陽洲渚遠，唯見白鷗翻。

四、上方閣

聞鐘渡寒水，共步尋雲嶂。還隨孤鳥下，卻望層林上。清梵遠猶聞，日暮空山響。

五、伊川泛舟

春谿漸生溜，演漾迴舟小。沙禽獨避人，飛去青林杪。

六、宿廣化寺

橫槎渡深澗，披露採香薇。樵歌雜梵響，共向松林歸。日落寒山慘，浮雲隨客衣。

七、自菩提步月歸廣化寺

春巖瀑泉響，夜久山已寂。明月淨松林，千峰同一色。

八、八節灘

亂石瀉溪流，跳波濺如雪。往來川上人，朝暮愁灘闊。

更待浮雲散，孤舟弄明月。

九、白傅墳

芳荃奠蘭酌，共弔松林裏。溪口望山椒，但見浮雲起。

十、晚登菩提上方

野色混晴嵐，蒼茫辨煙樹。行人下山道，猶向都門去。

十一、山槎

古木臥山腰，危根老磐石。山中苦霜霰，歲久無春色。

不如嵒下桂，開花獨留客。（嵒同巖字）

十二、石苔

巨石何亭亭，孤生此巖側。白雲與翠霧，誰見琅玕色。

惟應山鳥飛，百轉時來息。

十三、鴛鴦

畫舷鳴兩槳，日暮方洲路。泛泛風波鳥，雙雙弄紋羽。

愛之欲移舟，漸近還飛去。

十四、魚

春水弄春沙，蕩漾流不極。笭箵苦難滿，終日沙頭客。
向暮卷空留，棹歌菱浦北。（笭箵，竹器，漁具之類。）

十五、魚鷹

日色弄晴川，時時錦鱗躍。輕飛若下韝，豈畏風灘惡。
人歸晚渚靜，獨傍漁舟落。

另有「伊川獨遊」兩首。詩云：

東郊漸微綠，驅馬忻獨往。梅繁野渡晴，泉落春山響。
身閑愛物外，趣遠諧心賞。歸路逐樵歌，落日寒川上。

詩中「身閑愛物外，趣遠諧心賞」兩句，不僅表露喜樂山水之遊，最重要的應是在未膺重任之前，難得有機會徜徉於大自然美妙的環境中，體會天地間萬物的奧秘，得以觀察四時風雲不斷變化之理。既可調適心身，更有助參透人生眞正的意義，足見其胸襟志趣。

先生於遊罷龍門歸來之後三日，陳經秀才就告辭西行。他正喜方得陳君相與偕遊，忽又遽去，因作「送陳經秀才序」一篇，書其所以遊作爲惜別贈言，確爲殊遇。在當時，有人能得先生的片紙隻字，莫不視爲拱璧，競相珍藏。而他竟對初識的後生秀才如此重視，則知陳經秀才必是品學俱佳的年輕文士。茲將序中之意，簡述如次：

首敘洛陽龍門的由來：「伊出陸渾，略國南，絕山而下。東以會河，山夾水東西。北直國門，當雙闕。隋煬帝初營宮洛陽，登邙山南望曰：此豈非龍門耶！世因謂之龍門，非禹貢所謂導河自積石而號龍門者也。」

次論：「禹之治水九州，披山斬木，遍行天下。凡水之破山而出之者，皆禹鑿之，豈必龍門？」是知禹貢導河，只有自積石一處號龍門。其他各地所謂龍門者，皆因時、因地、因人所自號者，俱不足爲奇。惟此地龍門，有其特異之處，使人有欣然得山水之樂而數遊不厭者。故云：「伊之流最清淺，水濺濺鳴石間。刺舟隨波，可爲浮泛。釣舫擉鼈，可供膳羞。山兩麓浸流中，無巖嶄頹怪盤絕之險，而可以登高顧望。自長夏而往，纔十八里，可以朝遊而暮歸。故人之遊此者，欣然得山水之樂，而未嘗有筋骸之勞。雖數至，不厭也。」

最後，則以達官與卑閑者往遊之目的不同，其各自的行爲表現，自然天壤之別。確實道出其中要義，應可引爲居高位者的鑑戒。「然洛陽西都來此者多達官，尊重不可輒輕出。幸時一往，則騶奴從騎吏屬遮道，唱呵後先，前儐旁扶。登覽未周，意已怠矣！故非有激流上下與魚鳥相傲然徙倚之適也。然能得此者，惟卑且閑者宜之。」因此，遂有上述與數君子偕遊，作詩誌念，并爲作序的因由。

先生在西京締交兩位知己摯友之一的梅堯臣（聖俞），現因來此所爲幕賓的吏事已畢，就要言歸，聞訊至感歎惜。在萬般無奈的情況下，只好將諸多感慨與道義情懷，竭誠表露於文，故作「送梅聖俞歸河陽序」一篇以惜別。後來彼此雖有很多詩文書簡往來，但此篇乃是二人相處一年多的臨別贈言。對於相知期勉之深，稱揚讚許之誠。令人肅然起敬，由衷欽仰。照錄如次：

送梅聖俞歸河陽序（河陽舊縣名，故城在今河南省孟縣西。）

至寶潛乎山川之幽，而能先羣物以貴於世者，負其有累而已。故珠潛於泥，玉潛於璞。不與夫蜃蛤珉石混而棄者，其先膺美澤之氣，輝然特見於外也。士固有潛乎卑位，而與夫庸庸之流，俯仰上下。然卒不混者，其文章才美之光氣，亦有輝然而特見者矣。然求珠者必之乎海，求玉者必之乎藍田，求賢者必之乎通邑大都。據其會，就其名，而擇其精焉爾。洛陽，天子之西都，距京師不數驛。搢紳仕宦，雜然而處，其亦珠玉之淵海歟？予方據是而擇之，獨得於梅君聖俞，其所謂輝然特見而精者邪？聖俞志高而行潔，氣秀而色和，嶄然獨出衆人中。初爲河南主簿，以親嫌移佐河陽，常喜與洛之士遊，故因吏事而至於此。余嘗與之徜徉於嵩洛之下，每得絕崖倒壑，深林古宇，則必相與吟哦其間。始而歡然以相得，終則暢然覺乎薰蒸浸漬之爲益也，故久而不厭。既而以吏事訖，言歸。余且惜其去，又悲夫潛乎下邑，混於庸庸。然所謂能先羣物而貴於世者，特其異而已。則光氣之輝然者，豈能掩之哉？

另有「書梅聖俞稿後」一篇，乃因聖俞將告歸，故求得其詩稿而寫之。聖俞以詩名當世，先生與其交遊，極爲相知相得。自信有如伯牙鼓琴、鍾期之知音，亦即所謂深切了解聖俞所作詩的精神意境。而且確已達到「意相知，心相得」的境界。先生自幼天資敏悟，更加不斷勤學苦讀，博覽古今群書，深諳各地風土人情與民間疾苦。故所作文章詩賦，博大精深而通俗，切合人情事理。無論短文長篇，類皆引古證今，深入淺出，曉暢明白。令人回味無窮，百讀不厭。

本文首言樂。他說：「凡樂，達天地之和而與人之氣相接，故其疾徐奮動，可以感於心。歡欣惻愴，可以察於聲。五聲單出於金石，不能自和也，而工者和之。然抱其器，和其聲，節其廉肉，而調其律呂。如此者，工之善也。……其聲器名物，皆可以數而對也。然至乎動盪血脈，流通精神。使人可以喜，可以悲。或歌或泣，不知手足鼓舞之所然。問其所以感之者，則雖有善工，猶不知其所以然焉！樂之道深矣！故工之善者，必得於心應於手而不可述之言也。聽之善，亦必得於心而會以意，不可得而言也。」

接著引述國家興亡與樂器得失，歌詩盛衰的關係。他說：「堯舜之時，夔得之以和人神，舞百獸。三代春秋之際，師襄、師曠、州鳩之徒，得之爲樂官，理國家，知興亡。周衰官失，樂器淪亡，散之河海，逾千百歲間，未聞有得之者。其天、地、人之和氣相接者，既不得泄於金石，疑其遂獨鍾於人。故其人之得者，雖不可和於樂，尙能歌之爲詩。古者登歌清廟，大師掌之。而諸侯之國，亦各有詩以道其風土性情。至於投壺饗射，必使工歌，以達其意而爲賓樂。」

然後論詩，精闢達意。尤其歸納聖俞獨得詩的眞傳，誠如太史公所謂：「詩三百篇，大抵賢聖發奮之所作也。」於此，先生之所言，應可體會其心意。他說：「蓋詩者，樂之苗裔與！漢之蘇、李，魏之曹、劉，得其正始。宋、齊而下，得其浮淫流佚。唐之時，子昂、李、杜、沈、宋、王維之徒。或得其淳古淡泊之聲，或得其舒和高暢之節。而孟郊、賈島之徒，又得其悲愁鬱堙之氣。由是而下，得者時有而不純焉。今聖俞亦得之，然其體長於本人情，狀風物，英華雅正，變態百出。哆兮其似春，淒兮其似秋。使人讀之，可以喜，可以悲。陶暢酣適，不知手足之將鼓舞也。斯固得深者邪！其感人之至，所謂與樂同其苗裔者邪！

最後，則以求其稿而寫之，以喻心之所得之意作結論。他說：「余嘗問詩於聖俞，其聲律之高下，文語之疵病，可以指而告余也。至其心之得者，不可以言而告也。余亦將以心得意會而未能至之者也。聖俞久在洛中，其詩亦往往人皆有之。今將告歸，余因求其稿而寫之。然夫前所謂心之所得者，如伯牙鼓琴，子期聽之，不相語而意相知也。余今得聖俞之稿，猶伯牙之琴絃也。」

先生所舉伯牙、鍾期故事，所謂：「不相語而意相知」的心意相通之理，猶如佛教禪宗心印相傳的妙契。世傳釋尊嘗於靈山會上拈花示眾，惟摩訶迦葉破顏微笑。釋尊曰：「吾有正法眼藏涅槃妙心，今付屬於汝。」自迦葉以下二十八傳而至達摩。達摩東來，住嵩山少林寺，面壁九年於靜默中教示無言之心印。所謂：「內傳法印，以契證心。」

此時，他看到聖俞與希深所作正反兩篇「紅鸚鵡賦」，深有所感。於是亦作「紅鸚鵡賦」一篇，并在序中指出聖俞是以禽之性，宜適於山林為觀點。託言「今茲鸚徒事言語文章以招累，見囚樊中，曾烏鳶雞雛之不若」。而希深則以「多鸚之才，故能去昆夷之賤，有金闔玉堂之安，飲泉啄食，自足爲樂」作立言，各說各理。先生析論二人之見，認爲「適物理，窮天眞。」則聖俞之說勝。「負才賢以取貴於世，而能自將所適皆安，不知籠檻之於山林」。則謝公之說勝。所以他說：「始得二賦，讀之釋然。知世之賢愚，出處各有理也。然猶疑夫茲禽之腹中，或有未盡者。因拾二賦之餘棄也，以待鷴畢其說」。他舉二人託鷴之說以諷喻，各自有理。但似未盡達禽腹中之意，故又代鷴表達其意，實爲一篇託諷的妙文。摘錄如次：

……蓋以氣而召類兮，故感生而同域。播爲我形，特殊其質。不綠以文，而丹其色。物既賤多而貴少兮！世亦安常而駭異。豈負美以有求兮！適遭時之我貴。客方點我以文采，弔我於籠樊。謂夫飛鳴而飲啄，不若雞鶩與烏鳶。噫！不知物有貴賤，殊乎所得。天初造我，甚難而嗇。千毛億羽，曾無其一。忽然成形，可異而珍。慧言美質，俾貴於人。籠軒實翫，翔集安馴。……我視乎世猶有甚兮！郊犧牢豕，龜文象齒。蚌蛤之胎，犛牛之尾。既殘厥形，又奪其生。是猶天爲，非以自營。人又不然，謂爲最靈。淳和質靜，本湛而寧。不守爾初，自爲巧智。鑿竅泄和，漓淳雜僞。衣羔染夏，強華其體。鞭扑走趨，自相械繫。天不汝文，而自文之。天不汝勞，而自勞之。役聰與明，反爲物使。用精既多，速老招累。侵生蠹性，豈毛之罪。又聞古初，人禽雜處。機萌乃心，物則遁去。深兮則網，高兮則弋。爲之職誰，而反予是責。

七月間，梅聖俞辭別，先生偕諸友好假座普明寺竹林設宴爲其餞行，詩酒唱和，極盡歡樂。他作有「初秋普明寺竹林小飲餞梅聖俞分韻得亭皐木葉下五首」。詩云：

臨水復欹石，陶然同醉醒。山霞坐未斂，池月來亭亭。
洛城風日美，秋色滿蘅皐。誰同茂林下，掃葉酌松醪。
野水竹間清，秋山酒中綠。送子此酣歌，淮南應落木。
勸客芙蓉盃，欲搴芙蓉葉。垂楊礙行舟，演漾回輕檝。
山水日已佳，登臨同上下。衰蘭尚可採，欲贈離居者。

聖俞別後，先生頓感若有所失。適謝學士有詩送來，遂作「和謝學士泛伊川浩然無歸意因詠劉長卿佳句作欲留篇之什」四首。詩云：

久不見南山，依然已秋色。悠哉川上行，復邀城中客。
木落山半空，川明潦尤積。飛鳥鑑中看，行雲舟中白。
夷猶白蘋裏，笑傲清風側。極浦追所遠，回峰高易夕。
觴詠共留連，高懷追昔賢。惟應謝公興，不減向臨川。

又有「戲書拜呈學士三丈」一篇。詩云：

淵明本嗜酒，一錢常不持。人邀輒就飲，酩酊輿籃歸。
歸來步三徑，索寞繞東籬。詠句把黃菊，望門逢白衣。
欣然復坐酌，獨醉臥斜暉。

另有「和楊子聰答聖俞月夜見寄」兩首。詩云：

秋露藹已繁，迢迢星漢回。皎潔庭際月，流光依井苔。
有客愛涼景，幽軒爲君器。所思不可極，但慰清風來。

先生對於聖俞歸去河陽，總是念念不忘。每憶年來相處詩酒唱和遊樂的情境，共許詩思豪氣的相知。撫今追昔，不勝感慨萬千。彼此雖地居南北，但其精神宛若左右，絕不因時空的受限而疏遠。可說君子之交，金石情誼。故每一思及，立即寄詩以抒懷。終其一生，莫不如此。此時，作有「黃河八韻寄呈聖俞」。詩云：

河水激箭險，誰言航葦遊。堅冰馳馬渡，伏浪卷沙流。
樹落新摧岸，湍驚忽改洲。鑿龍時退鯉，漲潦不分牛。
萬里通槎漢，千帆下漕舟。怨歌今罷築，故道失難求。
灘急風逾響，川寒霧不收。詎能窮禹迹，空欲問張侯。

又有「和應之同年兄秋日雨中登廣愛寺閣寄梅聖俞」七言兩首。詩云：

經年都洛與君交，共許詩中思最豪。舊社更誰能擁鼻，新秋有客獨登高。
徑蘭欲謝悲零露，籬菊空開乏凍醪。縱使河陽花滿縣，亦應留滯感潘毛。

九月初，通判謝絳（希深）奉御香告廟及太常寺移文，合用讀祝、捧幣二員。府以歐陽修爲讀祝，楊子聰爲捧幣差事。適值尹師魯、王幾道二人來自緱氏，使謝絳想起平時曾約梅聖俞欲作太室中峰之行。但聖俞已於中春時往遊，當時謝氏以府事纏身，未克成行。現在幸得因公之便，又有二三知友可以爲山水遊伴，所以即與商洽，皆無異議相約同往。他們這次秋遊嵩嶽，可說是公私兩便。一行隨從車馬、執事、伕役，人數甚多。十二月啓程，出建春門，是夜宿十八里河。

十三日，經過緱氏，觀賞古今名士遊嵩山詩碑。碑甚大，但字尚未鐫刻。旋即步上緱嶺，往尋子晉祠。陟轘轅道入登封，出北門，是夕在廟中齋戒沐浴就寢。

十四日晨五鼓，有司請朝服行事。禮畢，趨謁新竣工的宮殿，拜眞宗御容。然後到山麓，至峻極中院。方始改換冠服，除卻車馬隨員。只帶十數人，輕齎遂行。是時，秋清日陰，天氣尚未寒冷。一路升高履險，氣豪神爽。遇盤石，過大樹，休憩其下。酌酒飲茗，談笑極歡。每遇道路稍平，則慢步以行。高峻陡峭，則躡足以進。窺玉女窗搗依石古蹟，窗已亡有，石則誠異。迤邐至八仙壇，憩三醉石上。遍視墨迹，不復存在。考證三君所賦，亦名過其實。過了正午，方抵峻極上院。於是浣漱飲食，大家很從容地攀躋到封禪壇。下瞰羣峰，前所企望所謂非插翅不可到者，皆如小土堆，而城市中的樓觀與芸芸衆生，視若蟻壤之渺小。旋見武后封祀碑，自號大周。當時名賢，俱刻姓名於碑陰，不虞後代之人譏其不典。希深以爲古帝王祀天神紀功德於此，當時尊美甚盛，後之君子，不必予以廢壞。大家聞言，都有同感。又尋韓文公所謂石室者，因進見登東峰頂。既而，希深提議欲訪誦法華經汪僧。先生與師魯因受聖俞往時嘗云斯人不足與語之先入偏見影響，均無興趣。但經一再勸喻，勉强同行。自峻極東南，緣險而徑下三四里。見僧栖石室中，形貌似土木，飲食如猿鳥。問其經旨，則軟語善答，神色清明端正。論道諦實精簡，其切當云：「古人之念念在定，慧何由雜？今之人念念在散，亂何由定？」先生與師魯是以衛道貶異最爲辯士，聞其言，甚覺有理，頓感欽歎忘返。且對聖俞聞繆而喪眞的疏忽，增加凡事見聞必須相較的重要認知，實爲此行一大收穫。或亦爲後來時與方外高僧盤桓論道，漸改闢佛之念，導致晚號六一居士的因緣。是夜，宿頂上，適値月圓前夕，天氣晴朗，萬里在目，令人浩然忘卻世間煩慮。盤桓三清露下，頗感寒冷。於是入屋張燭，具備豐饌醇醴。五人輕裝環坐，賦詩談道，飲酒笑謔。遂忘形骸之累，不知利欲之萌爲何物。至夜分，始各就寢。

十五日，訪歸路，步履輕鬆。午間至中院，邑大夫等來迎，禮極恭謹。申刻，出登封西門，道潁陽，宿金店。

十六日晨出發，据鞍縱望，太室猶在後。他們都認爲若觀少室之美，非由此路，則不能盡。諸邑人謂之冠山子，正得其狀。然後又行七十里出潁陽北門，訪石堂山紫雲洞，即刑和璞著書之所。山徑極嶮，捫蘿而上者七八里。上有大洞，蔭數畝。有水泉流出，久爲道士所佔。爨煙薰燎，又塗塡其內，甚瀆靈眞之境。希深至爲不滿，已戒邑宰。稍營草屋於側，令道士遷徙而出，幷整理洞中環境。此間峰勢危絕，大抵相向，如巧者爲之。又峭壁有若「神清之洞」四字，體法雄妙，蓋薛老峰之比。他們五人疑爲古苔蘚自成文，又意乃造化者之妙筆，皆莫得究其本末。問道士及附近居民，都說從來不知有此異象。遂留數十刻，恐將雨而離去，猶冒夜行二十五里。馬上若顯疲態，幸有師魯笑語怪談，幾道吹洞簫。先生與子聰間亦哼歌俚調助興，大家欣喜無似，竟忘卻疲勞而不知道路之遠近。是夜，宿呂氏店。

十七日，宿彭婆鎮。遂緣伊流，涉香山，上上方，飲於八節灘上。始自峻極中院未及此，凡題名於樹、石、壁間者，計有十四處。一般遊歷，溯由東門極東而南之。自長夏門入，繞崧轘一匝四百里，可謂窮極勝覽。

以上所述，係根據此行領隊通判謝絳（希深）。因聖俞已離洛陽未克參加，深以爲憾。還府即寫「遊嵩山寄梅殿丞書」中摘錄其詳盡的遊記，使人閱後，有如身歷其境的感受，更體會諸君子的交情與風範。

吾人覽古鑑今，皆知每一時代，賢人君子在位者多，必以仁厚道德人文爲天下倡。自然移風易俗，變化氣質，深得民心。而導致國運昌隆，民生安樂。此乃千古不易之定理，豈可忽視？然世人每以富貴榮華作爲終生追求的目標。但人生在世，各自的資質、品德、才識、志趣與行爲，均不相同。似乎不必勉强去追求不適合自己的目標，而應堅定意志去努力實現「達則兼濟天下，窮則獨善其身」的抱負與願望。換句話說，也就是倘若得展抱負，就要施行仁政，努力做好濟世牖民的工作，留名千古。否則，也要堅守崗位，竭盡心力，做到獨善其身的自我期許。絕對不要貪圖富貴，殘民以逞，遺臭萬年。揆其關鍵，端視各人一念之間的轉變決定。

十一月甲戌六日，大赦天下，改元，百官進秩，優賞諸軍。

是月壬辰二十四日，西夏王趙德明卒。癸巳二十五日，以德明子元昊爲定難軍節度使西平王。從此之後，西夏擾亂邊疆，迄無寧日。

第二節　上范司諫書期勉盡言責

明道二年（一〇三三）癸酉，先生二十七歲，在洛陽。

正月，奉命赴京城開封，洽辦公務，並請准前往漢東（隋州）省候叔父。

先生文名遠播，聲譽日隆，各地仰慕之士，莫不想盡辦法以遂識荆之願。而使臨時作客隨州短暫的時日內，就有許多慕名來訪者，僅舉他與郭秀才書一例，即可概見。如云：

僕昨以吏事至漢東（隨州），秀才見僕於叔父家，以啓事二篇偕門刺先進。自賓階拜進旋辟，甚有儀。坐而語，諾甚謹。讀其辭，溫密華富甚可愛。視秀才待僕之意甚勤而禮也。……若贄以見當世公卿大人，非惟若僕空言以贈也。必有分庭而禮，加籩豆，實幣篚，延爲上賓者，惟勉之不已。

三月，他公私事畢，回程途中，作有「南征回京至界上驛先呈城中諸友」五言律詩兩首。詩云：

朝雲來少室，日暮向箕山。本以無心出，寧隨倦客還。
春歸伊水綠，花晚洛橋閑。誰有餘罇酒，相期一解顏。

又有「逸老亭」一本注彭城公白蓮莊三首。詩云：

上相此忘榮，怡然物外情。池光開小幌，山翠入重城。

野鳥窺華衮，春壺勞耦耕。枕前雙鴈沒，雨外一川晴。
解組金龜重，調琴赤鯉驚。雖懷安石趣，豈不爲蒼生。

另有「廣愛寺」兩首。詩云：

都人布金地，紺宇歸然存。山峰蒸經閣，鐘聲出國門。
老杉春自綠，古壁雨先昏。應有幽人屐，未留石蘚痕。

先生返抵洛陽家中，驚悉胥氏夫人不幸病逝，時生子尚未逾月。他公出回家，突遭鉅變，鶼鰈失偶，哀痛奚似！他與胥氏夫人相處雖僅年餘，但彼此相知之深，相愛之切，決非言辭所能形容。他感念愛妻賢慧淑德，安貧勤謹，誠摯事姑的種種孝行，音容宛在。於今，面對高堂老母乏人侍奉，新生幼兒乳哺無人，眞是欲哭無淚，情何以堪！所以寫下一篇感人肺腑的「述夢賦」。如云：

夫君去我何之乎！時節逝兮如波。昔共處兮堂上，忽獨棄兮山阿。嗚呼！人羨久生，生不可久。死其奈何，死不可復，惟可以哭。病予喉使不得哭兮！況欲施乎其他。憤既不得與聲而俱發兮！獨飲恨而悲歌。歌不成兮斷絕，淚疾下兮滂沱。行求兮不可遇，坐思兮不知處。可見惟夢兮，奈寐少而寤多。十寐而一見兮！又若有而若無。乍若去而若來，忽若親而若疎。杳兮倏兮！猶勝於不見兮！願此夢之須臾。尺蠖憐予兮！爲之不動。飛蠅閔予兮！爲之無聲。冀駐君兮可久，怳予夢之先驚。夢一斷兮魂立斷，空堂耿耿兮華燈。世之言曰，死者澌也。今之來兮！是也非也。又曰：覺之所得者爲實，夢之所得者爲想。茍一慰乎予心，又何較乎眞妄。綠髮兮思君而白，豐肌兮以君而瘠。君之意兮不可忘，何憔悴而云惜。願日之疾兮！願月之遲。夜長於晝兮！無有四時。雖音容之遠矣，於恍惚以求之。

他對愛妻年輕早逝，時刻耿耿於懷，始終無法親撰祭文以表悼念之忱。直到後二十年從其姑歸葬於吉州吉水縣沙溪之山，因在憂制舉附葬之禮，故命門人徐無黨秉筆代序其意，并爲作「胥氏夫人墓誌銘。」如云：

盧陵歐陽先生語其學者徐無黨曰：修年二十餘，以其所爲文，見胥公於漢陽。公一見而奇之。曰：「子當有名於世。」因留置門下，與之偕至京師，爲之稱譽於諸公之間。明年，當天聖八年，修以廣文館生舉，中甲科。又明年，胥公遂妻以女。公諱偃，世爲潭州人，官至工部郎中翰林學士。公以文章取高第，以清節爲時名臣。爲人沉厚周密，其居家，雖燕必嚴，不少懈。每端坐堂上，四顧終日，如無人。雖其嬰兒女子，無一敢妄舉足發聲。其飲食衣服，少長貴賤，皆有常數。胥氏女既賢，又習安其所見，故去其父母而歸其夫，不知其家之貧。去其姆傅而事其姑，不知爲婦之勞。後二年三月，胥氏女生子，未逾月以疾卒，享年十有七。後五年，其所生子亦卒。後二十年，從其姑葬於吉州吉水縣沙溪之山。修暨感胥公之知己，又哀其妻之不幸短命。顧二十年間，存亡憂患，無不可悲者！欲書其事以銘，而哀不能文。因命無党序其意又代爲哀辭一篇，以弔胥氏，因並刻而藏其墓。當胥氏之卒也，先生時爲西京留守推官，實明道二年也。其哀辭曰：

清泠兮將絕之語言猶可記，髣髴兮平生之音容不可求。謂不見爲纔幾時兮，忽二紀其行周。豈無子兮久先於下土，昔事姑兮今從於此丘。同時之人兮藐獨予留，顧生餘幾兮一身而百憂。惟其不忘兮下志諸幽，松風草露兮閟此千秋。

夏日炎炎，愁思不息，觸景生情，百感交集。遂有「荷花賦」之作。如云：「步蘭塘以清暑兮！颯蘋風以中人。擷杜若之春榮兮！搴芙蓉於水濱。……若夫夏畹蘭衰，夢池草密。慘羣芳之以銷，獨斯蓮之迥出。可以嗅清香以析醒，可以玩芳華而自逸。……已見雙魚能比目，應笑鴛鴦是白頭。昔聞妃子貴東鄰，池上金花不染塵。空留此日田田葉，不見當時步步人。」

又作「螟蛉賦」，錄其序中云：「詩曰：螟蛉有子，蜾蠃負之，言非其類也。及揚子法言又稱焉。嗟夫！螟蛉一虫爾，非有心於孝義也。能以非類繼之爲子，羽毛形性不相異也。今夫爲人父母生之，養育劬勞，非爲異類也。乃有不能繼其父之業者，儒家之子卒爲商，世家之子卒爲皁隸。嗚呼！所謂螟蛉之不若也。」

今夏，先生心情相當沉重與煩悶。他雖有時借酒消愁或以詩抒懷，但公私事務絕不受影響。況老母在堂，幼子在抱，更不敢有絲毫憂形於色。在此期間，他充分顯示昭如日月的君子浩然心志。所作之詩，思念亡妻之情，表露無遺，謹錄數篇，藉知梗概。

其一、雨中獨酌

老大世情薄，掩關外郊原。英英少年子，誰肯過我門。
宿雲屯朝陰，暑雨清北軒。逍遙一罇酒，此意誰與論。
酒味正薰烈，吾心方浩然。鳴禽時一弄。如與古人言。
幽居草木深，蒙蘢蔽窗户。鳥語知天陰，蛙鳴識天雨。
亦復命罇酒，欣茲卻煩暑。人情貴自適，獨樂非鍾鼓。
出門何所之，閉門誰我顧。

其二、庭前兩好樹

庭前兩好樹，日久欣相對。風霜歲苦晚，枝葉常葱翠。
午眠背清陰，露坐蔭高蓋。東城桃李月，車馬傾闤闠。
而我不出門，依然伴憔悴。榮華不隨時，寂寞幸相慰。
君子固有常，小人多變態。

其三、綠竹堂獨飲

夏篁解籜陰加樛，臥齋公退無暄囂。……況茲一訣乃永已，獨使幽夢恨蓬蒿。憶予驅馬別家去，去時柳陌東風高。楚鄉留滯一千里，歸采落盡李與桃。殘花不共一日看，東風送哭聲嗷嗷。洛地不見青春色，白楊但有風蕭蕭。姚黃魏紫開次第，不覺成恨俱零凋。……予生本是少年氣，瑳磨牙角爭雄豪。馬遷班固洎歆向，下筆點竄皆嘲嘈。客來共坐說今古，紛紛落盡玉塵毛。彎弓或擬射石虎，又欲醉斬荆江蛟。自言剛氣貯心腹，何爾柔軟爲脂膏。吾聞莊生善齊物，平日吐論奇牙聱。憂從中來不自遣，強叩瓦缶何譊譊。伊人達者尚乃爾，情之所鍾況吾曹。愁塡胸中若山積，雖欲強飲如沃焦。乃判自古英壯氣，不有此恨如何消。又聞浮屠說生死，滅沒謂若夢幻泡。前有萬古後萬世，其中一世獨蚼蟧。安得獨灑一榻淚，欲助河水增滔滔。古來此事無可奈，不如飲此罇中醪。

其四、暇日雨後綠竹堂獨居兼簡府中諸僚

新晴竹林茂，日夕愛此君。佳禽哢翠樹，若與幽人親。
掃徑綠苔靜，引流清派分。開軒見遠岫，欹枕送歸雲。
桐槿漸秋意，琴觴懷友文。浩然滄洲思，日厭京洛塵。
車騎方開府，梁王多上賓。平時罷飛檄，行樂喜從軍。
騎省悼亡後，漳濱多病身。南窗若可傲，方事陶潛巾。

其五、江上彈琴

江水深無聲，江雲夜不明。抱琴舟上彈，棲鳥林中驚。
遊魚爲跳躍，山風助清冷。境寂聽愈眞，絃舒心已平。
用茲有道器，寄此無景情。經緯文章合，諧和雌雄鳴。
颯颯驟風雨，隆隆隱雷霆。無射變凜冽，黃鍾催發生。
詠歌文王雅，怨刺離騷經。二典意澹薄，三盤語丁寧。

琴聲雖可狀，琴意誰可聽。

四五月間，聲名遠播的范仲淹，適從陳州通判奉詔入京任司諫。先生與其素無交遊，因慕名欣聞其受命任司諫。官位雖卑，然其言則任天下之責。懼君子百世之譏，寄與厚望。故於五月間，作有「上范司諫書」。這一篇九百多字的賀函，實爲期勉克盡言責，暢論國家大事的經典巨作。亦可說是他在尙未入朝爲官之前，早已視國家興亡，天下安危爲己任了，故特分段簡述，以供大家欣賞他的讜論宏言。

首先，他說明前月中，得聞其自陳州召至京拜司諫之喜訊，即欲爲書以賀，因多事匆匆未能執筆。他認爲司諫不過七品之官，於其得之不爲喜，而他爲何要爲書一賀呢？實有深意在。

次述九卿百官郡縣的職責，不得逾越其範圍，惟宰相、諫官乃繫天下之事，亦任天下之責。論及宰相九卿而下之失職，只受責於有司。然諫官之失職，則取譏於君子，著之簡冊，垂之百世而不泯。足見他對於朝廷選任位卑而責重的諫官是否賢能，至表重視與關切。如云：

……誠以諫官者，天下之得失，一時之公議繫焉。今世之官，自九卿百執事外，至一郡縣吏，非無貴官大職可以行其道也。然縣越其郡，郡逾其境。雖賢守長，不得行，以其有守也。吏部之官，不得理兵部。鴻臚之卿，不得理光祿，以其有司也。若天下之失得，生民之利害，社稷之大計。惟所見聞而不繫職司者，獨宰相可行之，諫官可言之爾！故士學古懷道者，仕於時。不得爲宰相，必爲諫官。諫官雖卑，與宰相等。天子曰不可，宰相曰可。天子曰然，宰相曰不然。坐乎廟堂之上，與天子相可否者，宰相也。天子曰是，諫官曰非。天子曰必行，諫官曰必不可行。立殿陛之前，與天子爭是非者，諫官也。宰相尊，行其道。諫官卑，行其言。言行，道亦行也。九卿百司郡縣之吏，守一職者，任一職之責。宰相諫官繫天下之事，亦任天下之責。然宰相九卿而下，失職者受責於有司。諫官之失職也，取譏於君子。有司之法，行乎一時。君子之譏，著之簡冊而昭明，垂之百世而不泯，甚可懼也。

繼則以洛之士大夫，常相與語，皆謂識范君之材與賢，他日必有直辭正色，面爭庭論者。但自拜命以來，卒未有聞，致生疑惑，並引韓退之作爭臣論之意。如云：

夫七品之官，任天下之責，懼百世之譏，豈不重邪！非材且賢者，不能爲也。近執事始被名於陳州，洛之士大夫相與語曰：我識范君，知其材也。其來不爲御史，必爲諫官。及命下，果然。則又相與語曰：我識范君，知其賢也。他日聞有立天子陛下，直辭正色，面爭庭論者，非他人，必范君也。拜命以來，翹首企足，竚乎有聞而卒未也。竊惑之，豈洛之士大夫，能料於前而不能料於後也，將執事有待而爲也。

昔韓退之作爭臣論，以譏陽城不能極諫，卒以諫顯。人皆謂城之不諫，蓋有待而然，退之不識其意而妄譏。修獨以謂不然，當退之作論時，城爲諫議大夫已五年。後又二年，始庭論陸贄及沮裴延齡作相，欲裂其麻纔兩事爾！當德宗時，可謂多事矣！

授受失宜，叛將強臣，羅列天下。又多猜忌，進任小人。於此之時，豈無一事可言，而須七年耶？當時之事，豈無急於沮延齡論陸贄兩事也，謂宜朝拜官而夕奏疏也。幸而城爲諫官七年，適遇延齡、陸贄事，一諫而罷，以塞其責。向使止五年六年而遂遷司業，是終無一言而去也，何所取哉！今之居官者，率三載而一遷。或一二歲，甚者半歲而遷也，此又非更可以待乎七年也。今天子躬親庶政，化理清明。雖爲無事，然自千里詔執事而拜是官者，豈不欲聞正義而樂讜言乎！然今未聞有所言說。使天下知朝廷有正士，而彰吾君有納諫之明也。

接著，反覆推論士之讀書，志在見用。及用，每慮非其職不敢言，或位卑不得言，又或有待不能言，終無一人有言，豈不可惜？他慨然言之，實隱喻當時一般士大夫的通病。如云：

> 夫布衣韋帶之士，窮居草茅，坐誦書史。常恨不見用，及用也。又曰：彼非我職，不敢言。或曰：我位猶卑，不得言矣。又曰：我有待。是終無一人言也，可不惜哉！

最後，期勉能盡言責，寄與厚望。先生僅憑洛之士大夫相與稱譽范君之材與賢名，竟不顧素無交誼而寫這一篇責備求全的信，充分顯露他的愛國熱忱，望賢求治的殷切。此時，他雖有名，不過只是一個初任西京留守推官的二十七歲青年，此種胸懷志節，眼光膽識，自非常人可及。結語云：

伏維執事思天子所以見用之意，懼君子百世之譏。一陳昌言，以塞重望，且解洛之士大夫之惑。則幸甚！幸甚！

宋史：范仲淹，字希文，宋江蘇平江府吳縣人。幼孤貧力學，眞宗大中祥符間舉進士，官秘閣校理。仁宗朝以部郎權開封府，徙知饒州。元昊反，以龍圖閣直學士與夏竦經略陝西，號令嚴明，夏人不敢犯。羌人稱爲龍圖老子，夏人稱爲小范老子。尋召拜樞密副使，進參知政事。復出宣撫河東、陝西，徙寧州，轉潁州，卒謚文正。仲淹才高志遠，常以天下爲己任。既貴，尤樂善好施，創置義田以贍族人。

宋人龔氏紀聞：范文正幼孤，隨其母適朱氏，因從其姓。登第時姓名乃朱說也，後請於朝，始復舊姓。表內一聯云：志在投秦，入境遂稱張祿；名非伯越，乘舟偶效陶朱。范蠡、范睢事，在文正用之尤切，今集不載。

范仲淹所作「岳陽樓記」中所言，考其一生事蹟，足可印證其以天下爲己任的心志。如云：「不以物喜，不以己悲。居廟堂之高，則憂其民，處江湖之遠，則憂其君。是則進亦憂，退亦憂，然則何時而樂耶？其必曰：先天下之憂而憂，後天下之樂而樂歟！」他是宋代的人傑，出帥入相的名臣，天下百姓心目中的救星，賢人君子的典範。歎朝廷自毀長城，未能重用，徒失國之棟樑！然其人格完美，功德與言行，千秋萬世，永垂不朽。

先生與范仲淹的交誼，始終沒有隸屬關係，祇是愛慕其才，爲國惜賢，多次適時仗義執言而已。後來，作有「文正范公神道碑銘幷序」一篇兩千多字的宏文，除未敘及更改姓名之事外，對於范公一生行狀，可說巨細無遺，允爲公論，名留青史。茲摘錄序中數語，藉明梗概。

……公生二歲而孤，母夫人貧無依，再適長山朱氏。既長，知其世家，感泣。……公少有大節，於富貴貧賤毀譽歡戚，不一動其心，而慨然有志於天下。自稱曰：士當先天下之憂而憂，後天下之樂而樂也。……公爲人，外和內剛，樂善泛愛。喪其母時尚貧。終身非賓客，食不重肉。臨財好施，意豁如也。及退，而視其私，妻僅給衣食。其爲政，所至民多立祠畫像。其行己臨事，自山林處士里閭田野之人，外至夷狄，莫不知其名字，而樂道其事者甚眾……。

西京官署之東，有一可以燕休，幷爲閑居平心以養思慮的所在，稱爲東齋，也是先生喜愛獨處或與好友常相聚會的地方。他的一位朋友張應之，時任河南縣主簿。在縣署，亦整修一小書齋。傍有小池，週圍竹樹，環境極爲幽雅。由於民少爭訟，歲無大凶，尙稱安定。應之體弱多病，而主簿工作，簡少清閑，正好閑居平心以養思慮。不僅如此，尤好力學。因其所得之疾，乃由氣留而不行，血滯而流逆的咳血病。故每於病發，就取六經百氏與古人述作的文章誦讀，極愛其深博閎遠雄富偉麗之說，每有霍然病愈之感。於是增置古書文字於齋中，往往樂而忘憂。且常引客坐其間，飲茗言笑，終日不倦。先生亦嘗應邀到此，遂爲作「東齋記」，並書於其壁。他在文中敘論之言，多能發人深省與效法。特錄記末數語，即可概見。如云：

……夫世之善醫者，必多畜金石百草之物，以毒其疾，須其瞑眩而後瘳。應之獨能安居是齋以養思慮。又以聖人之道，和平其心而忘厥疾，其古之樂善者歟！

先生素極重視古蹟，尤喜實事求是，始終堅定自信。無論三教九流，俱皆樂與交遊，而多有稱善延譽的文字傳世。就以地居河南省西邊與湖北省接壤，淅水經其東的淅川縣興化寺新修行廊六十四間之事來說。該寺自隋文帝仁壽四年迄今明道二年，四百年間，凡幾壞幾易，未嘗有所誌刻留下。甚至始建因緣，亦莫能詳。但自童少出家的餘杭人延遇到渾州，年十九，始拜師學道。給牒稱僧，行腳四方十有一年，於太宗淳化三年（九九二）壬辰，停留此寺。得維摩院廢基築室，自爲師，教化弟子以居。倏忽二十三年，得授弟子惠聰佛法。又十八年，年已七十有一，念世壽已老。乃示惠聰而歎曰：「吾生乾德之癸亥（太祖乾德元年「九六三」，癸亥起至仁宗明道二年「一〇三三」癸酉止，計虛歲七十有一）。……吾惟浮圖之說，畏且信以忘其生，不知久乎此也。今老矣，凡吾之有衣食之餘。生無鄉閭宗族之賙，沒不待歲時蒸嘗之具。盍就吾之所信者而用焉，畢，吾無恨也。」此一類似遺囑。藉知老僧修持功深，信心堅定，念念不忘宏揚佛法。故能畢其功，了其心願，心無罣礙。

老僧爲營建此新修行郎六十四間工程，方始求文於先生。他因嘉許老僧能果其學，雖老，益厲堅忍。又竭其所有，期與俱就所信而盡心力，更得弟子惠聰自少師事而可託付衣缽者，深感欣慰無憾了。

先生在「淅川縣興化寺廊記」結語云：「夫世之學者，知患不至，不知患不能果，此果於自信者也。」由此可以印證「自信」實爲一切成功的關鍵。人生在世，只要堅定自信之心，凡事必能百折不撓，克服困難，勇往直前，終底於成。

他於天聖九年三月到任後，作有七交七首古詩，時任何南府戶曹參軍揚子聰列名其中。他歎其三十滯公府，位雖卑，然以名望之高下，自然有異於其他州郡者。喩其正以美璞善價待估，勉其「大雅惡速成，俟命宜希古。」於今，任期屆滿，即時調離，至感依依。他於其臨行，特爲作序惜別。如云：「居一歲，相國彭城薦之，集賢學士謝公又薦之，士之有文而賢者盡交之，其能出其頭角矣。若去而之他州郡，不特欣然而出矣，遂特傑然以獨立也。子聰南人，樂其土風。今秩滿，調於吏部，必吏於南也。吾見南之州郡有傑然獨出者，必楊子聰也。」足見其賢而有才，必將獲朝廷遴用。

先生一生皆以知人之明見稱，以識拔天下人才爲國用，引爲己任。茲簡敘他與一位秀才結識的因緣，秀才姓廖名倚，衡山人。他稱頌：「元氣之融結爲山川，山川之秀麗稱衡山湘。……秀才生於衡山之陽，而秀麗之精英者。」其雖文才並茂，然以鄉進士舉於有司而不中。遂遊公卿，所至無不虛館設席，爭相以禮厚待，其獲當時永興太原公的器識尤深。太原公初鎭泰川，請與俱行，西方君子，得以承望風采。其居秦數載而東行，將過京城以歸衡山，因與結識。他說：「予嘗以計吏客都中，識君於交遠，辱之以友益。當君西也，獲餞於國門。及夫斯來，又相見於洛。道語故舊，數日乃行。夫山川固能產異物，而不能畜之者，誠有利其用者爾。今生之行也，予疑夫不能久畜於衡山之阿也。」

九月間，留守相公錢惟演（希聖）調離西京，詔以王曙接任。錢氏在任期間，對於府中諸賢士，極爲禮遇，賓主相處融洽。此次受謗遷徙，是落平章事以崇信軍節度使歸本鎭。當其離任惜別宴會，諸賢士多有感觸。尤其先生滿腔熱血，無從吐露，只有作「上隨州錢相公惟演啓」，謹掬懇切之言，以表心志。

首對錢氏任內政績，雍容仁厚的器度，誠懇待人的眞忱，至表推崇。如云：「相公坐於雅俗，鎭以無爲。民豐四輔之年，市息三丸之盜。行郊憩樹，絕無兩造之辭。託乘載賓，惟奉百金之宴。而況西河幕府，最盛於文章。南國蘭臺，莫非乎英俊。」

次述感念眷顧恩遇之情，永難忘懷。如云：「首玷初延，至於憐嵇懶之無能，容禰狂而不辱。告休漳浦，許淹臥以彌旬。偶坐習家，或忘歸而終日。但覺從軍之樂，豈知爲吏之勞。芘德已深，遊藩未幾。既爾持山國之瑞節，改戎乘而啓行。荊州遽失於所依，周南遂留於滯迹。稍以引去，無復並遊之人。翛然自存，時有思歸之歎！每臨風而結想，徒零涕以懷恩。」

最後，引述古人推究之言理，頌讚盛德松筠之心。寬慰勿因流路之謗而介意。深信稍後廷臣一言悟主，必開來復，以慶終亨。願無以理而自明，當要既久而復見，以表上書之志在此。如云：

相公以彝鼎之勳，極公台之重。獨立不倚，羣言互興。中山之篋雖盈，南海之車終辯。繫辭有云：崇高莫大乎富貴。古人歎曰：富貴必履於危機。伏惟推盈虛消長之

> 言，究動靜吉凶之理。秉珪璋之德，何卹瑕疵。挺松筠之心，不變霜雪。雖流路之謗，未免三年以居東。而在廷之臣，豈無一言之悟主。俟聞來復，以慶終亨。願無以理而自明，當要既久而復見。區區之志，實在於斯。徒有戀軒之心，未知報恩之所。

有一位河東人張姓秀才，不遠數百里前來洛陽，專誠以詩、賦、雜文、啓事爲贄，求謁於先生。他看完數遍，覺得很多問題，疑惑不解，所以有話不得不說。幾經考慮，即先後寫了兩封信給張秀才。摘要簡述如次，藉悉先生知人之明，識才之辨。皆針對其偏失，坦率直言，期能解惑的用心良苦。

與張秀才第一書：先生認爲其在河中爲鄉進士（秀才），精學勵行，可謂彼邦之秀者。其遊學必有師友，其鄉必有先生長者，其府縣必有賢守長佐吏，爲其稱譽美才。因何不避風霜勞苦，而遠道前來超走拜伏於人之階廡間呢？是否以爲洛陽多賢士君子，可以奮揚而光遠呢？他以況喻市易來說：「洛陽，天下之大市也，來而欲價者有矣，坐而爲之輕重者有矣。予居其間，其官位學行，無動人也。是非可言，不足取信也，其亦無資而攘臂以遊者也。今足下之來，試其價，既就於可以輕重者矣，而反以及予？」因此，他深有所感的說：「以無資者爲求價之責，雖知貪於所得，而不知有以爲價也。」故其結語很婉轉的說：「辱賜以來，且慙且喜。既不能塞所求以報厚意，姑道此以爲謝。」

與張秀才第二書：先生自張秀才前日辭別之後，復取其所賜古今雜文如大節賦、樂古、太古曲等十數篇，反覆閱讀，稱譽其好學而有志：如云：「言尤高而志極大，尋足下之意，豈非閔世病俗。究古明道，欲拔今而復之古。而剪剝齊整，凡今之紛殽駮冗者歟！然後益知足下之好學，甚有志者也。」但他很誠懇的指出其缺點說：「述三皇太古之道，捨近取遠。務高言而鮮事實，此少過也。」然而學者應如何知古明道才是君子之所學呢？他一本「取其所長，去其所短」的教人方法，諄諄曉諭，剴切暢論。如云：

「君子之於學也，務爲道，爲道必求知古。知古明道，然後履之以身，施之於事。而又見於文章而發之，以信後世。其道周公、孔子、孟軻之徒常履而行者是也。其文章，則六經所載，至今而取信者是也。其道易知而可法，其言易明而可行。及誕者言之，乃以混蒙虛無爲道，洪荒廣略爲古。其道難法，其言難行。孔子之言道曰：道不遠人。言中庸者曰：率性之謂道。又曰：可離非道也。春秋之爲書也，以成隱讓而不正之。傳者曰：春秋信道不信邪，謂隱未能蹈道。齊侯遷衛，書城楚丘。與其仁，不與其專封。傳者曰：仁不勝道。凡此所謂道者，乃聖人之道也。此履之於身，施之於事，而可得者也。豈如誕者之言者耶！堯禹之書，皆曰若稽古。傅說曰：事不師古，匪說攸聞。仲尼曰：吾好古敏以求之者。凡此所謂古者，事乃君臣上下禮樂刑法之事，又豈如誕者之言者邪？此君子之所學也。」

接著闡述捨近而取遠，務高言而鮮事實的論點。如云：「夫所謂捨近而取遠云者，孔子曰：生周之世，去堯、舜遠，孰與今去堯、舜遠也。孔子刪書，斷自堯典，而弗道其前。其所謂學，則曰祖述堯、舜。如孔子之聖且勤而弗道其前者，豈不能邪！蓋以其漸遠而難彰，不可以信後世也。今生於孔子之絕後，而反欲求堯、舜之已前世，所謂務高言而鮮事實者也。」

至於如何才是易知而近者之切事實呢？他則提出實例印證。如云：「唐、虞之道，爲百王首。仲尼之歎，曰蕩蕩乎！謂高深閎大不可名也。及夫二典，述之炳然，使後世遵崇仰望不可及，其嚴若天。然則書之言，豈不高邪！然其事，不過於親九族，平百姓，憂水患。問臣下誰可任以女妻舜。及祀山川，見諸侯，齊律度，謹權衡，使臣下誅放四罪而已。孔子之後，惟孟軻最知道。然其言，不過於教人樹桑麻，畜雞豚，以謂養生送死爲王道之本。夫二典之文，豈不爲文？孟軻之言道，豈不爲道？而其事乃世人之甚易知而近者，蓋切於事實而已。」

再則，以今之學者樂誕者之言，認爲萬世可行而不變之道，謂不足爲，而務高遠之爲，特予引述比較。如云：「今學者不深本之，乃樂誕者之言。思混沌於古初，以無形爲至道者。無有高下遠近，使賢者能之，愚者可勉而至。無過不及，一本乎大中，故能亙萬世可行而不變也。今以謂不足爲，而務高遠之爲勝。以廣誕者無用之說，是非學者之所盡心也。宜少下其高，而近其遠，以及乎中，則庶乎至矣！」

最後，謙稱陳言淺語，不宜爲足下道。只望能損高遠而俯就之，絕非奇言以自高，請其少思。如云：「凡僕之所論者，皆陳言淺語，如足下多聞博學，不宜爲足下道之也。然某之所以云者，本欲損足下高遠而俯就之，則安敢務爲奇言以自高邪！幸足下少思焉。」

年譜：「九月，莊獻劉后，莊懿李后，祔葬定陵，公至鞏縣（河南洛水東岸）陪祭。」先生作有「鞏縣陪祭獻、懿二后回孝義橋道中作」五言律詩二首。詩云：

落日漢陵道，初寒慘暮飈。遙看山口火，暗渡洛川橋。

不見新園樹，空閒引葬簫。林鴉棲已定，猶此倦征鑣。

他於去年秋，作有「黃河八韻」。詩中所云情況，應非親眼所見，可能係根據各種資料，或由各方朋友言談中所提供。因茲所作「鞏縣初見黃河」七言古詩長篇，首述所見鞏、洛之山夾峙河流經過的形勢。次言自己居住南方，素不識河，乃是看到禹貢書中所記的河狀，經過此次目睹驗證與書所記，確信無疑。再敘堯、舜關心水患，以及大禹勤勞治水防災功德施及三代俱蒙其利的概況。最後說明前歲河水泛濫滑縣，人民驚走逃避，幸賴天子聖明，迅令引流導入故道，方始解除民困的種切。

黃河為我國第二大川，流經九省，全長四千六百餘公里。其上源為沙漠高原，河水挾流沙而來，故水性重濁。其下流泥沙淤積沉澱，常有泛濫之患。歷代都設有專責機關，特命大員督率大量兵伕。動用鉅額歲帑，專任防治工作。雖有水利航運之便，然仍此淤彼決，造成嚴重災害。因河水潰決無常，故流道常有遷徙。其在河南滎澤以下，古來已大徙六次，今河道係清代咸豐時所徙。

他這篇「鞏縣初見黃河」長詩，可說是歌詠黃河的代表巨作。特照錄如次：

河決三門合四水，徑流萬里東輸海。鞏洛之山夾而峙，河來齧山作沙觜。

山形迤邐若奔避，河益洶洶怒而詈。舟師弭楫不以帆，頃刻奔過不及視。
舞波淵旋投沙渚，聚沫倏忽爲平地。下窺莫測濁且深，癡龍恠魚肆憑恃。
我生居南不識河，但見禹貢書之記。其言河狀鉅且猛，驗河質書信皆是。
昔者帝堯與帝舜，有子朱商不堪嗣。皇天意欲開禹聖，以水病堯民以潰。
堯愁下人瘦若腊，眾臣薦鯀帝曰試。試之九載功不效，遂殛羽山慙而斃。
禹羞父罪哀且勤，天始以書畀於姒。書曰五行水潤下，禹得其術因而治。
鑿山疏流浚畎澮，分擘枝派有條理。萬邦入貢九州宅，生人始免生鱗尾。
功深德大夏以家，施及三代蒙其利。江海淮濟洎漢沔，豈不浩渺汪而大。
收波卷怒畏威德，萬古不敢肆凶厲。惟茲濁流不可律，歷自秦漢尤爲害。
崩堅決壅勢益橫，斜跳旁出惟其意。制之以力不以德，驅民就溺財隨弊。
蓋聞河源出崑崙，其山上高大無際。自高瀉下若激箭，一直一曲一千里。
湍雄衝急乃迸溢，其勢不得不然爾。前歲河怒驚滑民，浸漱洋洋淫不止。
滑人奔走若鋒駭，河伯視之以爲戲。呀呀怒口缺若門，日啖薪石萬萬計。
明堂天子聖且神，悼河不仁嗟曰喟。河伯素頑不可令，至誠一感惶且畏。
引流辟易趨故道，閉口不敢煩官吏。遵塗率職直東下，咫尺莫可離其次。
爾來歲星行一週，民牛飽芻邦羡費。滑人居河飲河流，耕河之壖浸河濆。
嗟河改凶作民福，嗚呼明堂聖天子。

先生是一位重視情感道義的士君子，自鞏縣陪祭與人分別，尚未期月，就十分懷念當時並轡同行昭陵道分首的諸友好。故作有「代書寄尹十一兄、楊十六、王三」的五言古詩一篇。開頭就說：「並轡登北原，分首昭陵道。秋風吹行衣，落日下霜草。」接著回想當時分首以後的行程，初見黃河的情狀。并親自沿河行經數曲，實地體察驗證昔之所聞。他知而力行，始終如一的精神，足資矜式。如云：「昔日憩鞏縣，信馬行苦早。行行過任村，遂歷黃河隩。登高望河流，洶洶若怒鬧。予生平居南，但聞河浩渺。停鞍暫遊目，茫洋肆驚眺。並河行數曲，山坡亦縈繞。罌子與山口，呀險乃天竈。秤鉤眞如鉤，上下欲顚倒。虎牢吏當關，譏問名已告。滎陽夜聞雨，故人留我笑。明朝已高塵，輤車引旌纛。傳云送主喪，窀穸諸墳兆。後乘皆輜軿，輪轂相輝照。辟易未及避，盧兒已呵噭。午出鄭東門，下馬僕射廟。中牟去鄭遠，記里十餘堠。抵牟日已暮，僕馬困米稾。漸望闉闍門，崛若中天表。趍車爭道入，羈靮不及掉。浪壇遊九衢，風埃歎河浩。」最後，他爲表達別後思念之情懷，故以詩代書報導上述行役的概況，俾供諸友好他日遊歷的參考。

十月十二日，先生作有「李秀才東園亭記」一篇，乃是隨州童少年伴友李公佐（堯輔）於今年春寄書到洛陽請他撥冗賜撰。他與李秀才因緣深厚，可說是總角之交。兒童時，常遊其家。有一次在其壁間弊筐中，見到韓昌黎文集六卷，因商借回家以讀。然年紀尚少，未能悉究其中義理，徒見浩然無涯，甚覺可愛。從此啓發他崇儒重道的思想，奠定他成就宋代儒宗的基礎。

隋州，春秋時稱漢東大國，魯桓公之後，楚始强盛。隋與楚鄰近，常與爭鬥勝敗。但隋的山川土地，既無楚高深壯厚之勢，而封域之廣，不過一二百里，且無古强大諸侯之有制度。然而當時因何稱為大國呢？原來春秋之世，其未嘗通與中國盟會朝聘。至僖公二年，方見於經，以伐見於書。哀公元年，始約列諸侯，亦僅一會而罷，其後則少見。尤其僻居荊夷，夾處於蒲、騷、鄖、蓼諸小國之間較大而已。至於現在情況如何呢？如云：

故於今，雖名藩鎮，而實下州。山澤之產無美材，土地之貢無上物。朝廷達官大人，自閩陬嶺徼出而顯者，往往皆是。而隋近柘天子千里內，幾一百年間，未出一士，豈其卑貧薄陋自古然也。

接著縷述他與隋的因緣，能道其風土人情。他稱譽城南李氏大戶，家多藏書，訓示子孫以學。公佐得嗣家業，益修園亭以為歲時休閒遊憩之所。他自去漢沔，遊京師，久未至其家。今年春，因省候叔父赴隋州，始有機會復至城南。公佐引登亭上，周尋昔年方治東園所見美草。查詢遊伴兒童，得知東園迄今依舊，人物多已變易。他現正仕宦奔走四方，不知未來何時再至城南登此亭，則東園之物豈不又幾變了？他滿懷感慨，情見乎辭。如云：

予少以江南就食居之，能道其風土。地既瘠枯，民給生不舒愉。雖豐年，大族厚聚之家，未嘗有樹林池沼之樂，以為歲時休暇之嬉。獨城南李氏為著姓，家多藏書，訓子孫以學。予為童子與李氏諸兒戲其家。見李氏方治東園，往求美草，一一手植。

周視封樹，日日去來園間，甚勤。李氏壽終，公佐嗣家，又構亭其間，益修先人之所為。予亦壯，不復至其家。已而去客漢、沔，遊京師，久而乃歸。復行城南，公佐引予登亭上。周尋童子時所見，則樹之孽者抱，昔之抱者枿。草之茁者叢，荄之甲者今果矣。問其遊兒，則有子，如予童子之歲矣。相與逆數昔時，則於今七閏矣！然忽忽如前日事，因歎嗟徘徊不能去。噫！予方仕宦奔走，不知再至城南登此亭復幾閏？幸而再至，則東園之物又幾變也。計亭之梁木其蠹，瓦甓其溜，石物其泐乎？

最後，在他簡短的結語中，深切體會他已充分表露懷念隋之風土人情。他重情義，決不因隋之瘠陋，而非祖籍之鄉所忽視。他念念難忘的是生長之地，童少勤讀，遊伴玩樂之鄉，感受最深的地方。況今備受鄉里推崇的好友李公佐樂見其克紹箕裘，更引以為慰。如云：

隋雖陋，非予鄉，然予之長也，豈能忘情於隋哉！公佐好學有行，鄉里推之，與予友。蓋明道二年十月十二日也。

歲暮年終通判謝絳（希深）奉調入京，知己之人，又少一位，惜別依依，滿懷惆悵，只有作詩以表心意。如「送謝學士歸闕」五言律詩二首云：

供帳拂朝煙，征鞍去莫攀。人醒風外酒，馬度雪中關。
舊府誰同在，新年獨未還。遙想行路者，偏識綵衣斑。

十二月，進階承奉郎（從八品）。

第三節 三年內兩次喪偶倍感哀傷

景祐元年(一〇三四)甲戌，先生二十八歲，在京城。

先生自蒙翰林學士胥偃的賞識，爲之稱譽於諸公卿名流之間。繼而國學、解學及禮部省試，三次第一，又中進士甲科高第，立即名動京城。初任西京留守推官，得與愛好古文、詩的幕府僚賓諸友好，志同道合，一心從事古文、詩的切磋砥礪，奠定復興古文的基礎。更荷前後任留守相公的禮遇器重，在此期間，可說是他啓動事業發展的重要時刻。

於今，他在長官諸友好相繼離開之後，自己亦將任滿入京，每思洛陽的人、事、物種切，不禁悵然若失！只好時藉獨遊以憶舊或寄詩以抒懷。略舉五言律詩三首，即可體會他此時的心境。

一、春日獨遊上林院後亭見櫻桃花奉寄希深、聖俞仍酬遞中見寄之什

昔日尋春地，今來感歲華。人行已荒徑，花發半枯槎。
高榭林端出，殘陽水外斜。聊持一罇酒，徙倚憶天涯。

二、獨至香山憶謝學士(希深)

伊水弄春沙，山臨水上斜。曾爲謝公客，徧入梵王家。
陰澗初生草，春嵒自落花。卻尋題石處，歲月已堪嗟。

三、春晚同應之偶至普明寺小飲作

偶來林下逕，共酌竹間亭。積雨添方沼，殘花點綠萍。
野陰侵席潤，芳氣襲人醒。禽鳥休驚顧，都忘兀爾形。

年譜：「三月，西京秩滿，歸襄城。」

他自天聖九年三月，到西京留守府爲推官，瞬已任期屆滿，即將離職。久欲欣賞天下第一的洛陽牡丹，皆因故錯過時會。僅有此次亦只能見到早開的牡丹，尚未能見其極盛時的艷麗景況，雖有美中不足之憾！然爲了紀念此一難得的機緣，本著儒士閑靜的情懷，遂作「洛陽牡丹記」。分爲花品序第一、花釋名第二、風俗記第三、并有後來所作的「牡丹記跋尾」，方始稱爲完美的牡丹記全文。玆摘要簡述如次，藉悉因由。

其一、花品序

首述「牡丹出丹州、延州，東出青州，南亦出越州，而出洛陽者，今天下第一」。則知天下之大，九州之廣，莫非王土，亦即涵蓋天下了。所謂洛陽牡丹者，各地皆無出其右。而丹州花、延州紅、青州紅者，都是各該地最傑出的牡丹花。可是一到洛陽，只備稱衆花的一種。等第皆排列在三等以下，不能獨立與洛花相比。至於越之花，因遠處南疆，罕有人識，不見提及。雖是越人，亦不敢自譽以與洛花爭高下。所以洛陽牡丹，果爲天下第一。洛陽兼有黃芍藥、緋桃、瑞蓮、千葉、李紅、郁李之類名產。但洛陽人不甚愛惜，謂之果子花。惟獨牡丹，則不名，直稱「花」，其意謂天下眞花獨牡丹。其名的顯著，不假稱牡丹而可知，乃知其受人重視的程度了。

繼謂洛陽牡丹譽爲天下第一的因緣云：「說者多言，洛陽於三河間古善地。昔周公以尺寸考日出沒，測知寒暑風雨乖與順於此。此蓋天地之中，草木之華。得中氣之和者多，故獨與它方異。」先生對於此說，甚不以爲然。遂以精博高明的卓見，順理成章的析論，使人不得不由衷信服。如云：

夫洛陽於周所有之土，四方入貢。道里均，乃九州之中。在天地崑崙旁薄之間，未必中也。又況天地之和氣，宜遍被四方上下，不宜限其中以自私。夫中與和者，有常之氣。其推於物也，亦宜爲有常之形。物之常者，不甚美亦不甚惡。及元氣之病也，美惡鬲，并而不相和入。故物有極美與極惡者，皆得於氣之偏也。花之鍾其美，與夫癭木臃腫之鍾其惡。醜好雖異，而得分氣之偏病，則均。洛陽城圓數十里，而諸縣之花莫及城中者。出其境，則不可植焉。豈徒可怪駭不爲害者，曰妖。語曰：天反時爲災，地反物爲妖。此亦草木之妖，而萬物之一怪也。然比夫癭木之臃腫者，竊獨鍾其美而見幸於人焉。

接著說明在洛陽四次見春，但卻未能飽覽牡丹的原因。如云：余在洛陽，四見春。天聖九年三月，始至洛。其至也晚，見其晚者。明年，會與友人梅聖俞遊嵩山少室、緱氏嶺、石唐山、紫雲洞。既還，不及見。又明年，有悼亡之戚，不暇見。又明年，以留守推官歲滿解去，只見其蚕者，是未嘗見其極盛時。然目之所矚，已不勝其麗焉。

最後，談及昔於雙桂樓下所見小屏細書花名九十餘種。然而，他所經見及今人多稱者，不過三十餘種。而今所錄其特著的花名，計有二十四種。如云：

余居府中時，嘗謁錢思公於雙桂樓下，見一小屏立坐後，細書字滿其上。思公指之曰：「欲作花品，此是牡丹名，凡九十餘種。」余時不暇讀之。然余所經見而今人多稱者，纔三十許種，不知思公何從而得之多也。計其餘，雖有名而不著，未必佳也。故今所錄，但取其特著者而次第之。

姚黃	朱砂紅	魏花	九蘂眞珠
細葉壽安	延州紅	青州紅	多葉紫
朱家異	麤葉壽安	潛溪緋	丹州紅
左花	蓮花萼	獻來紅	一百五
葉底紫	鹿胎安	鶴翎紅	甘草黃
添色紅	一擫紅	倒暈檀心	玉板白

其二、花釋名

先生學問博大精通，尤其廣泛深入探詢眾見，虛心採納士庶專家經驗之言。因對牡丹花的釋名，更加引人入勝，歎爲觀止。堪稱專論佳作，即使園藝專家精心撰述，亦不遑多讓。

文雖較長，爲便閱覽，特予依序析錄，藉以提供喜愛此花人士的參考。如云：

牡丹之名，或以氏，或以州，或以地，或以色，或旌其所異者而志之。

姚黃、牛黃、左花、魏花以姓著。

青州、丹州、延州紅以州著。

細葉、麤葉壽安、潛溪緋以地著。

一撅紅、鶴翎紅、朱砂紅、玉板白、多葉紫、甘草黃以色著。

獻來紅、添色紅、九蘂眞珠、鹿胎花、倒暈檀心、蓮花萼、一百五、葉底紫，皆志其異者。

姚黃者，千葉黃花，出於民姚氏家。此花之出，於今未十年。姚氏居白石馬坡，其地屬河陽。然花不傳河陽，傳洛陽。洛陽亦不甚多，一歲不過數朵。

牛黃，亦千葉，出於民牛氏家，比姚黃差小。眞宗祀汾陰，還過洛陽，留宴淑景亭，牛氏獻此花，名遂著。

甘草黃，單葉，色如甘草。洛人喜別花，見其樹，知爲某花。云獨姚黃易識，其葉嚼之不腥。

魏家花者，千葉肉紅花，出於魏相仁溥家。始樵者於壽安山中見之，斵以賣魏氏。魏氏池館甚大。傳者云：此花初出時，人有欲閱者。人稅十數錢，乃得登舟渡池至花所，魏氏日收十數緡。其後破亡，鬻其園。今普明寺後林池，乃其地。寺僧耕之，以植桑麥。

花傳民間甚多，人有數其葉者，云至七百葉。錢思公嘗曰：人謂牡丹花王。今姚黃眞可爲王，而魏花乃后也。

鞓紅者，單葉深紅花，出眞州，亦曰眞州紅。故張僕射齊賢有第西京賢相坊，自青州以馲駝馱其種，遂傳洛中。其色類腰帶鞓，故謂之鞓紅。

獻來紅者，大多葉淺紅花。張僕射罷相，居洛陽，人有獻此花者，因曰獻來紅。

添色紅者，多葉花。始開而白，經日漸紅，至其落，乃類深紅，此造化之尤巧者。

鶴翎紅者，多葉花。其末白而本肉紅，如鴻鵠羽色。

細葉、麤葉壽安者，皆千葉肉紅花。出壽安縣錦屏山中，細葉者尤佳。

倒暈檀心者，多葉紅花。凡花，近萼色深。至其末，漸淺。此花自外深色，近萼反淺白。而深檀點其心，此尤可愛。

一擫紅者，多葉淺紅花。葉杪深紅一點，如人以手指擫之。

九蘂眞珠紅者，千葉紅花。葉上有一白點如珠，而葉密蹙其蘂，爲九叢。

一百五者，多葉白花。洛花以穀雨爲開候，而此花常至一百五日，開最先。

丹州、延州花，皆千葉紅花，不知其至洛之因。

蓮花萼者，多葉紅花。青趺三重，如蓮花萼。

左花者，千葉紫花。葉密而齊，如截，亦謂之平頭紫。

朱砂紅者，多葉紅花，不知其所出。有民門氏子者，善接花以爲生。買地於崇德寺前，治花圃，有此花。洛陽豪家尚未有，故其名未甚著。花葉甚鮮，向日視之，如猩血。

葉底紫者，千葉紫花。其色如墨，亦謂之墨紫花。在叢中旁，必生一大枝，引葉覆其上。其開也，比它花可延十日之久。噫！造物者亦惜之耶！此花之出，比它花最遠。傳云唐末有中官爲觀軍容使者，花出其家，亦謂之軍容紫。歲久，失其姓氏矣。

玉板白者，單葉白花。葉細長，如拍板，其色如玉而深檀心，洛陽人家亦少有。余嘗從思公至福嚴院，見之。問寺僧而得其名，其後未嘗見之。

潛溪緋者，千葉緋花。出於潛溪寺，寺在龍門山後，本唐相李藩別墅。今寺中已無此花，而人家或有之。本是紫花，忽於叢中特出緋者，不過一二朶。明年，移在他枝。洛人謂之轉枝花，故其接頭尤難得。

鹿胎花，多葉紫花。有白點如鹿胎之紋，故蘇相禹珪宅今有之。多葉紫，不知其所出。

初，姚黃未出時，牛黃，爲第一。牛黃未出時，魏花爲第一。魏花未出時，左花爲第一。左花之前，唯有蘇家紅、賀家紅、林家紅之類。皆單葉花，當時第一。自多葉千葉出後，此花黜矣！今人不復種也。

牡丹初不載文字，唯以藥載本草。然於花中，不爲高第。大抵丹、延已西及褒斜道中尤多，與荊棘無異，土人皆取以爲薪。自唐則天已後，洛陽牡丹始盛，然未聞有以名著者。如沈、宋、元、白之流，皆善詠花草。計有若今之異者，彼必形於篇詠，而寂無傳焉。唯劉夢得有詠魚朝恩宅牡丹詩，但云一叢千萬而已，亦不云其美且異也。謝靈運言永嘉竹間水際多牡丹。今越花不及洛陽甚遠，是洛花自古未有若今之盛也。

其三、風俗記

本記對於洛陽好花風俗，接花工的手藝、技巧、秘訣、心態，所顯示的接花、澆花、養花、醫花之法與花之忌種種，皆在情理之中。倘若細加研究，應可體會其中道理。不僅有益於花，更可有助於人的潛修心性，益壽延年。如云：

洛陽之俗，大抵好花。春時，城中無貴賤，皆插花，雖負擔者亦然。花開時，士庶競爲遊遨。往往於古寺廢宅有池臺處，爲市井，張幄帟，笙歌之聲相聞。最盛於月陂堤、張家園、棠棣坊、長壽寺、東街與郭令宅，至花落，乃罷。洛陽至東京大驛，舊不進花。自今徐州李相迪爲留守時，始進御。歲遣衙役一員，乘驛馬，一日一夕至京師。所進不過姚黃、魏花三數朵。以菜葉實竹籠子，藉覆之，使馬上不動搖。以蠟封花蒂，乃數日不落。大抵洛人家家有花，而少大樹者。

春初時，洛人於壽安山中斵小栽子，賣城中，謂之山篦子。人家治地爲畦塍，種之，至秋乃接。接花工尤著者，謂之門園子，豪家無不邀之。姚黃一接頭，直錢五千。秋時，立契買之。至春見花，乃歸其直。洛人甚惜此花，不欲傳。有權貴求其接頭者，或以湯中蘸殺與之。魏花初出時，接頭亦直錢五千，今尚直一千。接時須用社後重陽前，過此不堪矣。花之木，去地五七寸許。截之，乃接以泥封裹。用軟土擁之，以蒻葉作庵子罩之。不令見風日，惟南向留一小户以達氣。至春，乃去其覆，此接花之法也。

種花必擇善地，盡去舊土，以細土用白斂末一斤和之。蓋牡丹根甜，多引蟲食。白斂能殺蟲，此種花之法也。

澆花亦自有時，或用日未出、或日西時。九月，旬日一澆。十月十一月，二日一澆。正月，隔日一澆。二月，一日一澆。此澆花之法也。

一本發數朵者，擇其小者去之。只留一二朵，謂之打剝，懼分其脈也。花纔落，便剪其枝。勿令結子，懼其易老也。春初，既去蒻庵，便以棘數枝置花叢上。棘氣暖，可以辟霜，不損花芽。他大樹亦然，此養花之法也。

花開漸小於舊者，蓋有蠹蟲損之。必尋其穴，以硫黃簪之。其旁又有小穴如鍼孔，乃蟲藏處，花工謂之氣窗。以大鍼點硫黃末鍼之，蟲乃死。蟲死，花復盛，此醫花之法也。

烏賊魚骨以鍼花樹，入其膚，花輒死，此花之忌也。

其四、牡丹記跋尾

此跋尾是先生寫此記三十三年後，亦即英宗治平四年（一〇六七）丁未三月二十四日，以觀文殿學士轉刑部尚書知亳州。六月二日到任視事之後，因接知友蔡襄由閩遣專人以最後所書牡丹記模本送贈。詎料竟成其絕筆於斯文，眞是百感交集，難以遣懷。故書此跋尾以傳兩家子孫。特敘錄以使「牡丹記」的完美無瑕，亦足見君子交誼的精誠。

蔡襄，字君謨，福建仙遊人。性忠耿，工詩文，明吏事，善書法。天聖年間進士，累官知諫院、遷直史館、出知開封府、歷知福州、泉州、杭州。在泉州於萬安渡建立石梁，即後世所傳之洛陽橋。卒諡「忠惠」。有茶錄、荔枝譜及蔡忠惠集。

蔡襄爲人志節，學問道德，言行功業，堪稱君子型的傑出賢良儒士。其書法、茶錄，更是稱譽當代，千古留名。先生在其祭文中有云：「與公之遊最久，而相知之最深者乎？」可見一斑。其跋云：

右蔡君謨之書，八分散隸正楷行狎大小草，眾體皆精。其平生手書小簡，殘篇斷稿，時人得者甚多。惟不肯與人書石，而獨喜書余文也。若陳文惠公神道碑銘、薛將軍碣、眞州東園記、杭州有美堂記、相州晝錦堂記、余家集古錄目序，皆公之所書。最後又書此記，刻而自藏於其家。方走人於亳，以模本遺予。使者未復於閩，而凶訃已至於亳矣！蓋其絕筆於斯文也。於戲，君謨之筆既不可復得，而予亦老病不能文者久矣！於是，可不惜哉？故書以傳兩家子孫。

先生將離西京，無論官式餞行，或諸友好惜別宴會所顯示的熱忱溫馨，不必贅辭。他一路南下襄城探視胞妹及胞妹婿張龜正與稚齡外甥女。也在途中，作有五言律詩三首，充分表露對於洛陽人物的情懷。

其一、罷官西京回寄河南張主簿

歸客下三川，孤郵暫解鞍。鳥聲催暮急，山氣欲晴寒。已作愁霖詠，猶懷祖帳歡。更聞溪溜響，疑是石樓灘。

其二、寄西京張法曹

幕府三年客，羣居幾日親。初分闕口路，猶見洛陽人。壠麥晴將秀，田花晚自春。向家行漸近，豈復倦征輪。

其三、離彭婆値雨投臨汝驛回寄張九屯田司錄

投館野花邊，羸驂晚不前。山橋斷行路，溪雨漲春田。樹冷無棲鳥，村深起暮煙。洛陽山已盡，休更望伊川。

五月，先生回到京城開封，適值前西京留守相公王曙入京爲樞密使，蒙其舉薦召試學士院。閏六月乙酉二十六日，頒授新職，因係初次入朝爲官，特錄其制詞云：

勑：前西京留守推官承奉郎秘書省校書郎歐陽某，辭擅菁英，性推醇茂。早登名於仕版，遂從辟於賓筵。而楙遷愈惇，參籌有裕。眷吾樞近，嘗以薦論。逮課試之爰來，

> 固辯麗之可獎。宜預屬書之列，仍遷管記之資。往服清階，喜持素履。可特授宣德郎大理評事兼監察御史充鎮南軍節度掌書記館閣校勘。

宋代文教機關的秘書省置有集賢院、史館、昭文館及秘閣，通稱館閣。主管校讎典籍，判正謬誤等職掌。極爲朝野所重視，故凡館閣之選，皆天下之英俊，必試而後命。一旦入爲館職，遂爲名流，身分崇高。時三館秘閣藏書多脱謬，七月甲辰十六日，詔委官編定。倣開元四部，著爲總目。他奉命爲負責主編之一，對於王樞密使的關顧盛情，不勝感激。作有「謝校勘啓」。如云：

> 仰復恩榮，實增震慄。竊以校讎之職，是正爲難。委方冊於程文，折羣疑於獨見。脱絇組之三寸，簡編多前後之乖。幷盤庚之一篇，文章有合離之異。以仲尼之博學，猶存郭公以示疑。非元凱之勤經，孰知門王之爲閏。況乃西崑冊府，備帝者之來臨。蓬萊道山，非人間之所見。……敢懷榮遇以爲心，豈期天幸之來。特被柄臣之薦，敢辱知人之美。……天闕乍趨，迷目睛而眩轉。芸臺深敞，近星象以昭回。忝窺金匱之書，坐費太官之膳。內循忝據，有溢情涯。此蓋伏遇昭文相公獎物均私，樂才惟美。圓方有範，大陶冶以埏鎔。高下不欺，正權衡而輕重。閔此庸懦，曲以甄收。誓堅頂踵之誠，永荷丘山之賜。

他甫入館，略經瀏覽，即明概況，遂以提綱挈領作有「崇文總目敘釋」，分爲易、書、詩、禮、樂、春秋、論語、小學、正史、編年、實錄、雜史、僞史、職官、儀注、刑法、地理、氏族、歲時、傳記、儒家、道家、法家、墨家、縱橫家、農家、兵家等三十類。各類敘釋，一目了然，為便於探討敘釋的因由要旨，謹將易迄論語等類，照錄如次，藉悉先生的博學，對於編修古文獻的偉大貢獻。

其一、易類

前史謂秦焚三代之書，易以卜筮而得不焚。及漢募羣書，類多散逸，而易以故最完。及學者傳之，遂分為三：一曰田何之易，始自子夏傳之孔子。卦象、爻象與文言說卦等，雜為十一篇。而說者自為章句，易之本經也。二曰焦贛之易，無所師授，自言得之隱者。第述陰陽災異之言，不類聖人之經。三曰費直之易，亦無師授。專以彖象文言等，參能卦爻。凡以彖象文言雜入卦中者，自費氏始。田何之學，施孟、梁丘之徒最盛。費氏初微，止傳民間。至後漢時，陳元、鄭眾、康成之徒，皆學費氏，費氏興而田學遂息。古十二篇之易，遂亡其本。及王弼為注，亦用卦象相雜之經。自晉已後，弼學獨行，遂傳至今。然易比五經，其來最遠。自伏羲畫卦，下更三代，別為三易，其變卦五十有六，命名皆殊。至於七八九六，筮占之法亦異。周之末世，夏、商之易已亡。漢初雖有歸藏，已非古經。今書三篇，莫可究矣！獨有周易，時更三聖，世歷三古。雖說者各自名家，而聖人法天地之經則具存焉。

其二、書類

書原於號令，而本之史官。孔子刪為百篇，斷堯訖秦，序其作意。遭秦之故，孔子末孫惠與濟南伏勝各藏其本於家。楚漢之際，勝失其所藏，但口以傳授。勝既耄昏，乃謬合二十四篇爲二十九。歐陽夏侯之徒皆學之，寫以漢世文字，號今文尚書。至武帝時，孔惠之書始出屋壁。百篇皆在，而半已磨滅，又皆科斗文字。惠孫安國以隸古定之，得五十八篇。爲之作傳，號古文尚書。至陳、隨之間，伏生之學廢絕，而孔傳獨行。先是孔傳亡其舜典，東晉梅頤，乃以王肅所注伏生舜典足其篇。至唐孝明，不喜隸古，始更以今文行於世。

其三、詩類

昔孔子刪古詩三千餘篇，取其三百一十一篇著於經。秦、楚之際亡其六。漢興，詩分爲四：一曰魯人申公，作訓詁，號魯詩。二曰齊人轅固生作傳，號齊詩。三曰燕人韓嬰，作內外傳，號韓詩。四曰河間人毛公，作故訓傳，號毛詩。三家並立學官，而毛以後出。至平帝時，始列於學。其後馬融、賈逵、鄭眾、康成之徒。皆發明毛氏，其學遂盛。魏、晉之間，齊、魯之詩廢絕，韓詩雖在而益微。故毛氏獨行，遂傳至今。韓嬰之書，至唐猶在。今其存者，十篇而已。漢志、嬰書五十篇。今但傳其外傳，非嬰傳詩之詳者。而其遺說，時見於他書。與毛之義絕異，而人亦不信。去聖既遠，誦習各殊。至於考風雅之變正，以知王政之興衰。其善惡美刺，不可不察焉。

其四、禮類

禮樂之制，盛於三代，而大備於周。三代之興，皆數百年，而周最久。始武王、周公修太平之業，畫天下以爲九服。上自天子至於庶人，皆有法度。方其郊祀天地，開明堂以會諸侯。其車旗服器，文章爛然，何其盛哉！及幽、厲之亂，周室衰微，其後諸侯漸大。然齊桓賜胙而拜，晉文不敢必請隧，以禮維持。又二百餘年，禮之功亦大矣。下更戰國，禮樂殆絕。漢興，禮出淹中。后戴諸儒共爲補綴，得百餘篇。三鄭王肅之徒，皆精其學，而說或不同。夫禮極天地、朝廷、宗廟，凡人之大倫，可謂廣矣！雖二家殊說，豈不博哉？自漢以來，沿革之制。有司之傳著書者，可以覽焉。

其五、樂類

三代禮樂，自周之末，其失已多。又經秦世滅學之暴。然書及論語、孝經，各藏孔氏之家。易以卜筮不禁，而詩本諷誦，不專在於竹帛，人得口以傳之。故獨禮之於六經，其亡最盛。而樂又有聲器，尤易爲壞失。及漢興，考求典籍，而樂最缺絕。學者不能自立，遂幷其說於禮家。書爲五經，流別爲六藝。夫樂，所以達天地之和，而飭化萬物。要之感格人神，象見功德。記曰：五帝殊時，不相沿樂。所以王者有因時制作之盛，何必區區求古遺缺。至於律呂鍾石，聖人之法。雖更萬世，可以考也。自漢以來，樂之沿革。惟見史官之志，其書爲備。隋、唐所錄，今著其存者云。

其六、春秋類

昔周法壞而諸侯亂，平王以後不復雅而下同列國。吳楚徐夷，並僭稱王。天下之人，不稟周命久矣！孔子生其末世，欲推明王道以扶周。乃聘諸侯，極陳君臣之理，諸侯無能用者。退而歸魯，即其舊史。考其行事，加以王法，正其是非。凡其所書，一用周禮。爲春秋十二篇，以示後世。後世學者，傳習既久，其說遂殊。公羊高、穀梁赤、左丘明、鄒氏、夾氏分爲五家。鄒、夾最微，自漢世已廢，而三家盛行。當漢之時，易與論語分爲三，詩分爲四，禮分爲二。及學者散亡，僅存其一。而餘家皆廢，獨春秋三傳，並行至今。初、孔子大修六經之文，獨於春秋，欲以禮法繩諸侯。故其辭尤謹約而義微隱，學者不能極其說。故三家之傳，於聖人之旨，各有得焉。太史公曰：爲人君者不可不知春秋，豈非王者之法具在乎！

其七、論語類

論語者，蓋孔子相與弟子時人講問應答之言也。孔子卒，群弟子論次其言而撰之。漢興，傳者三家：魯人傳之，謂之魯論。齊人傳之，謂之齊論。而齊論增問王、知道二篇，今文無之。出於孔子壁中者，則曰古論，有兩子張。是三家者，篇第先後，皆所不同。考今之次，即所謂魯論者也。

先生愛才若渴，無論識與不識，只要好學上進之士，不拘身分年齡，皆樂與交往，熱心指導。或與面談，或以書代言，都會使人心悅誠服而後已。茲再舉「與黃校書論文章書」更可了解。他首以黃校書問及丘舍人所示的雜文十篇，言已閱覽。他對於好的文章，必加稱許。但認有意見的則必坦率直言，予以析論釋疑。如云：

其毀譽等數短篇，尤爲篤論。然觀其用意，在於策論。此古人之所難工，是以不能無小闕。其救弊之說甚詳，而革弊未之能至。見其弊而識其所以革之者，才識兼通。然後其文博辯而深切，中於時弊而不爲空言。蓋見其弊，必見其所以弊之因。若賈生論秦之失而推古養太子之禮，此可謂知其本矣。然近世應科目文辭，求若此者蓋寡。必欲其極致，則宜少加意，然後煥乎其不可禦矣！

最後，他以十分謙虛而簡要數語，作爲結尾云：「文章繫乎治亂之說，未易談。況乎愚昧，惡能當此？愧畏！愧畏！」

先生來京半年，諸事就緒。得知司諫范仲淹（希文）因仁宗怒廢郭氏皇后，乃率諫官伏閤力爭未果。致被貶睦州，移知常州，又徙蘇州始末。他聞訊不勝懷念！此在「與范希文書」中所云，深切體會其誠摯之忱。如云：

自去歲在洛陽，聞以言事出睦州。及來京師，又知移常州，尋復得蘇州，遷延南方，歲且終矣。南方美江山，水國富魚與稻。世之仕官者，舉善地，稱東南。然竊惟希文登朝廷，與國論。每顧事是非，不顧自身安危。則雖有東南之樂，豈能爲憂天下之心者樂哉！若夫登高以望遠，飲旨而食嘉。所以宣輔神明，亦君子起居寢食之宜也。別久矣！所懷如何？自古言事而得罪，解當復用。遠方久處，省思慮，節動作。此非爲希文自重，亦以爲天下士君子重也……。

書中有：「豈能爲憂天下之心者樂哉！」并有「此非爲希文自重，亦以爲天下士君子重也。」之語，以及前年五月間「上范司諫書」中所云：「宰相諫官繫天下之事，亦任天下之責。……諫官之失職也，取譏於君子。……君子之譏，著之簡冊而昭明，垂之百世而不泯，甚可懼也。」皆以視范氏爲賢材、爲君子、爲人傑，素抱憂國憂民以天下爲己任的知己心聲。

范氏自亦認同先生爲知己之言以自勉，遂有後來慶曆八年（一○四八）所作「岳陽樓記」中所云：「先天下之憂而憂，後天下之樂而樂。」流傳千古的名言。可見昔賢志同道合，心意相通，高風亮節，足以垂範萬世。

年譜：「是歲，再娶諫議大夫楊公大雅女。」雖未載明何時選娶完婚，但依上述來京之後事迹推斷，應在冬初較爲合理。惟楊大雅已不幸於去歲病逝，未及見愛女于歸乘龍快婿之喜，難免有所遺憾耳！先生爲作「諫議大夫楊公墓誌銘」，敘述綦詳。

楊大雅，字子政，杭州錢塘人，進士及第，累官直集賢院二十七年，不遷官，其信聖人之道深篤不可屈曲如此，故時人以有德君子名之。天聖四年，遷集賢修撰，出知應天府同糾察在京刑獄。六年，始召以知制誥。八年，拜右諫議大夫集賢院學士知亳州。明道二年四月十日，以疾卒於正寢，享年六十有九。有大隱集三十卷、西垣集五卷，流傳於世。

先生有多首五言律詩，至堪玩味，列舉二首如次：

其一、送丁元珍峽州判官

爲客人南方，西遊更異鄉。江通蜀國遠，山閉楚祠荒。
油幕無軍事，清猿斷客腸。惟應陪主諾，不費日飛觴。

其二、遠山

山色無遠近，看山終日行。峰巒隨處改，行客不知名。

他懷念知已梅聖俞，無時或釋，故又作「書懷感事寄梅聖俞」，計有四百七十字的五言古詩長篇，特摘錄如次：

相別始一歲，幽憂有百端。乃知一世中，少樂多悲患。每憶少年日，未知人事艱。顚狂無所閡，落魄去羈牽。三月入洛陽，春深花未殘。……逢君伊水畔，一見已開顏。不暇謁大尹，相攜步香山。自茲愜所適，便若投山猿。幕府足文士，相公方好賢。希深好風骨，逈出風塵間。師魯心磊落，高談義與軒。……聖俞善吟哦，共嘲爲閬仙。惟予號達老，醉必如張顚。洛陽古郡邑，萬戶美風煙。荒涼見宮闕，表裏壯河山。……尋盡水與竹，忽去嵩峰顚。……共題三醉石，留在八仙壇。……樂事不可極，酣歌變爲歎！詔書走東下，丞相忽南遷。送之伊水頭，相顧淚潸潸。臘月相公去，君隨赴春官。送君白馬寺，獨入東上門。故府誰同在？新年獨未還。當時作此語，聞者已依然。

是年，先生作有「尙書職方郎中分司南京歐陽公墓誌銘」，未載月日。如云：「叔父諱潁，字孝叔。咸平三年（一〇〇〇），舉進士中第。初任峽州軍事判官，有能名，即州拜秘書省著作佐郎，知建寧縣未半歲，奏自建寧往代萬州，以治聞。由是相次九領州，實治七州。」他說叔父剛果有氣，外嚴內明，不可犯。以是施於政，亦以是持其身。幷列舉其判案明快，決獄精確多例所顯示的卓越政績，皆使各州吏民心悅誠服，歎曰「神明」。「明道二年（一〇三三），以老乞分司，有田荊南，遂歸焉。以景祐元年（一〇三四）正月二十六日，終於家，年七十有三。」他說「叔父平生彊力，少疾病，居家，忽晨起，作遺戒數紙，以示其嗣子景昱曰吾將終矣，後三日乃終。而嗣子景昱能守其家，如其戒。」

然後縷述其家世尤詳，他敘自歐陽氏出於禹之後，以迄吉州，及至叔父遷荊南且葬焉，又為荊南之歐陽一支。

又有「明因大師塔記」，亦未載月日，只云明因大師道銓，姓衛氏，并州文水縣民家子，生於太平興國辛巳（九八一）之歲，終於明道癸酉（一〇三三）正月，壽五十有三年。卒之明年，即景祐元年（一〇三四），其徒以骨葬城南龍門山下。

先生自遊嵩嶽之後，常到寺觀遊覽。遇有方外高人，皆樂與盤桓。且多作記，深具哲理與寓意，使人讀後，極富啓發作用。就以本文而言，他只是於道銓未死時，曾過其廬，問其年？五十有二。問其何許人？本太原農家。因與語曰：「詩唐風言晉本唐之俗，其民被堯之德化，且詩多以儉刺。然其勤生以儉嗇，朴厚而純固，最得古之遺風，今能言其土風乎？其民俗何若？信若詩之所謂乎？詩去今，餘千歲矣！猶若詩之時乎？其亦隨世而遷變也。」

「道銓始為童子，辭家人，入洛陽妙覺禪院，依眞行大師惠璿學浮圖法。咸平五年（一〇〇二）始去氏，削髮入僧籍。後二十四年，賜紫衣，遂主其眾。又四年，賜號明因，兼領右街教門事，凡為僧三十有一年。」可說是一位自幼出家，勤謹修持，戒行圓滿的得道高僧。故其對先生所提一連串的問題，能據實簡要的回答。如云：「樹麻而衣，陶瓦而食，築土而室。甘辛苦，薄滋味。歲耕日積，有餘，則地窖而藏之，率千百年不輒發。其勤且儉，誠有古之遺風，至今而不變也。」

又云：「爲兒時，聞長老語，晉自春秋爲盛國。至唐基幷以興，世爲北京。」接著縷述歷代的興衰變亂，造成民不聊生。「故民熟兵鬥，饟軍死戰。勞苦幾百年，不得息。既而聖人出，四方次第平。一日，兵臨城門，係繼元以歸，幷民然後被政教。棄兵專農，休息勞苦，爲太平之幸人。幷平後二歲，我始生。幼又依浮圖，生不見干戈，長不執耒耜。衣不麻，食不瓦，室不土。力不穡而休，乃幷人之又幸者也。今老矣！且病，即死無恨。」

先生細聽道銓之言，有所感慨！以此因緣，遂有此記之作。如結語云：「予愛其語朴而詳，他日復過其廬，莫見也。訪之，曰死矣！爲之惻然！及其葬，其徒有求予誌其始終者，因幷書其常語予者，志歲月云爾。」

景祐二年（一〇三五）乙亥，先生二十九歲，在京城。

光陰荏苒，他離西京，瞬逾一年。回想一年中，人、事、物的諸多變化，不勝感慨萬千！有一次，一位朋友南下東吳，在「述懷送張聰之」七言古詩中有云：「……人心不復故時歡，景物自隨時節好。感今懷昔復傷離，一別相逢知幾時？莫辭今日一罇酒，明日思君難重持。……可憐客病臥京塵，寂寞淹留已再春。扁舟待得東南下，猶更河橋送幾人？」

他忽接好友丁元珍來書，附有素未謀面的孫正之（侔）君的信及雜文二篇，即予作覆，稱譽其「辭博義高而不違於道」。惟據元珍言其好古自守，不妄接人。雖居鄉閭，罕識其面。可說是一位少與人交往的怪癖青年。這樣有個性的人，竟不遠千里託友附信及文以通問，使人莫測其意，頓覺好奇，所以在覆信中說：「豈足下好忽近而慕遠邪！得非以道見謀，不爲遠近親疏然者也。」又說：「愚學不足以自立，而氣力不足以動人。而言不見信於世，不知足下何爲而見及？今又豈足下所取信者，丁元珍愛我而過譽邪？」先生既視其爲好友之友，於是很坦誠地指出謀道的要旨：「學者不謀道久矣！然道固不荓廢。而聖人之書如日月，卓乎其可求。苟不爲刑禍祿利動其心者，則勉之皆可至也。惟足下力焉而止，則不必相見以目而後可知其心；相語以言，而後可盡其說也。」最後則勉其只要不惑而止，定必有成。如云：「以所示文，求足下之志。苟不惑而止，則僕將見足下大發於文。著於行而質於行事，以要其成焉。」

先生同年知交石介（守道）之賢，曾蒙御史中丞杜某薦舉爲臺中主簿。近聞守道以上書論赦被罷，表示不滿。因此，作有「上杜中丞論舉官書」。就事論斷，坦率直言。公正無私，令人心折。尤其批評爲人長官，不問是非，模稜兩可，賢愚不分的心態，更是義正辭嚴。無異給予不顧道義，貪圖權位者的當頭棒喝！

他認爲主簿於臺諫中的職務最卑，用不用石介，無足輕重。但最可惜者，應爲中丞的舉動有所可議。如云：「介爲人，剛果有氣節。力學，喜辯是非，眞好義之士也。」他覺得中丞始舉其材，議者俱言知人之明。今聞其罷，皆謂赦乃天子已行之令，非疎賤當有說。倘若以此使介得罪當罷，他則深感不以爲然。雖不知石介果指何事而言，但據傳聞，皆云其所論，謂朱梁劉漢不當求其後裔爾。若止此一事，則石介應不爲過。然不知中丞以石介爲是爲非？若隨以爲非，則直指爲大不可。因爲主簿在御史臺中，並非言事之官。然大抵居臺中者，必以正直剛明不畏避爲稱職。於今，其足未履臺門之閾，而已用言事見罷，眞可謂正直剛明不畏之士。度介之才，不止爲主簿，應可爲御史。如此，豈非中丞有知人之明，而介亦不負所知之者。

接著乃舉一實例說明之。他嘗聞長老說趙中令相太祖皇帝，曾爲某事擇官。趙中令列二臣姓名以進，太祖不肯用。三進三退，太祖大怒。裂其奏擲殿階。中令色不動，捙笏帶間，徐拾碎紙袖歸中書。它日又問，則補綴之，復以進。太祖大悟，終用二臣。彼之敢爾者，蓋先其人之可用，然後果而不可易也。

先生所舉趙中令知人之明所顯示忠誠心迹與堅持不變的膽識，終使太祖感悟所流傳的佳話，應可提供杜中丞的借鏡。

然後分析中丞舉動之可惜。他不是爲友情而辯護，而是爲賢士敢言受害據理力爭。雖於事無所助益，然其議論氣勢，實足以愧煞忝居高位的御史中丞。如云：

今執事之舉介也，亦先審知其可舉邪，是偶舉之也。若知而舉，則不可遽止。若偶舉之，猶宜一請介之所言，辯其是非而後已。若介雖忤上而言是也，當助以辯。若其言非也，猶宜曰所舉者爲主簿爾！非言事也。待爲主簿不任職，則可罷請，以此辭焉可也。且中丞爲天子司直之臣，上雖好之，其人不肖，則當彈而去之。上雖惡之，其人賢，則當舉而申之，非爲隨時好惡而高下者也。今備位之臣，百十，邪者正者，其糾舉一信於臺臣。而執事始舉介曰能，朝廷信而將用之。及以爲不能，則亦曰不能，是執事自信猶不果。若遂言它事，何敢望天子之取信於執事哉？故曰主簿雖卑，介雖賤士，其可惜者，中丞之舉動也。況今斥介而它舉，必亦擇賢而舉也。大賢者固好辯，若舉而入臺。又有言，則又斥而它舉乎？如此，則必得愚闇懦默者而後止也。伏維執事如欲舉愚者，則豈敢復云。若將舉賢也，願無易介而它取也。今世之官，兼御史者例不與臺事，故敢布狂言，竊獻門下，伏惟幸察焉。

春、夏之間，有一好友劉十三南遊。他作詩送行，詩中有云：「春深索蘭澤，夏早黃梅雨。時應賦登眺，聊以忘羈旅。」以勉應把握機會，時作登臨觀賞遊樂。增加賦詠之雅，以慰旅途的辛勞。關懷之意，不言可喻。

七月，忽接胞妹夫張龜正病逝襄城的訃聞，至爲震驚。於是請假前往料理善後。他自去年三月西京任滿之時，曾赴襄城探視胞妹及家人。別後年餘，詎料遭此鉅變。深感人事無常，不勝哀傷。但胞妹夫逝後，胞妹痛失夫君，生活無所依靠。面對所遺稚齡幼女，情何以堪！先生兄妹情深，對於胞妹夫的一切後事，全權爲之料理妥善，然後攜同胞妹及外甥女同返京城。

先生在襄城期間，曾蒙知府燕肅邀宴，禮待上賓，并即席承惠五言詩一章。不禁想起古者士之初見公卿碩彥，賓主之間寒暄之後，將見其志，必有賦詩。所謂：「託於咏嘆之音，以通歡欣之意。」這是在位者對於負有時譽之名士給予當衆揚譽的禮遇。他謙稱卑下賤士，何足當之。遂於翌日即作「謝襄州燕龍圖肅惠詩啓」中有云：

伏惟某官，以侍從之臣，當藩屛之任。德爵之重，與齒俱尊。學通天人，識洞今古，綽有餘裕。多爲長言，談笑樽俎之間。舒卷風雲之際，成於俄頃。蓋其咳唾之餘，得而秘藏。已如金石之實，豈伊孱陋。敢辱褒稱，形於短篇，以爲大賜。伏讀三四，且喜且慚。譬夫四面之宮，鏗鏘之奏。愚者驟聽，駭然震蕩。及夫心平悸定，然後知於至和。在於頑蒙，獲此開警。然貺之厚者，不敢報之以薄。禮所尊者，不敢敵之以平。顧惟愚庸，豈得賡繼。但佩黃金之賜，無忘長者之言。

此次盛會，可說是先生襄州之行，在處理胞妹夫哀傷之後的最大精神慰藉，亦可見燕龍圖的爲人風範。

九月，楊氏夫人不幸病逝，年方十八。而結婚迄今，亦僅經年。且於襄州回京不久，忽又發生此一不幸事故。況胥氏夫人於前年秋才病逝！屈指三年之內，兩次喪偶，一次胞妹守寡。豈僅倍感哀傷，簡直造化弄人，夫復何言哉！

先生之賢，迭遭遽變。雖能看開放下，然總難免憂慮寡歡，默默承受。每念兩位夫人的淑德懿行，日處艱困無怨，上下歡洽的種種情形，仿彿宛若目前。因此，楊氏夫人之逝，亦無法親撰祭文，以表悼念之忱！也是直到後十八年從其姑附葬於吉州祖塋，始命門人焦千之秉筆代序其意幷爲作「楊氏夫人墓誌銘」。如云：

盧陵歐陽先生之繼室曰楊氏者，故右諫議大夫集賢院學士楊公之女也。楊氏遠有世德，自漢至唐，常出顯人。故其繫譜所傳次序，自震至今不絕。公諱大雅，以文學篤行居清顯，號爲古君子。先生嘗謂其學者焦千之曰：楊公已歿，修始娶其女。雖不及識公，然嘗獲銘公之德，究見其終始。其行於己，立於朝廷發於文章者，皆得考次。及楊氏之歸，又得見公之退施於其家者，皆可法也。楊氏事其姑，以孝而勤。友其夫，以義而順。接其內外宗族，以禮而和。方其歸也，修爲鎭南軍掌書記館閣校勘。家至貧，見其夫讀書著文章，則曰：此吾先君之所以樂而終身也。見其夫食糲而衣弊，則曰：此吾先君雖顯而不過是也。間因其夫之俸廩，食其月而有餘，則必市酒具肴果於堂上。曰：吾姑老矣！惟此不可不勉歸之。十月，以疾卒，享年十有八，實景祐二年九月也。後十有九年，從其姑葬於吉州吉水縣沙溪之山，乃命千之序而銘其壙曰：其居忽兮！而逝也遽。其歿久矣！而悲如新。一言以誌兮！千萬歲之存。

先生自天聖六年（二十二歲）冬，隨同翰林學士胥偃到京城開封。天聖九年（二十五歲）三月，到西京洛陽初任留守推官。至景祐元年（二十八歲）三月，西京任滿赴襄城探親。五月到京城任館閣校勘，以至楊氏夫人病逝。在此期間，他的全集及所有史料中，均未有奉母家居生活等記載。甚至於三年之內，兩次喪偶，也無資料可查。一直等到皇祐五年（四十七歲）七月，扶護母喪歸葬吉州祖塋，胥、楊兩位夫人附葬時，始命門人徐無黨、焦千之秉筆爲作胥、楊兩位夫人墓誌銘。才於代序其意中，得知孝姑、友夫、禮族的淑德懿行及家居概況。此亦先生一生公忠體國，鮮言家事的立身處世原則。

先生無論對任何身分識與不識之人，莫不一視同仁。凡是以書求見，或以書論道。素以坦誠接待，懇切答覆。所以聲譽日隆，天下士人嚮往。但對思想偏激，言行怪異之士。則必適時適切，引古證今。義正辭嚴，堅定立場。予以剖析開導，以期有助其變化氣質。

秋，他前後有兩次與同年兄時任宋州推官石公操的書，旨在勸喻應戒怪異書法的諍言。

第一書是在初秋七月所寄，說明前歲在洛陽時，曾接誦其在鄆州時所寄的信。雖因諸多事故，致延遲方始作覆。然卻表示他的動心，未必若書之怠惰。換句話說，也就是有所考慮其他因素的影響。他在京城，少與時人相接，應酬尤寡。但宋州臨汴水，日見南方之舟來京，無日不聞公操之譽。近者，時常得覽其由宋州傳來所爲文。好古閔世之意，皆有得於古人，不待多費贅辭贊譽。然以同年之誼，不得不坦誠指出其自許太高，詆時太過。文中所論，若未深究其源者。他認爲此事有本末，自非三言兩語所能盡意。必俟他日相見暢論乃能盡其語。不過，今有一事相告，想必朝聞而暮改者。他說在好友君貺家，有其手作書一通及二像記石本。一看之下，不可辨識。經過仔細辨其點畫，乃可漸通其意。此種書法，持以問人，大家都覺得非常奇怪。皆謂「特欲與世異而已」。否則那有如此書法？於是乃坦率直言。

修聞君子之於學，是而已，不聞爲異也。好學莫如揚雄，亦曰如此。然古之人或有稱

> 獨行而高世者，考其行，亦不過乎君子，但與世之庸人不合爾。行非異世，蓋人不及而反棄之，舉世斥以爲異者歟！及其過，聖人猶欲就之於中庸。況今書，前不師乎古，後不足以爲來者法。雖天下皆好之，猶不可爲。況天下皆非之，乃獨爲之，何也？是果好異以取高歟！然嚮謂公操能使人譽者，豈其履中道，秉常德而然歟！抑亦昂然自異，以驚世人而得之歟！
>
> 古之教童子者，立必正，聽不傾。常視之毋誑，勤謹乎其始，惟恐其見異而惑也。今足下端然居乎學舍，以教人爲師。而反率然以自異，顧學者何所法哉！不幸學者皆從而效之，足下又果爲獨異乎？今不急止，則懼他日有責後生之好怪者。推其事，罪以奉歸，此修所以爲憂而敢告也，惟幸察之。

不久，就接到石推官的回信，披閱之後，知其仍堅持己見，無法了解他書中所言的心意。遂又作「與石推官第二書」。

他首先檢討自己前書，一本至誠相勸，未蒙審察，是否由於「聽之不審而論之之略之過」。并謂久已得見其書，知有疑問，不即說明，竟延遲迄今才說。是因「始見之，疑乎不能書，又疑乎忽而不學。夫書，一藝爾。人或不能與忽不學時，不必論，是以默默然。」昔賢重視朋友，凡事總是先自省察，而後再看問題的癥結所在，以謀解決之道。他對石同年的書，自來京之後，又看到二像石本，且聽友人說是「不欲同俗而力爲之。」果如前書所陳者，是誠可諍，所以又有第二書之作。他對其所謂：「世之善書者，能鍾、王、虞、柳，不過一藝。已之所學，乃堯、舜、周孔之道，不必善書。因僕之言，欲勉學之者。」他指其此種自以爲是的說法，皆非常理。

試觀其身分，乃是先生同榜進士及第，出任州推官，并居學舍以教爲師。無論學識才能，都在士大夫之列，卻爲何有此怪異思想與書法呢？一言以蔽之，不過獨行異世以自高罷了！遇到這種知識分子，自然離群索居，與世隔絕了。也只有賢如先生，抱定有教無類。方始一再致書勸諍，冀其能自我反省改正，庶幾善莫大焉！否則，勢必自我封閉，孤立寡歡，自食惡果。因此，先生不得不再次廣譬善喻，坦誠相告。如云：

夫所謂鍾、王、虞、柳之書者，非獨足下薄之，僕固亦薄之矣！世之有好學其書而悅之者，與嗜飲茗閱畫圖無異。但其性之一僻爾，豈君子之所務乎？然至於書，則不可無法。古之始有文字也，務乎記事，而因物取類爲其象。故周禮六藝，有六書之學。其點畫曲直，皆有其說。楊子曰：斷木爲棊，梡革爲鞠。亦皆法焉，而況書乎！今雖柰字已變於古，而變古爲隸者，非聖人不足師法。然其點畫曲直，猶有準則。如毋毌彳亻之相近，易之，則亂而不可讀矣！

今足下以其直者爲斜，以其方者爲圓。而曰我第行堯、舜、周、孔之道，此甚不可也。譬如設饌於案，加帽於首，正襟而坐。然後食者，此世人常爾。若其納足於帽，反衣而衣。坐乎案上，以飯實酒卮而食。曰我行堯、舜、周、孔之道者，以此之於世可乎！不可也。則書雖末事，而當從常法。不可以爲怪，亦猶是矣。

上述兩書概要，得知先生用心良苦。因他的對象是一位非常自負的同年，當然不是論其書法的優劣，更非勸其如何學書，而是引喻常理以勸諍，無論何人，應有同感。可是石推官的言行，實有獨異於世者。他只好苦口婆心，以盡同年點化之義。

最後，對其「以疾釋、老斥文章之雕刻者」，認爲此又大不可，作爲結語云：

> 夫釋、老，惑者之所爲；雕刻文章，薄者之所爲。足下安知世無明誠實厚君子之不爲乎？足下自以爲異，是待天下無君子之與己同也。仲尼曰：後生可畏。安知來者不如今也，是則仲尼一言，不敢遺天下之後生。足下一言，待天下以無君子，此故所謂大不可也。夫士之不爲釋、老與不雕刻文章者，譬如爲吏而不受貨財，蓋道當爾，不足恃以爲賢也。

十二月，欣悉范仲淹奉調回京爲吏部員外郎權知開封府。難得知己之士，終將見面談心，喜慰之情，不言可喻。

第四節 書責高司諫得罪貶夷陵縣令

景祐三年（一〇三六），先生三十歲，貶赴夷陵（今湖北省宜昌市）。春光明媚，萬物欣欣向榮，先生感觸良多。遂發詩人雅興，賦詩詠歎，聊以抒懷。茲特摘錄所作意境不同的古詩三篇如次：

顏跖

顏回飲瓢水，陋巷臥曲肱。盜跖猒人肝，九州恣橫行。
回仁而短命，跖壽死兇兵。愚夫仰天呼，禍福豈足憑。
跖身一腐鼠，死朽化無形。萬世尚遭戮，筆誅甚刀刑。
思其生所得，豺犬飽臭腥。顏子聖人徒，生知自誠明。
惟其生之樂，豈減跖所榮。死也至今在，光輝如日星。
譬如埋金玉，不耗精與英。生死得失間，較量誰重輕。
善惡理如此，毋尤天不平。

猛虎

猛虎白日行，心閒貌揚揚。當路擇人肉，羆豬不形相。
頭垂尾不掉，百獸自然降。暗禍發所忽，有機埋路傍。

徐行自踏之，機飜失穿腸。怒吼震林丘，瓦落兒墮牀。
已死不敢近，目睛射餘光。虎勇恃其外，爪牙利鉤鋩。
人形雖羸弱，智巧乃中藏。恃外可摧折，藏中難測量。
英心多決烈，自信不猜防。老狐足姦計，安居穴垣墻。
窮冬聽冰渡，思慮豈不長。引身入扱中，將死猶跳踉。
狐姦固堪笑，虎猛誠可傷。

仙草

世說有仙草，得之能隱身。仙書已怪妄，此事況無文。
嗟爾得從誰，不辨僞與眞。持行入都市，自謂術通神。
白日攫黃金，磊落揀奇珍。旁人掩口笑，縱汝暫懽忻。
汝方矜所得，謂世盡盲昏。非人不見汝，乃汝不見人。

年譜：「是歲，天章閣待制權知開封府范仲淹言事忤宰相，落職，知饒州。公切責司諫高若訥，以其書聞。五月戊戌，降爲峽州夷陵縣令。」

神宗舊史本傳：「時范仲淹以言事忤宰相，貶知饒州，論救者甚衆，而諫官高若訥獨不言。修以書責之，以爲不知恥。若訥悉以其書以聞，坐貶峽州夷陵令。」

四朝國史本傳：「范仲淹以言時事貶，在廷多論救，司諫高若訥獨以爲當黜。修詒書責之，謂不知世間有羞恥事。若訥上其書，坐貶峽州夷陵令。」

這是先生第一次因非言官，不能直接上言。亦非重要朝臣，無法陳奏論救。在不得已的情況下，只好仗義執言，以書痛斥司諫高若訥。使其惱羞成怒，竟將先生的書，上奏朝廷，致被貶謫夷陵縣令。可說是先生一生宦海浮沉，入相出帥的事業起點。他光風霽月的胸襟，浩然忠貞的氣節，仁民愛物的精神，以及偉大輝煌的事蹟，不勝枚舉。容俟以後依序概述，藉明其所以然。

至於當代名相也是名將，青史留名的范仲淹。據史載，一生因言事被貶，凡三次之多。一為天聖六年，朝臣皆主張仁宗應親率百官朝賀太后垂簾聽政之德。范竟反對，認為此舉有失皇帝體統受責，移書抗議被貶。次為明道三年，仁宗廢郭皇后。孔道輔叩宮門諫阻，范為孔聲援，又被貶。另為景祐三年，時知開封府。上百官圖譏諷宰相呂夷簡，指其偏袒私人。進四論，議切時政，再被貶。

另據宋人軼事彙編卷八頁三〇九，又有一說。范文正以言事三黜：初為校理，忤章獻旨，貶倅河中。僚友餞於都門曰：此行極光。後為司諫，因廢郭后，率諫官伏閤爭之不勝，貶睦州。僚友又餞於亭曰：此行愈光。後為天章閣待制知開封府，撰百官圖進呈。丞相怒奏曰：宰相者所以器百官，今仲俺自掄擢，安用彼相，臣等乞罷。仁宗怒，落職貶饒州。時親賓故人又餞於郊曰：此行尤光。范笑曰：仲淹前後三光矣！此後諸公更送，只乞一上牢可也。（聞見近錄載此事云：意指直待上牢了，仲淹方是了期耶！）客大笑而散。惟王子野質，力疾獨留數夕，抵掌極論天下利病，留連惜別。范語人曰：子野居嘗病羸不勝衣，及其論忠義，則龍驤虎賁之氣焉。明日，子野歸，客有迎大臣之旨。惴之者曰：君與仲淹國門會別，一笑語，一樽俎，采之皆得其實。將有黨錮之事，君乃第一人也。子野對曰：果得覘者錄某與范公數夕之論進於上，未必不爲蒼生之福，豈獨賀之幸哉！士論壯之。（湘山續錄同）

秘書丞余靖（安道），曾上疏論范仲淹不當貶，請收回成命。太子中丞尹洙（師魯），自言爲范仲淹之師友，遭同貶。朝中上下，雖有論救之聲。但諫官、御史無敢言者。此時，唯先生所展現的浩然正氣與大無畏精神。震驚朝野，咸表欽服。其經過因由，是自獲悉范氏被貶。並於五月十五日，應邀參加余安道在家宴請高若訥等人之時。大家都在談論范氏被貶事，獨聞高若訥大聲詆毀范氏爲人。奢言其所上百官圖，實爲譏辱宰相，當黜。先生以當場人多，不便暢言駁斥，然極鄙視其人。後又見摯友尹師魯，更知高若訥出言不善。同日又聞御史臺榜示朝堂，戒百官不得越職言事，惟可言者只有諫官。此一榜文，分明乃是御史臺討好宰相所玩的把戲。完全自毀言官的風格，貽人笑柄而已。百官心知肚明，爲保祿位，無一敢言。本來趨炎附勢，古今一轍。當時情況，不過突顯官場的眞象，奚足爲怪！

先生官卑職小，又非言官。但當了解全般狀況之後，不禁義憤塡膺，竟不顧一切後果。立即以書痛斥司諫高若訥，暢伸忠義之氣。眞是一篇義正辭嚴，鏗鏘有聲。擲地有力，傳誦天下，名垂千古的絕妙好文。故特摘要錄供參考。

首云自聞其名及相識，經過十四年的時間，卻有三次疑問。

第一次起疑，是於十七歲時。他家居隨州，見到天聖二年進士及第榜，始識其名。因年少未與人接交，又居遠方。但聞今宋舍人兄第與葉道卿、鄭天休數人，以文字大有名望，號稱得人。而其雖厠身其間，獨無卓卓可道說者，故首疑其不知何如人也。

第二次起疑，是此後更十一年。他二十八歲時，再至京城。其已爲御史裏行，然猶未暇一識其面。但時常於好友尹師魯處問及其賢否？聽師魯說其正直有學問，君子人也。然而，他猶疑之。

第三次起疑，是他聞言與其言行對照有異。故對其觀感有所評論！如云：

> 夫正直者不可屈曲，有學問者必能辨是非。以不可屈之節，有能辨是非之明。又爲言事之官，而俯仰默默，無異衆人，是果賢者耶！此不得使予之不疑也。自足下爲諫官來，始得相識。侃然正色，論前世事，歷歷可聽。褒貶是非，無一謬說。噫！持此辯以示人，孰不愛之，雖予亦疑足下眞君子也。是予自聞足下之名及相識，凡十有四年而三疑之。

接著，他根據高若訥的言行實迹，而推究過去所聞之言。作爲客觀公正的比較，方始確定其非君子。如云：

> 前日范希文貶官後，與足下相見於安道家，足下詆誚希文爲人。予始聞之，疑是戲言。及見思魯，亦說足下深非希文所爲，然後其疑遂決。希文平生剛正，好學通古。今其立朝有本末，天下所共知。今又以言事觸宰相得罪。足下既不能爲辨其非辜，又

畏有識者之責己。遂隨而詆之以爲當黜，是可怪也。夫人之性剛果懦軟，稟之於天，不可勉強，雖聖人亦不以不能責人之必能。今足下家有老母，身惜官位。懼飢寒而顧利祿，不敢以忤宰相以近刑禍。此乃庸人之常情，不過作一不才諫官爾！雖朝廷君子，亦將閔足下之不能而不責以必能也。今乃不然，反昂然自得，了無媿畏。便毀其賢以爲當黜，庶乎飾己不言之過。夫力所不敢爲，乃愚者之不逮。以智文其過，此君子之賊也。且希文果不賢邪！自三四年來，從大理寺丞至前行員外郎作待制日，日備顧問。今班行中無與比者，是天子驟用不賢之人？夫使天子待不賢以爲賢，是聰明有所未盡。足下身爲司諫，乃耳目之官。當其驟用時，何不一爲天子辨其不賢？反默默無一語，待其自敗，然後隨而非之。若果賢邪，則今日天子與宰相。以忤意逐賢人，足下不得不言。是則足下以希文爲賢，亦不免責。以爲不賢，亦不免責，大抵罪在默默爾。

繼則引古證今，婉言曉諭，旨在啓示其欲欺今之人。但今之人不可欺，而不懼後世之不可欺，惟賢者方始體會。倘若高某果能因此而頓悟，一念歸仁。不僅其個人正邪賢愚立判，則更爲影響後來仁宗推行嘉祐之治提前實現的可能。無奈宦海波濤，一般貪圖富貴的人性，多被權利所淹沒。高某一小丑耳！豈能例外？先生徒自煩擾，於事無補。如云：

昔漢殺蕭望之與王章，計其當時之議，必不明言殺賢者也。必以石顯、王鳳爲忠臣，望之與章爲不賢而被罪也。今足下視石顯、王鳳果忠邪！望之與章果不賢邪！當時亦有諫臣，必不肯自言畏禍而不諫，亦必曰當誅而不足諫也。今足下視之，果當誅邪，是直可欺當時之人而不可欺後世也。今足下又欲欺今人而不懼後世之不可欺！況今之人未可欺也。

然後義正辭嚴，斥責其不復知人間有羞恥事。有如春雷灌耳，震動人心。如云：

伏以今皇帝即位以來，進用諫臣，容納言論。如曹修古、判越雖歿，猶被褒稱。今希文與孔道輔，皆自諫諍擢用。足下幸生此時，遇納諫之聖主若此，猶不敢一言，何也？前日又聞御史查牓朝堂，戒百官不得越職言事，是可言者惟諫官爾！若足下又遂不言，是天下無得言者也。足下在其位而不言，便當去之，無妨他人之堪其任也。昨日安道貶官，師魯待罪。足下猶能以面目見士大夫，出入朝中稱諫官，是足下不復知人間有羞恥事爾。所可惜者，聖朝有事，諫官不言而使他人言之。書在史册，他日為朝廷羞者，足下也。

以上所言，他是本春秋之法，以責賢者之意。因不忍就此斷絕其稱譽能言諫官之賢者，故猶望其能一言以盡責。否則，請上此書於朝，使以朋邪之人正罪而誅之。如云：

春秋之法，責賢者備。今某區區，猶望足下之能一言者，不忍便絕足下而不以賢者責也。若猶以謂希文不賢而當逐，則予今所言如此，乃是朋邪之人爾！願足下直攜此書於朝，使正予罪而誅之。使天下皆釋然知希文之當逐，亦諫臣之一效也。

先生滿腔熱血，忠懇之言，無異對牛彈琴，毫無作用。反使小人有可乘之機，立即將他此書上奏朝廷，後果不言可喻。遂於戊戌二十一日，貶謫峽州夷陵縣令。

范仲淹因言事被貶，忠義敢言之士余靖（安道）、尹洙（師魯）及先生三人，同時遭貶。此一事件，共計四人受害，天下以四賢稱之。蔡襄有「四賢一不肖詩」，不肖指高若訥。時在京城，人爭傳抄，轟動朝野。

先生在于役志（日記）中，有簡要的記載。摘錄如次：

景祐三年丙子歲，五月九日丙戌，希文出知饒州（舊府名，三國吳鄱陽郡，隋置饒州。宋曰饒州鄱陽郡，屬江西省，今已廢。）

戊子十一日，送希文，飲於祥源之東園。

壬辰十五日，安道貶筠州（今江西省高安縣。）

甲午十七日，師魯貶郢州（今湖北省武昌縣。）

乙未十八日，安道東行，不及送，余與君貺追之不克。

丁酉二十日，與損之送師魯於固子橋西興教寺，余留宿。明日，道卿、損之、公期、君貺、君謨、武平、源叔、仲輝、皆來會飲，晚乃歸。

戊戌二十一日，余貶夷陵（漢置夷陵縣，故城在今湖北省宜昌市東。）

先生接到朝旨，制詞有云：

……爾以藝文，擢參讎校。固當宿業，以荷育材。近者，范仲淹樹黨背公，鼓讒疑眾。自干典憲，爰示降懲。爾託附有私，詆欺罔畏。妄形書牘，移責諫臣。恣陳訕上之言，顯露朋姦之迹。致其奏述，備見狂邪。合寘嚴科，用警婾俗。尚軫包荒之念，祇從貶秩之文。往字吾民，無重前誨。可降授守峽州夷陵縣令……。

五月二十四日，先生奉母鄭太夫人，攜帶家屬乘舟沿汴河南下。年譜：「公自京師，沿汴、絕淮、泝江，奉母夫人赴貶所，十月至夷陵。」

于役志又載：

辛丑，舟次水門。壬寅，出東水門。泊舟，不得岸。水激，舟橫於河，幾敗。家人驚走，登岸而避，遂泊亭子下。

癸卯，君貺、公期、道滋先來，登祥源東園之亭。公期烹茶，道滋鼓琴，余與君貺奕。已而君謨來，景純、穆之、武平、源叔、仲輝、損之、壽昌、天休、道卿皆來會飲。君謨、景純、穆之遂留宿。明日，子野始來，君貺、公期，道滋復來，子野還家，餘皆留宿。君謨作詩，道滋擊方響，穆之彈琴。秀才韓傑居河上，亦來會宿。

乙巳，晨興，與宿者別。舟既行，武平來追及至下鏁見之，少頃乃去。午，次陳留，登庚廟。

丙午，在陳留。

丁未，次南京。明日，留守推官石介、應天推官謝郛、右軍巡判官趙袞、曹州觀察推官蔣安石來，小飲於河亭。余疾不飲，客皆醉以歸。

六月己酉，次柳子。

庚戌，過宿州，晚宿靈壁，獨遊損之園。舟次水道，敗柂。

辛亥，次青陽。

壬子，至於泗州。晚與國器小飲州廨中。

癸丑，始見春卿。

甲寅、乙卯、丙辰、獨在泗州，始食淮魚。

他在泗州、停留數日，得以與友盤桓，並登臨州署東城上之「先春亭」。俯瞰淮水而望西山，藉悉州守張侯之善爲政。故作「泗州先春亭記」一篇，詳述其捍暴備災的始末。可供任何時代地方首長深入了解民之所需，把握時效，確實運用既有的人力、物力、認眞負責爲民興利除害。必爲萬民擁戴，口碑載道，留芳百世。摘述誌概如次：

首述修築城之外堤因由：

> 景祐二年秋，清河張侯以殿中丞來守泗上。既至問民之所素病而治其尤暴者。曰：暴莫大於淮。

次言州守張侯了解民之急需後，即決心爲民解決問題。積極策畫修築堤岸工程，分工籌備所需的人力、物力、把握時效認眞負責督導工程的積極進行。獲得泗州全民的支持，主動相與出米以供役者的糧食。故能在預定的期間內，完成極其艱鉅的任務。如云：

> 越明年春，作城之外堤，因其舊而廣之。度爲萬有九千二百尺，用人之力八萬五千。泗之民曰：此吾利也，而大役焉。然人力出於州兵，而石出乎南山。作大役而民不

知，是爲政者之私我也。不出一力而享大利，不可！相與出米一千三百石以食役者。堤成，高三十三尺，土實石堅。捍暴備災，可久而不壞。

接著稱揚州守張侯，同時修築四亭的附屬設施，各適所需。以畢其役的構思深遠，設想週密，譽爲「善爲政」。如云：

既曰：泗、四達之州也，賓客之至者有禮。於是因前蔣侯堂之亭，新之，爲勞餞之所。曰：思邵亭，且推其美於前人，而志邦人之思也。又曰：泗、天下之水會也、歲漕必廩於此。於是治常豐倉、西門二夾室：一以視出納，曰某亭。一以爲舟者之寓舍，曰通漕亭。然後曰吾亦有所休乎！乃築州署之東城上爲「先春亭」，以臨淮水而望西山。是歲秋，余貶夷陵，過泗上，於是知張侯之善爲政也。

他幷强調爲政愛民的重要，特爲引證昔賢周單子聘楚而過陳，沿途觀政，知其必亡的實例。故知張侯先後之所爲，乃善爲政。如云：

昔周單子聘楚而過陳，見其道穢而川澤不陂梁。客至不授館，羈旅無所寓，遂知其必亡。蓋城郭道路，旅舍寄寓，皆三代爲政之法。而周官尤謹著之，以爲禦備。今張侯之作也，先民之備災，而及於賓客往來。然後思自休焉，故曰知爲政也。

最後，對於州守張侯，因其舊推美前人的作爲，特爲敘及，以作結語。如云：

先時，歲大水，州幾溺。前司封員外郎張侯，夏守是州，築堤以禦之。今所謂因其舊者是也。是役也，堤爲大，故予記其大者詳焉。

丁巳，次洪澤，與劉春卿、同年黃孝恭相遇。始悉大理寺丞李惇裕、洪澤巡檢顏懷玉者、錢思公在洛時故吏。遂與四人夜飯，五鼓罷。明日，食畢解舟，與飲者別，春卿復相送以前。晚入沙河，乘舟夜行。嚮山陽，與春卿聯句。二鼓，宿閘下。黎明十一日元均來，遂至楚州（今江蘇淮安）。泊舟西倉，始見安道於舟中。安道會飲於倉亭，始食瓜。出倉北門，遇雨，與安道奕。

庚申，小飲舟中，會者元均、春卿、安道。余始飲酒，移酒檥城西門，門閉，泛舟以歸。

辛酉，安道解舟，不果別。「他貶後二十日，不料與安道在此舟中相見，彼此促膝談心，雖不勝感慨萬千，然仍暢談古今天下事，期勉相忍爲國。只要心念仁民愛物，相信總有報效國家之日，以償宿志。千萬勿以個人的休戚榮辱，耿耿於懷。更不要以悲憤不滿的情緒，表露於文學。他的豁達胸襟，高瞻遠膽的卓見，在此患難顛沛流離之際，益顯高明。」

戊辰二十一日，余生日，具酒爲壽於舟中。

辛未，子聰來自壽州，夜飲食亭，留宿。

乙亥，次寶應。

丙子，至於高郵。

七月丁丑，復見子聰，會飲弭節亭。

己卯，至於揚州。

辛巳與伯起飲遡渚亭，會者集賢校理王君玉、太常寺太祝唐詔、祠部員外郎蘇儀甫。

甲申與君玉飲壽寧寺，寺本徐知誥故第。李氏建國，以爲孝先寺，太平興國改今名。寺甚宏壯，畫壁尤妙。問老僧云：周世宗入揚州時，以爲行宮，盡杇漫之。惟經藏院畫玄奘取經一壁獨在，尤爲絕筆，歎息久之。

丙戌，至於眞州，大熱無水。他有「初出眞州泛大江作」七言律詩二首。

孤舟日日去無窮，行色蒼茫杳靄中；山背轉帆迷向背，夜間看斗辨西東。

泥田漸下雲間鴈，霜日初丹水上楓；蓴菜鱸魚方有味，遠來猶喜及秋風。

又有「江行贈鴈」一首。

雲間征鴈水間棲，矰繳方多羽翼微；歲晚江湖同是客，莫辭伴我更南飛。

庚子，次江口。

辛丑，次長蘆。

壬寅，夜乘風次清涼寺。

癸卯，晨至江寧府。

八月丙午，猶在江寧。

壬子，過太平州，夜乘風宿帶星口。

癸丑，過蕪湖繁昌，宿慈母磯。

甲寅，乘風晝夜行。

丙辰，禱小姑山神，至江州。他有「琵琶亭」七言律詩一首。

> 樂天曾謫此江邊，已嘆天涯涕泫然；
> 今日始知予罪大，夷陵此去更三千。

丁巳十二日，在江州，約陳侍禁遊廬山。余病，呼醫者，不果往。遂行，次郭家洲。

辛酉，至於蘄陽。

甲子，至於磁湖。

丙寅，至於黃州。

庚午二十五日，至於鄂州（今湖北省武漢市）始與令孤修己相識。

辛未，遣人之黃陂，召家兄。大風雨，不克渡江而還。

壬申，小飲修己家，遂留宿。明日二十七日，家兄（昞、字晦叔）來見余於修己家，始中酒，睡兄家。

甲戌，飲於兄家。他有「與薛少卿公期書」，告知別後舟行至荊南見家兄概況。如云：

> 東園一別，自夏涉秋，今倏冬矣。泝汴絕淮，泛大江，凡五千里，一百一十程，纔至荊南。見家兄，言出京時有公期書。渴得一見，要知別後事。然數日尋之，不見，遂已。某自南行，所幸老幼皆無病恙。風波不甚惡，凡人能懼處，皆坦然而過。今至此，嚮夷陵。江水極善，亦不越三四日可到。又聞好水土，出粳米、大魚、梨、栗、甘橘、茶、筍。而縣民一二千户，絕無事。罪人得此，為至幸矣。衹是沿路多故舊相

識，所至牽率，又少便人作書入京。公期始約今冬赴絳州，必非久行矣。每憶君謨家會，頗如夢中。未知相見何時，惟自愛而已。因人便，附書在君貺處，乃可達。今因遣白頭奴入京，謹附狀不宣。

乙亥，飲令狐家，夜過兄家會宿。

九月丙子，次沌口。

己卯四日至岳州，夷陵縣吏來接，泊城外。

辛巳壬午，入官舟。

丙戌，次塔子口觀魚。望五鵝、塵角、望夫諸山。

壬辰十七日，次公安渡。

按：全集于役志一卷，起自景祐三年丙子歲五月九日丙戌，希文出知饒州。止於九月壬辰十七日，次公安渡。計約舟行五千里，歷時一百一十餘日。註有：

右于役志一卷，雖非著述，流傳至今，則不可略。按夷陵抵京師一千六百里。公與尹師魯云：臨行，臺吏催苛百端。始謀陸行，以大暑，又無馬。乃沿汴絕淮，泛大江。凡五千里，用一百一十程，纔至荊南，與此志合。自公安後，闕而不錄。既以十月二十六日到官，則留荊約旬餘，正庭參轉運時也。

先生在荊南，曾謁呂公祠堂。他在集古錄卷七中載有「唐呂諲表」。

右呂諲表，元結撰，顧戒奢八分書。景祐三年，余謫夷陵，過荊南。謁呂公祠堂，見此碑立廡下。碑無趺石，埋地中，勢若將踣。惜其文翰，遂得斯本，而入於地處字多缺滅。……。

又所載大同小異，唯文末有「余得此碑三十年矣，暇日因偶題之。嘉祐八年五月休日書。右眞蹟。」

九月十四日，作有「回丁判官書」。按：丁爲峽州通判。他首述天子以有罪而不即誅，而猶得邑，又撫安之。曰無重前悔，是以自幸。但慮有罪之人來臨，深恐夷陵士庶莫不惡之。而不欲入其邦，故謂夷陵之不幸。然而等到舟次江寧之建寧，忽獲意外之喜。他說：「縣人來自夷陵，首蒙示書一通。言文意勤，不徒不惡之。而又加以厚禮，出其意料之外。不勝其喜，而且有不自遂之心焉。」

接著表達：「少無師傳，而學出己見。忽發其蘊，果輒得罪。」他謙稱是自己本無實學，其中空虛有以致之。故云：「今猶未獲一見君子，而先辱以書，待之厚意。以空虛之質，當甚厚之意。竊懼既見而不若所待，徒重媿爾！」他初次受貶，由於深切了解宦海浮沉之榮辱，所面臨諸多可怕與可笑的現象。因此，反覆引喻各種可能狀況的發生，早有心理準備。不過，他聲名遠播，尤其此次乃是基於惜賢而仗義執言。痛斥諫官無恥，獲得朝野欽服，故沿途皆受各地士庶的敬重。丁君亦不例外，遂有書牘之先往來。

最後，結語所云，可以看出丁君實爲一君子型人物，此後相互敬重，結爲知交。如云：

故修之來也，惟困辱之是期。今乃不然，獨蒙加以厚禮，而不以有罪困辱之。使不窮厄而得其所爲，以無重誨如前訓，可謂幸矣！然懼其玩心而不知自改也。夫士窮，莫不欲人之閔己，然非有深仁厚義君子之閔矣，則又懼且慙焉。謹因弓手還，敢布所懷。不勝區區，伏惟幸察。

又有「上運使啓」，字裡行間，可見甚蒙關愛。如云：

修近以狂言，當蒙大譴。荷乾坤之厚施，全螻蟻之微生。得一邑以庇身，使之思過：……。伏以運使郎中，懿猷經遠，茂業康時。當一面之利權，竦百城之威譽。凡居屬部，皆仰餘輝。顧此孤生，最爲沉迹。時蒙眄睞，曲賜拊存。安其惶懼之心，慰乃危疑之慮。敢不銘之肌骨，佩恩紀以無忘。策其筋骸，盡疲駑而爲報。將謀就道，即遂公趍。瞻企門閫，忻愉罔既。

他此次初貶夷陵，沿途到處訪問。關心民瘼，留神觀察。對於各地人、事、物的所見聞，都有極深刻的體認。尤其熱忱推廣古文運動，著手蒐集集古錄古文碑刻，導致後來金石學的創立。

十月辛酉十七日，他讀李翺文，至爲感歎！遂作「讀李翺文」一篇。引喻適切，使人讀後，不勝共鳴。如云：

……。然後置書而歎。歎已復讀，不自休。恨翺不生於今，不得與之交。又恨予不得生翺時，與翺上下其論也。凡昔翺一時人，有道而能文者，莫若韓愈，愈嘗有賦矣！不過，羨二鳥之光榮，歎一飽之無時爾……。又怪神堯以一旅取天下，後世子孫不能以取河北以爲憂。嗚呼！使當時天下，皆易其歎老嗟卑之心，爲翱所憂之心。則唐之天下，豈有亂與亡哉！然翱幸不生今時，見今之事，則其憂又甚矣！奈何今之人不憂也。余行天下，見人多矣！脫有一人能如翱憂者，又皆賤遠，與翱無異。其餘光榮而飽者，一聞憂世之言，不以爲狂人，則以爲病癡子。不怒，則笑之矣！嗚呼！在位而不肯自憂，又禁他人使皆不得憂，可歎也夫！景祐三年十月十七日歐陽修書。

又有「與尹師魯書」。他在西京留守推官任內，得與尹洙（師魯）、梅堯臣（聖俞）志同道合。崇尚古文、詩，迭相師友。結爲知己之交，最爲莫逆。又與師魯在京，時相聚敘。此次因范仲淹言事案與師魯同遭貶謫，在京相別時，原約使人如河上再謀相見。既受命，便遣白頭奴出城，而還言不見舟。其夕，得手簡，乃知留船以待，怪不如約，方悟此奴懶去而見紿。因此，首述經過，深表歉憾！於此，吾人深切體會遇到患難之際，任何細微末節，都必須特別提高警覺，留意及之。以免一時疏忽而誤事，徒增無謂之困擾，可資鑑戒。

次言臨行狀況，棄陸就舟，始到荊南經過。如云：

臨行，臺吏催苛百端，不比師魯人長者有禮。使人惶迫，不知所爲，是以又不留下書在京師。但深託君貺，因書道修意以西。始謀陸赴夷陵，以大暑，又無馬，乃作此行。沿汴絕淮，泛大江，凡五千里。用一百一十程，纔至荊南。在路無附書處，不知君貺曾作書道修意否？及來此問荊人，云去郢止兩程。方喜得作書以奉問，又見家兄，云有人見師魯過襄州，計今在郢久矣。師魯歡戚，不問可知。所渴欲問者，別後

> 安否？及家人處之如何？莫若相尤否？六郎舊疾平否？修行雖久，然江湖皆昔所游。往往有親舊留連，又不通惡風水。老母用術者言，果以此行爲幸。又聞夷陵有米、麵、魚如京洛，又有梨、栗、橘、柚、大筍、茶、荈，皆可飲食，益相喜賀。昨日因參轉運，作庭趨，始覺身是縣令矣！其餘皆如昔時。

接著，詳答師魯簡中之言。昔君子之交以誠，相知以心。然因環境之變異，時地之相隔，人爲因素之影響，難免偶或對於某事誤聞而起疑。賢如師魯，亦不例外。先生心如日月，坦誠相告，自然可以化解於無形。如云：

> 疑修有自疑之意者，非他，蓋懼責人太深以取直爾。今而思之自決，不復疑也。然師魯又云闇於朋友，此似未知修心。當與高書時，蓋已知其非君子。發於極憤而切責之，非以朋友待之也。其所爲，何足驚駭！路中來，頗有人以罪出不測見弔者，此皆不知修心也。師魯又云非忘親，此又非也。得罪雖死，不爲忘親。此事，須相見，可盡其說也。五六十年來，天生此輩，沉默畏愼。布在世間，相師成風。忽見吾輩作此事，下至竈門老婢。亦相驚怪，交口議之。不知此事古人日日有也，但問所言當否而已。又有深相賞歎者，此亦是不慣見事人也。可歎世人不見如往時事久矣！往時砧斧鼎鑊，皆是烹斬人之物。然士有死不失義，則趨而就之，與几席枕藉之無異。有義君子在傍，見有就死。知其當然，亦不甚歎賞也。史冊所以書之者，蓋特欲警後世愚懦者。使知事有當然而不得避爾！非以爲奇事而詫人也。幸今世用刑至仁慈，無此物。

使有而一人就之，不知作何等怪駭也。然吾輩亦自當絕口，不可及前事也。居閑僻處，日知進道而已，此事不須言。然師魯以修有自疑之言，要知修處之如何，故略道也。

再言，舟次楚州與安道的談論概要。如云：

安道與予在楚州，談論禍福事甚詳，安道亦以爲然。俟到夷陵寫去，然後得知修所以處之之心也。又常與安道言，每見前世有名人。當論事時，感激不避誅死，眞若知義者。及到貶所，則慼慼怨嗟！有不堪之窮愁，形於文字。其心歡戚，無異庸人，雖韓文公不免此累。用此戒安道，愼勿作慼慼之文。師魯察修此語，則處之之心，又可知矣。近世人因言事亦有被貶者，然或傲逸狂醉，自言我爲大不爲小。

然後言與師魯相別之語以自勉。如云：

故師魯相別，自言益愼職，無飲酒。此事，修今亦遵此語。咽喉自出京愈矣，至今不曾飲酒。到縣後，勤官，以懲洛中時懶慢矣。

末言數語，似有譴責白頭奴在京懶去而見紿，致誤約見之意。賢者用心，言簡意賅，彼此了解。如云：「夷陵有一路，祗數日，可至郢，白頭奴足以往來。秋寒矣，千萬保重。」

十月丙申二十六日，先生全家老幼安抵夷陵官所。夷陵亦爲峽州州治所在，雖屬小州、小縣，然縣令到差，無論公私方面，都難免有所應酬。所幸州守朱公於去年由駕部員外郎來治是州，因係舊識，諸多照顧。遂使先生之起居生活，公私稱便。謹錄他所作「夷陵縣至喜堂記」一篇，藉悉峽州夷陵的沿革概況，更可了解賢德君子移風易俗以奠定今日宜昌市繁榮的深厚基礎，其來有自。

夷陵縣至喜堂記

峽州治夷陵，地瀕大江。雖有椒漆紙以通商賈，而民俗儉陋常自足，無所仰於四方。販夫所售，不過鏞魚腐鮑，民所嗜而已。富商大賈，皆無爲而至。地僻而貧，故夷陵爲下縣而峽爲小州。州居無郭郛，通衢不能容車馬。市無百貨之列，而鮑魚之肆不可入。雖邦君之過市，必常下乘，掩鼻以疾趨。而民之列處，竈廩匽井。無異位一室之間，上父子而下畜豕。其覆皆用茅竹，故歲常火災。而俗信鬼神。其相傳曰：作瓦屋者不利。夷陵者，楚西境，昔春秋書荆以狄之。而詩人亦曰蠻荆，豈其陋俗自古然歟！

景祐二年，尚書駕部員外郎朱公治是州。始樹木，增城柵。甓南北之街，作市門市區。又教民爲瓦屋，別竈廩，異人畜，以變其俗。既又命夷陵令劉光裔治其縣，起勑書樓，飾廳事，新吏舍。三年夏，縣功畢。

某有罪，來是邦。朱公於某有舊，且哀其以罪而來，爲至縣舍。擇其廳事之東以作斯堂。度爲疏絜高明而日居之，以休其心。堂成，又與賓客偕至而落之。

夫罪戾之人，宜棄惡地處窮險，使其憔悴憂思而知自悔咎。今乃賴朱公而得善地以偷宴安，頑然使忘其有罪之憂，是皆異其所以來之意。

然夷陵之僻，陸走荆門、襄陽至京師，二十有八驛。水道大江，絕淮抵汴東水門，五千五百有九十里。故爲吏者，多不欲遠來。而居者，往往不得代。至歲滿，或自罷去。

然不知夷陵風俗朴野，少盜爭。而令之日食，有稻與魚，又有橘柚茶筍四時之味。江山美秀而邑居繕完，無不可愛，是非惟有罪者之可以忘其憂。而凡爲吏者，莫不始來而不樂，既至而後喜也。作至喜堂記，藏其壁。夫令雖卑而有土與民，宜志其風俗變化之善惡，使後來者有考焉爾。

又有「與曾鞏論氏族書」。如云：

修白，貶所僻遠，不與人通。辱遣專人惠書甚勤，豈勝媿也。示及見託撰次碑文事。修於人事多故，不近文字久矣，大懼不能稱述世德之萬一，以滿足下之意。然近世士大夫於氏族，尤不明其遷徙，世次多失其序。至於始封得姓，亦或不眞。如足下所示，云曾元之曾孫樂爲漢都鄉侯，至四世孫據、遭王莽亂，始去都鄉而家豫章。考於史記，皆不合。蓋曾元去漢，近二百年。自元至樂，似非曾孫。然亦當仕漢初，則據遭莽世失侯而徙。蓋又二百年，疑亦非四世。以諸侯年表推之，雖大功德之侯，亦未有終前漢而國不絕者，亦無自高祖之世至平帝時，侯纔四傳者。宣帝時分宗室趙頃王之子景封都鄉侯，則據之去國，亦不在莽世，而都鄉已先別封宗室矣。又樂、據姓名，皆不見於年表。蓋世次久遠，而難詳如此。若曾氏出於鄫者，蓋其支庶自別有爲曾氏者爾！非鄮子之後皆姓曾也，蓋今所謂鄮氏者是也。楊允恭據國史所書，嘗以西京作坊使爲江浙發運制置茶鹽使，乃至道之間耳。今云洛苑使者，雖且從所述，皆宜更加考正。山州無文字尋究，幸察。

曾鞏，字子固，江西南豐人。仁宗天禧三年（一〇一九）生。嘉祐二年（一〇五七）與蘇軾、蘇轍，同科同榜進士，同爲先生之得意門下士。官至中書舍人，精深於經術。其文標鰲雄渾，譽滿當代。併列唐、宋文章八大家，名垂千古。著有元豐類稿五十卷。時年十七歲，因仰慕先生之學問道德，故不遠千里特遣專人持書懇請撰次碑文。

先生初貶夷陵，到官不久。正處在山州小縣，缺乏各種文獻參考資料的情況下。仍予詳示析疑，婉言書覆。足見博古通今，愛護有志青年的仁者風範。

他此次舟行途中，以至夷陵之後，作有律詩多首及賦一篇。細詠詩意，即可體會他此行爲道義忘身，光明磊落。數月奔波，增加閱歷。反躬省察，益堅牖民濟世之志，實爲事業的重要起點。

除上摘錄眞州、江州各詩外，茲再摘錄數首律詩及賦一篇如次：

其一、律詩

一、初至夷陵答蘇子美見寄

三峽倚岧嶢，同遷地最遙。物華雖可愛，鄉思獨無聊。……未臘梅先發，經霜葉不凋。江雲愁蔽日，山霧晦連朝。……時節同荊俗，民風載楚謠。俚歌成調笑，捺鬼聚喧嚣。得罪宜投裔，包羞分折腰。光陰催晏歲，牢落慘驚颷。白髮新年出，朱顏異域銷。縣樓朝見虎，官舍夜聞鴞。寄信無秋鴈，思歸望斗杓。須知千里夢，長繞洛川橋。

二、冬後三日陪丁元珍遊東山寺

幕府文書日已稀，清罇歲晏喜相携。寒山帶郭穿松路，瘦馬尋春踏雪泥。翠蘚蒼崖森古木，綠蘿盤石暗深溪。爲貪賞物來猶早，迎臘梅花吐未齊。

三、送前巫山宰吴殿丞字照鄰

俊域當年仰下風，天涯今日一罇同。高文落筆妙天下，清論揮犀服坐中。江上掛帆明月峽，雲間謁帝紫微宮。山城寂寞少嘉客，喜見瓊枝慰病翁。

其二、黃楊樹子賦并序

夷陵山谷間多黃楊樹子，江行，過絕險處，時時從舟中望見之。鬱鬱山際，有可愛之色。獨念此樹生窮僻，不得依君子封殖，備愛賞。而樵夫野老，又不知甚惜，作小賦以歌之。

若夫漢武之宮，叢生五柞。景陽之井，對植雙桐。高秋羽獵之騎，半夜嚴粧之鍾。鳳蓋朝拂，銀牀暮空。固以葳蕤近日，的皪含風。婆娑萬户之側，生長深宮之中。豈知綠蘚青苔，蒼崖翠壁。枝蓊鬱以含霧，根屈盤而帶石。落落非松，亭亭似柏。上臨千仞之盤薄，下有驚湍之漬激。澗斷無路，林高暝色。偏依最險之處，獨立無人之跡。

江已轉而猶見，峰漸回而稍隔。嗟乎！日薄雲昏，烟飛露滴。負勁節以誰賞，抱孤心而誰識？徒以竇穴風吹，陰崖雪積。嘺山鳥之嘲哳，梟驚猿之寂歷。無遊女兮長攀，有行人兮暫息。節既晚而愈茂，歲已寒而不易。乃知張騫一見，須移海上之根。陸凱如逢，堪寄隴頭之客。

先生自到夷陵，迅速處理公私事務，政簡民朴，上下融洽。光陰倏忽，瞬屆歲暮。作有「謝朱推官啓」。如云：

……投之遐僻，使自省思。猶寸祿以事親，守一同而庇邑。有民與社，足爲政以效勤。退食自公，敢忘心於補過。是惟天幸，徒自靦顏。伏遇某官，式佐郡符。……然而從事有便宜之權，縣吏本徒勞之迹。負弩而隨伍伯，當備前驅。折腰以揖上官，敢羞斂板。……豈謂某官哀其戇朴，賜以存憐。削去常儀，自敦高議。猥因介使，先辱長緘。過形溢美之辭，曲盡至勤之意。片言之辱，榮於尼父之褒。一顧所臨，增其大呂之律。徒益撝謙之盛美，豈宜鄙陋之敢當。歲律已殘，寒威方肅。更祈珍攝，以副傾依。

第五節　娶薛氏爲繼室叔父曄病逝於隨州寓所

景祐四年（一〇三七）丁丑，先生三十一歲，在夷陵。

時間眞快，他到夷陵，瞬已新年，首作「與尹師魯書」。簡述近況云：

自荆州得吾兄書後，尋便西上，十月二十六日到縣。倏茲新年，已三月矣。所幸者，老幼無恙。老母舊不飲酒，到此來，日能飲五七盃。隨時甘脆，足以盡歡。修之舊疾，漸以失去，亦能飲酒矣。不知師魯爲況如何？到此，便欲遣任進去，又爲少事，且遣伊入京師，於今未回。前者，於朱駕部處見手書，略知動靜。

次言參與縣政實務，發現諸多問題必須躬親改革，幸荷故人日相勞慰。如云：

夷陵雖小縣，然諍訟甚多，而田契不明。僻遠之地，縣吏朴鯁，官書無簿籍，吏曹不識文字。凡百制度，非如官府一一自新齊整，無不躬親。又朱公以故人日相勞慰，時時頗有宴集。加以乍到，閨門內事，亦須自營。開正以來，始似無事。

他是賢人君子，抱負遠大，志節堅貞高邁。絕不因貶處小縣而灰心喪志，消極頹唐。反而發揮大無畏精神，積極從事於立言不朽工作。如云：

治舊史，前歲所作十國志。蓋是進本，務要卷多。今若便爲正史，盡宜刪削。存其大要，十亦去其三四。師魯所撰，在京師時，不曾細看。路中昨來細讀，乃大好。師魯素以史筆自負，果然，河東一段大妙。修本欲取法此傳，爲此外亦有繁簡未中。願師魯亦刪之，則盡妙也。正史更不分五史，而通爲紀傳。今欲將梁紀并漢、周，修且試撰。次唐、晉，師魯爲之，如前歲之議。其他列傳約略，且將逐代功臣，隨紀各自撰傳，待續次盡。將五代列傳姓名寫出，分而爲二，分手作傳。不知如此，於師魯意如何？吾等棄於時，聊欲因此粗伸其心，少希後世之名。如修者，幸與師魯相依。若成此書，亦是榮事。今特告朱公介，馳此奉咨，且希一報，如可以便各下手，只候任進歸，便令齎國志草本去。次春寒，保重。

二月間，他接到許昌謝法曹寄詩慰問，即作「春日西湖寄謝法曹歌」相答。如云：

……遙知湖上罇酒，能憶天涯萬里人。萬里思春尚有情，忽逢春至客心驚。雪消門外千山綠，花發江邊二月晴。少年抱酒逢春色，今日逢春頭已白。異鄉物態與人殊，惟有東風舊相識。

又有「千葉紅梨花」一篇。注云：峽州署中，舊有此花，前無賞者。知郡朱郎中始加欄檻，命坐客賦之。

紅梨千葉愛者誰？白髮郎官心好奇。徘徊繞樹不忍折，一日千帀看無時。夷陵寂寞千山裏，地遠氣偏時節異。愁煙苦霧少芳菲，野卉蠻花鬥紅紫。可憐此樹生此處，高枝絕艷無人顧。春風吹落復吹開，山鳥飛來自飛去。根盤樹老幾經春，眞賞今纔遇使君。風輕絳雪罇前舞，日暖繁香露下聞。從來奇物產天涯，安得移根植帝家。猶勝張騫爲漢使，辛勤西域徙榴花。

豫章黃庭堅（山谷）先生文集有跋歐陽公紅梨花詩云：「觀歐陽文忠公在館閣時，與高司諫書，語氣可以折衝萬里。謫居夷陵詩，語豪壯不挫，理應如是。文人或少挫而晚工，至文忠少時，下筆便有絕塵之句。此釋氏所謂：朝生王子，一日出生一日貴耶！」史稱豫章此語，可謂中肯評論。

又有「金雞五言十四韻」如云：「蠻荆鮮人秀，厥美爲物怪。禽鳥得之多，山雞稟其粹。……豈知文章累，遂使網羅掛。及禍誠有媒，求友反遭賣。有身乃吾患，斷尾亦前戒。不羣世所驚，甚美眾之害。……山林歸無期，羽翮日已鎩。用晦有前言，書之可爲誡。」

人生於世間，唯人與事最堪玩味。無論聖賢愚不肖，其智慧雖有先知先覺，後知後覺與不知不覺之別。然對人、事、物，若干方面，倘非親身體驗，仍難確實了解。先生天生智慧，自動苦學。一本誠正修身，念念仁民愛物。對於人情事理，自然通達。但仍有賴其勤慎努力，不斷增加閱歷。虛心求證，充實學識。故自受貶以後，世態人情丕變。南行臺吏催苛百端，沿途感觸殊多！使他益堅初心，更加奮勵。際茲春滿人間，每於公餘之暇，除與知友互勉從事立言工作外。就偕友聚會或郊遊，盡情陶醉於大自然的懷抱中。亦時作寓物詠歎，聊以抒懷。因此，本年詩文作品頗多，茲特列舉律詩數首，藉明梗概。

縣舍不種花惟栽楠木冬青竹茶之類因戲書七言四韻

結綬當年仕兩京，自憐年少體猶輕。伊川洛浦尋芳徧，魏紫姚黃照眼明。
客思病來生白髮，山城春至少紅英。芳叢密葉聊須種，猶得蕭蕭聽雨聲。

至喜堂新開北軒手植楠木兩株走筆呈元珍表臣

爲憐碧砌宜佳樹，自劚蒼苔選綠叢。不向芳菲趁開落，直須霜雪見青蔥。

披條泫轉清晨露，響葉蕭騷半夜風。時掃濃陰北窗下，一枰閑且伴衰翁。

戲答元珍

春風疑不到天涯，二月山城未見花。殘雪壓枝猶有橘，凍雷驚筍欲抽芽。
夜聞歸雁生鄉思，病入新年感物華。曾是洛陽花下客，野芳雖晚不須嗟。

初晴獨遊東山寺五言六首

行暖東山去，松門數里斜。山林隱者趣，鍾鼓梵王家。
地僻遲春節，風晴變物華。雲光漸容與，鳥哢已交加。
冰下泉初動，煙中茗未芽。自憐多病客，來探欲開花。

夷陵書事寄謝三舍人

春秋楚國西偏境，陸羽茶經第一州。紫籜青林長蔽日，綠叢紅橘最宜秋。
道塗處險人多負，邑屋臨江俗善泅。臘市漁鹽朝暫合，淫祠簫鼓歲無休。
風鳴燒入空城響，雨惡江崩斷岸流。月出行歌聞調笑，花開啼鳥亂鉤輈。
黃山峽口經新歲，白玉京中夢舊遊。曾是洛陽花下客，欲誇風物向君羞。

戲贈丁判官

西陵江口折寒梅，爭勸行人把一盃。須信春風無遠近，維舟處處有花開。

寄梅聖俞

青山四顧亂無涯，雞犬蕭條數百家。楚俗歲時多雜鬼，蠻鄉言語不通華。

> 繞城江急舟難泊，當縣山高日易斜。擊鼓踏歌成夜市，邀龜卜雨趁燒畬。
> 叢林白晝飛妖鳥，庭砌非時見異花。惟有山川爲勝絕，寄人堪作畫圖誇。

仲春有朋自遠方來，不亦樂乎！於是偕遊東山，登高遠望，歡度數日之雅興。作有「送田畫秀才寧親萬州序」以惜別。田畫字文初，其祖於太祖時從諸將西平成都。及南攻金陵，功勳卓著。稱爲名將，史冊留芳。世祿其家，至今不絕。自天下平定，海內安樂，朝廷重文輕武。致使將帥無用武之地，士君子率以文儒仕進。因此，文初雖爲將帥功勳之後，反衣白衣參加鄉舉，此亦時勢之所趨。

他稱譽文初「辭業通敏，爲人敦潔可喜」。此時，其自荊南西拜其母於萬州。縱舟夷陵，專誠拜候，故得盡地主之誼。他說：「予與之登高以遠望，遂遊東山。窺綠蘿溪，坐磐石。文初愛之，數日乃去。」幷於文末，深有所感地說：

> 夷陵者，其地志云：北有夷山以爲名。或曰巴峽之險，至此地始平夷。蓋今文初所見，尚未爲山川之勝者。由此而上泝江湍，入三峽。險怪奇絕，乃可愛也。當王師伐蜀時，兵出兩道：一自鳳州以入，一自歸州以取忠萬以西。今之所經，皆王師嚮所用武處。覽其山川，可以慨然而賦矣！

三月，先生請婚假赴許昌（今河南省許昌縣）娶故資政殿學士薛奎第四女爲繼室。

薛奎，字宿藝，絳州（今山西省新絳縣）正平人，太祖乾德五年（九六七）生。太宗淳化三年進士，累官參知政事。仁宗景祐元年（一○三四）八月卒，享年六十有八。謚簡肅，有文集四十卷。

先生在京時，曾獲機見過薛奎，晤敘極歡，即蒙垂注。薛已有意將第四愛女許配給他，但未及議事，卻因病逝，而他亦因言事被貶夷陵。諸事過去，薛奎遺眷金城郡夫人趙氏，秉承先夫遺願，遂於今年三月，在許昌完成女兒于歸喜事。薛氏夫人，時年二十，爲薛奎第四女。書香門第，知書達禮，賢慧端淑。從此宜室宜家，伉儷情深。事姑至孝，持家教子有成。

四月四日，先生於許昌完婚後，乘舟南下。獨臥閱覽董仲舒所著「春秋繁露本」，遂作「書春秋繁露後」一短篇。簡敘董生之書，流散不全。而身爲儒者，牽於其師之說。不能高其論以明聖人之道，深感惋惜。如云：

漢書董仲舒傳載，仲舒所著書百餘篇。第云清明竹林繁露之書，蓋略舉其篇名。今其書纔四十篇，又總名春秋繁露者，失其眞也。予在館中，校勘羣書。見有八十餘篇，然多錯亂重複。又有民間應募獻書者，獻三十餘篇。其間數篇，在八十篇外。乃知董生之書，流散而不全矣。方俟校勘，而予得罪夷陵。秀才田文初以此本示予，不暇讀。明年春，得假之許州。以舟下南郡，獨臥閱此，遂誌之。董生儒者，其論深極春秋之旨。然惑於改正朔，而云王者大一元者。牽於其師之說，不能高其論以明聖人之道。惜哉！惜哉！景祐四年四月四日書。

按右書所云，先生此次得假赴許昌完婚。因身爲縣令，無法久留，所以於四月初就乘舟南下。但未載明是否與新婚夫人同舟南下夷陵。

夏，四月九日。叔父曄，字日華。病逝於隨州寓所，享年七十有九。先生聞訃，哀痛愈恆。然而，何時接到訃聞？依據前述四月四日在舟中所作「書春秋繁露後」一文而言，推算時日，應是抵達夷陵之後，方始接到訃聞，較為合理。若然，則是否再請假前往隨州奔喪？遍查各種資料，均無記載。惟於先生全集中，於慶曆四年（一〇四四）載有「祭叔父文」及「尚書都官員外郎歐陽公墓誌銘」二篇。而祭文中嘗云：「哭不及喪，而葬不臨穴」之句。可知聞訃之時，應未請假奔喪。餘俟後敘。

正當炎夏思念故人之際，先生知友謝景山稱十二兄法曹，時在京城。因適送馬人還，帶回其信，并附古瓦硯歌一軸、近著詩文三軸，不勝欣喜。對於景山行年四十，仍留滯於州縣。獨能異其少年俊逸之氣，崇法尚古，作為文章。遂高於人的成就，給予很懇切的況喻。如云：「乃知駔駿之馬，奔星覆駕。及節之鑾和，以駕五輅而行於大道，則非常馬之所及也。」

又對於景山淡泊明志，愈困愈益勵於聖人之道，稱譽其賢於古人遠矣。如云：「古人久困不得其志，躁憤佯狂，失其常節，接輿屈原之輩是也。景山愈困愈刻意，又能恬然習於聖人之道，賢於古人遠矣。」

他基於對景山深切的了解，更堅信自己交友之道的正確。如云：「某嘗自負平生不妄許人之交，而所交必得天下之賢才。今景山若此，於吾之交有光，所以某益得自負也。幸甚幸甚！」

君子之交，貴相知心。既許知心，則必揚善規過，以盡道義之責。如云：「與君謨往還書，不如此何以發明？然何必懼人之多見也。若欲衒長而恥短，則是有爭心於其中。有爭心，則意不在於謀道也。荀卿曰：有爭氣者不可與辯。此之謂也。然君謨既規景山之短，不當以示人。景山不當責之而欲自蔽也，願試思之。」

然後告知縣常有人入京，頻得書信往還。於今，正好值便託人帶往。書不盡意，唯夏熱，千萬自愛，以爲結語。

今年，他先後作有夷陵九詠，計古詩三遊洞、下牢溪、蝦蟆碚、黃牛峽及律詩松門、下牢津、龍溪、勞停驛，以及黃溪夜泊，皆爲詠物感懷之作，俱無日期。惟七月十日，偕峽州判官丁寶臣（元珍）同遊三遊洞，曾親筆題名刻石誌念。詩云：

漾楫泝清川，捨舟緣翠嶺。探奇冒層險，因以窮入境。弄舟終日愛雲山，徒見青蒼杳靄間。誰知一室煙霞裏，乳竇雲腴凝石髓。蒼崖一徑横查渡，翠壁千尋當户起。昔人心賞爲誰留，人去山阿跡更幽。青蘿綠桂何岑寂，山鳥嘐嘐不驚客。松鳴澗底自生風，月出林間來照席。仙境難尋復易迷，山回路轉幾人知。惟應洞口春花落，流出巖前百丈谿。（下牢溪）

另於泛舟黃牛峽，至神女廟下，讀神女廟詩碑。他在集古錄跋尾卷八中載有「唐神女廟詩碑」云：右神女廟詩碑，李吉甫、丘玄素、李貽、孫敬騫等作。余貶夷陵令時，當泛舟黃

牛峽，至其祠下。又飲蝦蟆碚水，覽其江山，巉絕窮僻，獨恨不得見巫山之奇秀。每讀數子之詩，愛其辭翰，遂錄之。（未注日期）

黃牛峽詩

大川雖有神，淫祀亦其俗。石馬繫祠門，山鵶噪叢木。
潭潭村鼓隔溪聞，楚巫歌舞送迎神。畫船百丈山前路，上灘下峽長來去。江水東流不暫停，黃牛千古長如故。峽山侵天起青嶂，崖崩路絕無由上。黃牛不下江頭飲，行人惟向舟中望。朝朝暮暮見黃牛，徒使行人過此愁。山高更遠望猶見，不是黃牛滯客舟。
語曰：朝見黃牛，暮見黃牛。一朝一暮，黃牛如故。言江惡難行，久不能過也。

至於其他各詩，皆為先生今年先後遊歷附近各地名勝所作，意境清高，感觸不同，故特照錄如次：

下牢溪

隔谷聞溪聲，尋溪度橫嶺。清流涵白石，靜見千峰影。
巖花無時歇，翠柏鬱何整。安能戀潺湲，俯仰弄雲景。

蝦蟆碚　**今土人寫作背字，音佩。**

石溜吐陰崖，泉聲滿空谷。能邀弄泉客，繫舸留巖腹。
陰精分月窟，水味標茶錄。共約試春芽，槍旗幾時綠。

松門

島嶼松門數里長，懸崖對起碧峰雙。可憐勝境當窮塞，翻使留人戀此邦。
亂石驚灘喧醉枕，淺沙明月入船窗。因遊始覺南來遠，行盡荊江見蜀江。

下牢津

依依下牢口，古戍鬱嵯峨。入峽江漸曲，轉灘山更多。
白沙飛白鳥，青障合青蘿。遷客初經此，愁詞作楚歌。

龍溪

潺潺出亂峰，演漾綠蘿風。淺瀨寒難涉，危槎路不通。
朝雲起潭側，飛雨徧江中。更欲尋源去，山深不可窮。

勞停驛

孤舟轉山曲，豁爾見平川。樹杪帆初落，峰頭月正圓。
荒煙幾家聚，瘦野一刀田。行客愁明發，驚灘鳥道前。

黃溪夜泊

楚人自古登臨恨，暫到愁腸已九回。萬樹蒼煙三峽暗，滿川明月一猿哀。
非鄉況復驚殘歲，慰客偏宜把酒盃。行見江山且吟詠，不因遷謫豈能來。

尚有「望州坡」七言律詩一首

聞說夷陵人爲愁，共言遷客不堪遊。崎嶇幾日山行倦，卻喜坡頭見峽州。

八月一日，作有「謝氏詩序」一文。旨在稱揚景山母夫人之賢，不獨成就其子名，而又造就其女幽閒淑女之風。他說與謝景山之交，是於天聖七年（一〇二九）二十三歲在京城時與其結識。知其少以進士中甲科，以好古能文知名於時。後在他所，又得今舍人宋公所爲景山母夫人之墓誌銘，方始獲知種切。如云：

> 言夫人好學通經，自教其子。乃知景山出於甌閩數千里之外，負其藝於大眾之中。一賈而售，遂以名知於人者，繄其母之賢也。今年，余自夷陵至許昌，景山出其女弟希孟所爲詩百餘篇。然後又知景山之母，不獨成其子名，而又以其餘遺其女也。

然後，闡揚景山之學，希孟之言，發爲議論。深表感歎希孟不幸爲女子，莫自章顯於世！然景山之賢母夫人暨其賢兄妹，能得先生赤忱爲文稱揚，誠不泯沒矣！如云：

> 景山嘗學杜甫、杜牧之文，以雄健高逸自喜。希孟之言，尤隱約深厚，守禮而自放。有古幽閒淑女之風，非特婦人之能言者也。然景山嘗從今世賢豪者遊，故得聞於當時。而希孟不幸爲女子，莫自章顯於世。昔衛莊姜許穆夫人，錄於仲尼而列之國風。今有傑然巨人，能輕重時人而取信後世者。一爲希孟重之，其不泯沒矣！予固力不足者，復何爲哉？復何爲哉？希孟嫁進士陳安國，卒時年二十四。景祐四年八月一日，守夷陵縣令歐陽修序。

先生聲名遠播，既重於世。則各地士子，無論識與不識。聞名求見者，或屢獻書求覆者，所在多有。他素愛才若渴，對於有志氣、有才識的青年。則是結交揚譽，猶恐不及。然而，有時難免遇到特別怪異之士。則只好格外寬容應對，虛心委婉與之周旋。此在他的一生中，不勝枚舉。但爲了解每一時期所面對各種不同狀況的處理方式，故於各章節中，都有摘錄代表性的事例，以明究竟。如「與荆南樂秀才書」。

一開始就說：「修頓首白秀才足下，前者舟行往來，屢辱見過。又辱以所業一編先之，啓事及門而贄。田秀才西來，辱書。其後予家奴自府還縣，比又辱書。」由此可見，不僅屢辱見過，而又三次辱書。他爲何未覆？乃是「僕有罪之人，人所共棄。而足下見禮如此，何以當之？當之未暇答，宜遂絕。而再辱書，再而未答，宜絕。而又辱之，何其勤之甚也。」像這樣求知於人的秀才，可說具有百折不撓之精神。但他何以再三拒絕不覆呢？他定必十分了解其志趣與觀念，絕非語言文字所可改變。而最後不得不覆者，誠不忍使其過分失望而結怨。此即盛名之累，惟賢者用心，虛懷若谷。於是毫無保留地將自己出身、爲學、得第以來的學經歷。坦誠相告，提供參考，勉其往學今時之士大夫所爲。既可順時取譽，只要志之所趨，更可媲美兩漢之士。至於如此諄諄善誘，能否有助其變化氣質？則只好竭盡心力，聽其自然而視其造化了。如云：

如修者，天下窮賤之人爾，安能使足下之切切如是邪！蓋足下力學好問，急於自爲謀而然也。然蒙索僕所爲文字者，此似有所過聽也。僕少從進士，舉於有司。學爲詩賦，以備程試。凡三舉而得第，與士君子相識者多，故往往能道僕名字。而又以游從相愛之私，或過稱其文字。故使足下聞僕虛名而欲見其所爲者，由此也。僕少孤貧，貪祿仕以養親。不暇就師窮經，以學聖人之遺業。而涉獵書史，姑隨世俗作所謂時文者。皆穿蠹經傳，移此儷彼，以爲浮薄。惟恐不悅於時人，非有卓然自立之言如古人者。然有司過採，屢以先多士。及得第以來，自以前所爲。不足以稱有司之舉，而當長者之知。始大改其爲，庶幾有立。然言出而罪至，學成而身辱。爲彼則獲譽，爲此則受禍，此明效也。

夫時文雖曰浮巧，然其爲功亦不易也。僕天資不好而彊爲之，故比時人之爲者尤不工。然已足以取祿仕而竊名譽者，順時故也。先輩少年志盛，方欲取榮譽於世，則莫若順時。天聖中，天子下詔書，勅學者去浮華，其後風俗大變。今時之士大夫所爲，彬彬有兩漢之風矣！先輩往學之，非徒足順時取譽而已。如其至，是直齊肩兩漢之士也。若僕者，其前所爲，既不足學；其後所爲，愼不可學。是以徘徊不敢出其所爲者，爲此也。在易之困曰：有言不信，謂夫人方困時，其言不爲所信也。今可謂困矣！安足爲足下所取信哉？辱書既多且切，不敢不答。幸察。

古代農業社會，人民生活，完全靠天吃飯。水旱之災，固然造成最嚴重的民生問題。而在毫無水利設施的狀況下，每年雨水是否充足？對於農作物的收成，卻有極大的影響。因此，凡是親民的地方父母官，莫不關心民瘼，與民休戚。先生初任縣令，爲親民之官，適値今年晚田秋稼將實而少雨之際。偶而降雨，都在近郊。而山田僻遠之處，欲雨則未及。他至感憂慮，只好求助於當地吏民共信之神。既安民心，亦或存有一線降雨的希望。遂作「祭桓侯文」。他是站在農民的立場，代爲訴苦，告於桓侯張將軍之靈。由此充分顯示當時社會存有亟待解決的諸多問題，仍須依藉神助。如云：

> 農之爲事亦勞矣！盡筋力，勤歲時。數年之耕，不過一歲之稔，稔則租賦科斂之不暇。有餘而食，其得幾何？不幸則水旱，相枕爲餓殍。夫豐歲常少，而凶歲常多！今夏麥已登，粟與稻之早者，民皆食之矣！秋又大熟，則庶幾可以支一二歲之凶荒。歲功將成，曷忍敗之。

他覺得目前最急迫的問題，不是無雨，而是患不均。故望神降雨均惠，遍及僻遠的山田，而終成歲功。所以說：

> 今晚田秋稼將實而少雨，雨之降者，頻在近郊。山田僻遠，欲雨之方，皆未及也。惟神降休，宜均其惠，而終成歲功。

最後，稱譽神生以忠勇，歿食其土的榮耀，當鑒民心。所以民今有苦，宜告神知。先生所言，不是迷信，而是道理。實爲一篇非常有意義的文章，更爲今日爲政者的最佳啓示。其結語云：「神生以忠勇事人，威名震於荆楚。沒食其土，民之所宜告也。」

九月，作有「峽州至喜亭記」，特爲簡敘因由。先生是於去年十月二十六日到任，幸遇峽州太守朱公於前年來守是州。朱公爲一賢良太守，又是舊識。朱太守爲欲變當地蠻荆之風俗，先從植樹、增設城柵、開闢南北街道、作市門、市區著手；幷教民除去其所居的茅竹房舍，改建爲瓦屋，使每戶的廚房與倉廩有別。人的住所和牲畜飼養的地方，必須分開。在吏民上下一心，共同努力之下。很快就將州治內的環境，吏民的居屋，整修得煥然一新。然後又命前任縣令，整治其縣。起造勑書樓、修飾廳事，刷新吏舍。至去年夏，先生尚未到任之前，所有修繕工程，全部完成。

朱太守愛人以德，又顧慮先生初到是邦，諸多不便。所以「又擇縣廳事之東，爲作一堂。度爲疏掔高明，而日居以休其心」。先生至感喜慰，名之曰「至喜堂」。並爲作記，以志其風俗變化之善惡，俾使後來有所考，如前所述。

於今，他受州佐吏相與謀請執筆爲作「峽州至喜亭記」，與前作「夷陵縣至喜堂記」二篇宏文，相互輝映。不僅使峽州夷陵之名播揚宇內，而朱太守之君子風範，更將永垂不朽。

峽州至喜亭記

首述蜀於五代爲僭國，憑藉江山之天險與富足，舟車不通於中國者，五十有九年。自太祖統一海內，改元之三年始平蜀，然後才有貢輸商旅的往來。陸路通由秦鳳，水道則沿岷江，於是絡驛不絕於萬里之外。如云：

岷江之來，合蜀眾水出三峽爲荆江。傾折回直，捍怒鬥激。束之爲湍，觸之爲旋。順流之舟，頃刻數百里。不及顧視，一失毫釐與崖石遇，則糜潰漂沒，不見蹤迹。故凡蜀之可充內府供京城而移用乎諸州者，皆陸出。而其羨餘不急之物，乃下於江，若棄之然，其爲險且不測如此。

次述朱太守再治是州，作亭於江津。以為舟者之停留，且誌天下之大險。至此而始平夷，以為行人之喜幸。本文旨在稱揚朱公不以夷陵之陋而安之，其心又喜人之去憂患而就樂易，故譽其為愷悌君子。如云：

夷陵為州，當峽口。江出峽，始漫為平流。故舟人至此者，必瀝酒再拜相賀以為更生。尚書虞部郎中朱公再治是州之三月，作「至喜亭」於江津，以為舟者之停留也。且誌夫天下之大險，至此而始平夷，以為行人之喜幸。夷陵固為下州，廩與俸皆薄而僻且遠。雖有善政，不足為名譽，以資進取。朱公能不以陋而安之，其心又喜夫人之去憂患而就樂易。詩所謂「愷悌君子」者矣！自公之來，歲數大豐。因民之餘，然後有作。惠於往來，以館以勞。動不違時而人有賴，是皆宜書。故凡公之佐吏，因相與謀而屬筆於修焉。

夷陵雖是僻遠小縣，然江山險要，風景宜人。先生以王佐之才處理百里事務，自然政簡清閑，故有時間從事經旨的研撰。今年撰有多首傳世之作，應是得以傳承我國正統文化的瑰寶。摘要分述如次：

其一、易或問三首

或問大衍之數，易之縕乎？學者莫不盡心焉。

曰：大衍，易之末也，何必盡心焉也。易者，文王之作也。其書則六經也，其文則聖人之言也，其事則天地萬物、君臣、父子、夫婦、人倫之大端也。大衍，筮占之一法耳！非文王之事也。……文王遭紂之亂，有憂天下之心，有慮萬世之志，而無所發以謂卦爻起於奇耦之數，陰陽變易，交錯而成文。有君子小人進退動靜剛柔之象，而治亂盛衰得失吉凶之理具焉。因假取以寓其言，而名之曰易。至其後世，用以占筮。孔子出於周末，懼文王之志不見於後世，而易專爲筮占用也。乃作彖象，後明卦義，必稱聖人君子王后以當其事。而常以四方萬國萬物之大以爲言，蓋明非止於止筮也，所以推原本意而矯世矣。然後文王之志大明，而易始列乎六經矣。……夫六爻之文，占辭也，大衍之數，占法也，自古所用也。文王更其辭而不改其法，故曰大衍非文王之事也。所謂辭者，有君子小人進退動靜剛柔之象，治亂盛衰得失吉凶之理。學者專其辭於筮占，猶見非於孔子。況遺其辭而執其占法，欲以見文王作易之意，不亦遠乎！凡欲爲君子者，學聖人之言。欲爲占者，學大衍之數，惟所擇焉耳！

或問繫辭果非聖人之作，前世大儒君子不論，何也？

曰：何止乎繫辭。舜之塗廩浚井，不載於六經，不道於孔子之徒，蓋俚巷人之語也。及其傳也久，孟子之徒道之，事固有出於繆妄之說。……自孔子歿，周益衰，王道喪而學廢。接乎戰國，百家之異端起。十翼之說，不知起於何人？自秦漢以來，大儒君子不論也。或者曰：然則何以知非聖人之作也。……曲學之士，喜爲奇說以取勝也。……吾嘗以譬學者矣！「元者善之長，亨者嘉之會，利者義之和，貞者事之幹。」此所謂文言也。方魯穆姜之道此言也，在襄公之九年，後十有五年而孔子生。左氏之傳春秋也，固多浮誕之辭，然其用心亦必欲其書之信後世也。使左氏知文言爲孔子作也，必不以追附穆姜之說而疑後世。蓋左氏者，不意後世以文言爲孔子作也。孟子曰：盡信書不如無書。孟子豈好非六經者，黜其雜亂之說，所以尊經。

或問大衍，筮占之事也。其於筮占之說，無所非乎？曰：其法是也，其言非也。用著四十九分，而爲二掛一揲四歸奇再象，其法是也。象兩象三，至於乾坤之策。以當萬物之數者，其言皆非也。……夫著四十有九，無不用也。昔之言大衍者，取四揲之策而捨掛象之數。兼知掛象之多少，則九六之變可知矣。著數無所配合，陰陽無老少，乾坤無定策。知此，然後知筮占矣。嗚呼！文王無孔子，易其淪於卜筮乎？易無王弼，其淪於異端之說乎？因孔子而求文王之用心，因弼而求孔子之意，因予言而求弼之得失可也。

其二、易或問

或問曰：王弼所用卦爻彖象，其說善乎？

曰：善矣而未盡。夫卦者，時也。時有治亂，卦有善惡。然以彖象而求義，則無惡卦。聖人君子，無不可爲之時。至其爻辭，則艱厲悔吝凶咎。雖善卦，亦嘗不免，是一卦之體而異用也。卦象彖辭常易而明，爻辭嘗怪而隱，是一卦之言而異體也。知此，然後知易矣！……易曰：君子順天休命。又曰：自天祐之，吉無不利。其繫辭曰：天垂象，見吉凶，聖人象之。易之爲說，一本於天乎？其兼於人事乎？曰：止於人事而已矣！天不與也，在諸否泰。然則天地鬼神之理，可以無乎？曰：有而不異也，在諸謙。知此，然後知易矣。……泰之彖曰：君子道長，小人道消。否之彖曰：小人道長，君子道消。夫君子進，小人不得不退。小人進，君子不得不退，其勢然也。君子盛而小人衰，天下治於泰矣。小人盛而君子衰，天下亂於否矣。否泰，君子小人進退之間爾，天何與焉？

問者曰：君子小人所以進退者，其不本於天乎？曰：不也。上下交而其志同，故君子進以道。上下不交而其志不通，利小人進以巧。此人事也，天何與焉。又曰：泰之彖不云乎？天地交而萬物通。否之彖不云乎？天地不交而萬物不通乎？曰所以云者，言天地也。其曰上下之交，不交者，人事也。嗚呼！聖人之於易也，其意深，其言謹。謙之彖曰：天道虧盈而益謙，地道變盈而流謙。鬼神害盈而福謙，人道惡盈而好謙。聖人之於事，知之爲知之，不知爲不知，所以言出而萬世信也。……故天地鬼神，不可知其心而見其迹之在物者。則據其迹曰虧盈，曰變流、曰害福。若人，則可知者。故眞言其情，曰好惡。故曰其意深，而言謹也。然會而通之，天地神人，無以異也。使其不與於人乎？修吾人事而已。使其有與於人乎？與人之情無以異也，亦修吾人事而已。夫專人事，則天地鬼神之道廢。參焉，則人事惑。使人事修，則不廢天地鬼神之道者，謙之彖詳矣！治亂在人而天不與者，否泰之象詳矣！推是而之焉，易之道盡矣！

或問曰：今之所謂繫辭者，果非聖人之書乎？

曰：是講師之傳，謂之大傳。其源蓋出於孔子，而相傳於易師也。其來也遠，其傳也多。其間轉失而增加者，不足怪也。故有聖人之言焉，有非聖人之言焉。其曰：易之與也，其於中古乎？作易者，其有憂患乎？其文王與紂之事歟！殷之末世，周之盛德歟！若此者，聖人之言也。由之，可以見易者也。河出圖、洛出書。聖人幽贊神明而生著，兩儀生四象。若此者，非聖人之言。凡學之不通者，惑此者也。知此，然後知易矣。

其三、春秋論上

事有不幸出於久遠而傳乎二說，則奚從？曰、從其一之可信者。然則安知可信者而從之？曰、從其人而信之，可也。眾人之說如彼，君子之說如此，則捨眾人而從君子。君子博學而多聞矣，然其傳不無失也。君子之說如彼，聖人之說如此，則捨君子而從聖人。此舉世之人皆知其然，而學春秋者獨異乎是。孔子聖人也，萬世取信一人而已。若公羊高、穀梁赤、左氏三子者。博學而多聞矣，其傳不能無失者也。孔子之於經，三子之於傳，有所不同。則學者寧捨經而從傳，不信孔子而信三子，甚哉其惑也。……其捨經而從傳者，何哉？經簡而直，傳新而奇。簡直無悅耳之言，而新奇多可喜之論，是以學者樂聞而易惑也。予非敢曰不惑，然信於孔子而篤者也。經之所書，予所信也。經所不言，予不知也。難者曰：子之言，有激而云爾。夫三子者皆學乎聖人而傳所以述經也。經文隱而意深，三子者從而發之。故經有不言，傳得而詳爾，非爲二說也。予曰：經所不書，三子者何從而知其然也。曰：推其前後而知之，且其有所傳而得也。……經文隱矣！傳曲而暢之。學者以謂三子之說，聖人之深意也，是以從之耳。非謂捨孔子而信三子也。予曰：然則妄意聖人而惑學者，三子之過而已。使學者必信乎三子，予不能奪也。使其惟是之求，則予不得不爲之辯。

春秋論中

孔子何爲而修春秋？正名以定分，求情而責實。別是非，明善惡，此春秋所以作也。自周衰以來，臣弒君，子弒父。諸侯之國相屠戮而爭爲君者，天下皆是也。當是之時，有一人焉。能好廉而知讓，立乎爭國之亂世，而懷讓國之高節。孔子得之於經，宜如何而別白之？宜如何而褒顯之？其肯沒其攝位之實，而雷同衆君，誣以爲公乎！所以攝者，臣行君事之名也。……使息姑實攝，而稱號無異於正君。則名分不正，而是非不別。……春秋辭有同異，尤謹嚴而簡約。所以別嫌明微，愼重而取信。其於是非善惡難明之際，聖人所盡心也。息姑之攝也，會盟征伐賞刑祭祀，皆出於己。舉魯之人皆聽命於己，其不爲正君者幾何？惟不有其名爾！使其名實皆在己，則何從而知其攝也。故息姑之攝與攝，惟在爲公與不爲公。別嫌明微，繫此而已。……孔子於名字氏族，不妄以加人，其肯以公名加於人而沒其善乎？以此而言，隱實爲攝，則孔子決不書曰公。孔子書爲公，則隱決非攝。難者曰：然則何爲不書即位？曰：惠公之終，不見其事。則隱之始立，亦不可知。孔子從二百年後，得其遺書而修之。闕其所不知，所以傳信也。難者又曰：謂爲攝者，左氏耳！公羊、穀梁皆以爲假立以待桓也，故得以假稱公。予曰：凡魯之事出於己，舉魯之人聽於己。生稱曰公，死書曰薨，何從而知其假？

春秋論下

弒逆大惡也，其爲罪也，莫贖。其於人也不容，其在法也無赦。法施於人，雖小必愼，況舉大法而加大惡乎！既輒加之，又輒赦之，則自侮其法而人不畏。春秋用法，不如是之輕易也。三子說春秋書趙盾以不討賊，故加之大惡。既而以盾非實弒，則又復見於今。今明盾之無罪，是輒加而輒赦之爾。……春秋之法，使爲惡者不得幸免，疑似者有所辨明，所謂是非之公也。……孔子患舊史是非錯亂而善惡不明，所以修春秋。……難者曰：三子之說，非其臆出也，其得於所傳如此。然則，所傳者皆不可信乎？曰：傳聞何可盡信。公羊，穀梁以尹氏卒爲正卿，左氏以尹氏卒爲隱母，一以爲男子，一以爲婦人。得於所傳者，蓋如是，是可盡信乎？

其四、春秋或問

或問春秋，何爲始於隱公而終於獲麟？

曰：吾不知也。

問者曰：此學者之所盡心焉，不知何也？

曰：春秋起止，吾所知也。子所問者，始終之義。吾不知也，吾無所用心乎此。昔者孔子仕於魯，不用，去之諸侯。又不用，因而歸。且老，始著書。得詩，自關雎至於魯頌。得書，自堯典至於費誓。得魯史記，自隱公至於獲麟，遂刪修之。其前遠矣！聖人著書足以法世而已。不窮遠之難明也，故據其所得而修之。孔子非史官也，不常職乎史，故盡所得，修之而止耳。魯之史記，則未嘗止也，今左氏經可以見矣！

曰：然則始終無義乎？

曰：義在春秋，不在起止。春秋，謹一言而信萬世者也。予厭眾說之亂春秋者也。

或問：子於隱攝盾，止之弒，據經而廢傳。經，簡矣！待傳而詳，可廢乎？夫傳之於經，勤矣！其述經之事，時有賴其詳焉。至其失傳，所不勝其戾也。其述經之意，亦時有得焉。及其失也，欲大聖人而反小之，欲尊經而反卑之。取其詳而得者，廢其失者，可也。嘉其尊大之心，可也。信其卑小之說，不可也。

問者曰：傳有所廢，經有所不通。奈何！

曰：經不待傳通之者十七八，因傳而惑者十五六。日月，萬物皆仰，然不爲盲者明，而有物蔽之者，亦不得見也。聖人之意，皎然乎經，惟明者見之，不爲他說蔽者見也。

除上所述，尚有「明用」一首，旨在闡釋陰陽反覆，天地之常理。聖人於陽盡變通之道，於陰則有所戒焉。六十四卦，陽爻皆七九，陰爻皆六八，於乾坤而見之，則其餘可知也。

另有「泰誓」一首，旨在辨正三次所謂西伯受命稱王十年者爲妄說。又謂自文王受命九年及武王居喪二年幷數之，以及西伯聽虞芮之訟，謂受命以爲元年者妄說也。再以滅商而得天下，謂以受命之年爲元年者又妄說。後之學者，知西伯生不稱王，而中間不再改元。則詩書所載文武之事，粲然明白而不誣。而泰誓、六經之明文，乃孔子所修以爲後世法者。則泰誓所載武王之事十有一年，實爲武王即位之十有一年也。後何疑哉？取信於書可矣！

又有「縱囚論」一首，旨在評論唐太宗之六年，縱放大群囚犯三百餘人，約其自歸以就死的措施可議。先生認爲此在君子之所難，而小人反爲所易，太過不近人情。若意其必來而縱之，是上賊下之情；意其必免而復來，是下賊上之心。其上下交相賊以成此名，豈有所謂施恩德與乎知信義者？並謂：縱而未歸而赦之，可偶一爲之。若屢爲之，則殺人者皆不死，實不足爲天下之常法。他認爲不可爲常者，非聖人之法。故結語云：是以堯舜三王之治，必本於人情，不立異以爲高，不逆情以干譽。

今年，先生完成「五代史記」初稿。

先生被貶夷陵，歷經憂患，益勵勤慎。凡事反躬自省，念念效法至聖先師的志行，時時以國計民生是務。盱衡古今，放眼天下。不問收穫，只勤耕耘，更奠定其立德、立功、立言的不朽成就。

十二月壬辰二十五日，奉調光化軍乾德縣（今湖北省光化縣西）縣令。制詞有云：

> ……以懿辭決科，以敏智從事。荐承俊選，參校秘文。偶弗愼於言階，迺自貽於官譴。遽沿遐牒，亦既逾年。宜遷通邑之良，且寄字人之劇。余方甄錄，爾尚勉勤……。

峽州夷陵，僻遠小縣。貶官治民，欲期政通人和。固有賴州守幕友的支持，然其關鍵還是要靠自己的才能和努力表現。時光荏苒，經過年餘時間。觀其言行，察其作爲，完全心如日月。充分顯示仁者風範，不受任何橫逆影響。所以後來的非凡成就，由此奠定堅石的基礎。

第四章　遷徙頻繁能任勞怨

第一節　移乾德令復舊職權武成軍節度判官

寶元元年（一〇三八）戊寅（實爲景祐五年，十一月始改元），先生三十二歲，在乾德。按年譜：「三月赴乾德。是歲，胥夫人所生子夭。」辭海載：「光化今縣名，屬湖北省，在襄陽縣西北。宋置光化軍及乾德縣（今廢乾德而爲光化縣）。地當漢水之東，由丹江入漢水南下者必經此，爲陝、豫兩省之要衝。」

先生此次遷調，就朝廷而言。謂之體恤人才，不使久困遠僻之地。故制詞有：「宜遷通邑之良。」若就他來說，不過多此一舉，徒增一家跋涉的勞苦而已。但在當時社會，官場的迎新送舊，習以爲常。何況他與州守、幕友、僚屬、相處融洽，又是賢能的父母官。雖爲貶官知縣，然上下一心，吏民無間。尤其親民愛民，有目共睹，人人心悅誠服。大家正在同慶歲豐民樂之餘，忽聞賢令遷調，各界莫不依依難捨。士紳父老自動聚會準備熱誠歡送，州守幕友更是詩酒聯歡。盛情難卻，惟表銘篆耳。

三月，辭離夷陵。在途中，有一次登臨峴山，看到一古碑。他在集古錄跋尾卷六載有「唐獨孤府君碑」，闕歲月，知其梗概。如云：「獨孤府君碑，李邕撰，蕭誠書。誠書世多有，而此尤佳，碑在峴山亭下。余自夷陵徙乾德令，嘗登峴山，讀此碑。碑四面，而一面字完。今人家所傳，祗有一面。而余所得有二面，故其一面頗有訛缺也。府君諱冊，字伯謀，河南人也。其文不完，故不見其終始。」

四月二日，在舟中，作有「游儵亭記」，旨在闡述乃兄晦叔淡泊明志，稱頌爲「浩然其心眞勇者」。如云：

禹之所治大水七，岷山導江其一也。江出荊州，合沅、湘、合漢、沔以輸之海。其爲汪洋誕漫蛟龍水物之所憑，風濤晦冥之變怪。壯哉！勇者之觀也。吾兄晦叔，爲人慷慨，喜義勇而有大志。能讀前史，識其盛衰之迹。聽其言，豁如也。困於位卑，無所用以老，然其胸中亦以壯矣！夫壯者之樂，非登崇高之丘，臨萬里之流，不足以爲適。今吾兄家荊州，臨大江捨汪洋誕漫壯哉勇者之所觀。而方規地爲池，方不數丈。治亭其上，反以爲樂。何哉！蓋其擊壺而歌，解衣而飲，陶乎不以汪洋爲大。以爲方丈爲局，則其心豈不浩然哉。夫！視富貴而不動，處卑困而浩然其心者，眞勇者也。然則水波之漣漪，游魚之上下。其爲適也，與夫莊周所謂惠施游於濠梁之樂何以異？烏用蛟魚變怪之爲壯哉！故名其亭曰「游儵亭」。景祐五年四月二日舟中記。

先生自貶官以來，皆以罪棄囚拘自喻。謙恭待人，勤職補過。內省修持，寸陰是惜。只有知交之士，時有通問。他已完成「五代史記」初稿。五月間，曾接翰林學士李淑手書。慰勉有加，感悅交併。承詢五代紀傳之事，故有「答李淑內翰書」。略云：

……修曩在京師，不能自閑，輒欲妄作。幸因餘論，發於教誘。假以文字，力欲獎成。不幸中間，自罹咎責。爾來三年，陸走三千，水行萬里。勤職補過，營私養親。偷其暇時，不敢自廢。收拾綴緝，粗若有成。然其銓次去取，須有義例。論議褒貶，此豈易當。故雖編摭甫就，而首尾顚倒，未有卷第。當更資指授，終而成之，庶幾可就也。蕞爾之質，列於囚拘。瞻望門牆，豈任私悵。

古代親民的地方首長，最樂見的是風調雨順，國泰民安。最耽心的是水旱之災，農耕歉收，米珠薪桂。勢將引起飢荒，造成人民流離失所。他去秋在夷陵，因晚田秋稼將實而少雨，曾作「祭桓侯文」以求神助。於今，剛到乾德，又遇旱象，於是往禱五龍之神。他基於「不以責吏，則以告神」兩點理由，爲文祭告。不論是否靈驗？但其關心民瘼，遇到旱象，在無能爲力的不得已情況下，所採取唯一禱求神助之途，吏民亦可心安了。如云：

……百里之地，一時而不雨，則民被其災者數千家。然則水旱重事也，天之庇生斯民者，豈欲輕爲之乎？不幸而遭焉，則歸其說於二者；一曰吏之貪戾，不能平民。而使怨吁之氣，干於陰陽之和而然也。一曰凡山川能出雲爲雨者，皆有神以主之。以節豐凶，而爲民之司命也。故水旱之災，不以責吏，則以告神。嗚呼！民不幸而罹其災，修與神又不幸而當其事者，以吏食其祿而神享其祀也。今歲旱矣！令雖愚，尚知恐懼而奔走。神至靈也，得不動於心乎？

又有「求雨祭漢景帝文」。乾德既爲通邑之良，但他剛一上任，就遇旱象。竟一再祈雨求神，因爲順應民俗，然他覺得不能知民之事，慢於事神之罪，甚於所以來爲令之罪。細讀此文，深有寓意。如云：

……縣有州帖，祈雨諸祠。縣令至愚，以謂雨澤頗時。民不至於不足，不敢以煩神之視聽。癸丑，出於近郊，見民稼之苗者荒在草間。問之曰：待雨而后耕籽。又行見老父曰：此月無雨，歲將不成。然後乃知前所謂雨澤頗時者，徒見於城郭之近。而縣境數百里，山陂田畝之間，蓋未及也。修以有罪，爲令於此，宜勤民事神以塞其責。令既治民，獄訟之不明。又不求民之所急，至去縣十餘里外。凡民之事，皆不能知，頑然慢於事神。此修爲罪，又甚於所以來爲令之罪。惟神爲漢明帝，生能惠澤其民，布義行剛。威靈之名，照臨後世，而尤信於此土之人。神其降休，以答此土之民之信。

先生關心科舉，得見今年省榜。豈料知友才士梅堯臣（聖俞）竟落第。眞是百感交集，難以置信！故即寫信給謝舍人絳（希深）。坦率直言，以表不平之鳴。如云：

省榜至，獨遺聖俞，豈勝嗟惋！任適、呂澄，可過人邪？堪怪！聖俞失此虛名，雖不害爲才士。奈何平昔並游之間有以處下者，今反得之。睹此，何由不痛恨！欲作一書與胥親及李舍人、宋學士論理之，又恐自有失誤，不欲輕發。不爾，何故見遺？

可駭！可駭！由是而較，科場果得士乎？登進士第者果可貴乎？日日與師魯相對，驚歎不已。

秋間，諸事就緒。但自到縣以來，因地僻而陋，罕有學者。幸而有之，亦不足與講論。尤其事有凝滯，無所考正以釋疑。則思一見君子，惟有北首瞻望而已。今者，發現縣有古碑一片。在近郊數大冢之間，圖經以爲儒翟先生碑。然中有疑字不可解，又無他書可考正，所以寫信與在京的王源叔學士問字。如云：

……圖經以爲儒翟先生碑，其文云：先生諱壽，字元考，南陽隆人也。大略述其有道不仕，以敎學爲業。然不著其姓氏，其題額乃云玄瓀學先生。學字疑非翟字，而莫有識者。許慎說文亦不載，外方無他書可考正。其文辭簡質，皆隸書。書亦古樸，隱隱猶可讀。乃云熹平三年所立，去今蓋八百五十六年矣。漢之金石之文，存於今者蓋寡，惜其將遂磨滅。而圖記所載，訛誤若斯。遂使漢道草莽之賢，湮沒而不見。源叔好古博學，知名今世，必識此字。或能究見其人本末事迹，悉以條示。幸甚！幸甚！

後來李源叔學士有無查覆，未見提及。但他於英宗治平元年，在集古錄跋尾卷三，載有「後漢玄儒婁先生碑」。如云：

先生諱壽，字元考，南陽隆人也。祖太常博士，父安貧守賤，不可營以祿。先生童孩多奇，岐嶷有志。好學不猒，不飭小行。喜與人交，久而能敬。榮沮溺之偶耕，甘山林立杳藹。又曰有朋自遠，冕紳莘莘，講習不倦。年七十有八，熹平三年二月甲子，不祿。今光化軍乾德縣圖經載此碑。景祐中，余自夷陵貶所再遷乾德令，按圖求碑。而壽有墓在穀城界中。余率縣學生親拜其墓，見此碑在墓側。遂據圖經，遷碑還縣。立於敕書樓下，至今在焉。治平元年六月十三日書。

此一碑文，自先生發現而遷碑還縣，並經函向在京城的李學士問字。直至二十六年後的英宗治平元年，他爲行尚書吏部侍郎依前參知政事時。方始抽暇書載此碑的因緣，得以流傳，足見他對集古錄的專注與重視。

另又得「晉南鄉太守頌」碑文。也是延至二十五年後的仁宗嘉祐八年，他爲行尚書戶部侍郎依前參知政事時。九月六日，才動筆寫成。按晉書地理志：「當魏末，荆州分屬三國。而南鄉、南陽皆屬魏。後晉武改南鄉爲順陽。」此碑在光化軍，軍即襄州穀城縣之陰城鎮。陰城當魏、晉時爲南鄉屬縣。書云：

右南鄉太守司馬整。按晉書：宣帝弟曰安平獻王孚，孚次子曰義陽成王望，望第三子曰隨穆王整，整先望卒。後武帝分義陽之隨縣，封整爲王，謚曰穆。整以魏咸熙二年爲南鄉太守。是歲，晉武受禪，改元泰始。泰始三年徙整南陽，而南鄉人爲整建此碑。

先生得自好友丁元珍寄來的書中，附有孫正之君的信及雜文二篇。雖未見面，仍以「不必相見以目而後可知其心，相語以言而後可盡其說也。以所示文求足下之志，苟不惑而止，則僕將見足下大發於文。著於行而質於行事，以要其成焉」之意，作爲覆勉。

十月丙寅三日，詔戒百官朋黨。當時朝廷以宰相呂夷簡等當權派掌控朝政，一些寅緣攀附，只顧祿位，沒有立場的言官。對一二大臣公開批評宰輔及敢言儒士，莫不伺機攻訐。仁宗一時失察，不明眞僞，遂有詔戒之事。緣自范仲淹於景祐三年夏，以言事忤宰相，被貶饒州之後。仁宗有所悔悟，意欲復重用，乃稍徙潤州。彼輩小人，素惡仲淹，急以朋黨之名上聞。仁宗大怒，亟命置之嶺南。幸有時任參知政事程琳，字天球，獨爲上開說，帝意始解。另一參知政事李若谷，字子淵亦言：「近世俗薄，專以朋黨污善良。蓋君子小人，各有其類，今概以朋黨名之，恐正臣無以自立。」帝是其言，遂免鑄成大錯。

十一月庚戌十八日，朝廷舉行南郊祭祀，大赦天下。自景祐以來，群臣仰慕唐玄宗以開元加尊號，因請改元爲「寶元」。

西夏主，先世本姓李，宋賜姓趙。世據夏州，封西平王。元昊嗣立，雄毅多大略。不甘臣宋，公然稱帝。國號夏，建都興慶（今寧夏省銀川市），從此邊患幾無寧日。

是歲，胥夫人所生之子五歲夭折。先生至感哀傷。

另有祭薛尙書文及簡肅薛公墓誌銘。薛公是他的岳父，名奎，字宿藝，絳州正平人。累官參知政事，後以資政殿學士戶部侍郎判尙書都省退休。景祐元年八月，壽終正寢。享年六十有八，贈兵部尙書。狀公功行，上之太常。謚曰簡肅。是歲，其孤直孺，自京城扶護父柩歸葬絳州。先生深感薛公正當德望極隆時的賞識，欲以女許配。雖未及定聘即棄世，延於其逝後三年之景祐四年三月。其遺妻金城郡夫人趙氏卒追前言，嫁女完婚。其大德鴻恩，永銘肺腑。故在祭文中有云：「生死之間，以成公志。掛劍於墓，古人之義。公敏於材，剛毅自勵。不顧不隨，以直而遂。命也在天，往則難期。惟其行己，敢言是師。有罪之身，竄逐囚拘。生不及門，葬不送車。致誠薄奠，因道終初。」以表仰念之忱。又在墓誌銘中有云：「公之從事，以難為易。參於大政，不撓不棄。屢決大議，有言炳然。公不為相，告病還家。贈賻之隆，尙書是加。公有敏德，焯其行事。公有令名，有司之謚。事告之史，謚傳子孫。又刻銘章，納於墓門。」足以顯揚薛公之大德功行，炳耀千秋。

第二節　召還朝復充館閣校勘仍修崇文總目

寶元二年（一〇三九）己卯，先生三十三歲，在乾德。

年譜：「知制誥謝絳（希深）出守鄧州，梅聖俞將宰襄城，與希深偕行。五月，公謁告往會，留旬日而返。六月甲申，復舊官，權武成軍節度判官廳公事。公自乾德奉母夫人待次南陽。冬，暫留襄城。」

先生對於孫正之君又託人攜書至，感其戒過之誠，遂作「答孫正之第二書」。首云前由丁元珍轉來所示書，喜其好學自立，然未深相知，及得此書，乃知其用心如此。如云：

僕與吾子，生而未相識面，徒以一言相往來，而吾子遽有愛我之意，欲戒其過，使不陷於小人。此非惟朋友之義，乃吾父兄訓我者不過如此也。

先生這種聞過知改的胸襟修養，豈止視如益友戒過；更視如父兄之訓，實已到達聖賢境界。他認爲孫君所愛者道也，因引書曰：「改過不吝。」故以改過而自贖。如認爲不爲晚，或尙爲未可，則請有可進可贖之說見教。如云：

僕自知何足愛。而吾子所愛者，道也。世之知道者少，幸而有焉。又自爲過失以取累，不得爲完人。此吾子之所悉也。僕知道晚，三十年前，尚好文華。嗜酒歌呼，知以爲樂而不知其非也。及後少識聖人之道，而悔其往咎，則已布出而不可追矣！聖人曰：「勿謂小惡爲無傷。」言之可愼也。如此，爲僕計者，已無奈何，惟有力爲善以自贖爾。書曰：「改過不吝。」書不譏成湯之過而稱其能改，則所以容後世之能自新者。聖人尚爾，則僕之改過而自贖，其不晚也。吾子以謂如此可乎？尚爲未可，則願有可進可贖之說見教。

然後表示對於孫君的厚愛，惜未得相見。未能盡言以報大惠，深引爲憾作爲結語。細讀全文，得以體會先生勇於「改過不吝」，虛心求教的精誠。豁達胸襟，心行如一的仁者風範。故能改變宋代文風，提振士氣。尊爲當代儒宗，絕非偶然。結語云：

吾子待我者厚，愛我者深。惜乎未得相見，以規吾子之所未至者，以報大惠。蓋其他不足以爲報也。值多事，不子細。

二月，朝廷以三品翰林學士知制誥謝絳（希深），出知鄧州（今河南省南陽縣）。四月丁卯到任。

先生有「與梅聖俞書」。意謂前者見邸報，得悉聖俞有襄城之命，當與謝公偕行。不料舊尹徙蜀，聖俞即留領縣事。他以爲襄城地居交通孔道，音信自此一日可到，是以未即函候。後得手書，乃知前至南陽。而南陽到乾德，其間只有一驛路程。他理應請見謝公，因思謝公新下車。方布條教，伸張威信。門生故人，都能體會暫時不宜前往煩擾。須俟其浹旬少定，再去謁候不遲。但又恐聖俞未能久留，故意欲請聖俞如能命駕見過，實爲大幸。他作此不情之請，是基於叨在知己。分別五六年，貶徙三載。水陸奔波一萬二千里，乃於此次得見故人。所以不避百餘里之遙，有勞君子而坐邀。他這種想法，充分表示至誠期待的心意。

五月，他接希深手書。知己到任，一切就緒，因即請假趨候。他還縣後，作有「與謝舍人書」。上款稱知府舍人三丈，下款署從表姪歐陽修頓首百拜。看此稱謂，不僅師友之誼，還有一點親戚的關係。

首云別後繫念之意：「三兩日毒暑尤甚，不審尊候何似？」

次述屢煩長者熱忱接待，歡樂情景，無異京、洛之舊，不勝感戀以及還縣經過。如云：

> 某昨走鈴下，久溷賓館。旱暑交作，晏陰方興。當君子定心靜事休息之時，暑夕屢煩長者。其如乘餘閑，奉罇俎。泛覽水竹，登臨高明。歡然之適，無異京、洛之舊。其小別者，聖俞差老而修爲窮人，主人腰雖金魚而鬢亦白矣！其清興則未減也。臨別之際，感戀何勝！西禪竹林，又辱餞送。自夜出南城，凡再宿，始至弊邑。私門老幼，

往往病暑。正如所慮，此所以眷眷門下而不候久留者也。

然後，表達自鄧州至汝陰，首出田間，所見秋稼甚盛的感慨。他身在旅途，心繫百姓。一有機會，定必深入考察各地土質之肥瘠優劣。各項農政設施之良窳，農耕的勤惰。都將影響各種農作物長成的豐歉，實爲關係民生的重要因素。他早就重視並注意及此，故能成就後來輝煌的政績。如云：

自鄧至汝陰，道出田間，由鉅欣橋而西。秋稼甚盛，時雨已足。問之，乃覽秀所望而腳正在陋邦，然鄧州界莫及也。豈騎立之神，憎家雞而愛野稚乎？

結語則云：「自還縣，便苦俗事，書記未能詳悉，謹拜此敘謝，伏惟幸察不宣。」

他還縣後作有「答梅聖俞寺丞見寄」五言古詩一長篇，至誠地向知己傾訴自相識迄今諸多感慨的心聲，故特照錄如次：

答梅聖俞寺丞見寄

憶昔識君初，我少君方壯。風期一相許，意氣曾誰讓。交遊盛京洛，罇俎陪丞相。騄驥日相追，鸞凰志高颺。詞章盡崔蔡，論議皆歆向。文會忝予盟，詩壇推子將。談精鋒愈出，飲劇歡無量。賈勇爲無前，餘光誰敢望。茲年五六歲，人事堪悽愴。南北頓暌乖，相離獨飄蕩。失杯由畫足，傷手因代匠。移書雖激切，拙語非欺誑。安知乃心愚，而使所言妄。權豪不自避，斧質誠爲當。蒼皇得一邑，奔走踰千嶂。楚峽聽猿鳴，荊江畏蛟浪。蠻方異時俗，景物殊氣象。綠髮變風霜，丹顏侵疾痒。常憂鵩鳥窺，幸免江魚葬。今茲荷寬宥，遷徙來漢上。憔悴戴囚冠，驅馳嗟俗狀。王事多倥偬，學業差遺忘。未能解綬去，所戀寸祿養。舉足畏逢仇，低頭惟避謗。忻聞故人近，豈憚驅車訪。一別各衰翁，相見問無恙。交情宛如舊，歡意獨能強。幸陪主人賢，更值芳洲漲。菱荷亂浮泛，水竹涵虛曠。清風滿談席，明月臨歌舫。已見洛陽人，重聞畫樓唱。怡然壹鬱寫，釐爾累囚放。自從還邑來，會此驕陽亢。神靈多請禱，租訟煩笞搒。猶須新秋涼，漢水臨清漾。野稼蕩浮雲，晴山開疊障。聊以助吟詠，亦可資酣暢。北轅如未駕，幸子能來貺。

又有「和聖俞百花洲」五言律詩二首。

野岸溪幾曲，松蹊穿翠陰。不知芳渚遠，但愛綠荷深。

荷深水風闊，雨過清香發。暮再起城頭，歸橈帶明月。

先生公餘之暇亦好琴藝，雖久聞夷中琴之名。然因二年遷謫，僻居三峽，終未識見。豈料在此得聞琴音，至感欣慰。故作有「送琴僧知白」七言古詩一篇以示意。詩云：

吾聞夷中琴已久，常恐老死無其傳。夷中未識不得見，豈謂今逢知白彈。遺音髣髴尚可愛，何況之子傳其全……。

先生接奉朝廷六月甲申（二十五日）詔命：復舊官，權武成軍節度判官廳公事。他因故稽延離任。此在九月初「與梅聖俞書」，即可了解。

首云「某啓：承九月一日就道，雖爲屬留。然清風白牛，久雨泥淖。尤須大晴，然後不阻。某自解官，觸事不快。至今幾五十日，未能脫去。豈其頓蹇未極邪？幸親老漸安，更三五日，可以卜行。

接著，他說到了南陽，得以依居賢主人，感慰無似。但會聖俞不在，深以爲憾。雖於昨夏中，喜會於清風。然猶未盡所懷，引以爲悵。他本以爲於今有機會暫寓南陽，方欲悉摒他事，藉與聖俞極盡數日之歡聚。而又先後參差，有若相避。尤其使他最惦念的是聖俞書中曾言有事欲相見，卻不克晤敘。殊爲恨事，更加令人難以安樂。

結語云：「到官必有日，南陽人便。無惜寄音相及，秋寒自愛。」

又有一書，意謂前曾遣人送信迎候。但思念如此酷暑，並非乘輿就道之時。等到去人帶回手書，果然不出所料。及見急足至，荷承關懷慰問。得喜暑中起居無恙，極感欣慰。然而，聖俞以前總是累求新作。但這次書尾竟有自厭之說，實感詫異。故云：「豈可疾淫哇而欲廢置律呂？」以勉知己。並云：「百花洲唱和必多，欲一讀以祛俗累之心，何可得也。孫書注說，日夕渴見。已經奏御，敢借示否？蒙索亂道，恰來盡。呵呵！講席所說何書？因信乞示及。晝寢之樂，當輸閑者，聖俞不得獨擅也。謝氏詩，昨忘附去，今又卻尋不見。候見，納去矣。旱熱可畏，千萬保重。」

上述前後書中所云，他與聖俞雖於昨夏中，喜會於清風。然猶未盡所懷。故又相約會晤，亦因酷暑非乘輿之時，致又未能如願以償。遂遣人及急足以書往來通問，聊慰彼此期盼之情懷。

十月初七日，作有「送太原秀才序」。

> 仲尼之徒子思伋記中庸事，列於曲臺學。欲服圓冠習矩步者，皆造次必於中庸。聞太原生得之矣，生之履行無改是也。月旅析木，地居軫斿。霜風動天，萬竅號怒。搖鞭長跋，強飯自重。時寶元二年十月初七日，乾德令尹歐陽修序。

十二月間，先生客居南陽時，始由謝希深告知其岳丈胥內翰，已於今秋八月，病逝京師的凶訃。他深受胥內翰偃知遇之恩，更許娶其女爲妻，忝爲翁婿戚誼，何以會變成形同陌路之人？實因胥內翰素惡范仲淹，而先生則極友善范仲淹。造成政治立場不同，理念差異。導致翁婿之有鴻溝，遂少往來。自貶夷陵，跡亦日疏。不及再聞語言之音，遂爲幽明之隔的無奈感歎。此在他「與刁景純學士書」中，特爲剖明心跡，縷述胥學士對他知遇之隆恩。然自念不欲效世俗子，趨走門下，以卑昵自親。惟欲少效名節，用以不負所知，絕非忘恩不知圖報之徒。

首云得知岳丈內翰凶訃，聞問驚怛，不能已已。對於其去大用，不過尺寸之間，深表痛惜感悼。

> 丈丈位望並隆，然平生亦嘗坎坷。數年以來，方履亨塗。任要劇其去大用，尺寸間爾。豈富與貴不可力爲，而天之賦予，多少有限邪？凡天之賦予人者，又量何事而爲之節也。前既不可詰，但痛惜感悼而已。

繼續縷述，昔蒙知遇關愛之隆。但自己爲人心志，未必得荷諒諒，惟有望門長號！

某自束髮爲學，初未有一人知者。及首登門，便被憐奬。開端誘導，勤勤不已，至其初若有成而後止。雖其後遊於諸公，而獲齒多士。雖有知者，皆莫之先也。然亦自念不欲效世俗子，一遭人之顧己，不以至公相期。反趨走門下，脅肩諂笑。甚者獻讒諛而備使令，以卑昵自親。名曰報德，非惟自私。直亦待所知以不厚，是故懼此。惟欲少勵名節，庶不泯然無聞，用以不負所知爾。某之愚誠，所守如此。然雖胥公，亦未必諒某此心也。自前歲得罪夷陵，奔走萬里。身日益窮，迹日亦疎。不復再聞語言之音，而遂爲幽明之隔。嗟夫！世俗之態，既不欲爲。愚誠所守，又未見克果，惟有望門長號！臨柩一奠，亦又不及。此之爲恨，何足道也。徒能惜不永年與未大用，遂與道路之人同歎爾！

末云歲盡春初，當過京師。尙可一拜見靈柩，以盡心意。

知歸葬廣陵，遂謀京居，議者多云不便。而聞理命若斯，必有以也。若須春水下汴，某歲盡春初，當過京師。尚可一拜見，以盡區區。身賤力微，於此之時。當有可致，而無毫髮之助，慚愧！慚愧！

全集本文末注有：按內翰胥偃，以寶元二年八月卒，此書乃當時所作。既與刁君，不應稱丈丈。若與胥氏子，又不應稱胥公，當考。（錄供參考）

十一月己酉二十一日，謝絳（希深）病逝於官所，享年四十有五。

先生適值客居南陽，得以參與料理善後事宜。並恭撰祭文，躬親祭奠，哀慟逾恆。

依前述「送太原秀才序」文末的日期，得知先生仍留在乾德。則與前述九月初，前後兩次與梅聖俞書中之言。在時序上雖有疑問？然據他所作「祭謝希深文」，及翌年秋所作「尚書兵部員外郎知制誥謝公墓誌銘」所云。對於下列三點，應可確信不疑。

一、先生於五月間，接奉謝公抵達南陽到任後的手書。即請假趨謁，留旬日辭返。其間賓主之歡聚，及還縣又來客居。不過極短時日，即入哭其堂的感受，誠不勝哀傷悼念之至！如祭文所云：「初來謁公，迎我而笑。與我別久，憐其貌若故而氣揚。清風之館，覽秀之涼。坐竹林之修蔭，泛水芰之清香。及告還邑，得官靈昌。走書來報，喜詠於章。罷縣無歸，來客公邦。歡言未幾，遽問於牀。不見五日，而入哭其堂。」若從十一月己酉（二十一日），謝公病逝之日，逆數先生來到南陽未幾，謝公不幸疾病臥床。不見五日，而入哭其堂的時日估計，約在十一月上旬方始抵達謝府作客。至於九月初是否奉母偕家人先到南陽，他隻身又返乾德延於右述時間，再次來客公邦？因無詳確資料，推理是否有當？尚待考證。

二、祭文末云：「滑人來迎，修馬當北。而不即去者，以公而彷徨。始修將行，期公餞我。今其去也，來奠公觴。茲言悲矣！公其聞乎？抑不聞也，徒有淚而浪浪！」足證先生參與謝公喪禮祭奠，克盡師友之義。

三、謝絳（希深）是於寶元二年四月丁卯（初七日）來治鄧州，同年十一月己酉（二十一日）以疾卒於官。明年（康定元年）八月葬於州西南某山之陽。將葬，其嗣子某來向先生乞銘。則知墓誌銘是先生到京之明年秋所作。

茲摘錄先生所作「祭謝希深文」及「尚書兵部員外郎知制誥謝公墓誌銘」如次：

其一、祭謝希深文

……嗚呼謝公！性明於誠，履蹈其方。其於死生，固已自達。而天下之士，所以嘆息而不已者，惜時之良。況於吾徒師友之分，情親義篤，其何可忘？景祐之初，修走於峽而公在江東。寓書眞州，哀其親老而勉以自彊。其後二年，再遷漢上。風波霧毒，凡萬二千里而會公南陽。初來謁公，迎我而笑。與我別久，憐其貌若故而氣揚。清風之館，覽秀之涼。坐竹林之修蔭，泛水芰之清香。及告還邑，得官靈昌。走書來報，喜詠於章。罷縣無歸，來客公邦。歡言未幾，遽問於牀。不見五日，而入哭其堂。嗚呼謝公！年不得中壽而位止於郎。惟其歿也，哭者爲之哀！不識者爲之相弔。或賻其家，或力其喪。嗟乎！爲善之效，得此而已庸何傷？富貴偶也，壽夭數也，奚較其少多而短長？若公之有言，著於文行，著於事材，著於用既久而愈彰。此吾徒可以無大恨，而君子謂公爲不亡。滑人來迎，修馬當北。而不即去者，以公而彷徨。始修將行，期公餞我。今其去也，來奠公觴。茲言悲矣！公其聞乎？抑不聞也，徒有淚而浪浪！

其二、尚書兵部員外郎知制誥謝公墓誌銘

……謝公諱絳，字希深。其先出於黃帝之後任姓之別爲十族，謝其一也。……至詩嵩高，始言周宣王使召公營謝邑以賜申伯。……以國爲姓。……至晉宋間，謝氏出陳郡者，始爲盛族。公之皇考曰太子賓客諱濤。……自皇考以上三代，皆葬杭州之富陽。公以寶元二年四月丁卯來治鄧，其年十一月己酉，以疾卒於官。以遠不克歸於南，即以明年八月。得州之西南某山之陽，遂以葬，享年四十有五。初娶夏侯氏，先卒，今舉以祔。後娶高氏，文安縣君。三男六女，男某皆將作監主簿。女一，早亡，五尚幼。公之卒，其客歐陽修弔而哭於位。退則歎曰：初賓客之薨，修獲銘其德，納諸富陽之原。今又哭公之喪。哭者在位，莫如修舊。蓋嘗銘其世矣，乃論次其終始曰：公年十五，起家。試秘書省校書郎，復舉進士，中甲科。以奉禮郎知潁州汝陰縣。……景祐元年，丁父憂。服除，召試知制誥，判流銓。……公爲人，肅然自修。平居溫溫，不妄喜怒。及其臨事敢言，何其壯也。雖或聽或否，或論而不能行，或其後果如其言。皆傳經據古，切中時病。三代已來文章，盛者稱西漢。公於制誥，尤得其體。世所謂常楊元白，不足多也。公既以文知名，至於爲政，無所不達。自汝陰已有能名。佐常州，至今常人思之。錢思公守河南，悉以事屬之。是時，莊獻明肅太后、莊懿太后起二陵於永安。至於鐵石畚鍤，不取一物於民而足。修國子學，教諸生。自遠而至者百餘人，舉而中第者十八九。河南人聞公喪，皆出涕，諸生畫像於學而祠之。……其遇事冗遽，尤若簡而有餘。及求知鄧州，其治益以寬靜爲本，州遂無事。……始公來鄧，食其廩者四十餘人，或疑其多。及其喪，爲之制服。其治衣櫛，纔二婢。

至三從孤弟妹，皆聚而食之。卒之日，廩無餘粟，家無餘貲。入哭其堂，椸無新衣。然平生喜賓客談宴，怡怡如如。自少而仕，凡三十年間。自守不回，而外亦不爲甚異，此其始終大節也。（下有：昔太史公，世稱其文善，以多爲少。今予不能，乃不暇具書公之事，而特著其大者略書之。噫！公之事何多歟！繫予文而不克究。使公而壽，且用極其材。則凡今所書，又有不暇書，而又著其尤大者爾！將葬，其嗣子某來乞銘。）

銘曰：

壽吾不知，命繫其偶。不俾其隆，安歸其咎？惟德之明，惟仁之茂。惟力之爲，而公之有。

先生辭離南陽，緬懷師友情義，哀傷欲絕。回思往事，悵然若失。於是首途暫留襄城。他的內兄薛質夫，不幸疾病而逝，享年二十有四（未注日期）。這是他今年第三次獲聞親戚的凶訃，其心中哀傷的感受，不言可喻。而所作祭文及墓誌銘，不僅表達哀悼之誠，其卓見更顯仁者胸襟。摘錄如次：

祭薛質夫文

嗟吾質夫！行豐而腴，乃享其癯。莖華雖敷，不菂而枯。善惡賢愚，非有契符。報或一差，咎誰歸辜。孔智通天，曰命矣夫！在聖猶疑，況於吾徒。嗟吾質夫！毋不勝縗，慕無孺孤。奠觴爲訣，已矣嗚呼！

薛質夫墓誌銘

首述姓名、家世、爲人賢孝及病卒年齡。如云：

故大理寺丞薛君直孺，字質夫。資政殿學士贈禮部尚書簡肅公之子。母曰金城夫人趙氏。質夫生四歲，殿直公爲參知政事。拜大理評事，遷將作監丞。景祐元年，公薨。天子推恩於其孤，拜大理寺丞。公以忠直剛毅顯於當世。質夫爲名臣子，能純儉謹飭。好學自立，以世其家。公葬絳州，質夫自京師杖而行哭，至於絳州。行路之人皆哀嗟之。質夫少多病，後公六年以卒，享年二十有四。

次引孟子「不孝有三，無後爲大」之言，非萬世之通論。則舉自古聖人君子，未必皆有後之道理，以析論哀、罪、善、惡之所以能，實爲本文的獨特風格與卓見。如云：

孟子曰：「不孝有三，無後爲大。此爲舜娶妻而言耳，非萬世之通論也。不娶而無後，罪之大者，可也。娶而無子，與夫不幸短命未及有子而死以正者。其人可以哀，不可以爲罪也。故曰孟子之言非通論，爲舜而言可也。質夫再娶皆無子，不幸短命而疾病以死。其可哀也，非其罪也。自古聖人君子，未必皆有後。其功德名譽垂世而不朽者，非皆因其子孫而傳也。伊尹、周公、孔子、顏回之道，著於萬世。非其家世之能獨傳，乃天下之所傳也。有子莫如舜，而瞽不得爲善人，卒爲頑父。是爲惡者有後而無益，爲善雖無後而不朽，然則爲善者可以不懈，爲簡肅公者可以無憾也。使簡肅公無憾，質夫無罪。全其身，終其壽考。以從其先君於地下，復何道哉！某娶簡肅公之女，質夫之妹也。常哀質夫之賢而不幸，傷簡肅公之絕世，閔金城夫人之老而孤！故爲斯言，庶幾以慰其存亡者已。悲夫！銘曰：

死而有祀，四世之間。死而不朽，萬世之傳。質夫之賢，雖其閟矣，久也其存。

他作有一篇一千餘言「傳易圖序」，摘錄如次：

孟子曰：「盡信書不如無書。」夫孟子好學者，豈獨忽於書哉？蓋其自傷不得親見聖人之作，而傳者失其眞，莫可考正而云也。然豈獨無書之如此。余讀經解，至其引曰差若毫釐，謬以千里之說。又讀今周易，有何謂子曰者？至其繫辭，則又曰聖人設卦繫辭焉，欲考其眞而莫可得。然後知孟子之嘆，蓋有激云爾。……乃知今周易所載，非孔子文言之全篇也。……今上繫凡有子曰者，亦皆講師之說也。然則今易，皆出乎講師臨時之說矣。幸而講師所引者，得載於篇。不幸其不及引者，其亡豈不多邪？……易之傳注，比他經爲尤多，然止於王弼。其後雖有述者，不必皆其授受，但其傳之而已。大抵易至漢，分爲三：有田何之易、焦贛之易、費直之易。……田、焦之易，廢於漢末。費氏獨興，遞傳至鄭康成。而王弼所注，或用康成之說（比卦六四之類），是弼即鄭本而爲注。今行世者，惟有王弼易，其源出於費氏也。孔子之古經亡矣！

去年，西夏王元昊稱帝叛亂，朝廷即命將討伐。先生認爲措置欠妥，軍事部署乖方。料定王師必不能出境，徒勞無功。果如所云，此在他於後來英宗治平四年（一〇六七）九月乙末，六十一歲時所作「歸田錄」中有一則云：

> 寶元中，趙元昊叛命，朝廷命將討伐。以鄜延、環慶、涇原、秦鳳四路各置經略安撫招討使。余以爲四路皆內地也。當如故事，置靈夏四面行營招討使。今自於境內何所招討？余因竊料王師必不能出境。其後用兵五六年，劉平、任福、葛懷敏三大將皆自戰其地而大敗。由是至於罷兵，竟不能出師。

第三節　修崇文總目成改集賢校理請外又通判滑州

康定元年（一〇四〇）庚辰，先生三十四歲，由滑州調回京城。

春，正月，西夏王趙元昊入侵陝北重鎮延州（今峽西省延安），鄜延副總管劉平戰敗，壯烈成仁，關陝爲之大震。

二月丙午二十一日，改元，去尊號寶元字。詔許中外臣庶上封章言事。

年譜：「是春，赴滑州。時范文正公起爲陝西經略招討安撫使，辟公掌書記，辭不就。六月辛亥召還，復充館閣校勘，仍修崇文總目。十月，轉太子中允。」

是春，先生始赴滑州就任武成軍節度判官。時范仲淹起爲陝西經略招討安撫使，上狀徵召先生掌書記。其狀有云：「臣訪於士大夫，皆言非歐陽修不可。文學才識爲衆所服……。」可見范公對於先生的器重與推許。

六月辛亥二十八日，先生奉詔還朝。八月一日至京城，復充館閣校勘，仍修崇文總目。八月間，先生接到范仲淹由陝西華州（今陝西華縣），遣專使送來七月十九日手書。他即作「答陝西安撫使范龍圖辟命書」，旨在表達「同其退，不同其進」的立場，堅決辭謝不就。賢者遠大的志向胸襟，令人肅然起敬。如云：

> ……急腳至，得七月十九日華州所發書。……戎狄侵邊，自古常事。邊吏無狀，至煩大賢。……修無所能，徒以少喜文字，過爲世俗見許，此豈足當大君子之舉哉！若夫參決軍謀，經畫財利。料敵制勝，在於幕府。苟不乏人，則軍事奏記，一末事耳。有不待修而堪者矣！由此，始敢以親爲辭。況今世人所謂四六者，非修所好。……伏見自至關西，辟士甚眾。古人所與成事者，必有國士共之，非惟在上者以知人爲難。士雖貧賤，以身許人，固亦非易。欲其盡死，必深相知。知之不盡，士不爲用。今奇怪豪儁之士，往往蒙見收擇，顧用之如何爾？然尚慮山林草莽，有挺特知義慷慨自重之士，未得出於門下也，宜少思焉。若修者，恨無他才以當長者之用，非敢效庸人苟且樂安佚也，幸察。

基上所述，有兩點說明如次：

一、先生全集，具有多種版本，一本有二小段較本文字數增多，且用字偶亦略異。本書凡所引證所錄，係依據世界書局印行八十年十月五版，楊家駱主編歐陽修全集爲藍本。

一本一小段在「伏見自至關西」之前云：

……某近至京師，屢於諸公間。略聞緒言攻守之計，此實當時之宜。非深思遠見者，孰能至此，願不爲浮議所移。

另一小段在文末苟且樂安佚也之下云：

伏蒙示書，夏公又以見舉。某孤賤，素未曾登其門。非執事過見褒稱，何以及此？愧畏！然某已以親老爲辭，更無可往之理。幸察。

二、先生是於八月一日抵達京城之後，方始接到范仲淹七月十九日的手書。但所作答書，未有日期與地點。但研判應在八月間於京城所覆，較爲合理。

至於朝廷起用范仲淹出帥陜西的經過，固由於其素具賢能，聞名天下的主觀條件完備，但亦時勢所趨，人與事適切配合的客觀因素促成。實爲其榮膺當代儒將，流芳千古的重要關鍵。簡述其曲折因緣，藉明究竟。

根據宋史紀事本末卷六載：

康定元年春，正月，元昊寇延州（今延安）。知延州范雍聞元昊且至，懼甚。……閉門堅守。鄜延副總管劉平、石元孫屯慶州，奉召督騎兵晝夜倍道而前。……東行五里許遇賊。……平中流矢。日暮，賊以輕兵薄戰，官軍小卻。鄜延都監黃德和居陣後，望見軍卻。率麾下走保西南山，眾從之皆潰。平遣其子宜孫馳追德和，執轡語曰：當勒兵還，並力拒賊，奈何見奔？德和不從，逼赴甘泉。平遣軍校杖劍得千餘人，轉門三日，賊退還水東。平率餘衆保西南山，立七柵自固。……平旦，賊首舉鞭麾旗自山四出合擊，絕官軍爲二，平遂與元孫等皆歿於賊。會大雪，賊解去，延州得不陷。詔殿中侍御史文彥博即河中置獄問狀，黃德和坐腰斬，范雍貶知安州。贈平、元孫官。（當時狀況如此，但後來查明眞象。二人結果，判若天壤。其一、哲宗元祐七年十月，龍圖閣學士左朝奉郎守兵部尚書蘇軾有「乞賻贈劉季孫狀」云：「仁宗朝，趙元昊寇延州危急。環慶將官劉平，以孤軍來援，衆寡不敵。姦臣不救，平遂戰歿，竟罵賊不食而死。詔贈侍中，賜大第，官其諸子慶孫……季孫等七人……。」足見平爲忠義勇敢，壯烈成仁。榮膺子孫，史册留名。其二、石元孫被俘，茍且偷生。宋史紀事本末云：「慶曆四年，夏四月，夏人歸俘。賈昌朝奏如春秋晉、楚戰於邲。互有擒獲，各全其生，請如故事赦之。仁宗乃貸元孫，編管全州。子弟曾授陣亡恩澤者，並奪追之。」，則知貪生怕死之徒，雖獲赦不死，然子孫蒙羞，遺害無窮。）二月丁亥二日……西事日擾括。……命知制誥韓琦安撫陝西。初，琦使蜀歸，論西師形勢甚悉，即命安撫陝西。琦言：范雍節制無狀，宜召知越州范仲淹委任之。方陛下焦勞之際，臣豈敢避形跡不言。若涉朋比誤國家，當族。帝從之，召范仲淹知永興軍。夏，五月壬辰十九日。呂夷簡同平章事，復用爲宰相。戊寅二十五日，以夏竦爲陝西經略安撫使，范仲淹爲陝西都轉運使。秋，七月己卯十六日，除范仲淹龍圖閣直學士與韓琦並爲陝西經略安撫副使，同管勾都部署司事。初，范仲淹與呂夷簡有隙，及議加職，夷簡請超遷之。上悅，以夷簡爲長者。既而，仲淹入謝。上諭使釋前嫌。仲淹頓首曰：臣向所論，蓋國事，於夷簡何憾也。

八月，詔范仲淹兼知延州。……仲淹大閱州兵，得萬八千人。分六將領之，日夜訓練。量賊眾寡，使更出擊。敵人聞之，相戒曰：無以延州爲意。今小范老子，腹中自有數萬甲兵，不比大范老子可欺也。大范蓋指范雍也。

又據司馬光「涑水紀聞」所云，可供參考。

范文正於景祐三年，言呂相之短。坐落職，知饒州（先後曾徙潤州、蘇州、越州）。康定元年，復天章閣待制知永興軍，尋改陝西都轉運使。會呂公自大名（北京）復入相。言於仁宗曰：范仲淹賢者，朝廷將用之，豈可但除舊職耶？除龍圖閣直學士陝西經略安撫使。上以許公（呂夷簡後封許國公）爲長者，天下皆以許公不念舊惡。文正面謝曰：向以公事忤犯相公，不意相公乃爾獎拔。許公曰：夷簡豈敢以舊事爲念耶？

先生後來於本年冬「與梅聖俞書」中，亦提及范龍圖辟命掌書記不去之意。如云：「安撫見辟不行，非惟奉親避嫌而已。從軍常事，何害奉親？朋黨，蓋當世俗見指，吾徒寧有黨耶？直以見召掌牋奏，遂不去矣！……冬冷保重。」他因小人無事生非，妄指賢士來往或薦引爲朋黨。況此次辟命，係掌牋奏等機要文書的重責。爲避嫌以免落人口實，故以奉親爲辭。更可體會他作答書時，有如日月之心境。

是秋，建州浦城（今福建省浦城縣）秀才吳充，應考進士來至京城。仰慕先生，投書附文章三篇，呈請求教。

先生回書，稱許其「志於爲道，若不止焉」，並謙謂「因吾子之能不自止，又以勵修之少進焉」。乃知吳充雖僅秀才身分投書請教，然其書中心意及三篇文章所展露的志氣才華，頓使先生讚嘆不已。從此，吳充受知於先生。登第後，發揮其王佐長才，累官兩府參政、同中書門下平章事。曾以其愛女許配先生的長子發爲妻，結爲姻親。

答吳充秀才書

……前辱示書及文三篇，發而讀之，浩乎若千萬言之多。及少定而視焉，纔數百言爾。非夫辭豐意雄，霈然有不可禦之勢，何以至此？然猶自患倀倀莫有開之使前者，此好學之謙言也。修材不足用於時，仕不足榮於世。其毀譽不足輕重，氣力不足動人。世之欲假譽以爲重借力而後進者，奚取於修焉！先輩學精文雄，其施於時。又非待修譽以爲重，借力而後進者也。然而惠然見臨，若有所責。得非急於謀道，不擇其人而問焉者歟！夫學者未始不爲道，而至者鮮，爲非道之於人遠也。學者有所溺焉爾！蓋文之爲言，難工而可喜，易悅而自足。世之學者往往溺之。……聖人之文，雖不可及。然大抵道勝者，文不難而自至也。故孟子皇皇不暇著書，荀卿蓋亦晚而有作。……先輩之文，浩乎霈然，可謂善矣。而又志於爲道，猶自以爲未廣，若不止焉。孟、荀可至而不難也。修學道而不至者，然幸不甘於所悅而溺於所止。因吾子之能不自止，又以勵修之少進焉……。

秋末，先生曾往穀城縣拜訪縣令狄君，並參觀孔子廟。作有「襄州穀城縣夫子廟記」一文。縷述祭孔大典的沿革及興衰感慨。首述釋奠釋菜祭禮，而今釋奠幸存，亦僅春秋行事。如云：

釋奠釋菜，祭之略者也。古者士之見師，以菜爲贄。故始入學者，必釋菜以禮其先師。其學官四時之祭，乃皆釋奠。釋奠有樂無尸，而釋菜無樂。則其又略也，故其禮亡焉。而今釋奠幸存，然亦無樂。又不徧舉於四時，獨春秋行事而已。

次謂孔子歿，天下皆尊爲先聖。然因學校久廢，學者莫知所師。其後州縣學廢，無所從祭，則皆廟而祭之。並斥荀卿子之謬論以及學校久廢、禮樂不備，吏多不習禮節等諸多缺失。使民無所瞻仰，以爲古禮不足復用，至爲感歎！分述如次：

記曰：釋奠必有合，有國故則否。謂凡有國，各自祭其先聖先師。若唐虞之夔伯夷，周之周公，魯之孔子。其國之無焉者，則必合於鄰國而祭之。然自孔子歿，後之學者，莫不宗焉。故天下皆尊以爲先聖，而後世無以易。學校廢久矣，學者莫知所師。又取孔子門人之高弟曰顏回者而配焉，以爲先師。隋、唐之際，天下州縣皆立學，置學官生員。而釋奠之禮，遂以著令。其後州縣學廢，而釋奠之禮。使以其著令，故得不廢。學廢矣無所從祭，則皆廟而祭之。

荀卿子曰：仲尼、聖人之不得勢者。然使其得勢，則爲堯、舜矣。不幸無時而歿，特以學者之故，享弟子春秋之禮。而後之人不推所謂釋奠者，徒見官爲立祠而州縣莫不祭之。則以爲夫子之尊，由此爲盛。甚者，乃謂生雖不得位而歿有所享，以爲夫子榮。謂有德之報，雖堯、舜莫若，何其謬論者歟！祭之禮，以迎尸酌鬯爲盛。釋奠薦饌，直奠而已，故曰祭之略者。其事有樂舞授器之禮，今又廢，則於其略者又不備焉。然古之所謂吉凶鄉射賓燕之禮，民得而見焉者，今皆廢失。而州縣幸有社稷釋奠風雨雷師之祭，民猶得以識先王之禮器焉。其牲酒器幣之數，升降俯仰之節，吏又多不能習。至其臨事，舉多不中，而色不莊。使民無所瞻仰，見者怠焉。因以爲古禮不足復用，可勝歎哉！

然後闡揚宋興八十年以來，凡修禮樂，崇文尊孔之制。州縣之吏，或不能諭上意。非師古好學者，莫肯盡心。實爲全篇所論的重點，意指必須朝廷訂頒各種完善制度，始期順利普遍推行。如云：

大宋之興，於今八十年，天下無事。方修禮樂，崇儒術。以文太平之功，以謂王爵未足以尊夫子，又加至聖之號以褒崇之。講正其禮，下於州縣，而吏或不能諭上意。凡有司簿書之所不責者，謂之不急。非師古好學者，莫肯盡心焉。

終以稱譽穀城縣令狄君能載國典，修禮興學。急其有司所不責者惟恐不及，可謂有志之士。實爲他寫本文以示重視人才，力行修禮興學。庶幾達到以文治國，永保祖訓天下太平的目的。如云：

穀城令狄君栗爲其邑，未逾時，修文宣王廟。易於縣之左，大其正位。爲學舍於其旁，藏九經書，率其邑之子弟興於學。然後考制度，爲俎豆、籩篚、罇爵、簠簋凡若干，以與其邑人行事。穀城縣政久廢，狄君居之，期月稱治。又能載國典，修禮興學。急其有司所不責者，諰諰然惟恐不及，可謂有志之士矣！

右記中有「大宋之興，於今八十年，天下無事。方修禮樂，崇儒術。」按中外歷代大事年表及宋紀年表載，溯自太祖建隆元年（九六〇）庚申起至仁宗康定元年（一〇四〇）庚辰，共計八十年。另據全集「吉州學記」中有「慶曆四年三月，詔天下皆立學。……宋興蓋八十有四年，而天下之學，始克大立。……其年十月，吉州之學成。」則知至康定元年爲八十年，加上慶曆四年，恰爲八十四年，足證兩文所記日期正確。

先生博學，敏悟善辯。對於天地間人、事、物的種切。皆本其獨特的智慧與卓見，依理作爲深入的辯釋校正。莫不契合中道，永垂不朽。茲舉「怪竹辯」一文以言，即可概見。

首先就以竹之有知無知，作爲辯正的開端：「謂竹爲有知乎？不宜生於廡下；謂爲無知乎？乃能避檻而曲全其生，其果有知乎？」然而，他則認爲有知莫如人。因爲人者，萬物之最靈。但人不知於物者多，甚至不自知其一身者「如駢拇枝指，懸疣附贅，皆莫知其所以然。」所以說：「以人之靈，而不自知其一身。使竹有知，必不能自知其曲直之所以然也。」

然後，反覆推論，既不以竹爲無知，乃認爲無知莫如枯草死骨。所謂「蓍龜者是也。」因爲自古以來，大聖大智之人。有所不知者，必問於蓍龜而取決。是則枯草死骨之有知，反過於聖智之人所知遠矣！故以枯草死骨之如此，則安知竹之不有知？於是又引證竹或有知。他說：「遂以蓍龜之神智而謂百物皆有知，則其他草木瓦石叩之，又頑然皆無所知，然則竹未必不無知也。」

他基於上述哲理，作一綜合辯正釋疑云：

由是言之，謂竹爲有知，不可。謂爲無知，亦不可。謂其有知無知皆不可，知然後可。萬物生於天地之間，其理不可以一概。謂有心然後有知乎？則蚓無心。謂凡動物皆有知乎？則水亦動物也。人獸生而有知，死則無知矣！蓍龜生而無知，死然後有知也。是皆不可窮詰。

文末，他作簡要的結論，則知其中心思想，實乃一本我國聖聖相傳的道統而立言。如云：「故聖人治其可知者，置其不可知者，是之謂大中之道。」

有一位自謂夫子，且自負雖孟、荀、楊、韓復生，不能奪其言的文士李詡。曾遣人送信及附性全三篇，呈請先生「以質其果是」。先生認爲「自信篤者，無所待於人。有質於人者，自疑者也」。其既自信不疑，而反以質於人，豈不爲怪！故云：「使修有過於夫子者，乃可爲吾子辯。」但又謙稱：「況修未及孟、荀、楊、韓之一二也。修非知道者，好學而未至者也。……固常樂與學者論議往來，非敢以益於人，蓋求益於人者也。」然而，覺得其文章論議，不易得見，又動愛才之念。故坦率表示倘若尙有所疑，自當竭盡所學以告之意。因作上述「答李詡第一書。」

先生愛才若渴，當他作答李君之書後。念其好學善辯，文能盡意而詳。答與今世衆多言性者比較，則非彼輩所及，故思與其詳論言性之說。於是又作「與李翊第二書」，特爲摘錄。

……修患世之學者多言性，故常爲說曰：夫性，非學者之所急，而聖人之所罕言也。易六十四卦，不言性。其言者，動靜得失吉凶之常理也。春秋二百四十二年，不言性。其言者，善惡是非之實錄也。詩三百五篇，不言性。其言者，政教興衰之美剌也。書五十九篇，不言性。其言者，堯舜三代之治亂也。禮樂之書雖不完，而雜出於諸儒之記。然其大要，治國修身之法也。六經之所載，皆人事之切於世者，是以言之甚詳。至於性也，百不一二言之。或因言而及焉，非爲性而言也，故雖言而不究。予之所謂不言者，非謂絕而無言。蓋其言者鮮，而又不主於性而言也。論語所載七十二子之問於孔子者，問孝、問忠、問仁義、問禮樂、問修身、問爲政、問朋友、問鬼神者，有矣，未嘗有問性者。孔子之告其弟子者，凡數千言。其及於性者，一言而已！予故曰非學者之所急，而聖人之罕言也。書曰：習與性成。語曰：性相近，習相遠者，戒人愼所習而言也。中庸曰：天命之謂性，率性之爲道者。明性無常，必有以率之也。樂記亦曰：感物而動，性之欲者。明物之感人，無不至也。然終不言性果善果惡，但戒人愼所習與所感，而勤其所以率之者爾！予故曰因言以及之，而不究也。修少好學，知學之難。凡所謂六經之所載，七十二子之所問者。學之終身，有不能達者矣。於其所達，行之終身，有不能至者矣。以予之汲汲於此，而不暇乎其他。因以知七十二子，亦以是汲汲而不暇也。又以知聖人所以教人垂世，亦皇皇而不暇也。今之學者，於古聖賢所皇皇汲汲者，學之行之，或未至其一二。而好爲性說，以窮聖賢之所罕言而不究者。執後儒之偏說，事無用之空言，此予之所不暇也。

或有問曰：性果不足學乎？予曰：性者，與身俱生而人之所皆有也。爲君子者，修身治人而已。性之善惡，不必究也。使性果善邪？身不可以不修，人不可以不治。使性果惡邪？身不可以不修，人不可以不治。不修其身，雖君子而爲小人。書曰：惟聖罔念作狂是也。能修其身，雖小人而爲君子。書曰：惟狂克念作聖是也。治道備，人斯爲善矣。書曰：黎民於變時雍是也。治道失，人斯爲惡矣！書曰：殷頑民。又曰：舊染汙俗是也。故爲君子者，以修身治人爲急，而不窮性以爲言。夫七十二子之不問，六經之不主言。或雖言而不究，豈略之哉！蓋有意也。

或又問曰：然則三子言性，過歟！曰：不過也。其不同何也？曰：始異而終同也。使孟子曰人性善矣！遂怠而不教，則是過也。使荀子曰人性惡矣！遂棄而不教，則是過也。使楊子曰人性混矣！遂肆而不教，則是過也。然三子者，或身奔走諸侯以行其道，或著書累千萬言以告於後世，未嘗不區區以仁義禮樂爲急。蓋其意，以謂善者一日不教，則失而入於惡。惡者勤而教之，則可使至於善。混者驅而率之，則可使去惡而就善也。其說與書之習與性成，語之性近習遠，中庸之有以率之，樂記之愼物所感皆合。夫三子者，推其言則殊，察其用心則一。故予以爲推其言，不過始異而終同也。凡論三子者，以予言而一之，而譊譊者可以息矣！予之所說如此，吾子其擇焉。

又有一位秀才祖擇之，不遠數百里。特遣專人持書一通，並詩賦雜文兩策。送請先生，一覽以爲如何？可見又是一位自命不凡，目無餘子之士。先生本不欲有所言，然以其意厚禮勤，不忍失其所望。遂又以師嚴道尊爲立論作答。

首論古之學者，師嚴道尊，至兩漢師道尚存的道理。如云：

……某聞古之學者，必嚴其師。師嚴，然後道尊，道尊，然後篤敬。篤敬，然後能自守。能自守，然後果於用。果於用，然後不畏而不遷。三代之衰，學校廢。至兩漢，師道尚存。故其學者，各守其經以自用。是以漢之政理文章，與其當時之事。後世莫及者，其所從來深矣！

次則坦言後世師法漸壞，而學者不尊嚴的諸多病象。指出其所謂「志古知道之士，世所鮮而未有合者。卓然有不顧世俗之心，直欲自到於古人」的用心。如云：

後世師法漸壞，而今世無師。則學者不尊嚴，故自輕其道。輕之則不能至，不至則不能篤信。信不篤，則不知所守。守不固，則有所畏而物可移，是故學者惟俯仰徇時，以希祿利爲急。至於忘本趨末，流而不返。夫以不信不固之心，守不至之學。雖果於自用，莫知其所以用之之道。又況有祿利之誘，刑禍之懼以遷之哉！此足下所謂志古知道之士，世所鮮而未有合者，由此也。

然後分析其爲文來書的心態，並不諱言直指其病。如云：

今世之人，用心如足下者有幾？是則鄉曲之中，能爲足下之師者，謂誰？交游之間，能發足下之議論者，謂誰？學不師，則守不一。議論不博，則無所發明而究其深。足下之言高而趣遠，甚善。然所守未一而議論未精，此其病也。竊惟足下之交游，能爲足下稱才譽美者不少。今皆捨之，遠而見及。乃知足下是欲求其不至，此古君子之用心也，是以言之不敢隱。

最後以世無師，學者當師經爲結論。幷謙稱以不棄愚陋，未知所言與其意合否？如云：

夫世無師矣！學者當師經。師經，必先求其意。意得，則心定。心定，則道純。道純，則充於中者實。中充實，則發爲文者輝光，施於世者果致。三代兩漢之學，不過此也。足下患世未有合者，而不棄其愚，故敢道此。未知足下之意合否？

十月，先生轉太子中允，癸巳十一日，同修禮書。

前翰林學士知制誥出守鄧州的謝絳（希深），不幸於去年十一月病逝於官所。先生與其誼屬師友，情同莫逆，感懷最深。如前所述祭文及墓誌銘以誌哀悼外，時在念中。故又作有「謝公挽詞」三首。如云：

始見行春斾，俄聞引葬簫。笑言猶在耳，魂魄遂難招。

天象奎星暗，辭林玉樹凋。朔風吹霰雪，銘旐共飄飄。

前日賓齋宴，今晨奠柩觴。死生公自達，存沒世徒傷。

舊國難歸葬，餘貲不給喪。平生公輔志，所得在文章。
樂事與良辰，平生愛洛濱。泉臺一閉夜，萬里不知春。
翰墨猶新澤，圖書已素塵。堪憐寢門哭，猶有舊時賓。

另有七言律詩「愁牛嶺」一首，雖未註明時地，然可體會他此時在京的處境。如云：

邦人盡説畏愁牛，不獨牛愁我亦愁。
終日下山行百轉，卻從山腳望山頭。

十二月二十四日，先生到通政司上書。陳述國家自元昊叛逆，關西用兵以來，爲國言事者衆。他一本報國之忠誠，竭盡儒士獻言之責，故陳三策以料賊情。一曰通漕運。二曰盡地利。三曰權商賈。三術並施，則財用足而西人舒，國力完而兵可久。以守以攻，惟上所使。

他時刻以國計民生爲念，雖自謂迂儒，不識兵之大計。然以其博學賢能，所具備的棟樑材幹。早對兵興以來所顯露的賊形，已如素料不遠，故敢謹條以聞。

全文四千餘字的坦率建言，莫不切中時弊，亟思有以振衰强盛。對於統御將帥之方，默察國勢，因謀制敵之策，無異熟諳國家戰略與大戰略的精髓。謹舉數言，便明梗概，則三策內容，無待贅言。如云：

訓兵養士，伺隙乘便，用間出奇，此將帥之職也。所謂閫外之事而君不御者，可也。至於外料賊謀之心，內察國家之勢。知彼知此，因謀制敵，此朝廷之大計也。所謂廟筭而勝者也，不可以不思。

是年，先生完成正統論三首。原七首，後刪成序論、正統論上下共三首，計約四千字。另有或問一首五百餘字，皆爲經典之作。特摘錄如次：

序論

……太宗皇帝時，嘗命薛居正等撰梁、唐、晉、漢、周事爲五代史，凡一百五十篇。又命李昉等以梁爲僞。梁爲僞，則史不宜爲帝紀，而亦無曰五代者，於理不安。今又司天所用崇天曆，承後唐書天祐至十九年，而盡黜梁所建號。……因舊之失，不專是正，乃與史官戾不相合，皆非是。臣愚因以謂正統，王者所以一民而臨天下。三代用正朔，後世有建元之名。……後世僭亂假竊者多，則名號紛雜，不知所從。於是正閏眞僞之論作，而是非多失其中焉。然堯舜三代之一天下也，不待論說而明。自秦昭襄訖周顯德，千有餘年。治亂之迹，不可不辨。而前世論者，靡有定說……。

由上所述，可知歷代史記事迹，由於撰述者主客觀立場是否公正？學養是否豐富？立論是否執中？均將影響各該代史書眞實性的信賴與存疑。況若干正僞之辨，更爲模糊不清，致使後世之人，莫衷一是。惟先生的睿智遠見，遂有正統論之作，以期繼承孔子修尙書、春秋。以及司馬遷史記之作，以垂久遠。

文末引喻「大宋之興，統一天下，與堯舜三代無異。臣故曰不待論說而明。謹採秦以來訖於顯德終始興廢之迹，作正統論。臣愚不足以知，願下學者考定其是非而折中焉。」作者序論結語，主旨一目了然。

正統論上

……正者，所以正夫天下之不正也。統者，所以合天下之不一也。由不正與不一，然後正統之論作。……其帝王之理舛而始終之際不明，由是學者疑焉，而是非又多不公。自周之亡，迄於顯德，實千有二百一十六年之間。或理或亂，或取或傳，或分或合，其理不能一概。大抵可疑之際有三：周秦之際也。東晉後魏之際也。五代之際也。……自古王者之興，必有盛德以受天命，或其功澤被於生民，或累世積漸而成王業，豈偏名於一德哉！……蓋自孔子歿，周益衰亂，先王之道不明。而人人異學，肆其怪奇放蕩之說。後之學者，不能卓然奮力而誅絕之，反從而附益其說以相結固。故自秦推五勝，以水德自名。由漢以來有國者，未始不由於此說，此所謂溺於非聖之學也。惟天下之至公大義，可以祛人之疑，而使人不得遂其私。夫心無私，疑得其決，則是非之異論息而正統明。所謂非聖人之說者，可置而勿論也。

正統論下

……夫居天下之正，合天下於一，斯正統矣。堯、舜、夏、商、周、秦、漢、唐是也。……故正統之序，上自堯、舜、歷夏、商、周、秦、漢而絕；晉得之而又絕；隋、唐得之而又絕。自堯、舜以來，三絕而復續。惟有絕而有續，然後是非公，予奪當，而正統明。然諸儒之論，至於秦及東晉、後魏、五代之際，其說多不同。其惡秦而黜之以爲閏者，誰乎！是漢人之私論，溺於非聖曲學之說者也。其說有三：不過曰滅棄禮樂，用法嚴苛。與其興也，不當五德之運而已。五德之說，可置而勿論。其二者，特始皇帝之事爾，然未原秦之本末也。……秦昭襄王五十二年，周之君臣，稽首自歸於秦。至其後世，遂滅諸侯而一天下，此其本末之迹也。其德雖不足，而其功力尚不優於魏、晉乎！始秦之興，務以力勝。至於始皇，遂悖棄先王之典禮。又自推水德，益任法而少恩。其制度文爲，皆非古而自是，此其所以見黜也。夫始皇之不德，不過如桀、紂。桀、紂不廢夏、商之統，則始皇未可廢秦也。……五代之得國者，皆賊亂之君也，而獨僞梁而黜之者，因惡梁者之私論也。唐自僖、昭以來，不能制命於四海，而方鎮之兵作。已而小者幷於大，弱者服於彊。其尤彊者，朱氏以梁，李氏以晉，共起而窺唐。而梁先得之，李氏因之借名討賊。以與梁爭中國而卒得之，其勢不得不以梁爲僞也。而繼其後者，遂因之使梁獨被此名也。夫梁固不得爲正統，而唐、晉、漢、周何以得之，今皆黜之。而論者猶以漢爲疑，以謂契丹滅晉，天下無君。而漢起太原，徐驅而入汴，與梁、唐、晉、周，其迹異矣！而今乃一概，可乎？曰：較其心迹，小異而大同爾。……其異於四國者幾何？矧皆未嘗合天下於一也。其於正統，絕之何疑。

或問

……或者又曰：正統之說，不見於六經，不道於聖人，而子論之，何也？曰：孔、孟之時，未嘗有其說，則宜其不道也。後世不勝其說矣！其是非予奪，人人自異。而使學者惑焉，莫知夫所從。又有偏王一德之說，而益之五勝之術，皆非聖之曲學也。自秦、漢以來，習傳久矣！使孔、孟不復出則已。其出而見之，其不爲之一辨而止其紛紛乎？此余之不得已也。嗚呼！堯、舜之德至矣！夏、商、周之起，皆以天下之至公大義。自秦以後，德不足矣！故考其終始，有是有非，而參差不齊，此論之所以作也。德不足矣！必據其迹而論之，所以息爭也……。

是年，長男發生。

慶曆元年（一〇四一）辛巳，先生三十五歲，在京城。

春，先生作有多首古詩，各有寓意。尤其知友梅聖俞得以來京聚會，感懷最深。如五言古詩「憶山示聖俞」一首云：

吾思夷陵山，山亂不可究。東城一堠餘，高下漸岡阜。……其西乃三峽，嶮怪愈奇富。江如自天傾，岸立兩崖鬥。……荒煙下牢戍，百仞寒溪漱。蝦蟆噴水簾，甘液勝飲酎。亦嘗到黃牛，泊舟聽猿狖。……惟思得君詩，古健寫奇秀。今來會京師，車馬逐塵瞀。頹冠各白髮，舉酒無蒨袖。繁華不可慕，幽賞亦難遘。徒爲憶山吟，耳熱助嘲詬。

他面對知友衆美兼備的才華，由於時運不濟，迄今不惑之年，猶未能得展所長。而其文韜武略，滿腹經綸的涵養。值茲關西用人之際，自慚人微言輕，無法舉薦賢良。徒嘆奈何，最感難過！只好會飲傾談，聊伸積愫而已。遂作七言古詩「聖俞會飲」，時聖俞赴湖州。一本作「送梅堯臣赴湖州」。詩云：

傾壺豈徒彊君飲，解帶且欲留君談。洛陽舊友一時散，十年會合無二三。……吾交豪俊天下選，誰得衆美如君兼。詩工鑱刻露天骨，將論縱橫輕玉鈐。遺編最愛孫武說，往往曹杜遭夷芟。關西幕府不能辟，隴山敗將死可慚！嗟余身賤不敢薦，四十白髮猶青衫。吳興太守詩亦好，往奏玉琯和英咸。盃行到手莫辭醉，明日舉棹天東南。

又有五言一首「送胡學士知湖州」一本云送胡宿武平學士。如云：「武平天下才，四十滯鉛槧。忽乘使君舟，歸榜不可纜。都門春漸動，柳色綠將暗。掛帆千里風，水闊江灩灩。吳興水精宮，樓閣在寒鑑。……寄詩毋憚頻，以慰離居念。」

先生先後在館閣期間，得與時譽天下奇士的同事石延年（曼卿）結爲知友，公餘之暇，相與談論古今奇節偉行之士，古文、詩、書法等無所不有。其間，曼卿曾自校勘累遷大理寺丞通判海州，還爲校理，復爲同事。可說是他在西京與梅聖俞、尹師魯別後最感歡愉的歲月。

天妒奇才，像石曼卿如此磊落賢能之士，一生仕途坎坷，壯志難酬，曷勝嘆惜！況又不幸於二月四日，病逝於京師，享年四十有八。先生哀悼逾恆，全力爲之料理善後之事。作有「哭曼卿」五言古詩一首、「石曼卿延年墓表」。後來並於英宗四年（一〇六七）作有「祭石曼卿文」一篇，（爲便於讀者閱覽之連貫性，謹將本文提前照錄於本節其三。）乃知君子締交的風範與道義情懷，亦足以彰顯曼卿的英名，永垂不朽。茲摘錄如次：

其一、哭曼卿

嗟我識君晚，時君猶壯夫。信哉天下奇，落落不可拘。……詩成多自寫，筆法顏與虞。旋弃不復惜，所存今幾餘！往往落人間，藏之比明珠。又好題屋壁，虹蜺隨卷舒。遺縱處處在，餘墨潤不枯。朐山頃歲出，我亦斥江湖。乖離四五載，人事忽焉殊。歸來見京師，心老貌已癯。但驚何其衰，豈意今也無。才高不少下，闊若與世疎。驊騮當少時，其志萬理塗。一旦老伏櫪，猶思玉山芻。天兵宿西北，狂兒尚稽誅。而今壯士死，痛惜無賢愚。歸魂渦上田，露草荒春蕪。

其二、石曼卿延年墓表

曼卿，諱延年，姓石氏。其上世爲幽州人。幽州入于契丹，其祖自成治以其族間走南歸。天子嘉其來，將祿之。不可，乃家於宋州之宋城。父諱補之，官至太常博士。幽燕俗勁武，而曼卿少亦以爭自豪。讀書不治章句，獨慕古人奇節偉行非常之功。視世俗屑屑，無足動其意者。自顧不合於時，乃一混以酒。然好劇飲，大醉，頹然自放，由是益與時不合。而人之從其遊者，皆知愛曼卿落落可奇，而不知其才之有以用也。年四十八，康定二年（十一月改元爲慶曆元年）二月四日，以太子中允秘閣校理卒于京師。……自契丹通中國，德明盡有河南。而臣屬遂務休兵，養息天下，然內外弛武三十餘年。曼卿上書言十事，不報。已而元昊反，西方用兵，始思其言。召見，稍用其說。籍河北、河東、陝西之民，得鄉兵數十萬。曼卿奉使籍兵河東，還，稱旨，賜緋衣銀魚。天子方思盡其才，而且病矣！……狀貌偉然，喜酒自豪，若不可繩以法度。退而質其平生，趣舍大節，無一悖於理者。遇人無賢愚，皆盡忻歡。及間而可不天下是非善惡，當其意者無幾人。其爲文章，勁健稱其意氣。有子濟滋。天子聞其喪，官其一子，使祿其家。既卒之三十七日葬於太清之先塋。其友歐陽修表於其墓。（銘略）

其三、祭石曼卿文（本文提前錄此，旨在了解先生與曼卿生死一貫之交。）

他是於治平四年七月日，謹遣令史李敭專程前往太清，致祭於亡友曼卿之墓下，弔之以文。首以稱譽其卓然不朽者，後世之名。著在簡冊者，昭如日星。如云：

嗚呼曼卿！生而爲英，死而爲靈。其同乎萬物生死而復歸於無物者，暫聚之形。不與萬物共盡而卓然其不朽者，後世之名。此自古聖賢，莫不皆然。而著在簡冊者，昭如日星。

然後，表達雖不見已久，猶能髣髴其平生。足見相知之深，思念之切。縷述固知盛衰之理如此，但感念往者之交誼，不覺悲涼悽愴而隕涕者。充分顯露純摯之忱。如云：

嗚呼曼卿！吾不見子久矣！猶能髣髴子之平生。其軒昂磊落，突兀崢嶸。而埋藏於地下者，意其不化爲朽壤而爲金玉之精。不然，生長松之千尺，產靈芝而九莖。奈何荒煙野蔓，荊棘縱橫。風淒露下，走燐飛螢。但見牧童樵叟歌唫而上下，與夫驚禽駭獸悲鳴躑躅而咿嚶。今固如此，更千秋而萬歲兮！安知其不穴藏狐狸與鼯鼪，此自古聖賢亦皆然兮！獨不見夫纍纍乎曠野與荒城。嗚呼曼卿！盛衰之理，吾固知其如此。而感念疇昔，悲涼悽愴！不覺臨風而隕涕者，有愧乎太上之忘情！

先生因與石曼卿莫逆之交，遂亦與當時方外高僧惟儼、祕演熟悉同遊。每多傾談，相知亦深。得以了解其宏觀讜論，以及文章贍逸之能，可見其志遠大。惜不見用於世，傲乎退偃於一室，終老於浮圖，難免不令人與曼卿同嘆也！作有：

釋惟儼文集序

惟儼姓魏氏，杭州人。少遊京師三十餘年。雖學於佛，而通儒術。喜爲文章，與吾亡友曼卿交最善。曼卿遇人無所擇，必皆其忻歡。惟儼非賢士不交，有不可其一無貴賤，一切閉拒，絕去不少顧。曼卿之兼愛，惟儼之介。所趣雖異，而交合無所間。曼卿嘗曰：君子泛愛而親仁。惟儼曰不然，吾所以不交妄人，故能得天下士。若賢不肖混，則賢者安肯顧我哉！以此一時賢士，多從其遊。居相國浮圖，不出其戶十五年。士嘗遊其室者，禮之惟恐不至。……今之老於浮圖，不見用於世。而幸不踐窮亨之塗，乃以古事之已然，而責今人之必然邪？雖然，惟儼傲乎退偃於一室。天下之務，當世之利病。聽其言，終日不厭，惜其將老也已。曼卿死，惟儼亦買地京城之東以謀其終。乃斂平生所爲文數百篇，示予曰：曼卿之死，既已表其墓，願爲我序其文，然及我之見也。嗟夫！惟儼既不用於世，其材莫見於時。若考其筆墨馳騁贍逸之能，可以見其志矣！盧陵歐陽永叔序。

西夏趙元昊叛亂以來，朝廷興師討伐，幷廣招賢才，博採奇謀，不受人品限制。太原處士任秀才，白首勤於著撰，不求聞達，值此招賢用人之際，不知是誰舉薦，遂來京城。逗留三月，不得見用，竟憤怒而歸。先生對於有司賞罰無文，是非不辨的作爲，至表不滿。但職位低微，又非言官，無法上書直諫。只好作詩贈送，聊表不滿與遺憾之意。

送任處士歸太原 時天兵方討趙元昊

一虜動邊陲，用兵三十萬。天威豈不嚴，賊首猶未獻。
自古王者師，有征而不戰。勝敗繫人謀，得失由廟算。
是以天子明，咨詢務周徧。直欲採奇謀，不爲人品限。
公車百千輩，下不遺僕賤。況於儒學者，延納宜無間。
如何任生來，三月不得見！方茲急士時，論擇豈宜慢！
任生居太原，白首勤著撰。閉户不求聞，忽來誰所薦？
人賢固當用，舉繆不加譴。當罰兩無文，是非奚以辨！
遂令拂衣歸，安使來者勸！嗟吾筆與舌，非職不敢諫！

五月庚戌二日，奉告命權同知禮院。先生以現正修崇文總目，請辭獲准。

此時，西北苦於戰事，江南又遇旱枯，國家正處多事之秋，人民生活艱苦，朝野賢士，莫不憂心忡忡！先生每念國計民生所面臨的諸多問題，亟待解決。但力不從心，徒嘆奈何！適值十年舊識的方外好友曇穎上人歸隱廬山，使他無限感慨！遂作「送曇穎歸廬山」五言古詩一首以抒懷。詩云：

吾聞盧山久，欲往世俗拘。昔歲貶夷陵，扁舟下江湖。……
偶病不時往，中流但踟躕。今思尚髣髴，恨不傳畫圖。
曇穎十年舊，風塵客京都。一旦不辭訣，飄然卷衣裾。
山林往不返，古亦有吾儒。西北苦兵戰，江南仍旱枯。
新秦又攻寇，京陝募兵夫。聖君念蒼生，賢相思良謨。
嗟我無一說，朝紳拖舒舒。未能膏鼎鑊，又不老菰蒲。
羨子識所止，雙林歸結廬。

又有「送孔秀才遊河北」一首。詩云：

吾始未識子，但聞楊公賢。及子來叩門，手持贈子篇。
賢愚視所與，不待交子言。子文諧律呂，子行潔琅玕。
行矣慎所游，惡草能敗蘭。

八月乙酉八日，先生由許州公畢回京，依舊供職。

十月，先生因母親年老久病，至深掛念。但在京城，名醫難求，所以專書託請知友梅聖俞博訪敦請。如書云：

……爲親老久疾，乍進乍退。醫工不可用，日夕憂迫，不知所爲！蓋京師近上醫官，皆有職局，不可請他。兼亦傲然，請他不得。近下者又不知誰可用？親疾如此，無醫人下藥，爲人子何以爲心？京師相知少，不敢託他。告吾兄與問當看有不繫官醫人、或秀才處士之類善醫者。得一人垂報，待差人賫書帛去請他，幸爲博訪之。聖俞聞此，必挂急，更不奉禱也。如有所得，亦速遣此人回，其他不暇忉忉。

另又書勉布衣之樂，有優於華袞之憂畏。如書云：

……近君謨學士行，曾奉狀。尋得邸報，承有出身之命。士大夫公議未厭，皆爲聖俞嗟惋。獨某不然，未知高明自以爲如何也。聖俞卓卓於後世者，不以名位爲輕重。取重於近世者，亦豈以此小得失哉！苟以寵辱爲意，則布衣之樂，有優於華袞之憂畏也。老兄應能自達，不忉忉也，已寒保愛。

十一月丙寅二十日，朝廷頒詔大赦天下，改元爲慶曆元年（原爲康定二年），祭祀天地於南郊，封賜百官。先生攝太常博士，引終獻，獲封父母官號。

永州唐秀才來京求學於先生，時日甚久，於今，忽動歸思。先生在送唐生詩中，對其居處京城繁華鬧市的環境，尙能安心苦讀，至表嘉許。如云：「京師英豪域，車馬日紛紛。唐生萬里客，一影隨一身。出無車與馬，但踏車馬塵。日食不自飽，讀書依主人。夜夜客忱夢，北風吹孤雲。翩然動歸思，旦夕來叩門。終年無人識，逆旅惟我親。」先生謙稱自已道學朦朧，而臨別又慚窮儒橐空，無以爲贈。惟有「勉之期不止，多穫由力耘」。他更了解唐生回鄉之後，勢必無法常通音問。故先爲道出，使其免去不安的心理負擔。眞是仁者胸襟，令人起敬。如云：「指家大嶺北，重湖浩無垠。飛雁不可到，書來安得頻。」

十二月，加騎都尉。己丑十四日，新修崇文總目六十卷完成，自館閣校勘遷集賢校理。他作有一篇情文兼備的謝啓。

上執政謝館職啓

首言今月日蒙恩以本官充前件職者，受命之始，榮懼交并。次敘崇文總目內容概要及作用。如云：

國家悉聚天下之書，上自文籍之初，六經傳記百家之說，翰林子墨之文章。下至醫卜禁咒神仙黃老浮圖異域之言，靡所不有，號爲書林。又擇聰明俊乂之臣以遊其間。因其校讎得以考閱，使知天地事物，古今治亂，九州四海幽荒隱怪之說，無所不通，名曰學士。

繼則謙稱「遂因眾功，豈有微效」。他雖勤慎負責，克竟全功。然因職位低微，故於書成論賞，未居其名，只獲遷官。但此書對於後世重要書籍目錄分類方法及內容之影響至大，如文獻通考經籍志，類多沿用，可謂現代目錄學的先河。先生之功，豈因未居其名而被埋沒！如云：

若修者，以寒陋之資，被文藝之舉。自初營職，已與書筵。於時上有鴻儒侍從之才，下多羣賢論撰之眾。而修方被罪譴，竄之荆蠻。流離五年，赦宥三徙。山川跋履，風波霧毒。凡萬四千里，而後至于京師。其奔走之役，憂思之勞。形意俱衰，豈暇舊學。比其來復，書已垂成。遂因眾功，豈有微效。奏御之日，鳧雁而前。例蒙褒嘉，正以職秩。雖因時而幸會，實有靦於面顏！

然後思以歌頌聖朝功化之美，作爲感德圖報之意爲結語，良有以也。如云：「伏遇某官柱石之功，佐佑明主。鈞衡之任，進退百官。方疇眾勞，不忍獨棄。遂令忝冒，出自生成。在於顓愚，何以論報！雖未能著見德業，以稱君子教育之仁。猶可以作爲歌詩，稱頌聖朝功化之美。過此以往，未知所裁。」

崇文總目書成，頻勞工作告一段落，遂又有歌詩之作。他念念不忘天地萬物之生息，更爲關心西北將士的辛勞。特摘錄兩首如次：

晏太尉西園賀雪歌

陰陽乖錯在五行，窮冬山谷暖不冰。一陽且出在地上，地下誰發萬物萌。……晚趨賓館賀太尉，坐覺滿路流歡聲。便開西園掃徑步，正爲玉樹花凋零。小軒卻坐對山石，拂拂酒面紅烟生。主人與國共休戚，不惟喜悅將豐登。須憐鐵甲冷傲骨，四十餘萬屯邊兵。

和晏尚書對雪招飲

瑤林瓊樹影交加，誰伴山翁醉帽斜。
自把金船浮白蟻，應須紅粉唱梅花。

慶曆二年（一〇四二）壬午，先生三十六歲，在京城。八月請外，閏九月，通判滑州，十月至任所。

春正月，撰本論，共有三篇，在先生全集中於居士集卷十七、載有本論二篇。居士外集卷第九、載有本論一篇。注云：本論三篇，中下篇已載居士集第十七卷，此乃公晚年所刪上篇。按上篇論爲治之本，中下兩篇，皆闢佛之文。茲依次摘錄如次：

本論上篇

天下之事有本末，其爲治者有先後。堯舜之書略矣！後世之治天下，未嘗不取法於三代者，以其推本末而知所先後也。三王之爲治也，以理數均天下，以爵地等邦國。以井田域民，以職事任官。天下有定數，邦國有定制。民有定業，官有定職。使下之共上，勤而不困。上之治下，簡而不勞。財足於用而可以備天災也，兵足以禦患而不至於爲患也，凡此具矣。然後飾禮樂與仁義以教道之，是以其政易行，其民易使，風俗淳厚而王道成矣！……於今之務衆矣！所當先者五也。其二者有司之所知，其三者則未之思也。足天下之用，莫先乎財。繫天下之安危，莫先乎兵，此有司之所知也。然財豐矣，取之無限而用之無度，則下益屈而上益勞。兵強矣，而不知所以用之，則兵驕而生禍。所以節財用兵者，莫先乎立制。制已具備，兵已可使，財已足用。所以共守者，莫先乎任人。是故均財而節兵，立法以制之。任賢以守法，尊名以厲賢。此五者相爲用，有天下者之常務，當今之世所先而執事者之所忽也。……今宋之爲宋，八十年矣。外平僭亂，無抗敵之國。內削方鎭，無彊叛之臣。天下爲一，海內晏然。爲國不爲不久，天下不爲不廣也。……方今承三聖之基業，接萬乘之尊名。

以有四海一家之天下，盡大禹貢賦之地，莫不內輸。惟上之所取，不可謂乏財。六尺之卒，荷戈勝甲。力彀五石之弩，彎二石之弓者數百萬。惟上制而令之，不可謂乏兵。中外之官，居職者數千員，官三班吏部常積者又數百。三歲一詔布衣，而應詔者萬餘人，試禮部者七八千。惟上之擇，不可謂乏賢。民不見兵革者，幾四十年矣！外振兵武攘夷狄，內修法度興德化。惟上之所爲，不可謂無暇。以天子之慈聖仁儉，得一二明智之臣，相與而誅之。天下積聚，可如文景之富。制禮作樂，可如成周之盛。奮發威烈以耀名譽，可如漢武帝、唐太宗之顯赫。論道德，可與堯舜之治。然而財不足用於上，而下已弊。兵不足威於外，而敢驕於內。制度不可爲萬世法，而日益叢雜。一切苟且，不異五代之時，此甚可嘆也。是所謂居得致之位，當可致之時。又有能致之資，然誰憚而久不爲乎？

本論中篇

先生爲當代宗師，一生以文章革浮靡之風，以道德鎮流競之俗。青年時期，雖有闢佛之論，然時與世外高僧交遊。一本儒家道統思想，仁厚精神，擷取佛、老之精髓。旨在匡時濟世，期達治平之目的。無論時政，人所忌憚，亦時見其諍言讜論，何況其他！則知絕非主觀偏見之排斥，故其晚年自號六一居士，足可概見。

本篇以禮義立論，闡述自周之衰，秦並天下，盡去三代之法而王道中絕。至漢，佛法東來以及百家爭鳴，影響人心之趨向至大。患之，莫若推究其患之所自來，而修其本以勝之。

故唯使天下之人皆知禮義，始爲勝佛自然之勢。他探討任何問題，必從根本著眼。針對癥結所在，找出關鍵點。提供平易可行之方，謀求解決之道。如云：

……夫醫者之於疾也，必推其病之所自來，而治其受病之處。病之中人，乘乎氣虛而入焉，則善醫者不攻其疾務養其氣。氣實則病去，此自然之效也。故救天下之患者，亦必推其患之所自來，而治其受患之處。……堯舜三代之際，王政修明，禮義之教充於天下。於此之時，雖有佛，無由而入。及三代衰，王政闕，禮義廢，後二百餘年而佛至乎中國。由是言之，佛所以爲吾患者，乘其闕廢之時而來，此其受患之本也。補其闕，修其發，使王政明而禮義充。則雖有佛，無所施於吾民矣，此亦自然之勢也。……三代之爲政，其慮民之意甚精，治民之具甚備，防民之術甚周，誘民之道甚篤。行之以勤而被於物者洽，浸之以漸而入於人者深。故民之生也，不用力乎南畝。則從事禮樂之際，不在其家，則在乎庠序之間。耳聞目見，無非仁義。樂而趣之，不知其倦。終身不見異物，又奚暇乎外慕哉！故曰雖有佛無由而入者，謂有此具也。及周之衰，秦幷天下，盡去三代之法而王道中絕。後之有天下者，不能勉彊。其爲治之具不備，防民之漸不周。佛於此時，乘間而出。千有餘歲之間，佛之來者益眾，吾之所爲者日益壞。……夫千歲之患，徧於天下，豈一人一日之可爲？民之沈酣，入於骨髓，非口舌之可勝。然則將奈何？曰：莫若修其本以勝之。昔戰國之時，楊、墨交亂。孟子患之，而專言仁義。故仁義之說勝，則楊、墨之學廢。漢之時，百家並興。董生忠之而退修孔氏，故孔氏之道明而百家息。此所謂修其本以勝之之效也。……然則禮義者，勝佛之本也。今一介之士，知禮義者尚能不爲之屈，使天下皆知禮義，則勝之矣！此自然之勢也。

本論下篇

昔荀卿子之說，以爲人性本惡，著書一篇以持其論。予始愛之，及見世人之歸佛者，然後知荀卿之說繆焉。甚矣！人之性善也。彼爲佛者，棄其父子，絕其夫婦，於人之性甚戾，又有蠶食蟲蠹之弊。然而民皆相率而歸焉者，以佛有爲善之說故也。嗚呼！誠使吾民曉然知禮義之爲善，則安知不相率而從哉！奈何教之諭之之不至也！佛之說，熟於人耳，入乎其心久矣！至於禮義之事，則未嘗見聞。今將號於眾曰：禁汝之佛而爲吾禮義，則民將駭而走矣。莫若爲之以漸，使其不知而趣焉可也。蓋鯀之治水也，鄣之，故其害益暴。及禹之治水也，導之，則其患息。蓋患深勢甚，則難與敵，莫若馴致而去之易也。今堯舜三代之政，其說尚傳，其具皆在。誠能講而修之，行之以勤而浸之以漸。使民皆樂而趣焉，則充行乎天下，而佛無所施矣！傳曰：物莫能兩大，自然之勢也，奚必曰火其書而廬其居哉！……今佛之法……蓋其爲說，亦有可以惑人者。使世之君子，雖見其弊而不思救，豈又善惑者歟？抑亦不得其救之之術也。救之，莫若修其本以勝之。捨是而將有爲，雖賁育之勇，孟軻之辯，太公之陰謀。吾見其力未及施，言未及出，計未及行，而先已陷於禍敗矣！何則？患深勢盛難與敵，非馴致而爲之莫能也。故曰：修其本以勝之，作本論。

先生於景祐元年春，離開西京之前，作有「洛陽牡丹記」以及後來所作的「牡丹記跋尾」，均載於本書第三章第三節內。得知洛陽之俗，大抵好花。城中之人，無分貴賤，皆喜插花。尤其洛陽牡丹，號稱天下第一。花名品種繁多，爭奇鬥艷，成爲時尚。因此，他不僅欣賞牡丹，且有極深入的研究與闡釋卓見。他在西京期間，四次見春。但均錯過時會，未能飽覽牡丹極盛時的景況。只見其早者及晚者，就覺得「已不勝其麗焉」。於今，看到畫圖，遂作有七言古詩「洛陽牡丹圖」一首以抒懷。詩云：

洛陽地脈花最宜，牡丹尤爲天下奇。我昔所記數十種，於今十年半忘之。
開圖若見故人面，其間數種昔未窺。客言近歲花特異，往往變出呈新枝。
洛人驚誇立名字，買種不復論家貲。比新較舊難優劣，爭先擅價各一時。
當時絕品可數者，魏紅窈窕姚黃妃。壽安細葉開尚少，朱砂玉版人未知。
傳聞千葉昔未有，只從左紫名初馳。四十年間花百變，最後最好潛溪緋。
今花雖新我未識，未信與舊誰妍媸？當時所見已云絕，豈有更好此可疑。
古稱天下無正色，但恐世好隨時移。……爭新鬥麗若不已，更後百載知何爲！
但應新花日愈好，惟有我老年年衰。

三月丙辰十三日，御試進士。先生寫了一篇「擬御試應天以實不以文賦幷引狀」，上呈仁宗御覽，坦率建言，蒙賜敕書獎諭。

……今月十三日，御試應天以實不以文賦。題目初出，中外羣臣皆歡然。以謂至明至聖，有小心翼翼事天之意。蓋自四年來，天災頻見。故陛下欲修應天以實之事，時謂出題以詢多士而求其直言。……然臣竊慮遠方貢士，乍對天威。又迫三題，不能盡其說以副陛下之意。臣忝列書林，粗知文字。學淺文陋，不自揆度。謹擬御題撰成賦一首，不敢廣列前事。但直言當今要務，皆陛下所欲聞者。臣聞古者聖帝明王，皆不免天降災異。惟能修德修政，則變災爲福，永享無窮之休。臣不勝大願！其賦一首，謹隨狀上進。

賦　推誠應天，豈尚文飾

天災之示人也，若響應聲。君心之奉天也，惟德與誠。固當務實以推本，不假浮文而治情。彼雖不言，譴見以時而下告。吾其修德，禍患可銷於未萌。臣聞天所助兮，惟善則降祥。德苟至兮，雖妖而不勝。皆由人事之告召，然後天心之上應。若國家有闕失之政，則當頻見於眾災。欲人主知戒懼之心，所以保安於萬乘。臣請述當今之所爲，引近事而爲證。至如陽能和陰則雨降，若處大旱，則陽不和陰而可推。去年大旱。陰不侵陽則地靜，若地頻動，則陰干於陽而可知。去年河東地頻動又如黑者陰之色，晦者陰之時。或暴風慘黑而大至，白晝晦冥而四垂。康定元年三月，黑風起，白日晦。日食正旦，雨冰木枝。今春二月。如此之類，皆陰之爲。蓋陰爲小人與婦人，又爲大兵與蠻夷。若四者之爲患，則羣陰之失宜。故天象以此告吾君，不謂不至。陛下所宜奉天戒，不可不思。是謂應以實者，臣敢列而言之。若夫愼擇左右而察小人，則視聽之不惑。肅清宮闈而減冗列，則恭儉而成式。況乎遠佞人者孔宣父之明訓，放宮女者唐太宗之盛德。又若西師久不利，宜究兵弊而改作。叛羌久未服，宜講廟謀之失得。在陛下之至聖，行此事而不忒。庶天意之可回，雖有災而自息。方今民疲賦斂之苦，又值飢荒之年。貲財盡於私室，苗稼盡於農田。盜賊並起，流離道路，老幼相連。陛下視民如子，覆民如天。在於仁聖，非不矜憐。故德音除刻削之令，赦書行賑濟之權。然而詔令雖嚴，州縣之令多慢。人死相半，朝廷之惠未宣。夫天至高遠也，惟可動以精誠。民之休戚也，皆繫君之好尚。惟善政之能惠，則休符之並貺。而況富有四海之大，獨制萬民之上。一言之出兮，誰敢不從？百事責實兮，自然無曠。發號施令，在聖意之必行。變災爲祥，則太平之可望。……臣生逢納諫之聖明，不聞直言之狂斐。惟冀愚衷之可採，苟避誅夷而則豈。蓋賦者古人規諫之文，臣故敢上干於旒扆。

青州（今山東省益都縣）秀才張唐民之母賢而知書，教育有方。不幸三子喪其二，唯唐民最賢，故能好學行義聞於鄉。今春來京，參加進士考試，竟然落第，來向先生辭歸。他對其品學才識，極爲欣賞，稱譽其爲「卓然而不惑者」。豈料時運不濟，黜於有司，不勝感慨萬端！遂作「送張唐民歸青州序」以爲臨別贈言，至表無限關愛慰勉之忱，更寄予殷切的期望。

他讀周禮，對於三代之際，王道備，習俗成，教民興學選賢命士之法善。因此，「仁義禮樂達於學，孝慈友悌達於家。居有教養之漸，進有爵祿之勸。苟一不勉，則又有屏黜不齒戮辱之羞」。各種典章制度完備適時適用。士生其間，不必生知之賢，其勢不得不勉其為善者。反觀後世所發生各種亂象，則是「道缺學廢，苟偽之俗成，而忘其教養之具。至於爵祿黜辱之法，又失其方而不足以勸懼。」所以「士生其間，能自為善，卓然而不惑者」。全賴生知之性，天賦智慧，方克力學有成。他認為若如此，「凡所謂賢者，其可貴於三代之士遠矣！故善人尤少。幸而有，則往往飢寒困踣之不暇。其幸者，或艱而後通。夫賢者豈必困且艱歟！」為此，他引古證今，兩相比較，每常掩卷歎息！於是發為議論，敘及天人之理可通周易否泰消長之卦。藉明自古賢聖窮達禍福，皆可知而不足怪以勉之。并以「安知其不艱而後通也哉」的期許，作為結語。如云：

> 蓋高世則難合，違俗則多窮，亦其勢然也。嗚呼！人事修，則天下之人，皆可使為善士。廢則雖天所賦予，其賢亦困於時。夫天非不好善，其不勝於人力者，其勢之然歟！此所謂天人之理，在於周易否泰消長之卦，能通其說。則自古賢聖窮達而禍福皆可知而不足怪。
>
> 秀才張生居青州，其母賢而知書。三子喪其二，獨生最賢。行義聞於鄉，而好學。力為古文，是謂卓然而不惑者也。今年舉進士，黜於有司。母老而貧，無以養，可謂困且艱矣！嗟乎！予力既不能周於生，而生尤好易，常以講於予。若歸而卒其業，則天

命之理，人事之勢，窮達禍福，可以不動於其心。雖然，若生者，豈必窮也哉！慶曆二年三月十九日序。

又有「送黎生下第還蜀」五言古詩一首云：

……黎生西南秀，挾策來東遊。有司不見採，春霜滑歸輈。

……凡學患不彊，苟至將焉瘦。聖言簡且直，愼勿迂其求。

經通道自明，下筆如戈矛。一敗不足衂，後功掩前羞。

先生於景祐三年冬，初貶夷陵，到任未久，因時年十七的曾鞏，不遠千里派遣專人持書懇請撰次碑文。雖限於山州無文字尋究，然嘉其志，仍作有「與曾鞏論氏族書」。詳示析疑，婉言答覆，已載前章可按。於今，又因其來京入太學與諸生羣進於有司，考試被棄，來向辭別。使他對於有司墨守成規，固執一法，致有魁壘拔出之材，偶爾不中所定尺度，則棄不敢取的劣法，歷久不思有所改革的心態，極表不滿。遂作「送曾鞏秀才序」，指責有司棄之爲可怪！他初駭其文，又壯其志，更以有司棄之而他獨得之爲可賀。後來曾鞏爲先生門下士，官至中書舍人，經術文章，譽滿當代，名垂千古。足見先生知人之明，自非腐儒呆吏所能體會。如云：

……嗚呼！有司所操，果良法邪？何其久而不思革也。況若曾生之業，其大者固已魁壘，其於小者亦可以中尺度。而有司棄之，可怪也。然曾生不非同進，不罪有司。告予以歸，使廣其學而堅其守。予初駭其文，又壯其志。夫農不咎歲而菑播是勤，其水旱則已。使有一穫，則豈不多邪！曾生橐其文數十萬言來京師，京師之人無求曾生者，然曾生亦不以干也。予豈敢求生，而生辱以顧予。是京師之人既不求之，而有司又失之，而獨予得也。於其行也，遂見於文。使知生者可以弔有司，而賀余之獨得也。

四月丙子三日，復差同知太常禮院。

契丹派遣泛使來京，要求瓦橋關以南十縣地。宰相呂夷簡舉薦富弼報聘，人皆謂危。先生上書引顏眞卿使李希烈事，乞請留弼，朝廷未予置理。

五月，先生接奉詔書，准許上書言事。他有此難得機會，一本報國愛民的初衷，早置生死榮辱於度外。披肝瀝膽，坦陳時弊。提供改革方略，不惜犯顏直諫。雖未知是否打動仁宗之心，然已可見仁宗具有納諫的胸襟與求治的心意。在他四千餘言的上書中，提出三弊五事。認爲方今天下之務，事勢如此。非遲疑寬緩之時，惟願爲社稷生民留意。摘錄如次，藉明昔賢的志節與卓見。

……謹採當今急務，條爲三弊五事，以應詔書所求，伏惟陛下裁擇。臣聞自古王者之治天下，雖有憂勤之心，而不知致治之要，則心愈勞而事愈乖。雖有納諫之明，而無力行之果斷，則言愈多而聽愈惑。故爲人君者，以細務而責人，專大事而獨斷，此致治之要術也。納一言而可用，雖衆說不得以沮之，此力行之果斷也。知此二者，天下無難治矣！

由上可知，他先引喻自古王者之治天下。若能大事獨斷，採納可用之言，果斷力行，即爲掌握致治之要術。則天下治平，絕非難事。以此打動仁宗之心，以期採用建言，解決方今當務之急。然後坦言直指仁宗用心雖勞不知求致治之要，由於上之因循，遂致發生諸多憂患之事。如云：

伏見國家自大兵一動，中外騷然。陛下思社稷之安危，念兵民之疲弊。四五年來，聖心憂勞，可謂至矣！然而兵日益老，賊日益彊。併九州之力，討一西戎小者，尚無一人敢前。今又北戎大者違盟而動，其將何以禦之？從來所患者夷狄，今夷狄叛矣！所惡者盜賊，今盜賊起矣！所憂者水旱，今水旱作矣！所賴者民力，今民力困矣！所須者財用，今財用乏矣！陛下之心，日憂於一日。天下之勢，歲危於一歲。此臣所謂心雖勞，不知求致治之要者也。

他認爲近年朝廷廣開言路，各地貢獻計謀之士雖多，然力行果斷者甚少。至於上所憂當今所缺乏無兵、無將、無財用、無禦戎之策、無可任之臣五者，則謂今皆有之，只是未得而用，未思其術而已。并引論國家之初各種形勢，當時所用兵、財、將、吏，其數幾何？全賴太祖、太宗皇帝善用之，故不覺其少，以堅定仁宗的心志。他覺得今與昔比，天下之富强，人衆物盛，十倍國初。故敢言有兵、有將、有財用、有禦敵之策、有可任之臣，然皆不得而用者，其故爲何？實因朝廷之有三大弊。如云：

何謂三弊？一曰不愼號令。二曰不明賞罰。三曰不責功實。此三弊因循於上，則萬事弛慢，廢壞於下。臣聞號令者，天子之威也。賞罰者，天子之權也。若號令不信，賞罰不當，則天下不服。故又須責臣下以功實，然後號令不虛出而賞罰不濫行。是以愼號令，明賞罰，責功實，此三者，帝王之奇術也。自古人君，英雄如漢武帝，聰明如唐太宗，皆知用此三術而自執威權之柄。故所求無不得，所欲皆如意。

他深覺今上聖明之姿，超出漢、唐二帝，況又盡有漢、唐之天下，爲何尙有上述五者之失呢？又有何所憚而不爲呢？雖未明言，然意有所指。謂若一日赫然，執威權以臨之，則萬事皆辦，何患五者之無？奈何爲三弊之因循，一事之不集呢？故特爲言三弊。如云：

一、不愼號令之弊

夫言多變則不信，令頻改則難從。今出令之初，不加詳審。行之未久，尋又更張。以不信之言，行難從之令。……旦夕之間，果然又變。至於將吏更易，道路疲於送迎。符牒縱橫，上下莫能遵守。……號令如此，欲威天下，其可得乎？

二、不明賞罰之弊

用人之術，不過賞罰。然賞及無功，則恩不足勸。罰失有罪，則威無所懼。雖有人，不可用矣！……昨關西用兵，四五年矣！大將以無功罷者，依舊居官。軍中見無功者不妨得好官，則諸將誰肯立功矣！裨將畏懦逗留者，皆當斬罪。或暫貶而尋遷，或不貶而依舊。軍中見有罪者不誅，則諸將誰肯用命矣！所謂賞不足勸，威無所懼。賞罰如此，而欲用人，其可得乎？

三、不責功實之弊

……數年以來，點兵不絕。諸路之民，半爲兵矣！其間老弱病患短小怯懦者，不可勝數。是有點兵之虛名，而無得兵之實數也。新集之兵，所在教習。……主教者非將領之材，所教者無旗鼓之節。……既多是老病小怯之人，又無訓齊精練之法。此有教兵之虛名，而無教兵之實藝也。諸路州軍，分造器械。工作之際，已勞民力輦運搬送，又苦道塗。然而鐵刃不剛，筋膠不固，長短大小，多不中度。造作之所，多務充數而速了，不計所用之不堪。經歷官司，又無檢責。此有器械之虛名，而無器械之實用也。以草草之法，教老怯之兵，執鈍折不堪之器械，百戰百敗，理在不疑。臨事而悟，何可及乎？故事無大小，悉皆鹵莽。

他列舉積弊事實，坦率直言，嚴予評責。可見國家平定久安之後，國防空虛之際，一旦突發戰爭。倘若用人不當，處置乖方，就會面臨興衰存亡的命運。宋代開國百年，榮業尙稱穩固，理宜正值旺盛之秋，竟有如此嚴重的弊病存在，難免賢者憂心。幸好不久西夏與契丹敵我之形勢消長轉變，仁宗亦納諫用賢，遂有慶曆、嘉祐之治的實現。先生厥功至偉，歷史自有定論。

他所陳三弊因循於上，則事遲緩。廢壞於下，萬事不可盡言。因此，直言大者五事。如云：

一曰兵、臣聞攻人以謀不以力，用兵鬥智不鬥多。……爲今計者，添兵則耗國，減兵則破賊。今沿邊之兵，不下七八十萬，可謂多矣！然訓練不精，又有老弱虛數，則十人不當一人。是七八十萬之兵，不當七八萬人之用。加又軍無統制，分散支離。分多爲寡，兵法所忌。此所謂不善用兵者雖多而愈少，故常戰而常敗也。臣願陛下赫然奮威，勑勵諸將，精加訓練。去其老弱，七八十萬中可得五十萬數。古人用兵，以一當百。今既未能，但得以一當十。則五十萬精兵，可當五百萬兵之用，此所謂善用兵者以少爲多。古人所以少而常勝者，以此也。今不思實效，但務添多。耗國耗民，積以年歲。賊雖不至，天下已困矣！

二曰將、臣又聞古語曰：將相無種，故或出於奴僕、或出於軍卒、或出於盜賊。惟能不次而用之，乃爲名將耳。國家求將之意雖勞，選將之路太狹。今詔近臣舉將而限以資品，則英豪之士在下位者，不可得矣！試將才者，限以弓馬。一夫之勇，則智略，萬人之敵皆遺之矣！山林奇傑之士，召而至者，以其貧賤而薄之。……至於無人可用，則寧用龍鍾、跛躄、庸懦、暗劣之徒，皆授之兵柄。天下三尺童子，皆爲朝廷危之。……惟陛下能以非常之禮待人，人臣亦將以非常之效報國。

三曰財用、臣又聞善治病者，必醫其受病之處。善救弊者，必尋其起弊之源。今天下財用困乏，其弊安在？起於用兵而費大故也。……惟有減冗卒之虛費，練精兵而速戰。功成兵罷，自然足矣！今兵有可減之理，無人敢當其事。賊有速擊之便，無將敢奮其勇。後時敗事，徒耗國而耗民。

四曰禦戎之策、臣又聞兵法曰，上兵伐謀，其次伐交。北虜與朝廷通好，僅四十年，不敢妄動。今一旦發其狂謀者，其意何在？蓋見中國頻為元昊所敗，故啓其貪心，伺隙而動爾！今若勑勵諸將，選兵秣馬，疾入西界。但能痛敗昊賊一陣，則吾軍威大振而虜計沮矣！此所謂上兵伐謀者也。今論事者皆知北虜與西賊通謀，欲併二國之力，窺我河北、陝西。今若我能先擊敗其一國，則虜勢減半，不能獨舉，此兵法所謂伐交者也。……今元昊有可攻之勢，此不可失之時。彼方幸吾憂河北，而不虞我能西征。出其不意，此可攻之勢也。……茍失此時而使二虜先來，則吾無策矣！臣願陛下詔執事之臣，熟議而行之。

五曰可任之臣、臣聞仲尼曰：十室之邑，必有忠信。況今文武列職，徧於天下，其間豈無材智之臣。……是上自天子，下至有司，無一人得進賢而退不肖者。所以賢愚混雜，僥倖相容。三載一遷，更無甄別。平居無事，惟患太多，而差遣不行。一旦臨事要人，常患乏人使用。自古任官之法，無如今日之繆也。……賢不肖既無別，則宜乎設官雖多而無人可用也。臣願陛下明賞罰，責功實，則材皆列於陛下之前矣！

最後綜合天文、地理、人心、四夷、上下內外之事勢，惟願仁宗為社稷生民留意為結論。如云：

臣故曰五者皆有，然陛下不得而用者，爲有弊也。三弊五事，臣既已詳言之矣！惟陛下擇之。天下之務，不過此也。方今天文變於上，地理逆於下，人心怨於內，四夷攻於外，事勢如此矣！非是陛下遲疑寬緩之時，惟願爲社稷生民留意。臣修昧死再拜。

又有武成王廟問進士策二首，每首二三百字。問進士策三首，每首四五百字。茲摘錄，藉明當時每三年進士科場考試策論之不易。

武成王廟問進士策二首

一、問、學者言三統之義備矣。……請稽三王之舊典，考六經之明文，以祛厥疑，敢俟來對。

二、問、禮樂，治民之具也。……儒者之於禮樂，不徒誦其文，必能通其用。不獨學於故，必可施於今。願悉陳之，無讓。

問進士策三首

一、問、六經者，先王之治具，而後世之取法也。……三代之治，其要如何？周禮之經，其失安在？宜於今者，其理安從？其悉陳，無隱。

二、問、古者爲治有繁簡，其施於民也有淺深，各適其宜而已。……然若欲使國體大小，適繁簡之宜。法政弛張，盡淺深之術。諸侯井田不可卒復，施於今者何宜？禮樂刑政不可卒成，用於今者何便？悖古之失，其原何自？修復之方，其術何始？迹治亂，遵古今，子大夫之職也，其悉心以陳焉。

三、問、禮樂之書散亡，而雜出於諸儒之記。獨中庸出於子思，子思聖人之後也。其所傳宜得其眞，其說有異於聖人者何也？……夫孔子必學而後至，堯之思慮或失。舜、禹必資於人。湯、孔不能無過。此皆勉人力行不怠，有益之言也。若中庸之誠明不可及，則怠人而中止，無用之空言也，故予疑其傳之謬也。吾子以爲如何？

夏秋之間，先生詩文之作甚多，茲再摘錄幾首，得窺其對各種問題的卓見。就以人民所厭惡的天災人禍來說，他不僅時刻縈懷。更是凡事都在考慮應如何防患於未然，而致力於臨事謀求根本解決之道。

例如蝗蟲爲災，就當時社會的人心而言，有的人認爲年歲豐凶歸於定數，非人力所能改變。有的人則謂一旦飛蝗過境，數量太多，無法撲殺。況又驅民經過田畦，踐踏禾苗，更可惡的是姦吏的貪擾，使民雙重受害。諸多無奈，只好聽其自然。先生認爲持此說法的人，只知其一，不知探索其本，追究其原。雖然捕殺不盡，但猶勝於養患。因此，提出根本除患，方爲上策的卓見。此固奠基於他的學驗豐富，尤有賴於他的重視民瘼。凡事深人基層，觀察入微有以致之。此在他所作長篇七言古詩「答朱寀捕蝗詩」中，摘錄其方策，便知端倪。如云：

……嗟茲羽孽物共惡，不亦造化其誰尸？大凡萬事悉如此，禍當早絕防其微。蠅頭出土不急捕，羽翼已就功難施。只驚羣飛自天下，不究生子由山陂。官書立法空太峻，吏愚長罰反自欺。蓋藏十不敢申一，上心雖惻何由知？不如寬法擇良令，告蝗不隱捕以時。今苗因捕雖踐死，明歲猶免爲蝝菑。吾嘗捕蝗見其事，較以利害曾深思。官錢二十買一斗，示以明信民爭馳。斂微成眾在人力，頃刻露積如京坻。乃知孽蟲雖甚眾，嫉惡苟銳無難爲。往時姚崇用此議，誠哉賢相得所宜。因吟君贈廣其說，爲我持之告採詩。

又有「答蘇子美離京見寄」五言古詩一首。蘇舜欽，字子美，慷慨有大志，好爲古文歌詩。舉進士累遷集賢校理，爲先生的知交摯友。因其近去江淮，口誦詩以寄離情，故以詩作答。對其廣闊的胸襟，身兼眾美的才識，未能得展抱負，至感不平。如云：

眾奇子美貌，堂堂千人英。我獨疑其胸，浩浩包滄溟。……其於詩最豪，奔放何縱橫。……語言既可駭，筆墨尤其精。少雖嘗力學，老乃若天成。……而君兼眾美，磊落猶自輕。高冠出人上，誰敢揖其膺。羣臣列丹陛，幾位缺公卿。使之束帶立，可以重朝廷。況令參國議，高論吐崢嶸。惜哉三十五，白髮今已生。……退之序百物，其鳴由不平。天方苦君心，欲使發其聲。……

另有「立秋有感寄蘇子美」一首。

庭樹忽改色，秋風動其枝。物情未必爾，我意先已悽。……故人在千里，歲月令我悲。所嗟事業晚，豈惜顏色衰。廟謀今謂何？胡馬日以肥。

先生好友太原人王陶，字樂道，爲一好剛之士，嫉世憤俗，常以世多陰險小人鮮少君子爲歎。其居京城，不妄與人交遊。惟力學好古，以自信自守。今其初仕，於易得君子動以進之象。前來辭別，即往岳陽赴任。因此，先生爲作一篇六百餘字的「剛說」以贈之。題爲「送王陶序。」如云：

六經皆載聖人之道，而易著聖人之用。吉凶、得失、動靜、進退，易之事也。其所以爲之用者，剛與柔也。乾健坤順，剛柔之大用也。至於八卦之變，六爻之錯，剛與柔迭居其位。而吉亨利無咎，凶厲悔吝之象生焉。蓋剛爲陽、爲德、爲君子，柔爲陰、爲險、爲小人。……小人之道長，君子靜以退之時也。……小人之道消，君子動以進而用事之時也。夫剛之爲德，君子之常用也。庇民利物，功莫大焉。……然則君子之用其剛也，審其力，視其時。知陰險小人之必可去，然後以壯而決之。夫勇者可犯也，彊者可詘也。聖人於壯決之用，必有戒焉。……夫剛之不可獨任也，故復始而亨，臨浸而長，泰交而大壯。……夫君子之用其剛也，有漸而不失其時。又不獨任，必以正、以禮、以說、以和而濟之，則功可成。此君子動以進，而用事之方也。……大壯之初九，曰壯于趾，征凶。夬之初九，亦曰壯于趾。往不勝爲咎，以此見聖人之戒用剛也。不獨於其彖象，而又常深戒於其初。嗚呼！世之君子少而小人多。君之力學好剛以蓄其志，未始施之於事也。今其往，尤宜愼乎其初。

又有「孫子後序」一篇，乃是先生爲知友梅聖俞所作孫子一書的後序。他說：「世所傳孫武十三篇，多用曹公（孟德）、杜牧、陳皥注，號三家孫子。」但他根據己所與撰的四庫書目，所見孫子注者有二十餘家之多。故云：「武之書，本於兵，兵之術非一。而以不窮爲奇，宜其說者之多也。」他認爲雖各家之說，各執己見，然皆無出所謂三家者。

然後評論三家的長短，尤其敘及吳王闔閭用孫子兵法而霸諸侯，使孫子自用其書，止於強伯。迄至前世言善用兵的曹孟德，亦終不能滅吳、蜀。因此，他懷疑孫子之術豈盡於此？或且用之不極其能？以致後世學者，徒見其書，又各偏執己見，是以所注雖多而少當。

基於上述，他在結論中，道出寫作本文的意涵。如云：

> 獨吾友聖俞不然，嘗評武之書曰：此戰國相傾之說也。三代王者之書，司馬九伐之法，武不及也。然亦愛其文略而意深，其行師用兵，料敵制勝，亦皆有法，其言甚有次序。而注者汩之，或失其意。乃自爲注，凡膠於偏見者，皆抉去。傳以己意而發之，然後武之說不汩而明。吾知此書當與三家並傳，而後世取其說者，往往於吾聖俞爲多焉。聖俞爲人謹質溫恭，衣冠進趨，眇然儒者也。後世之視其書者，與太史公疑張子房爲壯夫，何異？

八月，先生請求外調，待命派遣。公務清閑，然仍默察時局，念念不忘國事。他撰有爲君難論上下兩篇，忠言讜論，確可提供爲君者之三思。摘錄如次，或可得以了解他執筆爲文的心境。

爲君難論上

首云爲君難者，莫難於用人。他提出用人之術：任專、信篤、盡材三者，作爲正反成敗的評論。如云：

夫用人術，任之必專，信之必篤，然後能盡其材而共成事。及其失也，任之欲專，則不復謀於人而拒絕羣議。是欲盡一人之用，而先失眾人之心也。信之欲篤，則一切不疑而果於必行。是不審事之可否，不計功之成敗也。夫違眾舉事，又不審計而輕發，其百舉百失而至於禍敗，此理之宜然也。然亦有幸而成功者。人情成是而敗非，則又從而贊之。以其違眾為獨見之明，以其拒諫為不惑羣論，以其偏信而輕發為決於能斷。使後世人君，慕此三者以自期。至其信用一失而及於禍敗，則雖悔而不可及，此甚可歎也。

然後引證「前世人君，力拒眾議，專信一人，而不能早悟，以及於禍敗者多矣！不可以徧舉」。他僅舉一二，即可概見。如秦苻堅自以為地大兵強，號稱百萬，投鞭可以斷流，蔑視東晉一隅之地，「謂可直以氣吞之耳」，充滿霸權心態的自大狂。不聽老成的大臣王猛、苻融，至親的太子宏、少子詵，以及平生所信重的沙門道安之言。更有許多大臣進諫天時人事種種不利之弊，俱為苻堅強辯予以挫折，使皆沮喪委屈而退。甚至舉國之人，都說晉不可伐，皆不聽信。惟獨聽信一將軍慕容垂所謂「陛下內斷神謀，足矣！不煩廣訪朝臣，以亂聖慮」逢迎獻媚的話，於是決意不疑，遂大舉南伐。以致九十六萬大軍，竟被晉軍數千人痛擊。大敗而歸，至於亂亡。又舉五代後唐清泰帝患晉祖之鎮太原，恃兵跋扈，欲徙之於鄆州。不聽舉朝之士皆以為不可的諫諍，獨聽常所與謀的樞密直學士薛文遇所謂「作舍道邊，三年不成，此事斷在陛下，何必更問羣臣」之言。即命學士草制，徙晉祖於鄆州。明旦宣麻，羣臣失色。後六日，晉祖反書至。清泰帝驚慌憂懼，不知所爲，悔已無及。先生舉此二君所爲力拒羣議，專信一人所得禍敗亂亡的慘痛後果，作爲殷鑑。不勝感慨予以評論云：「方苻堅欲與慕容垂共定天下，清泰帝以薛文遇爲賢佐助我中興。可謂臨亂之君，各賢其臣者也。」無異暮鼓晨鐘，發人深省。

最後，列舉齊桓公之用管仲，蜀先主之用諸葛亮，引爲專信的典型。如云：

齊桓公之用管仲，蜀先主之用諸葛亮，可謂專而信矣！不聞舉齊、蜀之臣民非之也。蓋其令出而舉國之臣民從，事行而舉國之臣民便，故桓公、先主，得以專任而不貳也。使令出而兩國之人不從，事行而兩國之人不便。則彼二君者，其肯專任而信之，以失眾心而斂國怨乎？

爲君難論下

首云：「用人之難，難矣！未若聽言之難也。」以此暢論人之爲言，幷非一端。乃列舉各種狀況，詳加分析，使知聽言之難。如云：

巧辯縱橫而可喜，忠言質樸而多訥。此非聽言之難，在聽者之明暗也。諛言順意而易悅，直言逆耳而觸怒。此非聽言之難，在聽者之賢愚也，是皆未足爲難也。若聽其言則可用，然用之有輒敗人之事者。聽其言若不可用，然非如其言不能以成功者，此然後爲聽言之難也。

然後亦引證二例以說明他所言之可信。先舉戰國名將趙奢之子括「自謂善用兵，天下莫能當」。然其父奢終不以括爲能。歎曰：「趙若以括爲將，必敗趙事。」等到奢死之後，趙遂以括爲將。其母自見趙王，亦言括不可用。趙王不聽，仍使括爲將率軍攻秦。括爲秦軍射死，趙軍大敗，降秦者四十萬人，全部被秦將白起下令坑死於長平。實爲自古以來活埋殺害投降官兵最多最殘酷的唯一暴行，令人髮指！誠如先生所謂「聽其言可用，用之輒敗人事者，趙括是也。又舉秦始皇欲伐荊，問其將年少而勇的李信謂用兵二十萬即可，以炫能博取始皇之喜。又問老將王翦謂非六十萬不可，使始皇不悅，而譏其老膽怯。王翦遂請老病，居於頻陽。李信率軍二十萬伐荊，爲荊軍所大敗，陣亡七都尉而還。始皇大慚，命駕頻陽，向翦謝罪，終與六十萬而往，遂以滅荊。先生所謂「初聽其言若不可用，然非其言不能以成功者，王翦是也。」由此可見，秦始皇知過能改，故能成就統一霸業，絕非倖致。

最後，列舉秦、趙二主皆因失於聽言，樂用新進，忽棄老成，都有致敗的錯誤。其咎在於「新進之士喜勇銳，老成之人多持重。此所以人主之好立功名者，聽勇銳之語則易合，聞持重之言則難入也」。先生面對時局，滿懷憂慮，既無法力挽狂瀾，只有隨時爲文慷慨直言，克盡臣子報國之忱而已。於是再以考證史記所書趙括之事，作爲結論，旨在强調前世禍亂敗亡之所由來，以爲人主的鑑戒。如云：

是時，趙方遣廉頗攻秦，頗，趙名將也。秦人畏頗，而知括虛言易與也。因行反間於趙曰：秦人所畏者趙括也，若趙以爲將，則秦懼矣！趙王不悟反間也，遂用括爲將以代頗。藺相如力諫以爲不可，趙王不聽，遂至於敗。由是言之，括虛談無實而不可用。其父知之，其母亦知之，趙之諸臣藺相如等亦知之，外至敵國亦知之，獨其主不悟耳。夫用人之失，天下之人皆知其不可，而獨其主不知者，莫大之患也。前世之禍亂敗亡由此者，不可勝數也。

去年夏，先生曾因一位素未謀面的孔秀才，持有賢士楊公所贈的詩篇，前來叩見，言即往遊河北。他本賢愚視其所與交之人，不待接談，即知孔生之文諧律呂，行潔琅玕。遂作「送孔秀才遊河北」五言古詩一首，勉其「慎所遊」。孔生今已作監簿，適值寒風八九月之時，又來辭行，意欲再次北渡大河。於是亦作「送孔生再遊河北」一首以贈。祝遇賢侯，得展抱負。此詩無異去夏孔生所持賢士楊公的贈言篇。若就今日先生之賢名而言，相信天下正義之士，得見此詩，必皆另眼看待。詩云：

志士惜白日，高車無停輪。孔生東魯儒，年少勇且仁。……門無黃金聘，家有白髮親。……孔生力數斗，其智兼千人。短褐不自暖，高談吐陽春。北州多賢侯，待士誰最勤。一見贈雙璧，再見延上賓。丈夫患不遇，豈患長賤貧？

閏九月，先生接奉再任滑州通判的告命。

十月，到達滑州任所，作有與辛郎中、呂轉運、答運使及賀新發運等四啓。他在與四人啓中，雖未稱謂，然觀其簡短親切之言，應可了解都是舊識好友。固有依例表達的形式，實皆具感念述懷之意。況皆先荷誨存，再申謝忱。如與辛郎中云：「比者得請便親，署官近郡。方茲感誠，遽辱誨存。」又如與呂轉運云：「伏審顯奉宸恩，入趨天闕。方欲庇賴，遂失於焉依。仍沐撝謙，特貽於嘉問。」再如答運使云：「伏審榮膺帝渥，出領漕權。方懷竊抃之誠，遽辱誨存之惠。」再又如賀新發運云：「伏審榮抱使權，已諧禮上。猥居屬郡，竊庇公庥。方深欣幸之私，遽辱誨存之厚。」

先生到任三月期間，除公務外，乃忙於籌備督導整修一處作爲燕私之居，名爲「畫舫齋」的工作。可謂獨具匠心，深富寓意。特爲摘錄如次：

首言至滑之三月，爲完成「畫舫齋」命名因由，并敘述齋內外的佈置及形勢。他是利用州署東偏原有的舊房間，設計整修爲「廣一室，其深七室，以戶相通。凡入予室者，如入乎舟中。其溫室之奧，則穴其上以爲明。其虛室之疏以達，則欄檻其兩旁，以爲坐立之倚。凡偃休於吾齋者，又如偃休乎舟中。山石巉崒，佳花美木之植，列於兩簷之外。又似汎乎中流，而左山右林之相映，皆可愛者，故因以舟名焉。」

次則引喻周易之象，至於履險蹈難，必曰涉川。原因舟之爲物，是爲濟渡險難，絕非安居之用。然而，他治齋於署，以爲燕安之所，卻反以舟爲名，豈不覺得古怪有悖常理？因此，特爲憶述昔年罪謫行走江湖間所經歷的諸多體驗，發爲議論，確信以舫名齋，極爲適宜。如云：

矧予又嘗以罪謫走江湖間，自汴絕淮，浮于大江，至于巴峽，轉而以入于漢沔，計其水行幾萬餘里。其羈窮不幸而卒遭風波之恐，往往叫號神明以脫須臾之命者，數矣！

> 當其恐時，顧視前後。凡舟之人，非爲商賈，則必仕宦。因竊自歎，以謂非冒利與不得已者，孰肯至是哉？賴天之惠，全活其生。今得除去宿負，列官于朝。以來是州，飽廩食而安署居，追思曩時山川所歷。舟檝之危，蛟鼉之出沒，波濤之洶欻，宜其寢驚而夢愕。而乃忘其險阻，猶以舟名其齋，豈眞樂於舟居者邪！然予聞古之人，有逃世遠去江湖之上，終身而不肯返者，其必有所樂也。而非冒利於險，有罪而不得已。使順風恬波，傲然枕席之上，一日而千里。則舟之行，豈不樂哉？顧予誠有所未暇，而舫者宴嬉之舟也。姑以名予齋，奚曰不宜？

文末，特別言及準備請知友蔡襄（君謨）爲齋名題大字。時君謨已譽滿當代，賢名遠播，彼此相知相敬，堪稱君子之交，遂有恐其對齋名有所懷疑之語。故將經過情形，坦述以告。如云：

> 予友蔡君謨善大書，頗怪偉。將乞其大字以題於楹，懼其疑予之所以名齋者，故具以云。又因以置於壁。壬午十二月十二日書。

十二月二十八日，作有「釋祕演詩集序」。先生每憶「少以進士遊京師，因得盡交當世賢豪」。既感欣慰，亦更堅定他辨識賢愚，獎掖天下人才爲己任的心志。但面對現實，想起國家承平四十年以來，對於「智謀雄偉非常之士，無所用其能者，往往伏而不出。山林屠販，必有老死而世莫見者。欲從而求之，不可得」。他這種悲天憫人的仁者憂慮，始終無法釋懷！所以想盡辦法，希望得以訪求天下奇士，以爲國用。如前多有所述者外，以後自當續爲引介。本文則以敘論當時與交二位奇士無所不用其能的盛衰狀況，至深歎惜！使人讀後，不勝同感！如云：

……其後得吾亡友石曼卿。曼卿爲人，廓然有大志。時人不能用其材，曼卿亦不屈以求合。無所放其意，則往往從布衣野老，酣嬉淋漓顚倒而不厭。予疑所謂伏而不見者，庶幾狎而得之。故嘗喜從曼卿遊，欲陰以求天下奇士。浮屠祕演者，與曼卿交最久。亦能遺外世俗，以氣節相高，二人懽然無所間。曼卿隱於酒，祕演隱於浮屠，皆奇男子也。然喜爲歌詩以自娛，當其極飲大醉，歌咏笑呼以適天下之樂，何其壯也。一時賢士，皆願從其遊，予亦時至其室。十年之間，祕演北渡河東之濟、鄆。無所合，因而歸。曼卿已死，祕演亦老病。嗟夫！二人者，予乃見其盛衰，則余亦將老矣！夫曼卿詩辭清絕，尤稱祕演之作，以爲雅健有詩人之意。祕演狀貌雄傑，其胸中浩然。既習於佛，無所用。獨其詩可行于世，而懶不自惜。已老，胠其槖，尚得三四百篇，皆可喜者。曼卿死，祕演漠然無所向。聞東南多山水，其巔崖崛峍，江濤洶涌，甚可壯也，遂欲往遊焉。足以知其老而志在也。於其將行，爲敘其詩，因道其盛時而悲其衰！慶曆二年十二月二十八日，廬陵歐陽修序。

是冬，他作有多首詠雪詩，特錄兩首。看似應景之作，實則充分表露憂慮國事，關懷民生的心聲。然而人微言輕，徒歎奈何！只好對雪憶梅花抵禦風雪的獨立傲骨，寓意於詩，聊以抒懷。

其一、喜雪示徐生

清穹凜冬威，早野渴天澤。經旬三尺雪，萬物變顏色。……常聞老農語，一臘見三白。是爲豐年候，占驗勝蓍策。天兵血西陲，萬輸走供億。嗟予愧疲俗，奚術肥爾瘠！惟幸歲之穰，茲惠豈人力。非徒給租調，且可銷盜賊。從今潔餔糜，期共飽麰麥。

其二、和對雪憶梅花

昔官西陵江峽間，野花紅紫多爛斑。惟有寒梅舊所識，異鄉每見心依然。……今來把酒對殘雪，卻憶江上高樓山。羣花四時媚者衆，何獨此樹令人攀。窮冬萬木立枯死，玉艷獨發陵清寒。鮮妍皎如鏡裏面，綽約對答風中仙。惜哉北地無此樹，霰雪漫漫平沙川。徐生隨我客此郡，冰雪旅舍逢新年。憶花對雪晨起坐，清詩實鐵裁琅玕。……寒齋寂寞何以慰，卯盃且醉酣午眠。

第五章　知諫院免試知制誥奉命往視河東利害

第一節　再任滑州通判僅半年

慶曆三年（一〇四三）癸未，先生三十七歲。三月召還朝，在京城。

他自去冬十月到達滑州再任通判以來，公務之暇，多以深入各地基層，探詢民瘼。或遊訪名勝古蹟爲文以抒懷，或觸景生情以詠詩。尤其對於失意之士，或方外高人。只要知其賢良而才識超群，定必另眼看待，諸多慰勉。故其公私生活，深覺恬淡安適。茲僅就今春三月期間所作的詩文，依序擇述如次：

正月，他往遊「鐵槍寺」，又得五代時，梁之節度使由晉贈太師的王彥章畫像。幷命裱褙工匠，依照原樣，即予修復完整。因作「王彥章畫像記」一篇，交給該寺住持妥善保管。他如此敬重百年前異國的一位節度使，揆其因由，應知實基於愛國心的動念。他素對時弊諸多不滿現象，一再建言無效，每感力不從心。只好引證古之賢良將帥忠義事蹟，一本初衷，發爲議論，以諷喻勸世，可謂用心良苦。

他首先引述「王彥章字子明，鄆州壽張人。事梁，爲宣義軍節度使，以身死國，葬於鄭州之管城。晉天福二年，始贈太師。」五代梁、晉之爭，大小數百戰。梁之勇將衆多，但惟彥章曾屢困晉莊宗於河上。其所表現的智勇精神，每使晉人聞風喪膽。迨至梁之末年，趙巖等奸佞小人當道。大臣老將，多被讒謗，俱不見信用，衆皆忿怒而有怠心。導致上下疏離，人心渙散，士氣低落，梁亦盡失河北。大勢已去，諸將均持觀望態度。惟獨彥章發奮圖强，絕不屈懈。可惜孤掌難鳴，卒死以忠，梁亦滅亡。

先生所撰五代史，至書王彥章傳，不勝唏噓感歎！如云：

> 悲夫！五代終始，纔五十年。而更十有三君，五易國而八姓。士之不幸而出乎其時，能不汙其身得全其節者鮮矣！公本武人，不知書，其語質。平生嘗謂人曰：豹死留皮，人死留名。蓋其義勇忠信，出於天性而然。予於五代書，竊有善善惡惡之志。至於公傳，未嘗不感憤歎息！惜乎舊史殘略，不能備公之事。康定元年，予以節度判官來此。求於滑人，得公之孫睿所錄家傳，頗多於舊史。其記德勝之戰，尤詳。又言敬翔怒末帝不肯用公，欲自經於帝前。公因用笏畫山川，爲御史彈而見廢。又言公五子，其二同公死節，此皆舊史無之。又言公在滑，以讒自歸於京師，而史云召之。是時梁兵盡屬段凝，京師羸兵不滿數千。公得保鑾五百人，之鄆州，以力寡，敗於中

都。而史云將五千以往者，亦皆非也。公之攻德勝也，初受命於帝前，期以三日破敵。梁之將相，聞者皆竊笑。及破南城，果三日。是時莊宗在魏，聞公復用，料公必速攻。自魏馳馬來救，已不及矣！莊宗之善料，公之善出奇，何其神哉！

然後暢敘自元昊叛逆，朝廷用兵。四五年以來，攻守之計。他獨持用奇取勝之議，不能取信於人，聯想諸多感慨！如云：

今國家罷兵四十年，一旦元昊反。敗軍殺將，連四五年。而攻守之計，至今未決。予嘗獨持用奇制勝之議，而歎邊將屢失其機。時人聞予說者，或笑以爲狂，或忽若不聞。雖予亦惑，不能自信。及讀公家傳，至於德勝之捷。乃知古之名將，必出於奇，然後能勝。然亦審於爲計者，不能出奇。奇在速，速在果。此天下偉男子之所爲，非拘牽常算之士可到也。每讀其傳，未嘗不想見其人。

文末則述又得畫像，亟命工完理的概要。幷論永垂不朽之理，以表希慕之意，故特爲記使藏之。如云：

後二年，予復來通判州事。歲之正月，過俗所謂鐵槍寺者，又得公畫像而拜焉。歲久磨滅，隱隱可見，亟命工完理之。而不敢有加焉，懼失其眞也。公善用槍，當時號王鐵槍。公死已百年，至今，俗猶以名其寺。童兒牧豎，皆知王鐵槍之爲良將也。一槍之勇，同時豈無。而公獨不朽者，豈其忠義之節使然歟！畫已百餘年矣，完之，復可百年。然公之不泯者，不繫乎畫之存不存也。而予尤區區如此者，蓋其希慕之至焉耳！讀其書，尚想見其人。況得拜其像，識其面目，不忍見其壞也。晝既完，因書予所得者于後而歸其人，使藏之。

先生每見眼前景物，都會百感交集，故於登臨「歸雁亭」之後，不覺詩思激動，遂作「滑州歸雁亭」七言律詩一首。詩云：

長河終歲足悲風，亭古臺荒半倚空。

惟有雁歸時最早，柳含微綠杏黏紅。

他於去春，因太學有司久不思改革取士的劣法，致棄賢士曾鞏秀才於外，極表不滿。但又覺得自己有幸獨得之爲可賀，故作有「送曾鞏秀才序」一篇以贈別，已摘載如前。今又因楊闢秀才被棄，益增感歎。遂作「送楊闢秀才」五言古詩一首送行。他對有司遺棄人才，使他獨得二生，如獲至寶。覽誦詩篇，體會更深。如云：

吾奇曾生者，始得之太學。初謂獨軒然，百鳥而一鶚。既又得楊生，羣獸出麟角。乃知天下才，所識慚未博。楊生初誰師，仁義而禮樂。天姿樸且茂，美不待追琢。……有司選羣材，繩墨困量度。胡爲謹毫分，而使遺磊落。至寶異常珍，夜光驚把握。駭者棄諸塗，竊拾充吾橐。其於獲二生，厥價玉一瑴。嗟吾雖得之，氣力獨何弱。……否泰理有時，惟窮見其確。

又有一位方外好友釋慧勤，爲慕仁義。曾捨棄餘杭金碧輝煌的佛舍，供養精美的飲食，以及觀賞東南秀絕的山水。竟隨北客，棲身京坊一室，備嘗艱辛。此時思歸言別，先生遂作

「送慧勤歸餘杭」五言古詩一首送行。詩云：

……豈如車馬塵，鬢髮染成霜。三者孰苦樂，子奚勤四方。乃云慕仁義，奔走不自遑。始知仁義力，可以治膏肓。有志誠可樂，及時宜自彊。人情重懷土，飛鳥思故鄉。夜枕聞北雁，歸心逐南檣。歸兮能來否？送子以短章。

三月戊子，呂夷簡罷相，改授司徒同議軍國大事。晏殊同平章事，賈昌朝參知政事。

神宗舊史本傳

慶曆初，呂夷簡老病，在相位，天下事積成抏弊。元昊盜邊，陝右師老兵頓，天子憂之。一日，夷簡罷相，夏竦爲樞密使，既除復罷。而更用杜衍、又范仲淹、富弼、韓琦同時擢執政。收攬一時名士，增諫官員，修首在選中。擢太常丞，知諫院。

四朝國史本傳

慶曆三年，知諫院。時仁宗更用大臣，杜衍、富弼、韓琦、仲淹皆在位。增諫官員，修首在選中。每進見，勸帝延問執政，咨所宜行。

蘇轍欒城集後集

仁宗知朝臣不任事，始登進范公、及杜正獻公、富文忠公、韓忠獻公，分列二府。增諫員，取敢言士，文忠公首被選。以太常丞知諫院，賜五品服。

清代楊希閔編先生年譜

當時增諫院四員，公之外，則蔡公襄、余公靖、王公素也。合二府范、杜、富、韓四公，眞極一時之選，乃不久即爲黨議所傾。吾不爲諸臣惜，深爲仁宗惜也。（楊氏之言，古今同慨！）

先生年譜

是歲，仁宗廣言路，修政事，人多薦公宜爲臺諫。三月召還。癸巳，轉太常丞，知諫院。制詞有云：「敕，國家廣闢言路，崇設諫垣。擇方嚴之藎臣，登諍議之清列。責任尤重，眷懷亦深。向非練達民彝，精詳國體。利權不能易所守，貴勢無以搖其心。則安可劭厥清芬，補予闕政。以爾等風猷麗亮，器範沖深。並緜博古之文，皆擢蒸髦之選。……僉詢朝論，亟簡朕心。……勉膺寵光，式遲明效。

先生於三月癸巳二十六日遷太常丞，知諫院，賜五品服。

四月到京，首作「回滑州知郡啓」。如云：

……近應朝命，俾擢諫垣。實自揣於菲才，豈敢同於飾讓。日祈聰睿，哀此孤蒙。庶所請之曲從，即依仁而有幸。凡云詹企，但切忻愉。初暑方隆，就塗甚邇。伏惟上爲邦國，倍保興居。

他到京之後，洞察朝廷用人行政的重大措施，了解內外形勢，探詢朝野賢士的異同卓見。藉以掌握全般狀況，針對問題癥結，庶幾適時適切提出建言。他體會諫官職位雖低，然所負言責重大，且可直達天聽，影響深遠。故決定竭智盡力投注於本職工作，期能充分發揮諫官的精神與功能。他的努力，確已樹立風範。

夏四月癸卯，賀從勗至京師，帝用龐籍言命著作佐郎邵良佐知夏州。許冊封元昊為夏國主，歲賜絹十萬匹，茶三萬斤。富弼言元昊臣契丹而不臣我朝，則是謂契丹無敵於天下矣！須令稱臣，乃可許和。諫官歐陽修、蔡襄亦屢奏論元昊自稱烏珠，既又譯為吾祖。特以侮慢朝廷，使朝廷賜之詔而亦曰吾祖，是何等語邪！以及各種乖方之事，乞不可許其請。帝皆不聽。邵良佐至夏州，元昊亦遣嘉鼎聿舍、張延壽等來議和及歲幣。

四月甲辰，朝廷以元昊請和，遂詔韓琦、范仲淹為樞密副使。凡五次辭讓，不許，乃就道。命知永興軍鄭戩代之。時元昊依契丹邀索無厭，晏殊等執政大臣皆厭兵，一切從之。

乙巳，詔知蔡州夏竦至京為樞密使，罷之。以杜衍為樞密使。因先生、蔡襄等初聞名召竦之命，即交章劾奏夏竦畏懦、懷詐、不忠等事跡。帝悟。會竦已至國門，即日詔竦歸鎮，乃徙亳州，終判幷州。

國子監直講石介篤學尙志，樂善疾惡，喜聲名，遇事奮然敢為。會呂夷簡罷相、章得象、晏殊、賈昌朝、韓琦、范仲淹、富弼同時執政。而歐陽修、蔡襄、王素、余靖並為諫官。夏竦既拜，復奪之以杜衍代，因大喜曰：「此盛事也。歌頌吾職，其可已乎？」作慶曆聖德詩。有曰：「衆賢之進，如茅斯拔。大姦之去，如距斯脫。」孫復聞之曰：「介禍始於此矣！」范仲淹亦謂韓琦曰：「為此鬼怪輩壞事也！」

第二節　樹立諫官風範

先生自知諫院蒞任伊始，即本「臺諫爲天子耳目，所以防壅蔽，杜姦邪」奉爲圭臬。猶以「諫官乃繫天下之事，亦任天下之責」自勉。凡所奏論，無論風聞、訪問、據報、目睹，皆必竭盡心力查證確實。抱定對事不對人的立場，秉持客觀、公正、無私的態度。著眼於各種制度的建立，重視賢能，鄙棄奸小。每一建言，皆本國家長治久安設計。針對事實，治標治本兼顧。既有明確主張，又有可行辦法。他以春秋之筆，臧否人物。內自宰相以次百官，外至各路封疆大吏將帥。只要查證得知涉及危害國計民生之事，或品學才識不符眾望之人。不論職位高低，甚至當今皇上及所寵愛的后、妃、美人。皆不惜犯顏直諫，言人所不敢言。是故上能取信人主依爲人鑑。下能振奮人心，鼓舞士氣。論事切直，小人視之爲仇。仁宗獨獎其敢言，顧侍臣曰：「如歐陽修者，何處得來」的由衷讚歎！

他明知勢必得罪權貴及奸小，但天性忠鯁，職責所在。始終勇往直前，毫無顧忌。計在本年內短短幾個月的時間，所上的奏論，竟達六十餘篇之多。不僅儕輩莫及，而內容充實，鉅細無遺。每篇都是慷慨陳奏，言之有物。擲地有聲，千古傳誦，樹立諫官風範。茲分類摘述十則如次，即可概見。

其一、選賢與能整飭吏治

先生有鑒於嚴重影響民心士氣的吏治沉疴，不僅爲天下人所詬病，更爲國家治亂的根本問題。故自四月到京就職第一次上殿之日，即首陳「論按察官吏劄子」。他深感天下官吏員數眾多，地方幅員廣闊。朝廷無由遍知其賢愚善惡，審官三班吏部等處，只是各自專司其業務職掌。至於諸路轉運使等，除有贓吏行爲敗露，得以依律處置外，亦別無按察官吏之術。致使年老病患、懦弱不材以及貪殘害物者。布在州縣，並無黜陟辦法。唯有選擇賢能官吏，始期望治。所謂：「因循積弊，冗濫者多。使天下州縣，不治者十有八九。今兵戎未息，賦役方煩。百姓嗷嗷，瘡痍未復。救其疾苦，擇吏爲先。」

他於是提出一套簡易可行的辦法。如云：

> 乞特立按察之法，於內外朝官中。自三丞以上至郎官中，選強幹廉明者爲諸路按察使。……使至州縣，遍見官吏。其公廉材幹者，明著實狀。及老病不材顯有不治之迹者，皆以朱書於姓名之下。其中材之人，別無奇效，亦不至曠敗者，則以墨書之。又有雖是常材，能專長於一事，亦以朱書別之。使還具奏，則朝廷可以坐見天下官吏賢愚善惡，不遺一人，然後則議黜陟之法。如此，則以澄清天下。年歲之間，可以致治。只勞朝廷精選二十許人充使，別無難行之事。

五月戊寅十二日：「詔諸路轉運使並兼按察使，歲具官吏能否以聞。」看似採擇施行，實則執政大臣敷衍塞責了事。

詔頒翌日，先生即上第二狀，陳述轉運使自合察舉本部官吏。用於常行之制，頗爲得宜。然欲救弊於時，則未盡善。今若令兼使名，無異更加其約束與不便。況今所委任之轉運使，並非盡得其人。據查其間多有昏老病患、庸懦不材及貪贓枉法者。此等之人，自當被劾，豈可更令按察？（列舉姓名略）縱有材能之吏，既不暇遍走州縣，專心視察。再予兼任，定必無法盡職。則徒見空文，恐無實效。因此，强調必須精選其人爲今後常行之制。日新求治，革弊救時，力行以濟務。旨在生民之急，天下之利。

仁宗雖有日新庶政之心，且有手詔督飭宰輔。無奈天下之事，積弊已久，執政大臣顧忌又多。故憚於作事，惟樂因循。致所上奏論，涉及影響權貴小人之利害者，則格而不行。按察徒具虛名，生民蠹病，日益可哀。愈作深入剖析，愈覺問題複雜嚴重。若欲事事更改，則力有未逮。既無法周延，必更煩擾難行。若漸漸整頓，則天下困弊已極，何能求見速效？於是即就現況，再上狀引述漢、唐及祖宗之朝，皆極重視按察升黜制度。認爲所言乃是古今常法，絕非難行之異事。乃條陳冗官利害六事，以明利博效速而可行不疑。伏望特賜裁擇，乞早施行。

其二、攘外必先安內

先生明知改革道路，困難重重。但事有本末，更有輕重緩急之分。就以近來各地頻傳盜賊擾亂治安，官吏束手無策，致有日益擴大趨勢之事來說。認爲茲事體大，其嚴重性更有盛於北虜、西戎的侵犯。因此，連續奏論，旨在攘外必先安內。

他因近聞沂州軍賊王倫等殺人放火，打劫沂、密、海、揚、泗、楚等州，竟敢邀呼官吏，公開攜取庫藏器甲，橫行淮海，如入無人之境。憑藉其有首領、有組織、明號令、不亂殺人，絕非一般盜賊可比。使他「驟聞可駭，深思可憂」，每念後漢、隋、唐之禍亂，皆因兵革先興而盜賊繼起，遂至橫流之史實。面對今日諸多重大缺失，不覺坐立難安。故於五月癸丑，即上「論沂州軍賊王倫箚子」。如云：

國家自初兵興，必知須有盜賊，便合先事爲備。而謀國之臣，昧於先見。致近年盜賊縱橫，不能撲滅。未形之事，雖或有所不及。已兆之患，豈可因循不爲？臣遍思天下州軍，無一處有備。……竊以去患宜速，防禍在微。

於是條陳捕捉五事（略），懇請仁宗應有深懼禍端之警覺。督責宰輔，早爲擘畫，速務剪除。乞早賜施行，以安反側。

然而，由於近日四方盜賊漸多，兇鋒漸熾，撲滅漸難，至感憂慮！檢討原因「皆由國家素無禦備，官吏不畏賞罰」所致。故又多篇奏論盜賊事宜，一本忠言諫諍，竭智提供卓見。如云：

竊見朝廷作事，常有後時之失，又無慮遠之謀。患到目前，方始倉忙而失措。事纔過後，已卻弛慢而因循。自王倫敗後，居兩府者了無擘畫。有上言者，又不施行。上下拖延，日過一日，遂致張海、郭貌山等，又起京西。攻劫州縣，橫行肆毒，更甚王倫。……天下之憂，恐自此始。

他更直言國家綱紀隳頹，法令寬弛。賞罰不立，善惡不分，形成體弱勢危的腐敗現象！

自和州奏破王倫之後，兩府厭苦獻言之人，更不講求禦賊之策。殊不知前賊雖滅，後賊更多之理。況且池、解、鄧州、南京等處。强賊日見增多，一夥强過一夥。皆建旗鳴鼓，白日入城。官吏不敢抵抗，卻以酒食宴樂接待。賊寇怎敢如此猖狂？在於「朝廷無賞罰，都不足畏。盜賊有生殺，時下須從」的怯懦風氣所養成。當時竟有如此不可思議的狀況發生，豈不令人不寒而慄！於是沉痛言道：

> 臣恐上下因循，日過一日。國家政令轉弱，盜賊威勢轉強。使畏賊者多，向國者少，天下之勢從茲去矣！……臣近曾求對便殿，伏蒙陛下語及賊事，憂形於色。及退見宰輔，閑暇從容。天下之事，深可憂矣！

先生所上奏論，皆爲深遠根本之圖。只望仁宗嚴勅大臣，鑒此已成難救之患。儘速採納各方所有上言，予以類聚。集思廣益，擇其可行者。講定法制，頒行天下。使四方及早擘畫，以爲備禦之策，俾安國本。故不惜犯顏直諫。如云：

> 陛下欲知大臣不肯峻國法以繩官吏，蓋由陛下不以威刑責大臣。此乃社稷安危所繫，陛下之事也。伏望留意而行之。

其三、選將練兵爲國防首要急務

先生雖重視西、北方面敵軍的强弱與侵擾；然更關切朝廷有無深謀遠慮的廟算，是否破格慎選奇謀大才的將帥賦予獨當方面的重任，以及汰弱用强革弊救時的作爲。於是針對實際狀況，提出多篇奏論，剴切剖析與建言。

首論軍中選將問題：先生檢討國家自與西夏用兵至今，累經挫敗。損兵折將，不堪聞問。今軍帥暗懦非其人，禁兵驕惰不可用。此朝廷自以爲患，不待言而可知。於是引述：

> 前世有國之君，多於無事之際，恃安忘危，備患不謹，使禍起倉卒而至敗亡者有矣！然未有於用兵之時而反忘武備如今日者。兵法曰：將者民之司命，國家安危之主也。今外以李昭亮、王克基輩當契丹，內以曹琮、李用和等衛天子。如當今之事勢，而以民之司命，國之安危，繫此數人。安得不取笑四夷，遭其輕侮？

他認爲去歲北虜何以忽興狂悖，今年元昊妄有請求，只因內外無一甘願效死勇將奮身請戰，以應急需。誓雪君恥，少增國威。以致既無可恃以力爭，遂至夷狄侵陵，朝廷甘心屈辱於自弱！故非常感歎言道：「夫天下至廣，遂無一人者，非其無人也，但求之不勤不至耳。」其咎在於今朝廷求將之法，難於得人。因此建請：

> 特詔兩府大臣別議求將之法，盡去循常之格，以求非常之人。苟非不次以用人，難弭當今之大患。……唐及五代至於國朝，征伐四方，立功行陣，其間名將多出軍卒。只如西鄙用兵以來，武將稍可稱者，往往出於軍中。如狄青、种世衡二人，故謂只於軍中自可求將。

至於求將之法，實爲切中時弊的重要方案，乃大膽提出一套革新軍制的完善可行辦法（略）。

次則先後三狀奏論鎮定、高陽三路都部署李昭亮等不可將兵、並請罷知永興軍仍兼陝西四路都部署鄭戩之事。他直指朝廷拘守常例，不肯越次擇材。心知小人，仍付以重任。寧誤大計，甚至一誤再誤，亦終不悔。置國脈民命於小人之手，最感痛心。所謂：「累曾上言練兵選將之法，未賜施行，又曾言乞於沿邊十數州且選州將，亦不蒙採納。寧可公選不材之人，委以大兵之柄。一旦誤事，悔何及之？」故懇仁宗特出睿斷，早令兩府擇人替換，並飭早講求選將之法。

再則建請安定邊防軍心，鼓舞士氣，極爲重要。朝廷因邊將支用公使錢多，據報未實，遂差獄吏燕度前往邊防勘鞫。牽連勾追極廣，竟動用邠州諸縣枷杻。所行榜掠，俱是無罪之人，囚繫滿獄。致令邊上軍民將吏，見其如此張皇跋扈，小題大作。頓使人人嗟怨朝廷捨本逐末，小人得志！且自狄青、种世衡等亦因涉及。有司不肯用心考察，並皆解體。如今，豈料獄吏更變本加厲，狐假虎威。搖動軍心，影響士氣，莫此爲甚。若不早予止絕，深恐元昊賊寇，乘機突擊。則誰肯爲朝廷死命向前，後果何堪設想？況又聞燕度輒行文牒，劾問樞密別使韓琦議邊事因依。若果眞實，豈不荒謬驚駭？他痛惜國家名器制度，今竟被狂妄獄吏侵犯破壞。乃直斥燕度意外侵陵輔弼大臣，顯已輕慢朝廷。舞文弄法，節外生事。正違推勘敕條，便合坐以深刑。

他更分析當時朝廷一般官僚心態。所謂：「每見前後險薄小人，得一刑獄，以爲奇貨。務爲深刻之事，以邀强幹之名。自謂陷人若多，則進身必速。所以虛張聲勢，肆意羅織。」根據燕度如此心態作事，其所勘鞫之獄，必無平允。因此，乞將燕度別付有司，勘罪行遣。

以警傚尤，藉俾匡正風氣。並乞另選廉幹差官，取勘邊將是否有罪？速予結案，以安軍心。

其四、用人備戰因應元昊請和伎倆

先生對於元昊狂妄、兇悍、狡猾的賊性，屢施各種陰謀詭計的侵擾與請和。早已注意敵情研判，瞭若指掌。連年征戰，已知賊勢日漸衰弱。但被賊窺探朝廷厭戰心態，遂謀以强硬手法，作爲乞和籌碼。自首次賊使盛氣前來，橫加要求，意不謙遜，即洞悉其預謀姦計。故再三奏論諸如接待、稱臣議和等事宜，皆關係國體至鉅。和與不和，不可輕率決定。惟望仁宗冷靜思考，慎謀能斷。重在不次用人備戰，督飭宰輔必須樹立天朝威儀，保持大臣風範，以才識氣勢懾服戎狄狂妄驕態。始期掌握主導，以因應其請和伎倆。

他針對元昊屢次製造侵犯邊境困擾朝廷之際，即遣使來京請和的情況。默察朝廷上下因厭戰導致只要其臣服，就許通和的錯估趨勢。乃博採朝野人士異同之見，大抵皆謂「就和則難，不和則易。不和則害少，和則害多」的綜合結論。希望朝廷對於軍國大事，不須秘而不宣。應集百官廷議，集思廣益，方期合成廟謀勝算。

他認爲凡兵交之使，來入大國。定當窺伺將相勇怯，觀察國家强弱。若見朝廷將相得人，勵精圖治，威怒未息。則莫測恐有斬使出兵之懼，拘囚在館之憂，使其心懷生歸之幸。則我弱形未露，主權在握，壯論可持。

又聞元昊請和稱臣欲稱吾祖，則今後詔書，豈非要朝廷呼番賊爲我翁？蓋吾者我也，祖者翁也。此乃西賊意圖侮翫朝廷，故意以番語兀卒，華言吾祖乞稱號。倘若誤中其圈套，則必貽笑天下，後悔莫及。此事經過多方奏論，幸告止息。

他雖欣聞朝議不許賊稱吾祖，必欲令其稱臣，方許通和。但仍剖析與西賊議和之利害：就其稱臣不稱臣而言，皆有後害。若許賊不稱臣，則慮北虜別索中國名分，此誠大患。縱使賊稱臣，則契丹尙有邀功責報之患。是知臣與不臣，皆有後害。再就興兵數年，遭賊而敗來說。並非賊能善戰，乃因我不知用人等諸多繆謀乖方之措置所致。此善算之士，見遠之人，所以皆知「不和害小，和則害多」之弊。

他綜觀當時情勢，深覺朝廷上下與西境將士，都受元昊心戰謀略拖延通和之議而鬆懈鬥志，最感憂慮。於是坦陳方今不羞屈志急於就和者，其人有五，提請仁宗省察。摘要如云：

一、爲不忠之臣：凡有避廟堂斡旋及邊鄙戎事之勤勞者，苟欲屈節就和，自偷目下安逸，他時後患，任陛下獨當。

二、爲無識之人：急和偷安，利在目下。和後大患，伏而未發。

三、爲姦邪之人：今小人欲苟和之後，寬慰陛下太平無事，而望聖心怠於庶政。大抵古今人主憂勤，小人所不願，因欲進邪佞惑亂聰明。

四、爲懦將疲兵：屢敗之軍，不知得人則勝，但謂賊未常敗。

五、爲西民困乏、意必望和：請因宣撫使告以朝廷非不欲和，而賊未遜順之意。然後深戒有司寬其力役可也。

他不贊成屈節通和，而是力主選將練兵，根本解決西夏的問題。因對元昊累欲稱臣請和，始終抱持懷疑態度，不敢掉以輕心，乃基於高瞻遠矚及精確研判的先見之明。所謂「善料敵者，必揣其情僞之實。能知彼此，乃可制勝負之謀」，每次奏論敵我形勢，精闢深遠。所提因應策略，確切可行。無奈徒具諫官的逆耳忠言，卻難扭轉乾坤，鮮有實效。但又見朝廷急和謬議，固極不滿。然而了解「已許之失，既不可追。惟望分外過求，尙可抑絕」。因此，指出：「若只爲目下苟安之計，則何必愛惜，盡可曲從。若從社稷久遠之謀，則不止目前，須思後患。」於是懇求仁宗試發五問詰問議事大臣，萬一有說，非他所及，當從通和之議。若皆無說，則恐天下之憂，從此開始，故望留意而思之。

至於五問之取捨，關係重要，國家興衰，全在仁宗一念之間決定。故照錄如次：

一、問西賊不因敗衄忽肯通和之意，或用計困之，使就和乎？或其與北虜連謀而僞和乎？

二、問既和之後，邊備果可徹而寬國用乎？

三、問北使一來與二十萬，西人一去又二十萬。從今更索，又更與之。凡廟謀爲國計者，止有此策而已乎？

四、問既和之後，能使北虜不邀功責報乎？虜或一動，能使天下無事乎？

五、問元昊一議許二十萬，他日保不更有邀求乎？能不更添乎？

他早已洞察契丹與元昊互爲表裏的姦謀終將暴露，各種事迹顯示，確證無疑，故有專論河北守備狀，爲防與契丹交兵，檢討我方現在情勢「選將練師，既難卒辦。」則應重視「禦戎制勝，當在機先」。但使他感覺焦慮不安的是：「在朝之臣，尙偷安靜。自河以北，絕無處置。因循弛慢，誰復挂心？」故特建請：

> 精選材臣，人才與邊郡。使其各圖禦備，密務修完。……惟有擇人，最爲首務。……乞特詔兩府大臣取見在邊郡守臣，可以禦敵捍城訓兵待戰者留之。其餘中常之材不堪邊任者，悉行換易。……伏望陛下不忘社稷之深恥，無使夷狄之交侵。駿發天威，督勵臣下。……願陛下留意而行之。

其五、請去懦默擧賢參政

仁宗每與臣僚言及西事，必皆傾心聽納。然而才識卓越，熟諳西事的韓琦、范仲淹奉詔自四月到闕以來。未聞對於機宜大事，有所獻策。亦未蒙特賜召對，二人亦不敢自請獨見。如今西事未和，北虜又有蠢動徵候。諸多廟算，亟待籌謀。故奏請仁宗於無事之時，出御便殿。乞賜召對韓琦、范仲淹二人。從容訪問，使其盡陳西事，以備採擇施行。並强調兩府大臣每有邊防急事，或令非時召見聚議，或各令互述所見，或只召一兩人對見商量。此乃帝王常事，祖宗之朝，並亦如此。不必拘守常例，以供參考。

朝廷自擢用韓琦、范仲淹爲樞密副使以來，朝野人士莫不歡欣鼓舞，深慶得人。然而，先生仍覺未能大用爲憾。故於七月初特上「論王擧正、范仲淹箚子」。如簡論韓、范二人有云：

> 韓琦稟性忠鯁，遇事不避。若在樞府，必能擧職，不須更藉仲淹者。如仲淹，素有大材，天下之人皆許其有宰輔之業。外議皆謂在朝之臣，忌仲淹材名者甚眾。陛下既能

不惑眾說，出於獨斷而用之，是深知其可用矣！可惜不令大用。蓋樞府只掌兵戎，中書乃是天下根本，萬事無不總治。伏望陛下且令韓琦佐樞府，移仲淹於中書，使得參與大政。

接著直指參知政事王舉正柔懦無能，理宜自求引避，以免阻塞賢路。如云：

今參知政事王舉正，最號不才。久居柄用，柔懦不能曉事，緘默無所建明，且可罷之以避賢路。或未欲罷，亦可且令與仲俺對換。當今四方多事，二虜交侵，正是急於用人之際。凡是不堪大用者去之，乃叶天下公論。不必待其作過，亦不須俟其自退也。況若令與仲淹對換，則於舉正不離兩府，全無所損。伏望陛下思國家安危大計，不必顧惜不才之人，使妨占賢路。……以副中外公議。

其六、禁止讒巧保全善人

先生欣見仁宗決心更改朝政，力求致治之時。小人爲保既得權利，勢必不擇手段，陰謀破壞。暗中造作言語，撥弄是非，淆亂聽聞。必將造成上下離心，影響士氣，莫此爲甚。於是即上「論禁止無名子傷近臣狀」。列舉前年宋庠等出外之時，京師先有無名子詩一首，宣傳中外。未問因由，即罷宋庠政事。近又風聞外有小人欲中傷三司使王堯臣，復作有無名子詩一篇，略聞其一兩句。自聞此詩，日夕疑駭！深思事理，不敢不言。況忝爲耳目之官，不欲小人浮謗之言，上惑天聽。故先論列，以杜姦讒。如云：

自兵興累年，繼以災旱。民財困竭，國帑空虛。天下安危，繫於財用虛實。三司之職，其任非輕。近自姚仲孫罷去之後，朝廷以積年蠹弊、貧虛窘乏之三司，付與堯臣，仰其辦事。乃是陛下委信責成之日，堯臣多方展效之時。領職以來，未及一月，自副使以下不才者，悉請換易。足見其不避嫌怨，不徇人情。竭力救時，以身當事。今若下容讒間，上不主張。則不惟才智之臣，無由展效。亦恐忠義之士，自茲解體。

他對無名子詩作者是誰，經過研判，雖云不知其姓名，然很客觀明顯的指出應是：「在朝之臣有名位與堯臣相類者，嫉其任用，故欲中傷。」豈非屈指可數，呼之欲出！因此感慨言道：

伏自陛下罷去呂夷簡、夏竦之後。進用韓琦、范仲淹以來，天下欣然，皆賀聖德。君子既蒙進用，小人自恐道消。故共喧然，務騰讒口。欲惑君聽，欲沮好人。不早絕之，恐終敗事。……臣近日已聞浮議紛然，云堯臣更易官吏，專權侵政。今又造此詩語，搖惑羣情。若不止之，則今後陛下無以使人，忠臣無由事主。讒言罔極，自古所患。若一啓其漸，則扇惑羣小，動搖大臣，貽患朝廷，何所不至？

所以懇求仁宗「伏望特降詔書，戒勵臣下。敢有造作言語誣搆陰私者，一切禁之。及有轉相傳誦，則必推究其所來，重行朝典。所貴禁止讒巧，保全善人」。狀上，即時降勑，榜出賞錢官爵購抓。自此小人歛迹，謠言止絕。

其七、博採天下公論取長補短

先生對於執政大臣用人行政的重大措施，既無深謀遠慮。又以苟且偷安、因循敷衍、瞞上欺下的作風，最爲憤慨！每一奏論，類多嚴辭譴責。在「論乞令百官議事箚子」中就說：

祖宗時猶用漢、唐之法，凡有軍國大事及大刑獄，皆集百官參議。蓋聖人愼於臨事，不敢專任獨見。欲採天下公論，擇其所長以助不逮之意也。方今朝廷議事之體，與祖宗之意相背。每有大事，秘而不宣，此尤不便。當處事之始，雖侍從之列，皆不與聞。已行之後，事須彰布。縱使乖誤，卻欲論列，則追之不及。況外廷百官疎遠者，雖欲有言，陛下豈得而用哉！所以兵興數年，西北二方累有事宜處置多繆者，皆由大臣自無謀慮，而杜塞衆見也。

他認爲朝政諸多缺失，應由宰相負責。故對呂夷簡自仁宗即位之初就任參知政事、而宰相、而老病安享殊遇退休，首尾二十餘年。依賴信任之專，所言之事，一皆聽信。凡所作爲，雜亂無章。養成因循弛慢的風氣而言，的確難辭其咎。僅就專論呂夷簡、僕人受官及暗入文字三篇箚子來說，應可概見。如云：

呂夷簡爲宰相，而致四夷外侵，百姓內困。賢愚失序，紀綱大隳。二十餘年間，壞了天下。人臣大富貴，夷簡享之而去。天下大憂患，留與陛下當之。夷簡罪惡滿盈，事迹彰著。然而偶不敗亡者，蓋其在位日久。專奪國權，脅制中外。人皆畏之，莫敢指擿。及其疾病，天下共喜姦邪難去之人，且得已爲天廢。

先生認爲夷簡以老病守太尉致仕，實爲過分之恩。故力訾其非，請依自來宰相致仕祖宗舊例，與一合受官名。然而仁宗始終厚待夷簡，既以隆恩優遇其身及子弟，且違已下不得奏薦大臣廝僕的勑旨。有司卻奏用夷簡僕人袁宗等二人爲奉職，朝野爲之側目。故望尊重國體，重視詔令，乞特追二人奉職之命。至其患攤風，手足不能舉動之際。仍自乞於御藥院暗入文字密奏，須防作僞。又恐非公論，若誤國計，爲患不輕，故乞明賜止絕。

他凡事博採公論，坦誠諫諍。況宰相乃國之棟樑，社稷安危所繫。是否賢能，關係至鉅。故不顧一切，一再上奏。旨在提供仁宗冷靜省思，取長補短，俾利國計民生。

其八、賑救災民不遺餘力

先生悲天憫人的胸襟，濟世牖民的素志。無論身處何地，官居何職。只要聞知或目睹發生天災人禍的事。莫不心急如焚，感同身受。竭盡所能，貢獻心力。過去在地方爲縣令如此，於今在朝廷爲諫官，更是如此。

他因見近降大雪，雖是將來豐熟之兆。然聞陝西飢民人數眾多，華北、河中等地尤甚。往往道路之上，就看到被遺棄的小兒及孤苦無依的老弱病患，眞是慘不忍睹！只聞朝旨令那移近邊兵馬及於有官米處出糶，此外未聞別行賑救。似此急在旦夕之事，應早降指揮令長吏收䘏。又聞京西東大雪不止，毀折桑柘不少。他憂慮各地遭此災害，絲蠶稅賦，定無所出。恐致貧民起爲盜賊，朝廷應即特降指揮體量。因此，特爲引述：

竊見國史書祖宗朝，每奏一兩州軍小有災傷。亦隨多少賑䘏，或蠲免稅租。益以所放者少，不損國用。又察民疾苦，微細不遺。所以國恩流布，民不怨嗟。不必須待災傷庶闊，方行賑救也。方今人貧下怨之際，不厭頻推恩惠，伏望聖慈特賜矜憫。

先生目睹京城大雪之後，訪問民間飢寒之人甚多。至有一家母子數口，同時凍死者。京城開封爲朝廷所在地，也是全國首善的都會。何以大雪之後，竟有此飢寒凍死現象？緣因京城小民，例無積蓄，大多以日謀餬口，少有隔宿之糧。今大雪已十日，即中等民家，亦皆乏食。況市井貧民，自更窮困無奈，望雪興歎而已！

他了解雪於農民，雖爲利澤。然農畝之利，遠及春夏。但小民所苦，急在目前。以致連日以來，凍死之民漸多，迄未聞有司如何賑救。故又奏論賑救雪後飢民及存卹諸營出征眷屬。如云：

> 乞特降聖旨下開封府，或分遣使臣遍錄民間貧凍不能自存者，量散口食。並各於有官場柴炭草處，就近支散，救其將死之命。至於諸營出軍家口，亦宜量加存卹，以示聖恩。……若使戍兵愁苦，道路怨嗟。飢凍之尸，列於京邑。則大雪之澤，其利未見。而數事之失，所損已多。伏乞聖慈，特賜留意。

他又聞河北、京東諸州軍，現正修理防城器具，多由民間盡伐桑柘送納應急。此事關係重要，勢必造成民怨，影響民心向背至大。故再坦誠剖析，望乞特賜留意，嚴飭有司審慎處置。

其九、千步方田法可供天下稅賦

稅賦爲國家財政收入的重要來源，財稅制度之良窳，影響收支之盈虧，具有國家富强貧弱的指標作用。每一時代，都有各種不同的制度以應所需。

宋初：「沿五代之制，置使以統國計。應四方貢賦之入，朝廷不預，一歸三司。通管鹽鐵、度支、戶部，號曰計省。位亞執政，目爲計相。其恩數稟祿，與參、樞同。」迄至「眞宗咸平六年（一〇〇三），寇準遷兵部爲三司使時合鹽鐵、度支、戶部爲一使。眞宗命準裁定，遂以六判官分掌之，繁簡始適中。以後則置一使總監三部使，成爲定制。三使並非決無關聯，凡干涉計度者，三使通議之。」（宋史職官志及寇準傳）

茲以三司使中的度支使來說：「掌天下財賦之數，每歲均其有無，制其出入，以計邦國之用。」制度既爲適應時代所需，但求效果，則人才之賢愚，實爲關鍵因素。宋制日久弊生，三司官吏，積習依違。簿領堆積，吏緣爲姦。雖嘗更立新制，仍未能適中制衡。於今，國庫空虛，百廢待舉，主管機關，迄無因應良策。

先生隨時都在關心國計民生之事，因見近有臣寮上言均天下稅賦，已送三司商量施行。遂作「論方田均稅劄子」，陳述利弊，薦舉人才，力求行政治術的效果。他曾聞知從前諸處對於田賦，亦有施行均稅者。但多是不知均稅之術，或嚴行刑法，或引惹詞訟，或姦民欺隱，或官吏誅求。稅未及均，民已大受搔擾。諸多積弊，致使成效不彰。因此建言：

臣前任通判滑州日，有秘書丞孫琳與臣同官。其人言先差往洺州肥鄉縣，與郭咨均稅刱立千步方田法。括定民田，並無欺隱。亦不行刑罰，民又絕無詞訟。其時均定稅後，逃戶歸業者五百餘家，復得稅數不少。公私皆利，簡當易行。其千步均田法，自有制度二十餘條。臣在滑州時，因聞此事。遂略行體問鄰近州軍，大率稅賦失陷一半。方欲陳述乞行琳等均田之法。今來已有臣寮上言均稅事，竊慮未得千步方田簡當之法。其孫琳見任滑州職官，郭咨爲崇儀副使在外。欲乞召此二人，送三司令一處商量。

其十、犯顏直諫志行如日月光輝

專制時代，君權至上。人臣一言觸怒龍顏，後果不堪設想。況宮內浮奢之事，誰敢置喙？惟先生言人所不敢言。可謂犯顏直諫，生死早已置諸度外矣！足顯諫官風骨，其志行有如日月光輝。如「論美人張氏恩寵宜裁損箚子」。就以近風聞禁中張美人誕生皇女，命取左藏庫綾羅八千匹作爲賞賜之事。深感「染院工匠」，當此大雪苦寒之際。敲冰取水，染練供應，頗甚艱辛。」外議相傳，人言可畏。又見近日內美人張氏恩澤太頻。忝爲諫官，每聞小有虧損聖德之事，須合力言。雖知難避天譴，然責無旁貸，理宜奏論。如云：

竊見自古帝王所寵嬪御，若能謙儉柔善，不求恩澤，則可長保君恩。或恣意驕奢，多求恩澤，則皆速致禍敗。臣不敢遠引古事，只以今宮禁近事言之。近年陛下所寵尚氏、楊氏、余氏、苗氏之類。當其被寵之時，驕奢自恣，不早裁損。及至滿盈，今皆何在？況聞張氏本良家子，昨自修媛退爲美人。中外皆聞以謂與楊、尚等不同，故能保寵最久。今一旦宮中取索頻多，恩澤日廣，漸爲奢侈之事，以招外人之言。臣不知陛下欲愛惜保全張氏，或欲縱恣而敗之？若欲保全，則須常令謙儉，不至驕盈……。

他爲加深仁宗重視建言的至誠與懇切的期盼，更大膽坦陳另一曹氏於數日之內，兩度封拜及內降親戚恩澤之事。如云：

昨正月一日，曹氏封縣君，至初五日，又封郡君。四五日間，兩度封拜。又聞別有內降，應是疎遠親戚，盡求恩澤。父母因子而貴，可矣！然名分亦不可太過。其他疎遠，皆可減罷。……況此事不獨爲張氏。大凡後宮恩澤太多，宮中用度奢侈，皆是虧損聖德之事。繫於國體，臣合力言。伏望聖慈防微杜漸，早爲裁損。

古今中外，每一時代的政治制度，無論如何改變。揆其國家之興亡，必繫於社會之隆污，人心之振靡。其關鍵則在主政者是否大公無私，選賢與能。知人善任，愛護人民，實行王道政治。而各級官吏是否奉公守法，負責盡職。言行一致，敢作敢爲以爲斷。倘若大家都能效法昔賢歐陽子的志行精神，上下一心，共同努力。國家必臻富强，人民定享太平安樂之福，幸何如之！

第三節　免試知制誥服三品服仍供諫職

按年譜：「四月至京，九月戊辰，賜緋衣銀魚。己巳，同詳定國朝勳臣名次、丙戌，同修三朝典故。十月戊申，擢同修起居注。十二月己亥，召試知制誥，公辭。辛丑，有旨不試，直以右正言知制誥，仍供諫職。丁未，同詳定編勑。是月立春，祭太乙宮，爲獻官，尋例賜紫章服。」

先生四月至京，就任諫官之後，全副精神都集中在言責上面。各種奏論之多，不僅儕輩莫及，而訪聞之廣，更是巨細無遺。尤其屢次犯顏直諫，言人所不敢言。展現諫官風骨，朝野咸欽。上節所述，諒荷概見。茲再依時序事迹，續爲撰錄。

夏間，他接到門人徐無黨來書，作有「答徐無黨第一書」。對其惠書及始隱書論等，並前所記獲麟論，稱譽其文辭馳騁之際，豈常人筆力可到？不過，認爲其於辨論經旨，則不敢以爲是。故特爲闡釋開導，勉其自思而得。如云：

吾子自信甚銳，又嘗取信於某。苟以爲然，誰能奉奪。凡今治經者莫不患聖人之意不明，而爲諸儒以自出之説汨之也。今於經外又自爲説，則是患沙渾水而投土益之也。不若沙土盡去，則水清而明矣！魯隱公南面治其國，臣其吏民者十餘年。死而入廟，立謚稱公，則當時魯人孰謂息姑不爲君也。孔子修春秋，凡與諸侯盟會行師命將，一以公書之。於其卒也，書曰公薨，則聖人何嘗異隱於他公也。据經，隱公立十一年而薨，則左氏何知其攝？公羊、穀梁何從而見其有讓桓之迹？吾子亦何從而云云也？仲尼曰：吾其爲東周乎？與吾子起於平王之説，何相反之甚邪？故某常告學者愼於述作，誠以是也。秋初許相訪，此不子細。略開其端，吾子必能自思而得之。

先生好友章君望之，時任校書郎，嘗以其名「望之」來請字曰：「願有所教，使得以勉焉而自勗者。」他爲之字曰「表民」。特爲闡釋「表民」二字的各種意義，俾其自擇而勉。首謂：「古之君子，所以異乎衆人者；言出而爲民信，事行而爲世法。其動作容貌，皆可以表於民也。」他舉出首容、行容、身容、手容、足容、以說明揖讓登降，獻酬俯仰，莫不有容。

繼謂：「又見其寬柔、溫厚、剛嚴、果毅之色，以爲仁義之容。服其服，載其車，立乎朝廷而正君臣。出入宗廟而臨大事，儼然人皆望而畏之。曰：此吾民之所尊也。非民之知尊君子，而君子者能自修而尊者也。」倘若其行不充於內，德不備於人。徒見言不由衷，所爲卑劣。則雖具盛服文容，然民只知其類小人心態，豈知所尊？

接著暢論名山大川，爲一鄉、天下之望。君子賢於一鄉、一國、名烈著於天下者，一鄉、一國、天下之望。功德被於後世者，萬世之望。如云：

> 孝慈友悌，達於一鄉，古所謂鄉先生者，一鄉之望也。春秋之賢大夫，若隨之季良、鄭之子產者，一國之望也。位於中、而姦臣賊子不敢竊發於外，如漢之大將軍。出入將相，朝廷以爲輕重，天下繫其安危；如唐之裴丞相者，天下之望也。其人已沒，其事已久。聞其名，想其人，若不可及者，夔龍稷契是也。其功可以及百世，其道可以師百王。雖有賢聖，莫敢過之者，周、孔是也。此萬世之望，而皆所以爲民之表也。傳曰：其在賢者識其大者遠者。

然後稱譽章君，語其數者，皆可以自擇而勉。則知先生已以君子視章君，故有本文之作。如云：

> 章君儒其衣冠，氣剛色仁，好學而有志。其挈然修乎其外，而煇然充乎其內。以後乎

文辭，則又辯博放肆而無涯。是數者，皆可以自擇而勉焉者也。是固能識夫遠大者矣！

最後謙謂：「雖予，何以勗焉？第因其志廣其說以塞請。」

秋間，又作「答徐無黨第二書」。先生前夜自外歸，燈下得其書。言及陳烈事，立即展誦，就顯示當時欣慰的情懷。如云：

> 未暇求陳君之所爲，尤愛吾子辭意甚質。徑知吾子之有成，不負其千里所以去父母而來之之意。修亦粗塞責，不愧於吾子之父母，與親戚鄰里鄉黨之人。甚善甚善！修今歲還京師，職在言責。値天下多事，常日夕汲汲。爲明天子求人間利病，無小大，皆躬自訪問於人。又夏大暑，老母病。故不得從今學者以遊，得少如前歲之樂。自入京來，便聞陳君之名。數以問於人，多不識。今得吾子所言，如見其面矣。幸母病今已愈，望時過，且謀其見陳君。

又有「與陳之芳書」根據書中所言，得知陳君乃是仰慕先生的學問道德而上書附文求教之意，使他睹文如見其人，深表愛慕之忱。他素以能知天下士，竭盡心力延譽薦拔天下人才爲己任，故而書覆以示嘉許。如云：

> 某憂患早衰之人也，廢學不講久矣。而幸士子不見棄，日有來吾門者。至於粹然仁義之言，韙然宏博之辯，蔚然組麗之文，閱於吾目多矣！若吾子之文，辨明而曲暢，峻潔而舒遲。變動往來，有馳有止，而皆中於節。使人喜慕而不厭者，誠難得也。

某固不能悉得天下之士，然盡某所見，如吾子之文，豈一二而可數哉？爲而不止，行而必至，畜厚而發益遠。吾雖不能悉得天下之士，然天下之士如吾子者，可一二而數也。

某老矣！心耗力憊，有所不能。徒喜後生之奮於斯也，恨不得鳴躍於其間而從之，姑奉此爲謝。

又有「讀張、李二生文贈石先生」七言古詩一首。張續、李常二生，乃是先生進士同年、東魯名士、時任國子監直講石介字守道的門生。他於百忙中的一個夜晚，得以展閱二生所作文。不僅欽佩石同年在東魯二十載教育的成就，更欣賞張、李二生的才質，譽爲天下寶的喜悅。頓感心身輕鬆愉快，詩思泉湧，遂作斯篇以抒懷。如云：

先生二十年東魯，能使魯人皆好學。其間張續與李常，剖琢珉石得天璞。大圭雖不假雕琢，但未磨礱出圭角。二生固是天下寶，豈與先生私褚橐？先生示我何矜誇？手攜文編謂新作。得之數日未暇讀，意欲百事先屏卻。夜歸獨坐南窗下，寒燭青熒如熠爚。病眸昏澀乍開緘，燦若日星明錯落。辭嚴意正質非俚，古味雖淡醇不薄。……乃知二子果可用，非獨詞堅由志確。朝廷清明天子聖，陽德彙進羣陰剝。大烹養賢有列鼎，豈久師門共藜藿。予慚職諫未能薦，有酒且慰先生酌。

七月丙子十一日，王舉正罷參知政事，出知許州。

先生於月初曾上「論王舉正、范仲淹箚子」一，另一諫官蔡襄亦上疏乞用韓、范爲參政，適王舉正亦請求外調，遂從其請。

蘇轍論臺諫論事狀云：「歐、蔡兩章疏，非常有力，當時仁宗頗以言事為高。」范文正公年譜載：「諫官歐陽修、余靖、蔡襄。咸言（范）公有宰輔材，不宜局在兵府。願罷王舉正以公代之。舉正亦自求罷，上從其請。」

丁丑，詔范仲淹為參知政事，富弼為樞密副使。二人皆固辭不拜。

甲申，樞密副使任中師為河東宣撫使、范仲俺為陝西宣撫使。范仲淹既辭參政，願與韓琦迭出行邊，仁宗因付以西事。二人仍留京師，但先移文兩府。

八月戊戌四日，詔諫官日赴內朝，參與討論朝政。慶曆改革朝政，就此造成。先生每入對，帝必延問執政，諮所宜行。既多所張弛，小人滃滃不便。他論事切直，人視之如仇。帝獨獎其敢言，顧侍臣曰：「如歐陽修者，何處得來？」器識之意，溢於言表。

丁未，以樞密副使范仲淹為參知政事，右諫議大夫富弼為樞密副使。

癸丑，樞密副使韓琦為陝西宣撫使。先是范仲淹及任中師分路宣撫，踰月皆未行。韓琦上言：「賊請和無他，則二人遙領宣撫事可矣。彼若未副所望，必乘忿盜邊，當速遣仲淹河東。則臣方壯，可備奔走。中師宿舊大臣，毋勞往也。」乃詔琦代仲淹宣撫陝西，而中師則未赴任。

九月丁卯，仁宗召輔臣及知雜御史以上於天章閣，朝謁太祖、太宗御容及觀瑞物。旋即垂問禦邊大略，久之乃罷。而范仲淹、韓琦、富弼等既蒙畀以重任。每進見，必以太平責之，屢令條奏當世要務。仲淹語人曰：「上用我至矣！然有後先。且革弊於久安，非朝夕可能也。」仁宗再賜手詔促曰：「比以中外人望，不次用卿等，今琦暫往陝西，仲淹、弼宜與宰臣章得象，盡心事國，毋或有所顧避。其當世急務，有可建明者，悉爲朕陳之。」既又開天章閣，召對賜坐。給筆札，使疏於前。仲淹、弼皆惶恐避席，退而列舉十事：一曰明黜陟。二曰抑僥倖。三曰精貢舉。四曰擇官長。五曰均公田。六曰厚農桑。七曰修武備。八曰減徭役。九曰覃恩信。十曰重命令。據宋史全文卷八上載：「上方信向仲淹等，悉用其說。當著爲令者，皆以諸事畫一次第頒下。獨府兵，輔臣共以爲不可而止。」又據錢穆國史大綱下云：「前五事屬於澄清吏治，後三事屬於富強問題，最後兩項係前兩項之運用。」而劉子健著述則謂：「其中以歐陽公發明居多，當時歐陽公眞是左右時事。」除此之外，富弼亦上當世之務十餘條及安邊十三策。引起小人不悅與反感，陰謀乘機攻訐。

此時，仁宗深具革弊圖治之信心，遂以平治責成宰輔。命富弼主北事，范仲淹主西事，朝政氣象一新。

戊辰四日，先生等蒙改賜章服，緋衣銀魚。按緋爲赤色帛，以無銀飾爲魚形，公服繫於帶而垂於後，以明貴賤，凡服緋者飾以銀，故稱銀魚。他等一再請辭，皆俟命不報。旋奉中使宣諭：「出自宸衷，不因臣寮薦舉，不得辭讓。」并承面諭之曰：「卿等皆朕所自擇，數論事無所避，故有是賜。」於是拜受，乃由先生代作「謝賜章服表。」

司馬光涑水紀聞有云：「知諫院王素、余靖、公及蔡襄，以言事不避，並改章服。」

己巳五日，奉命與史館檢討王洙同詳定國朝勳臣名次。

丙戌二十二日，奉命與王洙、余靖、孫甫、同編修祖宗三朝典故。

十月戊申十四日，先生奉擢同修起居注。

丙午詔以張昷之爲河北、王素爲淮南、沈邈爲京東、施昌言爲河東、李絢爲京西各路都轉運按察使。此係先生前曾再三奏論按察官吏狀、以及范仲淹、富弼近復請詔中書、樞密通選逐路轉運按察使，許權擢擇知州，知州擇知縣，不任事者奏罷之。得蒙仁宗採擇施行，張昷之等首被茲選。

十一月，用范仲淹言，更定磨勘法、用范、富言，更定蔭子法，凡此措舉，認係慶曆改革。

壬辰二十八日，先生就國史院同詳定國朝勳臣名次，完成上奏。詔本家既無人食祿者，錄其子孫一人，計二〇四人。按歷代紀事年表卷八十四載：「館職有闕，以西府兩省保舉，然後召試補用，更蔭補法。」

辛卯，先生奏請：「自今後上殿臣寮，退令少留殿門，俟修注官出面錄聖語。」詔准施行。

十二月己亥六日，召試知制誥。先生兩次上奏懇辭召試知制誥箚子及狀。辛丑八日，有旨不試，直以右正言知制誥，服三品服，仍供諫職。又兩次懇辭直除知制誥狀，俱皆不准。於是拜受，依例四品以上授官訖，須具表讓一人自代，於閤門投下，方得入謝。如「舉呂溱自代狀」云：

伏見著作郎直集賢院知蘇州呂溱，首登辭科，素有文學，不肯碌碌以希例進。請補外郡，躬勤政事。今蘇州治狀，兩浙第一。臣嘗與溱同在館閣，聞其論議，服其度量。材美甚眾，非臣所如。擢以代臣，庶允公議。

然後上「謝知制誥表」如云：

伏奉制命，蒙恩特授臣右正言知制誥者。……居是職者，古難其人，乃以愚臣而當此選。……伏念臣雖以儒術進身，本無辭藝可取。徒值嚮者時文之弊，偶能獨守好古之勤。志欲去於雕華，文反成於樸鄙。本懼不適當世之用，敢期自結聖主之知。陛下獎之特深，用之太過。此臣所以懇讓三四，至於辭窮。而天意不回，寵命難止。尚慮頑然之未諭，更加使者以臨門。恩出非常，理難屢瀆。及俯而受命，伏讀訓辭，則有必能復古之言，然後益知所責之重。夙夜惶惑，未知所措。伏況文字之職，厠於侍從之班。在於周行，是爲超擢。不徒揮翰以爲效，自當死節以報恩。惟所使之，期於盡瘁。

據東都事略云：「仁宗知修之文，有旨不試。與近世楊億、陳堯佐及公三人而已。」

丁未十四日，同詳定編勑。

是月立春，祭祀西太乙宮。先生爲獻官，尋例賜紫章服。

慶曆四年（一〇四四）甲申，先生三十八歲，在京城。

春正月，詔天下州縣立學，行科舉新法。據歷代紀事年表卷八四載：「范仲淹欲復古勸學，三場先策、次論、次詩賦，通考爲去取，而貼義墨義，士通經術，願對大義者，試十道。」

先生今年一至四月七日在諫院，計上奏論三十二篇。四月八日至七月末，奉命前往河東視察，計上奏論三十八篇。皆爲肺腑之言，針對國計民生，適時適切坦陳利弊得失，提供仁宗思考。

他關心國事，切望朝政革弊求新，能有實效。自去夏范仲淹、韓琦、富弼及諸諫官等特被選拔，仁宗又開天章閣召見賜坐論事，並內出手詔，范、富等各有條陳，迄今半年有餘，或寢而不行，或行而不盡，或雖行而未有明效。今又手詔條六事以賜兩府大臣，雖有責成之心，而大臣尙習因循之弊，不能力行改作，以副厚望，至感憂慮。因此，而上「論內出手詔六條劄子」，如云：

> 今陛下又以六事責之，臣恐兩府大臣依前無以上副憂勤之意，下救當今之急。臣願陛下不因常例奏事之時，特御便殿，召兩府大臣賜坐，先戒以不得推避緘默，後以當今大務問之，須令有所陳述。所問之急，不過三四大事而已。二虜交侵，一也。三路禦備之術，何者可以易行而速效，二也。百姓困匱，國用不足，何以使公私俱濟，三也。若兩府大臣於此三事能其一者，便委其專管，示以責成可也。若其不能，恐手詔屢出，聖意雖勞，而大臣相推，終未濟事。陛下必欲速救時弊，非專任而切責之不可

也。

二月庚子七日，作有「論乞與元昊約不攻唃斯囉箚子」他風聞魚周詢、余靖、孫抃等奉使北虜中詰問所知，得悉元昊通和之意，將必生患。又聞虜人已欲議移界至，漸示相侵，禍亂之萌，可見其端倪。他說：「自去年春，始蒙擢在諫列，便值朝廷初議和好。」當時首陳不可通和之議，前後具奏狀、箚子十餘次，皆言不和則害少，和則害多。剖析甚詳，情辭懇切。然而，情況的發展，使他感慨萬千。如云：

然天下之士，無一人助臣言。朝廷之臣，無一人採臣說。今和議垂就，禍胎已成。而韓琦自西來，方言和有不便之狀。余靖自北至，始知虜利急和之謀。見事何遲，雖悔無及！當臣建議之際，眾人萬欲急和。以臣一人，誠難力奪眾議。今韓琦、余靖親見二虜事宜。中外之人，亦漸知通和爲患。臣之前說，稍似可採。但願大臣不執前議，早肯回心，則於後悔之中，尚有可爲之理。

他認爲以前許賊之物，爲數太多，然尚有禁青鹽、還侵地等事，幸非賊所利。因此自絕，不遣人來。朝廷亦檢討，深戒前非，愼自持重，因而罷議。不落賊計，則轉禍爲福，後策可爲。所以又云：

今通和之事，爲中國之患大，爲二虜之利深，萬一西賊貪深利而不惜侵地，更無他求，急來就和，則此時取舍，便繫安危。陛下宜詔執議之臣，定果決之計，認賊肯和之意，知我害彼利之謀，尤須多方以事拒絕。

他判斷西賊無故請和，不僅與北虜通謀以困中國，兼欲詐謀與我曲意求和，實則併力以吞唃廝囉、摩旃瞎旃之地，挾諸族地大力盛之勢，乘勝東向以攻中國的意圖，昭然若揭。因此建議：

今若未有他計拒其來和，則當賜以詔書，言唃廝囉等皆受朝廷官爵，父子爲國蕃臣。今若講和，則不得攻此數族。且攻此數族，是賊本心所貪，聞我所言，必難聽約。用此爲說，亦可解和。

最後，他懇切表明惟願未和之意，實爲愚慮深知「不和患輕，易爲處置。和後患大，不可枝梧。」至於前後所上奏章，論列詳備。「伏念此乃天下安危大計，聖心日夜所憂！」故乞特賜省覽。無奈准許通和之議，小人得志，君子寒心！徒使仁宗革弊求新大有爲的心血，付諸流水。設計治國藍圖，破壞無遺，殊堪歎惜！

先生正感煩惱准許西賊通和之議，但欣見朝廷已詔下天下實行科舉新法。然而，他認爲貢舉之法，用之已久，積弊固當更改，但必先知致病之因，方可言變法之利。因此，一本其才識經驗與卓見，而上「論更改貢舉事件箚子」。如云：

今貢舉之失者，患在有司取人，先詩賦而後策論，使學者不根經術，不本道理。但能誦詩賦、節抄六帖、初學記之類者，便可剽盜偶麗以應試格。而童年新學，全不曉事之人，往往幸而中選，此舉子之弊也。今爲考官者，非不欲精較能否，務得賢材，而常恨不能如意。太半容於繆濫者，患在詩賦策論通同雜考。人數既眾而文卷又多，使考者心識勞而愈昏，是非紛而益惑，故於取捨往往失之者，此有司之弊也。

他針對二弊，提出變革辦法。所謂「今之可變者，知先詩賦爲舉子之弊，則當重策論。知通考紛多爲有司之弊，則當隨場去留，而後可使學者不能濫選，考者不至疲勞。」他對於現今只提變更其試目之先後，則於革弊，實嫌未盡其方。他認爲既要變革，就應深入檢討，精詳研析比較，力謀適應時代需求，訂頒完善制度，庶幾不負天下士子的期盼。倘若漫然泛言之，則恐不能盡其利害。故以實際狀況，舉二千人爲例，作爲說明變法之便，可謂明白易曉。如云：

凡貢舉舊法，若二千人就試，常額不過選五百人，是於詩、賦、策論六千卷中（每一人三卷），選五百人，而日限又迫，使考試之官，殆廢寢食。疲心竭慮，因勞致昏，故雖有公心而所選多濫，此舊法之弊也。今臣所請者，寬其日限而先試以策而考之。擇其文辭鄙惡者、文意顛倒重雜者、不識題者、不知故實略而不對所問者、誤引事迹者、雖能成文而理識乖誕者、雜犯舊格不考式者，凡此七等之人，先去之，計於二千人可去五六百。以其留者，次試以論，又如前法而考之，又可去其二三百。其留而試詩賦者，不過千人矣！於千人而選五百，則少而易考，不至勞昏。考而精當，則盡善矣！縱使考之不精，亦選者不至大濫。蓋其節抄剽盜之人，皆以先經策論去之矣！比及詩賦，皆是已經策論粗有學問理識不至乖誕之人。縱使詩賦不工，亦足以中選矣！如此，可使童年新學全不曉事之人，無由而進。此臣所謂變法必須隨場去留，然後能革舊弊者也。其外州解送到，且當博採，要在南省精選。若省牓奏人至精，則殿試易爲考矣。故臣但言南省之法，此其大概也。其高下之等，仍乞細加詳定，大率當以策論爲先。

貢舉新法，經過多方奏論研析，朝廷認爲適切可行。先生奉命詳定貢舉條狀，採頒貢舉條例勅。三月乙亥，詔州縣皆立學。

三月八日庚午，奉命兼判登聞檢院。

壬申十日，叔父曄葬於安州應城縣（今湖北省）高風鄉彭樂村。（按曄卒於景祐四年四月九日，前已敘及）先生此時公務繁忙，未克請假前往參加葬禮，至感咎責與哀思！只好虔誠恭撰祭叔父文、尚書都官員外郎歐陽公墓誌銘，敬表悼念之忱。如云：

其一、祭叔父文

……致祭於十四叔都官之靈曰：昔官夷陵，有罪之罰。今位於朝，而忝諫列。榮辱雖異，實皆羈紲。使修哭不及喪，而葬不臨穴。孩童孤艱，哺養提挈。昊天之報，於我何闕！惟其報者，庶幾大節……。

其二、尚書都官員外郎歐陽公墓誌銘

公諱曄，字日華。……於修爲叔父。修不幸幼孤，依於叔父而長焉。嘗奉太夫人之教曰：爾欲識爾父乎！視爾叔父其狀貌起居言笑，皆爾父也。修雖幼，已知太夫人言爲悲，而叔父之爲親也。……公咸平三年舉進士甲科，歷南雄州判官，隨、閬二州

推官、江陵府掌書記、拜太子中允、太常丞博士、尚書、屯田都官二員外郎，享年七十有九。最後終於家，以慶曆四年三月十日，葬於安州應城縣（今胡北省）高風鄉彭樂村。於其葬也，其素所養兄之子修泣而書曰：嗚呼！吾叔父之亡，吾先君之昆弟，無復在者矣！其長養教育之恩，既不可報，而至於狀貌起居言笑之可思慕者，皆不得而見焉矣！惟勉而紀吾叔父之可傳於世者，庶以盡修之志焉。公以太子中允監興國軍鹽酒稅、太常丞知漢州雒縣、博士知端州桂陽監、屯田員外郎知黃州、遷都官知永州、皆有能政。坐舉人奪官，復以屯田通判歙州、以本官分司西京，許家於隨，復遷都官於家，遂致仕。景祐四年四月九日卒。……公之臨事明辨，有古良吏決獄之術，多如此。所居，人皆愛思之。公娶范氏，封福昌縣君。子、男四人；長曰宗顏，次曰宗閔，其二早亡。女一人，適張氏，亦早亡。銘曰：公之明足以決於事，愛足以思於人，仁足以施其族，清足以潔其身。而銘之以此，足以遺其子孫。

四月乙未，先生奉命押伴契丹賀生辰使，御筵於都亭驛。

先生全集外制集卷一、五七五頁有「勸農勑」一篇，旨在勸導全國吏民重視「農爲天下之本」的定律，提出「節用、勉力」要領，重申信賞必罰之令。文雖簡短、然鏗鏘有力，士庶歡心，大家遵守。據增訂歐公年譜華孳亨云：「勸農勑既出，天下翕然，人人傳誦。王言之體，遠復千古。」允稱公評。本文無月日，特錄敘於此。如云：

勑、朕惟德之不明，而至於用武。久興師旅，重困黎元。有閔民愛物之心，誰能副予意者！有信賞必罰之令，今將舉而行之。朕言有條，其聽無忽。夫農，天下之本也。凡爲國者，莫不務焉。要在節其用，則易充。勉其力，使不匱。今夫食者甚眾而輸者己殫，勸之不勤而取之仰足。使民盡耕猶不給，而半爲游惰之手。使歲常熟猶恐乏，而多罹水旱之凶。調斂不得已也，而吏之不仁者。緣以誅求，賦役自有法也。而政之不明者，重爲煩費。農者有幾？害者若茲。欲寬吾民，何可得也。既富而教，豈無術乎？體予茲懷，望爾良吏。自今在官，有能興水利，闢田荒，課農桑，增户口；凡有利農而弗擾者，有司具爲賞格，當議旌酬。其或陂池不修，田野不闢，桑棗不植，户口流亡，慢政隳官，亦行降黜。夫言而不信，法弛於寬。朕久患之，方思革弊。爾毋猶習舊態，慢我新書。此匪虛名，必期責實。凡爲條約，告爾既明，賞吾不欺，罰爾無悔。

我國自古就有朋黨之說，惟人君明辨君子小人，則爲治亂之關鍵。就以宋代而言，仁宗在位四十一年，堪稱盛世。然自景祐三年（公元一〇三六）知開封府范仲淹上百官圖，並進四論，痛批時政得失，觸怒宰相呂夷簡。哭訴於帝，謂仲淹離間君臣，引用朋黨，致徙知饒州。余靖、尹洙上疏論救，先生書責司諫高若訥不敢言，均被貶謫外放。御史韓縝附和宰相，請詔戒群臣越職言事，榜於朝堂，朋黨之說始於此。

慶曆三年（一〇四三）仁宗統御天下日久，洞察時弊。又以西夏叛亂未靖，思廣言路，勤修政事，以臻太平。始登進范仲淹、杜衍、富弼、韓琦分列二府。增諫員，拔取敢言之士，先生首被選。另有蔡襄、余靖、王素，皆極一時之人望。

朝廷正當施展勵精圖治之時，最可怕的現象，就是朝中大臣明顯形成新舊兩派，勢不兩立的局面。舊派大臣，類多老奸巨猾，器量狹小，以權謀私之輩。爲保既得權利，更加善伺上意，使用各種陰險手段，乘機陷害賢良輔佐的新派臣僚，竭力阻礙新法的推行。

根據宋史全文卷八下、續資治通鑑卷一百四十八均載有慶曆四年夏秋間，關於君子與小人爲朋黨的君臣問答等事迹。如云：

其一、四月戊戌，上謂輔臣曰：自昔小人多爲朋黨，亦有君子之黨乎？仲淹對曰：臣在邊時，見好戰者自爲黨而怯戰者亦自爲黨。其在朝廷，邪正之黨亦然，唯聖心所察爾！苟朋黨有善於國家，何害也。

其二、初呂夷簡罷相，夏竦授樞密使，復奪之，代以杜衍。同時進用富弼、韓琦、范仲淹在二府，歐陽修等爲諫官。石介作慶曆聖德詩，言進賢退姦之不易。姦蓋指夏竦也，竦銜之。而仲淹等皆修素厚善，修言事一意徑行，略不以形迹嫌疑顧避。竦因與其黨造爲黨論，目衍、仲淹及修爲黨人。修乃作「朋黨論」上之。

先生時爲右正言知制誥，仍供諫職，服三品服。因作「朋黨論」上奏。如云：

臣聞朋黨之說，自古有之。惟幸人君辨其君子小人而已。大凡君子與君子，以同道爲朋，小人與小人，以同利爲朋，此自然之理也。

然臣謂小人無朋，惟君子則有之，其故何哉？小人所好者祿利也，所貪者財貨也。當其同利之時，暫相黨引以爲朋者，僞也。及其見利而爭先，或利盡而交疏，則反相賊害。雖其兄弟親戚，不能相保。故臣謂小人無朋，其暫爲朋者，僞也。君子則不然，所守者道義，所行者忠信，所惜者名節。以之修身，則同道而相異。以之事國，則同心而共濟。終始如一，此君子之朋也。故爲人君者，但當退小人之僞朋，用君子之眞朋，則天下治矣！

堯之時，小人共工、驩兜等爲一朋。君子八元、八愷十六人爲一朋。舜佐堯，退四凶小人之朋，而進元、愷君子之朋，堯之天下大治。及舜自爲天子，而皋、稷、契等二十二人，並列於朝。更相稱美，更相推讓。凡二十二人爲一朋，而舜皆用之，天下亦大治。書曰：「紂有臣億萬，惟億萬心。周有臣三千，惟一心。」紂之時，億萬人各異心，可謂不爲朋矣，然紂以亡國。周武王之臣，三千人爲一大朋，而周用以興。後漢獻帝時，盡取天下名士囚禁之，目爲黨人。及黃巾賊起，漢室大亂。後方悔悟，盡解黨人而釋之，然已無救矣！唐之晚年，漸起朋黨之論。及昭宗時，盡殺朝之名士，咸投之黃河。曰：「此輩清流，可投濁流」，而唐遂亡矣！

夫前世之主，能使人人異心不爲朋，莫如紂。能禁絕善人爲朋，莫如漢獻帝。能誅戮清流之朋，莫如唐昭宗之世，然皆亂亡其國。更相稱美推讓而不自疑，莫如舜之二十二臣，舜亦不疑而皆用之。然而後世不誚舜爲二十二人朋黨所欺，而稱舜爲聰明之聖者，以能辨君子與小人也。周武王之世，舉其國之臣三千人共爲一朋。自古爲朋之多且大，莫如周。然周用此以興者，善人雖多而不厭也。夫興亡治亂之迹爲人君者，可以鑒矣！

先生此論，闡示君子與小人正邪之辨，忠言讜論，發人深省。雖釋仁宗之疑慮，舊派小人，更增痛恨，復又多方設法攻訐。如云：

於是爲黨論者惡修，摘語其情狀。至使内侍藍元震上疏論范仲淹、歐陽修、尹洙、余靖。前日蔡襄謂之四賢，斥去未幾復還京師。四賢得時，遂引蔡襄以爲同列。以國家爵祿爲私惠，膠固朋黨，遂相提挈。不過二三年，布滿要路，則誤朝迷國，誰敢有言？上終不之信也。

范仲淹自召入京，感激眷遇，以天下爲己任，遂與富弼日夜謀慮，興致太平。由於規模闊大，論者以爲難行，僥倖者不便。於是謗毀熾盛，而朋黨之論，發生不可疏解情況。且屢作飛語上聞，仁宗雖不信，但范、富二人始恐懼不安於朝。

第四節　奉詔往視河東利害

時大臣有以河東芻糧不繼，數請廢麟州。仁宗問輔臣其利害如何，章得象對曰：「麟州四面蕃、漢戶，皆爲元昊所掠。今野雖耕民，一路困於饋運，欲更爲寨。徙其州，少近府州，以省邊民之役。」上曰：「州不可廢，但徙屯軍馬。近府州別置一城，亦可紓其緩。」

四月己亥八日，先生奉命往視河東（山西河曲）利害。他爲期順利完成任務，即上「畫一起請箚子」，提出五點建言。足見其公忠體國，實事求是的志節。如云：

一、乞特降旨下河東，不得令官吏及諸色人出城迎送及不得作樂筵席。

二、河東地分闊遠，山川險絕。竊慮僻遠之處，不能徧至。乞許採問官吏，就近召與相見，詢訪兵民利病。並於本路選擇幹事官員，暫差勾當。

三、有關州縣賦租、户口、兵馬、錢帛、及公私財用利害。乞指揮一路州軍凡有取索文字，並令畫時應副。

四、言事之人，多陳利害。內有河東一路事宜，朝廷未暇施行者。乞於中書、樞密院檢尋所上文字，請付看詳，到彼参驗利害可否？回日聞奏。

五、除擘畫糧草外，可因便勾當事件。乞令中書、樞密院畫一條目，付與施行。

他深感責任重大，此行隻身前往，缺乏得力助手。適見新授寧州推官郭固，近差充涇原路參謀，尚未赴任。曾隨韓琦奉使陝西，熟知沿邊兵民利害。故特上「辟郭固隨行箚子」乞許暫將帶郭固隨行，一俟公畢回日，即令發赴本任。詔從之。

五月丁丑，先生上「論麟州事宜箚子」。言親至河外相度移廢麟州，條其利害措置之說，列爲四議。實爲經久之謀，庶近禦邊之策。如云：

一曰、辨眾說者：竊詳前後臣寮起請，其說有四：或欲廢爲寨名、或欲移遷河次、或欲抽兵馬以減省饋運、或欲添城堡以招緝害爲州。其城壁堅完，地形高峻，乃是天設之險，可守而不可攻。其至黃河與府州，各纔百餘里。若徙之河次，不過移得五十七里之近，而棄易守難攻之天險。以此而言，移廢二說，未見其可。至如抽減兵馬，誠是邊議之一端。然兵冗不獨麟州，大弊乃在五寨。若以減麟州不減五寨，與不減同。凡招緝蕃漢之民，最爲實邊之本。然非朝廷一力可自爲，必須委付邊臣，許其久任。漸推恩信，不限歲年。使得失不繫於朝廷之急，而營輯如其家事之專。方可收其遠效，非二年一替之吏所能爲也。臣謂減兵添堡之說，近之而未得其要。

二曰、較存廢者：今河外之兵，除分休外，尚及二萬，大抵盡河東二十州軍以贍二州五寨。爲河外數百邊户，而竭數百萬民財。賊雖不來，我已自困。使賊得不戰疲人之策，而我有殘民斂怨之勞。以此而思，則似可廢，然未知可存之利。今二州五寨，雖云空守無人之境。然敵亦未敢接吾地，是尚能斥賊於二三百里外。若麟州一議移廢，則五寨勢亦難存。兀爾府州，便爲孤壘而自守不暇。是賊可以入據我城堡，耕牧我土田。隔河對岸，爲其巢穴。今賊在數百里外，沿河尚費於防秋。若使夾岸相望，則泛舟踐冰，終歲常憂寇至。沿河內郡，盡爲邊戍。以此而慮，則不可不存，然須得存之之術。

三曰、減寨卒者：臣勘會慶曆三年、一年用度，麟州用糧七萬餘來石，草二十一萬餘束。五寨用糧一十四萬餘石，草四十萬餘束，其費倍於麟州。於一百二十五里之地，列此五寨。除分兵歇泊外，尚有七千五百人，別用二千五百人負糧。又有幷、忻等十州軍百姓輸納外，及商旅入中往來。其冗長勞費，不可勝言。逐寨不過三五十騎，巡綽伏路，其餘坐無所爲。蓋初建五寨之時，本不如此。寨兵各有定數，建寧置一千五百人，其餘四寨，各止三百至五百。今之冗數，並是後來增添。臣謂今事宜稍緩，不比建寨之初。然且約舊數，尚不至冗費。臣請只於建寧留一千人，置一都巡檢。其鎮川、中堠、百勝三寨，各留五百。其餘寨兵，所減者屯於清塞堡，以一都巡檢領之。緣此堡最在近東，隔河便是保德軍。屯兵可以就堡德請糧，則不煩輸運。過河供饋，若平日路人宿食請寨。五百之卒，巡綽有餘。或些小賊馬，則建寧之兵，可偶禦捍。若賊數稍多，則清塞之兵，不失應援。蓋都不去百里之內，非是減兵，但那移就食而已。如此，則河外省費，民力可紓。

四曰、委土豪者：今議麟州者，存之則困河東，棄之則失河外。若欲兩全而不失，莫若擇一土豪，委之自守麟州堅險。與兵二千，其守足矣。況所謂土豪者，乃其材勇獨出一方。威名既著，敵所畏服。又能諳敵情僞，凡於戰守，不至乖謀。若委以一州，則其當自視州爲家，繫己休戚。其戰自勇，其守自堅。又其既是土人，與其風俗情接。人賴其勇，亦喜附之。則蕃之民，可使漸自招集。是外能捍賊而戰守，內可輯民以實邊。省費減兵，無所不便。比於命吏而往，凡事仰給於朝廷，利害百倍也。必用土豪，非王吉不可。吉見在建寧寨，蕃漢依吉而耕於寨側者，已三百家，其材勇則素已知名，況其官守，自可知州。一二年間，視其後效。苟能善守，則可世任之，使長爲捍邊之守。

五月甲申二十三日，先生聞西賊又遣人赴闕通和議事，必是有所請求。他心繫朝廷，對於前許通和之物，數目不少。除金帛二十萬外，另茶一色五萬斤。按中國茶法，大斤小斤不同。當初擬議之時，朝廷謀事不審，未曾明定斤數。深慮通和之後，要求大斤，則合爲三十萬小斤。如此，即是金帛二十萬，茶三十萬，共計五十萬物。不知爲國計者，將何以應副？因此，特上「論西賊大斤茶箚子」。如云：

眞宗時，契丹大擧，至澶州，只用三十萬物。三十年後，乘國家用兵之際，兩國交爭，方添及五十萬。今元昊一隅之敵，一口便與五十萬物。

他列擧國家大患三事，不知爲國計者如何處之？摘要條述如次：

一、三十萬斤之茶，必須自南方經過二三千里之水陸運輸，方始到達西界。當今，民力困乏，朝廷爲休民息力，不恥屈志就和。若每年搬運不絕，只此一物，即可使國家公私俱困。

二、元昊境土人民，每年所得三十萬斤茶，其用已足。然則西方兩榷場捨茶之外，須將其他好物博易賊中無用之物，其患無窮。

三、契丹常與中國爲敵，指元昊爲小邦。若知元昊得物之數與彼同，則須更要增添，何以應副？不過茶不比銀、絹，本是麤物，則彼必須亦要十數萬大斤。中國大貨利，止於茶、鹽而已。今西賊一歲三十萬斤，北虜更要三二十萬斤，中國豈得不困？

接著指出前與西賊議和之初，大臣急欲事就，不顧國家利害，惟恐許物不多。及和議將成，契丹語洩，兩府方有悔和之色。然許物已多，不可追改。今天幸有此一事，尚可罷和。因此，適時適切提出建言，懇請仁宗把握北虜與西賊無理要求的難得機會，特召兩府大臣，儘速共商議定罷和大計。

時知制誥田況亦有類似建言，皆因宰輔大臣厭兵，而仁宗柔厚寡斷。以致所有奏論，俱未採納。

五月丙戌，元昊始稱臣自號夏國主，復遣楊守素赴闕議事。

先生全集載有「論西賊占延州侵地劄子」，無月日，因楊守素赴闕，特附錄於此。如云：

竊聞元昊近於延州界上，修築城壘，強占侵地。欲先得地，然後議和，故楊守素未來，而占地之謀先後。又聞邊將不肯力爭，此事所繫利害甚大。

他指出西賊必定以爲朝廷累年用兵，有敗無勝。一旦計無所出，勢將厚以金帛買和。尤其知我將相無人，小人當道。縱有人傑，亦難獲重用。所以意圖輕視朝廷，故一面邀求賂遺，一面侵占邊疆。不惟驕賊之心，更有害於國。他爲確保國家主權的完整，痛恨小人誤國，邊臣貪功，以希進用的可恥心態，於是又慷慨直言：

> 今若縱賊於侵地立起堡寨，則延州四面，更無捍蔽，便爲孤壘。其賊盡據要害之地，他時有事，延州不可保守。若失延州，則關中遂爲賊有。以此而言，則所侵之地，不可不爭。伏況西賊議和，事連北虜。今人無愚智，皆知和爲不便。但患國家許物已多，難爲中悔。若得別因他事，猶可絕和。何況此侵地是中國合爭之事，豈可不爭。臣謂今欲急和而不顧利害者，不過邊臣。外憚於禦賊，而內欲議和之功，以希進用耳！故不肯擊逐羌人，力爭侵地。蓋小人無識，只苟目前榮進之利，不思國家久遠之害。是國家屈就通和，只與邊臣爲一時進身之利，而使社稷受無涯之患。陛下爲社稷計，豈不深思？大臣爲社稷謀，豈不極慮？伏望聖慈遣一使往延州，令龐籍力爭取昊賊先侵之地，不令築城堡寨。若緣此一事，得絕和議，則社稷之福也。臣仍慮西賊來人尚有青鹽之說，此事人人皆知不可許。亦慮小人無識急於就和者，尚陳鹽利以惑聖聽，伏望聖慈不納浮議。

先生了解罷和之事，勢難阻止。但無畏天威難測，仍不顧生死。一再上言必須乘機斷絕與西賊的和議，一心只爲社稷的安危著想。竭力諫諍，何懼權貴小人的挾怨報復呢！

六月，參知政事范仲淹爲陝西、河東路宣撫使。

據宋史全文卷八下云：

> 始仲淹以忤呂夷簡，放逐者數年。士大夫持二人曲直，交指爲朋黨。及陝西用兵，天

> 子以仲淹士望所屬，拔用護邊。及夷簡罷，召還，倚以爲治。中外想望其功業，而仲淹亦感激眷遇，以天下爲己任，遂與富弼日夜謀慮興致太平。然規模闊大，論者以爲難行。及按察使多所舉劾，人心不自安。任子之恩薄，磨勘之法密，僥倖者不便。於是謗毀者寖盛，而朋黨之論，滋不可解。然仲淹、弼，守所議弗變。

然而，無論古今政治，因循苟安既久，任何改革措施，勢難避免正反是非的爭論。就以當時狀況而言，仁宗有求治之心，擢用范仲淹、富弼等時賢，賦予重任。二公等亦能針對有關國計民生諸多積弊，提出主張和辦法，力謀改革，以期達到富强安樂之目的。詔許推行。致使既得權利的權貴小人，深感不便。於是陰謀破壞，造謠生事，毀謗誣陷，無所不用其極，終使賢者去位。如云：

> 先是石介奏記於弼，責以行伊周之事。夏竦怨介斥己。又欲因是傾弼等。乃使女奴陰習介書，久之習成。遂改伊周曰伊霍，而僞作介爲弼撰廢立詔草，飛語上聞。帝雖不信，而仲淹、弼，始恐懼不敢自安於朝。皆請出按西北邊，未許。適有邊奏，仲淹固請行，乃使宣撫陝西、河東。

從此之後，小人日益處心積慮，羅織事端，不斷奏論。致使仁宗一時失察，動搖知人善任信心。導致小人之朋，詭計得逞。君子之朋，先後去位或貶放。嚴重影響慶曆新政之推行，更令天下士庶失望。

七月初，先生河東之行，任務結束，離汾州時作有「水谷夜行寄子美、聖俞」五言古詩一長篇云：

> 寒雞號荒林，山壁月倒掛。披衣起視夜，攬轡念行邁。我來夏云初，素節今已居。高河瀉長空，勢落九州外。微風動涼襟，曉氣清餘睡。緬懷京師友，文酒邀高會。其間蘇與梅，二子可畏愛。篇章富縱橫，聲價相磨蓋。子美氣尤雄，萬竅號一噫。有時肆顛狂，醉墨洒霶霈。譬如千里馬，已發不可殺。盈前當珠璣，一一難柬汰。梅翁事清切，石齒漱寒瀨。作詩三十年，視我猶後輩。文詞愈清新，心意雖老大。譬如妖韶女，老自有餘態。近詩尤古硬，咀嚼苦難嘬。初如食橄欖，眞味久愈在。蘇豪以氣轢，舉世徒驚駭。梅窮獨我知，古貨今難賣。二子雙鳳凰，百鳥之嘉瑞。雲煙一翺翔，羽翮一摧鎩。安得相從遊，終日鳴噦噦。問胡苦思之，對酒把新蟹。

詩中不僅實地寫照旅次之景色，對於蘇舜欽（子美）、梅堯臣（聖俞）二人交誼之純篤，了解之深切，讚譽之誠摯中肯，更見肺腑之言。

途中尙有「絳守居園池」、「晉祠」七言古詩二篇、及「登絳州富公嵩巫亭」五言古詩一篇，皆爲覽勝有感之作。然後經過洛陽，往事如煙，滿懷感慨。至情流露，遂有「再至西都」七言律詩一篇，爲追念昔年知制誥出爲西京通判的師友謝絳（希深）之作。如云：

> 伊川不到十年間，魚鳥今應怪我還。浪得浮名銷壯節，羞將白髮見青山。野花向客開如笑，草芳留人意自閑。卻到謝公題壁處，向風清淚獨潺潺。

又有「過錢文僖公白蓮莊」五言律詩一篇，亦爲追念昔年初到西都的知己留守錢惟演

（希聖）之作。如云：

城南車馬地，行客過徘徊。野水寒猶入，餘花晚自開。命賓曾授簡，開府最多才。今日西州路，何人更獨來？

又有「與尹師魯書」。如云：

始聞師魯徙晉，乃駭然！本初與郭推官計，師魯必離渭而受晉命。中道無所淹留，徑之晉，則謂於晉得相見。既聞待闕至九月，又計當入洛，則謂於洛得相見。又聞方留邠州有所陳，來期未可知？則謂遂不相見而東也。及陝，乃知直趨絳州。陝在絳，阻雨數日。苟更少留，猶得道中相遇，奈何前後相失如此！尚欲留陝，走人至解，期一爲會。而大暑懼煩，往復亦須三四日。又不欲久在陝，使郡人有館待之勞。顧此勢不得留慶、晉，不足屑屑於胸中……。自西事已來，師魯之髮無黑者，其不如意事多矣！人生白首矣，外物之能攻人者，其類甚多，安能尚甘於自苦邪！得失不足計，然雖歡戚勢既極，亦當自有否泰。惟不動心於憂喜，非勇者莫能焉。咫尺不相見，又無以奉慰，惟自寬自愛，乃佳。

此書無月日，惟按書中所言，應在返京途中所作。先生與師魯，誼屬知己君子之交。師魯自隨范仲淹赴任陝西之後，由於自己的品學才識以及范之知人善任，不次拔擢，位至邊防一路帥臣。然因當時邊臣將帥之間，對於敵我形勢的研判，蕃部民心的掌握，意見不一，差異很大。遂使修建水洛城事件，導致上下之間，各自堅持，便坐以「違主帥之令而罪之」的處置欠當爭議。煩擾朝議多次難決的局面，影響陝西民心士氣至鉅。朝廷乃遣專使往陝西相處利害以聞，造成邊臣將帥調動頻繁。師魯即爲捲入是非主角之一，亦爲被上級帥臣鄭戩玩弄潛己。遭受自渭州而慶州而晉州，一再遷徙的受害者。特爲簡敘，藉悉因由。據宋史全文卷八下云：

先是韓琦以修水洛城爲不便，鄭戩固請終役。戩既改知永興軍，命劉滬（內殿崇班）、董士廉（著作佐郎）督役如故。知渭州尹洙（師魯）、及涇原都部署狄青、相繼論列，以爲修城有害無利，故遣魚周詢等行視。洙檄滬、士廉罷役，不從。洙怒，命青追滬、士廉，欲以違節制斬之，青械二人送順德軍獄。蕃部遂驚擾，爭收積聚。殺吏民爲亂，又詣周詢等訴。周詢等具奏，詔釋滬、士廉，令卒城之。

先生與余靖，先後皆有奏論邊臣將帥的功過，以及朝廷對此事件處置的乖謬。

他此次往視河東，至絳州時，偶得鄭氏詩譜，如獲至寶。雖非完善，然極珍藏以資考正。後來於神宗熙寧三年，作有「詩譜補亡後序」長篇，詳爲闡釋。茲先摘述因由，以明究竟。如云：

昔者聖人已沒，六經之道，幾熄於戰國，而焚棄於秦。自漢以來，收拾亡逸，發明遺義，而正其訛繆，得以粗備傳于今者，豈一人之力哉……毛、鄭於詩，其學亦已博矣。予嘗依其箋傳，考之於經而證以序譜，惜其不合者頗多。……予疑毛、鄭之失既多，然不敢輕言改易者，意其爲說不止於箋傳。而恨己不得盡見二家之書，未能徧通其旨。夫不盡見其書而欲折其是非，猶不盡人之辭而欲斷其訟之曲直，其能果於自決乎！其能使之必服乎！世言鄭氏詩譜最詳，求之久矣，不可得。雖崇文總目祕書所藏，亦無之。慶曆四年，奉使河東。至于絳州，偶得焉，其文有注而不見名氏。然首尾殘缺，自周公致太平已上，皆亡之。其國譜旁行，尤易爲訛舛，悉皆顚倒錯亂，不可復考。……

由此可見先生雖處旅途疲勞，公務繁忙之際，仍時刻不忘蒐集先儒之論說遺篇，以考正補亡聖人六經之完整。

七月末，先生返抵京城，上朝覆命。根據先生全集載有河東奉使奏草卷上下共計三十八篇，約可分爲革新弊政、銅礬鐵利害、西北兵糧防地及奏劾人事等四類。除依時序已於上面縷述外，茲再將其餘多未註明月日之奏論，按「往視河東利害回奏」奏草，分類擇要摘述，藉以了解他此行任務的重要性。時雖短暫，但對訪問河東各地政軍民兵諸多利害問題，西北邊防敵我形勢的虛實。皆能深入基層，認眞蒐集資料，虛心探討，研判分析。除按權責適時便宜行事處置外，並提供適切可行辦法以備朝廷採擇施行。所有奏論，莫不關係國計民生問題的癥結所在。坦率直言，再次展現諫官風範。

其一、革新弊政類

一、免晉絳等州人戶遠請蠶鹽牒

請免晉、絳、慈、隰四州人戶遠請蠶、鹽牒兩件，皆言以前四州百姓，每年都在解州請領，現省司則令移往三門鹽倉請領。道路遙遠不便，致使麥蠶農忙之際，虛勞艱辛。「已牒州，仰立便差人前路曉示百姓，各令逐便歸本縣。仍希已施行公文，回報當所，一面施行奏聞。」

二、相度併縣牒

相度併縣牒兩件：一爲潞州八縣內屯留、黎城、壺關三縣。地居僻遠，戶口凋零，全少詞訟盜賊。逐縣徒具令、佐、僚、屬、雜役等虛名，毫無實效。「請將三縣併省，分割入鄰近縣分，可以寬減民役，兼省吏員。」

一爲先生親自威勝軍至遼州，體量得知地理人戶，不及一中下小縣。而竟分建一州四縣，各不及一鎭人煙。人戶凋零，差役繁重。經相度，可以將帶就近，分割併省，庶使減省官吏，寬紓民役。「已密牒知遼州國子博士蓋平，上黨縣主簿郇唐等審細相度，可與不可，分併利害。臣今前去所過州縣，除邊防要切縣分外。其餘地里迫窄，人戶凋零，絕然小縣，有可以分割併省者。並欲隨差幹敏之官，密切先行相度。可與不可，分割利害。候臣奉使回日，別具條陳敷奏次。」

三、倚閣忻、代州和糴奏狀

先生奉旨與河東路都轉運司共同相度忻、代二州裏外，親見民間疾苦。尤其官吏催納各種賦稅，百姓無力繳納，備受欺壓迫害的困擾，不堪言狀。因轉運使二人皆在潞州，相去極遠，不及計會商量，故將勘會二州人糧之事奏聞。如云：「……勘會二州人糧，見在忻州約支二年有餘，代州亦約支一年半，不至闕備。又前去秋熟，日月不遠。臣已一面出牓及牒本州，令倚閣（擱置），候至秋熟，一併送納施行訖。」

四、義勇指揮使代貧民差役奏狀

先生累過州軍，體問得逐次義勇指揮使等家業。例皆物力不減，人丁又多。各是鄉村上等人戶，卻獨得免除重難差役。而下等義勇人戶，卻充州縣重難里正或衙前等差役。計其勞逸，深爲不便。人心不平，莫此爲甚。故特上狀：「欲乞朝廷早賜特降指揮，下諸處義勇正副指揮使。乞依其餘義勇體例，各依等第戶例，輪次差定州總色役，庶得均濟。……若令一例差役，可以貧富均濟，稍寬已困之民。其都轉運使起請，伏乞朝廷特賜允許施行。」

五、乞減配賣銀五萬兩

河東路都轉運司近忽自京城省司支撥得銀十萬兩，本非運司闕乏所請。而是朝廷優恤三路軍需不足，特爲撥賜。助濟用度，以紓疲民。

先生因至寧化軍訪問，深切了解各種狀況。對於河東一路州軍，未至闕錢。不宜一例急斂，橫困疲民。故奏請：「乞特下本路轉運司令將已分銀十萬兩，除見今闕錢州軍及二麥大熟合行收糴處，依數配賣。其餘現不闕錢及不糴夏麥處，且只配一半。候闕錢不得已，即漸漸分配。所貴少紓民力，上副陛下憂民念邊之意。」

六、乞免諸州一年支移劄子

先生體問河東一路百姓之貧弊勞擾，都只爲河外麟、府二州闕少軍糧，乃將近裏二十州軍遞相支配所造成。由於主事者無知，徒增吏民痛苦。然至麟州，見左兵馬糧可支三年，府州現有一十三萬石，不支糧米，諸寨各有存糧不少。可見二州並非闕糧，而是調配處置發生問題。故特奏論：

臣將慶曆三年轉運司抛配秋稅支移數目，勘算得今年博糴斛㪷，可以減放和糴，可以不支過河。如此，則少紓民困，大息怨嗟。

爲使施行方便，並將其科配減放次第。提出三點畫一可行辦法，陳乞採納。

七、請耕禁地劄子

先生此次相度沿邊經久利害，深知河東之患，患在沿邊之地，不許人耕。而私糴北界斛㪷以爲邊儲，計其大害有四。今若募人耕植禁地，則可去四大害而有四大利。

所謂四大害者，一爲邊民冒禁，私相交易。時引爭鬥，輒相斫射。萬一興訟，遂搆事端，必至引惹之患。二爲吾有地不自植耕，而偷糴鄰界之物以仰給。若敵嚴邊界禁約，而閉糴不通，則我軍遂至乏食。是我師饑飽，繫在敵人。三爲自空其地，引惹北人歲歲爭界之患。四爲禁膏腴之地不耕，而困民之力以遠輸，其害至大。因此奏論：

禁地若耕，則一二歲間，北界斛㪷可以不糴。則邊民無爭糴引惹之害，我軍無飢飽在敵之害。沿邊地有定主，無爭界之害。邊州有自粟，則內地之民無遠輸之害。是謂去四大害，而有四大利。今四州軍地可二三萬頃，若盡耕之，則其利歲可得三五百萬石。伏望聖慈特下兩府商議，如可施行，則召募耕種稅入之法。各自事目，容臣續具條陳。

其二、銅礬鐵利害

一、相度銅利牒

五金礦產爲國家重要的天然資源，至於如何勘察開礦、鑄造？用人行政是否適當？策劃設廠、產銷制度是否完善諸事宜？關係政府經濟之良窳，至爲重要。

先生根據澤州進士問玠、司法參軍萬頤等狀，並爲河東鼓鑄鐵錢盜鑄者不少。他得悉狀況極爲重視有關問題，立即訪詢吏民，發現州縣各處皆有銅礦，且遺留許多唐代鑄冶錢坊古跡及廢銅窟。且又訪知絳州人戶，多私採鑄貨賣銅器。對於近年銅幣缺乏以來，亦曾有人獻言乞尋銅礦烹鑄。可是前後差官尋訪，多是不曉事體。尤其處置張皇，驚擾百姓。而私鑄之家，更避犯禁之罪，不肯指引採取。又礦銅側近居民，懼見官中興置爐冶，各相蔽固，並稱無銅。所差官員，都不盡心多方求訪，遂使銅寶不能興發，深感痛心！因此奏論。如云：

欲牒絳州管界巡檢孫借職，仰細詳前項事理。只作界內巡警名目，遍至四縣，多設方略。先且誘賺得民間私賣銅器一兩件，然後詢求出礦之家，及細問熟煉之法。須使姦民不能隱蔽，行須要私鑄之人指引烹煉。即設權宜，許其免罪。或別加酬獎，務要求出銅寶，不爲民間藏閉。候見次第，密具公文回申，無至張皇誤事者。

二、論礬務利害狀

先後奉旨更切相度晉州慣賣生熟礬始末一宗事理，具經久利害聞奏。該案內容複雜，牽涉甚廣，必須審慎處理。到河東後，立即詳閱都轉運司狀內元牒晉州通判殿中丞榮諲相度的事節，覺得頗多疑問，未便採信。遂牒幷州通判秘書丞張日用，就晉州計會榮諲取索一宗文字，子細議定經久利害。尋據張日用狀，果與榮諲始初法度利害不同。於是根據榮、張二人所提相度事節狀，經過冷靜客觀的比較、分析、研判，縷述四點畫一事宜。（略）

狀末，綜合各種異同之見，評比歷年盈虧事例。如云：

臣今將三司錄到一宗始末文字，子細看詳。蓋由河東都轉運司改法，官自煉礬出賣。見一時之小利，致經久之難行。從初本為課額不敷，遂定為錢茶十五萬數，許六户管認。即不當更有官賣，與其爭利。若云官賣有利，則六户便合除免年額。

臣今看詳榮湮、張日用等二人狀內開說：自官置煉礬務，後來逐年所賣生熟礬折撲到見錢數目。蓋是榮諲從初將生熟兩色礬傳賣到錢數，衮合比算，便謂自起立煉礬務。後來年額課利增盈，遂欲罷六户算請生礬舊額。及榮諲再與張日用等，子細將生熟兩色礬課利，遞年比類其熟礬。自慶曆元年，只賣及五萬。二年三年，已只及四萬貫有零。本年自正月一日至六月終，半年只賣及一千貫。若將生礬貨利與熟礬衮合算數，則似有增盈。若各別比較，則熟礬賣錢全少，又一年虧於一年。今若依榮諲罷賣生熟礬，即據近年來課利虧減次第。必慮向去無客算清，虧陷官中年額錢茶。

然後懇陳二說，乞請裁決。如云：

臣今相度，欲乞官罷自煎熟礬出賣。只令杜昇等六户依舊管認年額，入納錢茶十五萬數，將見今晉州已煎下熟礬並生礬相兼。其六户本爲官賣熟礬，侵爭其利。致其積壓，貨賣不行。今若罷自賣，則六户更難詞說。如此，則官中雖歲失三五萬貫自賣之利。而於錢茶十五萬舊額，卻有準的，不至虧陷。

必若不欲抑勒六户認領，即乞未立定年額，但選差清強官吏創新。一面博賣熟礬，候三二年，取一年爲定額。蓋緣熟礬見已課利大虧，若自新官賣，必不能數及遞年與生礬俱賣時常額。免使監臨官吏，枉遭決罰。年計用度，虛爲指準。

於此二說，伏乞朝廷裁擇施行。

三、乞罷鐵錢劄子

先生奉旨相度河東大小鐵錢事利害聞奏。尋到河東，取索晉、澤二州鑄錢監及諸州軍見使鐵錢數。又將都轉運司供到慶曆三年一年都收支數，約度用度多少。及探詢軍民用鐵錢便與不便，列舉其可廢罷鑄造行用的理由有五。如云：

㈠、據都轉運司慶曆三年一年收支實數比算，尚有剩數。

㈡、小鐵錢利薄不足鑄，大鐵錢犯法者漸多，陷民刑戮者不絕。

㈢、今開厚利之門，而致人死法，則誘愚民以趨死。若貸其死，則犯者愈多。急於捕察，則良民一例搔擾。縱而緩禁，則民不勝姦。是深法不可，緩法又不可，捕察又不可，縱之又不可。

㈣、幣輕物貴，惟姦民盜鑄者獲利。而良民與官中，常以高價市貴物，是官私久遠害深。

㈤、河東一路二十二州軍，贍廂禁兵共十二三萬。略計所闕不多，且用物之兵日減。今見在官私鐵錢，共不過六十萬。數既未多，罷之甚易。

其三、兵糧防地

一、論西北事宜劄子

契丹、西夏，爲宋代西北最大的外患，素爲先生最感憂慮與深入研究的重要建言。他近聞北虜各種狀況，認爲說者多端而少實，皆不可信。自西賊叛亂以來，不僅更事契丹甚謹，且從未聞二虜發生釁隙。他研判云：「契丹若寇邊鄙，當先自河北，不應便出河東。若云出吾不意，則兵釁未成，未必突然入吾險地，是北虜必不攻河東矣。西賊二年之間，累次遣人與我通好。國家過當，許物已多。今盟約垂成，而忽借契丹數百里之路，崎嶇勞師，入吾險固之地。以此而言，西賊必不攻河東。」

然而諸多可疑徵候，仍須妥爲禦備。如云：「北戎抄點人馬，聲張已久。今漸向秋，必已聚集，邊臣但見虜兵聚在界上，勢必驚疑。惟在朝廷料敵制謀，養威持重，不爲輕發。使虜不可窺，則得計矣！」

但爲鞏固國防，必須密爲禦備，實爲當務之急。於是條陳五點，建請採擇施行。如云：

㈠、訓兵練卒於幷、忻、嵐、憲，屯結以俟。（各地距離，皆在一日半可到）今以兵屯忻、幷而應援代州，屯嵐、憲而應援岢、嵐。賊至，則使代州、岢、嵐堅壁清野，待其師老，徐以忻、嵐等兵擊之，此用兵之法也。如此，則虜來不失應敵，不來不至虛驚。其代州、岢、嵐，但用去年防秋兵數可矣。惟治器械、擇將帥。此非倉卒可辦，宜急爲之具。

㈡、河東沿邊州軍器械，全然不堪。……久無物料修治，是致廢壞。……乞委官揀點修換。

㈢、代州知州康德輿老懦不濟事，臣方欲到京奏替乞卻，近知已差張亢。然德輿卻充幷代鈐轄，只此職，亦非德輿所堪。乞與一近裏小處知州。鈐轄別選差人。

㈣、代州諸寨主監押三十餘員，內無三四人能幹而曉事者。伏乞早行替換，仍乞於近日臣寮準密院劄子，舉到堪充將領人內，差充寨主監押。

㈤、岢嵐軍地接草城川口，無險可恃。而城小濠淺，須合增城浚濠。乞降指揮下河東那打白草廂軍及本軍係役兵士，及早併力修葺。臣曾上兩狀舉薦之米光濬，且令知軍。

二、論宣毅、萬勝等兵劄子

先生續奉聖旨：「所到州軍，體量諸軍指揮自來習學武藝。幷教閱戰陣次第精與未精，緩急堪與不堪陣敵使喚者。」

此一任務，相當繁重。幸賴先生文武全才，具備將帥的膽識風範，卓越遠瞻的軍事素養，敏銳的觀察判斷能力，公明勤慎與認眞負責的態度。發現問題，提出可行辦法，奏乞施行。故每至諸州軍，即令主兵官吏依常式教閱，觀其精粗：「所用陣法，除四官陣舊法外，亦有自爲新陣者，大抵只是齊得進退，不亂行伍而已。諸處所較不多，則陣法皆未可用。惟有踏硬射親，最爲實藝。」

對於經略司分差主將諸州巡視，教以三等弓弩。認爲「主將不一，器械不精。此二事，須更別爲制置」。

然後綜括評論：「諸軍禁兵共九萬五千餘人，內駐泊兵三萬餘人，惟萬勝最多最不精。本路就精禁兵六萬餘人，惟宣毅最多最不精。」他經過審慎衡量，深感「定主將、精器械」二事最爲重要，但條目甚多，除續具畫一奏論外，本狀先具起請宣毅、萬勝等兵二事如次：

㈠、河東駐泊禁兵六十八指揮，共三萬二千餘人。內萬勝二十指揮，一萬一千一百餘人。當初招募倉卒，不能精操，此中外共知。自到河東，已及三年。其射親踏硬弩，比初到，則漸慣熟。但其人大小強怯不等，又不耐辛苦，其事藝勉力不及河東。最下清邊，而料錢請受，與最上神衛等，見今多差在河外五寨。緣請受既大於他軍，則重難倫次，須至差撥。其使喚乃不及下軍，緩急常憂敗悞。臣今欲乞於河東見在廂軍三萬人數內，揀少壯有勇力者，增置清邊。及於京師差撥三百料錢禁軍，充足一萬人數，抵當萬勝抽回。兼其人到河東已二年餘，人各有辛苦思歸之意。

㈡、河東本路就糧禁兵共一百四十九指揮，六萬二千七百餘人。內宣毅四十四指揮，二萬二百餘人。宣毅招揀不精，無異萬勝。惟河東稍勝諸路，蓋土人天性勁勇，耐辛苦，然終是不及自投軍者。其農夫生梗，難以教訓，至今全未堪使喚。臣到澤州，有一指揮，只揀出九十餘人呈教，尚亦生疎。威勝軍兩指揮，內一指揮，絕然不成次第。問之，云差出近方歸本營。蓋河東多將宣毅差在巡檢下及諸處，不便教閱。臣今欲乞將見在宣毅委河東都轉運使親至諸州，將短小怯弱者，先揀退充廂軍，其餘堪教者不得差往巡檢下。及防河寨柵不教閱處，專令逐州軍教一二年，必漸可用。

其四、舉劾人事

一、舉薦官吏

先生體量一路官吏才能之優者，其間文武官吏共計二十五人，各有所長，堪備任使，故特列具姓名事迹（略）。茲摘要簡述。例如：戰將八人，緩急可供使喚。武臣中材幹者三人，如嵜嵐軍使米光濬曾專摺舉薦。文官中通判三人，可以升陟差使。知縣令、州縣職官中，材幹可用者九人，如著作佐郎知平定軍樂平縣事孫直方，亦曾專擢舉薦。

二、奏劾官吏

所見一路官吏才能之劣者，內有全然不任其職必須更換者，特列具官職姓名及考評。例如：知澤州度支郎中直史館鮑亞之，年老昏昧。視聽不明，行步艱澀，本州職事全然不治。知汾州虞部郎中范尹，年老昏昧。不能檢束子弟在州販賣，搔擾人民。憲州通判國子博士劉與，年及七十。行步艱難，精神昏昧。雖已得替，乞同右述二人，特與一致仕官（退休）。平定軍樂平縣監酒借職石貴，本是軍中出職。因捉賊不獲，降充監當。其人不識字，又是獨員。乞下樞密院三班，著爲定令。

第六章　龍圖閣直學士河北都轉運按察使

第一節　出使因由

慶曆四年八月五日，保州軍叛。契丹大軍集結雲州，聲言討伐西夏。情勢緊張，朝野士庶震驚。此時，富弼正奉命巡撫河北。朝廷疑慮契丹居心叵測，為防範突發事件，立即朝議選拔一位文武兼具之材臣，前往河北。肩負方面重任，密為經畫禦備方略。適值先生往視河東還朝覆旨，回奏事狀甫畢。即蒙仁宗特達之知，畀予重任。茲摘述史料數則，藉悉因由。

韓琦安陽集

北虜盛兵雲州，聲言西討。朝廷疑其有謀，議選文武材臣密為經畫。二府請綴公以往。即以公為龍圖閣直學士河北都轉運按察使。

胡宿文恭集

歐陽某識遠才長，文高行潔，篤於信道。……歷向內外之勞，峻命弗渝，清議彌勝。用進秘圖之拜，且光舊物之還。

年譜

八月甲午，保州軍叛，契丹聲言討西夏。癸卯，除公龍圖閣直學士河北都轉運按察使。

蘇轍欒城集後集

陛辭，上面諭：「無以久留計，有所欲言，言之。」公曰：「諫官得風聞言事，外官越職而言，罪也。」上曰：「第以聞，勿以中外爲意。」

四朝國史本傳

陛辭，帝曰：「勿爲久留計，有所欲言，言之。」對曰：「臣在諫職得論事。今越職而言，罪也。」帝曰：「但言之，毋以中外爲間。」

宋史全文卷八下

上諭修曰：「勿以久居計，有事第言之。」修對：「諫官乃得風聞，今在外，使事有指，越職，罪也。」上曰：「事苟宜聞，不可以中外爲辭。」

當時河北將驕兵惰，軍紀蕩然。官兵常擾地方，民不堪命。小不如意，即謀爲亂。緣因幽、薊等十六州爲契丹所據，掌控中國北疆，造成威脅形勢。

宋自太祖至眞宗，始終未能收復失土，致貽國家至感困擾的最嚴重問題。又兼西夏崛起，臣事契丹。侵擾邊境，更增西顧之憂。於是選擇河北、山西、陝西等重要據點。佈置三四十萬大軍，長期駐守防務，藉以確保西北方面的安全。每遇新任將帥懦弱無能統御領導無方者，就會引起部分官兵謀亂之情事發生。保州叛軍，不過一次偶發事件而已。朝廷處置是否適當，影響民心士氣至爲重要。

八月癸卯十四日，先生奉旨：「除龍圖閣直學士河北都轉運按察使。」制詞有云：

宣德郎行右正言知制誥騎都尉賜紫金魚袋歐陽某。右可特授依前行右正言充龍圖閣直學士河北諸州，水陸節度都轉運按察使兼西路營田都大制置屯田本路勸農使，替張昷之，散官勳賜如故。

先生奉命後，被催促即刻赴任，致未能造訪知交故舊。茲摘述「與集賢杜相公書」（時杜衍爲宰相），藉明概況。如云：

……某被催赴任，不得躬造門下，豈勝戀戀之誠。保州叛卒，必欲招之。而外不退兵，雖使忠臣孝子，不免疑惑。今又聞有築城之請，雖知朝廷不以爲是。而便宜之旨，已下軍前。萬一他事盡如築城之繆，遂不請而便宜從事。脫有敗誤，則一方之事，繫天下安危。伏惟聰明，何以裁處。某才薄力劣，不足以備急緩之用。若上於調發輸餉，此俗吏之所能爲，故自請願與田、李共議。兵事至今，寢而不報。內竊自度，不報誠宜。然朝廷既已力排言事者，而託以用才於外。反疑之而不任以事，何以解言者之惑哉！此某之不可諭也。秋暑尚繁，伏惟爲國自重。

他於危難之際，奉命出使方面，仍本國計民生，忠勤任事之精神，充分發揮其雄才大略。

第二節　經畫方略標本兼治

先生全集中有河北奉使章卷上下共計四十三篇箚子、狀牒。皆關國計民生，興利除弊，助益朝廷施政，綏靖地方建設的重要建言及執行要領。他奉旨後，冷靜思考，深入研判。覺得欲期順利圓滿達成任務，必須河北各地將帥同心配合。遂即上奏「乞許同商量保州事箚子」，認爲河北驕兵叛據保州，當時狀況乃是「招之來肯開門，出之未能速破。諸將集於城下，而進退攻取，未有定見」，以致震驚朝廷，動盪河北。又因緊鄰北虜，情勢堪慮。故有選拔文武材臣之議，重責大任就非先生莫屬。摘述箚子所云：

臣今偶被奬擢，俾當繁使。至於應副糧草軍須之類，皆有司之常事。臣雖竭力供職，未足以稱陛下用臣之意。臣今欲乞每遇軍馬攻討招撫應干保州事宜，許臣與田況、李昭亮等同共商量施行，庶幾愚慮有裨萬一。如允臣所奏，乞特降聖旨劄子與臣及乞劄子與田況等。

先生至河北，即依序巡歷各地。深入基層，虛心探詢吏民士卒。了解狀況，按照輕重緩急，依權責適時適切處置各種事宜。並遵陛辭面諭，專摺奏論有關重大問題，乞請裁決施行。分類摘述如次：

其一、乞許類：根據河北實際狀況敵我形勢，針對任務需要，坦誠奏論經略之職。

一、乞不親教閱劄子

先生近準中書劄子節文：「河北宜選轉運使二員，密授經略之任。使其熟圖利害，陰爲預備。仰不住遍行巡歷所到，據城壁並烽火臺防城。動使家事衣甲器械，一一覰步。仍躬親於教閱處，試驗兵士鞍馬次第者。」

他深感朝廷賦與重責大任，自當竭智盡忠，全力以赴。所謂：

> 若乃詢究軍民之利害，相度山川之險要。斡運芻粟，建易城寨。以至按察將吏，廉其否臧。營辦工材，督治器甲。如此等事，乃是朝廷密授臣經略之職，敢不盡心。

至如中書劄子，對於躬親教閱一事，乃涉及侵官失職。權責不分，於理未便。若就弄權之輩而言，出師一方，地位崇高。權力愈大愈好，豈有推辭之理。然而，他爲當代儒宗，言行率爲天下準則，垂範千古者。自然一本仁者胸襟，濟世牖民有所爲有所不爲之情操，無我無私之大無畏精神。故云：

> 躬親教閱，此則主兵之官，日行常事。兼臣本司自有職事。凡於軍政，既不精專。而又所至州軍，一歲不過一兩次。暫時按視，難盡精詳。縱欲處置更改，未必皆當。況主兵之權，貴於統一。侵官失職，於理非便。

然後懇切奏請依聖旨指揮外，躬親教閱一事，乞不施行。如云：

臣今欲乞除點檢城壁器甲，並依中書劄子內聖旨指揮外。所有轉運使提點刑獄司等躬親教閱一事，乞更不施行。如允臣所奏，乞明降朝旨。

二、乞預聞邊事

先生認爲「必欲密爲經略，熟圖利害。則須外詳邊鄙之事，內不爲朝廷所疑。竭慮盡心，猶恐不副委寄」。然而，國家承平日久，天下之事，積弊已多。各種不合時宜的制度難改，尤其西北邊境各種權責劃分不清，問題更見複雜嚴重。執政大臣憚於作事，惟樂因循，又無遠慮。以致綱紀隳頹，法令寬弛。賞罰不立，善惡不分。凡此現象，於上章諫官奏論中，屢有諫諍。前後考證，更可有跡可尋。

他此次肩負重任，親臨北疆，更加重視邊鄙之事。深感朝廷設置各司，管轄權責不明。各級官吏敷衍塞責，上下爭權諉過，情況極爲憂慮。若再不予改正，後果不堪設想。如云：

檢會去年定州軍城寨，爲北虜於石臼子口侵入內界，卓立鋪屋。本寨爲地分不屬沿邊安撫司，遂卷例申報轉運司。無何，安撫司並不勘會不係地分，便發怒妄奏軍城官吏不合申轉運司，乞行取勘。又蒙朝廷更不照會，便下轉運司詰問軍城官吏。賴本寨引執元降勅條分明。臣與本寨主等偶免罪譴。其不屬安撫地分，合申轉運司者，尚如此。其他沿邊，係安撫司地分，固不得與聞矣！

又舉實例，更見問題所在，不容忽視。如云：

昨來北虜，於安肅軍北，欲移界標南侵。邊城既承例不以事報轉運司，臣心不能安。

因以手書問知軍侍其濬，濬亦不敢答。又昨臣寮有起請復支保州沿邊巡檢兵士口食者，是臣本路本司職事。竊聞本為小人上言不識事體，乞不下轉運司。朝廷因此只下程琳一面相度，臣竟不得與聞。

他既已洞察邊疆隱伏諸多事故，亟待解決。如再苟且拖延，不僅關係民心士氣的振靡。勢將影響國防建設的強弱，以及社稷的安危。因此，不顧得罪權貴，不避嫌怨。立即奏論，提出建言。如云：

臣既親蒙密授經略之任，使其圖利害，為預備。而外則邊防之事，了不聞知，內則不足為朝廷取信。而本司職事，亦不得與議。平日無事之時，尸祿而居，尚當羞愧。況聞近日，邊鄙頻有事端。飛狐界上，與立城柵，漸貯甲兵。又於銀坊冶谷以來，壘石為城，包侵南界。大役人夫，卓立堡寨。竊慮嚮去，沿邊別有事宜。臣既授上件劄子內委任之意，凡事不可不知。兼臣體問得舊日邊上州軍事宜，並申轉運司，只自通和後漸廢。

他今欲乞應係沿邊事宜，自來申報安撫部署司者。亦乞令逐州軍申報轉運司，所貴稍得與聞邊事。至於儲蓄糧草，修城池器械。亦量酌事體緊慢，不至乖方。其間愚慮，或有所長。更冀裨助萬一，而少副委任之意。

其二、奏劾類

當時邊防將帥腐化，士氣低落。朝廷執政大臣，矇上欺下。綱紀廢弛，是非不分，賞罰不明的諸多亂象，先生雖感痛恨與無奈，但仍百折不撓，竭盡心力，以期有助於萬一。只要訪聞體問違法悖理之情事，定必據實奏論。特舉二例如次：

一、奏李昭亮私取叛兵子女

先生巡歷至保州，訪聞得部署李昭亮。前因保州開門後入城，竟將叛軍兵士妻女，分配與諸州軍軍員等，而李昭亮卻先私納婦女。通判馮博文等遞相倣效，亦各私取歸家。軍民傳聞，道路喧沸。李昭亮得知先生覺察其姦，已將馮博文下獄推勘。遂即將私納婦女放出，未知去處，故即具狀奏聞。

此事說也奇怪，很快就接到朝廷覆旨。如云：

> 準中書劄子節文。奉聖旨：馮博文爲陳首特放，更不置院推勘。如更有官員使臣等，將帶卻保州作過兵士人口往本家者，並許陳首亦許放罪。仰本處依前來體例，配與軍員收養者。

他接到右述中書劄子節文，深感詫異，表示不以爲然。基於當司按察職責，爲揭發違紀犯法的將吏。既查有事實，理宜俟推勘院早行斷遣，繳送當司，以憑看詳聞奏外，一本諫官精神，即上「乞推究李昭亮狀」，伏乞特許詳察。如云：

> 當司昨爲眞定府定州等路部署李昭亮，身爲大將，不能統轄，致得保州兵士作亂。及朝廷累降勑牓，屈法招誘，叛卒方肯歸降。既城開之後，其李昭亮轉帖號令諸軍，不

得私取人口幷財物，卻先將叛卒女口，私入本家。當司爲見李昭亮忝爲大將，不恤國家憂患。幸此亂兵，利其妻女。當司職在按察，理合舉行。……其李昭亮身爲大將，不憂國家。幸此亂兵，私取妻女，其情理不輕。況已發覺，無容自首。伏乞許臣根勘，見歸著奏取勑裁。兼本司已牒推勘院，令疎放馮博文處許小姐，及催促根究李昭亮私取人等，早行結絕。未得斷遣繳送當司，以憑看詳聞奏乞訖。

伏緣當司職在按察，今來若舉察轄下官吏。未容根究，便行疎放。即按察之司，是爲虛設。今後官吏作過者，無由糾舉，伏乞朝廷特許詳察。

根據先生下述「乞選差文臣知定州狀」中，得知「李昭亮已抽赴闕，見闕知州」。雖無月日及如何差遣，但可見兩次奏論，確使朝廷不得不慎重處置。

二、乞罷郭承祐知邢州

先生近見郭承祐知邢州，對於朝廷選任邊防將帥。從來都是既不俯察當地士庶的心聲，更是濫竽充數，毫無標準可言。萬般無奈，徒增感歎而已！但面臨問題，仍無懼天威難測。如上「乞罷郭承祐知邢州」。

臣自蒙朝廷差充轉運按察使已來，前後累準密降不下司宣頭劄子，令常用心體量轄下官吏。臣細詳朝旨，本爲河北於天下諸路，最爲用武之地。曩因北虜通和之後，弛備多年。一旦恐有事宜，百事驟廢。朝廷悔鑒前弊，故先愼擇官吏，務欲修整頹綱。昨準宣頭節文：一十九州軍擇人久任外，其餘州軍長吏。令中書、門下、樞密院選差。

并下轉運司體量大小文武官，不堪其任者，不得容庇。不才因循，不切糾舉，卻致臨事闕悞。朝廷留意河北、丁寧切至如此。

若就朝廷累降密旨內來看，似乎執政大臣都能仰體仁宗革弊求新之意，大有奮發圖强的作爲。然而言行不一，處置乖方。用人不當，上下離心，貽害無窮。乃盱衡當前狀況列舉實例，益感憂慮。如云：

近自保州兵亂之後，至今民尚虛驚。軍情未帖，相次順安軍、瀛州安肅軍、衛州通利軍等諸處，不住驕兵，扇搖結構。

當此之際，使他深感意外的是朝廷竟選差污名昭彰的郭承祐爲河北長吏。於是慷慨奏論，直斥其非。如云：

承祐頃知澶州，引惹修城兵士，幾至作鬧。去年差來河北將兵。臣在諫院，曾極論列，尋罷知相州。貪穢之狀，狼籍多端。又爲按察使張昷之奏論罷，爲北京部署。今者移陝西，遷延不去，又以邢臺委之。當河朔多事，朝廷丁寧留意之事。承祐累任不離河北，不審其人果以何能，當此愼選？承祐庸劣貪穢，奴廝之材。若以曾效僕使之勞，不忍廢棄，豈無閑處可畜養之。況邢州北連鎭定，控扼西山。軍馬所屯，人民繁富。禦戎鎭俗，尤須擇吏。萬一乏人選差，止得中常之材，尚勝承祐。

狀末，乞罷郭承祐，另選差人知邢州。如云：

伏望朝廷顧惜河朔名藩重地，不使庸劣小人壞之。其郭承祐，伏乞特賜指揮罷去，邢州另選差人。

先生因奏罷郭承祐事，迭未奉朝旨，適於十二月甲辰，眞定帥知成德軍田況移徙秦州。他接到中書劄子，權知成德軍兼接替田況帥位。故又上「再奏郭承祐。」如云：

臣昨因準中書劄子，權知成德。自邢州經過，見其城壁嚴整，居民繁富。不惟爲朝廷惜此名藩重地，兼痛惜一城軍民，將罹其毒。乃採問得邢州之民，有關朝廷差下郭承祐。其上等人户，各訴免行户，及欲逃移他郡。緣承祐久在河北，其贓穢之狀，人盡知之。竊恐朝廷未知民情不悅若此，謹再具奏聞。

其三、人事類

一、訪問逐州利害牒

先生勘會轄下州軍縣鎭地里闊遠，戶口財賦兵甲甚多。考慮巡歷未到之間，對於各處官吏所見公私利病，無由一一訪問得知。於是即行文所轄州軍，諭俟文到之日，應遍牒在州及外縣鎭官員。如云：

有見得本路及本職務不便事件，及民間弊病，可以興利除害者。並密具文字，子細條列。直赴當司投下，以憑看詳可否。

此種作風，就以現代來說，實爲最民主、最科學、最眞實、最有效的處事方式。

二、舉官劄子

先生勘會本路州縣至多，甲馬甚衆。較比其他三路，最號繁難。況今兵據保州、河決德博、北虜對境、以及諸多未測事宜，皆應預為籌備。當此之時，他深感己非長才，驟當重責，苟一懈怠，所繫非輕。必須憑藉衆能，庶可共濟。因此，特為奏舉前知長垣縣著作佐郎黃贇等五人。如云：

乞特賜勘會。本路州縣闕員及有成資滿任闕處，各與差除，以備緩急勾當，庶幾職務辦集，不至敗悞。

三、保舉王果

先生聞悉前知定州皇城使王果移知密州，朝議以果攻保州之日，傷中兵士數多及縱兵掠奪南關人戶財物，所以被降移差遣。他因巡歷至沿邊州軍，訪聞軍民，咸認王果應受重賞，豈料反被降調。故對此事之處置，皆表嗟怨不平之爭，影響民心士氣甚大。經深入調查結果，確係當時人為因素作祟，故意顛倒黑白所造成是非不分的一樁冤案。故即上狀奏論，乞與昭雪，以平士庶之議。如云：

臣等體量得昨來保州兵士作亂之初，欲自南門突出。賴果領兵力拒，守得南關。賊既不能奔突，遂閉城門。兼初閉門之時，尚可斬關而入。而諸將心不齊一，致果不能獨進。其兵士傷中人多，蓋是果能得士死力，奮勇爭先。雖有中傷，尋各完復。其後累降招牓，賊衆擦城投降。亦以外兵攻圍，亦以必取。賊知窮蹙，方肯聽命。果之力戰，不為無助。

其南關人户財物，乃是招收兩指揮初作亂之時。先自南關劫掠，然後入城。果到南關，只令兵士於招收叛卒營內，就其糧水，或得些小物色，多是叛卒遺棄之物。然東關人户，亦不免劫掠。昨來保州，城開之後。兩關人户，皆有狀稱劫掠財物不少。足明因亂被劫，不獨南關。

右述保州之亂，王果力拒叛兵，固守南關。幷得士卒死力，奮勇爭先的事跡。以及被誣縱兵掠奪南關人戶財物的狀況，剖析詳明。因此，一本重視人才，强調賞罰分明，克盡職責。秉公奏論王果剛勇盡忠之天性，統兵作戰之能力。伏望朝廷審察愛憎之言，保全忠勇之士，特與清雪。藉慰軍民之議，激勸將吏之心。如云：

王果爲性剛勇，奮不顧身。但務盡忠，不恤毀譽。若朝廷當用兵伐叛之初，罪先登效命之將。使冒矢石中傷者被責，而避賊不戰偶無傷中者得遷。竊慮賞罰失中，無以勸戒。兼臣昨因巡歷至沿邊州軍，訪聞軍民嗟憤，皆以果當被賞而不意被責。累經本司及宣撫司陳訴舉留。伏望朝廷審察愛憎之言，保全忠勇之士。其王果，伏乞特與清雪，復一河北沿邊重地差遣。所貴下叶軍民之議，激勸將吏之心。

四、乞不詰問劉渙斬人

先生近知吉州刺史劉渙新到保州，點檢軍資庫。有虞侯張吉無禮及擅開金銀籠子，不服知州指揮，已行處斬訖。

他巡歷經過詳密訪問體察，確認事實眞相如此，本爲邊防將帥依法權宜處置之事。但恐遭小人作祟，反對人士故意指責。故特上「乞不詰問劉渙斬人狀」奏聞。如云：

竊聞前轉運使張沔曾具奏聞，深意朝廷別致疑惑。況保州新經兵亂，河北士卒素驕。處置權宜，難依常法。伏乞朝廷更不詰問，所貴不致引惹。

五、乞選差文臣知定州

先生曾於前述兩次奏論李昭亮，終使朝廷將其抽召赴闕特命，遠離河北邊防重地。所缺知州，尚未發佈接任人選。因此，即上「乞選差文臣知定州。」如云：

伏見知定州李昭亮已抽赴闕，見闕知州。定州控扼西山險要，於河北三路，最爲重地。軍民政事，邊鄙機宜，須藉通才，方能辦集。況即今北界見於界首興建寨柵，及於銀坊口侵占疆封。處置之間，或須應變。鎮撫之術，尤要得人。況河北比於陝西四路，事體甚重。今秦、渭、延、慶並用文臣。伏乞朝廷特於文臣兩制已上，選差一員知定州。或便兼都署，或別差武臣充部署。所貴委任得人，邊事有備。

其四、興革類

一、乞不令提刑司點檢賞給

先生對於樞密院箚子節文：「河北諸州軍將來所支廂禁軍賞給折支。奉聖旨箚與轉運提點刑獄司，疾速分頭，遍行點檢。」續準宣頭節文：「今下河北轉運使副提點刑獄朝臣使臣候到，逐處將賞給物色。若是估價尚高，便仰重行估計。其箚子宣頭，並不得下司者。」

他看詳朝旨，認爲此事所示，大有問題。本爲賞給之物，不可虧損軍人。又因士卒素驕，亦須鎮靜。故每於賞給文字，多令不得下司。以免公開張皇，引惹事端。於是根據實情，剖陳利害。分項摘述如次：

㈠、提刑司自來不管錢穀，忽至州軍，卻入軍資庫點檢。必使兵士皆知朝廷畏懼軍人，特令點檢。如此，必起疑惑。況諸州軍忽見素不管錢穀之提刑司要入軍資庫點檢，不肯應副，則須明言有朝旨令其點檢賞物。又全違不下司之意，致有此事體不便。

㈡、今若只令轉運司點檢，即可以因巡歷名目。每到州軍，自合點檢倉庫，因便就可於軍資庫內點檢。此乃例行公事，不至引惹張皇。況累準朝旨指揮，丁寧嚴切，已各行下諸州軍。且現巡歷各處，均因便點檢。倘若臨時改變辦法，亦恐州軍數多。南郊漸近，更慮公文傳達，遍到不得。勢必引起各州軍張皇失措，兵士惹事生非，影響至大。

狀末，乞密委本州通判等就近點檢。並明降指揮，更不令提刑司點檢，所貴不至張皇引惹。

二、乞令邊臣辨明地界

先生對於近日北虜竟於四望口起立寨柵，幷於銀坊冶谷已來。侵過南界，壘石爲城寨等事。理宜早爲預備，分明界防，免再侵凌。但事既造形，不能防微，則必須杜漸，才是邊臣應負之責。無奈朝廷選差非人，竟以定州一路付與李昭亮。其人昏懦庸碌，不曉事機。未能預先探得起寨事端，及已立起寨柵，又無法預防侵界之患。直至巡邊指揮使湯則被擄囚禁，入侵銀坊以南邊地。大興人夫，壘立城寨。迄今終不能辦理劃分疆界，致難拒絕侵凌，亦不聞別有擘畫。似此既已造成未能解決的狀況，使他深感憂慮的是：

軍城西北山路險絕，銀坊等口，皆可出兵。我於此口扼其險要，是中國必爭之地。彼於今日侵得此一二十里，則險固在彼。而他日行兵，是彼可以來我不可往之勢。

所幸，於今已蒙朝廷委差王德基知定州，其人久在雄州，頗諳邊事，大有可爲。故「乞早降朝旨，下邊臣速令止絕。辦理地界，早見分明。」然後，更坦陳如何處置之可行辦法，建請朝廷早賜指揮。顯見先生見微知著，深謀遠慮，一心維護社稷之耿耿忠誠。如云：

伏乞朝廷早賜指揮王德基，如婉順止約不得，即須力與論辯。仍乞令檢會雄州安撫司等處，往年曾拆卻鋪屋行遣。令依此相度施行，所貴邊防不生他患。

三、五保牒

先生檢會轄下諸州軍，近年不斷申報各地盜賊群夥極多。緣因群盜類皆逃軍、流民、或地痞無賴之徒。結夥劫取財貨，驚擾治安，害民爲患。經查覺盜賊都各有鄉村食宿窩藏之處。所得贓物，常有轉賣寄附之家。每遇官司捕捉，又卻分散，不見蹤跡，致難尋覓。過去雖有令諸戶皆以鄰聚相保，以相檢察。然州縣多不施行，徒具空文，毫無實效。

然經巡歷到通利軍，訪問得知近歲黎陽、衛縣。各將鄉村之人，五家結為一保。自結保以後，絕無逃軍賊盜之禍患發生。公私稱便，民賴以安，理宜遍令施行。但思以其嚴密組織，固可鞏邊防基層之團結核心。然猶慮倘若用人不當，豈不反見擾民。於是訂定辦法先從轄下諸縣，選擇幹員差委。針對各地民間實況，可以增損取捨，決定優先次序。然後再報請遍行指揮，始期妥善。如云：

> 當司相度鄰聚相保之法，是國家見行勑令，於公私甚利。然今既舉行，若總令非才，不能制馭公人胥吏。則勾追搔擾，未見其利，先為民害，以此當司未欲一概遍行指揮。今且於轄下諸縣柬選知縣縣令公明材幹可以差委者，先次施行數內。某官見知某縣事，須實封專牒某官。候到，請詳前項事例辦理施行。當司所錄去合保次第，只是大綱。若更有合從彼處民便，別加增損事件。亦請一面增損施行次第，公文共報，無至張皇鹵莽者。

四、乞免差人往岢嵐軍築城

政治之隆污，關係國家之盛衰，可謂不易之定理。就以本件奏論來說，可見當時執政大臣的顢頇與無能，確已充分顯示朝政的亂象。如云：

> 臣近準朝旨，令於河北差兵二千人往岢嵐軍修城。本司尋曾奏乞於閑慢路分抽差。今奉樞密院劄子奉聖旨：如委實人數不足，即仰抽差一千人者。

先生根據河北實際狀況面對當前形勢，深感本路除祁、瀛、定、雄、霸等州現闕修城士兵外，近又節次据滄、博州狀申：

> 爲河水汎漲，向著緊急，乞差人夫兵士應副功役。本司爲轄下例各闕人，已牒滄州：如河水大段汎漲，令應急量差人夫功役博州。即見於諸州軍剗刷例，各無可抽差。方欲奏聞，乞朝廷於鄰路抽差應副次。今準朝旨：依前降指揮，於近便州軍應急抽那。

似此不明各路狀況忽視方面重臣建言，一味以聖旨當兒戲的執政大臣，其所造成的結果：倘若奉命辦理，勢必怨聲載道，防礙各地既定計畫的推行。否則據理力爭，勉强得以敷衍拖延。必將觸怒權貴，俟機陷害。然而，他爲軍民請命，義無反顧。如云：

> 臣非不知河北、河東，俱係邊防路分。若本路實有兵數不少，臣亦豈敢自私一路，妄有占留。只緣本路實爲闕人處多。今若朝廷須令差撥，而將轄下見役處罷役，那往岢嵐。縱河北事有闕悞，緣臣已有奏請，朝廷必未深罪。其如於事有闕，在臣之職，不敢不言。
>
> 況今年黄河水勢，不類當年。即今五月，已汎漲如此。將來夏末秋初，必大段漲溢。本司方別具奏，乞於京東西差人次。兼本路役兵多，惟河上及修城西山採木等處，各有人數。河上既不可抽那，若抽河北修城兵士與河東修城，又兩處事體不異。而西山採木，蓋爲即今諸處分擘七百已上人。禁軍別立指揮，各要營房及敵柵樓子防城器用，並是緊切不可闕用之物。若不於逐處功役内抽入，即轄下例各別無閑占之人可差。伏乞朝廷更賜體恤，且乞令河東路一面應副岢嵐功役。

先生爲求朝廷俯允所請，除右述據實奏論外，又爲爭取時效，再爲詳陳各種利害狀況。摘要條述如次：

㈠、往來三千餘里苦寒山路。

勘會本路與河東近便，惟有成德軍最近。其路出土門，經天威軍、平定軍至幷州。又出天門關，經憲州、飛鳶軍入洪谷，方至岢嵐，約一千五百餘里。據明鎬元奏稱：「向去二十二箇月方了」。今縱河北差一千人往彼，遠涉一千五百里山險到彼，卒未了當。將來冬月，岢嵐苦寒，役兵各須歸營歇泊。令一千人往來三千餘里苦寒山路，必致大段逃亡作賊。

㈡、河北完緝禦備弛廢。

北虜縱有事宜，必先河北。河北重地，莫如定州。今定州所修城池，將元計工料及見役人數，亦須五六年方了。今若更抽減人往河東，即河北完輯禦備，全然弛廢。

㈢、岢嵐修城緊慢與河北不同。

除定州外，瀛、雄、祁、霸等州修城處，亦須向秋兼用強壯，一二年內，期可了當。本司非不能張皇事體，煩黷朝廷乞人。蓋以北虜即今別無事宜，一二年間，幸可漸次了當。今岢嵐修城功限，比定州全小路分。事宜緊慢，又與河北不同，亦未銷得遠徙三千餘里於緊切處抽人。

㈣、本路諸處修城當斟量漸次修葺。

> 所有德博黃河，今年水勢甚大。於去年今春，朝廷差到河上兵士全少如去歲。若旦夕逐州更有申報，須至煩朝廷乞人外。所有諸處修城功役，雖見闕人。本司亦當斟量事體緊慢，只於本路漸次修葺。

然後，懇切陳請：「惟乞朝廷體卹，更不抽撥往別路，庶免本路闕悞。其抽差一千人箚子，臣亦未敢施行。」

五、乞將誤降配廂軍依舊升爲禁軍

先生近曾牒真定府、定州等路部署司，索取保州分配作過兵士人數。尋準部署司公文，列舉分配人數，內二千一百六十五人配諸州軍禁軍（國防軍），一百九十八人配諸州軍廂軍（鎮兵）。

他巡歷到通利軍時，勘會本軍由保州分配來兵士共計九十人，內八十人配禁軍武衛指揮，十人配廂軍威邊保節指揮。經體問所配禁軍兵士八十人，都是在保州城中作過殺戮吏民，劫奪財物，污辱良善等無所不爲之人。未加考察，即各配禁軍指揮，仍升得軍分。另配廂軍之十人，原在保州城外巡警，聞城中兵亂，遂投奔定州，並無其他過錯。然而，當分配時，不問緣因，卻責以擅離地逃亡，故降配諸處充廂軍，引起其人等怨忿。雖尚未發生事故，然見微知著，不厭其煩追根究柢，分析利害。如云：

> 體問其人等爲見城中作過兵士，卻升得軍分。亦累曾經知軍出頭，有狀聲冤，稱無過降作廂軍，本軍不敢接狀。然亦以其人等怨忿，不敢差使功役，只與閑慢處窠坐羈

糜。當司看詳部署司分配保州兵士之時，升降之間，顯是倒置。今來通利軍，威邊等兵士被作過之人升得軍分。事相形比，不得無言。今若先其無事之時，便與措置，尚全大體。若萬一漸形怨忿，別起事端。至時難爲鎮靜，不免改更，則轉更引惹驕兵生事者。

他既對此事因當時錯誤的處置，致貽今日隱伏的事態，深感憂慮。但爲求事前得謀圖滿解決問題，故特陳請因南郊恩郝，卻與升爲禁軍，以示公允。如云：

當司雖子細體問得上件降充威邊保節等廂軍事節。蓋慮引惹，又不敢親喚本人，取問分配。因依今錄白部署司元牒分析到廂軍人數頭連在前。欲乞特降指揮下眞定府、定州等路部署司，分析元降配諸處兵士，元係是何指揮？及坐何等過犯降配？若會問得與當司體問得事理不別。即乞將降配廂軍人數，只作因南郊該恩赦，卻與升爲禁軍。所貴於事稍允。

六、乞眞定府分饒武兵士別作指揮

先生勘會發現上下指令之間，前後不一。亦未考慮各地環境不同，情況有異，致發生一件嚴重影響軍情的問題。

緣因眞定府驍武、雲翼共五指揮。各以五百人爲一指揮外，其聚併出九百三十七人，別爲兩指揮。已依近降樞密院劄子，未敢分擘。先具分擘團併人數聞奏，聽候朝廷指揮。然而又準宣撫司劄子，下河北諸路分併指揮。兼令轉運司應副木植人工修蓋營房。但諸處各爲缺少木材，未曾修蓋。在仍未及分併指揮之間，已準樞密院箚子，令奏候朝旨。所以諸州兵士指揮，均未曾分擘，營房亦未敢修蓋。

問題出在眞定府一處，原指定作爲饒武兵士各爲住營。內人多屋小，多是兩三家共住一間。經夏暑雨困擾，俱皆無法居住。爲見當地現有木材甚多，於未接到箚子以前，已依準宣撫司指揮，覓得營房土地。幷支撥到一批上好木材，爲見官中修營分擘指揮。人各欣喜，遂各私便，各自用功修蓋。只及月餘，已修蓋完成一處營房。

他考慮朝廷原降指揮內，須有七百人以上，方許分擘。今驍武三指揮，各只有六百四五十人以上，不合規定，以此不令分擘。又慮朝廷不見得本府驍武兵士，已共力興工，蓋成好屋。今若卻不令分擘，即恐兵士已指望自力蓋好之營房，居住落空。勢必頓然失望，影響軍心士氣，莫此爲甚！因此，衡情酌理，坦陳三點建議。如云：

㈠、伏乞朝廷特賜詳察，其諸州軍即須候奏得朝旨，分定指揮，方得興蓋營房。

㈡、眞定府一處，已蓋了營房者。伏乞早降指揮，許令將驍武兵士分擘爲一指揮，於新蓋成營內居住。所貴下順軍情，別不生事。

㈢、仍乞檢會部署司，前奏人數，早賜施行。

七、乞再定奪減放應役人數

先生勘會轄下州軍各級單位，都各於原定勑額人數外，皆有影占上等人戶。前任轉運使張昷之等，遂令諸州軍據原額合留人數外，剩占之人，俱許減放歸農。雖減得人數不少，但由於當時逐州處置方法不一，還有不問戶等高下予以減放者。以致減放之後，引起人民不滿，詞訟不絕。又緣諸州減放事體不盡相同，收斂處置，無法持平等諸多缺失。經過深入檢討研析，確定此一問題，只合依勑條額定之數，較爲允當。

此事既攸關人民切身利害，必欲州縣久遠遵行，則須朝廷明降指揮，庶爲定令。於是建議兩點辦法，奏乞頒行。如云：

㈠、乞特降朝旨，申明元定人數，許本司遍取轄下州軍見管人數，及已減放之人。衮同依入事年月，上名下次排連從上。據勑額元定人數存留外，截下額外之人。不問戶第高下，一時減放。如此，則年深上名，卻得收斂，額外盡減，又不違勒條。

㈡、內有州軍元定人數全少，後來戶口增盈，及公事委實繁多之處。乞許本司差官定奪，量與添人。具數聞奏，立定爲額。庶絕詞訟，兼可永久遵行。

八、乞不免兩地供輸人役

先生近準中書箚子節文：「知保州劉渙奏欲乞朝廷相度沿邊州軍，應係兩地供輸人戶。比附一州軍內人戶，量與減免州縣色役。奉聖旨：宣令轉運司勘會聞奏。」他方行勘會相度依次繼續之際，又準三司牒：「伏乞朝廷指揮，內有界河北兩地供輸。衙前兩地人戶，全放歸農，只令輸納稅賦。奉聖旨：依所奏施行。」

他深感此事並非差役稅賦之減免單純問題，乃是涉及國家主權對於土地、人民之管轄嚴重問題。因此，針對問題之癥結，引證太宗朝成例，剖析利害，奏請不與施行。如云：

臣勘會沿邊界河北百姓，雖有兩地供輸虛名。其稅賦已經太宗皇帝朝全放，即今只於北界納稅。惟有差役，則兩地共之。今若全放界河北人户差役，即是稅賦差徭，全不屬中國所管。既不能賦役其民，即久遠其地亦非中國之有，此事所繫利害不輕。

又緣放免界河以北人户歸農，指揮元不曾降下。本司相度，只是朝廷下三司直降下沿邊施行。已行之事，雖失難追。然昨來所放，只是衙前客司第一等人户差役。所有以次户等第諸般差遣，竊慮人户援例。別有詞説，及邊臣更有奏請。

乞不與施行，其劉渙起請，亦乞更不施行。

前狀上奏之後，本司又接三司牒：「爲臣寮起請三事。奉聖旨：依奏施行。」三事如次：

㈠、沿邊乞減放兩地供輸。

㈡、衙前及係自京支下官物，並令三司差軍大將管押前去。

㈢、係外州軍支撥者，即令支下州軍，差衙前人管押赴逐處。

先生經過詳細研究評估，認爲第一、三兩事，甚爲不便。其兩地供輸人減役一節，本司累曾具述不便利害奏聞。近因程琳有奏，已蒙朝廷行下。卻且依舊差役外，又有般運官物，更增煩擾與不便。至於令支下州軍差衙前管押一節，乃是原臣寮起請之時，不見得本司逐時支移官物次第，所以不詳利害。

於是又作「再乞不放兩地供輸人色役狀」據實奏論，摘要條述如次：

(一)、河北一路沿邊州軍，每年所用絲綿紬絹見錢等數目不少，並只出在濱、滄、德、博四州。每遇邊上州軍少闕，即本司於此四州支撥，無有虛月。若一一並令此四州衙前，盡應副沿邊諸州軍，即衙前人數有限。官物般運，長無虛月。其四州本處，亦各自有。重難差遣，要人差使。若如此施行，不待久遠。只年歲間，立見四州衙前破蕩盡。及逃亡避役，有悞緩急。沿邊闕絕要用之物，般運不前。

(二)、自去年河水決溢，德、博二州人户，災傷貧困。及係災傷地分，破敗場務甚多。正是衙前人等困乏不易之時，尤宜存恤。

(三)、臣今相度，若令沿邊州軍各自般運，則每年轉數不多。若一切令此四州應副沿邊州軍，各大爲繁併。

(四)、臣今欲除自京支與沿邊綱運不多，乞令自京差軍大將外。所有本路支般官物，並令沿邊且依久來體例般運。

(五)、所貴各得均濟。

其五、財賦類

中國古代以農立國，善良的百姓都知道完糧納稅，乃是最重要的應盡義務。但朝廷財賦政策是否適合時代需求?吏治是否清明?人民生活是否安定向榮?關係政府的威信，人心的振靡，影響國家的盛衰，至深且鉅。宋代至仁宗慶曆四、五年間，種種不良現象，日見嚴重，賢者憂心！

先生關切國計民生，無時或釋。此次出帥河北，肩負重責。對於邊防地理環境，民心士氣，所反應朝廷施政方針及吏治良窳。莫不親臨巡歷，細心訪問考察，故能發現諸多問題。除依權責適時處置外，並不厭其煩依據優先順序。剖析利害，隨時上狀奏論。茲就財賦方面，摘述如次：

一、乞一面除放欠負

先生巡歷各地，深感民生問題的嚴重性。尤其吏治的腐化，更覺痛心！就以除放欠負一事而言。如云：

> 竊見近來每遇南郊赦勑，除放天下欠負。朝廷雖示恩卹，而有司未嘗奉行。是致天下常有積年欠負，累經赦宥，除放不得。使破敗逃亡之人，傳子至孫，攤在親戚干繫人等。追擾陪填，不勝其苦。

似此積弊之深，由來已久。緣因欠負官物該恩赦除放者，須經各級保明申奏定奪。經歷衙門既多，又受往復官吏搔擾刁難。拖延日久，難見實效。遂使赦宥之恩，阻隔不下。而反爲各級官司胥吏搔擾之資源，徒增百姓怨嗟受害之仇恨，曷勝歎惜！

至於今年赦書節文內所該欠負官物，特許除放者若干項。內一項，即令本屬及轉運司保明聞奏。他認爲只要主管單位，上下認眞負責，秉公處理。定能貫徹除放赦恩，澤被天下黎庶。因此，奏陳簡明執行辦法：

㈠、特降指揮下諸路申明赦文內令保明者，並須申奏。

㈡、其餘特與除放者，許轉運司除放訖，申三司。（列舉十項先行除放事例略）

二、乞展便糴斛㪷限

先生因當司近準三司牒：「為便糴斛㪷，仰依編敕至三月終住便，更不展限者。」但根據巡歷各地訪問體察，深切了解茲事體大。關係沿邊州軍之糧儲，至為重要。於是詳實奏論。如云：

> 當司勘會沿邊軍儲事大，累年斛㪷入便不敷。……今年方遇豐熟，正是好行入便之時。價例比去年大段低減，兼每年客人雖有斛㪷，不肯便行入中。須待體探年歲豐儉，及伺候官中價例高低。常至三四月間，方始猛來入中。今若只於三月頓然中止，即邊儲大段闕悞。況元拋四百餘萬斛㪷，即今全未糴得。……只指望四五月間趁逐入便。若便及省司元拋數目，只及四百萬石，不得一年約支之數。若頓然住卻，必見大段誤事者。

他為加深朝廷重視此一不展延住便編敕，攸關河北軍馬糧儲之大事。除詳如右述實際狀況外，復又概要綜論其利害。如云：

> 伏乞朝廷特賜詳酌，體認河北軍馬糧儲大事。兼累年便糴不前，趁此年豐價錢之時。且乞依常年便糴至五六月已來，只便及省司元拋數目即止。兼自有便糴已來，年年展限。客人以習慣其事，皆廣為計置。直候依常年四五月，方來入中。今若只於三月止

> 住，即不惟全無入中，致闕乏悞事。兼恐賺悞客人，向後無由入中。

最後，懇請朝廷：「特下三司，許令且依常年體例候糴及元數。別聽朝旨，仍乞速降指揮。」

三、乞催納放外稅物

先生近睹赦書節文：「應今年係災傷處，已經體量見欠稅物。未得催理，奏取指揮。」當司勘會本路一十二州軍各係水災人戶，已經委差主管官員體量到合放稅數，且經列冊具帳申奏。並針對問題所在，陳乞補救。如云：

> 其放外稅物，並是見在苗畝上合納稅數。若更行減放，則姦倖之人，枉有拖陷省稅。及元計度軍儲失備，已具狀奏聞。乞將第四等已下人戶，依赦取奏朝旨外。第三等已上人戶放外合納稅物，乞許依例催納。至今未蒙指揮。

由於朝廷執政大臣中，賢者先後去位，奸佞者相繼當權。先生專摺奏論雖可直達天聽，然各級官僚積習難改。其矇上欺下，敷衍塞責的手腕，尤極圓滑。況當時驛馬交通，仍感不便，公文往返費時。每事拖延時日，不足爲怪。因此，又舉實例剖析。如云：

> 當司今再將合納合放稅數勘會，合放稅數，已及七十四萬餘石束貫外，合納尚有四十餘萬。若更行減放，即恐無名虛放數多，軍儲大段失備。
>
> 今年河北大豐熟，三二十年未有。如此豐歲，其係災傷地分已盡數減放外，合納稅數，若於豐歲更行除放，即恐軍儲失備。將來歲不常豐，或小遇不熟及緩急闕乏，不

免卻煩科歛。

欲乞朝廷檢會本司前奏，特降指揮。其第三等已上人户，除已放外，合納稅數，乞依例催納外。第四等已下人户放外，合納稅數，仍乞與免支移折變。只令納本色或見錢，則優倖已多。

基上所述，既能恪遵赦恩旨意，符合公平兼顧原則，更可把握時效。故乞速降指揮。如云：

所貴赦恩下及貧民，上户不至僥倖。兼即今輸納是時。如允所請，乞速降指揮。

四、乞重定進納常平倉恩澤

按常平倉與義倉相類，爲一良好制度。宋代施行，效果顯著。據漢書食貨志：「耿壽昌白令邊郡皆築倉，以穀賤時增其價而糴，以利農穀。貴時減其價而糶，以贍貧民，名曰常平倉。」

先生又勘會：「本司近爲諸州軍有人戶進納常平倉斛豆，於會到元降勑命內定到等第。恩澤太優，比省倉進納軍儲數目，全然數少。」

他覺得此事大有蹊蹺，因募民入粟，鬻以官爵，乃爲國家權宜不得已之事。苟遇軍須闕乏，不欲科率人民。於是權許兼并之家進納，誘以官爵，原爲備作一時緩急之用。至於常平倉乃是餘力惠民之所及，豈容兼并之家，緣此得以僥倖恩澤？但最感憂慮的是：

豪民見常平倉納物不多，見得恩澤，一向只就常平倉進納。更無進納軍儲之人，失權宜鷙爵之本意。

他爲察覺有此不便，曾具狀申奏。乞增起常平倉進納物數與省倉進納一般，旨在杜絕僥倖，且不妨招誘進納軍儲。其狀已申奏多日，至今未蒙核示。後來又見提刑司通牒諸處，漸有人戶進納常平斛斗。只爲恩澤僥倖，所以人戶各來進納。因此，爲求把握時效，解決問題。無懼得罪執政大臣，更不顧自己前途險惡。即果敢先作處置，伺候朝旨。如云：

本司爲已有申奏，起請乞增數目，見聽候朝旨。已各牒逐處，且令未得受納，伺候朝廷降下指揮。

然後再畫一酬獎次第，乞早降指揮。如云：

今再具畫一，常平倉幷省倉進納軍儲數目酬獎次第。伏乞朝廷比類裁酌，體認本司見止住人戶進納。伺候勑旨次，乞早降勑命指揮。

其六、漕運類

國以民爲本，民以食爲天。國家富强，須賴强大的國防力量，充足的後勤補給。就以軍儲糧草一事來說，尤須朝廷長遠擘畫，適應各地天時地利。調節產銷，統籌配置。機動靈活運用，庶幾有備無患。

古代陸路交通，運輸能量，均較漕運爲遜。因此，先生深有所感。認爲惟有徹底認眞檢討闕失，大膽改良制度。方能漕運通流，邊儲易備，在京亦省費見錢之半。所以先後兩次上狀奏論，提供適切可行辦法。

一、乞置御河催綱

伏見沿邊鎮定等十六州軍，年入中斛㪷，並支在京一色見錢，自來不止全仰沿邊入中。亦於近裏州軍，計置斛㪷。從運河漕運輸邊，所以軍儲不闕。近年廢卻御河，運船不曾般運，只藉沿邊入中。加又京師近歲，難得見錢，客旅交鈔無價。雖於沿邊多添價例，終亦入中不前，近裏州軍卻合相兼計置。然須先修運路，俟漕運路既行，方敢近裏儲積。

先生根據右述狀況，參酌各州軍實際情形，建議兩點如次：

㈠、乞復置御河催綱二員。

點檢本司帳曆，原有管轄御河完好堪用糧船一千八百隻，至今只有三百隻。其中一千五百隻，經差官根究尋覓，仍未見著落。至於現有三百隻，每年亦全不曾般運斛㪷。只是做些雜務般運工作，不過虛名占使而已。緣自御河催綱廢罷之後，綱運無人提轄。以致造成：

綱梢偷減拌和濕爛，損惡卻饋邊之粟。因此，轉運司漸廢漕運之利。殊不思若只仰沿邊入中，則在京廣費見錢。在京錢少，則沿途亦難入中。

他爲期實事求是，捨末復本，乃舉實例以證明恢復漕運之利。如云：

近據廣信軍通判蔣貫擘畫，求得江南配來船匠。打造鏁栿船比舊船減省得物料人工，又可以封鏁不令偷拌。已打成一隻，甚見利便，見今廣謀打造次。臣今欲乞朝廷卻復催綱二員，一員依舊於大名府，一員於乾寧軍。漸用新船，興行漕運之利。

㈡、乞將見錢三說二法，分爲兩番。

按係見行三說新法地分，與沿邊見錢便糴州軍。分爲兩番，更互入中。先生勘會沿邊十六州軍，原係見錢便糴外。近裏大名府等七州軍，近年已許客人三說入中。然此二法，不可並行。緣因，若兩處抄價累苦相爭，即客人只就近裏入中。若沿邊價高有利，即近裏少人肯入。所以建議：

將見錢三說二法，分爲兩番：一年於沿邊見錢入中，則近裏權住三說。次年於近裏行三說，即沿邊權住見錢。若近裏入中而權住沿邊斛㪷無所往，官中便糴必多。若沿邊隔年一入，則京師減費見錢之半，不至滯卻客鈔。則沿邊入中，亦必多矣。若明立二法，分番示信於客人。則久遠不勞朝廷改法，自可省得見錢，邊備亦易計置。然近裏沿御河州軍用三說本要輸邊，則須先修運路。

基上所述，他認爲目前首要之事，應先恢復催綱二員，以便推行工作。所論復置催綱及糴便利害，如蒙朝廷俯允所請。一俟奉頒朝旨，即將約束條件，別具奏聞。

二、乞條制催綱司

先生前狀已蒙朝廷准置催綱，并奉朝旨已差太子中舍賈熊充潮御河等催綱。錄其緣由云：

伏緣御河運路不修，催綱職事久廢。是致催綱兵梢，因緣作過。偷減官物，遲滯行程。所過州軍，任意截撥舟船。所經地分，隨處拆拽釘板。因此，於一千八百隻綱船內，失卻一千五百隻。至今根究，不見縱由。蓋因自來全闕關防，不嚴制條，而致茲積弊也。

至於如何革絕自來綱運積弊，雖極艱困不易，幸今已蒙朝廷准置催綱。必須詳爲籌備，認眞執行，始期得收事半功倍之效。故將所有合行起請事件，擬定規矩大綱，提出五點辦法。乞請朝廷特賜裁酌，降下本司及提轄催綱司等處，遵守施行。摘述如次：

㈠、每隻船梁額上，刻用官火印記：乞起今年已發，打造到三百料糧船。每二十隻爲一綱，同用一字爲號。並造年月，刻於船梁額上，用官火印記訖。給與綱官梢工主管，團成一綱，後不得輒更分破。所貴見得年限遠近，不敢故意損壞及妄行毀拆。

㈡、三百料船釘板名件，一一開坐，雕爲印板：乞令催綱司將三百料船所用釘板名件，一一開坐，雕爲印板。……令據數交割主掌，如遇損壞，合行拆拽，即卻據元數釘板名件送納。或有少數，并勒梢工賠塡。如遇行運之次，損壞不堪，即仰申報本地分官司檢覆。亦據元數拆收，立據催綱司指揮。……所有合退作雜般船者，亦須依刻記造成年月。先後資次撥充雜般，不得隔驀將新好船揀退。仍每綱據少數，卻以新船撥塡足數。

㈢、沿河諸州軍，不得專擅截撥：乞指揮沿河諸州軍，不得專擅截撥。遇有合般載官物，並申提轄催綱官，梢工候見提轄催綱等司文字支撥，方得裝載行運。如違，各乞重行勘罪，官員奏罰。

㈣、所至沿河州軍，立爲程限：乞委轉運司，將通利軍下至潮河，西盡順安軍。地里遠近，所至沿河州軍。立爲程限，牒與提轄催綱司。每遇轉運司有合船運斛㪷，抛撥下數目裝發糧船。即令提轄司具裝發去處，至下卸州軍，除裝卸各給十日限外；沿路地里，指定行程，帖與綱官梢公等。及一面牒催綱司，依程催促。仍令提轄司預先將簿照會行程約度，合到下卸地頭月日，續便支撥。或令回載官物，或令轉載向下行運。亦便牒與催綱司，依程催促。如是下卸後並無官物船載，即仰乾寧、大名兩處，就近赴催綱司岸下繫泊，祇候差撥。所貴綱運，無由散失住滯作弊。

㈤、各司各置帳籍文簿三道：所有帳籍文簿，乞令提轄、催轄等司，各置三道。

1. 置綱船都曆一道：抄上都大舟船數目，逐綱依字號隻數，造成年月，主捉梢工姓名開坐。如有退撥充雜般、及損壞拆拽、及新收充塡數目，亦一一開坐轉計。每半年一度造帳，供申轉運司。
2. 置裝發勾朱簿一扇：具逐綱隻數、綱官姓名、裝卸官物數目月日、依程限抄上催促。候下卸了勾鑿了畢，逐旋關報照會。
3. 置修折簿一扇：每遇合修舟船，即上簿拘管。取索造船務修補日限，上簿催促，候修了勾鑿。如合毀拆變轉，即先具合拆數目上簿。候拆了，赴造船場納畢，取到收簿於催綱司呈驗。開落勾銷，仍於都曆上照會開落。每遇轉運使巡歷，並須子細點驗。

狀末，他謙稱上述所論起請催綱司條件，只是規矩大綱。更有合行事件，乞令催綱司續次申舉。並建議各單位之職掌，應予明確劃分。如云：

其催促行程，點檢官物，拘轄新舊舟船及拆修除破等事，並委催綱司專責管勾。所有支撥舟船應副般運，即申提轄司總領。仍令本路轉運司逐時點檢，如有遲慢，並乞嚴行斷決。其情理重者，仍乞奏乞勑裁。所貴上下遵行久遠，漕運通流，不至誤事。

其七、置磁、相二州都作院

古代兵器如刀槍劍戟等種類繁多，皆屬短兵相接的器械。其用於較遠距離的兵器，則以弓弩二物為主。亦最須選取良材，專精打造，才能適合訓練有素的弓弩手方便使用。先生熟諳孫子兵法，精通韜略。此次出使河北、毗鄰契丹，時刻注意敵我可能發生的任何狀況，更重視各種徵候的變化。對於各地軍需產物的性能、數量等，均能深入了解，確實掌握，妥慎擘畫推動。因此，先後兩狀乞置弓弩及條制都作院，以裨將來作戰所須，亦可鼓舞民心士氣。

一、乞置弓弩都作院

當司曾擘畫於磁、相二州設置都作院打作兵器，已蒙朝廷依奏，並差到監官等。現正催促二州蓋造營房作院及抽束工匠，準備打造一色精好器械。

先生因體察磁、相二州只有鐵作院，素無製作弓弩之擘畫。曾經相度西山產有弓弩良材，惜未善加利用。今見諸州皆草率打造弓弩，頻於損壞修換。既虛費人功物料，更不堪作戰使用。積弊不改，勢必誤事。如云：

磁、相二州，只是鐵作院。所有弓弩，元未曾別有擘畫。當司今相度得西山一帶所產弓弩良材甚多，自來係相州盤陽務採斫應副諸處使用。今欲乞就近於邢州置都作院一所，專打造一色好弓弩，久遠甚爲利便。蓋緣弓弩二物，於兵器之中，最難打造，尤要精專。至於煎膠披筋，各有法度，燥濕寒暑有日時。製造遲速之間，若一事不精，遂不堪用，兼亦不久易損壞。見今諸州軍弓弩造作之時，既皆草草造成，不久尋復損壞，又須從頭修換。一番修換未了，一番已卻損壞。即目諸州，並不暇打造弓弩，只是終年修換。舊者積壓，無由了絕。有打造成後，不曾經使，已修三五次者。修換既頻，轉不堪用。虛費人功物料，久遠悞事不細。

基上所述，先生深切了解致弊問題之癥結有二：一爲散在諸州打造工匠及監官，皆不齊一。二爲本司亦難爲點檢。於是提出辦法云：「若蒙朝廷許置都作院，即選得專一監官，柬擇精好工匠。製定工料法式，明立賞罰。可以責成，兼亦易爲四九檢點。」並建議：

所有磁、相州鐵作院，并今來起請弓弩都作院剏置。事初合立規法，欲候朝旨，許置弓弩作院刱置事，一就條列續奏。伏乞早降指揮。

二、乞條制都作院

先生前狀，已蒙朝旨許置都作院。他認爲若制置得久遠不廢，則本路兵器，必皆精好，其利甚博。

㈠、都作院所造兵器，只令打造一色，切要使用之物。……所有其餘閑雜之物，及修補舊器械，並令諸州軍量留工匠自造。

㈡、本路轉運提刑共四員，欲乞每次季輪一員，專至都作院點檢。將前季工課文字，磨算造到兵器，候見數，即依數點檢試驗。……如是，槍刀劍刃軟卷缺，及箭頭尖卷鐔折，甲葉長闊厚薄。不依斤重者，並勒專工匠等賠填打造及等第區分。

㈢、都作院逐作工課，欲乞依本州工課文曆，監官與本州知州、通判、都監，依例簽押及旬呈。……乞許定轉官酬獎及等第責罰。

㈣、河北一路諸州軍作院，欲乞且令依舊內合行造作及合減罷者，乞許當司相度施行。

其八、敵情類

北虜契丹，素爲宋代心腹大患。無奈輔弼大臣，因循安樂之積習難改。憂心儒士，逆耳之言。反爲顚倒是非，作爲攻訐的藉口。先生自步入仕途以來，對於國計民生問題，累有專摺奏論。雖蒙仁宗器識重視，且有革弊求新之意念宏圖。然國家久安積弱之趨勢，早已造成上下極端嚴重之心理障礙。誠如先生所云：「朝廷常有懼虜之色，而無憂虜之心。」一語道破，最爲關鍵所在。於今，面臨河北邊防諸多事故。見微知著，洞察敵情。責無旁貸，坦率直陳。忠言讜論，發人深省。堪稱古大臣、名將的典範。擇要摘述如次：

一、奏北界爭地界

準樞密院劄子節文：「北界於銀坊城創修寨壘，侵占南界。奉聖旨：令程琳、河北都轉運司、提點刑獄司擘畫如何理占折去者。」

經當司勘會，得知定州軍城寨，申報銀坊城南冶谷口，有北界兵馬搭建寨子。此一情況，曾具聞奏，乞下沿邊安撫司施行。雖經安撫司與北界公文往來，但迄今未見折去寨子。至於有關邊防機密文字，安撫司亦從來不曾照會，以致無法獲悉其與北界交涉結果如何？此一現象，足以顯示當時邊防將帥及各司署主管官吏的心態與作爲，以致衍生潛在的嚴重問題。

於今，該地不僅已立寨壘，貯蓄器甲，更增防戍之人不少。事勢已成，卻欲理會，必須費力。

先生經過冷靜的思考，審慎檢討造成此事的因由：「蓋是邊城從初失於違慢。當其建寨未成之時，不早爭占。及建寨雖成，未貯甲兵之際，又不能折去。……兼當司全不知北界與沿邊往復意見。見行體問，候見次第。或有管見，別具奏聞。」因此，另將所見，詳爲剖析，提陳處置辦法，續具專摺奏論。

二、論契丹侵地界狀

先生首對「北虜近於界首添建城寨，及拘囚定州巡兵湯則，侵過銀坊、冶谷地界等事」，至今未奉朝旨指揮邊臣應如何以理爭辨，深感不以爲然，乃直指朝廷過慮失計。如云：「竊料朝廷之意，必謂爭之恐有引惹之虞。此乃慮之過，而計之失也。」

㈠、誘其來歸，乃是引惹：虜性貪狠，號爲犬戎。欺弱畏強，難示以怯。今杜之於早而力爲拒絕，猶恐不能。若縱之不爭而誘其來侵，乃是引惹。

㈡、西山險要，必爭之地：西山道路有三十餘處，皆可行兵。其險要所扼，在於軍城、銀坊等路，爲彼奪取而不爭。則北寨、王柳等口。漸更來侵，豈能爭矣！是則西山險要，盡爲彼奪。一日使虜以大兵渡易水，由威虜之西平陸而來，以奇兵自飛狐出西山諸口而下。則我腹背受敵之患，不知何人禦之！此蓋兵法必爭之地也。

㈢、未察彊弱，不得情僞：與人爲鄰敵而自棄險要，任彼奪據而不爭。雖使我弱彼彊，尚須勉彊。何況勢鈞力敵，又違誓約，而彼曲我直乎？臣謂朝廷所以然者，蓋由未察虜中彊弱之形，而不得其情僞之實也。

㈣、懼虜之色，憂虜之心：朝廷常有懼虜之色，而無憂虜之心。夫憂之與懼，名近而意殊。憂者，深思極慮而不敢暫忘。懼者，臨事惶惑而莫知所措。今邊防之事，措置多失其機者，懼虜之意過深也。若能察其彊弱之形，得其情僞之實，則今日之事誠不足懼。而將來之患，深有可憂。奈何不憂其深可憂，而反懼其不足懼。

(五)、戎虜君臣，動多不臧：戎虜雖以戰射爲國，而耶律氏自幼承其父祖與中國通和之後。未嘗躬戰陣，遭勍敵。謀臣舊將，又皆老死。今其臣下如貫寧者無三兩人。寧才不及中人，已是彼之傑者。所以君臣計事，動多不臧。當初對梁，適遣使河西，使與中國通好。及議和垂就，不能小忍以邀中國厚利。乃與元昊爭夾山小族，遂至交兵，而累戰累敗。亡人失馬，國內瘡痍。誅斂山前，漢人怨怒。往時虜殺漢人者罰，漢人殺虜者死。近聞反此二法，欲悅漢人。漢人未能收其心，而虜人亦已怒矣！

(六)、實弱示彊，用兵詭計：今春女眞渤海之類，所在離叛攻劫，近纔稍定。方且招輯敗亡，修完器甲。內恐國中之復叛，外有西夏之爲虞。心自懷疑，憂我乘虛而北襲。故於界上勉強虛張，囚我巡兵，侵我地界。蓋其實弱而示彊者，用兵之詭計。故臣謂苟能察其彊弱，知其情僞。則無不爭之理，何必懼其不足懼哉？

(七)、北戎分合，福禍難料：自國家困於西鄙用兵，常慮北戎合謀，乘勝而動。乃見二虜相失而交攻，議者皆云中國之福。夫幸其相攻爲我之福，則不幸使其解仇而復合，豈不爲我禍乎？臣謂北虜昨所以敗於元昊者，亦其久不用兵，驟戰而逢勍敵耳。聞其自敗衄以來，君臣恐懼，日夜謀議。通招丁口，柬募甲兵。處處開教閱之場，家家括糧馬之數。以其天姿驍勁之俗，加以日夜訓練之勤，則其彊難敵矣！今虜國雖未有人，然大抵爲國者久無事，則人難見，因用兵則將自出。使其交戰既頻，而謀臣猛將，爭能並出。則是夾山一敗，警其四十年因循之弊。變驕心而爲憤志，化惰卒而爲精兵。因屢戰而得驍將，此乃北虜之福，非中國之福也。此臣所謂將來之患者也。然二虜勢非久相攻者也。一二年間不能相并，則必復合。使北虜驅新勵之彊兵，無西人之後害。而南向以窺河北，則又將來之患大者也。

(八)、本路之事，今昔殊異：去年以前，河北官吏無大小，皆得舉材而擇人。急於用人，如不及者，惟恐一事之失計故也。自今春以來，差除漸循舊弊。凡幹敏之吏，熟於北方事。舉留奏乞，百不從一。不惟使材臣能吏不勸而殆，亦足見朝廷不憂河北之事辨否也。

至於廢沿邊久任之制，而徙劉貽孫。以王世文當冀州、李中吉當廣信、王中庸當保州、劉忠順當邢州。如此數人，於閑慢州軍，尚憂敗政，況於邊要之任乎！臣愚以朝廷不以北事爲憂，則又怯懼如此。既曰懼矣，則於用人之際，又若忽而不憂，此臣之所未喻也。

(九)、侵地必爭，湯則亦爭：虜人侵我冶谷，雖立寨屋三十餘間。然尚遲延，未敢便貯甲兵，更伺我意緊慢。若不及早毀折而少緩縱之，使其以守之，則必難矣！此旦夕之間不可失也。至於湯則，亦聞四而未敢殺，此亦不可不爭。

㈩、用人之際，惟材是擇：臣願陛下，但以將來之患爲憂，不忘此事。用人之際，革去舊例，而惟材是擇。勿聽小人之謬謀，勿於忠良而疑貳。使得上下畢力，庶幾漸成禦備。

先生非常了解，現在朝廷乃是小人當道。對於有關軍國之事的任何奏論，勢必置若罔聞。況非緊急狀況，更難期盡信。故於文末，特爲指陳。如云：

目今小事未銷，過自怯懼。夫事之利害，激切而言，則議者以爲太過。言不激切，則聽者或未動心，此自古以爲難也。況未形之事，雖曰必然，而敢冀盡信乎！

因此，懇切言道：「伏望陛下留意聽納，不以人廢言，則庶竭愚瞽，少裨萬一。」

其九、其他

先生全集河北奉使奏草卷下，末後兩篇爲「論河北財產上時相書、自劾乞罷轉運使。」卷末載有：「上時相一首，乃慶曆五年二月。時杜衍方罷相，賈昌朝代之，公已失助。首相實章得象，而參政則宋庠也。此書舊入奏議，尤無謂。今移附此卷末，庶成全書。所云大綱具別紙，不可得而見矣！」

至於自劾乞罷，更可見當時小人亂政的陰險。緣因賢者相繼去位，小人執政，把持朝綱。竟將仁宗密授先生經略之旨，身領西路營田都大制置屯田本路勸農使本職。另委他官，專切管勾。使他徒擁虛名，形同尸位。深感不安，更難自處，故特具狀乞罷轉運使。茲摘述如次：

一、論河北財產上時相書

先生首言：「蒙相公不以爲不才，而擇天下諸路中最重之地以授之，而責其所爲。當此之時，自宜如何可以塞責。及臨職以來，迨將半歲。齷齪自守，未知所措。非敢怠也，誠有說也。至於山川險易，城寨屯防，邊陲守備等等。是皆河朔之大者，朝廷已委樞密富公經畫之矣！」

次云本司之事，列舉州軍縣寨各種人戶、官吏、軍馬民兵及正常歲支糧草錢帛等數據，必須詳求審察利害之源，始得其要。如云：「凡自河以北州軍縣寨，一百八十有七城，七十萬五千有七百戶。官吏在職者，一千二百餘員。廂禁軍馬義勇民兵，四十七萬七千人騎。歲支糧草錢帛，二千四百四十五萬，而非常之用不與焉。其間事目之節，利害之源。非詳求而審察之，不能得其要。」

接著虛心檢討，客觀公正評析前任施政之得失。略述半年來遵其所長，戒其所短之構想作爲。如云：「前張昷之等急於舉職，公家之利，知無不爲。其興利除害，便於事者極多。而時有失於不審，更改過繁，而涉於苛碎者。故自繼職以來，遵其所長，戒其所短。凡事關利害者，慎之重之，未敢輕議。今半歲矣，官吏之能否？公私之弊病，粗已得其十七八。而又取其事涉苛碎紛繁而下切患之，有司自可改復不煩朝廷處分者。先以次第行之，乃暇及於其它。然其事繫利害，有司不敢自決，必當上聞者，其類甚多。而久之未敢干朝聽者，不惟自疑於不審。誠慮朝廷鑒昷之等前失，不能盡信其說而必從之。今慎之久矣，得之詳矣。苟有所請，實有望於見信而從之也。」

然後奏論河北大事，認爲在富（弼）公經營之外，其要不過五六。就是不可爲者一，可爲者四五。雖皆有司之事，然朝廷主張則能行，不主張之則亦不能爲。因爲，每一要項，都經過訪問考證，深入探究，剖析利弊。既有主張，又有辦法。不僅可作爲當時河北極重要的財經政策藍圖，更可垂示現代主政者之師法。摘述如次：

㈠、不可爲者一。

自古邦國財產之利，必出山澤。故傳曰：山海，天地之藏也。自兩漢以來，摘山煮海之利，必歸公上。而今天上諸路山澤，悉已榷之，無遺利矣！獨河北一方，兵民所聚，最爲重地。而東負大海，西有高山。此財利之產，天地之藏。而主計之吏，皆不得取焉。祖宗時，哀閔河北之民，歲爲夷狄所困。盡以海鹽之利，乞與疲民。此國家恩德在人，已深而不可奪者也。西山之長數百里，其產金銀銅鐵丹砂之類，無所不有。至寶久伏於下，而光氣苗礦，往往溢發而出地。官禁之，不許取，故捨此惟有平地耳。

河北之地，西方不及千里，而緣邊廣信、安肅、順安、雄霸之間。盡爲塘水，民不得耕者十八九。澶、衛、德、博、濱、滄、通利大名之界。東與南，歲歲河災，民不得耕者十五六。今年大豐，秋稅尚放一百萬石。滄、瀛、深、冀、邢、洺、大名之界。西與北，鹹鹵大方鹽池，民不得耕者，十三四。又有泊淀不毛監馬棚牧，與夫貧乏之逃而荒棄者，不可勝數。

大山大海之利，既不可取。而平地堪出財賦者，又有限而不取。其助者，不過酒稅之入耳！其入有數，而用度無常也。故雖研桑之心計，捨山澤與平地，不能爲也，此所謂不可爲者一也。

㈡、可爲者四五。

其用有不足，不過上干朝廷。乞銀絹而配疲民，號爲變轉爾，此近年之弊也。然若能擇官吏以辦戰事；裁僥倖以減浮費；謹良材、精器械以助武備；因貴賤、通漕運而移有無；如此之類，苟能爲之，尚可使邊防粗足而京師省費用。此冀禆萬一而皆有弊病，理須更改事目，委曲非書可。殫敢具其大綱，列於別紙（查無資料可尋）。

書末，則云：「伏望特加省覽，察其利害。或其所說不至大乖戾，望少信而從之，俾畢其所爲。若夫盡其所爲而卒無成焉，則不待朝廷之責，而自當劾去。若其有以禆萬一，則何幸如之。伏惟聰明，少賜裁擇。」

二、自劾乞罷轉運使

先生近準樞密院箚子節文：「臣察奏乞今後近塘泊州軍人戶地內蘆葦等，並不得採取。及自順安軍以西漸近西山，水難瀦聚，今即不住開治。及乞今後標占卻人戶田土，即將官地給還人戶。或估計價錢給付等第。奉聖旨依奏，仍令本路提刑田京專切管勾者。」

他冷靜思考，揣度朝廷此種作法，不僅違反體制，極不尋常。更顯示小人當道，排除異己，不擇手段的陰狠毒辣。且早已洞察官場黑暗，人心險詐，凡事變化莫測。況天性剛直，疾惡如仇。素以國計民生，主持公義。言人所不敢言，必然惹人憎恨。致使奸佞小人，伺機報復，必欲誣害之而後快。狀況已明，正好藉此自劾乞罷，俾卸仔肩。如云：

伏見國朝之制，河北轉運使，皆領都大制置屯田使之名。兼臣赴職之初，被朝旨密授經略任。以此見朝廷差選之際，其任非輕。於臣職分之間，所責尤重。至於塘泊邊防利害之事，皆其職也。職隳其守，咎將安歸？豈有親蒙密授經略之旨，身領都大制置之名，而煩朝廷別委他官，專切管勾。則臣之不才不能任事，不待彈劾，可以自知。況臣將及期年，絕無績效。考其常課，已合黜幽。又以不才，失其本職。且都大制置，豈是假人之虛名。苟非其人，自當易去。豈可容不才之人尸位，移本職於他司。使臣偷安，實難自處。

狀末，坦誠言道：

伏望聖慈，據臣不才失職之狀，降授一小郡差遣，庶以警勸在位之人。臣無任祈天望聖激切屏營之至，謹具狀自劾奏聞。（此狀無月日）

九月，三朝典故書成，先生曾參與編纂，蒙朝廷賜詔獎諭。作有「謝獎諭編次三朝故事表。」如云：

今月二十八日，進奉院遞到詔書一道。以臣前奉詔編次三朝故事成上進訖，特賜獎諭者。聖后當天，孝循先志。嘉與左右，奉爲大法。成編上聞，懼不稱旨。蒙詔溫諭，以榮以悸。……尚惟一祖二宗之遠謨，有百世無疆之丕訓。……蓋守成念夫至艱，孝者先乎善繼。睿心遠紹，振古與偕。……臣既被上音，適絡論次。……瞻望宸扆，無任激切。

十月甲午六日，先生得知契丹宣徽使劉三嘏挈其愛妾兒女等七口，向化南歸，現在廣信軍聽候朝旨中。他憂慮朝廷聽信臣寮之言，只依常式，對於投奔來人等依例約遣回不納。故特上奏「論劉三嘏事狀」，列舉卻之納之二端利害五點，請朝廷裁擇。如云：

一、往年山遇捨元昊而歸朝，邊臣爲國家存信，拒而遣之。元昊甘心山遇，盡誅其族。由是河西之人，皆怒朝廷不納，而痛山遇以忠而赤族。吾既絕西人歸化之路，堅其事賊之心。然本欲存信以懷元昊，而終叛逆，幾困天下。是拒而不納，未足存信，而反與賊堅人心，此已驗之效也。其後朝廷悟其失計，歸罪郭勸，悔已難追矣！此事不遠，可爲鑒戒。

二、三嘏是契丹貴臣，秉節鉞、兼宣徽，可謂至親且貴矣。一旦君臣離心，走而歸我，是彼國中大醜之事。必須掩諱，不欲人聞，必不敢明言求之於我。

三、況彼來投，又無追者相繼。既絕縱跡，別無明驗。雖欲索之於我，難以爲辭。

四、三嘏既彼之貴臣，彼國之事，無不與知。今既南來，則彼之動靜虛實，我盡知之。可使契丹日夕懼我攻取之不暇，安敢求索於我，自起兵端。若使契丹疑三嘏果在中國，則三四十年之間，卒無南向之患，此又納之大利。

五、彼既窮來歸我，若拒而遣之，使其受山遇之禍。則幽燕之間，四五十年來，心欲南向之人，盡絕其歸路。而堅其事狄之心，思為三嘏報仇於中國。又終不能固契丹之信此為誤計，其失尤多。且三嘏在中國，則契丹必盡疑幽燕之人。是其半國離心，常恐向背。凡契丹南寇，常藉幽燕。使其盡疑幽燕之人，則可無南寇之患，此又可納大利五也。

最後，懇切建議：「古語曰：天與不取，反受其咎，此不可失之幾也。其劉三嘏，伏望速降密旨與富弼，令就近安存，津遣赴闕。惟乞決於睿斷，不惑羣言。」

狀上不報，無奈卓越遠見，忠懇之言，不為朝廷重視。致重蹈當年西夏山遇捨元昊來歸被拒，而遣反之惡果，實感歎息！撫今追昔，若就當時敵我形勢，予以冷靜客觀的評論。有識之士，應以先生之言為可取。謀國君臣，豈能逃避歷史公評？

十月，作有「吉州學記」，深切體會政治的盛衰，繫於學校的興廢，教育人才的優劣。如云：

……學校，王政之本也。古者，政治之盛衰，視其學校之興廢。記曰：國有學，遂有序。黨有庠，家有塾。此三代極盛之時，大備之制也。宋興，蓋八十有四年。而天下之學，始克大立。其年十月，吉州之學成。……將見吉之士，皆道德明秀，而可為公

> 卿。問於其俗，而婚喪飯飲皆中禮節。入於其里，而長幼相孝慈於其家。行於其郊，而少者攜其羸老，壯者代其負荷於道路，然後樂學之道成。……故於其始成也，刻辭於石，而立諸其廡以俟。

先生雖生於綿，長於隨，仕於朝，家於潁，然祖籍廬陵（吉州首縣），實爲父母之邦。吉州廬陵，亦因歐陽子之名，永垂千古。吉州文風鼎盛，風俗純美，遠近傳聞，蔚爲典範。此文係應當時治吉，敏而有方的知州李侯寬，對於該州人士出錢出力之支持，興建完成學舍之後所請而作。

十一月己巳十一日，朝廷詔戒朋黨相訐，及按察恣爲苛刻，文人肆言行怪者。按黃兗梁溪漫志：「蘇子美（舜欽）奏邸之獄，當時小人借此以傾杜祁公（衍）、范文正（仲淹），同時被逐者皆名士，奸人至有一網打盡之語。獨韓魏公（琦）、趙康靖公（概）論救之而不能回也。其得罷時，歐公按察河北。子美貽書自辨於公，詞極憤激而集中不載。歐公書其後云：子美可哀，吾恨不能爲之言！蓋公已自諫省出矣。」

子美爲先生在朝時之君子知交，不幸忝爲宰相杜衍之婿，又是仲淹之薦入館閣，致遭小人陷害，從此埋沒一代名士，足見當時黨爭之可怕，曷勝歎惜！

綜觀當時政潮起伏不斷，皆因賢者在位，小人不便。倡言朋黨爲禍，陰謀羅織罪名，無所不用其極的手段，攻訐誣害。除上略有概述外，蘇子美的冤獄，實爲影響正邪的消長，斷送慶曆新政推展的關鍵所在。茲將宋史全文卷八下所載，摘述如次，藉明眞相。

一、范仲淹、富弼先後出使西北邊

是年六月，參知政事范仲淹爲陝西河東路宣撫使。始仲淹以忤夷簡，放逐者數年。士大夫持二人曲直，交指爲朋黨。及陝西用兵，天下以仲淹士望所屬，拔用護邊。及夷簡罷，召還，倚以爲治，中外想望其功業。而仲淹亦感激眷遇，以天下爲己任。遂與富弼日夜謀慮，興致太平。然規模闊大，論者以爲難行。及按察使多所舉劾，人心不自安。任子之恩薄，磨勘之法密。僥倖者不便，於是謗毀寖盛。而朋黨之論，滋不可解。然仲淹、富弼，守所議不變。

先是石介奏記於弼，責以伊周之事。夏竦怨介斥己，又欲因是傾弼等。乃使女奴陰習介書，久之習成。遂改伊周曰伊霍，而僞作介爲弼撰廢立詔草，飛語上聞。帝雖不信，而仲淹、弼，始恐懼不敢自安於朝，皆請出按西北邊。適有邊奏，仲淹固請行，乃使宣撫陝西河東。

八月甲午，樞密副使富弼爲河北宣撫使。其實弼不自安於朝，欲出避讒謗也。

二、蘇舜欽（子美）案始末

十一月甲子，監進奏院劉巽、大理評事蘇舜欽並除名勒停。王洙、江休復、王益柔、周延雋、章岷通、呂溱、周延讓、宋敏求、徐綬等十人，俱爲當世知名之士，皆貶謫。

先是杜衍、范仲淹、富弼等同執政。多引用一時聞人，欲更張庶事。御史中丞王拱辰等，不便其所爲。而舜欽仲淹所薦，其妻又衍女，少年能文章，議論稍侵權貴。會進奏院祠神，舜欽循前例用鬻故紙公錢，召伎女，開會賓客。拱辰廉得之，諷其屬魚周詢、劉元瑜等劾奏，因欲動搖衍。事下開封府治，於是舜欽及巽俱坐自盜。同時斥逐者，多知名士，世以爲過薄。而拱辰等方自喜曰：吾一舉網盡矣！樞密副使韓琦言於上曰：昨聞宦者操文符捕館職甚急，眾聽紛駭。舜欽等一酬飽之過，止可付之有司治之，何至是。陛下聖德素仁厚，獨自爲是何也？上悔見於色。自仲淹等出使，讒者益深，而益柔亦仲淹所薦。拱辰既劾奏，乃言益柔作傲歌，罪當誅，蓋欲因益柔以累仲淹也。章得象無所可否，賈昌朝陰主拱辰等議。及輔臣進白，獨琦言益柔少年狂語，何足窮治？天下大事固不少，近臣同國休戚，置此不言，而攻一王益柔。此其意有所在，不特爲傲歌可見也。上悟，稍寬之。時兩府合班奏事，琦必盡言事。雖屬中書，琦亦對上陳其實，同列尤不悅。上獨識之。曰：韓琦性直。

是月壬午二十四日，南郊大赦。先生蒙恩進階朝散大夫，封信都縣開國子，食邑五百戶。

按開國之際有二：伯、子、男止封縣，公、侯封郡，皆即其所居之本貫封之，與單封國公取他郡者不同。然又有止封食邑者，又有加封實封者。食邑行於伯、子、男，加食實封者，行於公侯。

制詞有云：「……以爾河北都轉運按察使龍圖閣直學士宣德郎、行右正言騎都尉、賜紫金魚袋歐陽某。學有師法，言無畏避。……可特授朝散大夫，依前右正言充龍圖閣直學士河北都轉運按察使。特封信都縣開國子，食邑五百戶，勳賜如故，仍放朝謝。」

按宋史職官志楊億上言：「自是因循以至唐室，但食邑者卒爲虛設，言實封者歲入有差。迨及聖朝，並無所給。至於拜除之際，猶名數未移，空有食采之稱，直同畫餅之妄。又有官勳之設，多品實繁。今朝散、銀青猶闕。命服、護軍、柱國，全是虛名。」註：朝散、銀青乃散官，柱國則屬勳官。

足見古代帝制王朝，對於崇尚虛名的勳爵封賞，確同畫餅之妄。品類之繁，不勝枚舉。不過，朝廷爲維繫官場虛榮心之需，不過，聊備一格而已，故始終未予更改。

先生全集中居士外集卷第九，本年末，載有兵儲、塞垣、代曾參答弟子書等三篇。在卷末有云：「江佃文海，多以它人文爲公所作。……筠州學記曾鞏文也，察言論唐庚文也。……而代曾參答弟子書，不知何人之文，與此卷兵儲、塞垣兩論，皆可疑。刪之，恐無以解後來之惑，姑留而著其說。」因此，各篇雖皆內容充實，各具卓見，然既有可疑，又無月日，故本書從略。

第三節　止殺保州降卒確保安定

慶曆五年（一〇四五）乙酉，先生三十九歲。

春，眞定（今河北正定）帥田況移秦州，先生權府事者三月。

正月，先生與河北宣撫使富弼相遇於內黃，曾以一言提醒富弼止殺保州已降士卒二千人。仁者胸襟與卓見，頓使富弼警悟，善莫大焉！黃震古今紀要云：「公漕河北，止富公殺保州降卒，豈止勝造七級浮屠。」茲將經過情形，摘述如次，藉明概要。

一、四朝國史本傳：

兵之始亂也，招以不死，既而皆殺之。脅從二千人，分隸諸郡。富弼爲宣撫使，恐後生變，將使同日誅之。與修遇於內黃，夜半，屏人告之故。修曰：禍莫大於殺已降，況既非朝命，脫一郡不從，爲變不細。弼悟而止。

二、蘇轍撰歐陽文忠公神道碑云：

初保州兵亂，皆招以不死，既而悉誅之。脅從二千人，亦分隸諸州。富公爲宣撫使，恐後生變，與公相遇於內黃。夜半屏人謀，欲使諸州同誅之。公曰：禍莫大於殺已降，況脅從乎！既非朝命，州郡有一不從，爲變不細。富公悟乃止。

三、吳充撰太子太師歐陽公行狀云：

保塞之脅者二千餘人，分隸河北宣撫使，恐復生變，欲以便宜悉誅之。公權知成德軍，遇之於內黃宣撫使。夜半，屏人以告公。公曰：禍莫大於殺降。昨保州叛卒，朝廷許以不死，今戮矣！此曹本以脅從故得脫，奈何一旦殺無辜二千人，且非朝命。若諸郡不肯從，緩之必生變，是趣其爲亂也。且某至鎭州，必不從命，遂止。

四、歐陽發等述先公事迹云：

保州叛兵既降，其脅從者二千餘人，分隸河北諸州。富鄭公爲宣撫使，恐其復生變，欲委諸州同日誅之。方作文書，會先公權知鎭府，遇富公於內黃。富公夜半屏人，密以告公。公曰：禍莫大於殺降。昨保州叛卒，朝廷許以不死招之，今已戮之矣！此二千人本以脅從故得不死，奈何一旦無辜就戮？且無朝旨，若諸郡不肯從命，事既參差，則必生事，是趣其爲亂也。且某至鎭州，必不從命。富鄭公遂止。

先生久未作詩，今春，難得於公務繁忙，旅途跋涉，車馬勞頓之時，竟有多首古律詩之作。茲摘述幾首，更可體會他此時的心境。

一、古詩

㈠病中代書寄聖俞二十五兄

憶君去年來自越，值我傳車催去闕。是時新秋蟹正肥，恨不一醉與君別。今年得疾因酒醉，一春不飲氣彌劣。……昔在洛陽年少時，春思每先花亂發。萌芽不待楊柳動，探春馬蹄常踏雪。到今年纔三十九，怕見新花羞白髮。顏侵塞下風霜色，病過鎮陽桃李月。兵閑事簡居可樂，心意自衰非屑屑。……官茶雖厚世味薄，始信衣纓乃羈紲。故人有幾獨思君，安得見君憂暫豁……郭生書來猶未到，想見新詩甚飢渴。少年事事今已去，惟有愛詩心未歇。君閑可能爲我作，莫辭自書藤紙滑。少低筆力容我和。無使難追韻高絕。

(二)鎮陽殘杏

鎮陽二月春苦寒，東風力弱冰雪頑。北潭跬步病不到，何暇騎馬尋郊原。……人生一世浪自苦，盛衰桃杏開落間。西亭昨日偶獨到，猶有一樹當南軒。殘芳爛漫看更好，皓若春雪團枝繁。無風已恐自零落，長條可愛不可攀。猶堪攜酒醉其下，誰肯伴我頹巾冠。

(三)暮春有感

……春事已爛漫，落英漸飄揚。……啼鳥亦屢變，新音巧調篁。……天工施造化，萬物感春陽。我獨不知春，久病臥空堂。時節去莫挽，浩歌自成傷。

(四)鎮陽讀書

春深夜苦短，燈冷燄不長。塵蠹文字細，病眸澀無光。坐久百骸倦，中遭羣慮戕。尋前顧後失，得一念十忘。乃知學在少，老大不可彊。廢書誰與語，歎息自悲傷。因憶石夫子，徂徠有茅堂。……卻尋茅堂在，高臥泰山傍。聖經日陳前，弟子羅兩廂。……

……賓朋足棗栗，兒女飽糟糠。……嗟我一何愚，貪得不自量。平生事筆硯，自可娛文章。開口攬時事，論議爭煌煌。退之嘗有云，名聲暫羶香。誤蒙天子知，侍從列班行。官榮日已寵，事業闇不彰。器小以任大，蹐顚理之常。……有類邯鄲步，兩失皆茫茫。便欲乞身去，君恩厚須償。……自覺誠未晚，收愚老縑緗。

(五)讀蟠桃詩寄子美

韓孟於文詞，兩雄力相當。篇章綴談笑，雷電擊幽荒。衆鳥誰敢和，鳴鳳呼其凰。……近者蟠桃詩，有傳來北方。發我衰病思，藹如得春陽。忻然便欲和，洗硯坐中堂。墨筆不能下，怳怳若有亡。老雞觜爪硬，未易犯其場。不戰先自卻，雖奔未甘降。更欲呼子美，子美隔濤江。其人雖憔悴，其志獨軒昂。氣力誠當對，勝敗可交相。安得二子接，揮鋒兩交鋩。我亦願助勇，鼓旗譟其旁。快哉天下樂，一釂宜百觴。乖離難會合，此志何由償。

(六)初伏日招王幾道小飲

北園數畝官牆下，嗟我官居如傳舍。……人生有酒復何求，官事無了須偷暇。古云伏日當早歸，況今著令許休假。能來解帶相就飲，爲子掃月開風榭。

二、律詩

(一)寄子山待制二絕

留滯西山獨可嗟，殘春過盡始還家。落花縱有那堪醉，何況歸時無落花。

聞君屢醉賞紅英，落盡殘花酒未醒。嗟我落花無分看，莫嫌狼藉掃中庭。

㈡寄秦州田元均

由來邊將用儒臣，坐以威名撫漢軍。萬馬不嘶聽號令，諸蕃無事著耕耘。

夢回夜帳聞羌笛，詩就高樓對隴雲。莫忘鎮陽遺愛在，北潭桃李正氛氳。

㈢送沈待制陝西都運

幾歲瘡痍近息兵，經營方喜得時英。從來漢粟勞飛輓，當使秦人自戰耕。

道左旌旗諸將列，馬前弓劍六蕃迎。知君材力多閑暇，剩聽陽關醉後聲。

先生於春夏間，尙有多篇傳世之文，謹摘述外制集序。如次：

外制集序 一作慶曆制草

慶曆三年春，丞相呂夷簡病，不能朝。上既更用大臣，銳意天下事，始用諫官御史疏。追還夏竦制書，而召韓琦、范仲淹於陝西。又除富弼樞密副使。弼、仲淹、琦皆惶恐頓首，辭讓至五六不已，手詔趣琦等就道甚急。而弼方且入求對以辭，不得見。遣中貴人趣送閤門使，即受命。觀琦等之所以讓，上之所以用琦等者，可謂聖賢相遭，萬世一遇。而君臣之際，何其盛也。

於是時，天下之士，孰不願爲材邪。顧予何人，亦與其選。夏四月，召自滑臺，入諫院。冬十二月，拜右正言知制誥。……予時雖掌誥命，猶在諫職。常得奏事殿中，從容盡聞天子所以更張庶事，憂閔元元而勞心求治之意。退得載於制書，以諷曉訓勅在位者。……

明年秋，予出爲河北轉運使。又明年春，權知成德軍事。事少間，發篋所作制草而閱之。雖不能盡載明天子之意，於其所述，百得一二，足以章示後世。蓋王者之訓在焉，豈以予文之鄙而廢也。於是錄之爲三卷，予自直閣下，儤直八十始滿。不數日，奉使河東，還，即以來河北。故其所作，纔一百五十餘篇云。三月二十一日序。

三月，先生作有兩篇墓誌銘。

一、知友梅聖俞於去年秋，來自吳興。出示其哭內詩，非常悲傷！告失其妻病逝的狀況，請他務必以銘而葬。雖已允諾，但未暇作。年來，先後來書七八封，皆言及謝氏銘事。情難再緩，於是即爲作「南陽縣君謝氏墓誌銘」：

首如右述爲銘的經過概要。

次則根據聖俞之言曰：

吾妻，故太子賓客諱濤之女，希深之妹也。希深父子爲時聞人，而世顯榮。謝氏生於盛族，年二十以歸吾，凡十七八年而卒。卒之夕，斂以嫁時之衣。甚矣！吾貧可知也，然謝氏怡然處之。

治其家，有常法。其飲食器皿，雖不及豐侈，而必精以旨。其衣無故新，而澣濯縫紉，必潔以完。所至官舍雖庳陋，而庭宇灑掃，必肅以嚴。其平居語言容止，必怡以和。吾窮於世久矣！其出而幸與賢士大夫遊而樂，入則見吾妻之怡怡而忘其憂。使吾不以富貴貧賤累其心者，抑吾妻之助也。……我為婦人，死而得君葬我，幸矣。其所以能安貧而不困者，其性識明而知道理，多此類。嗚呼！其生也迫吾之貧，而歿也又無以厚焉，謂惟文字可以著其不朽。且其平生，尤知文章為可貴。歿而得此，庶幾以慰其魂，且塞予悲！此吾所以請銘於子之勤也。

然後據為結語而銘：

若此，予忍不銘！夫人享年三十七，用夫恩封南陽縣君。二男一女。卒於高郵，梅氏世葬宛陵，以貧不能歸也。某年某月某日，葬於某縣某原。銘曰：

高崖斷谷兮，京口之原。山川水深兮，土厚而堅。居之可樂兮，卜者曰然。骨肉雖土兮，魂氣則天。何必故鄉兮，然後為安。

先生一生為親友名士所作神道碑銘、墓表、墓誌銘、行狀等很多。若論與聖俞之情誼，可說是堅逾金石的知心摯友。何以書七八至，方始為銘？請看自去年四月，往視河東，以迄出使河北至今，席不暇暖的工作，應可了解他所以延緩的苦衷。而聖俞亦深知惟有知友當代儒宗之文，才能告慰其亡妻之靈。昔賢用心，當非常人所及。

二、萬壽縣君徐氏墓誌銘並序

先生好友河東都轉運使天章閣待制施昌言、卜以慶曆五年三月某日，葬其夫人萬壽縣君於蘇州吳縣三讓鄉之陸公原，前來請銘，故爲作銘並序。如云：

夫人姓徐氏，世家通州之靜海。七歲喪其母，哀不自勝。……既長，事其繼母，則以孝聞。年若干，歸於施氏。逮事其姑，紉縫烹飪必以身，蚤暮寒暑必以時。姑亡，哀毀得疾，踰年而能起。

生五男一女。慶曆三年十一月甲子，以疾卒於河東之官舍，享年四十有三。……

嗚呼！夫人之行至矣！其勤而有法，其施之各有宜，可謂賢也已。……夫生而其善可稱，未若沒而遺思之深也。悲夫！銘曰：

於惟夫人，東海之華。始來施氏，有此室家。爲婦爲母，勤孝勞劬。有女昔褓，今婉其裾。子綬煌煌，弟長相趨。夫爵之高，榮及親疏。厥家已成，而獨不居。千里之遠，歸魂東吳。銘以哀之，已矣嗚呼！

另有忘年好友尹源，突聞其在太常博士知懷州任內病逝，至感哀傷！先生前曾爲作「尹源字子漸序」，以贈別勗勉之。故爲作「祭尹子漸文」，以示悼念。痛失英才，情見乎辭。摘錄如次：

年月日，具官歐陽修，謹遣人自鎮陽至懷州，以清酌庶羞之奠，致祭於亡友尹君子漸十一兄博士之靈。嗚呼！天於萬物與吾人，孰愛憎而薄厚。其生未始以一齊，其死宜其有夭壽。苟百年者亦死，則短長之何較？……禍福吉凶，至其難通。雖聖人亦曰命而罕言兮，豈其至此而辭窮。壽夭置之，吾不能問。嗟乎子漸，吾獨有恨！我不見子，於今幾時？自子得懷，始有見期。子不能來，我欲亟往。子今安歸，我往何訪！昔我在朝，諫官侍從。職當薦賢，知子不貢。朋黨之誣，苟避讒諷。兩相知而以心，謂尺書之不用。遂聲音之永隔，哭不聞而徒慟。嗟此奠之一觴，冀歡言之可共。往莫及兮難追，哀以辭而永送。尚饗！

又於春夏間，先後作有與「尹師魯書」。為便於閱覽，故特併述。

㈠、春寒時所作書，首言：「兩地相接，幸時文字往還，然闕附狀」。次及蘇子美事，如云：「深欲論敘，但避猶豫。聞有極言，乃知自信為是。甚善、甚善。子美雖未亟復，其如排沮羣議，為益不少。」

先生與師魯，乃係倡導推行古文運動的知交摯友，凡所交遊之人，皆為當世名士，而往來書信，多附有文獻資料，提供彼此參考。如云：「列傳人名，便請錄取一本，分定寄來，不必以人死年月斷於一代。但著功一代多者，隨代分之，所貴作傳與紀相應。」

㈡、夏熱時所作書，除敘及一春在外，四月中還家，母病、妻皆臥在床，及往聽博視河功。比還，馬墜傷足，至今行履未便，以致不及拜書致候為念外。重點在於今春子漸云亡，一寫朋友呼號之痛！他特別反省檢討自己。如云：「往時意銳，性本真率。近年經人事多，於世俗間，漸似耐煩。惟於故人書問，尚有追慢之癖在。因子漸亡，追思數年不以一字往還，至幽明永隔。因此，欲勉彊於書尺，益知交遊之難得為可惜也。」足見君子之坦蕩胸襟，以及虛心自責的精神。

然後，表示欲對子漸爲文悼念之意。如云：「子漸爲人，不待縷述，修自知之。然其所爲文章及在官有可記事，相別多年，不知子細，望錄示一本。修於子漸，不可無文字。墓誌或師魯自作則已，若不自作，則須修與君謨當作。蓋他平生相知深者，吾二人與李之才爾。縱不作墓誌，則行狀或他文字，須作一篇也……。」

第四節　論救杜、范、韓、富四賢遭謗毀徙知滁州

本節所述，事關慶曆新政之興廢。突顯仁宗宸斷不足，誤信讒言遂使賢者去位，小人執政。致斷送大有爲的理想目標，深感歎惜！事必有因，爲明眞相，依據史實，擇要縷述如次：

宋史全文卷八下、頁二六一至二六七，續資治通鑑卷五十四至五十七、頁五一一至五四七。

慶曆五年正月乙酉，參知政事范仲淹爲資政殿學士知邠州兼陜西四路沿邊安撫使。樞密副使富弼爲資政殿學士京東西路安撫使知鄆州。仲淹、弼既出使，讒者益盛，獨杜衍左右之。上頗感焉。仲淹愈不自安，因奏疏乞罷政事。上欲聽其請。章得象曰：仲淹素有虛名，今一請遽罷。恐天下謂陛下輕絀賢臣，不若且賜詔不允。若仲淹即有謝表，即是挾詐要君，乃可罷也。上從之。仲淹果奏表謝。上愈信得象言。於是弼自河

北還，將及國門。右正言錢明逸希得象等意，言弼更張綱紀，紛擾國經。凡所推薦，多挾朋黨。心所愛者，盡意主張。不附己者，力加排斥，傾朝共畏與仲淹同。又言仲淹去年受命宣撫河東、陝西，有詔戒勵朋黨。心懼彰露，稱疾乞醫。纔見朝廷別無行遣，遂拜章乞罷政事知邠州。欲固己位，以弭人言。欺詐之迹甚明，乞早廢絀，以安天下之心。疏奏，即罷仲淹、弼。

陳執中在中書，數與衍異議。蔡襄、孫甫之乞出也，事下中書。甫本衍所舉用，於是中書共爲奏言：諫院今闕人，乞且留甫等供職。既奏，上頷之。衍退還，即召吏出劄子令甫等供職如故。衍及得象既署，吏執劄子詣執中，執中不肯署。曰：向者，上無明旨，當復奏，何得遽爾。吏還白衍，衍取劄子壞焚之。執中因潛衍。曰：衍黨錮二人，苟欲其在諫院，欺罔擅權。及臣覺其情，遂壞焚劄子以滅迹，懷姦不忠。上入其言，故仲淹、弼俱罷。衍爲宰相，纔百二十日也。

丙戌，工部侍郎平章事兼樞密使杜衍、罷爲尚書左丞知兗州。樞密使工部侍郎賈昌朝平章事兼樞密使。

三月戊午，杜衍、范仲淹、富弼既罷，樞密副使韓琦上疏言：陛下用杜衍爲宰相，方及一百二十日而罷。范仲淹以夏人初附，自乞保邊，固亦有名。至於富弼之出，則所損甚大。富弼大節難奪，天與忠義。昨契丹領大兵壓境，命弼使北。以正辯屈強北，卒復和議。忘身瘁事，古人所難。故近者李良臣自北來歸，盛言北方自北主而下，皆稱重之。陛下兩命弼爲樞密副使，皆弗有其功，辭避不受。逮抑令赴上，則不顧毀譽。動思振緝紀綱，其志欲爲陛下立萬世之業爾。近日臣僚，多務攻擊忠良，取快私忿。非是國家之福，惟陛下久而察之。疏入不報，而董士廉又詣闕訟水洛城事，輔臣多主之。琦不自安，懇求補外。辛酉，琦罷樞密副使知揚州。

先生時在河北都轉運使並權眞定帥事，稍見治績之際，驚聞朝廷人事更動頻繁。尤其兩府杜衍、范仲淹、富弼、韓琦相繼以黨議罰去之鉅變，不勝焦慮。他於去夏曾作「朋黨論」上奏，雖釋仁宗之疑惑，然更增小人的痛恨。於今，舊派首領呂夷簡已逝，其所培植的夏竦、賈昌朝、章得象，陳執中、王拱辰及錢明逸等，始終把持朝政。排除異己，陰謀攻訐。造謠生事，顚倒是非。爲達目的，不擇手段。善用各種方法，包圍仁宗，誣指新派諸賢爲朋黨誤國。況賢者忠誠謀國，勢單力薄。舊派勢力雄厚，小人工於心計。導致姦計得逞，賢奸易位。

先生爲求朝廷留賢去佞，不顧一切，毅然抗疏直言。力辨此四人根本無黨，所謂朋黨，乃是誣告。遂於三月丙戌三十日上「論杜衍、范仲淹等罷政事狀」。明知逆耳諍言，徒勞無功反而有害，但仍犯顏直諫，不顧後果。謹摘述如次：

論杜衍、范仲淹等罷政事狀

臣聞士不忘身不爲忠，言不逆耳不爲諫。故臣不避羣邪切齒之禍，敢干一人難犯之顏。惟願聖明，幸加省察。臣伏見杜衍、范仲淹、韓琦、富弼等，皆是陛下素所委任之臣，一旦相繼罷黜。天下之士，皆素知其可用之賢，而不聞其可罷之罪。臣雖供職在外，事不盡知。然臣竊見自古小人讒害忠賢，其說不遠。欲廣陷良善，則不過指為朋黨。欲動搖大臣，則必須誣以專權。其故何也？夫去一善人而眾善人尚在，則未為小人之利。欲盡去之，則善人少過，難為一二求瑕。惟有指為朋，則可一時盡逐。至如大臣已被知遇而蒙信任，則難以他事動搖。惟有專權是上之所惡，故須此說，方可傾之。臣料衍等四人，各無大過，一時盡逐。弼與仲淹委任尤深，而忽遭離間。必有以朋黨專權之說，上惑聖聰，臣請試辨之。

昔年仲淹初以忠言讜論聞於中外，天下賢士爭相稱慕。當時姦臣誣為朋黨，猶難辨明。自今日陛下擢此數人，並在兩府。察其臨事，可以辨也。蓋衍為人清愼而守規矩、仲淹則恢廓自信而不疑、琦則純正而質直、弼則明敏而果銳。四人為性既各不同，雖皆歸於盡忠。而其所見各異，故於議事多不相從。……此四人者，可謂天下至公之賢也。平日閒居，則相稱美之不暇。為國議事，則公言廷諍而不私。以此而言，臣見衍等眞得漢史所謂忠臣有不知之節。而小人讒為朋黨，可謂誣矣……。伏惟陛下睿哲聰明，有知人之聖。臣下能否？洞見不遺。故於千官百辟之中，特選此數人，驟加擢用。夫正士在朝，羣邪所忌。謀臣不用，敵國之福也。今此數人，一旦罷去，而使羣邪相賀於內，四夷相賀於外，此臣所以為陛下惜之也。

此狀雖較「朋黨論」具體切實，但仁宗久受執政諸小人的讒言攻訐破壞，對於眷顧先生的信心，似已動搖。適巧發生了先生的外甥女張氏案，乃使協力排擠，乘機下手。綜合宋史本傳、韓琦安陽集、蘇轍欒城集及吳充所撰行狀等，摘述如次：

> 初公有妹適張龜正，龜正無子而死，妹挈前室所生七歲孤女以俱來。未及笄，公爲選族兄之子晟以嫁之。張氏後在晟所與奴姦，失行事下開封府。小人欲幷中公，言官錢明逸，乘此遂以暖昧之言污公。復捃張氏貲產事，遂與詔獄窮治。上爲命戶部判官蘇安世、入內供奉官王昭明監劾，卒辨其誣。乃坐以用張氏奩中物買田立歐陽氏券，奪職，猶降授知制誥、知滁州事。執政意不快，摭勘官與監劾內臣細故皆被責。

此時，開封府知府事楊日嚴，前在益州任內。因貪污瀆職，行爲不檢。曾被時任諫官的先生，予以彈劾在案。滿懷怨恨，日謀伺機報復。正好附從執政大臣，密與蘇安世狼狽爲奸。嚴刑拷問竭力羅織，亟欲構陷先生重罪。幸賴仁宗一念之仁，又差入內供奉官王昭明監劾，卒辨其誣。緣因先生爲河北都轉運使時，上命內侍王昭明同往相度河事。先生言：「侍從出使故事，無內侍同行，實恥之。上從之。」今上以此前事，欲令釋憾。昭明亦能仰體上意，秉公辦理結果，實爲大幸。

按王昭明至獄，見蘇安世所勘案牘，駭曰：「昭明在官家左右，無三日不說歐陽修。今省判所勘，乃迎合宰相（賈昌朝）意，加以大惡，異日昭明喫劍不得。安世聞之大懼，竟不敢易挼所勘。但劾歐公用張氏資買田產立戶事，落知制誥，知滁州。」

年譜

是春，眞定帥田況移秦州。公權府事者三月。時二府杜正獻、范文正、韓忠獻、富文忠公，以黨論相繼去。公上書辨之。小人素已憾公，會公孤甥張氏犯法，諫官錢明逸因以財產事及公，下開封鞫治，府允揚日嚴觀望傅會。上命戶部判官蘇安世、入內供奉官王昭明，監勘，得無他。八月甲戌，猶落龍圖閣直學士、罷都轉運按察使，降知制誥、知滁州。

歐陽發等述先公事迹

及至河北，百事振舉。小人恐公大用，而又杜、范、韓、富同時罷黜，小人彙進。見上疏，極言四人忠實可用而無過，辨明小人誣罔之言，請加任用。於是羣小益懼，相與造爲謗辭。及詔獄之起，窮究無狀。仁宗悟，止奪職知滁州。

當代名人王銍默記，敘事綦詳

歐陽文忠，慶曆中爲諫官，仁宗更用大臣韓、富、范諸公，將大有爲，公銳意言事。……大忤權貴，遂除修起居注知制誥。韓、富既罷，未幾，以龍圖閣直學士爲河北都轉運使，令計議河北。二相賈昌朝、陳執中爭邊事，其實宰相欲以事中之也。會令內侍供奉官王昭明，同往相度河事。公言：今命侍從同出使，故事無內臣同行之理，而臣實恥之。朝廷從之。

公在河北，職事甚振，無可中傷。會公甥張氏幼孤，鞠育於家，嫁侄晟。晟自處州司戶罷，以僕陳諫同行。張與諫通事發，鞫於開封府右軍巡院。張懼罪，且圖自解免。

其語皆引公未嫁時事，詞多醜鄙。軍巡判官著作佐郎孫揆，止勘諫與張通事，不復滋蔓。宰相聞之怒，再命太常博士三司户部判官蘇安世勘之，遂盡用張前後語成案。俄又差王昭明者坚勘，蓋以公前事欲今釋憾也。昭明至獄，見安世所勘案牘視之，駭曰：昭明在官家左右，無三日不説歐陽修。今省判所勘，乃迎合宰相意，加以大惡，異日昭明喫劍不得。安世聞之大懼！竟不易揆所勘，但劾歐公用張氏貲買田產立户事奏之。

宰相大怒！公既降知制誥、知滁州。而安世坐牒三司取錄問人吏不聞奏，降殿中丞泰州監税。昭明降壽州監税。

趙槩、張方平仗義執言：

先生遠在河北，遭受執政諸小人計謀誣害。案情緊急之時，羣情激憤，但無敢言者。據司馬光涑水記聞，趙槩挺身而出上書論救曰：「修以文章爲近臣，不可以閨房暧昧之事，輕加污衊。臣與修蹤跡疎，修之待臣亦薄。所惜者，朝廷大體耳。」另張方平向宰相賈昌朝言：「相公與修異，衆所知也。今覆推無狀而復按，雖有旨，天下必議公，公盍圖之？賈丞相爲之解説，得罷按，而復下案審刑。」（張方平樂全集附錄）

先生在滁州謝上表中，對此事有委曲詳明的陳述。如云：

……同母之親，惟存一妹。喪厥夫而無託，攜孤女以來歸。張氏此時，生纔七歲。臣媿無蓍龜前知之識，不能逆料其長大所爲。在人情難棄於路隅，緣臣妹遂養於私室。方今公私嫁娶，皆行姑舅婚姻。況晟於臣宗，已隔再從。而張非己出，因謂無嫌。乃未及笄，遽令出適。然其既嫁五六年後，相去數千里間，不幸其人自爲醜穢。臣之耳目不能接，思慮不能知。而言者及臣，誠爲非意。以至究窮於資產，固已吹析於毫毛。……蓋荷聖明之主張，得見羅織之冤枉。然臣自蒙睿獎，嘗列諫垣。論議多及於權貴，指目不勝於怨怒。若臣身不黜，則攻者不休。苟令讒巧之愈多，是速孤危於不保。必欲爲臣明辯，莫若付於獄官。必欲措臣少安，莫若置之閑處。使其脫風波而遠去，避陷阱之危機……。

清代楊希閔編歐公年譜按語，允稱公正之論。如云：

仁宗嘗曰：如歐陽修何處得來？則相契者深矣。此等誣罔，即當宸斷其非。既遣中使監勘，何爲猶至降出？謝表委曲詳明，意甚深惋。君臣遇合如此，輒爲無根之謗而搖。然則仁宗亦柔厚有餘，英斷不足。所以振作擢舉諸賢，卒不能大有爲也。

綜上所述，可見自古君子小人，涇渭分明。忠奸對立，水火不容。政治之隆污，國家之盛衰，端視當局者之賢愚以爲斷。先生爲當代儒宗，養天地正氣，法古今完人。雖屢被小人誣害，然終使還其清白。但因宸斷不足，此事仍遭貶謫，致遷徙八九年之久，實爲宋代之一大損失，歷史之悲哀！以史爲鑑，能不警惕！

七月，先生知交摯友尹洙（師魯）被貶。這又是執政諸小人排除異己，誣害忠賢的實例，特爲簡述，藉明究竟。按續資治通鑑長篇卷一百五十六、頁五三八載：

> 七月辛丑，貶起居舍人直龍圖閣知潞州尹洙爲崇信節度副使。洙前在渭州，有部將孫用者，由軍校補邊。自京師貸息錢，到官亡以償。洙惜其才可用，恐以犯法罷去，嘗假公使錢爲償之。又以公使錢不足，假軍資錢回易充用。及董士廉（前爲興建水洛城事，曾被時帥尹洙命狄青以違節度，囚禁待斬未果，致生嫌隙，導使小人伺機報復。）詣闕訟尹洙欺隱官錢，詔洙分析。而監察御史李京，又言韓琦因處置邊事不當，罷樞密副使。琦過實自洙始，請并責洙。洙復奏章與京辨，執政不悅，遣殿中侍御史劉湜往渭州鞫之。洙竟坐貸公使錢與孫用及私自貸該甲，申德音當追兩官勒停，特有是命。湜頗傅致重法，蓋希執政意也。

第七章　移知滁州軍州兼管內勸農使

第一節　跋涉山川單騎赴任

先生接到八月甲戌二十一日朝旨：

勅……博學通瞻，眾所見稱。言事感激，朕嘗寵用，而乃不能淑愼以遠罪辜。知非出己族，而鞠於私門。知有室歸，而納之羣從。嚮以訟起晟家之獄，語連張氏之貲。券既弗明，辨無所驗。朕以其久參近侍，免致深文。止除延閣之名，還序右垣之次。仍歸漕節，往布近條。體予寬恩，思釋前吝。可落龍圖閣直學士，特授依前行右正言知制誥，散官勳封賜如故。仍就差知滁州軍州、兼管內勸農使。替趙良規，仍放謝辭。

他奉旨後，依規定，不待交接，立即單騎就道。在途中，雖受不白之冤，然無公務煩擾，心境反覺自在。長途跋涉山川，頗多感慨。摘錄七言絕句兩首，即可概見。

一、自河北貶滁州初入汴河聞鴈

陽城淀裏新來鴈，趁伴南飛逐越船。

野岸柳黃霜正白，五更驚破客愁眠。
引水澆花不厭勤，便須已有鎭陽春。
官居處處如郵傳，誰得三年作主人。

二、自勉

十月甲戍二十三日，先生到達滁州（今安徽省滁州市）任所。即上謝表，爲使謗毀案情節之連貫明白，故於上節末列敍，不贅。

滁州，隋置，唐以後仍之。清爲直隸州，屬安徽省，轄全椒、來安二縣。民國改州爲縣。州南有醉翁亭，滁河東流經過，地處江淮之間。四週皆山，環境清幽，林壑尤美。自宋太祖統一天下，四海昇平。風俗淳樸，人民安居樂業。既鮮商賈舟車之繁擾，更少外地遊客之往來。

先生到任之後，清閑自在，就有許多詩文之作，擇要摘述如次：

一、七言律詩兩首

㈠、席上送劉都官

都城車馬日喧喧，雖有離歌不慘顏。
豈似客亭臨野岸，暫留罇酒對青山。
天街樹綠騰歸騎，玉殿霜清綴曉班。
莫忘西亭曾醉處，月明風溜響潺潺。

㈡、寄劉都官

別後山光寒更綠，秋深酒美色仍清。
繞亭黃菊同君種，獨對殘芳醉不成。

二、書啓五首

㈠、上提刑司封啓

伏念自臨貶所，屢辱誨音。霜雪方嚴，見不彫之雅操。薰蘭其意，佩可服之清芬。慰此孤危，奚勝感佩。某人學通治亂，識達古今。奮經遠之才謨，慰甚高之議論。……隆冬式序，保履惟和。瞻企禱祈，交于誠素。

㈡、回校理邵學士必啓

伏審召試榮庭，升華儒館。方思馳賀，遽辱飛牒。……況此圖書之府，素爲俊彥之遊。……茲焉養士，以取公輔之材。……啓蔡淪謫，敢謂記存。已懷欣抃之誠，又積感銘之懇。患於澀訥，匪可殫除。

㈢、回河北安撫王騏驥書

比者伏承顯奉朝恩，峻遷使職。寵光甚渥，輿論僉和。卓然高世之才，久蘊經時之略。山川指畫，千里如在於目前。帷幄坐籌，百勝無窮於術內。……遂寬北顧之憂，行正中權之任。……辱誨問以彌勤，積感銘之徒初……。

㈣、與李吉州寬啓

伏念待罪山城，絕迹人事。敢期音誨，屢以顧存。飲風義以甚高，若語言之方晤。……冬凝在候，福履惟寧。瞻詠感銘，倍爲誠素。

別紙附

人至，辱書爲誨。承臨郡之暇，體況甚休。鄉郡多幸，得賢侯爲立學舍。蒙索鄙文，竊喜載名廡下，遂不敢辭。筆語麤惡，幸與伯鎮學士評改而刻石也。

㈤、與許發運啓

伏念僻守郡封，殆不通於轍迹。邈詹風采，缺馳問於興居。……漕最淹賢，況已升於美績。即期迅用，以奮遠圖。企頌之私，縷言非罄。

另有一首寄給夫人，題爲「斑斑林間鳩」的五百餘言古詩。對於家事、國事、天下事、事事關心的心志，表露無遺。但面對時局，處境維艱，難免諸多感慨。惟一希望能與夫人退隱於嵩峰之下，耕桑終老。摘述如次：

斑斑林間鳩，穀穀命其匹。迨天之未雨，與汝勿相失。春原洗新霽，綠葉暗朝日。鳴聲相呼和，應答如吹律。……一官誠易了，報國何時畢。高堂母老矣！衰髮不滿櫛。昨日寄書言，新陽發舊疾。藥食子雖勤，豈若我在膝。又云子亦病，蓬首不加髴。書來本慰我，使我煩憂鬱。……前年辭諫職，朝議不容乞。孤忠一許國，家事豈復卹。橫身當眾怒，見者旁可慄。近日讀除書，朝廷更輔弼。君恩優大臣，進退禮有秩。小人妄希旨，論議爭操筆。又聞說朋黨，次第推甲乙。而我豈敢逃，不答先自劾。上賴天子聖，必未加斧鑕。一身但得貶。羣口息啾唧。……苟能因謫去，引分思藏密。還爾禽鳥性，樊籠免驚怵。子意豈謂何，吾謀今已必。子能甘藜藿，我易解簪紱。嵩峰三十六，蒼翠爭聳出。安得攜子去，耕桑老蓬蓽。

先生並作有「白髮喪女師」五言古詩，及「哭女師」辭二首。當他處在謫守山郡之此時，又遭傷心之事。他雖豁達，然愛女情深。故在兩首短短詩辭中，表露至情天性，令人不忍卒讀。謹照錄如次：

一、白髮喪女師

吾年未四十，三斷哭子腸。一割痛莫忍，屢痛誰能當。割腸痛連心，心碎骨亦傷。出我心骨血，灑爲清淚行。淚多血已竭，毛膚冷無光。自然鬚與鬢，未老先蒼蒼。

二、哭女師

暮入門兮迎我笑，朝出門兮牽我衣，戲我懷兮走而馳。旦不覺夜兮，不知四時。忽然不見兮，一日千思。日難度兮何長，夜不寐兮何遲。暮入門兮何望，朝出門兮何之。恍疑在兮杳難追，髧兩毛兮秀雙眉。不可見兮如酒醒睡覺，追惟夢醉之時。八年幾日兮，百歲難期。於女有頃刻之愛兮，使我有終身之悲。

歲暮，作有「走筆答原甫提刑學士」七言律詩一首。按卷末云：「五年冬，公守滁州，而前政趙良規帶秘閣校理移京西提刑，即其人也。」

歲暮山城喜少留，西亭尚欲挽行輈。
一罇莫惜臨歧別，十載相逢各白頭。

是歲，次男奕生。

第二節　滁州淳樸自號醉翁

慶曆六年（一〇四六）丙戌，先生四十歲，在滁州。

先生爲國惜賢，仗義執言，竟遭小人誣害，謫守滁州。雖略有不平之氣，但一到山城，目睹淳樸民風，欣賞幽美的大自然環境。不覺陶醉其中，頓然忘我。況儒宗風範，光明磊落。根本就坦然面對現實，沒有絲毫的怨尤情緒。因此，只知把握難得的機緣。除力求安定民生，保持太平盛世外。乃盡情寄託於山水之間，留下許多不朽的詩文傑作。謹依季次，擇要摘述如次：

春季

一、書啓

㈠、謝賜慶曆六年曆日表

祇膺寵錫，伏積兢榮。……陛下愛人育物，精意奉天。日用而百姓不知，聖德與四時合序。是以星辰順軌，日月清明。陰陽和，風雨節。恭己南面，授人以時。屬此歲端，大頒玉曆。臣職在守土，愧無他能。謹守詔條，其敢失墜。

(二)、與許發運啓

伏念晙異風徽，屢更年律。河壖阻邈，常辱郵音。淮郡僻荒，亦蒙誨問。荷顧存之至厚，慰艱拙以茲多。……豈此漕輸，可淹傑俊。春陽方盛，福履惟休。感詠詹依，交集誠悃。

(三)、上李端明狀

伏審遠驅旌旆，已及郊圻。和氣所充，與民謳而先浹。餘塵可望，欣馬首之獲詹。即遂攀迎，交深祝詠。某不任激切依歸之至。

(四)、謝眞州知郡

伏念幸守陋邦，獲鄰善壤。側聽下車之始，已喧載路之聲。方渴仰於風徽，遽先貽於誨問。……方始春陽，冀綏福履。禱祈感詠，言述非周。

又：幸鄰善壤，日就政聲。雖談笑之靡親，辱誨言之屢及。……清和始居，寢寐增休。縷縷之誠，一一奚既。

(五)、與楊太傅狀

右某伏念晝圻雖邇，遘德末由。幸時接於誨音，良若披於徽采。……春序已暄，神襟善嗇。佇膺茂渥，以副傾祈。

㈥、答李寺丞狀

早欽秀望，忽枉榮緘。以州郡之相望，加門闌之最舊。過形來問，但切中藏。

㈦、答王供奉狀

乍間清徽，兩蒙芳訊。審憇車之伊始，欣妙畫以惟和。即奉渥恩，以符瞻禱。

㈧、與梅聖俞書

貶所僻遠，特煩遣人至此。幷得陳留書新集詩、見寄詩、見和詩外雜詩一卷、碑文數本、千字文等，豈勝慰喜。琅琊泉石篆詩，祇候子美詩來。已招子美自來，書而刻之。遊山六詠等，即欲更立一石，不惜早見寄也。詩序謹如命附去，蓋述大手作者之美，難爲言，不知稱意否？其他事，谷正在此數日，備見所爲，可知居此之況不煩述也。閉户飽虀之句，怎生諱得。相次奉和見寄詩，別拜狀次。春暖，千萬保重。

二、古詩

㈠、啼鳥

窮山候至陽爭生，百物如與時節爭。官居荒涼草樹密，撩亂紅紫開繁英。花深葉暗耀朝日，日暖眾鳥皆嚶鳴。鳥言我豈解爾意，綿蠻可愛聲可聽。南窗歲多春正美，百舌未曉催天明。……我遭讒口身落此，每聞巧舌宜可憎。春到山城若寂寞，把盞常恨無娉婷。花開鳥語輒自醉，醉與花鳥爲交朋。花能嫣然顧我笑，鳥勸我飲非無情。身閑酒美惜光景，惟恐鳥散花飄零。可笑靈均楚澤畔，離騷憔悴愁獨醒。

㈡、遊瑯琊山

南山一尺雪，雪盡山蒼然。澗谷深自暖，梅花應已繁。使君猒騎從，車馬留山前。行歌招野叟，共步青林間。長松得高蔭，盤石堪醉眠。止樂聽山鳥，攜琴寫幽泉。愛之欲忘返，但苦世俗牽。歸時始覺遠，明月高峰巔。

㈢、讀徂徠集

徂徠魯東山，石子居山阿。魯人之所瞻，子與山嵯峨。今子其死矣！東山復誰過？精魄已埋沒，文章豈能磨。壽命雖不長，所得固已多。……子生誠多難，憂患靡不罹。宦學三十年，六經老研磨。問胡所專心，仁義丘與軻。楊雄韓愈氏，此外豈知他。……往年遭母喪，泣血走岷峨。垢面跣雙足，鋤犁事田坡。至今鄉里化，孝悌勤蠶禾。昨者來太學，青衫踏朝靴。陳詩頌聖德，厥聲續猗那。羔雁聘黃晞，晞驚走鄰家。施爲可怪駭，世俗安委蛇。謗口由此起，中之若飛梭。上賴天子明，不挂網者羅。憶在太學年，大雪如翻波。生徒日盈門，飢坐列鴈鵝。絃誦聒鄰里，唐虞賡詠歌。常續最高第，騫游各名科。豈止學者師，謂宜國之皤。夭壽反仁鄙，誰尸此偏頗。不知訩訩者，又忍加詆訶。聖賢要久遠，毀譽暫諠譁。生爲舉世疾，死也魯人嗟。作詩遺魯社，祠子以爲歌。

石介簡介

石介，字守道，袞州（治今山東省滋陽縣）人，世稱徂徠先生。仁宗天聖八年（一〇三

○）與先生同榜進士，是謂同年，亦是君子知交。慶曆五年七月，卒於家，享年四十有一。

慶曆三年四月，因呂夷簡罷相，朝廷召章得象、晏殊、韓琦、范仲淹、富弼等同時執政，先生四人爲諫官。夏竦既拜樞密使，復罷之，以杜衍爲樞密使。石介時爲國子監直講，大喜曰：「此盛事也，歌頌吾職，其可已乎！」遂作「慶曆聖德詩」，有云：「衆賢之進，如茅斯拔。大姦之去，如距斯脫。」其言大姦，實指夏竦。孫復聞之曰：「介禍始於此矣！」以後小人作祟，陰謀嫁禍。於是，石介不安於朝。

慶曆五年，朝廷賢奸易位，先生亦於八月甲戌二十一日，貶知滁州。詳情已如上述。茲謹就石介部分，益顯小人之陰險狠毒。根據宋史全文卷八下二二六頁、續資治通鑑長篇卷一百五十七第五四九至五五〇頁，摘述如次：

十一月辛卯，詔提點京東路刑獄司，體量太子中允直集賢院石介存亡以聞。

先是介受命通判濮州，歸其家待次，是歲七月病卒。夏竦銜介甚，且欲傾富弼。會徐州狂人孔直溫，謀叛。搜其家，得介書。竦因言介不死，弼陰使入契丹謀起兵，弼爲內應。執政入其言，故有是命。仍羇管介妻子於它州。

初，徐州人告直溫等挾妖法誘軍士爲變，而轉運使不受，亟詣提點刑獄屯田郎中呂居簡。居簡令勿言，有不受者，復與轉運使合謀捕直溫等。直溫等既就誅，濮州復謀叛者，民相搖驚潰。居簡馳往，得其首惡誅之。大閱兵饗士，姦不得發。居簡蒙正之子也。時亦詔下兗州，劾介死虛實。

知州杜衍，會官屬語之，眾莫敢對。泰寧節度掌書記龔鼎臣獨曰：介平生直諒，有是耶！願以闔族保其必死。衍悚然探懷中奏藁，語之曰：老夫既保介矣。君年少，見義必為，安可量哉！鼎臣高苑人也。

國子監直講孫復責監虔州稅。孔直溫敗，索其家，得遺復詩故也。

辭海石部石介條

石介，宋兗州人，字守道。篤學有志，性行剛正，以進士歷國子監直講，擢太子中允。居父母喪，躬耕徂徠山，以易教授，魯人稱徂徠先生。嘗患文章之弊，佛、老為蠹。乃著怪說及中國論，言去此三者乃可以有為。又著唐鑑，以戒姦佞。指切當時，無所忌諱。慶曆間，呂夷簡、夏竦並罷官，杜衍、晏殊、范仲淹、歐陽修等同時進用。介又作慶曆聖德詩，稱杜等曰眾賢，而斥夏竦為大奸。卒後，夏竦謂其詐死，幾致斲棺，杜衍等力救始免。有徂徠集。

石介於七月病逝，至十一月辛卯所發生諸多事故。正值先生在河北抗疏直諫，遭誣被貶滁州之際。爾後又遷徙頻繁，不聞時事。石介音訊，完全斷絕。除上述古詩徂徠集一首外，只在先生全集中英宗治平二年，載有一篇一千一百餘言之「徂徠石先生墓誌銘幷序」，敘事綦詳，評論公正。不朽鴻文，足以告慰知友在天之靈。茲為求本節事實之完整性，謹先摘述要點如次：

徂徠先生姓石氏，名介，字守道，兗州奉符人也。……曰徂徠先生者，魯人之志也。

先生貌厚而氣完，學篤而志大。雖在畎畝，不忘天下之憂。以謂時無不可爲，爲之無不至。不在其位，則行其言。吾言用，功利施於天下，不必出乎己。吾言不用，雖獲禍咎，至死而不悔。其遇事發憤，作爲文章。極陳古今治亂成敗，以指切當世。賢愚善惡，是是非非。無所諱忌，世俗頗駭其言。由是謗議喧然，而小人尤嫉惡之。相繼出力，必擠之死。先生安然，不惑不變。

曰：吾道固如是，吾勇過孟軻矣。不幸遇疾以卒，既卒而姦人有欲以奇禍中傷大臣者。猶指先生以起事，謂其詐死而北走契丹矣，請發棺以驗。賴天子仁聖，察其誣。得不發棺，而保全其妻子。……作慶曆聖德詩，以褒貶大臣。分別邪正，累數百言。詩出，泰山孫明復曰：子禍始於此矣！明復，先生之師友也。其後所謂姦人作奇禍者，乃詩之所斥也。……始去太學，通判濮州。方待次於徂徠，以慶曆五年七月某日卒於家，享年四十有一……。

㈣、幽谷泉

踏石弄泉流，尋源入幽谷。泉傍野人家，四面深篁竹。溉稻滿春疇，鳴渠遶茅屋。生長飲泉甘，蔭泉栽美木。潺湲無春冬，日夜響山曲。自古今白首，未慣逢朱轂。顧我應可恠，每來聽不足。

㈤、百子坑賽龍

嗟龍之智誰可拘，出入變化何須臾。壇平樹古潭水黑，沉沉影響疑有無。四山雲務忽晝合，瞥起直上拏空虛。龜魚帶去半空落，雷輷電走先後驅。傾崖倒澗聊一戲，頃刻萬物皆涵濡。青天卻掃萬里靜，但見綠野如雲敷。明朝老農拜潭側，鼓聲坎坎嗚山隅。野巫醉飽廟門闔，狼藉烏鳥爭殘餘。

㈥、幽谷晚飲 一本作豐樂亭晚飲

一徑入蒙密，已聞流水聲。行窮翠筱盡，忽見聲山橫。山勢抱幽谷，谷泉含石泓。……嘉我二三友，偶同丘壑情。環流席高陰，置酒當嶸嶸。是時新雨餘，日落山更明。山色已可愛，泉聲難久聽。安得白玉琴，寫以朱絲繩。

㈦、題滁州醉翁亭

四十未爲老，醉翁偶題篇。醉中遺萬物，豈復記吾年。但愛亭下水，來從亂峰間。聲如自空落，瀉向兩簷前。流入巖下溪，幽泉助涓涓。響不亂人語，其請非管絃。豈不美絲竹，絲竹不勝繁。所以屢攜酒，遠步就潺湲。野鳥窺我醉，溪雲留我眠。山花徒能笑，不解與我言。惟有巖風來，吹我還醒來。

㈧、贈學者

人稟天地氣，乃物中最靈。性雖有五常，不學無由明。輪曲揉而就，木直在中繩。堅金礪所利，玉琢器乃成。仁義不遠躬，勤勤入至誠。學既積於心，猶木之敷榮。根本既堅好，蓊鬱其幹莖。爾曹宜勉旃，無以吾言輕。

三、律詩

㈠、書王元之畫像側在琅琊山

偶然來繼前賢迹，信矣皆如昔日言。諸縣豐登少公事，一家飽暖荷君恩。想公風采常如在，顧我文章不足論。名姓已光青史上，壁間容貌任塵昏。

㈡、送京西提刑趙學士

題與嘗屈佐留京，攬轡今行按屬城。楚館尚看淮月色，嵩雲應過虎關迎。春寒酒力風中醒，日暖梅香雪後清。野俗經年留惠愛，莫辭臨別醉冠傾。

㈢、寄題宜城縣射亭

作邑三年事事勤，宜城風物自君新。已能爲政留遺愛，何必栽花遺後人。藹若芝蘭芳可襲，溫如金玉粹而純。友朋欣慕自如此，何況斯民父母親。

夏季

一、遊記

㈠、豐樂亭記

六月，先生來滁瞬逾八月，始得一甘泉於豐山幽谷之間。既而闢地建亭，其地僻靜幽雅。而政事清簡又愛其俗安閑，於是日與滁人往遊。他並非只知遊樂，而是撫今追昔，深思遠慮，特以豐樂名亭爲記。旨在感念祖宗平定天下，四海昇平。休養生息，覆育百年之功德。使民知所以安此豐樂之年者，幸生無事之時的難得際遇。他身爲刺使，宣揚皇上恩德以與民共樂，實爲無可旁貸之職責。因此，遂作「豐樂亭記」。如云：

修既治滁之明年夏，始飲滁水而甘。問諸滁人，得於州南百步之近。其上豐山聳然而特立，下則幽谷窈然而深藏。中有清泉，滃然而仰出。俯仰左右，顧而樂之。於是疏泉鑿石，闢地以爲亭，而與滁人往遊其間。

繼則言五代之亂，滁爲用武之地。太祖曾率周師大破南唐兵馬十五萬於清流關，生擒其大將二人於滁東門之外。於今，天下太平已久，而故老皆無存在者。欲求擒獲敵將之處，已不知其確址。徒覺山川依舊，人事全非，不勝感慨繫之！如云：

滁時五代干戈之際，用武之地也。昔太祖皇帝，嘗以周師破李景兵十五萬於清流山下。生擒其將皇甫暉、姚鳳於滁東門之外，遂以平滁。修嘗考其山川，按其圖記。升高以望清流之關，欲求暉，鳳就擒之所。而故老皆無在者，蓋天下之平久矣。自唐失其政，海內分裂。豪傑並起而爭，所在爲敵國者何可勝數！及宋受天命，聖人出而四海一。嚮之憑恃險阻，划削消磨。百年之間，漠然徒見山高而水清，欲問其事而遺老盡矣！

然後詳述滁之現況深感地僻事閑，民風淳樸。四時景色可愛，以及民樂歲豐之氣象。特爲提醒人民於安居樂業之盛世，切勿忘記祖宗百年來惠予人民休養生息的功德。如云：

今滁介於江淮之間，舟車商賈四方賓客之所不至。民生不見外事，而安於畎畝衣食，以樂生送死。而孰知上之功德，休養生息涵煦百年之深也。

修之來此，樂其地僻而事簡，又愛其俗之安閑。既得斯泉於山谷之間，乃日與滁人仰而望山，俯而聽泉，掇幽芳而蔭喬木。風霜冰雪，刻露清秀。四時之景，無不可愛。又幸其民樂其歲物之豐成，而喜與予遊也。因爲本其山川，道其風俗之美。使民知所以安此豐年之樂者，幸生無事之時也。

夫宣上恩德以與民共樂，刺史之事也，遂書以名其亭焉。慶曆丙戌六月日。右正言知制誥知滁州軍州事歐陽修記。

㈡、醉翁亭記

先生繼豐樂亭記之後，又作「醉翁亭記」，自號醉翁。雖是自我解嘲的戲語，然立即傳誦天下。深入人心，婦女皆知，不朽傑作，名垂千古。照錄如次：

環滁皆山也，其西南諸峰，林壑尤美。望之蔚然而深秀者，琅琊也。山行六七里，漸聞水聲潺潺而瀉出於兩岸之間者，讓泉也。峰回路轉，有亭翼然臨於泉上者，醉翁亭也。作亭者誰？山之僧曰智僊也。名之者誰？太守自謂也。

太守與客來飲於此，飲少輒醉，而年又最高，故自號曰醉翁也。醉翁之意不在酒，在乎山水之間也。山水之樂，得之心而寓之酒也。

若夫日出而林霏開，雲歸而巖穴暝。晦明變化者，山間之朝暮也。野芳發而幽香，佳木秀而繁陰。風霜高潔，水清而石出者，山間之四時也。朝而往，暮而歸。四時之境不同，而樂亦無窮也。

至於負者歌於塗，行者休於樹。前者呼，後者應。傴僂提攜往來而不絕者，滁人遊也。臨谿而漁，谿深而魚肥。釀泉爲酒，泉香而酒洌。山肴野蔌，雜然而前陳者，太守宴也。宴酣之樂，非絲非竹。射者中，奕者勝。觥籌交錯，起坐而喧嘩者，眾賓懽也。蒼顏白髮頹然呼其間者，太守醉也。已而夕陽在山，人影散亂，太守歸而賓客從也。樹林陰翳，鳴聲上下，遊人去而禽鳥樂也。然而禽鳥知山林之樂，而不知人之樂。人知從太守遊而樂，不知太守之樂其樂也。醉能同其樂，醒能述以文者，太守也。太守謂誰？盧陵歐陽修也。

根據容齋五筆云：「歐陽公醉翁亭記、東坡公酒經，皆以也字爲絕句。歐陽二十一也字，坡用十六也字。歐記人人能讀，至於酒經，知之者蓋無幾。坡公嘗云：歐陽公作此記，其詞玩易，蓋戲云耳，不自以爲奇也。」當代名人筆記，特錄供一粲耳。

㈢、菱谿石記

先生再作「菱谿石」記，首述作記的因緣。乃是他每次遊歷所見，引以爲怪者。如云：

菱谿之石有六，其四爲人取去。其一差小而尤奇，亦藏民家。其最大者，偃然僵臥於谿側。以其難徙，故得獨存。每歲寒霜落，水涸而石出。谿傍人見其可怪，往往祀以爲神。

先生凡遇疑難怪事，勢必追根究柢。但按圖與經，皆不載菱谿之名。惟唐會昌中，刺史李濆，作有「荇谿記」，詢問滁州人都說此谿即是。迨楊行密据有淮南，淮人爲避諱，遂改以荇爲菱。谿傍有故將劉金之宅遺址。金與行密俱起於合淝的僞吳英雄貴將。金本武夫悍卒，竟知愛賞奇異之物，稱爲一時之盛。今劉氏之後凋零，散爲編民，尚有居於谿傍者。他深感時勢遷移，人物興廢，惜其可愛而棄之，乃以三牛曳置幽谷。又獲得白塔居民朱氏，慷慨割捨其小者，於是共立於亭之南北。然後，引古證今，發爲慨歎！實具警世之作用。如云：

亭負城而近，以爲滁人歲時嬉遊之好。夫物之奇者，棄沒於幽遠，則可惜。置之可目，則愛者不免取之而去。嗟夫！劉金者雖不足道，然亦可謂雄勇之士。其平生志意，豈不偉哉！及其後世，荒堙零落，至於子孫泯沒而無聞，況欲長有此石乎！用此可爲富貴者之戒。而好奇之士，聞此石者，可以一賞而足，何必取而去也哉！

二、書啓、詩

㈠、上都運待制啓

昨者解官河外，竄迹淮壖。顧乃孤危，便於藏縮。雖瞻依之甚久，在訊候以闕修。……

……自輟從於侍從，暫臨總於劇繁。足食彊兵，雖並資於經畫。先機別事，誠有繫於安危。況成績已彰，佇褒功之不足。時炎燠熱，天宇泰然。更冀珍調，以符傾禱。

㈡、與韓琦書

山州窮絕，比乏水泉。昨夏秋之初，偶得一泉於州西南豐山之谷中。水味甘冷，因愛其山勢回抱，構小亭於泉側。又理其傍爲教場，時集州兵弓手。閱其習射，以警飢年之盜。間亦與郡官，宴集於其中。方惜此幽致，思得佳木美草植之。忽辱寵示芍藥十種，豈勝欣荷。山民雖陋，亦喜遨遊。今春寒食，見州人靚裝盛服。但於城上巡行，便為春遊。自此得與郡人共樂，實出厚賜也。愧刻愧刻。

㈢、與曾舍人鞏書

雖久不相見，而屢辱書及示新文，甚慰瞻企。今歲科場，偶滯遐舉。畜德養志，愈期遠到，此鄙劣之望也。某此幸自如，山州少朋友之遊，日逾昏塞。加之老退，於舊學已為廢失，而韓子所謂終於小人歸乎！因風，不惜遠垂見教。未良會間，自重自重。

㈣、五言古詩「憎蚊」一首三百餘言的長詩，充分表露詩人諷喻之妙趣。細詠全篇，不覺啞然失笑！故特摘錄如次：

擾擾萬類殊，可憎非一族。甚哉蚊之微，豈足污簡牘。乾坤量廣大，善惡皆含育。荒茫三五前，民物交相黷。禹鼎象神姦，蛟龍遠潛伏。周公驅猛獸，人始居川陸。爾來千百年，天地得清肅。大患已云除，細微遺不錄。繩蚖蚤虱蟣，蜂蝎蚖蛇蝮。惟爾於其間，有形纔一粟。雖微無奈眾，惟小難防毒。……我來守窮山，地氣尤卑溽。官閑懶所便，惟睡宜偏足。難堪爾類多，枕席厭緣撲。燻簷苦煙埃，燎壁疲照燭。荒城繁草樹，旱氣飛炎熇。羲和驅日車，當午不轉轂。清風得夕涼，如赦脫囚梏。掃庭露青天，坐月蔭嘉木。汝寧無他時，忍此見迫促。翾翾伺昏黑，稍稍出壁居。塡空來若翳，聚隙多可掬。叢身疑陷圍，聒身如遭哭。猛攘欲張拳，酷中甚飛鏃。手足不自救，其能營背腹。盤飧勞扇拂，立寐傴僮僕。端然窮百計，還坐瞑雙目。於吾固不較，在爾誠爲酷。誰能推物理，無乃乖人欲。騶虞鳳凰麟，千載不一矚。思之不可見，惡者無由逐。

秋季

一、書啓

㈠、回賈狀元黯啓

伏以狀元廷評，行久著於鄉書，聲素馳於文囿。果先羣彥，榮中甲科。……繫利害於斯民，則公輔常由此出。一賢既進，拔茅皆可以彙征。一士以旌，勸善不勞於家至。得人之要，其利若斯。鴻惟治朝，臻此盛事。方深竊抃，遽辱惠音。顧惟棄置之餘，宜此退藏之密。久稽裁敘，但切悚惶。

㈡、回賀楊翰林察啓

伏審某人榮奉宸恩，入陞禁署，伏惟慶慰。……某幸守陋邦，遙聞美拜。迹宜藏密，非敢怠於致誠。恩厚記存，特辱垂於榮問。忻愉感愧，交集難陳。

二、古詩

㈠、秋晚凝翠亭

黃葉落空城，青山遶官廨。風雲凄已高，歲月驚何邁。陂田寒未收，野水淺生派。晴林紫榴坼，霜日紅梨曬。蕭疏喜竹勁，寂寞傷蘭敗。叢菊如有情，幽芳慰孤介。嘉客日可攜，寒醅青新醡。登臨無猒頻，冰雪行即屆。

(二)、菱溪大石

新霜夜落秋水淺，有石露出寒溪垠。苔昏土蝕禽鳥啄，出汲溪水秋復春。溪邊老翁生長見，凝我來視何殷勤。愛之遠徙向幽谷，曳以三犢載兩輪。行穿城中罷市看，但驚可怪誰復珍。荒煙野草埋沒久，洗以石竇清泠泉。朱欄綠行相掩映，選致佳處當南軒。南軒旁列千萬峰，曾未有此奇嶙峋。乃知異物世所少，萬金爭買傳幾人！山河百戰變陵谷，何爲落彼荒溪濆。山經地誌不可究，遂令異說爭紛紜。……天高地厚靡不有，醜好萬狀奚足論。惟當掃雪席其側，日與佳客陳清罇。

(三)、送楊秀才

高門煌煌爀如赭，勢利聲名爭借假。嗟哉子獨不顧之，訪我千山一羸馬。明珠渡水覆舟失，贈我璣貝猶滿把。（生攜文數十篇見訪，渡江而失。）遲遲顧我不欲去，問我無窮慚報寡。時之所棄子獨嚮，無乃與世異取捨。

冬季

書啓三件

一、回知郡賀冬狀

天序欲周，物生伊始。惟君子福綏之吉，順陽和來復之時。即迓寵光，以符善禱。敢祈隆顧，先辱惠音。荷慰誨之尤多，積感銘而但切。

二、與鄰郡官狀

伏念封圻甚密，官守有常。雖傾企德之勤，尚阻披風之便。承屢形於謙顧，常曲示於誨言。冬序方凝，陽和將動。伏惟為國自重，以副詹祈。

三、與梅聖俞書

自谷正去後，更不曾上狀。蓋以經夏大暑，秋來或聞移南京，或云來與刁氏成親。一向因循，遂成疎懶。然中間卻得聖俞所寄六詠、及桐花嗁鳥等詩。近又得刁十六所寄詩書，即日必已還許。冬冷，尊候萬福。

某居此久，日漸有趣，郡齋靜如僧舍。讀書倦，即飲射。酒味甲於淮南，而州僚亦雅。親老，一二年多病。今歲夏秋以來安樂，飲食充悅。省自洛陽別後，始有今日之樂。詩頗多，不能一一錄去。未相見間，惟冀保愛。多時欲作書，無便。今託提刑趙學士，謹附此，不宣。

慶曆七年（一〇四七）丁亥，先生四十一歲，在滁州。

先生來滁，不覺已經一年兩個多月。政清事簡，士庶歡樂。身在山水，心繫社稷。適應環境，隨遇而安。每日公暇，攜同僚友士庶倘佯於深山巖谷之間，寄託詩酒以抒懷。因此，本年所作詩文很多，仍依季次，擇要摘述如次：

春季

一、表奏

謝慶曆七年曆日表

……雖被謫以窮居，亦以時而受賜。臣敢不虔遵聖訓，順布民時。上副欲治之心，少逃曠官之責。

二、書啓

㈠與晏元獻公同叔

孟春猶寒，伏惟判府相公尊體動止萬福。前急足自府還，伏蒙賜書爲報。且承臨鎭之餘，日有林湖閒燕之樂。此乃大君子以道出處之方，而元老明哲所以爲國自重之意也。……有魏廣者，好古守道之士也。其爲人，外柔而內剛。新以進士及第，爲滎陽主簿。今因吏役至府下，非有它求。直以卑賤不能自達，欲一趨門仞而已。伏惟幸賜察焉，不備。

㈡與梅聖俞書

去年夏中，因飲滁水，甚甘。問之，有一土泉在城東百步許，遂往訪之，乃一山谷中。山勢，一面高峰，三面竹嶺，回抱泉上。舊有佳木一二十株，乃天生一好景也。遂引其泉爲石池，甚清甘。作亭其上，號「豐樂」，亭亦宏麗。又於州東五里菱溪上，有二怪石。乃馮延魯家舊物，因移在亭前。廣陵韓公聞之，以細芍藥十株見遺，亦植於其側。其他花竹，不可勝紀。山下一徑，穿入竹篠蒙密中。豁然路盡，遂得幽谷。已作一記，未曾刻石。亦有詩託王仲儀寄去，不知達否？告乞一篇留亭中，因便望示及，千萬千萬。

(二)又與一書

谷僕來，捧書，得詢動靜。又見詩中所道，有相遊從唱和之樂。備詳平日幕中所為，可勝慰也。某此愈久愈樂，不獨為學之外有山水琴酒之適而已。小邦為政期年，粗有所成，固知古人不忽小官有以也。

示及飲酒，今春來頗覺風壅，亦不能劇飲如往時。承見戒，多荷多荷。他事非獨不挂口，亦不關心，固無淺深可示人也。

母老多病，而身纔過四十，頓爾心闌。出處君子大節，有所未果，不敢效俗夫妄言爾！春暄，千萬保重。

三、古詩

(一)、重讀徂徠集

吾欲哭石子，夜開徂徠編。開編未及讀，涕泗已漣漣。勉盡三四章，收淚輒忻懽。切切善惡戒，丁寧仁義言。如聞子談論，疑子立我前。乃知長在世，誰謂已沉泉。昔也人事乖，相從常苦艱。今而每思子，開卷子在顏。我欲貴子文，刻以金玉聯。金可爍而銷，玉可碎非堅。不若書以紙，六經皆紙傳。但當書百本，傳百以爲千。或落於四夷，或藏在深山。待彼謗焰熄，放此光芒懸。人生一世中，長短無百年。無窮在其後，萬世在其先。得長多幾何，得短未足憐。惟彼不可朽，名聲文行然。讒誣不須辨，亦止百年間。百年後來者，憎愛不相緣。公議然後出，自然見媸妍。孔孟困一生，毀逐遭百端。後世苟不公，至今無聖賢。所以忠義士，恃此死不難。當子病方革，謗辭正騰喧。衆人皆欲殺，聖主獨保全。已埋猶不信，僅免斲其棺。此事古未有，每思輒長嘆！我欲犯衆怒，爲子記此冤。下紓冥冥忿，仰叫照照天。書於蒼翠石，立彼崔嵬巔。詢求子世家，恨子兒女頑。經歲不見報，有辭未能銓。忽開子遺文，使我心已寬。子道自能久，吾言豈須鐫。

㈡、汝瘿答仲儀 一本作答王素汝瘿

君嗟汝瘿多，誰謂汝土惡。汝瘿誰云苦，汝民居自樂。鄉閭同飲食，男女相媒妁。習俗不爲嫌，譏嘲豈知作。……君官雖謫居，政可瘳民瘼。奈何不哀憐，而反恣訶謔。……乖離南北殊，魂夢山陂邈。握手未知期，寄詩聊一噱。

㈢、滄浪亭 一本作寄題子美

子美寄我滄浪吟，邀我共作滄浪篇。滄浪有景不可到，使我東望心悠然。……丈夫身在豈長棄，新詩美酒聊窮年。雖然不許俗客到，莫惜佳句人間傳。

㈣、豐樂亭小飲

造化無情不擇物，春色亦到深山中。山桃溪杏少意思，自趁時節開春風。……人生行樂在勉彊，有酒莫負瑠琉鍾。主人勿笑花與女，嗟爾自是花前翁。

(五)、豐樂亭遊春二首

綠樹交加山鳥啼，晴風蕩漾落花飛。鳥歌花舞太守醉，明日酒醒春已歸。

春雲淡淡日輝輝，莫惹行襟絮拂衣。行到亭西逢太守，籃輿酩酊插花歸。

(六)、琅琊山六題

歸雲洞

洞門常自起煙霞，洞穴傍穿透谿谷。朝看石上片雲陰，夜半山前春雨足。

琅琊谿

空山雪消谿水漲，遊客渡谿橫古槎。不知谿源來遠近，但見流出山中花。

石屏路

石屏自倚浮雲外，石路久無人跡行。我要攜酒醉其下，臥看千峰秋月明。

班春亭

信馬尋春踏雪泥，醉中山水弄清輝。野僧不用相迎送，乘興閑來興盡歸。

庶子泉

庶子遺蹤留此地，寒嵒徙倚弄飛泉。古人不見心可見，一片清光長皎然。

惠覺方丈

青松行盡到山門，亂峰深處開方丈。已能宴坐老山中，何用聲名傳海上。

㈦、送張生

一別相逢十七春，頹顏衰髮互相詢。江湖我再爲遷客，道路君猶困旅人。老驥骨奇心尚壯，青松歲久色逾新。山城寂寞難爲禮，濁酒無辭舉爵頻。

㈧、田家

綠桑高下映平川，賽罷田神笑語喧。林外鳴鳩春雨歇，屋頭初日杏花繁。

四、祭文

㈠、修城祈晴祭五龍文

雨澤於物，博哉其利。及其過差，患亦不細。民勞於農，將熟而敗。吏勤於職，已成而圮。龍於吏民，何怒何戾。山湫有祠，樂可潛戲。宜安爾居，靜以養智。冬雪春雨，其多已太。浸潤收畜，足支一歲。旱則來告，否當且待。

㈡、又祭城隍神文

雨之害物多矣！而城者神之所職。不敢及他，請言城役。……眾力方作，雨則止之。城功既成，雨水壞之。敢問雨者，於神雖尸。吏能知人，不能知雨。惟神有靈，可與雨語。吏竭其力，神祐以靈。各供其職，無媿斯民。

夏季

一、表奏

慰申王薨表

……五月二十三日，以皇叔申王德文薨。皇帝幸後苑舉哀挂服者。伏以申王德文，位崇王者，地重宗藩。遽背明時，奄然殂謝。……臣忝居侍從，遠守詔條。不獲躬詣闕庭以伸奠慰，臣無任哀感之至！

二、古詩

四月九日幽谷見緋桃盛開

經年種花滿幽谷，花開不暇把一卮。人生此事尚難必，況欲功名書鼎彝。深紅淺紫看雖好，顏色不奈東風吹。緋桃一樹獨後發，意欲待我留芳菲。清香嫩蕊含不吐，日日怪我來何遲。無情草木不解語，向我有意偏依依。羣芳落盡始爛漫，榮枯不與眾艷隨。念花意厚何以報，唯有醉倒花東西。盛開比落猶數日，清罇尚可三四攜。

秋季

一、表奏

賀鴻慶宮成奉安三聖御容表

伏覩南京鴻慶宮成奉安三聖御容者。一人致孝，式表於奉先。三后在天，並垂於鴻祐。人靈交感，華夏歡呼。……郡國嘗幸，俾得以奉祠。實隆廣孝之風，以著不刊之典。臣猥叨辭職，方守郡條。瞻盛禮以阻陪，效歡聲而徒切。

二、書啓

㈠、賀九月文參政彥博啓

伏以光膺制命，參秉國鈞。爰擇令辰，已諧禮上，伏惟慶慰。……某幸在陶鎔，惟知慶忭。商秋式序，歲物方成。伏請上爲邦家，精調寢膳。

㈡、回賀李待制柬之啓

伏審肅奉寵靈，峻升侍從。得賢之慶，固宜發於歡愉。待罪之人，方自思於藏密，遂稽馳賀。先辱榮函，可勝愧色。……涼秋之謝，嚴律將凝。冀爲邦朝，善綏福履。

三、古詩

㈠、秋懷二首寄聖俞

孤管叫秋月，清砧韻霜風。天涯遠夢歸，驚斷山千重。……
隆陰夷老物，摧折壯士胸。壯士亦何爲，素絲悲青銅。
羣木落空原，南山高巃嵷。巉巖想詩老，瘦骨寒愈聳。……
何由幸見之，使我滌煩冗。飛鳥下東南，音書無日捧。

㈡、懷嵩樓新南軒與郡僚小飲

繞郭雲煙匝幾重，昔人曾此感懷嵩。霜林落後山爭出，野菊開時酒正濃。
解帶西風飄畫角，倚欄斜日照青松。會須乘醉攜嘉客，踏雪來看羣玉峰。

四、序文

送楊寘序

予嘗有幽憂之疾，退而閑居，不能治也。既而學琴於友人孫道滋，受宮聲數引，久而樂之，不知疾之在體也。……予友楊君，好學有文，累以進士舉，不得志。及從廕，調爲尉於劍浦。區區在東南數千里外，是其心固有不平者。且少又多疾，而南方少醫藥，風俗飲食異宜。以多疾之體，有不平之心。居異宜之俗，其能鬱鬱以久乎？然欲平其心以養其疾，於琴亦將有得焉。故予作琴說以贈其行，且邀道滋酌酒進琴以爲別。

五、祭文

祈雨祭漢高皇帝文

……吏有常職，來官於滁者，不三四歲而易也。神食於此，無窮已也。神與吏於滁人，孰親且久，孰宜愛其人之深也。滁人敢慢其吏而犯吏法者，有矣，未聞有敢慢神而犯威靈也。其畏信勤事於吏，孰若畏信勤事於神也。吏於凡小事，猶皆動有法令約束，違則有罰。孰若神之變化莫測，而能與民轉災爲福也。吏朝夕拜禱，彌旬越月而無所感動。神之召呼風雲，開闔陰陽而役使鬼物，頃刻之間也。

今民田待雨急矣，吏知人力不能為，猶竭其力而不得已，況神之易為也。況滁人畏信勤事之久而親，神宜愛之，而又有可以轉災為福變化莫測之能也。吏誰敢與神較，而修輒以此為黷者，蓋哀民之急辭也。其政不善而召災旱，又以為黷，神宜降殃於修而賜民以雨，使賞罰並行而兩得也。民之幸也，修之願也。

冬季

一、表奏

十二月，以南郊恩，先生作有「謝加上都尉進封開國伯食邑三百戶」表。如云：

……伏念臣材非世用，行與時違。過蒙獎擢之私，忝居侍從之列。坐尸厚祿，安處善邦。當見帝以親郊，莫陪嚴祀。洎受釐而均慶，亦被寵光。進爵賜勳，即封加戶。併茲榮數，及迺無功。敢不退自省循，益思砥礪。上答乾坤之造，更堅犬馬之誠。

二、書啓

㈠、回賀集賢韓學士絳啓

伏承被召試文，升華儒館，伏惟歡慶。……方懷抃躍之私，遽辱置郵之問。仰銜隆眷，徒切愧誠。冬序云初，天和善保……。

㈡、上致政王太保啓

昨者太保還政於朝，榮歸故里。暫留齋舫，云止陋邦。竊省孤危，方嬰罪謫。逃虛易喜，蓋人迹之罕逢。道舊爲歡，矧平生之有素。特荷眷私之厚，不爲位貌之嚴。金玉之堅，弗渝於彌久。松筠之操，獨見於大寒。感慰所深，幽憂如釋。……惟期善衛襟靈，以迎休寵。

㈢、回泗州通判勾龍都官啓

比者特蒙惠顧，遠辱誨言。副以雄編，俾之拭目。通判都官識窮淵韞，學探本原。講於仁義之餘，深得風騷之旨。雜然衆體，各極其精。時無鍾期，誰識高山之意。人非季扎，豈知治世之音。矧惟朽拙之無堪，方幸退藏而自屏。敢期時彥，不我鄙遺。諭之累幅之勤，貺以百篇之富。四面之宮並奏，驟聽於鏗鍠。三歎之音有餘，豈窮於杳默。但駭夜光之投闇，徒令海鳥之驚魂。媿乏重言，以起連城之價。用爲永好，惟期十襲之藏。感幸之誠，敷陳罔既。

㈣、回和州通判啓

自暌風表，曠有歲時。……幸茲鄰郡，首辱誨言。締縟旨之勤隆，若清徽之晤挹。政條關決，難久滯於材猷。臺彥飛英，即入承於光寵。更希珍攝，以別禱祈。

三、古詩

㈠、希眞堂東手種菊花十月始開

當春種花唯恐遲，我獨種菊君勿誚。春枝滿園爛張錦，風雨須臾落顚倒。……君看金蘂正芬敷，曉日浮霜相照耀。……煌煌正色秀可餐，藹藹清香寒愈峭。……時攜一罇相就飲，如得貧交論久要。我從多難壯心衰，迹與世人殊靜躁。

(二)、別後奉寄聖俞二十五兄

長河秋雨多，夜插寒潮入。歲暮孤舟遲，客心飛鳥急。……離合二十年，乖暌多聚集。常時飲酒別，今別輒飲泣。君曰吾老矣。不覺兩袖溼。我年雖少君，白髮已揖揖。憶初京北門，送我馬暫立。自蔡遭檻穽，一落誰引汲。顛危偶脫死，藏竄甘自縶。但令身尚在，果得手重執。聞來喜迎前，貌改驚乍揖。……觀言正喧譁，別意忽於邑。日暮北亭上，濁醪聊共挹。輕橈動翩翩，晚水明熠熠。行必去雖迫，訣語出猶澀。歸來錄君詩，卷軸多纖纖。……知之莫予深，力不足呼吸。歎吁偶成篇，聊用綴君什。

(三)、懷嵩樓晚飲示徐無黨無逸

滁山不通車，滁水不載舟。舟車路所窮，嗟誰肯來遊。念非吾在此，二子來何求。不見忽三年，見之忘百憂。……自非世不容，安事此爲囚。幸以主人故，崎嶇幾摧輈。一來勤已多，而各欲久留。我語頻遭屈，顏慚汗交流。川塗冰已壯，霰雪行將稠。羨子兄弟秀，雙鴻翔高秋。噰噰飛且鳴，歲暮憶南州。飲子今日歡，重我明日愁。來既辱已厚，贈言媿非酬。

(四)、拜赦

拜赦古州南，山火明烈烈。州人共喧喧，兩丱扶白髮。丁寧天語深，曠蕩皇恩闊。乃知天地施，幽遠無間別。欣欣草木意，喜氣消殘雪。

㈤別滁

花光濃爛柳輕明，酌酒花前送我行。我亦且如常日醉，莫教絃管作離聲。

四、祭文

祈晴祭城隍神文

……惟神愛福此州，必有陰助。今與役有期，而大雪不止。沮民害事，咎必有歸。惟修不能事神治民，當有明罰。而城之成否？自繫神民。惟神之靈，敢以誠告。數日之內，豁然陽開。尚不失時，在神而已。是歲，三男棐生。

第八章　轉起居舍人仍知制誥　徙知揚州而潁州

第一節　政績斐然澤被黎庶

慶曆八年（一〇四八）戊子，先生四十二歲，在揚州。一元復始，萬象逢春向榮。先生作有多首詩以抒懷，但於辛酉日則有詔禁諫官御史風聞言事，引起朝野士庶議論紛紜。茲先錄詩數首，再引詔語。

一、古詩一首

青松贈林子

青松生而直，繩墨易爲功。良玉有天質，少加磨與礱。子誠懷美材，但未遭良工。養育既堅好，英華充厥中。於誰以成之，孟韓荀暨雄。

二、律詩四首

㈠、詠雪

至日陽初復，豐年瑞遽臻。飄颻初未積，散漫忽無垠。萬木青煙滅，千門白晝新。往來衢更合，高下著何勻。……此土偏宜稼，而予濫長人。應須待和暖，載酒共行春。

㈡、贈歌者

病客多年掩綠罇，今宵爲爾一顏醺。可憐玉樹庭花後，又向江都月下聞。

㈢、初春

新年變物華，春意日堪嘉。霽色初含柳，餘寒尚勒花。風絲飛蕩漾，林鳥哢交加。獨有無悰者，誰知老可嗟。

㈣、送田處士

秦士多豪俠，夫君久遁名。青山對高臥，白首喜論兵。氣古時難合，詩精格入平。公車不久召，歸袖夕風生。

先生友人張景山在虢州被貶南方之時，曾將月石硯屏一方贈送給他。他認爲此石乃古所未有的奇物，因囑畫工之士寫圖徵信，故作有「月石硯屏歌序」一篇。如云：

張景山在虢州時命治石橋小版一石，中有月形，石色紫而月白，月中有樹森森然。其文墨而枝葉老勁，雖世之工畫者不能爲，蓋奇物也。景山南謫，留以遺予。予念此石古所未有，欲但書事，則懼不爲信，因令善畫工來松寫以爲圖。子美見之，當愛歎也。其月滿，西旁微有不滿處，正如十三四時。其樹橫生一枝外出，皆其實如此。不敢增損，貴可信也。

正月辛酉，按續資治通鑑長編卷一六六、頁三載有：「詔曰：自古為治，必戒苛察。近歲風俗，爭事傾危，獄犴滋多。上下睽危急，傷累和氣。自今言事者非朝廷得失，民間利病。毋得以風聞彈奏，違者坐之。」殿中御史張禍言：「不當禁諫官御史風聞言事。」不報。此詔何人奏議頒行，殊違定制。奸佞當權，欺上瞞下。從此言官言論受制，小人竊喜。對於忠直無畏之諫官，將受影響，聖聽亦被朦蔽，實大失策。

朝廷對於各地叛亂之事，極為重視，處置亦最快速。而被擒獲之匪酋及首要頭目，皆磔於市，罪誅親屬。封賞有功將士，尤其恩寵。凡所措施，俱以鼓舞士氣，保國衛民，鞏固政權。而嚴刑重罰，則以警惕凶頑，打擊野心分子為手段。茲按宋史紀事本末卷六「貝州卒王則」一節，敘事專一詳盡，特照錄如次，藉明究竟。如云：

慶曆七年十一月，貝州（今河北清河縣）賊王則據城反。以明鎬為河北安撫使。則涿州人，初以歲飢流至貝州。自賣為人牧羊，後隸宣毅軍為小校。貝、冀俗尚妖幻，相與習為五龍滴淚等經及諸圖讖書，言釋迦佛衰謝，彌勒佛持世。則之與母訣也，嘗刺福字於背以為記。妖人因妄傳則字隱起，爭信事之。州吏張巒卜吉主其謀，黨與連德、齊諸州，約以明年正旦斷澶州浮梁作亂。會其黨以書詣北京留守賈昌朝，事覺被執，故不待期，亟以冬至日反。時知州張得一，方與官屬謁天靈觀。則率其徒劫庫兵，執得一囚之。從通判董元亨索庫鑰，元亨厲聲罵賊，賊遂殺之，又殺司理王獎等。

兵馬都監田斌以從卒巷戰，不勝而出。城扇闔，提點刑獄田京等，縋城出保南關，入饒健營撫士卒。凡有欲應賊者，京以計盡誅之。由是營兵在外者皆慴服，南關得不陷。

則僭稱東平郡王，國曰安陽，年號曰德勝，旗幟號令皆以佛爲稱。城以一樓爲一州，書州名，補其徒爲知州，每面置一總管。然縋城下者日衆，於是令民伍伍爲保，一人縋，餘悉斬。

事聞，以知開封府明鎬爲體量安撫使，而詔貝州有能獲賊者，授諸衛上將軍。鎬至於州，民汪文廣自城上繫書射鎬帳，約爲內應，應垂絙以引官軍入城者數百人。賊覺，率衆拒戰，官軍不利，乃與文廣等復縋而出。鎬以貝州城峻不可攻，乃爲距闉，將成爲賊所焚。鎬乃即南爲地道，日攻其北以牽制之。

慶曆八年春正月丁丑，朝廷以則未下，命文彥博爲河北宣撫使，鎬爲之副。夏竦惡鎬恐其成功，凡鎬所奏，輒從中阻之。彥博既受命，請軍事得專行，許之。

彥博至貝，鎬穿道適通，遂選壯士夜半由地道入城。衆登城，賊縱火牛，官軍以槍中牛鼻，牛還攻之，賊大潰，開東門遁。

總管王信追則擒之，餘衆保村舍者，皆被焚死。

竦復言，所獲恐非眞盜，乃詔檻送則京師。丙寅，磔王則於都市。賊據城凡六十六日而敗，改貝州爲恩州。張得一以降賊被誅。

戊申，參知政事文彥博爲禮部侍郎平章事。右諫議大夫明鎬爲端明殿學士給事中。

閏正月，先生作有「賀平貝州表」如云：

伏聞閏月一日攻下貝州，殺到妖賊王則者。盜孽竊興，人祇共忿。果憑睿筭，悉殄凶徒。……既違天而逆人，宜不攻而自破。而況聖神運略，將相協忠。不遺一人，咸即大戮。悖慢者警而肅恪，昏愚者知有誅夷。銷沮姦萌，震揚威令。臣幸忝郡寄，欣聞德音。

又有賀文相公拜相啓

伏審就降命書，入持宰柄，伏惟慶慰。……化行右蜀，政貳中樞。屬邊寇之肆狂，杖使威而殄滅。暫形等略，已取蕩平。還居廟堂，副聖主仰成之意。坐調鼎鼐，洽羣生咸遂之和。凡被陶鎔，皆知抃頌。矧居庶列，實倍常情。

再有一篇五百餘言之「連處士墓表」。對於卒後二十年的一位應山處士，爲其孝友仁者風範以告於後人，乃表其墓，具有移風易俗的重大意義。特分段摘錄，對崇尙功利主義所形成不良風氣當有警勵作用。

一、應山人之思念

連處士，應山人也，以一布衣終於家，而應山之人至今思之。其長老教其子弟，所以孝友恭謹禮讓而溫仁，必以處士爲法。曰：爲人如連公，足矣。其矜寡孤獨凶荒飢饉之人，皆曰：自連公亡，使吾無所告依而生以爲恨。嗚呼！處士居應山，非有政令恩威以親其人，而能使人如此，其所謂行之以躬不言而信者歟！

二、家世及孝行

處士諱舜賓，字輔之，其先閩人。自其祖光裕嘗爲應山令，後爲磁、郢二州推官，卒而反葬應山，遂家焉。處士少舉毛詩，一不中。而其父正以疾廢於家，處士供養左右十餘年，因不復仕進。

三、教子及仁者風範

父卒，家故多貲，悉散賙鄉里，而教其二子以學。曰：此吾貲也。歲飢，出穀萬斛以糶，而市穀之價卒不能增，及旁近縣之民皆賴之。盜有竊其牛者，官爲捕之甚急。盜窮，以牛自歸。處士爲之媿謝。曰：煩爾送牛。厚遺以遣之。嘗以事之信陽，遇盜於西關，左右告以處士。盜曰：此長者，不可犯也，捨之而去。

四、省弟得疾卒歸葬感人深

處士有弟居雲夢，往省之，得疾而終，以其柩歸應山。應山之人，去縣數十里迎哭，爭負其柩以還。過縣市，市人皆哭，爲之罷市三日。曰：當爲連公行喪。

五、生四子有成

處士生四子，曰庶、庠、庸、膺。其二子教以學者，後皆舉進士及第。今庶爲壽春令，庠爲宜城令。

六、表其墓動機

處士以天聖八年十二月某日卒，慶曆二年某月日葬於安陸蔽山之陽。自卒至今二十年，應山之長老識處士者，與其縣人嘗賴以爲生者，往往尚皆在。其子弟後生聞處士之風者，尚未遠。使更三四世至於孫曾其所傳聞，有時而失，則懼應山之人不復能知處士之祥也，乃表其墓以告於後人。八年閏正月一日盧陵歐陽修述。

閏正月乙卯十六日，轉起居舍人，依舊知制誥，徙知揚州（江蘇江都）。制詞云：

勑，勤求治道，優延近著。粵惟詞禁之彥，久布外邦之政。特推渥洽，蓋示眷懷。……歐陽某，智慮淹通，文藻敏麗。善談當世之務，旋登近侍之班。向直內閣之嚴，實分北道之寄。爰司方郡，屢易周星。軫予意而良深，俾官儀而敘進。記言動者，良史之筆，授之以清階。督淮灣者，廣陵之區，委之以會府。仍司雅誥，尚遠鑾垣。當欽待遇之榮，益務端莊之節。遲聞美績，用對寵靈。可特授行起居舍人、知制誥、知揚州軍州事兼管內堤堰橋道勸農使。替張奎。散官勳封賜如故，仍放謝辭。

先生自慶曆五年八月甲戌二十一日，降知制誥知滁州，於十月甲戌二十二日至郡。時光荏苒，瞬逾兩年五個多月。他一本親民愛民，平易近人的精神，洞察民間疾苦，革除積弊。發現問題，力謀解決。吏民稱便，受賜良多。因此，全州吏民聞訊調任，莫不依依不捨。公議必欲舉行盛大歡送，但遭先生堅決婉謝。不過，僚友及仕紳代表的餞行，勢難避免。

先生此次奉調揚州，一看制詞，即知仍荷仁宗眷顧殊深。滁州事簡政清，所以很快就於二月赴任，庚寅二十二日到達揚州任所。途中作有「行次壽州寄內」七言律詩一首云：「紫金山下水長流，嘗記當年此共遊。今夜南風吹客夢，清淮明月照孤舟。」

謝上表云：

……伏蒙聖恩，授臣起居舍人，依前知制誥知揚州軍州事，已於今月二十二日赴任訖者。貶所脱身，遽叨臨於督府。歲成無狀，仍敘進於官聯。被渥以優，撫心增懼。……小器易盈，固已宜於顛覆。盡言取禍，仍多結於怨仇。仰視公朝，臣雖自信。在於物理，豈有不危。矧利口之中人，譬含沙之射影。謂時之眾嫉者易爲力，謂事之陰昧者易爲誣。繄天聽之聰，終辨獄辭之濫。茍此冤之獲雪，雖永棄以猶甘。而況得善地以長人，享及親之厚祿。坐安優逸，未久歲時。亟就易於方州，仍陟遷於秩序。有以見聖君之意，未嘗忘言事之臣。孤拙獲全，忠善者皆當感勵。姦讒不效，傾邪者可使息心。非惟愚臣獨以爲幸，此蓋伏遇尊號皇帝陛下乾坤覆載，日月照臨。察人常務於究情，行賞必思於有勸。致茲恩典，施及懦庸。誓堅終始之心，少答生成之造。

四月，趙頊生，初名仲鍼，爲英宗長子，封安國公。舉止皆有常度，而天性好學。英宗崩，即皇帝位，是爲神宗。在位十八年，卒年三十八。（宋史本紀卷一四及宋史新編卷五）

宋代最大外患之一的西夏主趙元昊（曩霄）於春正月辛未卒，子諒祚生。四月，諒祚受封爲夏國主。

按宋史全文卷八下、宋史紀事本末卷六、續資治通鑑長編卷一六二——一六四及宋史卷四八五載，略有詳簡，玆摘述如次：

元昊凡七娶，五曰野利氏，遇乞從女也。會有告遇乞兄弟謀作亂。元昊遂族遇乞剛浪，凌城逋等。既而元昊悔恨，下令訪遺口，得遇乞妻與之私通。野利氏覺之，乃出爲尼，號沒藏大師。既娠，而元昊死。沒藏大族也，訛龐爲之長。訛龐曰：夏自祖考以來，父死子繼，國人乃服。今沒藏尼娠，先王之遺腹，幸而生子，則可以嗣先王矣。遂立沒藏而僞號太后。元昊既死三月，諒祚生。（宋史全文卷八下）

李燾曰：八年春，元昊死時年四十六。……元昊初娶伊齊從女伊里氏，生寧凌格，特愛之以爲太子。既而欲爲寧凌格納摩伊克氏爲妻，見其美，自取之。寧凌格憤殺元昊，不死，劓其鼻而去。匿鄂特彭，爲鄂特彭所殺，元昊因鼻創死。（宋史紀事本末）夏四月己巳朔，封曩霄子諒祚爲夏國主。祠部員外郎任顓爲册禮使、供備庫副使酸棗宋守約副之。諒祚生甫三月，諸將未和。議者謂可因此時，皆以節度使命諸將，使各統所部，以分弱其勢，冀絕後患。判延州程琳言：幸人之喪非所以示國體，不如因而撫之。或請乘隙舉兵。知廣州孫沔亦言，伐喪非中國體。上諾其言，遂趣有司行册禮。然議者，頗惜其失機會。（續資治通鑑長編卷一六四、宋史全文略同）

夏四月，册諒祚爲夏國主。先是夏遣使來告哀，朝廷及契丹皆遣使慰奠。議者請因諒祚幼弱，母族專國。以節鉞啖其三大將，使各有所部。分以披其勢，可以得志。陝西安撫使程琳曰：幸人之喪，非所以柔遠人，不如因而撫之。帝乃遣使册諒祚爲夏國

主。議者深惜朝廷之失機會。（宋史紀事本末卷六）

趙元昊，一名曩霄。先世本姓李，宋初歸附，賜姓趙。世據夏州河內二十郡，封平西王。元昊嗣立，雄毅多大略。不甘臣宋，僭稱帝，國號夏。叛宋寇邊，屢敗宋兵。後與宋和，宋冊封爲西夏主，而元昊帝其國中如故。在位十七年，卒年四十六（一〇〇二—一〇四八）。

辛未，參知政事丁度調職。給事中權三司使明鎬爲參知政事，因文彥博自貝州平亂入相，數推鎬功，故丁度罷而鎬代之。

五月，御史何郯奏論樞密使平章事夏竦。如云：

其性邪，其欲侈，其學非而博，其行僞而堅。有纖人善柔之質，無大臣耿直之望。事君不顧其節，遇下不由其誠。……主憂於上而不爲之恤，民議於下而不知爲非。……中外之心，無不憤激。伏望陛下上爲社稷之謀，下慰臣庶之望。與眾永棄，示人不私。豈不盛哉！豈不快哉！

辛酉，夏竦罷樞密使判河南府。言者既數論夏竦姦邪，會京師同日無雲，而震者五。上方坐便殿，趣召翰林學士。俄傾，張方平至。上謂曰：夏竦姦邪，以致天變如此，亟草制出之。方平請撰辭。上意遽解曰：且以均勞佚命之。足見姦邪小人，終遭鄙棄。而賈昌朝陳執中、鄭戩等，亦皆先後遠離權力中心，不予贅述。

是月，先生在揚州。據宋代名士葉夢得避暑錄話云：

歐陽文忠公在揚州作平山堂，壯麗爲淮南第一。堂據蜀岡，下臨江南數百里。眞、潤、金陵三州，隱隱若可見。公每暑時，輒凌晨攜客往遊。遣人走邵伯取荷花千餘朵，插百許盆，與客相間。遇酒行，即遣妓取一花傳客，以次摘其葉盡處以飲酒。往往侵夜，載月而歸。

余紹聖初始登第，嘗以六七月之間，館於此堂者幾月。是歲大暑，環堂左右，老木參天。後有竹千餘竿，大如椽，不復見日色。蘇子瞻詩，所謂「稚節可專車」是也。寺有一僧，年八十餘，及見公，猶能道公時事甚詳。

又云：

揚州蜀岡上大明寺平山堂，歐陽文忠手植柳一株，人謂之歐公柳。公詞所云：「手種堂前垂柳，別來幾度春風」者。薛嗣昌作守，亦種一株自榜曰：薛公柳。人莫不嗤之！嗣昌既去，爲人伐之。

先生曾作有「朝中措」詞一首，可見當時情景。如云：

平山欄檻依晴空，山色有無中。手種堂前垂柳，別來幾度春風。文章太守，揮毫萬字，一飲千鍾。行樂直須年少，樽前看取衰翁。

六月，參知政事明鎬疽發背卒。

是歲，先生除專心政務，重視民生，革蔽求新，竭力推動地方各種建設。深獲士庶感戴外，曾作有多篇鴻文。因皆無月日，摘錄五篇如次：

一、大明水記。品第天下水味之次第，考證詳明，指爲各家多屬妄說。對陸羽之論水，則然其說近物理。評析的確獨具卓見。如云：

世傳陸羽茶經，其論水云：山水上，江水次，井水下。又云：山水乳泉石池漫流者上，瀑湧湍漱勿食。食久，令人有頸疾。江水取去人遠者，井取汲多者。其說止於此，而未嘗品第天下之水味也。至張又新爲煎茶水記，始云劉伯芻謂水之宜茶者有七等。又載羽爲李秀卿論水，次第有二十種。

今考二說，與陸羽茶經皆不合，謂山水上，乳泉石池又上，江水次而井水下。伯芻以揚子江爲第一，惠山石泉第二，虎丘石井第三，丹陽寺井第四，揚州大明寺井第五，而松江第六，淮水第七，與羽說皆相反。

秀卿所謂二十水，廬山康王谷水第一，無錫惠山石泉第二，蘄州蘭谿石下水第三，扇子峽蝦蟆口水第四，虎丘寺井水第五，廬山招賢寺下橋潭水第六，揚子江南零水第七，洪州西山瀑布第八，桐柏淮源第九，廬山龍池山頂水第十，丹陽寺井第十一，揚州大明市井第十二，漢江中零水第十三，玉虛洞香谿水第十四，武關西水第十五，松江水第十六，天台千丈瀑布水第十七，郴州圓泉第十八，嚴陵灘水第十九，雪水第二十。

如蝦蟆口水、西山瀑布、天台千丈瀑布，皆戒人勿食，食之生疾。其餘江水居山水上，井水居江水上。皆與羽經相反，疑羽不當二說以自異。使誠羽說，何足信也。得非又新妄附益之邪！其述羽辨南寧岸時，怪誕甚妄也。水味有美惡而已，欲求天下之水一二而次第之者，妄說也。故其爲說前後不同如此，然此井爲水之美者也。

羽之論水，惡渟浸而喜泉源，故井取汲者。江雖長，然眾水雜聚，故次山水，惟此說近物理也。

二、先生聞悉敬爲師友之知已尹洙（師魯）遽逝歸葬河南，至感哀慟！故作「祭尹師魯文」及一篇八百餘言之「尹師魯墓誌銘」。

㈠、祭尹師魯文

……嗟乎師魯！辯足以窮萬物，而不能當一獄吏。志可以挾四海，而無所措其一身。窮山之崖，野水之濱。猿猱之窟，麋鹿之羣，猶不容於其間兮！遂即萬鬼而爲鄰。嗟乎師魯！世之惡子之多，未必若愛子者之眾，何其窮而至此兮！得非命在乎天而不在乎人。方其奔顛斥逐，困厄艱屯。舉世皆冤，而語言未嘗以自及。以窮至死，而妻子不見其悲忻。用捨進退，屈伸語默。夫何能然，乃學之力。至其握手爲訣，隱几待終。顏色不變，笑言從容。死生之間，既已能通於性命。憂患之至，宜其不累於心胸。

自子云逝，善人宜哀。子能自達，予又何悲！惟其師友之益，平生之舊。情之難忘，言不可究。嗟乎師魯！自古有死，皆歸無物。惟聖與賢，雖埋不沒。尤於文章，焯若星日。子之所爲，後世師法。雖嗣子尚幼，未足以付予。而世人藏之，庶可無於墜失。予於眾人，最愛予文。寓辭千里，侑此一罇。冀以慰子，聞乎不聞！

㈡、尹師魯墓誌銘

師魯河南人，姓尹氏，諱洙。然天下之士識與不識，皆稱之曰師魯。蓋其名重當世。而世之知師魯者，或推其文學，或高其議論，或多其材能。至其忠義之節，處窮達，臨禍福，無愧於古君子。則天下之稱師魯者，未必盡知之。……其所以見稱於世者，亦所以取嫉於人，故其卒窮以死。

師魯少舉進士及第。……充館閣校勘，遷太子中允。……知河南縣。趙元昊反，陝西用兵，起爲經略判官。……通判秦州、遷知涇州、又知渭州、兼涇原經略部署。坐城水洛與邊臣異議，徙知晉州、又知潞州。爲政有惠愛，潞州人至今思之。累遷官至起居舍人、直龍圖閣。……自西兵起，凡五六歲。其爲兵制之說，述戰守勝敗之要，盡當今之利害。又欲訓士兵代戍卒以減邊用，爲禦戎長久之策，皆未及施爲。而元昊臣，西兵解嚴，師魯亦去而得罪矣！

初，師魯在渭州，將吏有違其節度者，欲按軍法斬之而不果。其後吏至京師，上書訟師魯以公使錢貸部將，貶崇信軍節度副使，徙監均州酒稅。得疾，無醫藥。舁至南陽求醫，疾革，隱几而坐。顧稚子在前，無甚憐之色。與賓客言，終不及其私。享年四十有六以卒。

師魯凡十年間，三貶官。……而其身終以貶死，一子三歲，四女未嫁。家無餘貲，客其喪於南陽，不能歸。平生故人，無遠邇，皆往賻之。然後妻子得以其柩歸河南。……銘曰：

藏之深，固之密。石可朽，銘不滅。

三、先生摯友蘇舜欽（子美），前被小人誣害，遭貶湖州長史，抑鬱以終。聞訊不勝哀悼！故作「祭蘇子美文」。

……哀哀子美，命止斯邪？小人之幸，君子之嗟。子之心胸，蟠屈龍蛇。風雲變化，雨雹交加。忽然揮斧，霹靂轟車。人有遭之，心驚膽落。震仆如麻，須臾霽止。而回顧百里，山川草木，開發萌芽。子於文章，雄豪放肆，有如此者。吁可怪邪！嗟乎世人，知此而已。貪悅其外，不窺其內。

欲知子心，窮達之際。金石之堅，尚可破壞。子於窮達，始終仁義。惟人不知，乃窮至此。蘊而不見，遂以沒地。獨留文章，照耀後世。嗟世之愚，掩抑毀傷。譬如磨鑑，不滅愈光。一世之短，萬世之長。其間得失，不待較量。哀哀子美，來舉予觴。

四、皇考焚黃祭文。

男修謹以清酌庶羞之奠，告於皇考郎中之靈。修不肖，不能紹稟先訓。尚賴餘德遺休，不隕其世。得階仕進，荷國寵靈。欲報之恩，不知其所。幸天子以孝治天下，凡列位於朝者，皆有追榮之典。俾其知所以有此爵祿者，皆有自來。而退得伸其私志，故自上三見於郊。一開明堂以大享，其所推恩，自太子中允、尚書工部、兵部員外郎、兵部郎中，告於第者四。今謹以告，惟是褒之意，則其載於訓辭。尚饗！

五、先生素重孝悌忠信之人，凡所交遊，皆以此爲衡量標準。茲特摘錄其臘月所作一篇六百餘言之「海陵許氏南園記」，即可概見。

高陽許君子春治其海陵郊居之南爲小園。……許君爲江、浙、荆、淮制置發運使，其所領六路七十六州之廣。凡賦斂之多少，山川之遠近，舟楫之往來均節轉徙。視江湖數千里之外，如運諸其掌。……爲之六年，厥職大著。……夫理繁而得其要則簡，簡則易行而不違。惟簡與易，然後其力不勞而有餘。……君之美衆矣！予特書其一節可以示海陵之人者。

君本歙人，世自孝德。其先君司封喪其父母，事其兄如父，戒其妻事其嫂如姑。衣雖弊，兄未易衣，不敢易。食雖具，兄未食，不敢先食。司封之亡，一子當得官，其兄弟相讓。久之，兄卒以讓君，君今遂顯其門。君撫兄弟諸子猶己子。歲當上計京師，而弟之子病，君留不忍去。其子亦不忍捨君而留，遂以俱行。君素清貧，罄其家貲，走四方以求醫。而藥必親調，食飲必親視。至其矢溲，亦親候其時節顏色所下。如可理，則喜。或變動逆節，則憂戚之色不自勝。其子卒，君哭泣悲哀，行路之人皆嗟歎。

嗚呼！予見許氏孝悌，著於三世矣！凡海陵之人過其園者，望其竹樹，登其臺榭，思其宗族。少長相從，愉愉而樂於此也。愛其人，化其善。自一家而形一鄉，由一鄉而推之無遠邇。許氏之子孫，世久而愈篤。則不獨化及其人，將見及其園間之草木，有駢枝而連理也。禽鳥之翔集於其間者，不爭巢而棲，不擇子而哺也。

嗚呼！事患不爲與夫怠而止爾。惟力行而不怠以止，然後知予言之可信也。慶曆八年十二月二十七日，盧陵歐陽修記。

先生治滁、揚二州。政績斐然，眾皆稱便，吏民受賜。離任之後，追思不已。感恩懷德，二州皆立生祠紀念。

按歐陽發等述先公事迹卷五云：

先公平生連典大郡，務以鎮靜爲本，不求聲譽。治存大體，而施設各有條理，綱目不亂。非盜賊大獄，不過終日，吏人不得留滯爲姦。如揚州、南京、青州，皆大郡多事。公至數日，事十減五六，既久，官宇闃然。嘗曰：以縱爲寬，以略爲簡，則事弛廢而民受弊。吾所謂寬者不爲苛急，簡者去其繁碎爾。故所至不見治迹，而民安其不擾。既去，至今追思不已。今滁、揚二州，皆有生祠。而公天性仁恕，斷獄常務從寬。嘗云：漢法惟殺人者死。後世死刑多矣，故凡死罪，非已殺人而法可出入者，皆全活之。曰：此吾先君之志也。

又華孳亨增訂歐公年譜，載有治術寬簡云：

公嘗語人吏，治民如治病。彼富醫僕馬鮮明，進退有禮。按醫書述病疾口辯，如傾聽之可愛，然病兒服藥云無效。不如貧醫無僕馬，舉止生疏，不能應對。病兒服藥云已愈，則便是良醫。凡治人者，不問吏才能否？設施如何？但民稱便即是良吏。故公爲郡不見治迹，不求聲譽，以寬簡不擾爲意。而所至民便，既去民思。揚州固大郡多事，公至數日，事十簡五六。比三月，衙齋如僧舍。或問公爲政寬簡而事不弛廢者何也？曰：以縱爲寬，以略爲簡則弛廢，而民受其弊。吾所謂寬者，不爲苛急耳。簡者，不爲繁碎耳。識者以爲知言。……公前後歷七郡守，其政察而不苛，寬而不弛，吏民安之。滁、揚之人，至爲立生祠。

第二節　移知潁州樂西湖之勝將卜居

皇祐元年（一〇四九）己丑，先生四十三歲，在潁州（今安徽省阜陽縣）。正月丙午十三日，先生奉詔移知潁州。準備首途之際，接到好友章伯鎮所遣急足專程送來一信。據先生覆函，藉悉移潁緣由，更體會他對昔日朋友懷念的心情。如云：

與章伯鎮

某昨以目病爲梗，求潁自便。養慵藏拙，深得其宜。泛舟長淮，脩然其樂。急足遠至，辱書爲別。且承春暄，寢味多福。相去益遠，瞻望徒勞。千萬保重。

又：某自聞子美之亡，使人無復生意。交朋淪落殆盡，存者不老即病。不然，困於世路。愁人愁人！就中子美尤甚，哀哉！祭文讀之，重增其悲爾！盛作，俟至西湖，方快吟味。淮陽若區區到彼，必少怯俗慮，尚可勉強以攀作者。惠茗正爲所少之物，多荷多荷。自病來，絕不飲酒，尤爲無聊，正藉此物以增清興爾。

二月丙子十三日，到達潁州任所。次日，因與郡官於西湖小酌，遂作「初至潁州西湖種瑞蓮黃揚、寄淮南轉運呂度支、發運許主客、七言律詩一首」。如云：

平湖十頃碧琉璃，四面清陰乍合時。柳絮已隨春去遠，海棠應恨我來遲。
啼禽似與遊人語，明月閑撐野艇隨。每到最佳堪樂處，卻思君共把芳卮。

另有送楊先輩登第還家

解榻方欣待雋英，掛帆千里忽南征。錦衣白日還家樂，鶴髮高堂獻壽榮。
殘雪楚天寒料峭，春風淮水浪崢嶸。知君歸意先飛鳥，莫惜停舟酒屢傾。

又有送謝中舍

滁南幽谷抱山斜，我鑿清泉子種花。故事已傳遺老說，並人今作畫圖誇。
金閨引籍子方壯，白髮盈簪我可嗟。試問弦歌爲縣政，何如罇俎樂無涯。
喜聞嘉譽藹淮壖，又看吳帆解畫船。隴畝遺民談舊政，江山餘思入新篇。
人生白首吾今爾，仕路青雲子勉旃。舉棹南風吹酒醒，離觴莫惜少留連。

再有與好友謝景初短簡

久不作書，蓋由無便。即日爲政外，奉親萬福，某幸且安。郡僻少事，然漸老，懶於爲學，惟喜睡爾。足下爲道方銳，著述必多。此急足回，無惜爲寄，春寒保重。

三月乙巳十三日「潁州謝上表」

伏蒙聖恩，就差臣知潁州軍州事。臣已於二月十三日赴上訖者。規求安閑，坐享榮祿。雖大君之德，曲示含容。而爲臣之心，豈自遑處。……自蒙不次之恩，亦冀非常之效。然而進未有纖毫之益，已不容於怨仇。退未知補報之方，遽先罹於衰病。神與明而並耗，風乘氣以交攻。睛瞳雖存，白黑纔辨。蓋積憂而自損，信處世之多危。伏蒙……高明覆載，閔其孤拙，未即棄捐。付以善邦，俾從私便。所冀療治有驗，瞻視復完。則及物之仁，荷更生之大賜。便身不廢，猶後效之可圖。

先生久聞潁州西湖之勝，此次得守是郡，親臨體驗，遂有卜居之意。況環境清靜，政簡事少。士庶和睦，心身安閑，故常有詩文之作。雖多無註明月日，但可參酌文意時序，擇要摘錄。俾資了解他所處各種不同的環境，所往來人士的交誼，和所表露的不同情懷，與所論議的精意。更可體悟他的胸襟志節，以及當代宗師的風範。

一、古詩五首

㈠、答呂公著見贈

晉人歌蟋蟀，孔子錄於詩。因知聖賢心，豈不惜良時。……三年謫永陽，陷穽不知危。……無人歌青春，自酹白玉卮。今者荷寬宥，乞州從爾宜。西湖舊已聞，既見又過之。……四時花與竹，罇俎動可隨。況與賢者同，薰然襲蘭芝。……春膏已動脈，百卉漸葳蕤。丹砂得新方，舊疾庶可治。尚可執鞭弭，周旋以忘疲。

㈡、桐花

猗猗井上桐，花葉何蓑蓑。下蔭百尺泉，上聳陵雲材。……斯桐乃誰樹，意若銘吾齋。……優優潁川守，能致鳳凰來。到此幾千載，丹山自崔嵬。聖君窮治理，百郡列賢才。嗟爾不自勉，鳳凰其來哉！

㈢、思二亭送光祿謝寺丞歸滁陽

吾常思醉翁，醉翁名自我。山林本我性，章服偶包裹。……前時永陽謫，誰與脫韁鏁！山氣無四時，幽花常婀娜。……我樂世所悲，衆馳予坎軻。惟茲三二子，嗜好其同頗。因歸謝巖石，爲我刻其左。

吾常思豐樂，魂夢不在身。三年永陽謫，幽谷最來頻。……春至換羣物，花開思故人。故人今何在？憔悴潁之濱。

㈣、堂中畫像探題得杜子美

風雅久寂寞，吾思見其人。杜君詩之豪，來者孰比倫。生爲一身窮，死也萬世珍。言苟可垂後，士無羞賤貧。

㈤、眼有黑花戲書自遣

洛陽三見牡丹月，春醉往往眠人家。揚州一遇芍藥時，夜飲不覺生朝霞。

天下名花惟有此，罇前樂事更無加。如今白首春風裏，病眼何須厭黑花。

二、與晏相公殊書

……修伏念曩者相公始掌貢舉，修以進士而被選掄。及當鈞均衡，又以諫官而蒙獎擢。出門館不爲不舊，受恩知不謂不深。然而足迹不及於賓階，書問不通於執事。豈非飄流之質，愈遠而彌疎。孤拙之心，易危而多長。動常得咎，舉輒累人。故於退藏，非止自便。

今者，偶因天幸，得請郡符。問遺老之所思，流風未遠。瞻大邦之爲殿，接壤相交。因得自伸懇悃之誠，庶幾少贖曠怠之責。伏惟相公朝廷元老，學者宗師。尚屈蕃宣，行膺圖任。伏惟上爲邦國，倍保寢興。企望旌麾，無任激切。

三、送秘書丞宋君歸太學序

陋巷之士，甘藜藿而修仁義。毀譽不干其守，飢寒不累其心。此衆人以爲難，而君子以爲易。……學行足以立身而進不止，材能足以高人而志愈下。此雖聖人，亦以爲難也。……

廣平宋君，宣獻公之子。……君少自立，不以門第驕於人。既長，學問好古爲文章。天下賢士大夫，皆稱慕其爲人，而君慊然若不足於己者。守官太學，甘寂寞以自處。日與寒士往來，而從先生國子講論道德以求其益。夫生而不溺其習，此蓋出其天性。其見焉而不動於中者，由性之明，學之而後至也。學而不止，高而愈下，予自幼見其長。行而不倦，久而愈篤，可知其將無所不至焉也……。

歲之三月，來自京師，拜其舅氏。予得延之南齋，聽其論議而慕其爲人，雖與之終身久處而不厭也。留之數日而去，於其去也，不能無言，遂爲之序。

四、太子中舍梅君墓誌銘

故太子中舍致仕梅君諱讓，字克讓，世爲宣城人。常以文學仕進，君獨不肯仕。其弟詢勉之。君曰：士之仕也，進而取榮祿易，欲行其志而無媿於心者難。吾豈不欲仕哉！……其弟後貴顯，必欲官之，君堅不肯。乃奏任君大理評事，致仕於家。

有子六人，曰堯臣。……其一早卒，其三子皆仕官，而堯臣有名當世。今爲國子博士，累以郊祀恩，進君爲太子中舍。君既老，堯臣來歸，朱服象笏侍君旁，鄉人不榮其子而榮其父。堯臣等皆以君年高，願留養。君不許。曰：此非吾意也。顧其二子曰：勉爾朝夕，以輔吾老。顧其三子曰：勉爾名譽，以爲吾榮。居者養吾體，仕者養吾志，可也。

君享年九十有一，康彊無恙，以皇祐元年正月朔卒於家。其子堯臣泣請於其友盧陵歐陽修曰：堯臣不肖，仕不顯而無聞。不足以成吾先人之志，退託文字以銘後世。又不敢以自私，子其爲吾銘之。銘曰：

志之充，樂也中。壽以隆，福有終。銘吾窮，耀幽宮。

四月丙戌二十四日，先生奉詔轉禮部郎中。

謝轉禮部郎中表

……伏念臣自小無能，惟知嗜學。常慕古人而篤行，不思今世之難行。……故其自被讒誣，迨於降黜。當舉朝沸議，未嘗以寸牘而自明。及累歲謫居，不敢以半辭而自理。其後再經寬赦，移鎮要藩。曾未逾年，遽求小郡。蓋臣知難當之衆怒，尚未甘心。思苟免之善謀，惟宜退迹。則臣於榮進，豈敢僥求。此蓋……日月照臨，乾坤覆載。不忘舊物，曲軫睿慈。謂臣貶職之人，悉皆牽復。憫臣無名之罪，久未雪除。故推敘進之文，特示甄收之意。然臣近於去歲，早已改官，逮此便蕃，豈宜叨竊。欲固讓，則有嫌疑之避。欲遽受，則懷忝冒之慚。進退之間，凌兢失措。惟當盡命，上報深恩。

先生際茲炎夏季節，雖受眼疾之苦，然身處山明水秀之僻郡，又荷朝廷之垂注，心境既覺舒暢而感慨猶深。列舉下列詩文，則可慨見。例如：

一、詩篇

古詩七首

㈠、獲麟贈姚闢先輩、五言長篇。旨在推重春秋之意，破除紛紜衆說，勉效大禹胼胝精神。期使聖人經典，得以照耀萬世，永垂不朽。

世已無孔子，獲麟意誰知！我嘗爲之說，聞者未免非。
而子獨曰然，有如壎與篪。惟麟不爲瑞，其意乃可推。

春秋二百年，文約義甚夷。一從聖人沒，學者自學師。
崢嶸眾家說，平地生嶮巇。相沿益迂怪，各鬥出新奇。
爾來千餘歲，舉世不知迷。焯哉聖人經，照耀萬世疑。
自從蒙眾說，日月遭蔽虧。常患無氣力，掃除浮雲披。
還其自然光，萬物皆見之。子昔已好古，此經手常持。
超然出眾見，不爲俗牽卑。近又脫賦格，飛黃擺銜羈。
聖門開大道，夷路肆騰嬉。便可勸眾說，旁通塞多歧。
正途趨簡易，愼勿事崎嶇。著述須待老，積勤宜少時。
苟思垂後世，大禹尚胼胝。顧我今老矣，兩瞳蝕昏眵。
大書難久視，心在力已衰。因思少自棄，今縱悔可追。
戒我以勉子，臨文但吁嘻。

(二)、讀梅氏詩有感示徐生

子美忽已死，聖俞舍吾南。嗟吾譬馳車，而失左右驂。……吾既苦多病，交朋復凋殲。篇章久不作，意思如膠黏。……偶開梅氏篇，不覺日掛簷。乃知文字樂，愈久益無厭。吾嘗哀世人，聲利競爭貪。哇咬聾兩耳，死不享韶咸。而幸知此樂，又常深討探。今官得閑散，舍此欲奚耽。頑庸須警策，賴子發其箝。

(三)、初夏劉氏竹林小飲

春榮忽已衰，夏葉換初秀。披荒得深蹊，掃綠蔭清晝。……矧予懷一丘，未得解黃綬。官事偶多閑，郊扉須屢扣。新篁漸添林，晚筍堪薦豆。誰邀接羅公，有酒幸相就。

(四)、去思堂會飲得春字

世事紛然百態新，西園一醉十三春。自慚白髮隨年少，猶把金鍾勸主人。
黃鳥亂飛深夏木，紅榴初發艷清晨。佳時易失閑難得，有酒重來莫厭頻。

(五)、送焦千之秀才

焦生獨立士，勢利不可恐。誰言一身窮，自待九鼎重。
……始生及吾門，徐子喜驚踊。曰此難致寶，一失何由踵。
自吾得二生，粲粲獲雙珙。奈何奪其一，使我意紛蘢。
……讀書趨簡要，害說去雜冗。新詩時我寄，庶可蠲煩壅。

(六)、伏日贈徐、焦二生　一本作徐、焦二子伏日遊西湖，余以病不能往，因以贈之。

徐生純明白玉璞，焦子皎潔寒泉冰。清光瑩爾互輝映，當暑自可消炎蒸。平湖綠波漲渺渺，高樹古木陰層層。嗟哉我豈不樂此，心雖欲往身未能。俸優食飽力不用，官閑日永睡莫興。不思高飛慕鴻鵠，反此愁臥償蚊蠅。三年永陽子所見，山林自放樂可勝。……少壯及時宜努力，老大無堪還可憎。

(七)、飛蓋橋翫月

天形積輕清，水德本虛靜。雲收風波止，始見天水性。……
人心曠而閑，月色高愈迥。惟恐清夜闌，時時瞻斗柄。

律詩二首

㈠、酬張器判官泛溪

園林初夏有清香，人意乘閑味愈長。日暖魚跳波面靜，風輕鳥語樹陰涼。
野亭飛蓋臨芳草，曲渚迴舟帶夕陽。所得平時爲郡樂，況多嘉客共銜觴。

㈡、西湖戲作示同遊者

菡萏香清畫舸浮，使君寧復憶揚州。
都將二十四橋月，換得西湖十頃秋。

三、書啓

㈠、與韓忠獻王稚圭（韓琦）

……自去春初到維揚，嘗因蔡中孚人行奉狀，自後區區不覺踰歲。即日春暄，不審尊候動止何似？某昨以目疾爲苦，因少私便，求得汝陰。仲春初旬，已趨官所。廣陵嘗得明公鎮撫，民俗去思未遠。幸遵遺矩，莫敢有踰。獨平山堂占勝蜀岡，江南諸山，一目千里。以至大明井、瓊花二亭。此三者，拾公之遺，以繼盛美爾。汝陰西湖，天下勝絕。養愚自便，誠得其宜。然尸祿苟安，何以報國。感愧！感愧！邊防之事，動繫安危。伏乞經略之餘，爲國自重。

(二)、與杜正獻公世昌（杜衍）

……孟秋猶熱。……昨者某以目疾爲苦，自揚州來潁。至此經時，闕於奉狀。蓋以目疾無悰，私門多故。然其企望門館，何日而忘。頃自去冬子美之逝，賢人不報，天下所哀！伏計台慈，倍深痛悼！某年方四十有三，而鬢鬚皆白，眼目昏暗。慈母垂老，羸病厭厭。身世若斯，國恩未報。每一自念，慨然興嘆！知遇至深，敢茲瑣碎。皇恐皇恐！秋暑未退，霖雨爲災。伏惟順時倍加保重……。

八月辛未十一日，奉詔復龍圖閣直學士。十八日，樞密院遞到誥、敕各一道。

(一)、制詞：敕。……歐陽某，識遠才長，文高行潔。篤於信道，不讀非聖之書。忠於本朝，屢條當世之務。並膺左右之選，歷宣內外之勞。峻節弗渝，公議彌勝。用進秘圖之拜，且光舊物之還。旌乃名臣，敷于茂典。爾身右外，朕心弗忘。嘉茍來忠，勿懲前事。……修可特授依前尚書禮部郎中、充龍圖閣直學士、依舊知潁州、散官勳封賜如故。

(二)、謝復龍圖閣直學士表

……今月十八日，樞密院遞到誥、敕各一道。……恩還舊職，事雪前誣。感極心驚，涕隨言出。臣伏見前世材賢之士，身結主知。勳德之臣，功施王室。然尚或一遭謗毀，欲辨無由。少忤要權，其禍不測。顧如臣者，何足道哉！臣材不迨於中人，功無益於當世。用之未見其效，去之無足可思。矧罔極之讒，交興而並進。易危之迹，何恃不顯！而聖心不忘，恩意特至。辨罔欺於曖昧，沮仇嫉於眾多。雖暫居譴謫之中，而屢被陞遷之渥。今又特蒙甄錄，牽復寵名。以臣之愚，豈比前人而獨異。推其所幸，蓋由聖主之親逢。謂宜如何，可以論報。

再念臣稟生孤拙，本乏藝能。徒因學古之勤，粗識事君之節。苟臨危效命，尚當不顧以奮身。況為善無傷，何憚竭忠而報國。誓期盡瘁，少答高明。

秋冬間，先生作有「論尹師魯墓誌」一文，都八百六十八字。按係有人傳言世之無識者，與後生小輩對於先生所作「尹師魯墓誌」一文，頗有閑言。彼等認為先生與師魯乃師友之摯交，文辭過於簡略，未足以彰師魯一生之事迹。故有是作，足以表明先生之心意，更可體會儒宗之胸襟與深遠之卓見。不僅可昭示當時世之無識者與後生小輩之疑惑，猶能垂範萬世，奉為圭臬。茲特分段照錄如次：

一、條析其文字、議論、材能

誌言天下之識與不識，皆知師魯文學、議論、材能。則文學之長，議論之高，材能之美，不言可知。又恐太略，故條析其事，再述於后。述其文，則曰簡而有法。此一句，在孔子六經，惟春秋可當之。其他經，非孔子自作文章，故雖有法而不簡也。修於師魯之文，不薄矣。而世之無識者，不可文之輕重，但責言之多少。云師魯文章，不合祇著一句道了。既述其文，則又述其學曰：通知古今。此語若必求可當，惟孔、孟也。既述其學，則又述其議論。云是是非非，務盡其道理，不苟止而妄隨，亦非孟子不可當此語。既述其議論，則又述其材能，備言師魯歷貶。自兵興，便在陝西。尤深知西事，未及施爲。而元昊臣，師魯得罪。使天下之人，盡知師魯材能。此三者，皆君子之極美，然在師魯，猶爲末事。

二、大節忠義舉其要

其大節，乃篤於仁義。窮達禍福，不媿古人。其事不可徧舉，故舉其要者一兩事以取信。如上書論范公而自請同貶、臨死而語不及私，則平生忠義可知也。其臨窮達禍福，不媿古人，又可知也。

三、春秋之義詩人之意

既已具言其學、其議論、其材能、其忠義，遂又言其爲仇人挾情論告之貶死。又言其死後妻子困窮之狀，欲使後世知有如此人，以如此事廢死。至於妻子如此困窮，所以深痛死者而切責當世君子，致斯人之及此也。春秋之義，痛之益至，則其辭益深，子般卒是也。詩人之意，責之愈切，則其言愈緩，君子偕老是也。不必號天叫屈，然後爲師魯稱冤也。故於其銘文，但云：藏之深，固之密。石可朽，銘不滅。意謂舉世無可告語，但深藏牢埋此銘，使其不朽，則後世必有知師魯者。其語愈緩，其意愈切，詩人之義也。而世之無識者，乃云銘文不合不講德，不辯師魯以非罪，蓋爲前言其窮達禍福，無媿古人，則必不犯法，況是仇人所告，故不必區區曲辯也。今止直言所坐，自然知非罪矣！添之無害，故勉徇議者添之。

四、作古文不敢斷自師魯始

若作古文自師魯始，則前有穆脩、鄭條輩，及有大宋先達甚多，不敢斷自師魯始也。偶儷之文，苟合於理，未必爲非，故不是此而非彼也。若謂近年古文自師魯始，則范公祭文已言之矣，可以互見，不必重出也。皇甫湜、韓文公墓誌、李翺行狀，不必同，亦互見之也。

五、師魯喜論兵之說

誌云師魯喜論兵，論兵，儒者末事。言喜無害，喜非嬉戲之戲。喜者，好也，君子固有所好矣！孔子言回也好學，豈是薄顏回乎？後生小子未經師友，苟恣所見，豈足聽哉！

六、誌文用意特深而語簡

修見韓退之與孟郊聯句，便似孟郊詩。與樊宗師作誌，便似樊文。慕其如此，故師魯之誌，用意特深而語簡，蓋爲師魯文簡而意深。又思平生作文，惟師魯一見，展卷疾讀。五行俱下，便曉人深處。因謂死者有知，必受此文，所以慰吾亡友爾，豈恤小子輩哉！

又作「書沖厚居士墓銘後」。如云：

東南固多學者，而徐氏尤爲大族。其子弟從予學者，往往有聞於時。視其子弟，則可知其父兄之賢也。廬陵歐陽修書。

是歲，四男辯生。

第九章　龍圖閣直學士改知應天府兼南京留守司事

第一節　慈母鄭太夫人病逝於官舍歸潁州守制

皇祐二年（一〇五〇）庚寅，先生四十四歲，在南京（河南商丘）。今春，作有多篇詩文，擇要摘錄如次：

一、古詩

㈠、正月七日（人日）聚星堂燕集探韻得豐字

汙池以其下，眾流之所鍾。尺水無長瀾，蛟龍豈其容。顧予誠鄙薄，羣俊枉高蹤。得一不爲少，雖多肯辭豐。……退之亦嘗云，青蒿依長松。新陽發羣枯，生意漸豐茸。暮雪浩方積，醱醅寒更濃。毋言輕此樂，此樂難屢逢。

㈡、食糟民

先生經歷方面節使郡守，一本仁者心志，親民愛民，解決問題，深得士庶傾心悅服，聲名遠播。於今，偶在新春飲酒之際，不忘思念民情。不僅借詩以抒懷，更可作爲天下官吏的惕勵。特照錄如次：

田家種糯官釀酒，摧利秋毫升與斗。酒沽得錢糟棄物，大屋經年堆欲朽。酒醅瀺灂如沸湯，東風來吹酒瓮香。纍纍罌與瓶，惟恐不得嚐。官沽味醲村酒薄，日飲官酒誠可樂。不見田中種糯人，釜無糜粥度冬春。還來就官買糟食，官吏散糟以爲德。嗟彼官吏者，其職稱長民。衣食不蠶耕，所學義與仁。仁當養人義適宜，言可聞達力可施。上不能寬國之利，下不能飽爾之飢。我飲酒，爾食糟。爾雖不我責，我責何由逃。

㈢、奉答子華（韓絳）學士安撫江南見寄之作。（三百餘言長篇，仍以關心國計民生，滿懷感慨，藉以互勉）。摘錄如次：

百姓病已久，一言難遽陳。良醫將治之，必究病所因。天下久無事，人情貴因循。優游以爲高，寬縱以爲仁。今日廢其小，皆謂不足論。明日廢其大，又云力難振。……我原忝諫列，日常趨紫宸。聖君堯舜心，閔閔極憂勤。子華當來時，玉音耳嘗親。上副明主意，下寬斯人屯。江南彼一方，巨細到可詢。諭以上恩德，當冬反陽春。吾言乃其概，豈止一方云。

㈣、寄聖俞

凌晨有客至自西，爲問詩老來何稽？京師車馬曜朝日，何用擾擾隨輪蹄。面顏憔悴暗塵土，文字光彩垂虹霓。……憶在洛陽年各少，對花把酒傾玻璃。二十年間幾人在，在者憂患多乖睽。我今三載病不飲，眼眵不辨騧與驪。壯心銷盡憶閑處，生計易足纔蔬畦。優游琴酒逐漁釣，上下林壑相攀躋。及身彊健始爲樂，莫待衰病須扶攜。行當買田清潁上，與子相伴把鋤犁。

(五)、再和聖俞見答

兩織相望東與西，書來三日猶爲稽。短篇投子譬瓦礫，敢辱報之金褭蹄。文章至寶被埋沒，氣象往往干雲霓。飛黃伯樂不世出，四顧驤首空長嘶。嗟哉我豈敢知子，論詩賴子初指迷。子言古淡有眞味，大羹豈須調以虀。……腹雖枵虛氣豪橫，猶勝諂笑病夏畦。名聲不朽豈易得，仕宦得路須當躋。年來無物不可愛，花發有酒誰同攜！問我居留亦何事，方春苦旱憂民犁。

(六)、感春雜言

鳩鳴兮屋上，雀噪兮簷間。百鳥感春陽，有如動機關。……奈何人爲萬物靈，不及草木與飛翾。自從春來何所覺，但怪睡美不覺白日高南山。……人生一世中，一步百險艱。俟河之清不可得，聊自歌此識愚頑。

二、律詩

先生歷經憂患，參透人情。忠奸之辨，洞若觀火。自仕宦至今，對於過去現在的宰輔大臣。在他所有詩文中，深切體會他對在位僅有一百二十天的杜衍字世昌相公之人格、學問、道德與胸襟志節，可謂最爲敬仰推崇。除以前詩文外，就以下列四首，即可概見。

㈠、紀德陳情上致政太傅杜相公

儉節清名世絕倫，坐令風俗可還淳。貌先年老因憂國，事與心違始乞身。四海儀刑瞻舊德，一罇談笑作閑人。鈴齋幸得親師席，東向時容問治民。

事國一心勤以瘁，還家五福壽而康。風波已出憑忠信，松柏難凋耐雪霜。昔日青衫遇知己，今來白首再升堂。里門每入從千騎，賓主俱榮道路光。

㈡、太傅杜相公索聚星堂詩謹成、一云太傅相公寵答佳篇，仍索拙詩別本，謹吟成四韻，以敘鄙懷

楚肆固知難衒玉，丘門安敢輒論詩。藏之十襲眞無用，報以雙金豈所宜。已恨語言多猥冗，況因杯杓正淋漓。願投几格資咍噱，欲展須於欲睡時。

㈢、和太傅杜相公寵示之作、一云屢賜嘉篇褒借，謹依元韻，聊述媿佩之意

平生孤拙荷公知，敢向公前自衒詩。憂患飄流誠已甚，文辭衰落固其宜。非高僅比巴音下，少味還同魯酒濰。兩辱嘉篇永爲寶，豈惟榮耀詫當時。

㈣、太傅杜相公有答兗州待制之句，其卒章云：獨無風雅可流傳。因成四韻

南都已見成新集，東魯休嗟未作詩。霖雨曾爲天下福，甘棠何止郡人思。元劉事業時無取，姚宋篇章世不知。二美惟公所兼有，後生何者欲攀追。

又有贈廬山僧居訥一首

方瞳如水衲披肩，邂逅相逢爲洒然。五百僧中得一士，始知林下有遺賢。

是年方春苦旱，先生關切黎民春耕面臨缺水問題。根據各種情況研判，衡量當時地方水利設施，惟有順應民俗祈雨一途，故有「祈雨祭張龍公文」之動作。細覽全文，情理兼顧。坦陳人神職司之分制，破除迷信觀念，顯示儒宗卓見。如云：

……刺史不能爲政而使民失所，其咎安歸！而又頑傲愚冥，無誠愨忠信之心，可以動於物者。是皆無以進說於神，雖其有謂，宜不聽也。

然而明天子閔閔憂勞於上，而生民嗷嗷困苦於下。公私並乏，道路流亡。於此之時，以一日之雨，救一方之旱。用力至少，其功至多。此非人力之能爲，而神之所甚易也。苟以此說神，其有不動於心者乎？幸無以刺史不堪而止也。

刺史有職守，不獲躬走祠下。謹遣管界巡檢田甫，布茲懇迫。尚饗！

先生舊友陳子履君赴絳州翼城新職，前來辭行。先生作有「送陳子履赴絳州翼城序」。對其修己力行之道，屢見而屢進，而志愈大焉。故以孔、孟之言勉旃。如云：

予昔過鄭，遇子履於管城。其後二歲，子履西自馮翊，會予於洛陽而去。又明年，復來，遂與鄉進士自河南貢於京師。又明年，予方解官洛陽以來，則子履中甲科爲校書郎。其冬，得翼城於絳。又明年春，西拜其親於洛而後行。自鄭之遇及茲行，凡六歲而始四見之焉。……我將試其政於絳，而且力廣其學。當盡落其華而成其實，直取古人之所以距今之爲者。其修己力行之道，屢見而屢進，進且不已而志又大焉。孔子曰：未見其止。孟子曰：孰能禦之者歟？夫年少者心銳，氣盛者好剛。苟有志爲，無不至也……。

予友河南富彥國（弼），常與予語於此。今彥國在絳而子履往焉，又從而辨之。後之復見子履，豈特若前之見者乎？將有駭然者矣！

六月，作有「與王深甫論世譜帖」，計有三帖，時序雖有先後，然皆專一論述研討。對於王君好學深思，勤求探索。不使數典忘祖，必傳譜牒之心志，深表嘉許與勗勉。摘錄其一。如云：

惠借顏氏譜，得見一二，大幸。前世多喪亂，而士大夫之世譜，未嘗絕也。自五代迄今，家家亡之，由士不自重禮俗苟簡之使然。雖使人人自求其家，猶不可得。況一人之力，兼考於繆亂亡失之餘。能如所示者，非深甫之好學深思，莫能也……。

入夏炎熱，慈母臥病。先生晨昏定省，親侍湯藥。每念自幼一門孤寡，慈母劬勞。生活艱苦，形影不離。於今，母老體弱，疾病纏身。雖到處求醫診治，竭盡心力侍護。然再次蒙冤被貶，遷徙頻繁。居無定所，心神難安。既久仰事俯畜之責缺失，更愧濟世牖民之志未酬。深夜捫心，不勝咎責。

七月丙戌二日，先生奉詔改知應天府兼南京（河南商丘）留守司事。己酉二十五日，到達任所。

南京謝上表云：

……伏念臣賦才庸薄，稟數奇屯。毀譽交興，兩嘗過實。寵榮踰分，動輒招尤。念報效之未伸，敢不竭忠而盡瘁。困風波之可畏，則思遠去以深藏。迨此六年，外更三守。學偷安而杜口，負素志以媿心。朽質易衰，已凋零於齒髮。良時難得，尚希慕於功名。豈謂皇慈，未捐舊物。擢從支郡，委以名都。惟此別京，舊當孔道。簿領少勤於職事，廚傳取悅於路人。苟循俗吏之所爲，雖能免過。非有古人之大節，未足報君。

根據楊希閔編歐陽公年譜按語云：「讀此表，剛勁有百折不挫之慨。」足證昔賢浩然氣節與言行，千古不朽。

先生六年以來，遷徙三地。每次謝表，莫不坦陳冤屈心聲。雖蒙仁宗特達之知，無奈在朝權貴，仍多奸佞大臣，陰謀誣陷破壞。只要涉及先生言行動靜，立即衆口交譏，風波不息，造成朝野上下恐慌。每到關鍵時刻，仁宗總是宸斷不足。以致范、杜、韓、富以及先生等主導慶曆改革之諸賢，迄仍謫徙在外，延誤仁宗推行大有爲理想的實現，曷勝歎惜！

由此可見賢奸不分，是非不明的每一冤屈案件，對於當事人的一生。禍害既深，不言可喻。然而其影響國家之盛衰，社會之隆污，人心之向背，實難評估。

先生心行光明磊落，屢遭冤屈，賢奸壁壘益明。既不怨尤，惟有益勵勤慎，愈挫愈堅。雖念茲在茲，完全基於大處著眼。謹本內省神明，力表心意。以冀聖主醒悟，遠佞親賢。社稷爲重，人民爲先。則國家幸甚！天下蒼生幸甚！

入秋之後，先生雖覺公私事務紛繁。但重視人才的素志，決不疏忽。特摘錄書啓三篇，即可概見。

一、答李大臨學士書

……人至，辱書，甚慰。永陽窮僻而多山林之景，又嘗得賢士君子居焉。修在滁之三年，得博士杜君與處，甚樂。每登臨覽泉石之際，惟恐其去也。其後徙官廣陵，忽忽不逾歲而求潁。在潁逾年，差自適。然滁之山林泉石與杜君共樂者，未嘗輒一日忘於心也。

今足下在滁，而事陳君與居。足下知道之明者，固能達於進退窮通之理。能達於此而無累於心，然後山林泉石可以樂，必與賢者共。然後登臨之際，有以樂也。足下之所得，與修之得者同，而有小異者。修不足以知道，獨其遭世憂患多，齒髮衰，因得閑處而爲宜爾，此爲與足下異也。不知足下之樂，惟恐其去，能與修同否？況足下學至文高，宜有所施於當世，不得若某之戀戀，此其與某異也。得陳君所寄二圖，覽其景物之宛然。復思二賢相與之樂，恨不得追逐於其間！因人還，草率。

二、與陳知明書

……人至，辱書，有秦燕玉馬之說，何其謙之甚也。某昨在廣陵，一相見於衆人中，未有相知之意。及食，將徹案，方接足下以言，而始知非衆人也。然尚不暇少留，以盡修之所欲得者，後常以爲恨也。

去年辱書於潁，又客之來自滁者，皆能道足下之事。於是判然以爲士之相知，或相望於千里，或相追於異世。知其道而已，不必接其迹也。則廣陵之不留，無足以爲恨，此前書所道勤勤之備矣。

某於足下，不必見其文章之自述，然後以爲知也，明矣。蓋嘗辱示詩及書，讀而愛之不已。以謂宏博高深，必有放縱奔馳而可喜者。雖得之多，宜不厭也。因復輒有求於足下者，譬之垂涎已啖一臠之味，而思快意於五鼎之間也。何足怪哉！幸足下無惜。

三、與呂公著書

……別後人還，兩辱書。暑中，喜承寢味多福。某十三日受命，與孫公易地。此月下旬，當行効官，不憚宣力。苟爲公家，何所不可。若區區應接人事，以避往來之謗。祇恐違其天性，難久處也。西湖宛然，再來之計不難圖。而與賢者共樂，知其不可得也。秋涼，惟冀保重。

九月，朝廷大享天地於明堂，大赦天下，百官進秩一等。按歷代紀事年表卷八四云：

自太祖以來，帝未嘗親享明堂，唯命有司攝事。帝謂輔曰：

「今年欲以季秋行享明堂之禮。」夫明堂者，布政之宮，朝諸侯之位。天子之路寢，乃今之大慶殿也。

十月己未六日，明堂覃恩。先生得轉吏部郎中加輕車都尉。乃上「謝明堂覃恩轉官加恩表」云：

……天地號令，風雷鼓行。一氣所均，萬物咸被。遂容僥倖，亦被褒升。……伏念臣材不逮人，識非慮遠。徒有事君之節，未知報國之方。冒寵貪榮，已踰其量。見利臨得，曾不知慚。……臣於此時，恨以官守。講儀制禮，不預議郎博士之流。助祭陪祠，不在諸侯方物之列。既乏一言之獻，又無執事之勞。徒隨翟闕，共享餘賜。普天率土，難異眾以獨辭。踳厚蹐高，但撫躬而無措。

閏十一月六日，與十四弟煥，託照管祖墳書云：

……仕宦多故，久不附書。冬寒，計與諸眷安和。某爲太君年老多病，未一歸鄉里親拜墳墓，祖墳更望與照管。餘託鄭齋郎致意，此外保管愛不宣。某書上十四弟秀才，閏月六日。

秋冬間，先生與知友韓琦時任定州路安撫使，曾有三次書啓往來。摘述如次：

一、讚譽邊防整備成就，企盼賢材大用，以濟天下。

……移守南都，苦於當道。頗闕修問，徒切瞻思。專使枉道，手書爲賜。佩服感慰，何可勝言。北俗蒙惠，邊防有條。宜歸大用，以及天下。不勝禱望之至，謹奉狀敘謝。

二、前後專使惠賜碑文，愧荷感慰，亦以碑記答謝。

……邊備有倫，此已得之傳者久矣。閱古事蹟，尤見大君子之用心，動必有益於人也。……前在潁，承示碑文甚多，愧荷之懇，已嘗附狀。今者人至，又惠宋公碑二本，事蹟辭翰，可令人想慕。張迪碑并八關齋記，此之所有，聊答厚賜……。

三、惠賜文章筆扎，垂示不朽。苦於親疾，久不修問。

冬候凝寒……。十二日所遣人至，伏承賜書，誨諭勤勤，且榮且感。嗣以近製石本，俾之拭目，信所謂未有不求而得之者。……公之德業，固已偉然於當世矣。而今又以文章筆扎，垂示不朽。……某自夏入秋，苦於親疾，以故久不修問。謹因人還，附此為謝，伏惟幸察。

皇祐三年（一〇五一）辛卯，先生四十五歲，在南京。母病未見好轉，寢食難安。除必要公務外，惟有偶作詩文以遣懷。例如：

一、詩

(一)、廬山高贈同年劉中允(渙)歸南康古詩一首

廬山高哉幾千仞兮，根盤幾百里。截然屹立乎長江，長江西來走其下。是為揚瀾左里兮，洪濤巨浪日夕相舂撞，雲消風止水鏡淨。泊舟登岸而遠望兮，上摩青蒼以晻靄，下壓后土之鴻厖。試往造乎其間兮，攀緣石磴窺空谾。千巖萬壑響松檜，懸崖巨石飛流淙。水聲聒聒亂人耳，六月飛雪灑石矼。仙翁釋子亦往往而逢兮，吾嘗惡其學幻而言哤。但見舟霞翠壁遠近映樓閣，晨鐘暮鼓杳靄羅幡幢。幽花野草不知其名兮，風吹露濕香澗谷。時有白鶴飛來雙，幽尋遠去不可極。便欲絕世遺紛痝，羨君買田築室老

其下。插秧盈疇兮，釀酒盈缸。欲令浮嵐暖翠千萬狀，坐臥常對乎軒窗。君懷磊砢有至寶，世俗不辨珉與玒。策名爲吏二十載，青衫白首困一邦。寵榮聲利不可以苟屈兮，自非青雲白石有深趣，其氣兀硉何由降。丈夫壯節似君少，嗟我欲說安得巨筆如長杠。

按江西詩派宗師黃庭堅（魯直）跋歐陽文忠公廬山高詩云：

劉公中剛而外和，忍窮如鐵石。其所不顧，萬夫不能回其首也。家居四十年，不談時事。賓客造訪，必置酒終日。似教似諫，依莊周淨名之間。……廬山之美，既備於歐陽文忠公詩中。朝士大夫談之慨然欲稅塵駕，少揖其法曠而無田。

又宋詩紀事卷一二、頁三〇六引用王直方詩話云：

郭功父少時，喜誦文忠公詩，一日過梅聖俞曰：近得永叔書，方作廬山高詩送劉同年。自以爲得意，恨未見此詩。功父爲誦之，聖俞擊節歎賞曰：使吾更作詩三十年，亦不能道其中一句。功父再誦，不覺心醉。遂置酒，又再誦。酒數行，凡誦十數遍，不交一談而罷。

劉渙、字凝之，江西筠州人。舉進士，爲潁州令、吉州、保州刺史。……剛直不屈，棄官家於廬山之陽，時年五十。先生爲作「廬山高」贈其歸南康古詩一篇，如上所述。

渙有兩位公子，長名恕、字道原。幼名格、字道純。而道原之子羲仲、字壯輿，尤能繼承父祖之學。他們都是仕宦有聲，博通經史。著述眾多，剛直耿介不阿的賢德名士。惟三世清廉，家境貧困。淡泊名利，賢德稱揚，過著安貧樂道的清苦生活。顯示劉氏祖孫三世特立獨行，品格完美的史學世家，足堪矜式。

溯自先生與劉渙同年進士結爲知己摯友之後，先生的門生蘇軾、字子瞻、自號東坡居士。蘇軾的門生黃庭堅、字魯直、自號山谷道人。譽爲宋代三賢的歐陽、蘇、黃，皆與劉氏三世都有深交，互相敬重，實爲流傳歷史的佳話。

(二)、與杜相公衍詩。先後作有七首，摘錄二首。

1. 答太傅相公見贈長韻。先生與尹師魯、蘇子美同出門下

蹤跡本羈單，登門二十年。平生任愚拙，自進恥因緣。
憂患經多矣，疲駑尚勉旃。凋零鸎谷友，憔悴雁池邊。
忽忽良時失，區區俗慮闐。公齋每偷暇，師席屢攻堅。
善誨常無倦，餘談亦可編。仰高雖莫及，希驥豈非賢。
報國如乖願，歸耕寧買田。期無辱知己，肯逐利名遷。

2. 借觀五老詩次韻爲謝

脫遺軒冕就安閑，笑傲丘園縱倒冠。白髮憂民雖種種，丹心許國尚桓桓。
鴻冥待路高難慕，松老無風韻自寒。聞說優游多唱和，新篇何惜盡傳看。

二、書啓

與定州安撫使韓琦書

……自夏迄今，以老母臥疾，營求醫藥。加以京東盜賊縱橫，朝廷督責甚急。公私多故，遂闕拜狀。中間伏承陞職留任，亦以無由馳賀，但深悚仄而已。

專人至，辱書爲賜，具審爲朝自重，日膺多福。邊隅已熟恩信，邊民已安衣食。當還廟堂，以副公議。此非小子之私祝，眞切眞切。

富公移蔡，亦便親而請也。恐郤以親疾難於移動，未嘗移徐。然此歲滿當徙，亦其幸也。

八月，好友許子春因公由眞州赴京，途經南京。攜帶東園圖，面請先生爲其作記，藉留後人紀念。遂根據許子春之口述景物，爲作「眞州東園記」一篇五百餘言，寓意深遠的絕妙文章。摘錄如次：

眞州爲州，當東南之水會，故爲江淮兩浙荊湖發運使之治所。龍圖閣直學士施君正臣、侍御史許君子春之爲使也、得監察御史裏行馬君仲塗爲其判官。三人者，樂其相得之懽，而因其暇日，得州之監軍廢營，以作東園而日往遊焉。

歲秋八月，子春以其職事走京師。圖其所謂東園者，以示予曰：園之廣百畝，而流水橫其前，清池浸其右，高臺起其北。臺、吾望以拂雲之亭。池、吾俯以澄虛之閣。水、吾泛以畫舫之舟。敞其中以爲清讌之堂，闢其後以爲射賓之圃。……其物象意趣登臨之樂，覽者各自得焉。凡工之所不能畫者，吾亦不能言也，其爲我書其大概焉。

又曰：眞、天下之衝也，四方之賓客往來者。吾與之共樂於此，豈獨私吾三人者哉！

然而池臺日益以新，草樹日益以茂。四方之士無日而不來，而吾三人者有時而皆去也，豈不眷眷於是哉！不爲之記，則後孰知其自吾三人者始也。

予以謂三君子之材賢，足以相濟；而又協於其職，知所後先，使上下給足；而東南六路之人，無辛苦愁怨之聲；然後休其餘閑，又與四方之賢士大夫，共樂於此。是皆可嘉也，乃爲之書。

冬，「與張職方書」，得窺先生爲親疾侍養問題。心緒不寧，致生諸多憂慮。如云：

……自承遷秩，嘗辱惠書。迫以多故，尋疎奉問。……某自至此，以親疾厭厭，無暇外事。欲求一僻地以便侍養，而遠處不可迎侍，側近又多爲清要所居，不敢陳乞。區區於此，無復情悰，非復湖上之時也……。

先生好友田況、字元均，開封人，由蜀奉調回京，以給事中判三司。一則以喜，一則鑒於値此國家財政艱困之際。好友得膺此重任，唯有期盼其能有所作爲。雖遠處汴京，仍一本至誠。竭陳所見，俾供參考。如云：

……承有國計之命，朝野忻然。引首西望，近審已至闕下。道路勞止，寢味多休。弊乏之餘，諒煩精慮。建利害，更法制，甚易。若欲其必行而無沮改，則實難。裁冗長，塞僥倖，非難。然欲其能久而無怨謗，則不易。爲大計，既遲久而莫待。收細碎，又無益而徒勞。凡相知爲元均慮者，多如此說，不審以爲如何？但日冀公私蒙福爾……。

先生爲知友蘇舜欽作有「蘇氏文集序」，全文合計七百餘字。實爲一篇傳世鴻文。特照錄如次：

予友蘇子美亡後四年，始得其平生文章遺稿於太子太傅杜公之家，而集錄之以爲十卷。子美、杜氏壻也，遂以其集歸之，而告於公曰：

斯文，金玉也。棄擲埋沒，糞土不能銷蝕。其見遺於一時，必有收而實之於後世者。雖其埋沒而未出，其精氣光怪，已能常自發見而物亦不能揜也。故方其擯斥摧挫流離窮厄之時，文章已自行於天下。雖其怨家仇人及嘗能出力而擠之死者，至其文章，則不能少毀而揜蔽之也。凡人之情，忽近而貴遠。子美屈於近世猶若此，其伸於後世，宜如何也。公其可無恨！

予嘗考前世文章政理之盛衰，而怪唐太宗致治幾乎三王之盛，而文章不能革五代之餘習。後百有餘年，韓、李之徒出，然後元和之文始復於古。唐衰兵亂，又百餘年，而聖宋興，天下一定，晏然無事。又幾百年，而古文始盛於今。自古治時少，而亂時多。幸時治矣！文章或不能純粹，或遲久而不相及，何其難之若是歟！豈非難得其人歟？苟一有其人，又幸而及出於治世，世其可不爲之貴重而愛惜之歟！嗟吾子美、以一酒食之過，至廢爲民而流落以死！此其可以歎息流涕，而爲當世仁人君子之職位，宜與國家樂育賢材者惜也。

子美之齒少於予，而予學古文，反在其後。天聖之間，予舉進士於有司，見時學者務以言語聲偶擿裂，號爲時文以相誇尚。而子美獨與其兄才翁及穆參軍伯長作爲古歌詩雜文，時人頗共非笑之，而子美不顧也。其後天子患時文之弊，下詔書，諷勉學者以近古。由是其風漸息，而學者稍趨於古焉。獨子美爲於舉世不爲之時，其始終自守，不牽世俗趨舍，可謂特立之士也。子美官至大理評事集賢校理而廢，後爲湖州長史以卒，享年四十有一。其狀貌奇偉，望之昂然。而即之溫溫，久而愈可愛慕。其材雖高，而人亦不甚嫉忌。其擊而去之者，意不在子美也。賴天子聰明仁聖，凡當時所指名而排斥。二三大臣而下，欲以子美爲根而累之者。皆蒙保全，今並列於榮寵。雖與子美同時飲酒得罪之人，多一時之豪俊。亦被收采，進顯於朝廷。而子美獨不幸死矣！豈非其命也。悲夫！盧陵歐陽修序。

先生此文，正氣凜然。益顯鄙視小人，疾惡如仇。忠懇敢言，無視奸佞權貴始終不忘陷害之陰謀詭計。他爲國愛惜賢材，公正無私。不避嫌怨，只論是非的天性。對於子美遭誣，以小過貶徙，致抑鬱冤死。深知所謂：「其擊而去之者，意不在子美也。」背後的奸佞伎倆。雖賴天子聰明仁聖，當時被排斥、得罪之人，皆蒙保全。至今並列榮寵，進顯於朝廷。子美獨不幸死矣，悲其命也的感歎！但更彰示子美斯文金玉，必流傳於後世，而不牽世俗趨舍。特立之士的風範，萬古稱揚。固可體會先生悲憤哀傷的心境，尤其可告慰子美在天之靈的至誠。

據宋史卷四四二·蘇舜欽（子美）、銅山人，舜元弟。中進士，草書成名，後得湖州長史。卒年四十一（一〇〇八—一〇四八），有蘇學士集。

辭海頁二五一：蘇舜欽，字子美，安徽銅山人。少慷慨有大志。好爲古文歌詩，佐歐陽修變文格。舉進士，累遷集賢校理。監進奏院，坐事除名，流寓蘇州。買水石，作滄浪亭，自號滄浪翁。隱讀以終，有蘇學士集。

皇祐四年（一〇五二），壬辰，先生四十六歲，在潁州。

三月壬戌十七日，母鄭太夫人病逝於南京官舍內寢，享年七十有二。先生性本孝順，突遭天降大禍，不禁攀號冤叫，五內分崩。哀迷苟活，痛苦失恃。料理善後事畢，隨即扶護母靈柩歸潁州守制。

四月，朝廷詔下，起復先生舊官，上表固辭。

五月己巳，儂智高攻佔邕州，僞建大南國，僭號仁惠皇帝，改元啓歷。繼陷橫、貴、龔、藤、梧、康、端、昭八州，進圍廣州。西南動亂，人民流離恐慌，朝廷震驚。

是月，更有一大惡耗，就是當代名臣范仲淹於二十日病逝於徐州旅舍。訃聞天下，國失棟樑！朝野士庶，哀悼莫名！仁宗嗟悼不已，親篆「褒賢之碑」。

先生正遭母喪之痛，又遽失一位肝膽相照的知己摯友。頓感晴天霹靂，欲哭無淚！遂作「祭資政范公文」如云：

……嗚呼公乎！學古居今，持方入圓。丘軻之艱，其道則然。公曰彼惡，公爲好訐。公曰彼善，公爲樹朋。公所勇爲，公則躁進。公有退讓，公爲近名。讒人之言，其何可聽。先事而斥，羣譏眾排。有事而思，雖仇爲材。毀不吾傷，譽不吾喜。進退有儀，夷行險止。嗚呼公乎！舉世之善，誰非公徒。讒人豈多，公志不舒。善不勝惡，豈其然乎。成難毀易，理又然歟。嗚呼公乎！欲壞其棟，先摧桷榱。傾巢破轂，披折傍枝。害一損百，人誰不罹。誰爲黨論，是不仁哉。嗚呼公乎！易名諡行，君子之榮。生也何毀，沒也何稱。好死惡生，殆非人情。豈其生有所嫉，而死無所爭。自公云亡，謗不待辨。愈久愈明，由今可見。始屈終伸，公其無恨。寫懷平生，寓此薄奠。

先生對於范公相知之深，期許之切。首自明道二年，上范司諫書。寓意其於朝廷大政方略，民生疾苦。勉應盡言責，至爲關切。次於景祐三年，時范公知開封府。因言事忤宰相，落職徙知饒州。司諫高若訥獨以爲當黜。先生時爲館閣校勘，既非言官，只爲打抱不平，竟以書責高若訥。慷慨激昂，直言痛斥。義正辭嚴，金石之聲。若訥羞憤難忍，乃以其書上奏，致被貶爲峽州夷陵縣令。再於康定元年，時范公起爲陝西經略招討安撫使，奏請先生掌書記。用辭妥切，稱譽不已。先生懇辭不就，報以同其退，不同其進作答。又於慶歷三年，先生知諫院、知制誥，時范公任樞密副使而參知政事，同朝輔佐仁宗革弊求新理想的策畫推行，相得益彰。另於慶曆五年，爲求仁宗留賢去佞，毅然上奏「論杜衍、范仲淹等罷政事狀」，力辨此四人根本無黨，所謂朋黨，乃是誣告。犯顏直諫，不顧己身安危。執政及其朋聞知此表益怒，於是多方羅織事端，尋機協力，誣陷攻訐。雖經上命監劾，卒辨其誣。然仁宗竟犯知人不明，信任不堅，宸斷不足的三大錯誤。致仍被落龍圖閣直學士、罷河北都轉運按察使、降知制誥、知滁州軍州事。從此貶徙在外七年，凡所經過，皆於以上章節中詳敘不另。

茲將後年至和元年五月，先生母喪服滿，奉詔於六月一日入京，又作「資政殿學士戶部侍郎文正范公神道碑銘并序」一篇兩千一百餘言，皆繫天下國家之大者，以彰顯范公之志的鴻文，爲便於讀者閱覽之連貫性，故特提前摘錄於此。藉悉先生與范公君子之交，賢者的風範。如云：

資政殿學士戶部侍郎文正范公神道碑銘并序

皇祐四年五月甲子，資政殿學士尚書戶部侍郎汝南文正公薨於徐州。以其年十有二月壬申，葬於河南尹樊里之萬安山下。公諱仲淹、字希文。五代之際，世家蘇州。……公生二歲而孤。母夫人貧無依，再適長山朱氏。既長，知其世家，感泣！去之南都，入學舍，掃一室，晝夜講誦。其起居飲食，人所不堪，而公益苦自刻。居五年，大通六經之旨。爲文章，論說必本於仁義。祥符八年，舉進士。禮部選第一，遂中乙科，爲廣德軍司理參軍，始歸迎其母以養。……公少有大節，於富貴貧賤毀譽歡戚，不一動其心，而慨然有志於天下。常自誦曰：士當先天下之憂而憂，後天下之樂而樂也……。

天聖中，晏丞相薦公文學，以大理寺丞爲秘閣校理，以言事忤章獻太后旨，通判河中府。久之，上記其忠，召拜右司諫。……會郭皇后廢，率諫官御史伏閤爭，不能得。貶知睦州、又徙蘇州。歲餘，即拜禮部員外郎天章閣待制。召還，益論時政闕失，而大臣權倖多忌惡之。居數月，以公知開封府。……爲百官圖以獻……。呂丞相怒……。坐落職，知饒州。明年，呂公亦罷。公徙越州。而趙元昊反河西，上復召相呂公。乃以公爲陝西經略安撫副使，遷龍圖閣直學士。是時，新失大將，延州危。公自請守鄜延扞賊，乃知延州。元昊遣人遺書以求和，公以謂無事請和，難信。且書有僭號，不可以聞。乃自爲書，告以逆順成敗之說，甚辯。坐擅復書，奪一官，知耀州。未踰月，徙知廣州。既而四路置帥，以公爲環慶路經略安撫招討使兵馬都部署，累遷諫議大夫樞密直學士。

公爲將，務持重，不急近功小利。……自邊制久隳，至兵與將常不相識。公始分延州兵爲六將，訓練齊整，諸路皆用以爲法。公之所在，賊不敢犯。……公待將吏，必使畏法而愛己。所得賜賚，皆以上意分賜諸將，使自爲謝。諸蕃質子，縱其出入，無一人逃者。蕃酋來見，召入臥內，屏人徹衛，與語不疑。公居三歲，士勇邊實，恩信大治。乃決策諫取橫山、復靈武。而元昊數遣使，稱臣請和，上亦召公歸矣。……

自公坐呂公貶，羣士大夫各持二公曲直。呂公患之，凡直公者皆指爲黨，或坐竄逐。及呂公復相，公亦再起被用。於是二公驩然相約，戮力平賊。天下之士，皆以此多二公。然朋黨之論，遂起而不能止。

上既賢公可大用，故置羣議而用之。慶曆三年春，召爲樞密副使。五讓不許，乃就道。既至數月，以爲參知政事。每進見，必以太平責之。……既而上再賜手詔，趣使條天下事。又開天章閣，召見賜坐。……公惶恐避席，始退而條列時所宜先者十數事，上之。其詔天下興學取士：先德行，不專文辭；革磨勘例遷，以別能否；減任子之數而除濫官；用農桑考課守宰等。事方施行，而摩勘任子之法，僥倖之人皆不便。因相與騰口，而嫉公者亦幸外有言，喜爲之佐佑。會邊奏有警，公即請行。乃以公爲河東、陝西宣撫使，至則上書願復守邊，即拜資政殿學士、知邠州、兼陝西四路安撫使。

其知政事，纔一歲而罷。有司悉奏罷公前所施行而復其故。言者遂以危事中之，賴上察其忠，不聽。

是時，夏人已稱臣。公因以疾請鄧州，守鄧三歲，求知杭州，又徙青州。公益病，又求知潁州。肩舁至徐，遂不起，享年六十有四。方公之病，上賜藥存問。既薨，輟朝一日，以其遺表無所請，使就問其家所欲。贈以兵部尚書，所以哀卹之甚厚。

公爲人，外和內剛，樂善泛愛。喪其母時，尚貧。終身非賓客，食不重肉。臨財好施，意豁如也。及退而視其私，妻子僅給衣食。

其爲政，所至民多立祠畫像。其行己臨事，自山林處士里閭田野之人，外至夷狄，莫不知其名字，而樂道其事者甚眾。……著其繫天下國家之大者，亦公之志也歟！銘

（略）。

按先生全集頁一四七前文之後，載有南宋光宗紹熙二年（一一九一）三月，郡人孫謙益校正所云。對於呂、范二公驩然相約，戮力平賊之語，致引范氏子弟將范公碑擅於石本改動文字，深表遺憾之經過，考證列敘甚詳。特照錄如次，藉悉先生雖素鄙呂夷簡久居相位的無能作爲。惟對進言重用范公出帥陝邊，爲國舉材，不念舊惡的器度。力爲蓋棺持平之論，足見先生公正無私的春秋史筆。如云：

神道碑：自公坐呂公貶，羣士大夫各持二公曲直。……朋黨之論，遂起而不能止。按司馬文正公（光）記聞：景祐中，呂許公執政。范文正公知開封，屢攻呂短。坐落職，知饒州。康定元年，復舊職，知永興。會許公復相，言於仁宗曰：仲淹賢者，朝廷將用之，豈可但除舊職。即除龍圖閣直學士陝西經略安撫副使。上以許公爲長者，天下亦以許公不念舊惡。

又蘇文定公（轍）龍川志：范文正自饒州還朝，出領西事，恐申公不爲之地，無以成功。乃爲書自咎，解仇而去。故歐陽公作文正碑，有二公晚年歡然相得之語。後生不知，皆咎歐陽公。予見張公安道（方平）言之，乃信。

又邵氏聞見錄：當時文正子堯夫（純仁）不以爲然，從歐陽公辯。不可得，則自削去驩然戮力等語。公不樂，謂蘇明允（洵）曰：范公碑，爲其子弟擅於石本改動文字，令人恨之。故今羅氏本，於坐落職知饒州下，無明年呂公亦罷六字。爲陝西經略安撫副使上，無上復召相呂公六字。又無自公坐呂公貶已下至故卒，置羣議而用之一段。

以此觀之，諸家本，乃當時定本也。今從衆而載堯夫所改如此。

宋史全文卷九上、頁二九二云：

資政殿學士户部侍郎范仲淹卒，謚文正。既葬，帝篆其碑曰：「褒賢之碑」。仲淹内剛外和，性至孝。好施予，置義莊，以贍宗屬。爲政忠厚，所至有恩。邠、慶二州之民與屬羌，皆畫像立生祠。及其卒也，羌酋數百人爲舉哀於佛寺，號之如父，齋三日而去。

呂中曰：

先儒論本朝人物，以仲淹爲第一。觀其所學，必忠厚爲本。其所志，則先天下之憂而憂，後天下之樂而樂。其有所爲，必盡其力。曰：爲之自我者當如是。其成與否？有不在我者。雖聖賢不能必，此諸葛武侯不計成敗利鈍之誠心也。觀其論上壽之儀，雖晏殊有所不能曉。寬仲約之誅，雖富弼有所不能知。而十事之規模，雖張方平，余靖之賢，有所不能識。仁宗晚年欲大用之，而范公已即世矣！豈天未欲平治天下歟！

續資治通鑑長編卷一七二、頁七四七云：

資政殿學士户部侍郎范仲淹以疾求潁州，詔自青州徙行至徐州卒。贈兵部尚書，謚曰文正。初、仲淹病，帝嘗遣使賜藥存問。既卒，帝親篆其碑曰：「褒賢之碑」。仲淹内剛外和，性至孝。以母在時，方貧。其後雖貴，非賓客不重肉。妻子衣食，僅能自充。而好施予，置義莊里中，以贍宗屬。泛愛樂善，士人多出其門下。雖里巷之人，皆能道其名字。死之日，四方聞者，莫不嗟惜。爲政忠厚，所至有恩。邠、慶二州之民與屬羌，皆畫像立生祠。及其卒也，羌酋數百人爲舉哀於佛寺。號之如父，齋三日而去。

辭海二四四三頁云

范仲淹、宋吳縣人，字希文。幼孤貧力學，大中祥符間，舉進士，官秘閣校理。仁宗朝以部郎權開封府，徙知饒州。元昊反，以龍圖閣直學士與夏竦經略陝西。號令嚴明，夏人不敢犯。羌人稱爲龍圖老子，夏人稱爲小范老子。尋召拜樞密副使，進參知政事。復出宣撫河東、陝西。徙青州，轉潁州。卒、謚文正。仲淹才高志遠，常以天下爲己任。既貴，尤樂善好施。創置義田，以贍族人。

宋人逸事彙編卷八、頁三〇八

范文正幼孤，隨其母朱氏，因從其姓。登第時姓名，乃朱說也。後請於朝，始復舊姓。表內一聯云：「志在投秦，入境遂稱張祿。名非伯越，乘舟偶效陶朱。」范蠡、范雎事。在文正用之尤切，今文集不載。

又頁三一六、三一七

范文正有四子，長子純祐，才高善知人。通兵書，學道家，能出神。一日方坐觀書，妹婿蔡交以杖擊戶。神驚不歸，自爾遂失心。然居喪猶如禮，草文正行狀，皆不誤失。次子純仁，爲宰執，得其德量。三子純禮，得其文學。四子純粹，得其將略。

夏秋間，先生先後與好友孫元規書。如云：

一、某僦居西部，苟活無求於世，苟奉几筵而已。諸事無便不便也，幸無恤。祇如卜葬茫然未有涯，然汲汲須於明年了卻。某邇來目昏，略辨黑白。耳復加重，恐知之。西行漸相遠，哀苦中瞻望依依。

范、杜二家之子，不歸京西，此不足怪，人事就易爾。仕宦子孫多在北，古賢亦皆如此，不以去就爲輕重也。

某亦不忍以先妣有歸，子孫以遠，不得時省墳墓也。哀切哀切！

二、……急足自徐還，辱書。承以七月首塗，大旃遂西。即日秋暑，伏惟台候萬福。

昨日范公宅得書，以埋銘見託。哀苦中，無心緒作文字。然范公之德之才，豈易稱述。至於辨讒謗，判忠邪。上不損朝廷事體，下不避怨仇側目。如此下筆，抑又艱哉！

某平生孤拙，荷范公知獎最深。適此哀迷，別無展力。將此文字，是其職業，當勉力爲之。更須諸公共力商榷，須更穩當。承公許作行狀，甚善。便將請諡，議官文書，有司據以爲議，大是一重公據。請早揮筆，祇見行狀，亦當牽率要之也。入對少留，應當西邁。殘暑，千萬保攝。時乞惠問，以慰孤窮。

八月，蒙朝廷准予辭職服喪。

五日，與蘇丞相子容書

……哀窮苟活，奄及仲秋。孤苦之心，何以自處。昨急足還府，嘗奉號疏，必達。秋涼，寢味如何？昨聞入京，今必歸府。某此幸幼賤如常，相見未涯，嚮寒保愛，因人奉此不次。八月五日狀。

昨大禍，倉卒離南都來，不記料錢券曆何在？後來須繳納省中，不知省中曾催否？是王仲文手分，託與問之。

九月，與十二姪通理書。通理時任象州（今廣西省象縣）司理。先生以臨難死節，守廉爲戒，勗勉之。如云：

……吾此哀苦如常。歐陽氏自江南歸朝，累世蒙朝廷官祿。吾今又被榮顯，致汝等並列官裳，當思報效。偶此多事，如有差使，盡心向前，不得避事。至於臨難死節，亦是汝榮事。但存心盡公，神明亦自祐汝，愼不可思避事也。

昨書中言欲買朱砂來，吾不闕此物。汝於官下須守廉，何得買官下物？吾在官所，除飲食物外，不曾買一物，汝可安此爲戒也……。

蘇東坡題其後曰：凡人勉強於外，何所不至。惟考之於其私，乃見眞僞。此公與其弟姪家書也。

又書：務戒馳騖，多加歷練。如云：

承示近文，祇如此作得也。但古詩中時復要一聯對屬，尤見工夫，并門當因書言去。

昔選人有陳奇者，舉主十六人，仁宗見其未嘗歷選調，特旨不改官，以戒馳騖者。初官，宜少安之。

秋冬間，先生處在僦居守制，情緒哀迷的客況下，只有少數知交的長官好友因便往來書啓，藉以吐露心聲。摘錄數則如次：

一、與韓琦書

某叩頭泣血，罪逆哀苦，無所告訴。特蒙台念，遠賜誨言。雖在哀迷，實知感咽。昨大禍倉卒，不知所歸。遽來居潁，苟存殘喘。承賜恤問，敢此勉述。其諸孤苦，不能具道。秋序已冷，伏冀順時，爲國自重，哀誠所望。

二、與杜衍書

……某此苟活，但葬事未有涯。大事惟此，固難容易。自秋來，忽患腰腳。醫者云：脾元冷氣下攻，遂勉從教誨食肉。古人三年不食鹽酪，誠有愧也。不孝不孝！延陵葬子，孔子猶往觀之，蓋君子哀樂喜怒，必有可觀以爲人法也。今世士人居喪，不及處多。風俗久弊，恬不爲怪，心常患之，不以自犯名教！然存身亦以奉後，此蒙寵誨之意也。荷見憂愛至深，不覺言多，死罪！某上。

三、與丁學士寶臣字元珍

……自聞南方寇梗，思欲附問凶禍，闕居難求的便。雖在哀殞，翹想之心，不可道也。元珍學行優深，才當遠用。遘此不幸，古人多然，在處之有道爾。古之君子所以異於常人者，能安常人之所不能安也。所恨某君此際，不能奔走耳！某衰病，無復生理。今秋欲扶護歸鄉，恐趨葬期不及。則且權厝鄉寺，俟它年耳！忽偶，黃莘先輩過，云賢兄在舒州，因得附此。草草不能盡鄙懷，當續馳訊也。秋熱、寬中自愛……。

四、與劉學士湜字子正

……罪逆餘生，護喪假道。乃勞台旆，枉顧孤窮。感愧之誠，何以云諭。限茲凶斬，無由詣見，斯又重以爲恨也。乍遠，爲邦自重，謹附手疏敘謝。

又：某啓，哀苦中幸得相見，辱眷甚厚。行計所迫，不勝依戀。嗣沐手誨，併深感怍。乍遠珍重，行次草草爲謝。

第二節　自潁州扶護母靈柩歸葬於吉州瀧岡祖塋

皇祐五年（一〇五三）癸巳，先生四十七歲，在潁州。

正月，庚戌九日，廣南用兵。朝廷詔罷上元張燈結綵，以示憂念廣南百姓遭受兵災之慘禍。

十四日，與十三姪奉職書

奉職自赴任，不曾得書。到官下，想安樂。汝孤寒，曾受辛苦。知道官職難得，每事當思愛惜。守廉守貧，愼行刑，保此寸祿而已……。

戊午十七日，狄青擊敗儂智高於邕州。

據宋史紀事本末卷六、頁一七二——一七四對於儂智高自叛亂至被殲滅，載有簡明之記述。此一史實，可謂仁宗朝僅次於西夏趙元昊的叛亂，影響社稷安危的重大事故。另宋史全文卷九上、頁二九二——二九八、續資治通鑑長編卷一百七十二、頁七四四—七八一。皆係依時序，分段列敘。內容相若，惟記述有詳略。茲爲便於閱覽，按紀事本末的專節論述。照錄如次：

宋史紀事本末卷六、頁一七二——一七四

仁宗皇祐元年九月乙巳，廣源州蠻儂智高反寇邕州。初、儂氏自唐初即雄於西原，世爲廣源州首領。唐末，交阯強盛，廣源服屬之。知儻猶州儂全福爲交人所殺，其妻改適商人。生智高，冒姓儂氏。既壯，與其母據儻猶州，建國曰大歷。交人攻而執之，釋其罪使知廣源州。

智高怨交阯，乃乘間襲據安德州，僭稱南天國，改元景瑞。因招納亡命，貢獻中國求內附，朝廷不許。復奉金函書以請，亦不報。智高怒與廣州進士黃師密等謀據廣南，乃數出敝衣易穀食。紿言洞中饑饉，部落離散。知邕州陳珙信之，不設備。

智高一夕忽縱火焚其居，因紿衆曰：平生積聚，今爲天火所焚，生計窮矣！當取邕、廣以自王，否則兵死。衆從之，遂率衆五千，沿江東下，攻邕州横江寨，守將張日新等戰死。詔江南、福建等路發兵備之。

四年五月，智高陷邕、横諸州，遂圍廣州。詔鈐轄陳曙等發兵討之。智高攻陷邕州，執知州陳珙等，欲任司户孔宗旦以事。宗旦不屈，大罵而死。智高即州建大南國，自稱仁惠皇帝，改元啓歷，置官屬。

時天下久安，廣南州郡無備。智高所向，守臣輒棄城走，遂陷横、貴、藤、梧、康、端、龔、封八州。知封州曹覲、知康州趙師旦皆戰死。智高進圍廣州，知州魏瓘力戰禦之。知英州蘇緘蒐募壯勇，合數千人赴援。扼賊歸路，得黄師宓父斬之以殉。而轉運使王罕，亦自外至，募民兵益修守備，城得不陷。

事聞，命陳曙討之。又以余靖爲廣西安撫使，同提刑李樞及陳曙經制賊盜事。復以楊畋體量安撫廣西、廣東鈐轄兵赴之。六月丁亥，以狄青爲樞密副使。初、尹洙與青談兵，善之。薦於韓琦、范仲淹曰：此良將材也。二人待之甚厚。仲淹授以左氏春秋，曰：將不知古今，匹夫勇耳。青由是折節讀書，悉通秦、漢以來將帥兵法，累進馬軍副都指揮使。狄青起行伍十餘年而顯貴，面涅猶存。帝嘗勑青傅藥除之。青指其面曰：陛下以功擢臣，不問門地。臣所以有今日，由此涅耳。臣願留以勸軍中，不敢奉詔。帝益重之。至是自知延州召拜副使，臺諫王居正等諫其不可。帝不聽。

秋七月，儂智高陷昭州。九月，以孫沔爲廣南安撫使。初、以沔知秦州。入見帝，以秦事勉之。對曰：秦州不足煩聖慮，陛下當以嶺南爲憂。臣觀賊勢方張，官軍朝夕當有敗奏。既而昭州鈐轄張忠以敗聞。帝乃除沔湖南、江西安撫使。沔請發騎兵，求武庫精甲。梁適折沔曰：毋張皇。沔曰：前日惟亡備，故至此，乃今欲示鎮靜邪！夫實備不至，而貌爲鎮靜，危亡之道也。乃與兵七百人。沔憂賊度嶺而北，乃檄湖南、江西曰：大兵且至，其繕治營壘，多具燕犒。賊疑不敢北侵。行至鼎州，加廣南安撫使。

智高寇擾日甚，嶺外騷動。楊畋等久無功，帝以爲憂。智高移書行營，求邕、桂節度使。帝將受其降，梁適曰：若爾，則嶺表非朝廷有矣！

會狄青上表請行，遂以爲宣撫使，提舉廣南經制盜賊事。青入對，自言曰：臣起行伍，非戰伐無以報國，願得番落數百騎，益以禁兵，羈賊首致闕下。帝壯其言。

時命入內都知任守忠爲青副。知諫院李兌言：唐失其政，以宦者觀軍容，致主將掣肘。是不足法，遂罷守忠。諫官韓絳復言：青武人，不宜專任。帝以問龐籍。籍力贊青可用，且言：號令不專，不如不遣。乃詔嶺南諸軍，皆受青節度。

儂智高陷賓州，復入於邕時，交阯請出兵助討智高。余靖以便宜許之請於朝。狄青奏曰：假兵於外，以除內寇，非我利也。以一智高橫踐二廣，力不能制，勿假蠻夷兵。蠻夷貪得忘義，因而啓亂，何以禦之？願罷交阯助兵。帝從之。

十二月，狄青勒兵賓州。陳曙兵敗，青斬之以狥。

青行軍，立行伍，明約束，野戰皆成營柵。至廣南，合孫沔、余靖之兵，進次賓州。戒諸將無得妄與賊鬥，聽吾所爲。廣西鈐轄陳曙，乘青未至。輒以步兵八千擊賊，潰於崑崙關，殿直袁用等皆遁。青曰：令之不齊，兵所以敗。晨會諸將堂上，揖曙起，並召用等三十二人。按以敗亡狀，驅出軍門斬之。沔、靖相顧愕眙，諸將股栗，莫敢仰視。

五年春正月，狄青夜度崑崙關，大敗儂智高於邕州。智高走大理，廣南平。

青既誅陳曙，因按兵止營。令軍休十日，眾莫測。賊覘者還言，軍未即進。青明日即整兵，自將前軍，孫沔將次軍，余靖爲殿。夕次崑崙關，黎明整大將旗鼓。諸將環立帳前，待令乃發。而青已微服與先鋒度關，趣諸將會食關外，賊方覺悉出逆戰。右將孫節博賊，死山下。賊氣銳甚，沔等懼失色。青執白旗麾番落騎兵，從左右翼擊之。縱橫開合，部伍不亂。賊不知所爲，大敗走。追奔五十里，斬首數千級。賊黨黃師密、儂建中等及僞官屬死者百五十七人，生擒賊五百餘，死者萬計。智高等夜縱火燒城遁去，由合江口入大理。遲明，青按兵入城，獲金帛鉅萬，招復老壯七千二百，嘗爲賊所俘脅者，慰遣之。梟師密等於城下，斂屍築京觀於城北隅。時賊屍有衣無龍衣者，眾謂智高已死，欲以上奏。青曰：安知其非詐邪？寧失智高，不敢誣朝廷以貪功也。

廣南悉平，捷至。帝喜曰：青破賊，龐籍之力也。又曰：向非梁適言，南方安危未可知也。詔余靖經制廣西，追捕智高，而召青、沔還。後二年，靖遣都監蕭注入特磨道，生獲智高母及其弟智光、子繼宗、繼封。又募死士使大理求智高，重譯得至。會智高已死於大理，函首至京師，乃誅其母及弟子。

五月，以狄青爲樞密使，孫沔爲副使，賞平廣南功也。龐籍及臺諫皆論青不可長省府，不聽。

春三月，與梅聖俞書

某哀苦中尋得葬地，欲趁八月十日襄事，但庶事少人辦集。……師魯文字，俗本妄傳，殊不知昨范公已爲作序。李厚編次爲十卷，甚有條理。厚約春末見過，當與之議定，別謀鏤本也。自春陰寒少晴，病體不勝疲勞，倦於書字，不能周悉。

二月，戊戌二十八日，先生與吳給事名中復書

……罪逆餘生，遠屏郊外。特承顧訪，感咽何勝。仍沐寵惠雄編，俾遂榮覽。雖在哀迷，亦知開警。如嘉州湞井之作，有以見仁言之利博，而非文字之空言也。欽執材譽，固已有日。粗窺高蘊，益用歎服。限以衣制，不能謁謝，聊敘此不次……。二月二十八日

又與蔡交書

……人至辱書，感慰何已。且承春序，履況清休。范公襄事，修以孤苦哀困中。杜門

郊外，殊不知端息，情理都闕。但待淮西寄到誌銘，豈任感涕！文正平生忠義道德之光，見於誌謚。爲信萬世，亦足慰也。神刻謹如所諭，敢不盡心。某忝以拙訥，獲銘當世仁賢多矣。如此文，復何所讓。但以禮制爲重，亦不遲年歲中貴萬全，無他議也。悉察悉察！述夢後序，更當勘尋史傳續報，然亦當愼。文正所慮至深，某亦疑其有意不用此篇，果如所料矣。試期不遠，佇奉賀……。

另與徐無黨書

……久不得書，自聞省試，日望一信。人至，忽得所示。大慰鄙懷，兼喜春寒所履無恙。程試賦詩極工矣，策贍博而辯論偉然，皆當在高等。人力所可爲者，止於如此耳，其他有命！然俗言運亨者臨事不惑，揮翰之際能至此，其亦奮發於茲時乎！計此書至，已在高第，故不子細……。

四月，丙子七日，與十四弟秀才煥書，囑對大小墳域，多加照管。如云：

某罪逆深重，不自死滅。禍罰上延太君，以去年三月十七日有事。攀號冤叫，五內分崩。不孝深蒼天，罪逆深蒼天。見在潁州持服。昨者鄭齋郎自鄉中來，得十四弟書，知與骨肉奉親各安。某爲於潁州卜葬，所以未及歸得。只候服闋，南歸相見。書言回陂樹倒，但勿令人斫伐爲幸。諸大小墳域，且望更與掛意照管。年歲間，某歸相見，今不多言。今因嗣立人回，奉此不具……。

戊子十九日，與梅聖俞書

……某孤苦中，中外多事，偷閑便思一得故人爲會。某不可往，聖俞不可來。奈何奈何！惟當一讀新篇若會面，而聖俞不寄，又將奈何奈何！

夏熱，先生又與蘇丞相子容書

……近累累辱書，承夏熱，幕中清勝。某居此以來，事緒累次書中，應悉。但卜葬心欲速了，而事未有涯。絕無人相助，又無弟姪可使者。茫然中心，未知所措。……窮居危坐，病目眊然，無以度日。又爲一妹喪夫，惸然無依。居處相遠，力未相及，添此一重煩惱爾……。

七月，癸丑十五日，先生自潁州扶護母鄭夫人靈柩歸葬。先遣嗣立歸吉州，囑與十四弟煥共同料理葬事。

十六日，先生與臨池院主短簡。如云：

小姪人還，曾附問，邇來暑毒安和。某今謀奉太君神柩南歸，將遂相見。因小姪先行，奉此不次。……七月十六日

八月，先生自潁州扶護母喪歸吉州。準備歸祔先域，與父崇公合葬。諸事妥當，卻因連日陰雲密佈，顯示秋雨氣象。先生至感憂慮！適父老進言：「鄉有沙山之神，昔爲吾郡太守，廟祀於此，可往告之。」遂作祭「沙山太守祈晴文」，期假三日不雨以償晴天葬母心願。如云：

修謹告祭於沙山太守之神，修扶護母喪，歸祔先域。大事有日，陰雲屢興。修不孝罪

逆，賴天地鬼神哀憐。行四千里之江，得無風波之恐。今即事矣！幸神寬之。假三日之不雨，則始終之賜，報德無窮。尚饗！

皇天不負賢孝苦心之誠，終於撥雲見日，得以準時依禮歸祔母鄭夫人於吉州瀧岡先域。先生恭撰「母鄭夫人石槨銘」。另作「先君墓表」一篇。因服喪心緒，刪潤頗多。無法定稿，故緩立碑。一直延至神宗熙寧三年四月十五日，才告完成。先生非敢緩，實繫於諸多因素之影響，故有待也。遂能堅忍至其皇考崇公卜吉於瀧岡之六十年，方始撰表遣使立碑於其阡。

此一傳誦千古之「瀧岡阡表」（全文請見本書頁七五七至七五九），不僅體會先生孝子不匱。意在頌揚亡父廉能仁厚好施之心行，以及亡母恭儉仁愛有禮之節操。足堪矜式萬世，更可作爲世人效法孝親，胸懷仁厚之楷模。

胥、揚二夫人附葬，誌爲門人徐無黨、焦千之秉筆。

先生恭撰「母鄭夫人石槨銘」。如云：

維皇祐五年癸巳六月庚午，匠作石槨。粵七月己亥，既成。銘曰：於乎！有宋歐陽修母鄭夫人槨：既密既堅，惟億萬年，其固其安。

胥氏夫人墓誌銘 公在憂制舉附葬之禮故命門人秉筆

廬陵歐陽先生語其學者徐無黨曰：修年二十餘，以其所爲文，見胥公於漢陽。公一見而奇之曰：子當有名於世。因留置門下，與之俱至京師，爲之稱譽於諸公之間。明年，當天聖八年。修以廣文館生舉，中甲科。又明年，胥公遂妻以女。公諱偃，世為潭州人。官至工部郎中、翰林學士。公以文章取高第，以清節為時名臣。為人沈厚周密，其居家，雖燕必嚴，不少懈。每端坐堂上，四顧終日，如無人。雖其嬰兒女子，無一敢妄舉足發聲。其飯食衣服，少長貴賤，皆有常數。胥氏女既賢，又習安其所見。故去其父母而歸其夫，不知其家之貧。去其姆傅而事其姑，不知為婦之勞。後二年三月，胥氏女生子，未逾月以疾卒，享年十有七。後五年，其所生子亦卒。後二十年，從其姑葬於吉州吉水縣沙溪之山。修既感胥公之知己，又哀其妻之不幸短命。顧二十年間，存亡憂患，無不可悲者！欲書其事以銘，而哀不能文。因命無黨序其意，又代為哀辭一篇，以弔胥氏，因並刻而藏其墓。當胥氏之卒也，先生時為西京留守推官，實明道二年也。其哀辭曰：

清泠兮將絕之語言猶可記，髣髴兮平生之音容不可求。謂不見為纔幾時兮，忽二記其行周。豈無子兮久先於下土，昔事姑兮今從於此丘。同時之人兮藐獨予留，顧生餘幾兮一身而百憂。惟其不忘兮下志諸幽，松風草露兮閟此千秋。

楊氏夫人墓誌銘同前

廬陵歐陽先生之繼室曰楊氏者，故右諫議大夫集賢院學士楊公之女也。楊氏遠有世德，自漢至唐，常出顯人，故其繫譜所傳次序，自震至今不絕。公諱大雅，以文學篤行居清顯，號為古君子。先生嘗謂其學者焦千之曰：楊公已歿，修始娶其女。雖不及識公，然嘗獲銘公之德，究見其終始。其行於己，立於朝廷，發於文章者，皆得考次。及楊氏之歸，又得見公之退施於其家者，皆可法也。楊氏事其姑，以孝而勤。友其夫，以義而順。接其內外宗族，以禮而和。其歸也，修爲鎮南軍掌書記館閣校勘。家至貧，見其夫讀書著文章。則曰：此吾先君之所以樂而終身也。見其夫食糲而衣弊。則曰：此吾先君雖顯而不過是也。間因其夫之俸廩，食其月而有餘，則必市酒具肴果於堂上。曰：吾姑老矣，惟此不可不勉歸之。十月，以疾卒，享年十有八，實景祐二年九月也。後十有九年，從其姑葬於吉州吉水縣沙溪之山，乃命千之序而銘其壙曰：

其居忽兮，而逝也遽。其歿久矣，而悲如新。一言以誌兮，千萬歲之存。

周必大文忠集、題六一先生丁憂帖云：歐公母夫人歸祔吉州永豐瀧岡阡。其言潁西地，蓋未嘗用也。

江西通志卷五二，頁一〇云：鳳凰山在永豐縣南一六〇里，宋歐陽修葬父之處，即瀧岡阡也。左爲修之故居，旁有沙溪市。

楊萬里誠齋集示：永豐沙溪，六一先生之故鄉也。有先生之祠堂舊矣！其左老子之宮曰西陽者也，其前崇公之墓也。屋圮已死，里之士陳懋簡徹而新之。……慶曆、元祐之隆，近古未有，天下國家至今賴之。亦有知乎作而興之者先生乎！若先生者天下後世之師也。

自古名人，賴多神話及趣事逸聞。歷代文士，尤喜編纂各種文集，廣爲流傳，藉助士庶茶餘酒後閑談之樂趣。根據台灣商務印書館發行「宋人軼事彙編上下集、卷八、頁三五一—三五二有關先生方面甚多。茲就吉州瀧岡葬母祈晴等事，摘述一二。

歐公自南京留守，奉母喪歸葬於瀧岡。將興役，忽陰雨滿月。公念襄事愆期，日夕憂懼。里之父老往告公曰：鄉有沙山之神，乃吾郡太守也。廟祀於此，盍以告焉。公乃爲文謁於神曰：修扶護母喪歸祔先域，大事有日，陰雲屢興。今即事矣，幸神寬之。假三日不雨，則終始之賜，報德何窮。翌日天宇開霽，始克舉事。

公後在政府，一夕，忽夢如坐官府。門外列旌幟甚眾，其名號皆曰沙山公。因感悟前事，遂以神之嘉惠其民者，聞於朝。以上獨醒雜志 兩府例得墳院，歐公既參大政。以素惡釋氏，久而不請。韓（琦）公爲言之，爲請瀧岡之道觀。又以崇公之諱，因奉改西陽宮。韓魏公戲曰：道家以超昇不死爲貴，公乃使在丘隴之側，老君無乃卻辭行乎？避暑錄話

後公罷政出守青社，自爲阡表，刻碑以歸。江行過采石，舟裂碑沉。舟人曰：神如有知，石將出。有頃，石果見，遂得以歸立於其宮。紹興乙卯宮焚，不餘一瓦，碑亭獨無恙。獨醒雜志

瀧岡阡表成，勒諸石。遣吏齋之歸，並檄郡守董墓。渡江，風濤大作，有龍蜿蜒夾舟。舟欲覆，篙師呼曰：客有懷寶者乎？請投之以禳此厄。客曰：無之，惟碑在焉。因共擠之江，龍乃冉冉去，波亦平，遂得竟渡。吏持檄以實告郡守，守訝之。令吏祭

墓，且以告，則碑已巍然植於其側矣。守墓者曰：昨夜震電發土，碑於是出。薄視之，見表文內獨以朱圈「祭而豐，不如養之薄」八字。滴水淋漓，自額及趺不絕。硃迹炳然，閱數百載如新。江西通志

先生天性純孝，秉承慈訓，儉樸持家。對於此次母鄭夫人祔葬大事，除祈求天晴方便執事外，諸凡一切從簡。況係謫徙南京留守司事，辭職僦居潁州守制。爲完成母夫人歸祔先域，不辭勞苦。長途跋涉山川，扶護母喪歸返故鄉。處在當時人心險惡，官場勢利的環境下。其境遇之悽涼，不言可喻。所幸皇天不負賢孝苦心之人，即事之日，天宇開霽，得遂心願，感慰奚似。

尤其看到清江縣尉李觀（夢符），爲太守所撰祭歐陽母夫人之文曰：「孟軻亞聖，母之教也。有子如軻，雖死何憾！」先生爲之擊節稱歎！可說是此次隆重的葬禮大典中，最使先生感到欣慰之事了。

廬陵雖是先生父母之邦。但他生於綿州，長於隨州，仕官於朝、於京洛、淮、楚、三河，老於潁州，死葬於開封新鄭縣旌賢鄉。一生只有這一次扶護母鄭夫人歸祔先域，才到吉州永豐。

儒宗志在天下，心繫黎民。四海爲家，良有以也。

冬，先生回至潁州寓所。

先生家存「七賢圖」六幅，因長久保存，致現暗昧之狀。爲使子孫不忘先世之清風，而

示先君之好尚。又以見慈母少寡而子幼，能克成其家，不失舊物，乃請人裝裱。遂作「七賢畫序」以垂示子孫後世，意義深遠，故特照錄。如云：

某不幸，少孤。先人爲綿州軍事推官時，某始生。生四歲，而先人捐館。某爲兒童時，先妣嘗謂某曰：吾歸汝家時，極貧。汝父爲吏至廉，又於物無所嗜，惟喜賓客。不計其家有無，以具酒食。在綿州三年，他人多買蜀物以歸，汝父不營一物。而俸祿待賓客，亦無餘已。罷官，有絹一匹，畫爲七賢圖六幅，此七君子，吾所愛也，此外無蜀物。後先人調泰州軍事判官，卒於任。

比某十許歲時，家益貧。每歲時，設席祭祀，則張此圖於壁。先妣必指某曰：吾家故物也。後三十餘年，圖亦故闇。某忝立朝，懼其久而益朽損。遂取七賢，命工裝軸之。更可傳百餘年，以爲歐陽氏舊物。且使子孫不忘先世之清風，而示吾先君所好尚。又以見吾母少寡而子幼，能克成其家，不失舊物。蓋自先君有事後二十年，某始及第。今又二十三年矣，事迹如此，始爲作贊并序。

是年，先生每於閑靜之時，即著手整理五代史，完成七十四卷。

第十章 母喪服滿仍龍圖閣直學士入京陛見

第一節 權判吏部流內銓修唐書

至和元年（一〇五四）甲午，先生四十八歲，在京城。

春、正月辛未。詔：「京師大寒，民多凍餒死者，有司爲瘞埋之。」癸酉，貴妃張氏薨。仁宗思念張氏贍識賢慧，悲悼不已。嘗謂左右曰：「昔者殿廬徼衛卒夜入宮，妃挺身從別寢來衛。又朕嘗禱雨宮中，妃刺臂血書祝辭。外不得聞，宜有以追賁之。」入內押班石全斌揣摩上意，奏請用后禮於皇儀殿治喪，諸宦官同聲贊可。翰林承旨王拱辰、知制語王洙，皆附全斌議。宰相陳執中無言，遂詔近臣宗室俱入奠於皇儀殿。移班慰上於殿東楹，特輟朝七日，均已超越禮儀規範。凡此過禮者，俱係石全斌與參知政事劉沆合謀處置，而由王拱辰等奏行之。

丁丑、追冊貴妃張氏爲皇后，賜謚溫成。

乙酉、上成服於殿幄，百官詣殿門，進名奉慰。是日殯溫成皇后於奉先寺。

戊子、錄封溫成皇后從弟、侄、妹婿、侄婿及疏遠親屬十數人，恩寵備至。後來溫成皇后母楚國太夫人曹氏卒，輟視朝三日，幸其第臨奠。並追封溫成皇后父堯爲清河郡王、母曹氏爲齊國夫人。

二月，寒食將至，先生特函「囑十四弟煥遣人力去上墳，望與少卿墳頭一轉。爲地遠，只附錢去與買香紙酒等澆奠。小叔西街小大郎諸骨肉，並附伸意。」

三月，改元。今年本爲皇祐六年，因日蝕四月朔。所謂正陽之月，自古所忌，故改元曰至和。此據先生歸田錄卷一所載。按全集頁一〇一一歸田錄序云：「歸田錄者，朝廷之遺事。史官之所不記，與夫士大夫笑談之餘而可錄者，錄之以備閑居之覽也……。」故其所錄，雖非軍國大事。然深入研究，莫不發人深省。

茲將頁一〇一六記述自太祖建隆六年改元，以至仁宗嘉祐，每次改元之意義，即可了解當時執政輔臣賢愚之別。照錄如次，俾資一粲。如云：

> 太祖建隆六年，將議改元。語宰相，勿用前世舊號，於是改元乾德。其後因於禁中見內人鏡背有乾德之號，以問學士陶穀。穀曰：此僞蜀時年號也。因問內人，乃是故蜀王時人。太祖於是益重儒士，而歎宰相寡聞也。
>
> 仁宗即位，改元天聖，時章獻明肅太后臨朝稱制。議者謂撰號者取天字，於文爲二

人。以爲二人聖者，悅太后爾。至九年，改元明道。又以爲明字，於文日月並也，與二人旨同。無何以犯契丹諱。明年，遽改曰景祐。是時，連歲天下大旱，改元詔意，冀以迎和氣也。五年，因郊，又改元曰寶元。自景祐初，羣臣慕唐玄宗以開元加尊號，遂請加景祐於尊號之上。至寶元，亦然。是歲，趙元昊以河西叛，改姓元氏。朝廷惡之，遽改元曰康定，而不復加於尊號。而好事者又曰康定乃謚爾。明年，又改曰慶曆。至九年，大旱，河北尤甚。民死者十八九，於是又改曰皇祐，猶景祐也。六年日蝕四月朔，以謂正陽之月，自古所忌，又改元曰至和。三年，仁宗不豫，久之康復，又改元曰嘉祐。自天聖至此，凡年號九，皆有謂也。

去秋，先生完成母喪祔葬大事之後，一切安置妥當，乃於去冬回歸潁州守制。春夏間，情緒稍定，始偶有詩、文、書啓之作。摘錄數則如次：

一、古詩

(一)、有馬示徐無黨

吾有千里馬，毛骨何蕭森。疾馳如奔風，白日無留陰。……

至哉人與馬，兩樂不相侵。伯樂識其外，徒知價千金。

王良得其性，此術固已深。良師須善馭，吾言可爲箴。

(二)、天辰

天形如車輪，晝夜常不息。三辰隨出沒，曾不差分刻。

北辰居其所，帝座嚴尊極。眾星拱而環，大小各有職。不動以臨之，任德不任力。天辰主下土，萬物由生殖。一動與一靜，同功而異域。惟王知法此，所以治萬國。

㈢、送徐無黨之澠池

河南地望雄西京，相公好賢天下稱。吹嘘死灰成氣燄，談笑暖律回嚴凝。曾陪罇俎被顧盼，羅列臺閣皆名卿。徐生南國後來秀，得官古縣依崤陵。腳靴手板實卑賤，賢俊未可吏事繩。攜文百篇赴知己，西望未到氣已增……。

二、律詩

㈠、憶滁州幽谷

滁南幽谷抱千峰，高下山花遠近紅。當日辛勤皆手植，而今開落任春風。主人不覺悲華髮，野老猶能說醉翁。誰與援琴親寫取，夜泉聲在翠微中。

㈡、去思堂手植雙柳今已成陰因而有感

曲欄高柳拂層簷，卻憶初栽映碧潭。人昔共遊今熟在？樹猶如此我何堪！壯心無復身從老，世事都銷酒半酣。後日更來知有幾？攀條莫惜駐征驂。

三、書啓

㈠、與晏殊書

……孟春猶寒。……某罪逆不孝，不自死滅。猶存喘息，自齒人曹。近者輒以哀誠，具之號疏。台慈軫惻，憐念孤窮。亟遣府兵，賜以慰答。……內惟孤賤，受賜有年。豈獨茲時，乃爾忉怛。蓋以感激臨紙，後於其誠而不能止也。……謹因人還，附以敘謝……。

(二)、與徐無黨書

眞陽相別，忽以及茲。……忽捧來示，承在道感疾，喜今復常。又知淮水淺澀，雖深欲相見，但恐阻滯，遂失赴官之期。答於事有妨，則不若且就汴流西上。如淮水可行，與汴不爭遠近，而茲來爲善。賢弟在此寂寞中相伴，大幸。

某秋涼方卜離此，南北未知何適？五代史，昨見曾子固議。今卻重重改換，未有了期。仍作注有難傳之處，蓋傳本固未可。不傳本則下注尤難，此須相見可論。改服哀苦中忙迫，偶奉接人行，聊此。

(三)、與蘇丞相子容書

某自去秋扶護南歸，水陸往還，四千餘里。幸無風水之恐，遂得安祔。哀苦中獨力，粗如私願。其如水往陸還，奔馳勞苦。故自春多病，僅有餘生。……即日供職奉親外，氣體休佳。某六月，當勉從人事，未知所向何方？相見未可期……。

五月，先生母喪滿，即奉朝旨。制詞云：

勑、人臣之大節，曰忠與孝。……服除而從政，即爲臣之道也。……歐陽某，以文章直亮，擢居近侍。以才畋器幹，屢更劇任。自罹家難，歸伏閭里。今祥禫甫畢，賁然斯來。文章清曹，淵圖秘職，皆爾舊秩。往服新命，唯是移孝資忠之義，爾其懋哉！

可特授尚書吏部郎中充龍圖閣直學士，散官勳封賜如故。

先生此次雖奉詔入京，制詞褒揚備至。然無主判，只是仍除舊官職。可見當時執政臣僚畏懼朝廷起用賢者之心態，不言可喻。

六月癸巳一日，先生安抵京城。每念報國愛民心志未了，不得不重入宦海生涯。深感俗狀益勞，諸待就緒。摘錄與友人書兩則，即可了解他此時之心境。如云：

一、與程天球書

……大暑中特煩眷接。累日連夕，不見倦色。私懷感著，非一二所可陳。舟行病酒，累日不解。府人屢還，皆不能奉啓。纔過長平，遂苦大熱。比及都下，俗狀益勞！瞻想清宴，其可再得……。

二、與韓琦書

……昨自服除召還闕，出處不定。皆由蹇拙使然，諒惟悉察。自忝此職，嘗於遞附啓為謝。

某衰病，鬚鬢悉白。兩目昏花，豈復更有榮進之望。而天下責望過重，恨無所為。進不能補益朝廷，退不能決去。恐碌碌遂為庸人，以貽知己之羞爾！夙夜愧懼，不知何以見教。願聞誨勒之言，眞切眞切。

師魯及其兄子漸，皆以今年十二月葬。某昨為他作墓誌，事有不備。知公為作表甚詳，使其不泯於後，大幸大幸。范公表，已依所教改正。只是大順時，檢得希文當初奏議。是在賊地中，伏恐要知。

先生覲見，仁宗惻然，憐公髮白。「問在外幾年？今年幾何？恩意甚至。」然而默察當時，朝廷執政臣僚的言行，所顯示因循、苟且、欺瞞、毀謗等各種積弊，仍舊難改。而妒賢嫉能的氣勢，依然存在。欲期適應此種環境，深感困難。於是只好乞郡補外，以避小人攻訐目標。不過仁宗眷念之懷未釋，不僅未許所請，尚蒙特賜對衣。故有「謝賜對衣狀」。如云：

……召從廬次，復以官聯。當陛見之云初，除罥衣而有煥。飾躬增耀，愈彰不稱之譏。處物雖愚，猶識謝生之所……。

先生全集年譜：

七月甲戌，權判流內銓。會小人詐爲公奏請汰內侍，其徒怨怒，以胡中堯不當改官事中公。

戊子，出知同州。

判吏部南曹吳充，爲公辨明，不報。知諫院范鎭一再極言。而參知政事劉沆方提舉修唐書，亦乞留公修書。

八月丙午十五日，沆拜相。戊申十七日，詔公修唐書。

先生奉詔權判吏部流內銓。「按宋官制：一、吏部、掌文武官吏選試、擬注、資任、遷敘、蔭補、考課之政令；封爵、策勳、賞罰、殿最之法。二、郎中官、並用知府資序以上人充。三、流內銓、是由宋初差遣院、而磨勘差遣院、而考課院、而審官院、而總謂之流內銓，以考課京朝官幕職、州縣官。因此，流內銓爲侍郎左選，職位極爲重要。」

朝中小人忌憚先生復蒙進用，且係主管流內銓，深感不安。於是又施詭計，陰謀陷害，假造奏摺誣賴事件。致判銓未浹旬，忽命出知同州，幾乎又遭蒙冤謫外。可見官場黑暗，人心險惡。忠奸對立，古今如一，令人不勝感慨繫之！幸荷外議不平，論救者衆。更重要的是知諫院范鎮一再力言其冤，使上意解。更適巧劉沆拜相，亦請留修。乃蒙仁宗一念之仁，始克化險爲夷。

茲據史籍資料，摘述如次：

一、宋史全文卷九上，頁三〇三

服除、入見、上惻然，憐修髮白。問在外幾年？今年幾何？恩意甚至，命判流內銓。小人恐修復用，乃陰求所以中修，修在銓曹未浹日也。

二、重修神宗實錄本傳朱本頁一三五九

既免喪，入見，仁宗惻然，怪修髮白。問在外幾年？今年幾何？恩意甚至，命判流內銓。小人恐修復用，乃僞爲修奏乞汰內侍挾威令爲姦利者。宦者人人忿怨，楊永德者，陰以言中修，出知同州。外議不平，仁宗復悟，留刊修唐書。

三、續資治通鑑長編卷一百七十六、頁八一四、八一七服除、入見。……命判吏部流內銓。……楊永德者，陰求所以中修。會選人張堯、胡宗堯例改京官。批旨以二人嘗犯法，並循資宗堯前任常州推官，知州以官舟假人，宗堯連坐。及引對，修奏宗堯所坐薄，且更赦去官，於法當遷。讒者因是言宗堯翰林學士胡宿子，故修特庇之，奪人主權。修坐是出守，修在銓曹未浹日也。

知諫院范鎮言，銓曹承禁中批旨。疑則奏稟，此有司之常也。今讒人以爲撓權。竊恐上下更相畏，誰敢復論是非？請出言者主名，正其罪，復修等職任。凡再言之，帝意解。

宰臣劉沆亦請留修。帝謂沆曰：卿召修諭之。沆曰：修明日陛辭，若面留之，則恩出陛下矣！

四、韓琦安陽集

服除、入見，上怪公鬚髮盡白，惻然存撫。恩意甚厚，命判吏部流內銓。素忌公者恐將大用，乃僞爲公疏，請汰內臣以激眾怒。有選人胡宗堯者，當引對改官。前任本州，嘗以官舟假人。已而經赦官去，止得循資。公與判南曹官，對日取旨，上欣然令改官。宦者楊永德密奏曰：宗堯翰林學士宿之子，有司援救之，私也。遂出公知同州事。物論不平，上極開悟，留公刊修唐書。

五、先生全集頁九六九奏事錄、英宗治平二年「辨蔡襄異議」

……往時夏竦欲陷富弼，乃先令婢子學石介書字，歲餘學成。乃僞作介與弼書，謀廢立事。書未及上，爲言者廉知而發之。賴仁宗聖明，弼得免禍。

至如臣，自丁母憂服闋。初還朝時，有嫉臣者。乃僞撰臣一劄子，言乞沙汰內官，欲以激怒羣閹。是時，家家有本，中外諠傳。亦賴仁宗保全，得至今日。由是而言，陛下曾見文字，猶須更辨眞僞。何況止是傳聞疑似之言，何可爲信？

上曰：官家若信傳聞，蔡襄豈有此命。（由三司使出守龍圖閣學士工部侍郎）

六、先生全集頁一三七六歐陽發等述先公事迹

先公初服除，還朝，惟除本官龍圖閣學士，而無主判。入見日，仁宗惻然，怪公鬢髮之白。問公在外幾年？今年幾何？恩意甚至。公求補外。仁宗曰：此中見人多矣！爲小官時，則有肯盡言。名位已高，則多顧藉，如卿且未要去。明日以責大臣，即以公判流內銓。是時小人忌公且見進用，僞爲公乞澄汰內臣劄子。傳布中外，內臣人人切齒。判銓六日，楊永德以差船及引見胡宗堯事中公，出知同州。而外議紛紜，論救者衆。上亦開悟。適會劉公沆有劄子乞催宋公祁結絕唐書。上曰：莫不須宋祁否？劉公曰：別未有人。上曰：歐陽某知同州，臣寮已有文字請留。劉公曰：乞自陛下宣諭。明日朝辭，上殿。上曰：休去同州，且修唐書。

綜上所述，藉悉先生於七月甲戌，權判流內銓。然因小人恐懼不安，又以假造奏摺誣賴事件。致判銓未浹日，險遭貶謫。他在此短暫時日內，深入了解吏部銓敘的積習弊病，深感痛惡。基於職責所在，無懼權貴小人的蓄意誣害，乃上「論權貴子弟衝移選人劄子」。如

云：

臣勘會銓司近年選人倍多，員闕常少，待闕者多是孤寒貧乏之人。得替住京，動經年歲。遇有合入闕次，多被權貴子弟、親戚陳乞，便行衝改；或已注授者，且令待闕；或纔到任者，即被轉移。只就權貴勾當家私，不問孤寒便與不便。

先生認爲朝廷銓敘人才，實爲治國之本。積弊不改，影響士氣人心至深且鉅。於是列舉權貴臣僚所有陳乞，多非急切事。例如近便鄉里，看覷墳墓等。類皆妄託名目，企圖僥倖希求。遂使孤寒阻滯，徒增怨歎。因此提供可行辦法：

今後臣僚有急切事故，如委任邊寄不許搬家。及致仕、分司、丁憂、病患之類，方許陳乞子弟差遣。其雖無事故，自將恩澤陳乞者，許銓司勘會；如已注入者，更不改注；已到任者，更不衝移；並令別具陳乞，仍不許連併陳乞兩任。如允臣所請，乞下銓司遵守施行。

先生得意門生徐無黨南歸，爲作「送徐無黨南歸序」，慰勉情深，期許尤切。特摘錄如次：

草木鳥獸之爲物，眾人之爲人。其爲生雖異，而爲死則同，一歸於腐壞澌盡泯滅而已。而眾人之中有聖賢者，固亦生且死於其間。而獨異於草木鳥獸人者，雖死而不朽，愈遠而彌存也。

其所以爲聖賢者，修之於身，施之於事，見之於言，是三者所以能不朽而存也。修於身者，無所不獲；施於事者，有得有不得焉；其見於言者，則又有能有不能也。施於事矣，不見於言可也。自詩書、史記所傳，其人豈必能言之士哉！修於身矣，而不施於事，不見於言，亦可也。孔子弟子，有能政事者矣，有能言語者矣。若顏回者，在陋巷，曲肱飢臥而已。其羣居則默然終日如愚人，然自當時羣弟子皆推尊之，以爲不敢望而及。而後世更百千歲，亦未有能及之者。其不朽而存者，固不待施於事，況於言乎？……今之學者，莫不慕古聖賢之不朽，而勤一世以盡心於文字間者，皆可悲也。

東陽徐生，少從予學文章，稍稍見稱於人。既去而與羣試於禮部，得高第，由是知名。其文辭日進，如水涌而山出。予欲摧其盛氣而勉其思也，故於其歸，告以是言。然予固亦喜爲文辭者，亦因以自警焉。

第二節　陞翰林學士兼史館修撰又差勾當三班院

九月辛酉一日，先生奉詔陞爲翰林學士，制詞云：

勅……歐陽某。言忠信，行篤恭。文參典謨，心固金石。頃在諫列，以直誠盡規，彌縫衮闕。遷登禁省，以深詔大册，振起國風。出按朔垂，罷守列郡。免喪還次，即蕲外補。朕嘉其難進易退，有賢者之節。又文學舊老，宜居禁中。是用延登玉堂，典司翰墨。僉謀四及，咸曰得人。當使炳焉之夙，弗獨漢遹三代也。可特授依前尚書吏部知制誥、充翰林學士。散官勳封賜如故。

辭翰林學士奏

……蒙恩除臣翰林學士。所降勑告，臣未敢祇受……見居學士之職，已甚厚顏，豈敢更希榮進。況臣屯蹇之迹，憂患所侵。齒髮凋殘，心志衰耗。嚮侍老母，久纏疾恙。尋丁憂制，僅有餘生。累歲以來，學業荒廢。詔誥之任，尤非所當。……所有恩命，特賜寢停……。

朝廷既下詔誥，雖辭不准。然翰林學士，因詢謀獻納，素有內相之名。待遇寵榮，恩異常倫。若非眞才實學，殊難稱職。先生自滁州之貶，至是十年。仁宗每思先生之賢，屢有重用之意。故於壬戌二日，再下詔充史館修撰，仍舊翰林學士，刊修唐書。

按先生全集頁一三七六歐陽發等述先公事迹云：

既而曾魯公自翰林學士換侍讀學士，知鄭州。劉公（沆）奏歐陽某見未有主判處，乞替曾某判三班院。上曰：翰林學士有人未？劉公曰：見商量。上曰：歐某不止一好差遣，亦一好翰林學士，便可替曾某。遂入翰林爲史官，判三班院。上嘗問公以唐學士院鈴索故事，將議臨幸，其於眷待之意甚厚。

先生遂作「謝宣召入翰林狀」

使車入里，君命在門。閭巷驚傳，豈識朝廷之故事。搢紳竦歎，以爲儒者之至榮。在臣之愚，何以堪此。……久叨塵於侍從，曾莫著於勞能。而自出守外藩，近遭家禍。苟存餘喘，復齒周行。風波流落者十年，天日再瞻於雙闕。進對之際，已蕭颯於霜毛。慰勞有加，賜憫憐於玉色。形神若此，志意可知。身已分於早衰，心敢萌於希進。加以羇危之迹，仇疾交攻。進退動繫於羣言，論議多煩於睿智。雖覆載之造，每賜保全。而孤蹇偷安，常思引去。……臣敢不勉尋舊學，益勵前修。感遺簪未棄之仁，竭駑馬已疲之力。庶伸薄效，少答鴻恩。

接著又蒙仁宗頒賜對衣等殊榮，故作有：

謝對衣金帶鞍轡馬狀

……以臣入院，特賜衣一對、金帶一條、金鍍銀鞍轡一疋者。禁林促召，彌峻於近班。慈澤逾涯，復叨於蕃錫。退循昧陋，曷稱暉榮。……仰慚殊渥，庸何疇補，但誓糜捐……。

當時翰林學士爲楊察、趙槩、楊偉、胡宿、先生、呂溱及王洙七員。

先生自入翰林，認爲翰林學士，必須注重文章，始能蔚成風尚。然所見制詔取便於宣讀，常拘以世俗所謂四六之分，其類多如此。深感「果可謂之文章乎」之歎！況又不能專一其職所以常遺恨於斯文。雖所有制書，不載明天子之意於其所述。而得一二足以章示後世者，因王者之訓在，絕不會以文之鄙而廢其實。足見先生所爲文之精義，其可傳誦者，不勝枚舉。容俟爾後適時摘述，以資參閱。

九月，先生在翰苑又兼管三班院（爲武選以考殿最，爲侍郎右選）。作有〈論臣寮奏帶指使差遣箚子〉。如云：

臣等勘會本班，見管使臣至八千餘員。其入仕之源，既已冗濫。及差遣之際，又多有因緣。附權貴者僥倖多門，致孤寒者怨嗟不已。

於是根據事實舉證。例如近年文武臣寮，凡出外任者，多帶指使隨行。不久便奏乞以監押、巡檢差遣；且多陳乞指定去處。亦有只是諸司職掌人奏帶隨行，後來就可改轉班行。並不曾經歷短使差遣，便入監押、巡檢之列等諸多違法亂紀事例。上下矇混，利害攸關。只圖方便，不問是非。更不勘會差遣資序，路分遠近，合與不合。只要入得，便行差除。相繼成例，日見增多。以致朝廷既有之良好法令，全被貪婪之權貴，庇護奸佞小人，破壞無遺。凡此積弊，理合儘速釐革。然後提出簡明辦法，奏請頒行。如云：

乞今後臣寮奏帶隨行指使之人，及三年以上。並只與理爲一任，候歸班依例差遣外，更不得陳乞差遣，所貴止絕僥倖。

是月丁亥二十七日，殿中丞王安石爲羣牧判官，安石力辭。召試，有詔與在京差遣及除羣牧判官。安石猶力辭。先生諭之，乃就職館閣校勘。

先生識薦王安石（介甫），係據門生曾鞏之竭力推崇。據王安石年譜云：「皇祐五年癸巳（即今至和元年），歐公薦公爲諫官。公以祖母年老辭。是年，公祖母卒。」宋史本傳云：「安石少好讀書，文筆如龍。友生曾鞏攜以示歐公，歐公爲之延譽。」王安石自經先生爲其多方揄揚，遂使聲名大噪。

先生與王安石未晤面前，曾有詩贈王介甫云：

翰林一月三千首，吏部文章二百年。老去自憐心尚在，後來誰與子爭先？朱門歌舞爭新態，綠綺塵埃試拂絃。常恨聞名不相識，相逢鐏酒盍留連。

王安石亦有奉酬永叔見贈詩，洋溢感激之情云：

欲傳道義心雖壯，強學文章力已窮。他日若能追孟子，終身何敢望韓公。

先生愛惜人才，曾舉薦王安石、呂公著二人遞補諫官之闕。後來二人先後在神宗、哲宗朝，擢任宰相，足證先生知人之明。

薦王安石、呂公著劄子云：

……殿中丞王安石，德行文學，爲衆所推。守道安貧，剛而不屈。司封員外郎呂公著，是夷簡之子（昔夷簡爲相，先生爲諫官。屢上章諫劾，得罪權貴，怨隙難解。先生守潁州時，公著爲通判，深受器重。爲國求才，不問恩怨）。器識深遠，沉靜寡言。富貴不染其心，利害不移其守。安石久更吏事，兼有時才。曾召試館職，固辭不就。公著性樂閒退，淡於世事。然所謂夫人不言，言必有中者也。往年陛下上遵先帝之制，增置臺諫官四員。已而中廢，復止兩員。今諫官尚有虛位，伏乞用此兩人，補足四員之數。必能規正朝廷之得失，俾益陛下之聰明。臣叨被恩榮，未知報效。苟有所見，不敢不言……。

王安石在仁宗朝，雖蒙先生屢爲延譽舉薦，然終仁宗、英宗兩朝，皆不得志。詎料神宗嗣位，竟蒙特達之知，破格任用，不次拔擢爲宰相，前後在位九年之久。急功近利，用人不當，變法失敗。史評毀譽參半，然可稱歷史上大力推行政經改革之風雲人物。

僅舉辭海頁一九二〇所載，即可概見。如云：

王安石，宋臨川人，字介甫，號半山。性強忮，堅於自信。議論高奇，詩文險峭。神宗朝爲相，封荊國公。立意改革政治，其黨呂惠卿、曾布等左右之。創爲農田水利、均輸、青苗、保甲、募役、市役、保馬、方田均稅諸新法，先後頒行之。以求成過急，任用非人。功效未見，弊端百出，遂自求補外而卒。謚文。

十二月戊午二十九日，先生作有「春帖子」二十首，分別爲皇帝閤六首、皇后閤五首、溫成皇后閤四首，及夫人閤五首。仁宗因閑行舉首所見，讀而愛之。問左右知爲歐某作，即悉取諸閤各首閱之。歎曰：舉筆不忘規諫，眞侍從之臣也。摘述數首如次：

一、皇帝閤

㈠萌芽資暖律，養育本仁心。顧彼蒼生意，安知帝力深。

㈡陽進升君子，陰消退小人。聖君南面治，布政法新春。

二、皇后閤

三辰明潤璇璣運，四氣均調玉燭光。
共喜新年獻椒酒，惟將萬壽祝君王。

三、溫成皇后閤

內助從來上所嘉，新春不忍見新花。

君王念舊憐遺族，常使無權保厥家。

四、夫人閤

黃金未變千絲柳，白日初遲百刻香。

聖主本無聲色惑，宮花不用妒新粧。

據歐陽發等述公事迹云：

先公在翰林，嘗草春帖子詞。一日，仁宗因閑行，舉首見御閤帖子，讀而愛之。問何人作？左右以公對。即悉取皇后、夫人諸閤中者閱之，見其篇篇有意。歎曰：舉筆不忘規諫，眞侍從之臣也。自是每學士院進入文書，必問何人當直？若公所作，必索文書自覽。

先公每述仁宗恩遇，多言此事。云內官梁寔爲先公說春帖子詞有云：陽進升君子，陰消退小人。聖君南面治，布政法新春。及溫成皇后閤帖子云：聖君念舊憐遺族，常使無權保厥家。至今士人盡能誦之。

是冬，先生作有五言古詩「述懷」長篇，諸多感慨。特照錄如次：

歲律忽其周，陰風慘遼敻。孤懷念時節，朽質驚衰病。

憶始來京師，街槐綠方映。清霜一以零，眾木少堅勁。

物理固如此，人生寧久盛。當時不樹立，後世猶譏評。
顧我實孤生，饑寒談孔孟。壯年猶勇爲，刺口論時政。
中間蒙選擢，官實居諫諍。豈知身愈危，惟恐職不稱。
十年困風波，九死出檻穽。再生君父恩，知報犬馬性。
歸來見親識，握手相弔慶。丹心皎雖存，白髮生已迸。
慙無羽毛彩，來與鸞皇竝。鎩翮追羣翔，孤唳驚衆聽。
嚴嚴玉堂署，清禁肅而靜。職業愧論思，文章慚誥命。
厚顏難久居，歸計無荒逕。偷閑就朋友，笑語雜嘲詠。
歡情雖索寞，得酒猶豪橫。羣居固可樂，寵祿尤難幸。
何日早收身，江湖一漁艇。

又有七言古詩「和劉原父澄心紙」長篇。摘錄如次：

君不見曼卿、子美眞奇才，久已零落埋黃埃。子美生窮死愈貴，殘章斷藁如瓊瑰。曼卿醉題紅粉壁，壁粉已剝昏煙煤。……。自從二子相繼沒，山川氣象皆低摧。君家雖有澄心紙，有敢下筆知誰哉！宣州詩翁餓欲死，黃鵠折翼鳴聲哀。……二子雖死此翁在，老手尚能工翦裁。奈何不寄反示我，如棄正論求俳詼。嗟我今衰不復昔，空能把卷闔且開。……官曹職事喜閑暇，臺閣唱和相追陪。文章自古世不乏，間出安知無後來。

第十一章　改翰林侍讀學士集賢殿修撰

第一節　學士判三班院改翰林侍讀學士集賢殿修撰

至和二年（一〇五五）乙未，先生四十九歲，在京城。

春正月，以學士判三班院。

辛未，仁宗幸奉先資福禪院，朝謁宣祖神御殿。

茲據續資治通鑑長編卷一百七十八、頁一七云：

先是，議者謂上特行此禮，因欲致奠溫成陵廟。御史中丞孫抃言：陛下臨御已來，未嘗朝謁祖宗山陵。今若以溫成特行此禮，虧損聖德，莫此爲大。翰林學士歐陽修亦論諫。上從之，不復至溫成陵廟。

先生上「請駕不幸溫成廟箚子」。如云：

伏見今月八日聖旨。……本以興國寺奉安眞宗皇帝御容。……而中外之議皆云今月八日，是溫成皇后周年。又見聖駕朝謁萬壽宮。又云溫成皇后畫像在彼，所以聖駕親臨。蓋爲自去年追册溫成皇后之後，朝廷每於典禮，過極優崇，遂致議者動皆疑惑。今又聞來日聖駕幸奉先寺，酌獻宣祖皇帝，外議喧然。又云溫成皇后祠廟在彼。

因此一本愛君之心，坦陳所以引起議者疑惑之癥結。建議以解衆疑的辦法，通情達理，簡明有力。終使仁宗醒悟，俯允其議，得以圓滿解決問題。如云：

陛下聖德仁孝，本爲祖宗神御，以時酌獻，不可使中外議者言陛下意在追念後宮寵愛，託名以謁祖宗。虧損聖德，其事不細。臣欲乞明日幸奉先寺酌獻畢，更不臨幸溫成祠廟，以解中外之疑，以止議者之說……。

丁亥，觀文殿大學士晏殊卒。

宋史全文卷九上、頁三〇六云：

正月丁亥，觀文殿大學士、兵部尚書晏殊卒。殊雖早貴，然奉養清儉，善知人。如孔道輔，范仲淹皆出其門；而富弼、楊察皆其婿也。

宋史卷三一一、頁一、二云：

晏殊、字同叔，臨川人。以神童薦試，賜同進士出身。累官刑部尚書居相位。卒年六十五，謚元獻。有遺集二百卷。

續資治通鑑卷一百七十八、頁一七云：

始殊病寖劇，乘輿將往視之。即馳奏曰：臣老病行愈矣！不足爲陛下憂。已而卒。上雖臨奠，以不視疾爲恨！特罷朝二日。贈司空兼侍中，謚元獻。既葬，篆其碑首曰「舊學之碑」。

殊剛峻簡率，盜入其第，執而榜之。既委頓以送官，扶至開封府門即死。雖早貴，然奉養清儉。累典州，吏民頗畏其狷急。善知人，如孔道輔、范仲淹皆出其門；而富弼、楊察皆其壻也。

辭海頁一三八三云：

晏殊、宋臨川人。字同叔，性剛簡。仁宗時，累官同中書門下平章事。善知人，范仲淹、歐陽修皆出其門；富弼、楊察皆其婿。其詩近西崑體，詞亦婉麗。著有類要、珠玉詞等書。

先生於天聖八年（一〇三〇），試禮部，時翰林學士晏殊知貢舉爲主考官，因緣師生之誼。

晏公於今至和二年三月癸酉葬於許州陽翟縣麥秀鄉之北原。仁宗賜其墓隧之碑首曰「舊學之碑」。

先生奉勅考次公事，具書於碑下，爲作「觀文殿大學士行兵部尚書西京留守贈司空兼侍中晏公神道碑銘并序」。全文二千一百餘言，史官之筆，巨細無遺。謹摘述如次，藉悉一代名賢，青史留芳。如云：

……公爲人剛簡，遇人必以誠。雖處富貴，如寒士。罇酒相對，歡如也。得一善，稱之如己出。當世知名之士，如范仲淹、孔道輔等，皆出其門。及爲相，益務進賢材。當公居相府時，范仲淹、韓琦、富弼皆進用。至於臺閣，多一時之賢。……公享年六十有五，自少篤學。至其病極，猶手不釋卷，有文集二百四十卷。嘗奉勑修上訓及眞宗實錄，又集類古今文章，爲集選二百卷。

其爲政敏，而務以簡便其民。其於家嚴，子弟及見有時。事寡姊孝謹，未嘗爲子弟求恩澤。……故其薨也，天子尤哀悼之，賜予加等。……

公初娶李氏。……次孟氏。……子八人。……女六人，長適户部侍郎同中書門下平章事富弼；次適禮部侍郎三司使楊察。……公既樂善而稱爲人知，士之顯於朝者，多公所薦達。至其擇女之所從，又得二人者如此，可謂賢也已……。

先生作有晏元獻公挽辭三首，更可看出他對師門悼念之忱。如云：

一、接物襟懷曠，推賢品藻精。謀猷存二府，臺閣徧諸生。
帝念宮臣舊，恩隆衮服榮。春風緣野迥，千兩送銘旌。

二、四鎭名藩忽十春，歸來白首兩朝臣。上心方喜親耆德，物論猶朝秉國鈞。
退食圖書盈一室，開罇談笑列嘉賓。昔人風采今人少，慟哭何由贖以身。

三、富貴優游五十年，泉終明哲保身全。一時聞望朝廷重，餘事文章海外傳。
舊館池臺閑水石，悲笳風日慘山川。解官制服門生禮，慙負君恩隔九泉。

綜上所述，可見先生之言，堪稱公允。當爲晏公蓋棺定論，千古流芳。

二月辛卯四日，先生有與十四弟煥書。如云：

……回陂墳所，必與照管。今因寒食，令人力蕭及去上墳。將錢伍佰省請與買酒食去澆奠回陂墳，並與覷當垣牆門戶。錢一索與看墳張旺，仍指揮伊覷當樹木，及取領狀一紙來……。

先生因見臣寮建議整修黃河，欲塞商胡，開橫壠，使大河回復故道。朝廷已下三司，準備候至今秋動工，且令京東計度各種物料等所需。朝野有識之士，對此關係國計民生之大事，莫不議論紛紜，人心惶惶。他盱衡當前狀況，認爲此一措施，不合時宜。無懼天威，忠言直諫。即上「論修河第一狀」如云：

……國家興大役，動大眾，勞民費財。不精謀慮於厥初，輕信利害之偏說。舉事之始，既已倉惶。羣議一搖，尋復悔罷。……雖既往之失難追，而可鑒之蹤未遠。今者又聞復有修河之役，聚三十萬人之眾，開一千餘里之長河。計其所用物力，數倍往年。當此天災歲旱之時，民困國貧之際。不量人力，不順天時，臣知其有大不可者五：

一、自去秋以及今春，半天下苦旱。而京東尤甚，河北次之。國家常務安靜振卹之，猶恐飢民起而爲盜。何況於此兩路，聚大眾，興大役，此其必不可者一也。

二、……瘡痍未斂，物力未完，今又遭此旱歲。……不惟目下乏食，兼亦向去無望。

而欲於此兩路，興三十萬人之役。若別路差夫，則遠處難爲赴役。就河便近，則此兩路力所不任，此其必不可者二也。

三、……合商胡，塞大決之洪流，此自是一大役也。鑿橫壠，開久廢之故道，此又一大役也。自橫壠至海，一千餘里，埽岸久已廢壞，頓須修緝，此又一大役也。往年公私有力之時，興一大役，尚須數年。今併三大役，倉卒興爲於災旱貧虛之際，此其必不可者三也。

四、就令商胡可塞，故道可回。猶宜重察天時、人力之難爲。何況商胡未必可塞，故道未必可回者哉！……今欲逆水之性，障而塞之。奪洪河之正流，斡以人力而回注。此大禹之所不能，此其必不可者四也。

五、昨聞朝廷曾遣樞密直學士張奎計度功料極大，近者再行檢計，減得功料全少。功料少則所開淺狹，淺狹則水勢難回，此其必不可者五也。

……欲望聖慈特降德音，速罷其事。當此凶歲，務安人心。徐詔有司，審詳利害。縱令河道可復，乞候豐年餘力，漸次興爲。臣實庸愚，本無遠見。得於外論，不敢不言……。

孔子爲我中華民族炎黃子孫萬世尊奉之至聖先師。於今，其偉大精神更宏揚於全世界。特將至聖先師謚號及其後嗣定更封爲世襲衍聖公之經過，照錄如次：

三月丙子，朝廷詔封孔子後爲衍聖公。按續資治通鑑長編卷一百七十九、頁二十八云：

詔封孔子後爲衍聖公。初、太常博士祖無擇（考其本傳，闕里文獻，均作直集賢院，太常博士疑誤）言：文宣王四十七代孫孔宗愿，襲封文宣公。按前史孔子之後襲封者：在漢、魏曰褒宗尊聖。在晉、宋曰奉聖。後魏曰崇聖。北齊曰恭聖。後周及隋並封以鄒國。唐初曰褒聖，開元初始追謚孔子曰爲文宣王，又以其後爲文宣公。然祖謚不可加後嗣，乞詔有司更定美號。乃下兩制定更封宗愿，而令世襲焉。

茲爲使讀者更加了解先師孔子，按其家世、簡歷、生日考證、孔子廟之沿革、以及至聖先師謚號之因由。分述如次：

根據辭海頁八五四—八五六、二三九九云：

一、家世：史記孔子世家索隱引家語曰：孔，宋微子之後。宋襄公生弗父何，弗父何生宋父周，周生世子勝，勝生正考父，考父生孔父嘉。五世親盡，別爲公族，姓孔氏。孔父嘉生木金父，木金父生睪夷，睪夷生防叔，防叔畏華氏之逼，奔魯。按防叔生伯夏，伯夏生叔梁紇，紇生孔子。

二、簡歷：孔子、春秋魯人，名丘、字仲尼。生於周靈王二十一年八月二十七日，卒於周敬王四十一年（公元前五五一—四七九）。生有聖德，學無常師。嘗問禮於老聃、學樂於萇弘、學琴於師襄。爲魯司空、又爲大司寇、攝行相事。誅少正卯，魯國大治。其後周遊列國十三年，不見用。年六十八，返魯。刪詩書、訂禮樂、贊周易、作春秋。弟子三千，身通六藝者七十二人，後世稱至聖先師。

三、生日考證：孔子生於周靈王二十一年十月庚子，以夏正推之，爲八月二十七日。民國四十一年，經專家研考，應爲國曆九月二十八日。乃由政府明定以九月二十八日爲孔子誕辰。列爲國定紀念日，全國各地孔廟舉行祀典。

四、孔子廟之沿革：

孔子廟、簡稱孔廟。春秋時，魯哀公初立孔子廟於曲阜闕里。後世因藏孔子衣冠琴車書，孔子之有廟始此。……唐貞觀時，詔各州縣皆立孔子廟，於是孔子廟乃遍及於全國。唐季封孔子爲文宣王，故又稱文宣王廟。自明永樂以來，又稱文廟。民國三年，禮制館規定從最古之稱爲孔子廟。廟中正殿爲孔子像，左右列四配十哲先賢像。其弟子及歷代大儒之附祀者，均分列於東西兩廡。歲時致祭，典禮隆重。自古諸侯卿相及地方官長，至必先行謁廟，然後從政。

五、至聖先師謚號之因由：

至聖先師，孔子謚號也。古時立學，有釋奠於先聖先師之儀。漢以來皆奉孔子。唐開元二十七年，追謚孔子爲文宣王。宋大中祥符元年加謚爲元聖文宣王。五年，改謚至聖文宣王。元大德十一年，加號大成至聖文宣王。明嘉靖九年，釐正祀典，始爲木主，題至聖先師孔子神位。清順治二年，定祀爲大成至聖文宣先師孔子。順治十四年，改稱至聖先師孔子。禮、中庸謂孔子天下至聖。至聖之號本此。稱先師者，以孔子爲萬世師表也。

民國二十四年，國民政府令以孔子嫡系裔孫爲大成至聖先師奉祀官，以特任官待遇。遂廢衍聖公之稱。

是春，先生在翰苑，作有律詩多首。特摘錄四首如次：

一、和陸子履再遊城西李園

京師花木類多奇，常恨春歸人不歸。車馬喧喧走塵土，園林處處鎖芳菲。
殘紅已落春猶在，羇客多傷涕自揮。我亦悠然無事者，約君聯騎訪郊圻。

二、內直對月寄子華舍人持國廷評

禁署沉沉玉漏傳，月華雲表溢金盤。纖埃不隔光初滿，萬物無聲夜向闌。
蓮燭燒殘愁夢斷，蕙爐薰歇覺衣單。水精宫鎖黃金闕，故比人間分外寒。

三、答子華舍人退朝小飲官舍

玉階朝罷卷晨班，官舍相留一笑間。與世漸疎嗟已老，得朋爲樂偶偷閑。
紅牋搦管吟紅藥，綠酒盈罇舞綠鬟。自是風情年少事，多慚白髮與蒼顏。

四、內直晨出便赴奉聖齋宮馬上口占

凌晨更直九門開，馳馬悠悠望禁街。已覺蕭條悲晚歲，更憐衰病怯清齋。

溯自皇祐五年秋八月起迄今年春夏間，朝廷御史、諫官、相繼彈劾論奏梁適、陳執中兩位不受歡迎的新任宰相。終使先後罷黜外放，朝野慶幸。雖處在君權絕對專制的時代裡，然重視言官的宋代，確能慎重遴選賢俊忠直敢言的儒士爲言官，樹立良好的制度與風範。姑勿論仁宗在位四十一年的政績，褒貶不一。僅此納諫而言，頗多稱頌之處。尤其陳執中之罷黜，先生在關鍵時刻，上書直諫，實已發生決定性的影響作用。而先生上書之後，乞郡核准，亦荷言官的諫諍復留，足見仁宗頗有知人之明。茲按宋史全文卷九上、頁二九九至三〇九、及續資治通鑑長編卷一百七十五、頁七八七至卷一百八十、頁四六有關資料，依時序摘述如次，藉明概況。

前年皇祐五年閏七月壬申，戶部侍郎平章事龐籍以本官知鄆州。判大名府陳執中爲吏部尚書平章事、昭文館大學士參知政事梁適爲禮部侍郎平章事。

八月辛酉，殿中侍御史唐介等議者謂陳執中不由科第以進。故陰風有司，專抑儒士。

十月丁已，殿中侍御史唐介入見，許解言職爲工部員外郎直集賢院。

去年至和元年：

四月庚申，殿中侍御史呂景初，論奏今輔相罪過。

六月癸丑，侍御史裹行吳中復上殿彈劾宰相梁適奸邪。仁宗曰「馬遵亦有彈奏。」御史中丞孫抃言適爲宰相，上不能持平權衡，下不能訓導子弟。言事官數論奏，未聞報可。然而，朝野各種不斷論奏，皆以非罷適無以慰清議而平衆怒。

七月戊辰，仁宗深感清議弗平，難以服衆。乃罷禮部侍郎平章事梁適，以本官知鄭州。計自去秋閏七月至今，在位尚不滿一年。至於梁適之得政全賴宮內中官之力，足見其交遊手腕之靈活。今遭罷去，中官恐慌。致使仁宗左右間言：「御史亦應去職，否則誰敢任宰相？」於是有詔：

己巳，殿中侍御史馬遵知宣州、殿中侍御史呂景初通判江寧府、裏行吳中復通判虔州。

八月甲午，知制誥賈黯判流內銓。因欲以風氣拯救積弊，後並屢論朝政之失。

丙午十五日工部侍郎參知政事劉沆，依前官平章事爲宰相。

十二月癸丑二十四日，殿中侍御史趙抃，彈劾宰相陳執中捶撻女奴迎兒致死。一云執中親行杖楚以致斃，一云嬖妾阿張酷虐用他物毆殺。

今年至和二年：

二月庚子，殿中侍御史趙抃言：近曾累次彈奏宰官陳執中，興廢制獄，乞正其罪。嘗言執中不學無術、措置顛倒、引用邪佞、招延卜祝、私讎嫌隙、排斥良善，狠愎任情、家聲狼籍八事。

御史中丞孫抃言：嘉慶院詔獄，本緣陳執中。特上奏章，乞行制勘。執中務循私邪曲爲占庇，上昧聖德，下欺寮寀。乞特行責降，以正本朝典法。

翰林學士呂溱上疏論陳執中姦邪，又歷數其過惡十餘事，請付執中令自辨。於是，溱改翰林侍讀學士知徐州。辭行日，仁宗特賜宴資善堂。遣使諭曰：可盡醉也。

三月辛巳，知諫院范鎭言：陳執中爲相不病，而家居者百日。陛下以御史之言爲是，請即速退陳執中，以解天意；以御史之言爲非，乞敕執中起視事，無使天意久不決也。寒暑者，賞罰也。乍寒乍暑，不當賞而賞，當罰而不罰也。陛下如欲應黑氣蔽日之變，則莫若遠小人，近君子。絀小人之言，而用君子之言。

四月丙辰，殿中侍御史趙抃言：自二月二十日以前，累上章乞正宰相陳執中之罪。又條奏執中可罷免者八事。伏蒙陛下省納開悟，宣付政府施行。執中退處私第，不赴朝請，前後數月。此月二十二日，執中遽然趨朝，再入中書，供職如舊。中外驚駭，未測聖情。伏望將臣前來累上章疏，再賜觀覽，則臣之言是非，執中之罪有與無，豈逃聖鑒也。

五月，御史中丞孫抃與其屬言，乞正執中之罪，不報。於是抃與知雜事郭申錫、侍御史毋湜、范師道、殿中侍御史趙抃，同乞上殿閤門。以違近制，不許。

壬午，詔抃等輪日入對。

知諫院范鎭言御史臺全臺請對，陛下何不延問，聽其所陳，別白是非。可行則行，不可行亦當明諭不可之故，使知自省。今拒其請，非所以開言路也。

乙酉，殿中侍御史趙抃，又奏論陳執中諸多罪惡。伏望早賜宸斷，正執中之罪，復朝廷之執法，振中外之紀綱。

六月戊子朔，趙抃入對，又言：伏望納忠藎讜直之言，闢姦佞熒惑之失。早發宸斷，特正執中之罪而罷免之。

己丑二日，先生上「論臺諫官言事未蒙聽允書」，實爲論奏宰相陳執中。此書一千三百餘言，忠懇直諫，猶如昔年知諫院累章諫諍時相呂夷簡的罪過，必去之方始罷休一般。雖因此險遭乞郡外放蔡州即將成行之插曲，然已確切提供仁宗了解朝野士庶對於陳執中不適爲相的實情。

他在翰苑，并非言官，無法風聞直諫。但目睹所用宰相非人，深感憂心梁適固已罷黜。但兩年來姦邪的陳執中，屢經御史、諫官相繼論奏彈劾。不僅寵信益堅，屹立不動；而更對上奏的言官、學士，皆以貶外，朝野寒心。因此，一本忠君憂國之赤忱，捨我其誰之氣慨。不顧後果，特上此書，終使仁宗醒悟。此書可謂陳執中去留宰相的關鍵，故特摘錄如次：

……臣聞自古有天下者，莫不欲爲治君而常至於亂，莫不欲爲明主而常至於昏者，其故何哉！患於好疑而自用也。夫疑心動於中，則視聽惑於外。視聽惑，則忠邪不分而是非錯亂。是非錯亂，則舉國之臣皆可疑。盡疑其臣，則必自用其所見。

夫以疑惑錯亂之意而自用，則多失。失則其國之忠臣，必以理而爭之。爭之不切，則人主之意難回。爭之切，則激其君之怒心而堅其自用之意。然後君臣爭勝，於是邪佞之臣，得以因隙而入。希旨順意，以是爲非，以非爲是，惟人主之所欲者從而助之。夫爲人主者，方與其臣爭勝。而得順意之人，樂其助己。而忘其邪佞也，乃與之并力以拒忠臣。

夫爲人主者，拒忠臣而信邪佞。天下無不亂，人主無不昏也。自古人主之用心，非惡忠臣而喜邪佞也；非惡治而好亂也；非惡明而欲昏也；以其好疑自用而與下爭勝也。使爲人主者，豁然去其疑心而回其自用之意；則邪佞遠而忠言入，則聰明不惑而萬事得其宜。使天下尊爲明主，萬世仰爲治君，豈不臣主俱榮而樂哉！……。

臣伏見宰臣陳執中，自執政以來，不叶人望。累有過惡，招致人言。而執中遷延，尚玷宰府。陛下憂勤恭儉，仁愛寬慈，堯舜之用心也。推陛下之用心，天下宜於治者久矣！而紀綱日壞，政令日乖；國日益貧，民日益困；流民滿野，濫官滿朝；其亦何爲而致此？由陛下用相不得其人也。

近年宰相，多以過失因言者罷去。陛下不悟宰相非其人，反疑言事者好逐宰相。疑心一生，視聽既惑，遂成自用之意；以謂宰相當由人主自去，不可因言者而罷之；故宰相雖有大惡顯過，而屈意以容之。彼雖惶恐自欲求去，而屈意以留之。雖天災水旱，飢民流離，死亡道路，皆不暇顧，而屈意以用之。其故非他，直欲沮言事者爾。言事者何負於陛下哉？使陛下上不顧天災，下不恤人言。以天下之事，委一不學無識，諂邪狠愎之執中而甘心焉……。

今陛下用執中之意益堅，言事者攻之愈切。陛下方思以取勝於言事者，而邪佞之臣，得以因隙而入，必有希合陛下之意者……。萬一聖意必不可回，則言事者亦當知難而止矣。然天下之人與後世之議者，謂陛下拒忠言，庇愚相，以陛下爲何如主也。前日御史論梁適罪惡，陛下赫怒，空臺而逐之；而今日御史，又復敢論宰相，不避雷霆之威，不畏權臣之禍，此乃至忠之臣也，能忘其身而愛陛下者也。陛下嫉之惡之，拒之絕之。

執中爲相，使天下水旱流亡，公私困竭。而又不學無識，憎愛挾情，除改差繆，取笑中外。家私穢惡，流聞道路。阿意順旨，專事逢君，此乃諂上傲下愎戾之臣也。陛下愛之重之，不忍去之。陛下睿智聰明，羣臣善惡，無不照見。不應倒置如此，直由言事者太切而激成陛下之疑惑爾！執中不知廉恥，復出視事，此不足論。陛下豈忍因執中上累聖德，而使忠臣直士卷舌於明時也。

臣願陛下廓然回心，釋去疑慮。察言事者之忠，知執中之過惡。悟用人之非，法成湯改過之聖，遵仲虺自用之戒。盡以御史前後章疏，出付外廷。議正執中之過惡，罷其政事。則用賢材，以康時務，以拯斯民，以全聖德……。

先生上書之後，即奉詔爲翰林侍讀學士知蔡州、知制誥賈黯知荊南。此一狀況，以及上述外放諸臣僚，則知仁宗寵信陳執中之心意，迄未動搖。以致朝綱不振，士氣低落。骨鯁之臣，只好乞郡請外，恥與爲伍。此時，殿中侍御史趙抃，知制誥劉敞，均感事態嚴重，爲國惜賢，於是分別上奏，務懇勿使修等去職，留爲輔助。摘述如次：

一、殿中侍御史趙抃言

竊見近日以來，所謂正人賢士者，紛紛引去。如呂溱知徐州、蔡襄知泉州、吳奎被黜知壽州、韓絳知河陽府、又聞歐陽修乞知蔡州、賈黯乞知荊南府。侍從之賢，如修輩無幾。今堅欲請郡者非他，蓋傑然正色立朝。既不能曲奉權要，而乃日虞中傷。皆欲效溱、襄、奎、絳而去爾。

今陛下又從其請而外補之，朝廷萬一有緩急事，則陛下何從而詢訪也？何從而裨益也？何從而謀議也？何從而質正也？所失既多，雖悔何及！詩不云乎，濟濟多士，文王以寧。此謂文王雖大聖人，得居尊而安寧者，蓋在朝廷多賢哲之士而致然也。臣愚，伏望陛下鑑古於今，勿使修等去職。留爲羽翼以自輔助，則中外幸甚。

二、知制誥劉敞言

邪臣正臣，進退之分。正臣常難進而易退，邪臣常易進而難退。願陛下參詳觀之。呂溱、蔡襄、歐陽修、賈黯、韓絳，皆有直質無流心。議論不阿執政，有益當世者。誠不宜許其外補，使四方有以窺朝廷啓姦倖之心。

仁宗參詳趙、劉二人之言，頓有所悟，終於採納諸賢士先後論奏之建議，遂於是月戊戌，罷陳執中爲鎭海節度使同平章事判亳州。

同時，詔以忠武節度使知永興軍文彥博爲吏部尙書平章事、昭文殿大學士宣徽南院使判幷州富弼爲戶部侍郎平章事、工部侍郎平章事集賢殿大學士劉沆加兵部侍郎監修國史。

文彥博與富弼並命，是日宣判。上遣小黃門數輩觀於庭，士大夫相慶得人。後數日，先生奏事殿上，仁宗具以語曰：「古之求相者，或得於夢卜。今朕用二相，人情如此，豈不賢於夢卜哉！」充分表示自豪之意，先生頓首稱賀，圓滿結束此一兩年來正邪之紛爭。

癸卯，龍圖閣直學士兼侍讀張昇，爲權御史中丞。仁宗嘗諭執政，以昇清直，可任風憲，故使代孫抃。時富弼初入相、歐陽修入翰林，士大夫咸謂三得人也。

秋七月戊午二日，新知蔡州翰林侍讀學士歐陽修，復爲翰林學士判太常寺兼禮儀事、新知制誥賈黯復判流內銓。

乙酉，先生上「論罷修奉先寺等狀。」如云：

……近曾上言，爲京師土木興作處多，乞行減罷。……伏見近年政令乖錯，紀綱隳頽。上下因循，未能整緝。惟務崇修祠廟，廣興土木。百役俱作，無一日暫停。方今民力困貧，國用窘急。小人不識大計，不思愛君。但欲廣耗國財，務爲己利。恣侵欺於官物，圖酬獎之功勞。託名祖宗，張大事體。……自古王者，尊祖事神，各有典禮。不必廣興土木，然後爲能。……

陛下與其廣興土木以事神，不若畏懼天戒而修省。其已興作者既不可及，其未修者宜速寢停。……伏乞上思天戒，下察人言。人言雖狂而實忠，天戒甚明而不遠。伏惟陛下聖德恭儉，不樂遊畋。凡所興修，皆非嗜好。但以難違小人一時之請，自取青史萬世之譏，實爲陛下惜之。伏望聖慈廣賜裁擇……。

另有「論雕印文字劄子」。對於坊間流布不足爲人師法之文字版本，乞下開封府止絕。以及「論使臣差遣劄子」。乞令當政大臣，早賜擘畫，不爲將來之患。並爲具畫一止絕濫官辦法，請下三班院與勾當臣寮共同鋪陳條貫，立定新制，奏乞朝廷降下施行。

先生此時偶感，作有古詩二首，實寓深意，特錄如次：

一、偶書：

吾見陶靖節，愛酒又愛閑。二者人所欲，不問愚與賢。
奈何古今人，遂此樂尤難。飲酒或時有，得閑何鮮焉。
浮屠老子流，營營盈市廛。二物尚如此，仕宦不待言。
官高責愈重，祿厚足憂患。暫息不可得，況欲閑長年。
少壯務貪得，鋭意力爭前。老來難勉強，思此但長歎。
決計不宜晚，歸耕穎尾田。

二、日本刀歌：

昆夷道遠不復通，世傳切玉誰能窮。寶刀近出日本國，越賈得之滄海東。……傳聞其國居大島，土壤沃饒風俗好。其先徐福詐秦民，採藥淹留丱童老。……前朝貢獻屢往來，士人往往工詞藻。徐福行時書未焚，逸書百篇今尚存。令嚴不許傳中國，舉世無人識古文。先王大典藏夷貊，蒼波浩蕩無通津。令人感激坐流涕，鏽澁短刀何足云。

第二節　奉詔充賀契丹主登位國信使

八月辛丑十六日，先生奉詔假右諫議大夫充賀契丹國母生辰使、四方館使果州團練使向傳範爲副使。時朝廷未知契丹主興宗已卒，其子洪基繼位，改爲道宗清寧元年。癸丑二十八日，朝廷改命先生、向傳範爲賀契丹主登位國信使。另有賀生辰正旦等使節多批，分別各自前往契丹。從略。

先生於出使前提到友人宋君來書及補注周易一篇，至表欣慰，即作「答宋咸書」。如云：

……州人至，蒙惠書及補注周易，甚喜。世無孔子久矣！六經之旨失其傳，其有不可得而正者。自非孔子復出，無以得其眞也。……足下於經勤矣，凡其所失，無所不欲正之。其刊正補緝者衆，則其所得，亦已多矣。修學不敏明，而又無彊力以自濟。恐終不能少出所見，以補六經之萬一。得足下所爲，故尤區區而不能忘也。屬奉使出疆，怱怱不具，惟自愛……。

又有「酬滑州公儀龍圖見寄」七言律詩一首云：

畫舫齋前舊菊叢，十年開落任秋風。
知我爲我留紅旆，猶記栽花白髮翁。

先生奉命出使遼邦，路途遙遠，交通不便。尤其隨護人員、物件、車馬衆多。適值秋冬季節，北地氣候嚴寒。此行任務，料必艱鉅異常。但在途中，仍念念不忘國事，適時上陳所見。謹按時序，摘述如次：

一、九月丙子二十一日「論修河第二狀」。如云：

……學士院集兩省臺諫官議修河事，未有一定之論。蓋由賈昌朝欲復故道，李仲昌請開六塔。互執一說，莫知孰是？以臣愚見，皆謂不然。言故道者未詳利害之原，述六塔者近乎欺罔之繆。……

開六塔，既云減得大河水勢。然今恩冀之患，何緣尚告危急？此則減水之利，虛妄可知。又云可以全回大河，使復橫壠故道。見今六塔，只是分減之水。下流無歸，已為濱、滄、德、博之患。若全回大河以入六塔，則其害如何？此臣故謂近乎欺罔之繆。

……

今若因水所在，增治堤防。疏其下流，浚以入海，則可無決溢散漫之虞。……則此所謂害少者，乃智者之所擇也。大抵今河之勢，負三次之虞：復故道，上流必決；開六塔，上流亦決；今河下流，若不浚使入海，上流亦決。

臣請選知水利之臣，就其下流，求其入海之路而浚之。不然，下流梗澀，則終虞上決，為患無涯。臣非知水者，但以今事目可驗者而較之者耳。……此大事也，伏乞下臣之議，廣謀於眾而裁擇之。

二、庚戌二十六日，朝廷議刊新唐書。因該書係由先生負責修撰，為求完善。雖在出使途中，聞訊仍極關切，故特專摺陳奏。按續資治通鑑長編卷一百八十一、頁六十二云：

自漢而下，惟唐享國最久。其間典章制度，本朝多所參用。所修唐書，新制最宜詳備。然自武宗以下，並無實錄。以傳記、別說考證虛實，尚慮闕略。聞西京內中省寺、留司御史臺、及鑾和諸庫，有唐朝至五代已來奏牘案簿尚存。欲差編修官呂夏卿詣彼檢討。（呂夏卿福建晉江人）

三、十二月辛亥，又作「論修河第三狀。」如云：

……朝廷定議開修六塔河口，回水入橫壠故道，此大事也。中外之臣，皆知不便，而未有肯爲國家極言其利害者。何哉！蓋其說有三：一曰畏大臣、二曰畏小人、三曰無奇策。……

夫以執政大臣銳意主其事，而又有不可復止之勢。固非一人口舌可回，此所以雖知不便而罕肯言也。李仲昌小人，利口僞言，衆所共惡。今執政大臣既用其議，必主其人。……

治水本無奇策，相地勢，謹隄防，順水性之所趨爾。雖大禹，不過此也。夫所謂奇策者，不大利則大害。若循常之計，雖無大利，亦不至大害，此明智之士善擇利者之所爲也。今言修六塔者，奇策也，然終不成而爲害愈大。……

河水未始不爲患，今順已決之流，治隄防於恩冀者，其患一而遲。塞商胡復故道者，其患一而速。開六塔以回今河者，其患三而爲患無涯。……今爲國誤計者，本欲除一患，而反就三患，此臣所不諭也。至如六塔不能容大河，橫壠故道，本以高淤難行而商胡決。今復驅而注之，必橫流而散溢。自澶至海二千餘里，治隄埽不可卒修。修之雖成，又不能捍水，如此等事甚多。士無智愚，皆所共知，不待臣言而後悉也。

臣前來未奉使契丹時，已嘗具言故道六塔，皆不可爲，惟治隄順水爲得計。及奉使往來河北，詢於治水者，其說皆然。雖恩冀之人今被水患者，亦知六塔不便，皆願且治恩冀隄防爲是。下情如此，誰爲上通？臣既知其詳，豈敢自默。

伏乞聖慈特諭宰臣，使更審利害速罷六塔之役……。

先生在途中與太常博士沈遵會於恩冀之間，夜闌酒半，沈援琴奏「醉翁吟三疊」，只聽其聲而無其辭相配，實感美中不足。於是乃爲曲塡詞，因作「醉翁吟」以贈之。辭曰：

始翁之來，獸見而深伏，鳥見而高飛。翁醒而兮醉而歸，朝醒暮醉兮無有四時。鳥鳴樂其林，獸出遊其蹊。咿嚶啁啾於翁前兮醉不知。有心不能以無情兮，有合必有離。水潺潺兮，翁去而不顧。山岑岑兮，翁復來而幾時。風嫋嫋兮山木落，春年年兮山草菲。嗟我無德於其人兮，有情於山禽與野麋。賢哉沈子兮，能寫我心而慰彼相思。

按先生全集居士集卷十五、頁一一三載有「醉翁吟幷序」，係明年嘉祐元年所作。首云：「余作醉翁亭於滁州，太常博士沈遵，好奇之士也。聞而往遊焉，愛其山水，歸而以琴寫之，作醉翁吟三疊。去年秋，余奉使契丹，沈君會余於恩冀之間，夜闌酒半，援琴而作之。有其聲而無其辭，乃爲之辭以贈之。」

按序文所言「乃爲之辭以贈之」研判，此辭應在今秋此時出使契丹途次此地，兩人相會之夜所作，較符情理。至於「去年秋」之時序，存疑，茲錄此盼請高明卓參。

十二月庚戌二十七日，先生宿契丹邊境松山（今熱河平泉縣）時，目睹邊境人民在澶淵之盟後，雖免戰事的浩劫。然而，兩地供賦、租稅等各種不平等待遇，致使我方人民的生活，遭受極大的痛苦，頓生無限感慨！於是作有五言古詩「邊戶」一首以抒懷。如云：

家世爲邊户，年年常備胡。兒童習鞍馬，婦女能彎弧。
胡塵朝夕起，虜騎蔑如無。邂逅輒相射，殺傷兩常俱。
自從澶州盟，南北結歡娛。雖云免戰鬥，兩地供賦租。
將吏戒生事，廟堂爲遠圖。身居界河上，不敢界河漁。

先生奉使道中，雖極勞苦，然仍把握時間，默察敵我形勢，俾備他日參考。幷適時作有多首詩歌，聊解旅途寂寞。摘述十首如次：

一、**奉使契丹初至雄州**：

古關衰柳聚寒鴉，駐馬城頭日欲斜。
猶去西樓二千里，行人到此莫思家。

二、**書素屏**：

我行三千里，何物與我親。念此尺素屏，曾不離我身。
曠野多黃沙，當午白日昏。風力若牛弩，飛沙還射人。
暮投山椒館，休此車馬勤。開屏置床頭，輾轉夜向晨。
臥聽穹廬外，北風驅雪雲。勿愁明日雪，且擁狐貂溫。
君命固有嚴，羇旅誠苦辛。但苟一夕安，其餘非所云。

三、**過塞一首**：

身驅漢馬踏胡霜，每嘆勞生祇自傷。

氣候愈寒人愈北，不如征鴈解隨陽。

四、奉使道中五言長韻：

初旭瑞霞烘，都門祖帳供。親持使者節，曉出大明宮
城闕青煙起，樓臺白霧中。……過橋分一水，回首羨南鴻。
地里山川隔，天文日月同。……駿足來山北，輕禽出海東。
合圍飛走盡，移帳水泉空。講信鄰方睦，尊賢禮亦隆。
斫冰燒酒赤，凍膾縷霜紅。白草經春在，黃沙盡日濛。
新年風漸變，歸路雪初融。祗事須彊力，嗟予乃病翁。
深慚漢蘇武，歸國不論功。

根據詩中「講信鄰方睦，尊賢禮亦隆」句，可見契丹此次接待先生禮遇之隆重，實爲彼邦從來所未有。按華孳亨增訂歐公年譜頁三三云：

契丹主命其貴臣陳留郡王宗愿、惕隱大王宗熙、弁契丹皇叔、北宰相蕭知足爲蕃官中最高者、尚父中書令晉王蕭孝友太皇太后弟四人押宴。曰非常例，以公名重，故爾。送伴使耶律元寧言，自來不曾如此。

另據歐陽發等述先公事迹云：

至和二年，先公奉使契丹。契丹使其貴臣陳留郡王宗愿、惕隱大王宗熙、北宰相蕭知足、尚父中書令晉王蕭孝友來押宴。曰：此非常例，以卿名重。宗愿、宗熙、弁契丹

皇叔、北宰相，蕃官中最高者。尚父中書令晉王，是太皇太后弟。送伴使耶律元寧言：自來不曾如此，一併差近上親貴大臣押宴。

五、奉使契丹道中答劉原父桑乾河見寄之作：

憶昨初受命，朝下紫宸朝。問君當何之？笑指北斗杓。共念到幾時，春風約回鑣。所持既異事，前後忽相遼。……前日逢呂郭，解鞍憩山腰。僮僕相問喜，馬鳴亦蕭蕭。出君桑乾詩，寄我慰寂寥。又喜前見君，相期駐征軺。誰知不久留，一笑樂亦聊。歸路踐冰雪，還家脱狐貂。君行我即至，春酒待相邀。

六、奉使道中三首：

執手意遲遲，出門還草草。無嫌去時速，但願歸時早。

北風吹雪犯征裘，夾路花開回馬頭。若無二月還家樂，爭奈千山遠客愁。

爲客莫思家，客行方遠道。還家自有時，空使朱顏老。

禁城春色暖融怡，花倚春風待客歸。勸君還家須飲酒，記取思歸未得時。

客夢方在家，角聲已催曉。忽忽行人起，共怨角聲早。

馬蹄終日踐冰霜，未到思回空斷腸。少貪夢裏還家樂，早起前山路正長。

七、奉使契丹回出上京馬上作：

紫貂裘暖朔風驚，洪水冰光射日明。

笑語同來向公子，馬頭今日向南行。

八、送渭州王龍圖：

漢軍十萬控山河，玉帳優游暇日多。夷狄從來懷信義，廟堂今不用干戈。

吟餘畫角吹殘月，醉裏紅燈炫綺羅。此樂直須年少壯，嗟余心志已蹉跎。

九、馬齧雪：

馬饑齧雪渴飲冰，北風捲地來崢嶸。老悲蹴躅人不行，日暮途遠千山橫。

我謂行人止歎聲，馬當勉力無悲鳴。白溝南望如掌平，十里五里長短亭。

臘雪銷盡春風輕，火燒原頭青草生。遠客還家紅袖迎，樂哉人馬歸有程。

十、風吹沙：

北風吹沙千里黃，馬行确犖悲摧藏。當冬萬物慘顏色，冰雪射日生光芒。

一年百日風塵道，安得朱顏長美好。攬鞍鞭馬行匆遲，酒熟花開二月時。

先生自今年秋末，出使契丹。往返六千里，時逾一百餘日。歷盡艱辛，圓滿完成使命，終於明年二月甲辰二十一日還朝。

他行裝甫卸，就接到好友陸子履書，即作「答陸學士經子子履書。」如云：

……使北往返六千里，早衰多病，不勝其勞。使者輩往還七八，獨疲劣者尤覺其苦也。還家，人事日益。區區浮生，何處得少休息。承子履在洛甚安，又知來鄭書碑，咫尺莫得奉見。獨見勝之，備知動止。辱書，益用爲慰……。

第三節　判太常寺兼禮儀事知通進銀臺司兼門下封駁事

嘉祐元年（一〇五六）丙申，先生五十歲，在京城。

春正月，應爲至和三年。因九月辛卯十二日，恭謝天地於大慶殿，大赦天下，始改元爲嘉祐元年。

先生出使還朝之後，即上朝進「北使語錄」，提供朝廷參考。於今，起居作息恢復正常，心身至感輕鬆而自在，故有許多詩作。摘述七首。

一、古詩：

㈠、重贈劉原父

憶昨君當使北時，我往別君飲君家。……醉中上馬不知夜，但見九陌燈火人喧嘩。歸來不記與君別，酒醒起坐空咨嗟。自言我亦隨往矣！行即逢君何恨邪？……我後君歸秖十日，君先躍馬未足誇。新年花發見回鴈，歸路柳暗藏嬌鴉。而今春物已爛漫，念昔草木冰未芽。人生每苦勞事役，老去尚能憐物華。從今有暇即相過，安得載酒長盈車。

㈡、贈沈遵一作贈沈博士歌幷序

一本序云：

予昔於滁州作醉翁亭於瑯琊山上，有記刻石，往往傳人間。太常博士沈遵，好奇之士也，聞而往遊焉。愛其山水，歸而以琴寫之，作醉翁吟一調，惜不以傳人者五六年矣。去年秋，予奉使契丹，沈君會予恩冀之間。夜闌酒半，出琴而作之。予既嘉君之好尚，又愛其琴聲，乃作歌以贈之。

羣動夜息浮雲陰，沈夫子彈醉翁吟。醉翁吟、以我名，我初聞之喜且驚。宮聲三疊何泠泠，酒行暫止四坐傾。有如風輕日煖好鳥語，夜靜山響春泉鳴。坐思千巖萬壑醉眠處，寫君三尺膝上橫。沈夫子、恨君不爲醉翁客，不見翁醉山間亭。翁歡不待絲與竹，把酒終日聽泉聲。有時醉倒枕谿石，青山白雲爲枕屏。花間百鳥喚不覺，日落山風吹自醒。我時四十猶彊力，自號醉翁聊戲客。爾來憂患十年間，鬢髮未老嗟先白。滁人思我雖未忘，見我今應不能識。沈夫子、愛君一罇復一琴，萬事不可干其心。自非曾是醉翁客，莫向俗耳求知音。

㈢、和景仁試明經大多不通有感

庠序制猶闕，鄉閭教不行。古於經學政，今也藝虛名。來者益可鄙，待之因愈輕。無徒誚其陋，講勸在公卿。

㈣、和公儀試進士終場有作

朝家意在取遺才，樂育推仁亦至哉。本欲勵賢敦古學，可嗟趨利競朋來。昔人自重身難進，薄俗多端久路開。何異鱣魴爭尺水，巨魚先已化風雷。

㈤送潤州通判屯田

船頭初轉兩旗間，清曉津亭疊鼓催。自古江山最佳處，況君談笑有餘才。
雲愁海闊驚濤漲，木落霜清畫角哀。善政已成多雅思，寄詩宜逐驛筒來。

二、律詩

㈠、寄題梅龍圖滑州溪園

聞説溪園景漸佳，遙知清興已無涯。飲闌歸騎多乘月，雪後尋春自探花。
百囀黃鸝消永日，雙飛百鳥避鳴笳。平生喜接君酬唱，不得罇前詠落霞。

㈡、送鄆州李留後

北州遺頌藹嘉聲，東土還聞政有成。組甲光寒圍夜帳，綵旗風暖看春耕。
金釵墜鬢分行立，玉麈高談四坐傾。富貴常情誰不羨，愛君風韻有餘清。

閏三月丁亥五日，先生奉判太常寺、兼禮儀事。

孟夏，薦饗。先生攝太尉行事。

河決六塔，人民死傷慘重，財物損失鉅大。內侍劉恢陳奏六塔河之役，水死者數萬人，穿土干犯禁忌，罪在李仲昌請開六塔河之役。

四月壬戌十一日，殿中侍御史趙抃彈劾李仲昌、張懷恩等不依稟制旨，妄稱水勢自然過六塔河。盛夏之初，遂爾閉合。一日之內，果即衝開。失壞物料一二百萬，溺沒兵夫性命不少。民力疲敝，道途驚嗟。豈非意在急功，力覬恩賞。失計敗事，罪將誰歸！

先生因寒食未曾遣人往祭先人墳所，至感內咎，故於十五日與十四弟書：

……今春使契丹，寒食不曾遣得人往墳所。吾弟並與到諸墳，深感深感！修見乞洪州，亦只為先墳也。

五月癸未二日，先生知通進銀臺司、兼門下封駁事。

乙未十四日，免勾當三班院。

古代專制王朝，三宮六院及三千妃嬪，雖以顯示無上權慾之奢移生活。然其期望生育多子，選立皇嗣繼位，垂統萬代之夢想，尤其重要。歷史上因皇子衆多而互相殘殺以爭奪皇位之事，屢見不鮮。但也有無子嗣而選立宗室之賢善子弟者。

仁宗在位已三十多年，迄無皇嗣。溯自今春正月甲寅朔，仁宗御大慶殿受朝。突感風眩，促行禮而罷，朝野憂恐。此後數月，聖躬違和。諸臣僚對於皇嗣未立，咸認國之大事。於是相繼建言。按歷代紀事年表、宋史全文、續資治通鑑長編均載。摘述兩點如次，藉明概況。

一、左千牛衛大將軍宗實，幼養於宮中。上及皇后，鞠視如子。上始得疾，中外憂恐。宰相文彥博、劉沆、富弼，勸早立嗣。上許之。上疾有瘳，其事中綴。

二、文彥博、富弼、王堯臣，請帝建儲；知諫院范鎮，一再上疏言之愈切；翰林學士歐陽修、殿中侍御史趙抃、包拯、呂景初、知制誥吳奎、劉敞、通判并州司馬光等，上書力請早定大計，皆不見聽。

六月十日，先生當制，作有「除授陳執中行尙書左僕射充觀文殿大學士、依舊判亳州加食邑實封餘如故，仍放朝謝制。」陳執中當權時，先生曾屢上章諫諍，大加譴責，致使其怨恨在心。此次頒佈制詞，褒貶之間，影響深遠。執中耿耿於衷，寢食難安。然而，先生器度寬宏。一生作爲，皆以國計民生爲重，絕不計較個人恩怨。是故制詞頒下，竟出執中意料之外。捧誦再三，驚嘆不已！據張邦基「墨莊漫錄」云：

> 陳恭公（執中）素不喜公，知陳州時，公自潁移南京，過陳，拒而不見。後公還朝作學士，陳爲首相，公遂不造其門。已而，陳出知亳州，尋罷使相。公當制自謂必不得好詞。及制出，詞甚美。至云：「杜門絕請，善避權勢以遠嫌。處事執心，不爲毀譽而更守。」陳大驚曰：使與我相知深者，不能道此，此得我之實也。手錄一本寄李師中曰：吾恨不早識此人！

仁宗自今春正月，疾病迄今，仍未康復。而河決六塔，人民死傷慘重。邇來各地不斷大雨，吏民備受水患之苦。朝廷雖已任用文彥博、富弼二賢爲相，深得人心。然而仁宗健康欠佳，皇儲未立，實爲廟堂大臣暨朝野賢士最感憂心。有識之士，對於任何徵候，尤其見微知著，以期防患於未然。

先生一本忠誠，忝爲學士，職號論思。此際，聞外議喧沸。而事繫社稷之安危，不顧言狂計愚。仍冒昧不避難言之言，藉免未明之患，故特上「論狄青箚子」。如云：

> 臣聞人臣之能盡忠者，不敢避難言之事。人主之善馭下者，常欲聞難言之言。然后下

無隱情，上無壅聽。姦宄不作，禍亂不生。自古固有伏藏之禍，未發之機。天下之人皆未知，而有一人能獨言之。人主又能聽而用之，則銷患於未萌，轉禍爲福者有矣！若夫天下之人共知，而獨人主之不知者，此莫大之禍也。今臣之所言者，乃天下之人皆知，而惟陛下未知也……。

見樞密使狄青，出自行伍，號爲武勇。自用兵陝右，已著名聲。及捕賊廣西，又薄立勞效。自其初掌機密，進列大臣，當時言事者已爲不便。今三四年間，雖未見其顯過，然而不幸有得軍情之名……。

自古爲將領，既能自以勇力服人，又知訓練之方，頗以恩信撫士。……武臣掌樞密而得軍情，不唯於國家不便，亦於其身未必不爲害。然則青之流言，軍士所喜，亦其不得已而勢使之然也……。

伏望聖慈深思遠慮，戒前世禍亂之迹，制於未萌。密訪大臣，早決宸斷。罷青樞務，與一外藩。……可以永保終始。夫言未萌之患者，常難於必信。若俟患之已萌，則又言無及矣……。

是秋，先生作有多首詩篇，爲便於閱覽，茲先依序摘述五首如次：

一、古詩

㈠、答聖俞

人皆喜詩翁，有酒誰肯一醉之。嗟我獨無酒，數往從翁何所爲。翁居南方我北走，世路離合安可期！汴渠千艘日上下，來及水門猶未知。五年不見勞夢寐，三日始往何其遲。……才大名高乃富貴，豈比金紫包愚癡。貴賤同爲一丘土，聖賢猶如星日垂。道德內樂不假物，猶須朋友並良時。蟬聲漸已變秋意，得酒安問醇與醨。玉堂官閑無事業，親舊幸可從其私。與翁老矣會有幾，當棄百事勤追隨。

㈡、答梅公儀歸雁亭長韻

予作歸雁亭於滑州後十有五年，公儀來守是邦。因取予詩刻於石，又以長韻見寄，因以答之。

風吹城頭秋草黃，仰見鳴雁初南翔。秋草風吹春復綠，南雁北飛聲肅肅。
城下臺邊桃李蹊，憶初披荒手植之。雪消冰解草木動，因記鴻雁將歸時。
爾來十載空遺迹，飛鴻年年自南北。臺傾餘址草荒涼，樹老無花喜寂歷。
東州太守詩尤美，組織文章爛如綺。長篇大句琢方石，一日都城傳百紙。
我思古人無不然，慷慨功名垂百年。沉碑身後念陵谷，把酒泣下悲山川。
一時留賞雖邂逅，後世傳之因不朽。

二、律詩

㈠、蘇才翁挽詩二首

握手接歡言，相知二十年。文章家世事，名譽弟兄賢。
可惜英魂掩，惟餘醉墨傳。秋風衰柳岸，撫柩送歸船。

雄心壯志兩崢嶸，誰謂中年志不成。零落篇章爲世寶，平生風義見交情。

青松月下泉臺路，白草原頭薤露聲。自古英豪皆若此，哭君徒有淚沾纓。

㈡、送石揚休還蜀

長愛謫仙誇蜀道，送君西望重吟哦。路高黃鵠飛不到，花發杜鵑啼更多。

清禁寒生鳳池水，繡衣榮照錦江波。昔年同舍青衿子，夾道歡迎鬢已皤。

㈢、久在病告近方赴直偶成拙詩二首

經時移病久端居，玉署新秋獨直廬。夜靜樓臺落銀漢，人閑鈴索少文書。

江湖未去年華晚，燈火微涼暑雨初。敢向聖朝辭寵祿，多慚禁闕養慵疎。

清晨下直大明宮，馳馬悠然宿露中。金闕雲開海滄日，天街雨後綠槐風。

歲華忽忽雙流失，鬢髮蕭蕭一病翁。名在玉堂歸未得，西山畫閣興何窮。

七月，先生因水患搬家，情形狼狽不堪。官場勢利，患難之時，尤其顯見。他雖是名滿天下之儒宗，位居翰林學士之崇高，但無權勢，仍受小人困擾。撰修唐書，搬家暫住，竟被皇城司所逐。各種不如意事之煩擾，難免歎息。惟本仁者胸懷，坦然面對。此在與趙叔平書中，可以概見。如云：

某爲水所渰，倉皇中搬家來唐書局，又爲皇城司所逐。一家惶惶，不知所之。欲卻且還舊居，白日屋下，夜間上栿子露宿。人生之窮，一至於此！人馬隨多少，借搬賤累，幸不阻。

先生經過京城大水之災害，百感交集。接奉知友梅聖俞新篇慰問，即作五言古詩一首答謝，藉以抒懷。

答梅聖俞大雨見寄

夕雲若頹山，夜雨如決渠。俄然見青天，燄燄升蟾蜍。
倏忽陰氣生，四面如吹噓。狂雷走昏黑，驚電照夔魖。……
豈知下土人，水潦沒襟裾。擾擾泥淖中，無異鴨與豬。
嗟我來京師，庇身無弊廬。閑坊僦古屋，卑陋雜里閭。
鄰注湧溝竇，街流溢庭除。出門愁浩渺，閉戶恐爲瀦。
牆壁豁四達，幸家無貯儲。蝦蟆鳴竈下，老婦但欷歔。……
梅子猶念我，寄聲憂我居。慰我以新篇，琅琅比瓊琚。
官閑行能薄，補益愧空疎。歲月行晚矣，江湖盍歸歟！
吾居傳郵爾，此計豈躊躇。

六日，先生上「論水災疏」。全文一千六百餘言，坦誠論奏，具體建議。旨在水災天變，立嗣安人；請出狄青，以保其終。摘要分述如次：

一、水災天變，立嗣安人

……竊以雨水爲患，自古有之。然未有水入國門，大臣犇走。渰浸社稷，破壞都城者，此蓋天地之大變也。至於王城京邑，浩如陂湖。衝溺犇逃，號呼晝夜。人畜死者，不知其數。其幸而免者，屋宇摧塌，無以容身。縛栰露居，上雨下水。纍纍老幼，狼籍於天街之中。又聞城外墳冢，亦被浸注。棺槨浮出，骸骨漂流。此皆聞之可傷，見之可憫。生者既不安有室，死者又不得其藏，此亦近世水災未有若斯之甚者。此外，四方奏報，無日不來。或云閉塞城門、或云衝破市邑、或云河口決千百步闊、或云水頭高三四丈餘。道路隔絕，田苗蕩盡。是則大川小水，皆出爲災。遠方近畿，無不被害。此陛下所以警懼莫大之變，隱惻至仁之心。廣爲諮詢，冀以消復。

竊以天人之際，影響不差。未有不召而自至之災，亦未有已出而無應之變。其變既大，則其憂亦深。臣愚謂非小小有爲，可以塞此大異也。必當思宗廟杜稷之重，察安危禍福之機。追已往之闕失，防未萌之患者。如此等事，不過一二而已。

自古人君，必有儲嗣，所以承宗社之重而不可闕者也。陛下臨御三十餘年，而儲嗣未立，此久闕之典也。近聞臣寮多以此事爲言，大臣亦嘗進議。陛下聖意久而未決。……

……禮曰：一有元良，萬國以正。蓋謂定天下之根本，上承宗廟之重。……

願陛下出於聖斷，擇宗室之賢者，依古禮文，且以爲子。

二、請出狄青，以保其終

……樞密使狄青，出自行伍，遂掌樞密。始初議者已爲不可，今三四年間，外雖未見過失，而不幸有得軍情之名。且武臣掌國機密而得軍情，豈是國家之利。

臣前有封奏，其說甚詳。具述青未是奇才，但於今世將率中稍可稱耳。雖其心不爲惡，不幸爲軍士所喜，深恐因此陷青以禍，而爲國家生事。欲乞且罷青樞務，任以一州。既以保全青，亦爲國家消未萌之患。蓋緣軍中士卒及閭巷人民，以至士大夫間。未有不以此事爲言者，惟陛下未知之爾。

先生深感上述二者，實爲當今之要務。所謂五行災異之學，雖不深知。然其大意，可推而見。惟祈「深思而早決，庶幾可以消弭災患而轉爲福應也。」赤忱忠諫，提供仁宗審慎之思考，影響爾後決斷此二事之有力助益。

上疏之後，雖云據實坦陳一二大計，祈早裁決。然深切了解仁宗仁厚寡斷之性格，料難警悟聽覽。但爲國計民生，日夜思維。只有不斷建言，以期採納。於是又上「再論水災狀」。摘述如次：

……方今之弊，紀綱之壞非一日，政事之失非一端；水災至大，天譴至深，亦非一事之所致；災譴如此，而禍患所應於後者，又非一言而可測。是則已往而當救之弊甚眾，未來而可憂之患無涯，亦非獨責二三大臣所能取濟。

接著引證堯舜之朝，百工在位，莫不皆賢，故能垂範萬世。如今欲救大弊，防大患，如前疏所陳一二大計。既未果爲，而又不思起用眾賢以濟庶務。以致人事不修，天變將何以塞？因此，復敢進用賢之說：

伏見龍圖閣直學士知池州包拯，清節美行，著自貧賤。讜言正論，聞於朝廷。自列侍從，良多補益。方今天災、人事非賢、罔乂之時。拯以小故，棄之遐遠。此議者之所惜也。

祠部員外郎直史館知襄州張瓌，靜默端直，外柔內剛。學問通達，似不能言者。至其見義必為，可謂仁者之勇。此朝廷之臣，非州郡之才也。

祠部員外郎崇文院檢討呂公著，故相夷簡之子。清靜寡欲，生長富貴，而淡於榮利。識慮深遠，文學優長，皆可過人。而喜自晦默，此左右顧問之臣也。

太常博士羣牧判官王安石，學問文章，知名當世。守道不苟，自重其身。論議通明，兼有時才之用，所謂無施不可者……。

此四臣者，名迹已著。伏乞更廣詢採，亟加進擢，置之左右，必有裨補……。臣伏見近年變異，非止水災。譴告丁寧，無所不有。……伏惟陛下切詔大臣，深圖治亂。廣引賢俊，與共謀議。未有眾賢並進而天下不治者，此亦救災弭患一端之大者。

先生為國舉賢，惟求長治久安。凡所奏論，乃願仁宗聽其言而用賢才，以濟時艱，非為其人私計。倘若只是量霑恩澤，稍陞差遣之類，適足以為其人之累，亦非舉賢報國之本心。史實證明，仁者用心，日月可鑒。凡此四臣者，難得之士也。拯以小過棄之，其三人者，進退與眾人無異，此皆為世所知者猶如此。故知天下之廣，賢才淪沒於無聞者不少也。

先生所領太常寺職事，累得郊社主管狀申，乞行修整為雨水渰浸太社太稷壇四面、及屋宇墻壁之摧塌損壞部份，實為急務。并躬親往詣太社及齋官外勘察所見。故即上「論水入太社箚子」。如云：

竊以宗廟社稷，禮貴尊嚴。今四面並無遮映，使巷陌人馬往來褻瀆如此。而又積水圍浸，瓦木土石，狼籍其中。臣初到彼，旁側居民，見臣來覷，亦有對臣咨嗟者。又見有數人兵士在彼戽水，問得只有二十三人，仍是今日纔方差到。既無家事戽水，又無官員監督。社稷之重，豈宜如此。

先生建議：

乞專差大臣一員，充修太社太稷使。并差幹事諸司使及使臣一兩員監役，及差兵匠併力先且決洩，戽出積水。築起四面垣墻，不使路人車馬往來褻瀆。然後整緝諸屋舍等，以稱陛下尊嚴社稷，上畏天戒之意。

朝廷旋即降詔差知禮院王起、三司判官王繹監修提舉。可見仁宗重視社稷之尊嚴，採納先生適時適切之建言。

七月二十五日，作有「賜外任臣寮進奉助恭謝禮畢銀絹等詔勅」云：

國有大事，嚴祀以薦馨。臣能盡忠，因物而修禮。卿汝分職居外，乃心於朝。載陳來助之儀，深歎勤誠之至。

八月癸亥，樞密使護國節度使狄青，罷樞密使加同平章事判陳州。

狄青自行伍累以戰功，先後蒙范仲淹、尹洙、韓琦、龐籍之賞識、指導提拔，上荷仁宗之器重。終因崑崙關一戰，大敗儂智高，擢升樞密使。誠古今所未有，引起朝野側目。其在樞密使四年任內，京城小民，聞言驟貴。相與傳說，稱誦其材武事迹，莫不驚羨不已。其每出入，民輒聚觀，至於壅塞道路不得行。尤其軍中士兵，樂其同類，服其材能；感其恩信，畏其軍威；既以為榮，遂相悅慕欽服。

仁宗自今春正月疾病，延至七月康復，乃見羣臣。其間，狄青更為市民諸多指證之目標。不幸有得軍情之名，為軍士所喜。而其家所飼之犬生角，數有光怪之象。傳說紛紜，影響人心至鉅。及至京城大水，狄青避水相國寺，行坐殿上。引起京城士庶喧然，人心惶惶。朝廷執政大臣，聞之始懼。仁宗得悉狀況，深切了解先生及出守揚州知制誥劉敞等先後上疏之忠諫，故有上述狄青出判陳州之詔。

朝廷旋即詔以工部尚書三司使韓琦為樞密使。按韓琦是於七月癸卯、由武康節度使知相州調為工部尚書三司使。

八月甲子十五日，先生奉詔權發遣三司公事，以俟知益州張方平還朝接任。此在與好友王龍圖益柔、字勝之書中，可知概況。如云：

……益州張侍郎不久當至。衰病區區，猶須更浹旬，始遂休息。因欲請補江西爾！前蒙示諭江東事，備悉。早出暮歸，臨紙忙迫。無暇及他，惟新陽自愛……。

張方平、字安道，為宋代名賢，重望之士。摘錄其知益州時所上漕運十四因由策，即可概見。按續資治通鑑長篇卷一百八十三、頁九十二云：

自西鄙用兵，兩蜀多所調發。方平還自益州，奏免橫賦四十萬貫匹；及減興、嘉、邛州鑄錢千餘萬，蜀人便之。始方平主計京師，有三年糧，而馬粟倍之。至是，馬粟僅足一歲，而糧亦減半。因建言：今京師，古所謂陳留，天下四衝八達之地。非如雍洛有山河形勝足恃也，特依重兵以立國爾。兵恃食，食恃漕運。汴河控引江淮，利盡南海。天聖以前，歲發民浚之。故河行地中有張君平者，以疏導京東積水，始輟用汴夫。其後淺妄者，爭以裁減費役爲功，河日以堙塞。今仰而望河，非祖宗之舊也。遂畫漕運十四策。（略）

宰相富弼，讀方平奏上前，晝漏盡十刻，侍衛皆跛倚。上太息稱善。弼曰：此國計大本，非常奏也。悉如所啓施行。

退謂方平曰：自慶曆以來，公論食貨詳矣。朝廷每有所損益，必以公奏議爲本。凡除主計，未嘗敢先公也。其後未期年，而京師有五年之蓄。

乙亥二十六日，仁宗車駕詣拜天興殿。先生充任贊導禮儀使。又朝謁眞宗及章懿太后神御殿，攝太常卿。

九月辛卯十二日，朝廷恭謝天地，大赦天下，改元嘉祐元年。先生爲贊引太常卿，禮成。加上輕車都尉，進封樂安郡開國侯，加食邑五百戶。

十月戊辰，禮部員外郎知制誥韓絳爲龍圖閣直學士知瀛州。先生率同列上言：「絳宜在朝廷，瀛州非所處之地。」准如所請，遂留不行。

同時，樞密使韓琦奏准追復崇信節度副使尹洙爲起居舍人直龍圖閣；湖州長史蘇舜卿爲大理評事集賢校理。

尹、蘇二賢士，品學才識，名滿天下，公認爲君子型人物。惜皆受奸佞權貴小人誣害，不得志而早逝。於今，時勢轉移，賢俊執政。遂得追復令譽，朝野咸欽。

先生關心國事，繫念朝廷。自今春仁宗疾病以來，羣臣都不得進見。今雖康復，日御前後殿視朝決事。但侍從、臺諫、省、府臣僚，仍皆未能上殿奏事，至感不妥。故上「乞添上殿班箚子」。如云：

……欲望聖慈每遇前後殿坐日，中書、樞密院退後，如審官、三班、銓司不引，則許臣寮一班上殿。假以頃刻，進瞻天威……。

詔准其後上殿添一班。

十一月，先生因見近降制書，除賈昌朝爲樞密使，深感怪異。他鄙視昌朝稟性姦邪，陰險狡詐。頗知經術，能文飾姦言。故能討上歡心，遂使小人因緣聚附，朋比爲私。尤其陰結宦豎，構造事端。謀動大臣，以圖進用。其前在相位，累害善良人士。所以聞其再來，莫不望風恐畏。遂上奏。

論賈昌朝除樞密使劄子

陛下聰明仁聖，勤儉憂勞。每於用人，尤所審愼。然而自古毀譽之言，未嘗不並進於前。而聽察之際，人主之所難也。臣謂能知聽察之際，則不失之矣！……今有毅然立於朝，危言讜論。不阿人主，不附權臣。其直節忠誠，爲中外素所稱信者，君子人也。如此等人，皆以昌朝爲非矣。宦者、宮女、左右使令之人，往往小人也。如此等人，皆以昌朝爲是矣！陛下察此，則昌朝爲人可知矣！

昨聞昌朝陰結宦豎，構造事端。謀動大臣，以圖進用。若陛下與執政大臣謀之，則大臣勢在嫌疑，必難啓口。若立朝忠正之士，則無不以爲非矣！其稱譽昌朝以爲可用者，不過宦官左右之人爾。陛下用昌朝，爲天下而用之乎？爲左右之人而用之乎？……

……。

今昌朝身爲大臣，見事不能公論，乃結交中貴。因內降以起，以此窺圖進用。竊聞臺諫方欲論列其過惡，而忽有此命。是以中外疑懼，物論喧騰也。……臣愚欲望聖慈，抑左右陰薦之言，採縉紳公正之論。早罷昌朝，還其舊鎮，則天下幸甚……。

是日，范鎭入對垂拱殿，言：「臣待罪中，蒙恩除知雜御史。七降聖旨，趣臣赴臺。……

……臣前後上章凡十九次，竊慮留中，大臣不盡得見。今錄進呈，乞付中書、樞密大臣，同共參詳。……鎭待罪幾百日，鬚髮爲白，至泣以請。上亦泣曰：朕知卿言是也，當更俟三二年。鎭由是卒辭言職，朝廷不能奪也。（宋史全文、續資治通鑑長編均載）

己丑，除戶部員外郎兼侍御史知雜事范鎭，復爲起居舍人充集賢殿修撰。

按范鎭爲宋代名臣，賢良碩彥，赤膽忠忱。爲國爲民，史冊留芳。

先生爲宋代復古創新運動之首要人物，與胡瑗、孫復等成爲知交摯友。樹立完善教學制度，發揚我國聖聖相傳之文化，垂範萬世，厥功甚偉。又爲朝廷愛惜人才，維護庠序之完整功效。

特上「舉留胡瑗管勾太學狀」

自瑗管勾太學以來，諸生服其德行，遵守規矩。日聞講誦，進德修業。昨來國學開封府並錙廳進士，得解人中三百餘人，是瑗所教。然則學業有成，非止生徒之幸。庠序之盛，亦自是朝廷之美事。今瑗既升講延，遂去太學。竊恐生徒無依，漸以分散。竊以學校之制，自昔難興。唯唐太宗時生員最多，史册書之，以爲盛美。其後庠序廢壞，至於今日，始復興起。若一旦分散，誠爲可惜也。欲望聖慈特令胡瑗同勾當國子監，或專管勾太學，所貴生徒不至分散。

再上「舉梅堯臣充直講狀」

……太常博士梅堯臣，性純行方，樂道守節。辭學優贍，經術通明。長於歌詩，得風雅之正。雖知名當世，而不能自達。竊見國學直講，見闕二員。堯臣年資，皆應選格。欲望依孫復例，以補直講之員。必能論述經言，教導學者。使與國子諸生歌詠聖化於庠序，以副朝廷育材之美……。

梅堯臣、字聖俞，宣城人。爲人志節，品學才識，堪稱君子人也。尤其詩名遠播，稱譽詩翁，名垂千古。先生初任西京留守推官，因緣際會，朝夕相處，爲詩請益良多。心意相通，遂成知己。自別之後，天各一方。二十餘年，聚少離多。境遇不同，皆不如意。雖尺素常通，詩作唱和。然縈懷掛念，無時或釋。值茲翰林清望，聖眷倚重正隆。遂本舉賢之責，故特上狀推薦。

又上「舉布衣陳烈箚子」

福州處士陳烈，清節茂行，著自少時。晚而益勤，久而愈信。非惟一方學者之所師，蓋天下之士，皆推尊其道德。謂宜以禮致之朝廷，必有裨補。近聞命以官秩，使教學於鄉里。其禮甚薄，未足以稱勵賢旌德之舉。乞以博士之職，召致太學。雖未能盡其材，亦足以副天下學者之所欲，而成朝廷崇賢勸學之實。

十二月，先生確信國家建學取士之法，實爲興衰之本。素皆竭智盡忠，適時適切上疏建言。本月就有兩篇重要論奏，影響深遠。分述如次：

一、論刪去九經正義中讖緯劄子

……國家近年以來，更定貢舉之科，以爲取士之法。建立學校，而勤養士之方。然士子文章未純，節行未篤。不稱朝廷勵賢興善之意，所以化民成俗之風。……士之所本，在於六經。而自暴秦焚書，聖道中絕。漢興，收拾亡逸，所存無幾。或殘編斷簡，出於屋壁。而餘齡昏眊，得其口傳。去聖既遠，莫可考證。偏學異說，因自名家。然而授受相傳，尚有師法。暨晉、宋而下，師道漸亡。章句之篇，家藏私畜。其後各爲箋傳，附著經文。其說存亡，以時好惡。學者茫昧，莫知所歸。唐太宗時，始詔名儒撰定九經之疏。號爲正義，凡數百篇。自爾以來，著爲定論。凡不本正義者，謂之異端。則學者之宗師，百世之取信也。然其所載既博，所擇不精。多引讖緯之書，以相雜亂。怪奇詭僻，所謂非聖之書，異乎正義之名也。

欲乞特詔名儒學官，悉取九經之疏，刪去讖緯之文，使學者不爲恠異之言惑亂。然後經義統一，無所駁雜。其用功至少，其爲益則多。臣愚以謂，欲使士子學古勵行而不本六經，欲學六經而不去其詭異駁雜。欲望功化之成，不可得也。伏望聖慈下臣之言，付外詳議。

二、議學狀

……建學校以養賢，論材德而取士。此皆有國之本務，而帝王之極致也。而臣等謂之難行者，何哉！蓋以古今之體不同，而施設之方皆異也。……方今之制，以貢舉取人。……古人自成童至於四十，就學於其庠序。……蓋古之養士，本於舒遲。而今之取人，患於急迫，此施設不同之大概也……。

方今之弊有六：

㈠、既以文學取士，又欲以德行官人。且速取之歟，則眞僞之情未辨。是朝廷本欲以學勸人修德行，反以利誘人爲矯僞。

㈡、若遲取之歟，待其眾察徐考而漸進。則文辭之士，先已中於甲科。而德行之人，尚未登於內舍。

㈢、今入學之人，皆四方之游士。齎其一身而來，烏合羣處。……蹈利爭進，愛憎之論，必分朋黨。昔東漢之俗尚名節，而黨人之禍及天下，其始起於處士之橫議而相訾也。

㈣、人之材行，若不因臨事而見。則守常循理，無異眾人。苟欲異眾，則必爲迂僻奇恠以取德行之名，而高談虛論以求材識之譽。前日慶曆之學，其弊是也。

㈤、今若外方專以文學貢士，而京師獨以德行取人。則實行素履著於鄉曲，而守道丘園之士，皆反見遺。

㈥、近者朝廷患四方之士寓京師者多，而不知其士行。遂嚴其法，使各歸於鄉里。今又反使來聚於京師，云欲考其德行。若不用四方之士。止取京師之士，又示人以不廣。

……臣謂宜於今而可行者，立爲三舍可也，復五經博士可也。特創新學，雖不若即舊而修廢。然未有甚害，創之亦可也。教學之意，在乎敦本。而修其實事，給以粮糧，多陳經籍。選士之良者，以通經有道之士爲之師。而舉察其有過無行者，黜去之。則在學之人，皆善士也。然家取以貢舉之法，待其居官爲吏，已接於人事。可以考其賢善優劣，而時取其尤出類者旌異之。則士知修身力行，非爲一時之利，而可伸於終身。則矯僞之行不作，而媮薄之風歸厚矣！此所謂實事之可行於今者也。

歲晏，作有古詩兩篇。

一、先生齋於醴泉宮，清夜寂靜，詩思泉湧，特作感興五首以抒懷。

感興五首

㈠、奉祠嚴秘館，攝事罄精誠。歲晏悲木落，天寒聞鶴鳴。
念昔丘壑趣，豈知朝市情。弱齡嬰仕宦，壯節慕功名。
多病慚厚祿，早衰歎餘生。未知犬馬報，安得遂歸耕。

㈡、懷祿不知慚，人雖不吾責。貧交重意氣，握手猶感激。
煌煌腰間金，兩鬢颯已白。有生天地間，壽考非金石。
古人報一飯，君子不苟得。憂來自悲歌，涕淚下沾臆。

㈢、清夜雖云長，白日亦易晚。循環百刻中，勢若丸走坂。
盈虧自相補，得失何足算。占霞可延長，飲酒誠自損。
未知辛苦長，孰若失意短。二者一何偷，百年皆不免。
顏回不著述，後世存逾遠。聖賢非虛名，惟善爲可勉。

㈣、仕宦希寸祿，庶無飢寒迫。讀書事文章，本以代耕織。
學成頗自喜，祿厚愈多責。挾山以超海，事有非其力。
君子貴量能，無輕食人食。

㈤、唧唧復唧唧，夜歎曉未息。蟲聲急愈尖，病耳聞若刺。
壯志易爲老，良時難再得。日月相隨東，天行自西北。
三者不相謀，萬古無窮極。安知人間世，歲月忽已易。

二、盤車圖 一本上題和聖俞、下注呈楊直講

淺山嶙嶙，亂石矗矗。山石磽聱車碌碌，山勢盤斜隨澗谷。……楊生忍飢官太學，得錢買此纔盈幅。愛其樹老石硬，山回路轉。高下曲直，橫斜隱見。妍媸嚮背各有態，遠近分毫皆可辨。自言昔有數家筆，畫古傳多名姓失。後來見者知謂誰？乞詩梅老聊稱述。古畫畫意不畫形，梅詩詠物不隱情。忘形得意知者寡，不若見詩如見畫。乃知楊生眞好奇，此畫此詩兼有之。樂能自足乃爲富，豈必金玉名高貲。朝看畫、暮讀詩，楊生得此可不飢。

第十二章　權知禮部貢舉賜御書文儒二字

第一節　權知禮部貢舉

嘉祐二年（一〇五七）丁酉，先生五十一歲，在京城。

正月癸未六日，先生奉詔權知禮部貢舉。仁宗賜御書「文儒」二字，以示敬重。端明殿學士韓絳（子華）、翰林學士王珪（禹玉）、翰林侍讀學士梅（公儀）同爲貢舉。薦舉梅聖俞爲參詳官，同入試院工作。

先生奉詔後，深感玉尺掄才，責任艱鉅。方以堅復古道自任，必須條制分明，法令必行。始期公正嚴明，考選優秀賢能之士以爲國用。因此，特先奏請重要二事：「乞頒告天下，下禮部貢院施行。」簡述如次：

一、條約舉人懷挾文字劄子

先生樂見國家自興建學校以來，天下學者日盛。尤其務通經術，多作古文。其辭藝可稱履行修飭者，不可勝數。然累次科場，每次人數都是倍多於往歲。事務既增繁重，積弊自亦隨生。遂舉科場積弊，駭人聽聞，深感歎息。如云：

近年舉人，公然隨挾文字。皆是小紙細書，抄節甚備。每寫一本，筆工獲錢三二十千。亦有十數人共斂錢三二百千，雇倩一人。虛作舉人名目，依例下家狀。入科場，只令懷挾文字。入試院，其程試，則他人代作。事不敗，則賴其懷挾，共相傳授。事敗，則不過扶出一人，既本非應舉之人，雖敗罰無刑責，而坐獲厚利。

先生認爲「國家取士，務得實材。今若浮僞之人容其濫進，則使負辛勤、蘊實學者，無以自別。且自來科場，務存事體。所以優加禮遇，用待賢能。今浮薄之徒，不知朝廷崇獎之意。自爲姦僞，以至於此，甚可歎也。」

因此，必須峻立科條，明加約束。使浮薄姦僞之徒，不容於其間。則實有學行之人，得被選拔進用。然後士子無濫舉，朝廷得實才。所以提出辦法：

增訂貢院新制，寬監門之責，重巡鋪之賞。蓋以入門之時，一一搜檢。則慮成擁滯，故乞自舉人入院後，嚴加巡察。多加內臣及清幹京朝官巡鋪。每獲懷挾者許與理爲勞績，或免遠官，或指射差遣，其監門官與免透漏之責。若搜檢覺察得人多者，令知舉官聞奏取旨，重加酬獎。巡鋪官除只得巡察懷挾及傳授文義外，不得非理侮慢舉人。

如允所奏，乞立定巡鋪官賞格及懷挾人責罰刑名，添入貢院新定條制。仍牓南省門、及下進奏院，頒告天下。

二、論保明舉人行實劄子

伏睹近降勑命更定科場條制，內一節，令本縣令、佐、知州、通判，保明舉人行實委無玷缺。若因事彰露，只罪令、佐、知州、通判。所斷刑名，並用舊制。雖去官經恩，不得原減者。

先生認爲朝廷考慮未見週詳，若小過微累皆爲玷缺，難以必用深刑。責官吏，保其所不能盡知者。若謂止坐大事，則又無明文。故憂慮後有犯者，難用必行之法。

因此，根據事實研判，憑藉豐富經驗之衡量。面對當前可能發生之狀況，提出適切可行之辦法。如云：

乞指定舉人玷缺事狀，如事親不孝、行止踰濫、冒哀匿服、曾犯刑責、及雖有蔭贖而情理重者。以上事節，苟犯其一，並不得收試。如違，必用舊制刑名。

茲將鎖院五十日，闈場及放榜後之概況，分述如次：

一、南省試進士策問三首

㈠、問昔者禹治洪水，奠山川。而堯稱之，曰萬世之功也。……所以通治水之法如此者，必又得其要。願悉陳之，無隱。

㈡、問三王之治，損益不同。而制度文章，惟周爲大備。……用之於今，果安焉而不倦乎？抑其設施有法，而第弗深考之歟？諸君子爲言之。

㈢、問六十四卦，所謂易者，聖人之書也。今謂之繫辭旨謂之大傳者，亦皆曰聖人之作也。……卜筮，自堯舜三代以來用之。蓋古聖人之法也，不必窮其始於古遠茫昧之前。然繫辭，聖人之作也，必有深旨，幸決其疑。

二、問進士策四首

㈠、問孟子以謂井田不均，則穀祿不平。經界既正，而分田制祿，可坐而定也。故曰仁政必經界始，蓋三代井田之法也。自周衰迄今，田制廢而不復者，千有餘歲。……自三代之後，有天下，莫盛漢、唐。漢、唐之治，視三代何如？其民田之制，稅賦之差又何如？其可施於今者又何如？皆願聞其詳也。

㈡、問子不語怪，著之前說，以其無益於事而有惑於人也。……夫無焉而書之，聖人不爲也。雖實有焉，書之無益而有害，不書可也。然書之亦有意乎？抑非聖人之所書乎？予皆不能諭也，惟博辯明識者詳之。

㈢、問爲政者徇名乎？襲迹乎？三代之名，正名也。其迹，治迹也。所謂名者，萬世之法也。迹者，萬世之制也。正名立制，言順事成。然後因名迹以考實，而其文章事物，粲然無不備矣。……治世之主，幾乎三代者，唐太宗而已。其名迹，固未嘗復三代之一二，而其治則幾乎三王，豈所謂名迹者非此之謂歟？豈遺名與迹而直考其實歟？豈孔、孟之所謂者有旨，而學者弗深考之歟？其酌古今之宜，與其異同者以對。

㈣、問古之取士者，上下交相待以成其美。今之取士者，上下交相害欲濟於事，可乎？……原夫三代取士之制如何？漢、魏迨今，其變制又如何？宜歷道其詳也。制失其本，欲其反古，當自何始？今之士，皆學古通經，稍知自重矣。而上之所以禮之者，未加厚也。噫！由上之厚，然後致下之自重歟！必下之自重，然後上禮之厚歟！二者兩不爲之先，其孰亦奚由而合也。宜具陳其本末，與其可施於今者以對。

先生全集下歸田錄卷二、頁一〇三〇云：

一、嘉祐二年，余與端明韓子華、翰長王禹玉、侍讀范景仁、龍圖梅公儀，同知禮部貢舉。辟梅聖俞爲小試官。凡鎖院五十日，六人相與唱和，爲古律歌詩一百七十餘篇，集爲三卷。

二、禹玉、余爲校理時，武成王廟所解進士也。至此新入翰林，與余同院，又同知貢舉，故禹玉贈余云：「十五年前出門下，最榮今日預東堂。」余答云：「昔日叨入武成宮，曾看揮毫氣吐虹。夢昧閑思十年事，笑談今日一罇同。喜君新賜黃金帶，顧我宜爲白髮翁。」

三、天聖間，余舉進士，國學南省，皆忝第一人。其後景仁相繼，亦然。故景仁贈余云：「淡墨題名第一人，孤生何幸繼前塵。」

四、聖俞自天聖間與余爲詩友，余嘗贈以蟠桃詩，有韓、孟之戲，故至此贈余詩云：「獨喜共量天下士，亦勝東野亦勝韓。」

五、子華筆力豪贍，公儀文思溫雅而敏捷，皆勁敵也。

六、前此爲南省試官者多窘束條制，不少放懷。余六人者，懽然相得。羣居終日，長篇險韻，衆製交作。筆吏疲於寫錄，僮史奔走往來。間以滑稽嘲謔，形於風刺。更相酬酢，往往烘堂絕倒。自謂一時盛事，前此未之有也。

按神宗實錄本傳、四朝國史本傳、宋史全文、續資治通鑑長編、及歐陽發等述先公事迹。摘要分述如次：

一、神宗實錄本傳

權知貢舉，文士以新奇相尚，文體大壞。修深革其弊。前以怪僻在高第者，黜之幾盡，務求平淡典要。士人初怨怒罵譏，中稍信服，已而文革變而復正。

二、四朝國史本傳

知嘉祐二年貢舉，時士子尚爲陰怪奇澀之文，號太學體。修痛排抑之，凡如是者輒黜。畢事，向之囂薄者同修出，聚譟於馬首，街邏不能制。然場屋之習，從是遂變。

三、宋史全文

本文同，但自「遂痛加裁抑。」以下較爲省略。唯加註白。如云：

呂中曰：唐之文體，至韓愈而古。本朝之文，至歐陽子而古。謂歐陽子今之韓愈，非溢美矣。

然唐文三變，也非唐之文變也。乃韓、柳自變於下也。故當時惟韓、柳之徒與之俱變。而天下之文體不爲之變，以其變之之權不在於上也。我朝承五季之亂，蓋風俗文章屢變之下流，而人心學術一新之都會也。自我太祖、太宗留意文治，而眞宗復戒厲詞臣之浮靡。仁宗復進好古篤行之士，以矯文弊。是其斡旋天下之大勢，轉移風俗之要樞，蓋自上始。則文體之變，雖在於嘉祐之時，實萌於天聖之初矣。

四、續資治通鑑長編

嘉祐二年春正月癸未，翰林學士歐陽修權知貢舉。先是進士益相習於奇僻鉤重棘句，寖失渾淳。修深疾之，遂痛加裁抑，仍嚴禁挾書者。及試牓出，時所推譽，皆不在選。囂薄之士，候修晨朝，羣聚詆斥之至，街司邏吏不能止。或爲祭歐陽修文，投其家，卒不能求其主名置於法。然文體自是亦少變。

五、歐陽發等述先公事迹

嘉祐二年，先公知貢舉。時學者爲文，以新奇相尚，文體大壞。公深戒其弊，一時以怪僻知名在高等者，黜落幾盡。二蘇出於西川，人無知者，一旦拔在高等。牓出，士人紛然驚怒怨謗。其後，稍稍信服。而五六年間，文格遂變而復古，公之力也。

另有當代名人筆記

一、葉夢得石林燕語

至和、嘉祐間，場屋舉子爲文奇澀，讀或不能成句。歐公力欲革其弊，既知貢舉，凡文涉雕刻者，皆黜之。時范景仁、王禹玉、梅公儀等同事，而梅聖俞爲參詳官。未引試前，唱酬詩極多。文忠詩：「無譁戰士銜枚勇，下筆春蠶食葉聲。」最爲警策。聖俞有：「萬蟻戰時春日煖，五星明處夜堂深。」亦爲諸公所稱。及放榜，平日有聲如劉煇輩皆不與選。士論頗洶洶，以爲主司耽酬唱，不暇詳考校。且以五星自比，而以我曹爲蠶蟻，因造爲醜語。自是禮闈不復敢作詩，終元豐末幾三十年。元祐初，雖稍稍爲之，要不如前日之盛。然是榜如蘇子瞻（軾）爲第二人，子由（蘇轍）與曾子固（鞏）皆在選，亦不可謂不得人矣！

二、岳珂程史

歐陽文忠知貢舉，省闈故事，士子有疑，許上請。蓋自日昃猶有喋喋勿去者，過晡則闕矣。方與諸公酌酒賦詩，士猶有叩廉。梅聖俞怒曰：「瀆則不告。」文忠不可，竟出應。鵠袍環立，觀所問。士因前曰：諸生欲用堯舜事，而疑其爲一事或二事？惟先生教之。「觀者閧然笑。」文忠不動色，徐曰：「似此疑事，誠恐其誤，但不必用可也。」內外又一笑！

三月辛巳，仁宗御崇政殿試禮部奏名進士，又試特奏名。壬午試諸科。丁亥，賜進士建安章衡等二百六十二人及第，一百二十六人同出身。是歲，進士與殿試考，始皆不黜落，永爲定制。

己丑，賜諸科三百八十九人及第。又賜特奏名進士諸科二百十四人，同出身及補諸州長史文學。

考試放榜，雖遭時所推譽者，皆不在選之囂薄士子，羣聚鬧事，造成糾紛。使巡邏街吏無法制止，有司亦未能查明誰在主導。任其聚散，終難繩之以法，引爲笑談。

然則貢舉之盛，獨絕前後。尤其文格之變而復古，選拔千古奇才蘇東坡（軾）賢昆仲、程顥、張載、曾鞏等諸賢士。均因獲得先生之讚許提拔，不僅均能名滿當世，更是發揚我華夏民族聖聖相傳之文化以至於今。

試務竣事，人困馬翻。如與王仲儀書云：

……昨日自貢院出，得所寄書。……某昨被差入省，便知不靜。緣累舉科場極弊，既痛革之。而上位不主權貴人家與浮薄子弟，多在京師，易爲動搖。一旦喧然，初不能遏。然所得頗當實材，既而稍稍遂定。去冬求洪井未得，便差主文。今既喧噪漸息，遂復理前請，期於必得也。中年衰病尤甚，自出試院，痛不能飲。人生聚散，安能區區於此……。

先生在闈場五十日，與知友六人，懽然相得。羣居終日，相與唱和。計爲古律歌詩一百七十三篇，集爲三卷。自謂一時盛事，前所未有。故作詩序，傳於六家，永垂不朽。照錄如次，藉明概況。

禮部唱和詩序

嘉祐二年春，予幸得從五人者於尚書禮部，考天下所貢士，凡六千五百人。蓋絕不通人者五十日。乃於其間，時相與作爲古律長短歌詩雜言。庶幾所謂羣居燕處言談之文，亦所以宣其底滯而忘其倦怠也。故其爲言易而近，擇而不精。然而綢繆反復，若斷若續。而時發於奇怪，雜以詼嘲笑謔。及其至也，往往亦造於精微。夫君子之博取於人者，雖滑稽鄙俚，猶或不宜，而況於詩乎？古者詩三百篇，其言無所不有。惟其肆而不放，樂而不流。以卒歸乎正，此所以爲貴也。於是次而錄之，得一百七十三篇，以傳於六家。嗚呼！五六人者，志氣可謂盛矣。然壯者有時而衰，衰者有時而老。其出處離合，參差不齊。則是詩也，足以追惟平昔，握手以爲笑樂。至於慨然掩卷而流涕噓嚱者，亦將有之。雖然，豈徒如此而止也，覽者其必有取焉。

先生在知貢舉鎖院期間，對於院外之事，無暇聞問。出院後，方始獲悉最敬重之前宰相杜衍，已於二月五日，病逝於家之經過，曷勝悼念！此在答覆杜相公之次子訢「論祁公墓誌書」中所云：「平生知己，先相公最深。別無報答，只有文字是本職，固不辭。雖足下不見命，亦自當作。然須慎重，要傳久遠，不鬥速也。」即可體會先生之心境。茲附二文，摘述如次：

一、祭杜祁公文

維嘉祐二年三月日。……士之進顯於榮祿者，莫不欲安享於豐腴。公爲輔弼，飲食起居，則陋巷之士。環堵之儒，他人不堪，公處愉愉。士之退老而歸休者，所以自放於閑適。公居於家，心在於國。思慮精深，言辭感激。或達旦不寐，或憂形於色，如在朝廷而有官責。

嗚呼！進不知富貴之爲樂，退不忘天下以爲心。故行於己者老益篤，而信於人者久愈深。人之愛公，寧有猒已。壽胡不多，八十而止。自公之喪，道路嗟咨。況於愚鄙，久辱公知。繫官在朝，心往神馳。送不臨穴，哭不望帷。銜辭寫恨，有涕漣洏……。

二、太子太師致仕杜祁公墓誌銘（全文一千九百六十餘言）

……杜公諱衍，字世昌，越州山陰人也。……公爲人，尤潔廉自剋。其爲大臣，事其上以不欺爲忠，推於人以行己取信。故其動靜纖悉，謹而有法。至考其大節，偉如也。公享年八十，官至尚書左丞，封祁國公於其家……。

上嘗謂諫官歐陽修曰：外人知杜某封還內降邪！吾居禁中，有求恩澤者，每以杜某不可告之而止者，多於封還也，其助我多矣。此外人及杜某皆不知也……。

公自布衣至爲相，衣服飲食無所加。雖妻子，亦有常節。家故饒財，諸父分產。公以所得，悉與昆弟之貧者。俸祿所入，分給宗族，賙人急難。至其歸老，無屋以居，寓於南京驛舍者久之。自少好學，工書畫，喜爲詩，讀書雖老不倦。推奬後進，今世知名士多出其門。居家見賓客，必問時事。聞其善，喜若己出。至有所不可，憂見於色。或夜不能寐，如任其責者。凡公所以行之終身者，有能履其一，君子以爲人之所難。而公自謂不足以名後世，遺戒子孫，無得紀述。嗚呼！豈所謂任重道遠，而爲善惟日不足者歟！……。

公以嘉祐二年二月五日卒於家，其子訢以其年十月十八日，葬公於應天府宋城縣之仁孝原。銘曰：……。

三月癸卯二十七日，狄青卒。仁宗爲狄發哀苑中。先生攝太常卿。

狄青，河西人，字漢臣。善騎射，初爲衛士。趙元昊反，以青爲元州指揮使。與賊數十戰，常爲先鋒。臨陣披髮，戴銅面具。賊驚爲天神，當者披靡。元昊平，累擢彰化軍節度使。韓琦、范仲淹皆器之。仲淹授以左氏春秋，於是折節讀書，精通兵法。儂智高反，宋師屢敗。以青宣撫荆、湖南北路。上元節，青張燈設宴，大會諸將。突於是夜三鼓，率精兵攻破崑崙關。賊遂遠遁，還拜樞密使。卒，謚武襄。

另按宋史全文、續資治通鑑長編

陳州言，護國節度使同平章事狄青卒。帝發哀苑中，贈中書令，謚武襄。青爲人謹密寡言，其計事必審中機會而後發。師行先正部伍，明賞罰，與士同飢寒勞苦。雖敵猝犯之，無一士敢後先者。故其出常有功，喜推其功以與將佐。始與孫沔破賊，謀一出，青賊已平。經制餘事，悉以諉沔，退然如不用意者。沔始服其勇，既又服其爲人，自以爲莫及也。尹洙以貶死，青悉力賙其家。（宋朝要錄：青嘗從尹洙談兵，洙以爲有古良將才。）

先生前年仲秋，出使遼邦。途次恩冀之間，與太常博士沈遵相會，作有「醉翁吟」以贈；去年春，還朝之後，再有「贈沈遵歌幷序」；於今，又有「贈沈博士歌」。足見他謫居滁州時，對於人情山水之縈懷，死生聚散之無常，世事多虞之感歎，以及「醉翁亭」之念念不忘，故特照錄如次。

贈沈博士歌

沈夫子，胡爲醉翁吟？醉翁豈能知爾琴。滁山高絕滁水深，空巖悲風夜吹林。山溜白玉懸青岑，一瀉萬仞源莫尋。醉翁每來喜登臨，醉倒石上遺其簪，雲荒石老歲月侵。子有三尺徽黃金，寫我幽思窮崎嶔。自言愛此萬仞水，謂是太古之遺音。泉淙石亂到不平，指下嗚咽悲人心。時時弄餘聲，言語軟滑如春禽。嗟乎！沈夫子，爾琴誠工彈且止。我昔被謫居滁山，名雖爲翁實少年。坐中醉客誰最賢，杜彬琵琶皮作絃。自從彬死世莫傳，玉練鎖聲入黃泉。死生聚散日零落，身冷心衰翁索莫。國恩未報慚祿厚，世爲多虞嗟力薄。顏摧鬢改眞一翁，心已憂醉安知樂。沈夫子、謂我翁言何苦悲。人生百年間，飲酒能幾時？攬衣推琴起視夜，仰見河漢西南移。

又有「和聖俞李侯家鴨腳子」

鴨腳生江南，名實未相浮。絳囊因入貢，銀杏貴中州。致遠有餘力，好奇自賢侯。因令江上根，結實夷門秋。……物性久雖在，人情逐時流。惟當記其始，後世知來由。是亦史官法，豈徒續君謳。（註：京師無鴨腳樹，駙馬都尉李和文自南方移植於其第。）

四月，幽州大地震，損壞城廓。人民被覆壓死者數萬人，變異非常。此時，適巧契丹遣使入境，乞求仁宗御容。中外之議，皆謂前歲既已許諾，於理不可中止踐言。至於契丹遣使不合時宜，及近日傳聞頗異。或云大臣共議，遂拒而不與。

先生認爲此事，若然！則恐釁隙之端，自此而始。禍患之起，未易遽言。故即上「論契丹求御容劄子」。摘述如次：

大凡爲國謀事者，必先明信義，重曲直，酌人情，量事勢。四者皆得，然後可以不疑。苟一有未然，尚恐敗事。況四者俱失，豈可不思。契丹與中國通盟久矣，而嚮來宗眞（契丹故主）特於信好，自表慇懃。別有家書，繼以畫像。聖朝納其來意，許以報之。而乃遷延至今，遂欲食言而中輟。是則彼以推誠結我，我以不信待之。失信傷義，非中國待夷狄之術。而又其曲在我，使彼易以爲辭。

至於朝廷前許其父（宗眞），今則不許其子（洪基）。厚薄之際，使其人情難堪。因此，今之不與，勢必更來。俟其再三要求而與之，已成釁隙，必斷恩意。定將引惹別有他求，則後患無涯。今契丹新主雖弱，但我邊備未完，廟謀未勝。彼若執我曲彼直之議，而起兵戎結禍。察彼事勢，必不能中止。量我事勢，又未必能予沮止。

先生基於上述信義、曲直、人情、事勢四者俱失之衡量；又聞契丹遣使入境之日，地震星殞，變異非常。先事深防，猶恐不及。失計招禍，豈可自爲。本諸各種大處著眼，不能緘默。於是提出小處著手之坦誠建議。如云：

願聖慈出於獨斷，勿沮其善意，無失我信言。欲乞回諭虜中，告以如約。直候今冬因遣常使時與之，則於事體稍便。伏乞速下兩府商議，上繫國家利害，臣不敢不言。

五月，詔舉磨勘法。

六月丙寅，福康公主進封兗國公主。

七月辛巳七日，賜兗國公主陳讓恩命第三表不允、斷來章手詔。

壬午八日，先生奉詔攝禮部侍郎，以印授冊使。

乙未二十一日，兼判尚書禮部。

八月，作有「論皇子疏」。

先生曾於去年七月六日，在上「論水災疏」中，重點就是「水災天變，立嗣安人」。所謂「定天下之根本，上承宗廟之重。原出於聖斷，擇宗室之賢者。依古禮文，且以爲子。……」。此事關係重大，自去歲以來，雖經宰執、言官、諸臣僚等一再論奏，但仁宗再三審慎思慮，致此大議，迄未決定。因此，再拜上書，以表忠懇赤忱。

首先表達天下之難言者，不敢冀必然之聽。知未必聽而不可不言者，所以盡爲忠之心。況過去幸蒙聖明，容納諫諍，言之未必不聽。今茲大事，豈可默而不言。欲思再陳狂愚之見，則未知所以爲言。適值兗國公主近已出降。故敢冒昧陳奏。

竊思人之常道，莫親於父子之親。人之常情，亦莫樂於父子之樂。雖在聖哲，異於凡倫。其爲天性，於理則一。陛下嚮雖未有皇嗣，而尚有公主之愛，上慰聖顏。今既出降，漸疎左右。則陛下萬機之暇，處深宮之中，誰可與語言？誰可承顏色？臣愚以謂宜因此時出自聖意，於宗室之中，選材賢可喜者，錄以爲皇子。使其出入左右，問安侍膳，亦足以慰悅聖情……。

陛下荷祖宗之業，承宗廟杜稷之重。皇子未降，儲位久虛。羣臣屢言，大議未決。

狀末，坦誠建言：

臣前此奏陳，以謂未必立爲儲貳，而且養爲子。既可以徐察其賢否，亦可以待皇子之降生。於今爲之，亦其時也。

九月己卯，先生奉詔兼判秘閣秘書省。深感責任重大，認爲此中問題複雜。既已奉命，必須有所作爲。故即上「乞寫秘閣書令館職校讎箚子」。

首先舉出皇祐元年七月十一日，中書箚子節文：「奉聖旨，秘閣有闕者書名件，用崇文總目逐旋補寫。依例酬校了。以黃絹褫正副二本收附，準備御覽。內中取索本閣尋具畫一合行事件，聞奏。蒙依所奏施行。當時雖有所行遣，尋値抄寫觀文殿書，權住至今。」

先生對於館閣事務，最爲洞徹了解。所見館閣校讎之官，員數甚多。除係省府南曹外，其餘主判閑局及別無主判者，並各無書校對。既係虛名而無實職，又無事可作。因此，多不入館。此種情況，今昔懸殊。影響館閣清職之興衰，既深且鉅。如云：

伏以館閣，國家優養賢材之地。自祖宗以來，名爲清職。今館宇闃然，塵埃滿席。有同廢局，甚爲嘆嗟！

於是提出改進辦法，分爲四點，錄敘如次：

一、欲乞檢會，先準皇祐元年七月十一日所降指揮，及一宗行遣次第。許從本閣選請在院館職官員，先將秘閣書目與崇文總目點對。內有見闕書籍，即於三館取索。先校定，然後抄寫成書，仍差初校覆校官刊正裝褫。

二、其合行事件，已有畫一。起請依奏指揮，亦乞檢會施行。

三、元乞公用錢，乞更不支破。

四、其抄寫楷書，候見得闕書數目。將見在楷書人數，酌量多少。如闕人，即別具擘畫聞奏。

是秋，先生作有古、律詩多首。茲摘錄七首如次：

一、古詩

(一)、西齋手植菊花過節始開偶書奉呈聖俞

秋風吹浮雲，寒雨灑清曉。鮮鮮牆下菊，顏色一何好。
好色豈能常，得時仍不早。文章損精神，何用覷天巧。
四時悲代謝，萬物惜凋槁。豈知寒鑑中，兩鬢甚秋草。
東城彼詩翁，學問同少小。風塵世事多，日月良會少。
我有一罇酒，念君思共倒。上浮黃金蕊，送以清歌裊。
爲君發朱顏，可以卻君老。

㈡、長句送陸子履學士通判宿州

古人相馬不相皮，瘦馬雖瘦骨法奇。世無伯樂良可嗤，千金市馬惟市肥。
駃騠伏櫪兩耳垂，夜聞秋風仰秣嘶。一朝絡以黃金羈，旦發吳越暮燕陲。……
子履自少聲名馳，落筆文章天下知。開懷吐胸不自疑，世路迫窄多穽機。……
念君明當整驂騑，贈以瑤華期早歸。豈惟朋友相追隨，坐使臺閣生光輝。

二、律詩

㈠、內直奉寄聖俞博士

千門鑰入斷人聲，樓閣沉沉夜氣生。獨直偏知宮漏永，稍寒尤覺玉堂清。
霜雲映月鱗鱗色，風葉飛空摵摵鳴。犬馬力疲恩未報，坐驚時節已崢嶸。

㈡、送梅龍圖公儀知杭州

萬室東南富且繁，羨君風力有餘閑。漁樵人樂江湖外，談笑詩成罇俎間。
日暖梨花催美酒，天寒桂子落空山。郵筒不絕如飛翼，莫惜新篇屢往還。

㈢、送沈學士知常州

舊館芸香鎖寂寥，齋舲東下入秋濤。江晴風暖旌旗颺，木落霜清鼓角高。
吟就綵牋賓已醉，舞翻紅袖飲方豪。平生粗得爲州樂，因羨君行首重搔。

㈣、和劉原父平山堂見寄

督府繁華久已闌，至今形勝可躋攀。山橫天地蒼茫外，花發池臺草莽間。

萬井笙歌遺俗在，一罇風月屬君閑。遙知為我留眞賞，恨不相隨暫解顏。

(五)、送張吉老赴浙憲

吳越東南富百城，路人應羨繡衣榮。昔時結客曾遊處，今見焚香夾道迎。
治世用刑期止殺，仁心聽獄務求生。時豐訟息多餘暇，無惜新篇屢寄聲。

先生爲國忠誠，孝親在心。然揆其一生最感遺憾之事，應是每思昔年丁憂持服之時，歸葬亡母。由於庶事未備，深感有虧子責。不孝罪大，內咎難安。因此，希望外放就近州郡，善用俸祿，得以因便營緝先墳。自茲迄嘉祐五年，前後連上七狀，乞出洪州。雖未如願以償，但其心志，可與日月同光。況又屢函居鄉秀才十四弟煥照管先墳，更可佐證。以後當依時序錄敘，藉明賢者之赤忱。

乞洪州劄子第一狀

臣去冬曾有奏陳，乞差洪州一次。尋以差入貢院。無由再述懇私。……一入禁署，迨今三年。進無補於朝廷，退自迫於衰病。眼目昏暗，腳膝行步頗艱。右臂疼痛，舉動費力。雖翰苑事無繁劇，聖恩曲賜優容，然非養病尸居之地。

臣鄉里在吉州，昨於丁憂持服時，歸葬亡母。荒迷之中，庶事未備。本期服闋還朝，上告聖慈，乞一近鄉州郡，貴得俸祿，因便營緝。而自叨禁職，荏苒歲時。貪寵忘親，此又人子之責也。所以夙夜彷徨，不能自止。

欲望聖慈憫臣懇迫，特許差知洪州一次。

十月，朝廷遣胡宿報使契丹。

十一月辛巳八日，先生權判史館。丙申二十三日，權書審刑院，候胡宿回依舊。辛丑二十八日，免兼胡職。

十二月辛亥，又權判三班院。癸亥二十一日，權奉安明德、元德、章穆三后御容於啓聖院。車駕行酌獻禮，先生充禮儀使。

是月，先生被差押伴契丹賀正旦人使，御筵於都亭驛。

歲暮，作有「與李留後公瑾書。」深切表達衰病不堪適時之用，仍冀外放一閑處將養。如云：

……某一守經愚儒爾，豈堪適時之用。加以衰病，勉強實難。過禋慶，得遂一麾爲幸矣。……目疾得靜安息慮，當益清明。某昏花日甚，書字如隔雲霧，亦冀一閑處將養爾。

嘉祐三年（一〇五八）戊戌，先生五十二歲，在京城。

春正月，先生仍舊職。但自過年，忽覺歲月陡增，意興闌珊。荷承好友公謹數於他書中見問，並寄八功德水及惠書。今又遣專人持書前來，深表感慰。因作「與李留後公謹書」。如云：

某自過年，如陡添十數歲人。但覺心意衰耗，世味都無可樂，百事勉強而已。請外決在今春，惟不知相見何時爾……。

己卯八日，詔以福州處士陳烈爲安州司戶參軍。按烈性介僻，篤於孝友。慶曆初，預鄉薦。然試於禮部，不幸進士落第。遂決心放棄科舉仕途，專心鄉學教授。隨從學者，常有數百人之衆。時天章閣待制曹穎叔知福州，極力舉薦，得授試校書郎本州州學教授。前年十一月，先生愛才若渴，聞悉陳君學行道德，非惟一方學者之所師。特爲上奏「舉布衣陳烈充學官箚子」，召致太學，拖延至今，始有司戶參軍之命。但烈不爲所動，對於上述兩次詔命，皆辭不就。

壬午十一日，仁宗幸興國寺及啓聖院，朝謁太祖、太宗神御殿。先生奉命攝太常卿。

二月癸卯二日，契丹遣林牙懷德軍節度使蕭福延來告其祖母蕭太后之喪。朝廷遣使祭奠弔慰，先生奉命爲館伴。仁宗爲發哀內東門幄殿，百官進名奉慰，輟視朝七日。

此時，先生又接好友李公謹遣人送書及水至。如云：「……春寒體況清康，兼惠清泉。亟飲甚甘，實如不佞所品。物固有處於幽晦而發於賢哲者。茲鄙夫欣慕，樂於紀述也。適值館伴契丹人使旦夕到闕，頗區區。須事畢，當馳上也……。」

又有一書云：

> 自春氣候不常。……前承惠浮槎山水，俾之作記。又於遞中辱書，久不爲報，蓋牽強拙記未成爾。某中年多病，文辭衰落，所記非工，殊不堪應命……。

先先曾於慶曆八年帥守揚州時，作有「大明水記」一篇。品第天下水味之次第，指各家多屬妄說，考證詳明。對陸羽之論水，則然其說近物理，評析獨具卓見。已於本書第八章第一節中錄敘。

於今，又因好友李君公謹於嘉祐二年，以鎭東軍留後出守廬州。曾遊金陵、登蔣山、又登浮槎山。上有石池，飲其水甘。乃考圖記，問於故老，得其事迹。遂以其水送京師見贈，故爲之記。所提議論，發人深省。

首先言及浮槎山，位於慎縣南三十五里，或曰浮闍山、或曰浮巢山。聞其名，即知事出佛、老之徒，所持荒怪誕幻之說所相傳。其上有泉，自前世論水者，皆無一人道及，遂隱沒不顯。

先生嘗讀茶經，喜愛陸羽善於言水。後得張又新水記，載有劉伯芻、李季卿所列水之次第，以爲得之於羽。然考證茶經，則又不合。他認爲又新乃一妄狂險譎之士，其言難信，頗疑非羽之說。及得浮槎山水，方始確信羽爲書水者。因浮槎山與龍池山，皆在廬州界中。較其水味，龍池山水不及浮槎山石池水遠甚。而又新所記，以龍池爲第十。浮槎之水，棄而不錄。以此則知又新所記，缺失實多而不足信。

繼則引述陸羽之言，以證浮槎山之水甘，許爲理勢之然高論。以策勵士君子，立身行事，必有所本。并稱譽李侯之志行。如云：

羽論水曰：「山水上，江次之，井爲下。」山水，乳泉石池浸流者上，其言雖簡，而於論水盡矣！

李侯可謂賢矣！夫窮天下之物，無不得其欲者，富貴者之樂也。至於蔭長松，藉豐草。聽山溜之潺湲，飲石泉之滴瀝，此山林者之樂也。而山林之士，視天下之樂，不一動其心。或有欲於心，顧力不可得者而止者，乃能退而獲樂於斯。彼富貴者之能致物矣，而其不可兼者。惟山林之樂爾，惟富貴者而不得兼爾。然後貧賤之士，有以自足而高世。其不能兩得，亦其理與勢之然歟！

今李侯生長富貴，厭於耳目，又知山林之爲樂。至於攀緣上下，幽隱窮絕。人所不及者，皆能得之。其兼取於物者，可謂多矣！

李侯折節好學，喜交賢士。敏於爲政，所至有能名。凡物不能自見而得人以彰者，有矣。其物未必可貴而因人以重者，亦有矣！

最後說明爲志其事，俾世知斯泉發自李侯始也。

三月，先生素惡冗員積弊，前曾論奏，惜無改進。耿耿於懷，時以爲念。自入翰苑，迄

今身兼八職。忽於今月乙未一日，又恩授侍讀學士。此在當時士庶而言，衆皆引以爲榮。若就先生來說，則深感惶恐不安。於是請辭不准，再上狀固辭不拜。可見忠誠正直之人，言行始終如一。分別摘述如次：

一、辭侍讀學士劄子

首言：「侍讀之職，最爲清近。自祖宗以來，尤所慎選。居其職者，常不過一兩人。今經筵之臣一十四人。而侍讀十人，可謂多矣！」

他認爲自己身在翰苑，已多兼職。而今經筵又不闕人，忽奉詔命，事出有因。緣以近年學士相承，多兼此職，以爲成例。雖云講筵侍從人多，已無坐處。但使他最爲感嘆之事，乃是每見有除此職者，則云：「學士俸薄，朝廷與添請俸。官以人輕，一至於此！」

基於上述，所以上狀乞罷此命。旨在「不使朝廷愼選之清職，遂同例授之冗員。」

二、再辭侍讀學士狀

先生前狀，奉旨不許辭讓。旋即再上此狀，藉表心志。

首言：「禁署爲一時淸選，既已添竊經延，況近例多兼，何必辭讓。若就時尙衡量，私心計度，實爲宦途夢寐難求之殊榮。然而，他卻認爲，現今身兼八職，而侍讀已有十人。爲朝廷惜淸職，遂爲冗員。況講席不再添人，絕不至於闕事，故再敢懇陳。如云：

伏見國家近年以來，恩濫官冗。議者但知冗官之弊，不思致弊之因。蓋由凡所推恩，便爲成例。在上者稍欲裁減，則恐人心之不足。在下者既皆習慣，因謂所得爲當然。積少成多，有加無損。遂至不勝其弊，莫知所以裁之。

中外之臣，無有賢愚，共知患此。而臣爲陛下學士，職號論思。豈有目睹時弊，心知可患，無所獻納，而又自身蹈之。今既已陳述，若又不自踐言。則貪榮冒寵，不止尋常之責。而虛辭飾讓，又爲矯僞之人。此臣所以恐迫惶惑不自知止也。

對於冗員弊因積習，可謂一針見血之論。然後祈求：「聖慈矜臣至懇，察臣狂言。許寢新恩，俾安常分。」

此狀上後，特許寢停，至為感慰。後於嘉祐七年九月，先生連乞洪州第七狀，始知乃因仁宗意欲留置先生在內，故不令外出。且欲重用，遂又復命兼侍讀學士。但仍乞許只兼舊職，至於經延闕侍讀，則乞另賜他人除授。經過情形，容後詳敘。

癸未十三日，奉充宗正寺同修玉牒官，再增一兼職。

甲午二十四日，同陳旭考試在京百司等人，又添一繁重工作。

是春，先生作古詩多首，摘錄六首如次

一、送宋次道（敏求）學士知太平州

古堤老柳藏春煙，桃花水下清明前。江南太守見之笑，擊鼓插旗催解船。……來居侍從乃其職，遠置州郡誰謂然。交游一時盡英俊，車馬兩岸來聯翩。

二、嘗新茶呈聖俞

建安三千里，京師三月嘗新茶。人情好先務取勝，百物貴早相矜誇。……由來眞物有眞賞，坐逢詩老頻咨嗟……。

三、次韻再作

吾年向老世味薄，所好未衰惟飲茶。建谿苦遠雖不到，自少嘗見閩人誇。……茶官貢餘偶分寄，地遠物新來意嘉。親烹屢酌不知厭，自謂此樂眞無涯。僮奴傍視疑復笑，嗜好乖僻誠堪嗟。更蒙酬句怪可駭，兒曹助噪聲哇哇。

四、洗兒歌爲聖俞作

月暈五色如虹蜺，深山猛虎夜生兒。虎兒可愛光陸離，開眼已有百步威。
詩翁雖老神骨秀，想見嬌嬰目與眉。木星之精爲紫氣，照山生玉水生犀。
兒翁不比他兒翁，三十年名天下知。材高位下眾所惜，天與此兒聊慰之。
翁家洗兒眾人喜，不惜金錢散閭里。宛陵他日見高門，車馬煌煌梅氏子。

五、聖俞在南省監印進士試卷有兀然獨坐之歎，因思去歲同在禮闈慨然有感兼簡子華、景仁

南宮官舍苦蕭條，常憶羣居接儁寮。古屋醉吟燈艷艷，畫廊愁聽雨蕭蕭。
殘春共約無虛擲，一歲那知忽復銷。顧我心情又非昨，祗思相伴老漁樵。

六、歸田四時樂春夏二首秋冬二首，命聖俞分作

春風二月三月時，農夫在田居者稀。新陽晴暖動膏脈，野水泛灩生光輝。……
田家此樂知者誰，吾獨知之胡不歸。吾已買田清潁上，更欲臨流作釣磯。
麥穗初齊稚子嬌，桑葉正肥蠶食飽。老翁但喜歲年熟，餉婦安知時節好。
田家此樂知者誰，我獨知之歸不早。乞身當及彊健時，顧我蹉跎已衰老。

四月初暑，作有「與李留後公謹書」，謙稱爲作浮槎拙記已託付去。屢試書皆不適意。並譽非守官君子，誰肯發憤圖强以革弊求新？足見公謹之治績。屢書往返，益顯彼此之交誼。如云

……急足至，辱書，承此初暑，尊候萬福。浮搓拙記，託賢弟附去多日，疑其未至間，此急足發來也。初深欲自書，屢試書數本，皆自嫌不適意，遂已。前書具道，必可亮也……。

論外計刻剝，此非守道守官君子，孰肯奮然發憤！前潁人已受此賜矣。若使常人用心皆如君子，生民豈有弊病，天下豈有不治哉……。

又有一書，告知懇辭侍讀學士，特許寢停，深爲感慰。唯若風眩之痛，恐成大疾。如云：

自附浮槎拙記去後，捧遞中所惠書，尋以修報。茲者人至，又辱賜教。某昨承恩，俾侍經席。輒以近歲員多濫選，官以人輕，遂至學士例爲兼職。用此爲說，得以懇辭。聖恩矜察，特許寢停，甚幸也……。

某苦風眩甚劇，若遂不止，當成大疾。作書未竟，已數眩轉，屢停筆瞑目……。

五月間，又有「與公謹書」，並錄往時所作「大明水記」附寄，藉明浮搓水記之所以然。計今春迄今，前後已有五書來往。

……所寄浮槎水，味尤佳，然豈減惠山之品。……張又新水記，與陸羽不同，考於二家之書，可見矣。今更錄往時所作「大明水記」奉呈，庶可知其詳也……。

春夏間，先生作有二篇重要奏論。謹分述如次。

一、乞定兩制員數劄子

首先論述：「學士待制，號爲侍從之臣。所以承宴間，備顧問，以論思獻納爲職。自祖宗以來，尤精其擇。苟非清德美行，藹然衆譽。高文博學，獨出一時，則不得與其選。是以選用至艱，員數至少。官以難得爲貴，人以得職爲榮。搢紳之望既隆，則朝廷之體增重」。接著指出：「其後用人頗易，員數漸多。往時學士待制，多至六七十員。迄今雖較慎重選擇，但猶有四十餘員。」故認爲朝廷現已深知愛惜名器，不輕授人。而爲國家計者，宜於此時創立經制。然就今日制度言，惟有翰林學士、中書舍人、知制誥，各有定員，其餘學士、待制，未有定數，致有冗員積弊。」

然後建請：「檢詳前史及國朝故事，自觀文殿大學士至待制，並各立定員數，遇有員闕，則精擇賢材以充其選。苟無其人，尙可虛位以待。如允所請，乞賜詳議施行。」

綜上所述，充分顯示人才實爲治國之本。選拔人才，則爲朝廷無可旁貸之職責。而選賢任能，知人善任，尤爲用人者之心量見其成效。不僅爲當時之重要建言，更是千古不易之定理。

二、論編學士院制詔劄子

先生所見：「國家承五代之餘，建萬世之業。誅滅僭亂，懷來四夷。封祀天地，制作禮樂。至於大臣進退，政令改更。學士所作文書，皆繫朝廷大事。示於後世，則爲王者之訓謨。藏之有司，乃是本朝之故實。自明道以前，文書草稿，尚有編錄。景祐以後，漸成散失。」

他對上述情況，深有所感，所以曾經試令類聚，收拾補綴。根據統計：「十已失其五六，使聖宋之盛，文章詔令，廢失湮淪。緩急事有質疑，有司無所檢證。蓋由從前雖有編錄，亦無類例卷第，只是本院書吏私有抄寫，所以易爲廢失。」

因此，提出完善可行辦法：「欲乞將國朝以來學士所撰文書，各以門類，依其年次編成卷帙，雖爲學士院草錄，有不足者，更加求訪補足之。仍乞差本院學士從下兩員專切管勾，自今已後，接續編聯。如本行人吏不畫時編錄，致有漏落。許令本院舉察，理爲過犯。」

他明知此一請求，乃是本院常事。無奈近歲以來，百司綱紀，相承廢壞。凡事曾經奏聞及有聖旨指揮者，就得遵守。若只是本司臨時處置，其主判之官方纔罷去，則其事隨亦廢棄，停止執行。所以上煩聖聽，欲乞朝廷特降指揮。旨在久遠遵行，不敢廢失。

第二節　兼龍圖閣學士權知開封府

嘉祐三年六月庚戌十一日，先生奉詔兼龍圖閣學士、權知開封府。制詞云：

敕、京邑翼翼，四方是則，商頌之明訓也。朕念夫神皋奥區，大眾所聚。俗有五方之異，吏有百司之繁。貴近豪幷，輕犯法禁。迫蹙則已苛細，寬縱則有放紛。尹正之才，不止乎決事。無留當官，有守而已。維其明智足以照物，厚重足以鎭浮。先事以銷其萌牙，臨文以破其機械。俾夫下國有以依放，則庶幾乎古之治矣。……歐陽某，道德仁義，固其深蘊。文學政事，矧乃兼長。老於詞禁之中，未愜搢紳之望。今詳試以煩劇，命允釐於浩穰。寵以延閣之拜，優以京輔之授。爾其念古訓而用乂，毋曰時異，稍艱乎施設也。可特授依前……翰林學士、兼龍圖閣學士、權知開封府。兼畿內勸農使，仍舊刊修唐書，兼判秘閣秘書省……。

按神宗實錄本傳墨本、四朝國史本傳、揚希閔編先生年譜及歐陽發等述先公事迹，摘要分述如次：

一、神宗實錄本傳墨本先生全集頁一三五六

同修玉牒、兼龍圖閣學士、權知開封府。承包拯威嚴之後，一切循理，不事風采。或以爲言；修曰：人材性各有短長，實不能舍所長彊其所短。

二、四朝國史本傳、先生全集頁一三六七

加龍圖閣學士知開封府，承包拯威嚴之後。簡易循理，不求赫赫之名，京師亦治。

三、續資治通鑑長編卷一百八十七、頁一三六

嘉祐三年六月庚戌，翰林學士歐陽修兼龍圖閣學士權知開封府。修承包拯威嚴之後，一切循理，不事風采。或以爲言；修曰：人材性各有短長，實不能舍所長強所短也。

四、韓琦言

嘉祐三年夏，兼龍圖閣學士權知開封府事。前尹孝肅包公，以威嚴得名，都下震恐。而公動必循理，不求赫赫之譽。或以少風采爲言。公曰：人材性各有短長，吾之長止於此，惡可勉其所短以徇人邪！既而京師亦治。

五、吳充言

公之尹京，承包孝肅公之後。包以威嚴爲治，公一切循理，不事風采。或以爲言。公曰：人材性各有短長，今捨所長，彊其所短，以徇俗求譽，我不能也。至寵貴犯禁令，又求苟免者，必寘於法。雖詔命，有所不從，且請加本罪二等。至今行之，由公奏進也。

六、蘇轍言

嘉祐三年，加龍圖閣學士權知開封府事。所代包孝肅公，以威嚴御下，名震都邑。公簡易循理，不求赫赫之譽。有以包公之政勵公者。公曰：凡人材性不一，用其所長，事無不舉。強其所短，勢必不逮，吾亦任吾所長耳。聞者稱善。

七、揚希閔編先先年譜

所代包孝肅公，以威嚴御下，名震都邑。公則簡易循理，不求赫赫之名。有以包公之政勵公者。公曰：凡人材性不一，用其所長，事無不舉；強其所短，勢必不逮。但當盡我所爲，烏可勉所短以徇人耶？既而京師亦治。

八、歐陽發等述先公事迹、先生全集頁一三七七

㈠、先公知開封府，承包孝肅公之後。包公以威嚴為治，名震京師。而公為治循理，不事風采。或謂公曰：前政威名，震動都下，眞得古京兆尹之風采。公未有動人者，奈何？公曰：人材性各有短長，豈可捨己所長，勉強其所短，以徇俗求譽。但當盡我所為，不能則止。既而都下，事無不治。

㈡、開封府既多近戚寵貴干令犯禁，而復求以內降苟免。先公既受命，屢有其事。即上奏論列，乞今復求內降以免罪者，更加本罪二等。內臣梁舉直私役官兵，付開封府取勘。既而內降放罪，凡三次內降，公終執而不行。

六月甲寅十五日，詔學士院編錄國朝以來所撰制誥文字。乃依照先生日前所上「論編學士院制詔箚子」所請。

七月己卯，朝廷內降箚子開封府推官吳充，除戶部判官。

按係因臣僚上言，吳充與權知開封府歐某為親家之影響。類此情形，只要有人上言。朝廷為避免親屬同在一衙門擔任主管官職，勢須妥善調整，以杜嫌疑。據近制，推官或改判官，規定須經三年，方許除授三司判官。充在開封府始逾年即改調，咸認頗為僥倖。

是月末，先生就任開封府，未及兩月。深感首善之區，權貴困擾頻繁。前任包公以威嚴為治，名震都邑。他則依照過去多次出守州郡，深得吏民愛戴。離任之後，皆立生祠，以表感恩懷德之施政事迹。繼續深入基層，探詢民間疾苦。發現問題，力謀解決。他是以儒化為

本，循理而治。不事風采，不懼權貴。認眞負責，實事求是。明辨是非，恩德並濟。故其數月之間，治績斐然，吏民稱慶。

對於權貴倖求內降事件，認爲干亂公朝，敗壞綱紀。即上「請今後乞內降人加本罪二等箚子」。

首述諫官陳旭起請僥求內降之人，委二府劾奏於請者之罪，蒙朝廷依奏施行。旋聞有李璋者，因僥求內降之事，果受責罰。自後就罕聞有再敢僥求內降，以希冀恩賞之事。以此顯見朝廷至公之法，定可令行而禁止。然而陳旭所請，不過只爲恩賞之一端。但小人之僥求，可謂無所不至。

接著坦陳：「自權知開封府，未及兩月之間，十次承準內降。或爲府司後行、或爲宮院婕嬚、或爲內官及干繫人吏等。本府每具執奏，至於再三，而干求者內降不已。至於婢妾賤人犯姦濫等事，亦敢上煩聖聽以求私庇。宦豎小臣自圖免過，反彰聖君曲法之私。雖有司執奏，終許公行。然小人干求，未有約束止絕。」

然後提出辦法，懇求俯允施行：

一、今後應有因事敢干求內降者，依舊許本府執奏。

二、乞根究因緣干救之人，奏攝下府勘劾，重行責罰。

三、如本人自行干請者，亦乞一就勘鞫，加元犯本罪二等斷遣。

四、其情理稍深及干求不已者，亦許本府一面牒報御史臺，彈糾勘劾施行。

終十月，因建殿違禮，遂作「論郭皇后影殿箚子」：

先生所領太常禮院，接到御藥院公文。稱奉聖旨，送畫到景靈宮廣孝殿後修蓋郭皇后影殿圖子一本，赴太常禮院詳定。

經過參詳核對，認爲大有問題。經查近年京師土木建築，糜耗國用，積弊特深。推原究始，在於差遣內臣監修，利於偷竊官物。尤其工程完成之後，冀求恩賞成風。由是多方設法，巧立名目。務廣興作，獲取私利。甚至託以祖宗神御，擴張事勢。近年以來，如此興造之事，每年都有。因此，特爲奏論今之所爲，違悖祖制。如云：

景靈宮建自先朝，以尊奉聖祖。陛下又建眞宗皇帝、章懿太后神御殿於其間。天下之人皆知陛下奉先廣孝之意。然則此宮乃陛下奉天奉親之所，今乃欲以後宮已廢未復之后。建殿與先帝、太后並列。瀆神違禮，莫此之甚。臣謂此事必不出於聖意，皆小人私與興作，有所僥求爾。蓋自前世帝王，於宗廟之外。別爲廟享以追奉祖宗者，則有之。未聞有自追奉其后妃者也。蓋小人不識事體，但苟一時之利，不思虧損聖德。

然後，懇請「特賜寢罷，以全典禮。」其事遂寢。

嘉祐四年（一〇五九）己亥，先生五十三歲，在京城。

正月，先生憂民之苦，故對今年三元放燈之俗例，認爲不是出自典禮所定。乃因朝廷皆以俯徇與民同樂之衆意，並非只有嬉遊，而勉出臨幸。所謂此事「若乃時豐歲和，人物康富。以爲樂事，亦是人情。」但依考查所知，都下民間實際情況而言：

今自立春以來，陰寒雨雪。小民失業，坊市寂寥。寒凍之人，死損不少。薪炭食物，其價增倍。民憂凍餓，何暇遨遊。

接著舉例，就以本府日閱公事來說：

內有投井、投河不死之人，皆稱因爲貧寒，自求死所。今日有一婦人凍死，其夫尋亦自縊。惟里巷之中，失所之人，何可勝數。

昨日雖有朝廷恩意，爲此差官周恤及分送賻儀，以示悼念之意。然而，目下陰雨未解，即使天氣晴明，坊市道路，難免泥淖不堪。何況「方以日蝕之災，避殿減膳。聖心憂畏，中外所知。」

然後坦誠建議，分爲三點如次：

一、特罷放燈所有常年酺獻之禮。

二、若至日未得晴明，亦乞差大臣攝事。

三、見今供擬遊幸及修道路寒凍兵士，並乞放罷。

奏上，仁宗從之。此事不僅爲朝廷節省國庫支出，解除京城百姓之苦，尤其影響天下民心。一念之仁，善莫大焉。

先生念念乞一近鄉州郡，冀以事少養病。更藉得俸祿，就近因便營緝祖墳。故於今月，連上三狀，情辭懇切，皆未蒙俯允。摘要分述如次：

一、乞洪州第二劄子（第一狀係於嘉祐二年九月上奏，未允所請，已於上述。）

縷陳數年侍從，所職清閑，迄無報效。繼謂：「忽被選差，俾權京尹。……遽蒙煩使，不可再辭。亦欲勉彊年歲之間，少陳筋力之效。苟無曠敗，乞一外州。不意眼目舊疾，遽然發動。……舊患已及十年，兩目眊然，中外具見。近一兩月來，暗昏疼痛，屢在假告，不無廢事。

然後懇乞「依蔡襄例，除臣洪州一次。俾解繁劇，以養衰殘」。

二、乞洪州第三狀

自陳衰病，乞外不允。故又續言：「臣以庸繆，過叨奬擢。不能陳力，輒欲辭勞。……睛瞳眊昏，視物稍多，其痛如割。欲頻請假告，則浩穰之地，豈自遑安。欲竭力枝梧，則疾患內攻，有難勉彊。夙夜憂畏，不知所爲。

然後懇乞「憫臣衰殘，察臣愚拙。許解繁劇，假一遠外之州，俾之待罪。」

三、乞洪州第四劄子

首言：「臣近兩曾陳乞，差知洪州一任，未蒙恩許……。」

接著剖析衷情「自丁憂服闋，便患腳膝。近又風氣攻注，左臂疼痛，舉動艱難。一身四肢，不病者有幾！以此貪冒榮祿，兼處劇繁，實知難濟。矧自權行府事以來，三致臺諫上言，兩煩朝廷起獄。其碌碌常事，亦無分寸可稱。蓋其資材本自庸虛，加以精神日漸耗竭。處之清職，則論議謀猷，無一可取。擢以煩使，又心力疲憊，自訴不能……。

然後懇請：「矜臣此志，乞一外任差遣，得以養理衰殘。誓於餘年，少圖報效。」

先生一再上狀，因仁宗欲留其在朝廷，另有倚畀任用，故未允許外調。此就以後事實，即可證明。

第三節　轉給事中同提舉在京諸司庫務

嘉祐四年二月戊辰三日，奉詔准免開封府，轉給事中，同提舉在京諸司庫務。制詞云：

勅、漢制，給事中日上朝謁，平尚書奏事。近世所職雖異，而其親近左右，爲最要密。非得端士，不以付焉。……歐陽某，性質純良，識用明果。直道自奮，至忠不回。向自禁林，尹正京邑。摧抑權幸，崇獎善良。獄訟簡飾，幾至無事。方此眷賴，以圖靖嘉。而迺屢形奏封，求請便郡。朕惟亮正之益，不可使遠外。而煩劇之任，宜有以均勞。延登瑣闈，以備顧問。爾其祇服，體朕意焉。可特授給事中，依前知制誥史館修撰，充翰林學士兼龍圖閣學士，提舉在京諸司庫務。仍舊刊修唐書，兼判秘閣秘書省，散官勳封賜如故。

先生奉詔，即上「辭轉給事中箚子」，聖旨不許辭讓。於是又上「再辭給事中箚子」。分述如次，藉明一再辭讓之心意。

一、辭轉給事中劄子

臣近曾陳乞外任差遣，伏蒙聖慈許臣解罷府事，兼授臣給事中。臣本以庸虛，誤蒙獎任，不能陳力。況未及期，遽以衰病自求罷去。理當黜責，以勵不才，豈宜非時濫被恩賞。況臣權府之初，已蒙加以兼職，到今才及半年有餘。不因朝廷別有差使，只是自以疾病求罷，豈可又轉一官。雖聖恩優厚，過寵衰殘。而臣自揣量，無容濫受。所有恩命，乞賜停寢。只許令臣歸院供職，所貴少安疲病。

二、奉聖旨不許辭讓，便令授告勑者

臣本庸材，蒙陛下擢在翰苑，言語侍從。既無所納以伸報效，任以煩使。又自陳疲病，訴以不能。然則如臣久冒寵榮，果堪何用。上賴聖君優容，未加黜責。豈可授命之日，已蒙加職。不久罷去，又復轉官。此臣所以慚懼徊徨不敢即授也。……欲望聖慈察臣無所堪用，矜臣能自揣量。俾寢新恩，免貽羣議。

先生一再上狀，仍不許辭讓。於是又上「舉呂公著自代狀」。如云：

伏見司封員外郎崇文院檢討呂公著，出自相門，躬履儒行。學贍文富，器深識遠。而靜默寡欲，有古君子之風。用之朝廷，可抑浮俗。置之左右，必爲名臣。非惟臣所不如，實當今難得之士。臣今舉以自代。

狀上，自然未蒙採納。由是更足以了解仁宗對於先生倚畀之殷切，認同其權知開封府半年有餘，以儒化爲本，循理而治。不事風釆，不求赫赫之名的成就。他雖無法辭讓新職，但得離開封，仍感如釋重負。此其與好友吳長文書，即知其感受。如云：「某病中聞得解府學，如釋籠縛。交朋聞之，亦爲愚喜也。請外又須更作一節，般挈上下，重以爲勞。數日卜居稍定，遂得從公游矣，拙詩取笑。」

先生奉旨不許再辭讓，只好俟交接後，就任地位崇高之日，上朝謁平尙書奏事、給事中幷同提舉在京諸司庫務之職。雖仍兼多職，然無權貴困擾之壓力。就其所長，自然游刃有餘，輕鬆愉快。

三月，先生兼充御試進士詳定官。仁宗賜御書「善經」二字，以示寵遇之重。此時作有許多詩文。摘述數首如次，殊堪體味。

一、古詩

㈠、鳴鳩 崇政殿後考試所作，以下同

天將陰，鳴鳩逐婦鳴中林，鳩婦怒啼無好音。天雨止，鳩呼婦歸鳴且喜，婦不亟歸呼不已。逐之其去恨不早，呼不肯來固其理。……

君不見人心百態巧且艱，唸危利害兩相關。朝爲親戚暮仇敵，自古常嗟交道難！

㈡、代鳩婦言

人言嫁雞逐雞飛，安知嫁鳩被鳩逐。古來有盛必有衰，富貴莫忘貧賤時。女棄父母嫁曰歸，中道捨君何所之。天生萬物各有類，誰謂鳥獸爲無知？雖無仁義有情愛，苟聞此言寧不悲！

㈢、看花呈韓子華內翰

老雖可憎還可嗟，病眼眵昏愁看花。不知花開桃與李，但見紅白何交加。春深雨露新洗濯，日暖金碧相輝華。……老病對此不知厭，年少何用苦思家。

㈣、和聖俞唐書局後叢莽中得芸香一本之作用其韻

有芸黃其華，在彼眾草中。清香濯曉露，秀色搖春風。幸依華堂陰，一顧曾不蒙。大雅彼君子，偶來從學宮。文章高一世，論議伏羣公。多識由博學，新篇匪雕虫。唱酬爛眾作，光輝發幽叢。在物苟有用，得時寧久窮。可嗟凡草木，糞壤自青紅。

二、律詩

㈠、禮部貢院閱進士就試

紫案焚香暖吹輕，廣庭清曉席羣英。無譁戰士銜枚勇，下筆春蠶食葉聲。鄉里獻賢先德行，朝廷列爵待公卿。自慚衰病心神耗，賴有羣公鑒裁精。

㈡、戲答聖俞持燭之句

辱君贈我言雖厚，聽我酬君意不同。病眼自憎紅蠟燭，何人肯伴白鬚翁。花時浪過如春夢，酒敵先甘伏下風。惟有吟哦殊不倦，始知文字樂無窮。

㈢、答王禹玉見贈

昔時叨入武成宮，曾看揮毫氣吐虹。夢寐閑思十年舊，笑談今此一罇同。喜君新賜黃金帶，顧我宜為白髮翁。自古薦賢為報國，幸依精識士稱公。

三、乞與尹構一官狀

先生念念不忘故友尹洙，不幸遭冤，致抑鬱以終。過去雖曾竭盡心力，照顧其遺族，但力有未逮。今爲其子構乞官，惠及後嗣，乃見眞情。故特上「乞與尹構一官狀。」

首言尹洙：「文學議論，爲當世所稱。忠義剛正，有古人之節。」初在館閣，不畏權臣，力排眾黨。奏論范仲淹被貶饒州之事，遂坐貶黜。其後元昊叛亂，西北用兵。忠誠協助帥臣范仲淹禦敵，始終鎮守邊疆。整軍經武，勦撫兼施。較諸一時將領，最爲竭盡心力。

次謂：「羣邪醜正，誣構百端。卒陷罪辜，流竄以死。嚮蒙陛下仁聖恩憐，哀其冤枉。特賜清雪，俾復官資。足以感動羣心，勸勵忠義。」

最後懇陳：「今洙孤幼，並在西京。家道屢空，衣食不給。洙止一男構，年方十餘歲。惸然無依，實可嗟惻。伏見將來袷享大禮，在近羣臣，皆得奏蔭子孫。伏望聖慈錄洙遺忠，憫洙不幸。特賜其子一官，庶霑寸祿，以免飢寒。則天地之仁，幽顯蒙德。」

是月戊戌，翰林學士韓絳，奉旨權知開封府。

先生上朝，得知三司使爭奪經過。對時任權御史中丞包拯，未避其嫌，認爲有損名節，深感惋惜。他曾於嘉祐元年七月初旬，在上再論水災疏中，暢論欲救大弊，弭大患，敢請起用進賢以濟庶務之說。特爲舉薦包拯、張瓌、呂公著、王安石四人。對於包拯，則言：「清節美行，讜言正論。自列侍從，良多補益。祇因小故，竟棄之出知池州遐遠之地。」已詳載於十一章第三節中。此一奏論，應有提供仁宗權衡用人的作用。狀上，旋於八月癸丑，詔復龍圖閣直學士兵部員外郎知池州包拯、爲刑部郎中知江寧府。十二月壬子又詔以知江寧府包拯，爲右司郎中權知開封府。包公以威嚴爲治，名震都邑。按續資治通鑑長編卷一百八十四、頁一〇五云：

拯立朝剛嚴，聞其皆憚之。至於閭里童稚婦女，亦知其名，貴戚宦官，爲之歛手。舊制凡訟訴，不得徑造庭下。府吏坐門，先收狀牒，謂之牌司。極開正門，徑使至庭。自言曲直，吏民不敢欺。京師大水，因言中官勢族築園榭多跨惠民河，故河塞不通，乃悉毀去。或持地券，自言有僞增步數者，皆審議奏劾之。

包拯自去年六月庚戌，由權知開封府調爲右諫議大夫權御史中丞迄今。按續資治通鑑卷一百八十九、頁一六〇、一六一、及宋史全文卷九下，頁三二二云：

一、三月己亥，三司使吏部侍郎張方平爲端明殿學士、兼龍圖閣學士、尚書左丞知除州。先是……御史中丞包拯劾奏張方平身主大計，而乘勢賤買富民邸舍，不可處大位，故命出守。改由應天府吏部侍郎宋祁爲三司使。

二、同月己未，新三司使吏部侍郎宋祁爲端明殿學士、翰林侍讀學士、龍圖閣學士、集賢殿修撰知鄭州。

右諫議大夫權御史中丞包拯爲樞密直學士、權三司使。

先是右司諫吳及言祁在定州不治，縱家人貸公使錢數千緡、及在蜀奢侈過度。而拯

> 亦言祁益部多游宴，且其兄庠方執政，不可任三司，累論之不已。庠因自言身處機密，弟總大計，權任太重，乞除祁外官，故命祁出守，而拯代居其位。

綜上所述，先生一本客觀公正、明辨是非，對事不對人的立場。遂作「論包拯除三司使上書」陳奏。全文一千四百餘言，指拯不避嫌疑，處理乖當。義正辭嚴，褒貶適中。旨在乞另置他職，以全拯之名節。可謂忠誠懇切，奏論公允。至理名言，可爲歷史公評，垂範千古。先生惜賢愛士之心，闡釋大是大非之意，無損於包公處理此事之疏失。謹摘述如次：

論包拯除三司使上書

首論治天下者，重在知人、用人。朝廷重教化，得以決定風俗之厚薄，治道之隆污。所謂「故常務尊名節之士，以風動天下，而聳勵其婾薄、而君人者，亦常全名節，以養成善士。」先生認爲名節之士，貴以自重其身。所謂：「知廉恥，修禮讓。不利於苟得，不牽於苟隨，而惟義之所處。白刃之威，有所不避。折枝之易，有所不爲，而惟義之所守。其立於朝廷，進退舉止，皆可以爲天下法。」

接著對於包拯爲人處事之心態，有所褒貶。尤其認爲拯於短暫時日，曾先後彈奏兩位三司使，影響臺中寮屬相繼論列，交章力言。致使張、宋二人先後罷去。而又僅數日之間，即已受命，遂代其任。未避嫌疑，至感惜嗟。如云：

> 陛下近除前御史中丞包拯爲三司使，命下之日，中外喧然。以謂朝廷貪拯之材，而不

爲拯惜名節。然猶冀拯能執節守義，堅讓以避嫌疑，而爲朝廷惜事體。數日之間，聞拯已受命，是可惜也。亦可嗟也！

拯性好剛，天姿峭直。然素少學問，朝廷事體，或有不思。至如逐其人而代其位，雖初無是心。然見得不能思義，此皆不足恠。若乃嫌疑之迹，常人皆知可避，而拯豈獨不思哉！

昨聞拯在臺日，常自至中書，詬責宰相，指陳前三司使張方平過失，怒宰相不早罷之。既而臺中寮屬，相繼論列。方平由此罷去，而以宋祁代之，又聞拯亦曾彈奏宋祁過失。自其命出，臺中寮屬，又交章力言，而祁亦因此而罷，而拯遂代其任。此所謂蹊田奪牛，豈得無過？而整冠納履，當避可疑者也。如拯材能資望，雖別加進用，人豈爲嫌。其不可爲者，惟三司使爾。非惟自涉嫌疑，其於朝廷，所損不細。

然後暢論上述觀念之本末，約可分爲七點簡言之：

一、評析國家數十年來，務以恭謹靜慎爲賢之士君子。以至循默苟且，頹惰寬馳，習成風俗。百職不修，紀綱廢壞。黠虜犯邊，兵出無功。財用空虛，公私困弊。盜賊並起，天下騷然。上奮然感悟，思革其弊。進用三數大臣，銳意更張。

二、增置諫官，寵用言事之臣。修紀綱，而繩廢壞。分別賢不肖，進退材不材。久弊之俗，驟見而駭。共相指責言事者，誣以好訐陰私。或以爲公相傾陷、或謂沽激名譽，或謂自圖進取。羣言百端，幾惑上聽。

三、幸賴上聖明，察見諸臣本以忘身徇國，非爲己利，遂荷保全。中外之人，久漸爲信。二十年間，臺諫之選，納諫之善，荷上盛德。補助朝廷，不爲無功。今日成效，豈可不惜？

四、言人之過，似於激訐。逐人之位，似於傾陷。言事者得以自明，惟無利於其間。天下之人所以爲信，亦以其無所利。今拯併逐二臣，自居其位。使將來姦佞者，得以爲說，惑亂主聽。今後言事者，不爲人信，而無以自明。聖明用諫之功，一旦由拯而壞。

五、有所不取之謂廉，有所不爲之謂恥。近臣舉動，人所儀法。使拯於此時有所不取而不爲，可以風天下以廉恥之節。而拯取其所不宜取，爲其所不宜爲。豈惟自薄其身，亦所以開誘他時言事之臣，傾人以覬得。相習成風，爲患不小。

六、拯所恃者，惟以本無心。心者，藏於中而人所不見。迹者，示於外而天下所瞻。今拯欲自信其不見之心，而掩天下之迹，是猶手探其物，口云不欲。雖欲自信，人誰信之，此所謂嫌疑之不可不避。

七、拯少有孝行，聞於鄉里。晚有直節，著於朝廷。但其學問不深，思慮不熟。而處之乖當，其人亦可惜！

最後，懇請仁宗「別選材臣爲三司使，而處拯他職，置之京師，使拯得避嫌疑之迹，以解天下之惑，而全拯名節。……朝廷致諫之初甚難，今又復見用諫之效已著，實不欲因拯而壞之者，爲朝廷惜也」。

疏奏，拯即家避命。不許，久之乃就職。

先生素重人才，對天下士，自布衣處士，以至宰輔大臣。不論窮達顯晦，識與不識。只要遇有適當時機，定爲剖析因由竭力舉薦。尤對遭受冤屈之情，更爲據理力言，多所昭雪。茲又作有「舉丁寶臣狀」。摘述如次：

首言太常丞湖州監酒務丁寶臣，前任知端州日，因遭儂智高叛亂事停官，敘理監當。

接著他剖析當時狀況，係因嶺南州縣，例以素無備禦。一遇儂智高賊勢強大，攻劫各地，勢如破竹之壓迫。官吏愴惶失措，各自奔逃。當時惟獨丁寶臣曾抓得賊營探事之人，便以斬決，更曾抵抗賊寇。朝廷知其如此，故他人皆剗奪兩官，獨丁寶臣只奪一官，由此可見其比眾人情理之輕。

然後爲寶臣不幸被屈，懇請恩赦。如云：

伏見寶臣履行清純，頗有官業。惟海賊遽至，力屈致敗，出於不幸。今者伏遇袷享恩赦，欲望聖慈特與不候監當滿任，牽復官資，就移一親民差遣。如後犯入己贓，臣甘當同罪。

同時，先生又奉勑旨，爲見闕臺官下學士院，令他與孫抃等共同保舉兩人聞奏。他冷靜深思，認爲此事大有斟酌，必須坦誠表達心意。於是即上「乞免舉臺官劄子」。他說：

學士之職，置自有唐。初以文辭供奉人主，其後漸見親信。至於朝廷機密及大拜除，

> 每被詢訪，皆與參決。當時居是職者，選擇既精，信任亦重。下至五代，莫不皆然。國朝遵用唐制，尤重其任。自比年以來，選用之際，時容繆濫。職以人廢，官以人輕。往時臺官闕人，只命學士一員獨舉，今乃令三人共舉。若以爲俱可信，則一員足以公舉；若以爲俱不可信，則雖衆舉，亦豈爲得人；若以爲有可信有不可信者，則自宜捨不可信者，專委可信者；其不可信者既不稱職，罷黜之可也。

他認爲朝廷所以遽改舊制，而學士不足取信。檢討原因，皆由用非其人。例如用他和其他在院學士三員共同保舉兩人，就是用非其人。其關鍵在於時譽先生喜士爲天下第一，知人薦引之多且賢。於今，竟奉勑令三人同舉兩人。而胡、宿二人，各曾獨舉臺官，已荷朝廷取信。惟他未曾舉人，故需三人同舉。因此坦陳，自慚材識庸暗，不能知人。使他隨衆署名，深感爲恥。況欲三人所見皆一，理必不能。所以懇乞：

> 聖慈免臣共舉，欲依舊制，只命學士一員專舉。況孫抃、胡宿、嘗曾舉官，可以不疑。如以臣爲不可獨任，乞候將來有臺官員闕，更不差臣專舉。非敢避事，直以任非其才，不足取信。致煩朝廷改更舊制，以此不敢不言。

狀上，仁宗允如先生所請。因此，心情較比輕鬆，公餘之暇，作有古、律詩數十首。特摘錄十一首如次：

一、古詩

㈠、清明風雨三日不出因書所見呈聖俞

此乃全集目錄所載詩題，按題目為：清明前一日，韓子華以靖節斜川詩見招，遊李園。既歸，遂苦風雨，三日不能出。窮坐一室，家人輩倒殘壺，得酒數杯。泥深，道路無人行，去市又遠。索於筐筥，得枯魚乾蝦數種。彊飲疾醉，昏然便寐。既覺索然，因為所見，奉呈聖俞。

少年喜追隨，老大厭諠譁。慚愧二三子，邀我行看花。
花開豈不好，時節亦云嘉。因病既不飲，眾歡獨成嗟。
管絃暫過耳，風雨愁還家。三日不出門，堆壓類寒鴉。
妻兒強我飲，飣餖果與瓜。濁酒傾殘壺，枯魚雜乾蝦。
小婢立我前，赤腳兩髻丫。軋軋鳴雙絃，正如艣嘔啞。
坐令江湖心，浩蕩思無涯。寵祿不知報，鬢毛今已華。
有田清潁間，尚可事桑麻。安得一黃犢，幅巾駕柴車。

(二)、依韻奉和聖俞二十五兄見贈之作

與君結交遊，我最先眾人。我少既多難，君家常苦貧。
今為兩衰翁，髮白面亦皴。念君懷中玉，不及市上珉。
珉賤易為價，玉棄久埋塵。惟能吐文章，白虹射星辰。
幸同居京城，遠不隔重闉。朝罷二三公，隨我如魚鱗。
君聞我來喜，置酶留逡巡。不往主人請，自脫頭上巾。

歡情雖漸鮮，老意益相親。窮達何足道，古來茲理均。

㈢、小飲坐中贈別祖擇之赴陝府

明日當君千里行，今朝始與一罇酒。豈惟明日難重持，試思此會何嘗有。……
擇之名聲重當世，少也多奇晚方偶。西州政事藹風謠，右掖文章煥星斗。待君歸日我
何爲，手把鋤犁汝陰叟。

㈣、夜坐彈琴有感二首呈聖俞

吾愛陶靖命，有琴常自隨。無絃人莫聽，此樂有誰知？
君子篤自信，衆人喜隨時。其中苟有得，外物竟何爲！
寄謝伯牙子，何須鍾子期。
鍾子忽已死，伯牙其已乎。絕絃謝世人，知音從此無。
瓠巴魚自躍，此事見於書。師曠嘗一鼓，羣鶴舞空虛。
吾恐二三說，其言皆過歟。不然古今人，愚智邈已殊。
奈何人有耳，不及鳥與魚。

㈤、明妃曲和王介甫（安石）作

胡人以鞍馬爲家，射獵爲俗。泉甘草美無常處，鳥驚獸駭爭馳逐。誰將漢女嫁胡兒，
風沙無情貌如玉。身行不遇中國人，馬上自作思歸曲。推手爲琵卻手琶。胡人共聽亦
咨嗟。玉顏流落死天涯，琵琶卻傳來漢家。漢宮爭按新聲譜，遺恨已深聲更苦。纖纖

女手生洞房，學得琵琶不下堂。不識黃雲出塞路，豈知此聲能斷腸。

㈥、再和王介甫作明妃曲

漢官有佳人，天子初未識。一朝隨漢使，遠嫁單于國。絕色天下無，一失難再得。雖能殺畫工，於事竟何益。耳目所及尚如此，萬里安能制夷狄。漢計誠已拙，女色難自誇。明妃去時淚，灑向枝上花。狂風日暮起，飄泊落誰家。紅顏勝人多薄命，莫怨春風當自嗟。

石林詩話云：

前輩詩文，各有平日得意不過數篇，然他人未必能盡知也。張子厚善書，余嘗於其家見歐陽公子棐。以烏絲闌絹一軸，求子厚書文忠公明妃曲兩篇、廬山高一篇。略云：先公平生未嘗矜大所爲文，一爲被酒語棐曰：吾詩廬山高，今人莫能爲，唯李太白能之。明妃曲後篇，太白不能爲，惟杜子美能之。至於前篇，則子美亦不能爲，唯吾能之也。因欲別錄此三篇藏之，以誌公意。

二、律詩

㈠、詳定幕次呈同舍　御試進士時，詳定卷子，幕次在崇政殿後。

來時宮柳綠初匀，坐見紅芳幾番新。蜂密滿房花結子，還家何處覓殘春。

㈡、禁中見鞓紅牡丹　洛中花之奇者也

盛遊西洛方年少，晚落南譙號醉翁。

白首歸來玉堂署，君王殿後見鞓紅。

㈢、和江鄰幾學士桃花　用其韻，時在崇政殿後詳定幕次。

草上紅多支上稀，芳條綠萼憶來時。
見桃著子始歸後，誰道仙花開落遲。

㈣、送襄陵令李君

綠髮襄陵新長官，面顏雖老渥如丹。折腰聊為五斗屈，把酒猶能一笑歡。
紅棗林繁欣歲熟，紫檀皮軟禦春寒。民淳政簡居多樂，無苦思歸欲掛冠。

㈤、景靈宮致齋

攝事衰年力不疆，誰憐岑寂臥齋坊。青苔點點無人迹，綠葉陰陰覆砌涼。
玉宇清風來處遠，仙家白日靜中長。卻視九衢車馬客，自然顏鬢易蒼蒼。

四月丁卯，奏告今冬太廟親行祫饗之禮。
癸酉孟夏九日薦饗，並攝太尉行事。
丙子十二日，差充羣牧使。
先生得喘疾，仍致力唐書撰述，如與好友趙叔平書中所云：

久不奉狀，乃以今夏暑毒，非常歲之比。壯者皆不堪，況早衰多病者可知。自盛暑中得喘疾，在告數十日。近方入趨，而疾又作。動輒伏枕，情緒無悰。而唐書不久終篇，用是更少盤桓。待祠既畢，當即決去。形容心志，皆難勉強。……自叔平兄去後，子華作憲，遂鮮歡。

又作古律詩

一、古詩

夜聞風聲有感、奉呈原父舍人、聖俞直講

夜半羣動息，有風生樹端。颯然飄我衣，起坐爲長歎！苦暑君勿厭，初涼君勿歡。暑在物猶盛，涼歸歲將寒。……櫛髮變新白，鑑容銷故丹。風埃共侵迫，心志亦摧殘。萬古一飛隼，兩曜雙跳丸。擾擾賢與愚，流沙逐驚湍。其來固如此，獨久知誠難……。

二、律詩

㈠、夏享太廟攝事齋宮、聞鶯寄原父

四月田家麥穗稠，桑枝生椹鳥啁啾。風城綠樹知多少，何處飛來黃栗留。

㈡、送王平甫下第

歸袂搖搖心浩然，曉船鳴鼓轉風灘。朝廷失士有司恥，貧賤不憂君子難。執手聊須爲醉別，還家何以慰親懽。自慚知子不能薦，白首胡爲侍從官！

宋代建國，已歷百年。仁宗在位，瞬逾三十八載。自慶歷迄今，固已力圖改弊求新，施行仁政。奈因用人不當，朝廷紀綱，仍甚紊亂。各級官吏，浮奢佚欲，因循苟安，導致風俗流蕩等積習難改。多年以來，先生雖曾累次上章諫諍建言，迄難見效。而今身處翰苑，聖眷正隆。得有機會，遂作「賜中書門下戒僭侈詔」，布告中外。針對時弊懇切曉諭，不失爲治宿疾者之一劑良方。

端午，作有帖子二十首。先生於至和元年九月，就任翰林學士。十二月，曾作「春帖子」分別爲皇帝閤等二十首。因荷仁宗讚賞，歎曰：「舉筆不忘規諫，眞侍從之臣也。」故在翰苑期間，每年春及端午，內廷各閤帖子，例多由先生所作。茲摘錄端午帖子五首，即可概見：

一、皇帝閤：

(一)香菰黏米著佳名，古俗相傳豈足矜。
天子明堂遵月令，含桃初薦黍新登。

(二)聖主憂勤致治平，仁風惠澤被羣生。
自然四海歸文德，何用靈符號辟兵。

二、皇后閤：

玉壺冰彩瑩寒光，避暑宸遊樂未央。
采艾不須禳毒沴，塗椒自己馥清香。

三、溫成閤：

雲散風流歲月遷，君恩曾不減當年。

非因掩面留遺愛，自爲難忘窈窕賢。

四、夫人閤：

蓬萊仙闕彩雲中，端日欣逢歲歲同。
皎潔霜紈空詠扇，深沉玉宇自生風。

六月，甲申二十一日，刪定景祐廣樂記。

先生作有「病暑賦」和劉原父作

吾將東走乎泰山兮，履崔嵬之高峰。蔭白雲之搖曳兮，聽石溜之玲瓏。……吾將西登乎崑崙兮，出於九州之外。

覽星辰之浮沒，視日月之隱蔽。披閶闔之清風，飲黃流之巨派。……

四方上下皆不得以往兮，顧此大熱，吾不知夫所逃。萬物並生於天地，豈余身之獨遭。任寒暑之自然兮，成歲功而不勞。惟衰病之不堪兮，譬燎枯而灼焦。……

賴有客之哀余兮，贈端石與蘄竹。得飽食以安寢兮，瑩枕冰而簟玉。知其無可奈何而安之兮，乃聖賢之高躅。惟冥心以息慮兮，庶可忘於煩酷。

七月，先生作有「秋聲賦」。按黃公渚選注歐陽永叔文中有云：「賦爲風雅變體，取工駢儷。古文家罕所沿襲，歐公居士集亦不多見。秋聲賦，描寫精靈。末以人世憂勞致慨，於悲秋中寓警悟之意，可謂神品。」允爲歷代士林所雅重，照錄如次：

秋聲賦

歐陽子方夜讀書，聞有聲自西南來者，悚然而聽之。曰：異哉！初淅瀝以蕭颯，忽奔騰而砰湃。如波濤夜驚，風雨驟至。其觸於物也，鏦鏦錚錚，金鐵皆鳴。又如赴敵之兵，銜枚疾走。不聞號令，但聞人馬之行聲。余謂童子，此何聲也？汝出視之。童子曰：星月皎潔，明河在天。四無人聲，聲在樹間。余曰：噫嘻！悲哉！此秋聲也，胡爲而來哉！

蓋夫秋之爲狀也，其色慘淡。煙霏雲歛，其容清明。天高日晶，其氣慄冽。砭人肌骨，其意蕭條，山川寂寥。故其爲聲也，淒淒切切，呼號憤發。豐草綠縟而爭茂，佳木葱籠而可悅。草拂之而色變，木遭之而葉脫。其所以摧敗而零落者，乃其一氣之餘烈。

夫秋，刑官也，於時爲陰。又兵象也，於行用金，是謂天地之義氣，常以肅殺而爲心。天之於物，春生秋實。故其在樂也，商聲主西方之音，夷則爲七月之律。商、傷也，物既老而悲傷也。夷、戮也，物過盛而當殺。

嗟乎！草木無情，有時飄零。人爲動物，惟物之靈。百憂感其心，萬事勞其形。有動於中，必搖其精。而況思其力之所不及，憂其智之所不能。宜其渥然丹者爲槁木，黟然黑者爲星星。奈何以非金石之質，欲與草木而爭榮。念誰爲之戕賊，亦何恨乎秋聲。童子莫對，垂頭而睡。但聞四壁蟲聲唧唧，如助余之歎息！

八月癸未，朝廷賜殿中丞致仕龍昌期五品服，絹百匹。文彥博少從昌期學，因力薦之，故有是賜。此在當時，不過官場例行小事，不足爲怪。只因當事者涉及詭誕言論，而屢荷權貴薦拔。雖年將九十，且係致仕獎褒。仍被忠耿敢言之衛道臣僚，彈奏追奪。足見仁宗崇儒重道之心志，採納建言，故能發揚華夏文化之光輝。

昌期陵州人，寶元中，韓琦使蜀，奏授國子西門助教。文彥博知益州，召置州學，奏改校書郎。並承明鎬薦舉，遷太子洗馬致仕。又以明堂恩遷殿中丞，可謂官途順遂。豈料致仕榮歸之際，仍遭追奪恩賜。緣因昌期前上所著書百餘卷，詔下兩制看詳。兩制均言：「昌期詭誕穿鑿，指周公爲大姦，不可以訓。乞令益州毀棄所刻板本。」昌期年幾九十，詣闕自辨。

先生適在翰苑，知制誥劉敞，皆鄙視昌期之人品。乃分別上狀彈劾昌期異端害道，當伏少正卯之誅，不宜推獎。同知通進銀臺司兼門下封駁事何郯，亦封還詔書，乃追奪昌期所賜遺歸。大快朝野人心，士林傳爲笑談。既可顯示朝廷明辨是非，賞罰公正，更能警惕權貴之偏私。

是月丁亥，先生爲好友知杭州梅摯，作「有美堂記」。

首先敘述作記概況：

「嘉祐二年，好友梅摯以龍圖閣直學士尚書吏部郎中出守杭州。臨行之時，仁宗寵之以詩。到任之後，喜愛山川美景。觸動靈感，遂取賜詩之首章爲名，始作有美之堂。而他極愛斯堂，雖去而不忘。今年自金陵遣人至京師，懇請先生爲記，其請至六七而不倦。相知既深，乃爲之記。據朱晦庵（熹）文集：「梅龍圖摯知杭州，作有美堂，最得登臨佳處，公爲之作記。人謂公未嘗至杭，而所記如目覽。坐堂上者，使之爲記，未必能如是詳也。」接著則言所記內容，先生未嘗至杭，而所記猶勝親臨目睹者。此即所謂仁者胸襟，隱藏宇宙。儒宗智慧，包羅萬象，曷勝欽遲。如云：

夫舉天下之至美與其樂，有不得而兼焉者，多矣……。

然後，僅言梅氏爲「好學君子」，以爲結語，更顯畫龍點睛之妙。如云：梅公清愼，好學君子也，視其所好，可以知其人焉。

又與趙叔平書：

近嘗奉狀，秋雨早寒，不審尊候何似。昨辱書，言郡封不安，勞慮醫藥。數日前，聞果不起，伏惟哀悼之懷，何以堪處！無由陳慰，徒用瞻仰。叔平素喜浮圖之說，死生之際，固已深達。茲顧未能頓至無念，諒用此，可以少寬哀苦之情爾。交游無以爲言，聊以此塞悲。奈何！奈何！更希爲國自重也……。

九月，丁酉五日，先生奉勅祈晴相國寺。

甲寅，上章奏論：「史之爲書，以紀朝廷政事得失，及臣下善惡功過，宜藏之有司。往時李淑以本朝正史進入禁中，而焚其草。今史院但守空司而已。乞詔龍圖閣別寫一本，下編修院以備檢閱故事。」詔從之，以爲定制。

十月壬申十一日，車駕朝饗景靈宮。

癸酉十二日，袷饗太廟，大赦天下。先生奉詔攝侍中行事。男子百歲以上者，特推恩命，民父母年八十以上，復其一丁；士人有節行，學術，爲鄉里所推者，委轉運使提點刑獄，同加搜訪，每路各三兩人。仍與本處長吏具事實，連書結狀以聞。委中書門下，再行詢察，特加試用。諸路鮮發有就試人多，鮮額少處，今既並歸土著，令禮部量添鮮額。

丁丑十六日，先生奉詔加護軍，食實封三百戶。

十一月庚子，汝南郡王允讓卒。

宋史云：「趙允讓（益之，九九五——一〇五九）元份第三子，英宗本生父。天資渾厚，判大宗正司，卒年六十五，追封濮王。」

十二月，作有「論史館日曆狀」。全文九百六十餘言，首敍歷代政府，皆以史職爲重。編制用人，功效顯著。然後暢論近年以來，諸多缺失。他以身兼史職，責無旁貸。故敢針對積弊，提出妥善可行辦法。允稱一篇懇切敢言，有主張、並列舉辦法之精闢奏論。爲便於閱覽，摘要條述如次：

一、簡述國朝史職制度

自前世有國者，莫不以史職爲重。國朝之史，以宰相監修，學士修撰。又以兩府之臣，撰時政記。選三館之士，當升擢者，乃命修起居注。如此，不爲不重矣。

二、列舉近年積弊

近年以來，員具而職廢。其所撰述，簡略遺漏，百不存一。至於事關大體者，皆沒而不書。此實史官之罪，而臣之責也。然其弊，在於修撰之官。惟據諸司供報，而不敢書所見聞故也。

㈠、今時政記，雖是兩府臣寮修纂。然聖君言動有所宣諭，臣下奏議事關得失者，皆不紀錄，惟書除目辭見之類。

㈡、至於起居注，亦然。與諸司供報公文無異。修撰官只據此銓次，繫以月日，謂之日曆而已。是以朝廷之事，史官雖欲書而不得書也。

㈢、自古人君，皆不自閱史。今撰述既成，必錄本進呈。則事有諱避，史官雖欲書，而又不可得也。

㈣、加以日曆、時政記、起居注，例皆承前。積滯相因，故纂錄者常務追修累年前事。而歲月既遠，遺失莫存。至於事在目今，可以詳於見聞者。又以追修積滯，不暇及之。若不革其弊，則前後相因，史官永無舉職之時。使聖朝典法，遂成廢墜矣！

㈤、趙元昊自初僭叛，至復稱臣。始終一宗，事節皆不曾書。亦聞修撰官甚欲紀述，以修纂後時，追求莫得故也。其於他事，又可知焉。

三、建議可行辦法

㈠、乞特詔修時政記、起居注之臣，並以德音宣諭臣下奏對之語書之。其修撰官不得依前只據諸司供報編次除目辭見，並須考驗事實。其除某官者以某功。……其貶某職者坐某罪。……事有文據及迹狀明白者，皆備書之。所以使聖朝賞罰之典，可以勸善懲惡，昭示後世。

㈡、若大臣用情朝廷賞罰不當者，亦得以書爲警戒，此國家置史之本意也。

㈢、至於其他大事，並許史院據所聞見書之。如聞見未詳者，直牒諸處會問，及臣寮公議異同朝廷裁置處分並書之。

㈣、已上事節，並令修撰官逐時旋據所得，錄爲草卷，標題月分於史院，躬親入櫃封鎖。候諸司供報齊足，修爲日曆，仍乞每至歲終，命監修宰相，親至史院，點檢修撰官紀錄事迹。內有不勤其事隳官失職其，奏行責罰。

㈤、其時政記、起居注、日曆等，除今日以前積滯者不住追修外，截自今後，並令次月供報。如稍遲滯，許修撰官自至中書、樞密院催請。

㈥其諸司供報拖延及史院有所會問，諸處不畫時報應，致妨修纂者，其當行手分，並許史院牒開封府勾追嚴斷。

㈦、其日曆，時政記、起居注，並乞更不進本。

四、目的

所貴少修史職，上存聖朝典法。

第十三章　轉禮部侍郎拜樞密副使

第一節　上新唐書轉禮部侍郎

嘉祐五年（一〇六〇）庚子，先生五十四歲，在京城。

正月初四日，先生當直，依例應撰批答內降殿前都指揮使許懷德恩命表一道。按節度史移鎮及加恩，皆別上表再辭。每降批答，遣內侍齎賜，必有所遺。是歲殿前都指揮使許懷德，以祫享加恩；又自保寧移鎮建雄，乃共為一表。

先生經勘會發覺許某竟敢玅慢朝命，故即先後上狀奏論許懷德狀，庶肅朝綱。

其一、先生指出許懷德移鎮及祫享加恩，自合兩表陳讓。但其只曾投進一表，批答後更不曾進第二表。稽停至今，已經四十餘日。制書留在閤門，既不受命，又不陳讓，直待至今移鎮之際，方於讓表內順便引敘「祫享加恩，乞併寢二命」。

根據上述，顯見「許懷德以祫享例加恩命為輕，所以更無表讓。卻於今來表內，因帶敘陳其前來恩制。久已稽留，不讓不受。顯是輕侮朝廷，違慢君命。閤門無所申舉，臺司風憲亦無彈糾。況懷德身是將臣，職典禁衛。敢此違廢國家典制，罪大不恭」。

先生痛恨許懷德違慢不恭之罪，慷慨直指其心迹行爲。故對其批答，不予撰辭。並「乞下所司勘劾懷德，正以典刑。庶肅朝綱，以戒不恪」。

其二、摘錄全文如次：

臣竊以謂治天下在明號令，正朝廷在修紀綱。號令所行，紀綱所振，由人主有賞罰之柄也。若號令出而不從，紀綱弛而不整。又不以賞罰臨之，而欲正朝廷治天下，臣不知其可也。……方祫享始畢，恩典推行。命出之日，宰相押班，百官在列。宣揚制誥，布告天下。而將臣偃蹇，不肯受命，稽停制書四十餘日。有司無所申舉，恬然不以爲恠。是陛下號令不能行於朝廷，而紀綱弛壞於武士。凡士之知治體者，皆爲陛下惜也。臣謂方今國家全盛，天下無虞，非有彊臣悍將難制之患。而握兵之帥，輒敢如此不畏朝廷者。蓋由從前不惜事體，因循寬弛，有以馴致也。今若又不正其罪罰，而公爲縱弛，則恐朝廷失刑，自此而始。武臣驕慢，亦自此而始。號令不行於下，紀綱遂壞於上，亦自此而始。

夫古人所謂見於未萌者，謂之明也。若事有萌而能杜其漸者，又其次也。若見其漸而興之浸成後患者，深可戒也。

臣前日爲許懷德事曾有奏論，略陳大概。蓋以方今賞罰之行，只據簿書法令以從事，而罕思治體。況如懷德，在法非輕，於事體又重。故臣復罄愚瞽，伏乞聖慈裁擇而行之。

綜觀兩狀，旨在闡釋：明號令、修紀綱、嚴賞罰，實爲關係國家之盛衰。倘若自此武臣驕慢，號令不行，紀綱敗壞。徒見其漸，浸成後患，深感憂慮。

三月，先生作有古律詩多首，摘錄四首如次：

一、古詩

㈠、送吳生南歸（一作送吳孝宗字子京）

自我得曾子（鞏），於茲二十年。今又得吳生，既得喜且歎。古士不並出，百年猶比肩。區區彼江西，其產多材賢。

吳生初自疑，所擬豈其倫。我始見曾子，文章初亦然。

……吳生始見我，袖藏新文篇。忽從布褐中，百寶寫我前。明珠雜璣貝，磊砢或不圓。問生久懷此，奈何初無聞？吳生不自隱，欲吐羞俛顏。少也不自重，不爲鄉人憐。中雖知自悔，學問苦賤貧。自謂久而信，力行困彌堅。今來決疑惑，幸冀蒙洗湔。我笑謂吳生，爾其聽我言。世所謂君子，何異於眾人。眾人爲不善，積微成滅身。君子能自知，改過不逡巡。惟於此二者，愚智遂以分。顏回不貳過，後世稱其仁。孔子過而更，日月披浮雲。……子其悔其往，人誰禦其新。醜夫祀上帝，孟子豈不云。臨行贈此言，庶可以書紳。

先生對於初識之士，竟以長篇古詩，作爲送別贈言。細咏詩意，就可體會儒宗知人之明，期勉士子之切。

㈡、二月雪

寧傷桃李花，無損杞與菊。杞菊吾所嗜，惟恐食不足。花開少年事，不入老夫目。老夫無遠慮，所急在口腹。風晴日暖雪初銷，踏泥自採籬邊綠。

㈢、奉送原父侍讀出守永興

釣君以荆州魚枕之蕉，贈君以宣城鼠須之管。酒如長虹飲滄海，筆若駿馬馳平坂。愛君尚少力方豪，嗟我久衰歡漸鮮。文章驚世知名早，意氣論交相得晚。魚枕蕉，一舉十分當覆盞。鼠須管，為物雖微情不淺。新詩醉墨時一揮，別後寄我無辭遠。

二、律詩

答和閣老劉舍人雨中見寄

花間鳥語愁泥滑，屋上鳩鳴厭雨多。坐見殘春一如此，可憐吾意已嗟跎。蕭條兩鬢霜餘草，瀲灩十分金卷荷。此物猶能慰衰老，稍晴相約屢相過。

是月，先生對於朝廷新改茶法，認為是本末倒置，害民怨恨。新法雖欲救其弊失，然反而為國誤計。可謂惟知圖利，而不圖其害。溯自令下之日，即先為峻法，禁絕人言。今已踰年，公私均感不便。朝野士庶，莫不敢怒不敢言。因此，特上「論茶法奏狀」。全文一千餘言，慷慨坦陳，列舉一利五害之說。摘述其利害如次：

一、一利

茶之新法施行，而民無私販之罪，歲省刑人甚多。

二、五害

㈠、江南荊、湖、兩浙數路之民。舊納茶稅，今變租錢。使民破產亡家，怨嗟愁苦，不可堪忍。

㈡、自新法既用，小商所販至少，大商絕不通行。……今乃斷絕商旅。

㈢、自新法之行，稅茶路分，猶有舊茶之稅，而新茶之稅絕少。年歲之間，舊茶稅盡，新稅不登，則頓虧國用。

㈣、往時茶多而賤，遍以天下。……今茶頓貴，故近茶之處，頓食貴茶。遠茶之方，向去更無茶食。

㈤、聞自明年以後，舊茶當盡，無可算請。則河北和糴，實要見錢。不惟客旅得錢，變轉不動。兼亦自京師歲歲輦錢於河北和糴，理必不能。

建議：特詔主議之臣，不護前失，深思今害。黜其遂非之心，無襲弭謗之迹。除去前令，許入獻說。極加詳定，精求其當。庶幾不失祖宗之舊制。冒禁有言，伏待罪責。

四月丁卯九日，薦饗太廟，先生攝太尉行事。

氣候轉熱，先生深以衰病困擾。作有與好友王龍圖益柔（勝之）書，告知食杏影響腮頰腫痛之苦。如云：

> ……大熱遂如此，衰病不能支，入夏便患口齒。昨日食數大杏，今日腮頰腫痛。針刺出血，不能常食若此，是將奈何！奈何！

八日癸未，先生知己摯友梅堯臣（聖俞）病逝，哀悼欲絕！作有哭聖俞七言古詩及祭梅聖俞文各一首。照錄如次：

一、哭聖俞七言古詩（詩無月日）

昔逢詩老伊水頭，青衫白馬渡伊流。灘聲八節響石樓，坐中辭氣凌清秋。一飲百盞不言休，酒酣思逸語更遒。河南丞相稱賢侯，後車日載枚與鄒。我年最少力方優，明珠白璧相報投。詩成希深擁鼻謳，師魯卷舌藏戈矛。三十年間如轉眸，屈指十九歸山丘。凋零所餘身百憂，晚登玉墀侍珠旒。詩老齏鹽太學愁，乖離會合謂無由。此會天幸非人謀，頷鬚已白齒根浮。子年加我貌則不，歡猶可彊閑屢偷。不覺歲月成淹留，文章落筆動九州。釜甑過午無饘餾，良時易失不早收。篋櫝瓦礫遺琳璆，薦賢轉石古所尤。此事有職非吾羞，命也難知理莫求，名聲赫赫掩諸幽。翩然素旐歸一舟，送子有淚流如溝。

二、祭梅聖俞文（七月丁亥朔九日乙未祭奠）

維嘉祐五年歲次庚子七月丁亥朔九日乙未。具官歐陽脩謹率具官呂某、劉某、以清酌庶羞之奠。致祭於亡友聖俞之靈而言曰：昔始見子，伊川之上。余仕方初，子年亦壯。讀書飲酒，握手相歡。談辨鋒出，賢豪滿前。謂言仕宦，所至皆然。但當行樂，何有憂患。子去河南，余貶山峽。三十年間，乖離會合。晚被選擢，濫官朝廷。薦子學舍，吟哦六經。余才過分，可愧非榮。子雖窮厄，日有聲名。余狷而剛，中遭多難。氣血先耗，髮鬚早變。子心寬易，在險如夷。年實加我，其顏不衰。謂子仁人，自宜多壽。余譬膏火，煎熬豈久。事今反此，理固難知。況於富貴，又可必期。念昔河南，同時一輩。零落之餘，惟予子在。子又去我，余存兀然。凡今之遊，皆莫余先。紀行琢辭，子宜余責。送終卹孤，則有眾力。惟聲與淚，獨出余臆。尚饗！

三、梅聖俞墓誌銘並序

在序中，言及聖俞於今年四月乙亥得疾，居八日癸未卒。粤六月甲申，其孤載其柩南歸。明年正月丁丑，葬於宣州陽城鎮雙歸山。由此可見，此文應爲今年其子載其柩南歸前所作。故特摘錄如次：

嘉祐五年，京師大疫。四月乙亥，聖俞得疾，臥城東汴陽坊。朝之賢士大夫往問疾者，騶呼屬路不絕。城東之人，市者廢，行者不得往來。咸驚顧相語曰：茲坊所居大人。誰邪？何致客之多也。居八日癸未，聖俞卒。於是賢士大夫又走弔哭如前日益多。而其尤親且舊者，相與聚而謀其後事。自丞相以下，皆有以賻卹其家。粤六月甲申，其孤載其柩南歸。以明年正月丁丑，葬於某所。聖俞、字也，其名堯臣。姓梅氏，宣州宣城人也。自其家世頗能詩，而從父詢以仕顯。至聖俞，遂以詩聞。自武夫貴戚童兒野叟，皆能道其名字。雖妄愚人不能知詩義者，直曰此世所貴也。吾能得之，用以自矜。故求者日踵門，而聖俞詩遂行天下。其初喜爲清麗閒肆平淡，久則涵演深遠，間亦琢刻以出怪巧。然氣完力餘，益老以勁。其應於人者多，故辭非一體。至於他文章，皆可喜。非如唐諸子號詩人者，僻固而狹陋也。聖俞爲人，仁厚樂易，未嘗忤於物。至其窮愁感憤，有所罵譏笑謔，一發於詩。然用以爲驩而不怨懟，可謂君子者也。初在河南，王文康公見其文。歎曰：二百年無此作矣！其後大臣屢薦宜在館閣。嘗一召試，賜進士出身，餘輒不報。嘉祐元年，翰林學士趙槩等十餘人列言於朝曰：梅某經行修明，願得留與國子諸生。講論道德，作爲雅頌，以歌詠聖化。乃得國子監直講。三年冬，始於太廟。御史中丞韓絳言天子且親祠，當更制樂章以薦祖考。惟梅某爲宜，亦不報。聖俞初以從父蔭，補太廟齋郎。歷桐城、河南、河陽三縣主簿。以德興縣令知建德縣、又知襄城縣、監湖州鹽稅、簽署忠武鎭安兩軍節度判官、監永濟倉、國子監直講、累官至尚書都官員外郎。嘗奏其所撰唐載二十六卷，多補正舊史闕繆。乃命編修唐書。書成，未奏而卒。享年五十有九，曾祖諱遠、祖諱邈，皆不仕。父諱讓，太子中舍致仕，贈職方郎中。母曰仙遊縣太君束氏、又曰清河縣太君張氏。初娶謝氏，封南陽縣君。再娶刁氏，封某縣君。子，男五人。曰增、曰墀、曰坰、曰龜兒。一早卒。女二人，長適太廟齊郎薛通、次尚幼。聖俞學長於毛氏詩。爲小傳二十卷、其文集四十卷、注孫子十三篇。余嘗論其詩曰：世謂詩人少達而多窮。蓋非詩能窮人，殆窮者而後工也。聖俞以爲知言。銘曰：

> 不戚其窮，不因其鳴。不躓於艱，不履於傾。養其和平，以發厥聲。震越渾鍠，眾聽以驚。以揚其清，以播其英。以成其名，以告諸冥。

先生得意門生曾鞏（子固），來京攜其文晉謁請益。子固屢蒙先生爲之延譽，名滿天下，終成一代文豪，榮列唐宋古文八大家之一。王安石由其薦引受知於先生，得蒙累次專摺薦舉王安石遷職。雖在仁宗、英宗兩朝未受重用，然後來神宗對其特達之知，應有助益。己卯，度支判官直集賢院王安石，同修起居注。安石以入館才數月，館中先進甚多，不當超處其右，固辭之。先生乃又薦安石爲羣牧判官。召入，改爲三司度支判官。

六月，與好友王郎中道損書：

> ……辱見諭，碑文及拙詩，續當遞中奉寄。以唐書甫了，初謂遂得休息，而卻送本局寫印本。一字之誤，遂傳四方，以此須自校對。其勞苦牽迫，甚於書未成時。由是未遑及他事，以屢失信於長者。不避忉忉，承首塗有日，旦日當詣謁。人還且此，不能盡情。

細閱書中所言，可見先生爲人誠信忠懇，處事認眞負責。對於修撰綜理編輯唐書之完成，厥功至偉。

七月戊戌十二日，先生等上呈新修唐書二百五十卷，幷爲提舉編修曾公亮作「進新修唐書表」。摘述如次：

首敘編修唐書因緣：

臣公亮言：竊維唐有天下，幾三百年。其君臣行事之始終，所以治亂興衰之迹，與其典章制度之英，宜其粲然著在簡册。而紀次無法，詳略失中。文采不明，事實零落，蓋百有五十年。然後得以發揮幽昧，補緝闕亡，黜正僞謬。克備一家之史，以爲萬代之傳。成之至難，理若有待……。

繼則稱頌得以啓發編修之動力：

陛下有虞舜之智而好問，躬大禹之聖而克勤。天下平和，民物安樂，而猶垂心積精以求治要。日與鴻生舊學，講誦六經，考覽前古。以謂商、周以來，爲國長久，惟漢與唐。……乃因邇臣之有言，適契上心之所閔。

然後依次列舉完成全書之有功臣僚，以及篇目等概要：

於是刊修官翰林學士歐陽修、端明殿學士宋祁、編修官知制誥范鎮、王疇、集賢校理宋敏求、秘書臣呂夏卿、著作佐郎劉羲叟等，並膺儒學之選，悉發秘府之藏。俾之討論，共加删定。凡十有七年，成二百二十五卷。其事則增於前，其文則省於舊。至於名篇著目，有革有因。立傳紀實，或增或損。義類凡例，皆有據依。纖悉綱條，具載別錄……。

朝廷根據曾公亮奏表，對於完成全書之刊修及編修官，皆依次進秩或加職，仍賜器幣有差。

庚子十四日，先生榮恩推賞，轉禮部侍郎。制詞云：

勅、古之為國者，法後王，為其近於己，制度文物可觀故也。唐有天下，且三百年。明君賢臣，相與經營扶持之。其盛德顯功，美政善謀，固已多矣。而史官非其人，記述失序。使興壞成敗之迹，晦而不章，朕甚恨之。故擇廷臣筆削舊書，勒成一家。……翰林學士歐陽修……等，網羅遺逸，厥協異同。凡十有七年，大典乃立。閎富精覈，度越諸子矣，皆雠有功。朕將據古鑒今，以立時治。為朕得法，其勞不可忘也，皆遷秩一等。布其書天下，使學者咸覩焉。修可特授守尚書禮部侍郎……依前封賜如故。（宋祁等事略）。

多年以來，先生負責修撰及編修所付出之心力最多，得以完成此一萬世文化瑰寶。深獲仁宗賞識信任，恩賞亦最隆厚。然而，他不居功，卻縷述同僚到局時間最長，用功最多。實愧無功受賞，理有不安。故特上「辭轉禮部侍郎劄子」。如云：

……伏思聖恩所及，必以臣近進唐書了畢。凡與修書官，並均睿澤。竊緣臣與他修書官不同。檢會宋祁、范鎮到局，各及一十七年；王疇一十五年；宋敏求、呂夏卿、劉義叟並各十年已上。內列傳一百五十卷，並是宋祁一面刊修。一部書中，三分居二。范鎮、王疇、呂夏卿、劉義叟。並從初置局，便編纂故事。分成卷草，用功最多。如臣者，蓋自置局已十年後。書欲有成，始差入局。接續殘零，刊撰紀志六十卷。是臣到局月日不多，用功最少。

> 今來一例受賞，臣實愧心。兼臣自嘉祐二年，蒙恩轉諫議大夫、三年蒙恩加龍圖閣學士、四年蒙恩轉給事中。到今方及一年，豈可又以無功濫賞。臣不敢虛飾辭讓，煩黷朝廷。理有不安，實難自默，欲望聖慈特寢新命。

二十三日，朝廷詔書不允乞寢恩命。先生又上「再辭轉禮部侍郎狀」中。

全文旨在剖陳前後所授恩命不少，撫心內愧，不敢自欺。再以唐書置局十餘年，而他最後到局。接續分撰，卷數不多，用功最少。所以謙稱不敢與從初置局及在局年久資深，用功勤勞同僚，一例受賞。所陳情事確實，皆有依據。絕非過飾僞辭，博取好讓之虛名。故感夙夜徊徨，莫知所措。因此，坦言：

> 若以臣雖無功效，不欲獨遺。欲望聖慈稍加裁損，或於階勳食邑，一有所霑。俾臣得不過分，足以爲榮。臣若自欺不書，則冒寵雖多，爲愧愈甚。

先生負責編撰、刊修唐書。史筆流傳，代有公評。茲按王雲五主編、林逸編著商務印書館發行，新編中國名人年譜集成第九輯、宋歐陽文忠公修年譜、茲摘錄現代名家三人之評語，藉明梗概。

一、楊家駱新校本兩唐書識語、新校本新唐書索引一

新舊唐書由來

> 五代時劉昫撰有唐書二百卷，至仁宗時命公與宋祁重寫。前者稱舊唐書，自慶曆四年建議修書至嘉祐五年上表，則首尾十七載也。就今見舊唐書之有刊本言，新唐書成就

於舊唐書後一百一十五年，而刊成則可能早六七十年。

宋人除司馬光外，一般於舊唐書雖有傳抄本，似不甚重視。

二、錢穆中國史學名著㈡

新舊唐書比較

前人一般批評，新唐書志表爲優。而志表則爲公所撰，紀傳乃宋祁所撰，可見公於唐書貢獻最大。當時朝廷規定，書成作者由官爵較高者署名，理應歸公居之。公則以宋祁高齡，自係後輩，因而分別署名。德讓可風，傳爲佳話。

兩書比較：舊唐書無兵制、選舉志及表。新唐書則均添進，如宰相世系表、方鎮表、宗室世系表等，以宰相表與方鎮表用處最大。況且每一志，公必備大文在前，如藝文志、禮樂志、斑斑可考，尤具特色。由此可見新唐書在舊唐書之上。

三、紀、志、表、系譜興盛

方豪宋史第十二章，宋代之史學、頁一八六

公所撰，紀、志、表三者，實有其重要貢獻。蓋自三國志以後，表志已廢，歐公爲之復興。而系譜之學，宋時本已走入沒落之途者，乃又復盛。新唐書之食貨志、兵志與藝文志，實勝於舊書之經籍等。

是月，先後連上乞洪州第五劄子、及第六第七狀。簡述如次：

一、乞洪州第五劄子

……久列侍從，訖無補報。年齒老大，疾病侵陵。聽重目昏，聰明並耗。髮白手顫，精力俱衰。兼以父母墳塋遠在江外，未有得力子弟照管，誠心迫切。臣自三四年來，累曾陳乞一外任差遣。中間緣奉勑刊修唐書，未見次第。所以盤桓歲月，不敢再三堅請。今來唐書已得了當。欲望聖慈差臣知洪州一次，所冀退養衰拙，兼便私塋……。

二、乞洪州第六狀

……近瀝懇私，上干睿聽。以臣年衰多病，父母墳墓在遠，無人照管。乞一次江西差遣，至今未蒙恩旨。臣以病攻於外，事迫於中。既不自安，實難緘默。……臣自視形容如此……實慮早衰易殞。恐遂不得一償宿志，以爲終身之恨。臣自數年以來，雖累曾陳乞。而懇誠不至，天聽未回。……伏念臣本乏材能，初無階授。特蒙睿獎，拔自常流。置在侍從，殆今十有七年矣。訖無補報，孤負恩榮。……哀臣情實迫切。乞賜檢會數年以來，前後陳乞，特許與除知洪州一次……。

三、乞洪州第七狀

臣奉被今月二十一日詔書一道，以臣陳乞江西差遣宜不允者。……自供職禁庭，殆今七載。屬中外無事，文書甚簡。……是臣事業，去之亦何闕於事，存之又奚補於時。將何以上煩睿慈，曲示恩意。特頒詔諭，前例所無。捧讀驚慙，繼以感涕。……臣材無可用，年又漸衰。外有私營，冀償夙素。欲望聖慈畀之一郡，使其志畢願從。若天幸餘齡，未塡溝壑。則遺簪舊物，尚或冀於見收。而疲馬君軒，豈不知於有戀。……

謹具狀陳乞以聞，伏候勑旨。

先生前後七狀，一心懇乞許知洪州一次。目的在於退養衰拙，兼便私塋。多次陳奏，雖均極懇切，然終難如願以償。其關鍵全在仁宗日益倚重，欲留在內，故不令外放任職。所以有拜樞密院副樞密使之命，旋又拜參知政事之命。先生亦知位高責重，勢難得請外任。惟有竭智盡忠，益勵勤慎，報效國家，造福人民，庶幾無負仁宗知遇寵任之隆。

八月，先生多次懇乞外任，無奈未蒙俯允。公餘之暇，則嗜蒐集碑刻，藉以充實集古錄的編錄。此時，移鎮金陵之好友馮當世，先後惠寄各種碑刻，極感欣慰，遂有三次書信往來。

一、告知請外，未蒙允聽

……其衰病迫於歸計，唐史奏御，遽陳危懇，而未蒙聽允。進無所補，退不獲志。負愧周行，不知所措……。

二、謝前惠碑，甚濟編錄

……本欲爲郡下客，復未可得。然使少遷延，終當必償夙志也。……前承惠碑，多佳者，甚濟編錄，感幸感幸。聞金陵有數廳梁、陳碑及蔣山題名甚多。境內所有，幸爲博採以爲惠，實寡陋之益也。病暑草率。

三、惠寄碑刻，至感喜幸

……承惠寄碑刻，既博而精，多所未見。寡陋蒙益，而私藏頓富矣。中年早衰，世好漸薄。獨於茲物，厥嗜尤篤。而俗尚乖殊，無患不獲同好。凡如所患，僅得二三，固已為難，而驟獲如是之多，宜其如何為喜幸也……。

此時，先生檢閱兼領羣牧司案牘，發現上（七）月壬子，有一朝旨，乃是：「命翰林學士吳奎、戶部副使吳中復、判度支判官王安石、右正言王陶，同相度監牧利害以聞。」一時國馬之政，因循不舉，言此以為當有更改。宋代自太祖立國，就有國馬之制。他權衡此事深感關係國政大計，必須慎重處理。故上「論監牧箚子」：

先生認為積習成弊，非止一時，今言事之官陳請選差臣僚，相度更改。若只坐案文籍，衡量現存之法制，採查繁瑣之條目，就加以增損，深恐不足以改革弊源。故云：

如欲大為更強，創立制度。則凡於利害，難以遙度。必須目見心曉，熟於其事。然後可以審詳裁制，果決不疑。蓋謀於始也不精，則行於後也難久。

因此，他以負責態度，必須克盡本職。乞請權暫差使，仍於吳中復等三人內，更差一人與他同到左右廂監牧地頭，躬親按視。相信三數月間，定能週遍詳究其根源，並可旁採於眾議。他的主張，不僅要求本單位主管竭盡職責，尤其重視與各有關部門，必須協調合作，以發揮總體的智慧與能力。所以說：「然後更將前後臣僚起請，與眾官參詳審處，與其坐而遙度，倉卒改更，其為得失，不可同日而論也。」

先生檢討古今馬政，以及牧放之地興廢情況。他說：「今馬政，皆因唐制，而唐世牧地，皆與馬性相宜。西起隴右、金城、平涼、天水，外暨河曲之野，內則岐、豳、涇、寧，東接銀夏，又東至於樓煩，皆唐養馬之地。以今考之，或陷於夷狄，或已為民田，皆不可復得。」

然後根據往來奉使河東按察經驗，參考實際現況，提出適切可行辦法，乞請施行。如云：

聞今河東嵐石之間，山荒甚多。及汾河之側，草地亦廣。其間草軟水甘，最宜牧養。……此乃唐樓煩監地也，可以興置一監。……河東一路，山川峻深，水草甚佳。其地高寒，必宜馬性。及京西唐汝之間，久荒之地，其數甚廣。欲乞更下河東、京西轉運司差官，就近於轄下訪求草地，有可以興置監牧處。如稍見次第，即乞朝廷差官與羣牧司官員，同共往彼踏行擘畫。若可以興置新監，則河北諸監內有地不宜馬處，卻可議行廢罷。惟估馬一司，利害最為易見。若國家廣捐金帛，則券馬利厚，來者必多。於其多中，時得好馬。若有司惜費，則蕃部利薄。馬來漸少，兼亦好馬不來。……乞特差羣牧司或禮賓院官一員，直至秦州以來，體問蕃部，券馬利害。

凡此三者，雖暫差官。比及吳中復等檢閱本司文字，講求商議。未就之間，已畚來復。可以參酌相度，庶不倉卒輕為改更。

先生有「薦布衣蘇洵狀」

眉州布衣蘇洵，履行淳固，性識明達。……文章不為空言，而期於有用。其所撰權書、衡論、機策二十二篇。辭辯閎偉，博於古而宜於今。實有用之言，非特能文之士也。其人文行，久爲鄉閭所稱。而守道安貧，不營仕進。苟無薦引，則遂棄於聖時。……乞賜甄錄。

續資治通鑑長篇卷一百九十二、頁二〇九云

八月甲子，眉州進士蘇洵爲校書郎。洵年二十七，始發奮爲學。歲餘，舉進士，又舉茂才異等皆不中。悉焚其常所爲文，閉戶益讀書，遂通六經、百家之說，下筆頃刻數千言。嘉祐初，與其二子軾、轍至京師。翰林學士歐陽修，上其所著權書、衡論、機策二十二篇。宰相韓琦善之。召試舍人院，再以疾辭。本路轉運使趙抃等皆薦其行義，推於鄉里。而修又言洵既不肯就試，乞就除一官，故有校書郎之命。

九月丁亥一日，先生奉詔兼翰林侍讀學士。

上「辭侍讀學士狀」

……竊以學士不宜兼侍讀，臣於前歲已具陳論。當時蒙恩，遂許辭免。在於今日，豈宜復授。臣以衰殘，久塵禁署。已兼龍圖閣學士，而在院學士，多未有兼職。況臣前已有言，理宜自踐。欲乞許臣只兼舊職，其經延闕侍讀，則賜除人。所有誥勑，臣不敢祗受……。

又作有「奉答原父九月八日見過會飲之作」

老大惜時節，少年輕別離。我歌君當和，我酌君勿辭。……
問君此何時，秋風日益高。霜露漸離披，芳歲忽已晚。……

飛兔不戀羣，奔風誰能追。老驥伹伏櫪，壯心良可悲！

十月庚午十五日下元節，車駕朝拜景靈宮天興殿謁眞宗及章懿太后神御，先生奉詔攝侍中。

乙酉三十日，草詔有關濮王允讓稟葬祭文及撫問護葬使詔：

一、故賜濮王允讓十月三十日下事祭文

惟靈稟德甚茂，享年不遐。余心所哀，卹典斯備。往即安宅，享茲克誠。

二、撫問護葬使向傳式詔

葬之爲禮，右所重焉。方將事以在塗，顧勞心於祇役。眷賴之意，不忘於懷。

先生識拔賢才，無時或釋。此時又作舉薦二狀，簡述如次：

一、舉章望之、曾鞏、王回等充館職狀

……秘書省校書郎章望之，學問通博，文辭敏麗。不急仕進，行義自修，東南仕子以爲師範。太平州司法參軍曾鞏，自爲進士，已有時名。其所爲文章，流布遠邇。志節高爽，自守不回。前亳州衛眞縣主簿王回，學行純固，論議精明。尤通史傳姓氏之書，可備顧問。此三人者，皆一時之秀，宜被朝廷樂育之仁。……欲望聖慈特賜甄擢。如後不如舉狀，臣甘當同罪……。

二、舉蘇軾應制科狀

……新授河南府福昌縣主簿蘇軾，學問通博，資識明敏。文采爛然，論議蠭出。其行業修飭，名聲甚遠。臣今保舉，堪應材識兼茂，明於體用科。欲望聖慈召付有司，試其所對。如有繆舉，臣甘伏朝典……。

第二節　拜樞密副使

嘉祐五年十一月辛丑，先生奉詔拜樞密副使，加食邑五百戶，食實封二百戶。

一、辭樞密副使表

……自遭逢盛明，擢在侍從。聞嘗論天下之事，言出而眾怨已歸。思欲報人主之知，智短而萬分無補。徒厝危躬於禍咎，每煩聖造之保全。既不適於時宜，惟可置之閑處。故自叨還禁署，逮此七年。屢乞方州，幾於十請。瀝愚誠而懇至，被明詔之丁寧。……陛下急於求人，思以濟治。因柄臣之並選，憐舊物以不遺。然而致遠之難，力不勝者必速其覆。量材不可，能自知者猶得為明。敢冀睿慈，察其迫切。俾回渙渥，更選儁良……。

又辭副樞密與兩府書

……自叨塵侍從之聯，荏苒歲月之積。初無實効，少補明時。中被謗讒，固多憂而速老。素非強力，加困病以成衰。白首禁林，厚顏時彥。方欲自請江湖之上，漸謀田畝之歸。屢瀝危誠，未蒙恩許。敢希聖選，登貳樞庭。夙夕內循，俯仰惟懼。已形懇奏，期必寢停。伏望昭文相公借以閔憐，察其悃迫。幸因對見，特爲開陳。俾遂牢辭，庶安常分……。

二、謝樞密副使表

……伏奉制命。……尋具表陳免，蒙降批答不允斷來章者。……猥以備員，當命令之始行，方惶惑以自失。而睿恩至渥，召旨甚嚴。莫諧懇避之誠，徒負貪榮之愧。……憐樸直之無他，謂疲駑之可勉。俾承闕乏，以効拙勤。臣敢不奮勵無能之姿，感激難逢之會。職思其位，庶免於曠官。謀不以身，少期於報國。

又謝兩府書

比者叨膺聖選，俾貳樞庭。渙命已行，循涯匪稱。……久尸厚祿，進無補於高明。屢乞方州，冀漸謀於退縮。敢期誤寵，繆及匪才。此蓋伏遇昭文相公叶贊大猷，翊宣元化。爲時柱石，持物權衡。急於甄才，過及庸品。第堅一節，力勉不能。上酬聰睿之知，次答陶鎔之賜。

蘇轍欒城集有一段秘聞云

公拜樞密副使後，其夫人入謝。仁宗繼娶曹皇后「一見識之曰：夫人薛家女耶？」夫人進退明辯。自是每入，輒被顧問，遇事陰有所補。

甲寅二十九日，同修樞密時政記。

十二月，作有「論均稅箚子」。

先生前曾首言均稅事，乞差郭諮、孫琳、並蒙朝廷依如所言起自蔡州一縣，以方田法均稅。事方施行，因議者多言不便，故而停止。他近見朝廷特置均稅一司，差官分往河北、陝西均稅。始聞河北傳言人戶虛驚，所伐桑棗，尚不爲信。次見陝西州郡上言：「歲儉民飢，乞罷均稅。」

基於上述，使他稍已疑此一事，果爲難行。但朝廷之意，決在必行。於是造成障礙，言者之見，遂不得入。近者，他又見河北人戶凡千百人，聚訴於三司。然則道路傳言與州郡上言，雖爲不足取信。其如聚集千人於京師，此事不可掩蔽，則民情可知矣！

他根據事實，俯察民情，深感此事既不便民，朝廷理宜力救其失，乃提出意見及可行辦法。簡述如次：

> 均稅非以規利，而本以便民。如此，果便民乎！……小人希意承旨者，言利而不言害。俗吏貪功希賞，見小利，忘大害，爲國斂怨於民。朝廷不知則已，苟已知之，其可不爲救其失哉！
>
> 欲望聖慈特賜指揮，令均稅所只如朝廷本議，將實催見在稅數，量輕重均之。其餘生立稅數及遠年虛數，卻與放免。及未均地分，並且罷均。且均稅一事，本是臣先建言。聞今事有不便，臣固不敢緘默……。

嘉祐六年（一〇六一）辛丑，先生五十一歲，在京城。

正月，仍任樞密副使。先生心在江湖，覺得遽叨誤選，實出意外！此在與好友吳仲卿書中，即可體會他坦率的天性。如云：「奉別，忽見新歲。……某以孤拙之姿，不求合世。加以衰病，心在江湖久矣，此交親所共亮也。茲此遽叨誤選，實出意外。任責已重，而無素蘊，不敗何待。見愛深者。但可弔也。不然何以教之……。

二月與親友王君貺書，告知多年牙痛經驗，並附近得一藥方試用。如云：「……牙痛之患，中年以後人皆有之。患在醫方亦多，難得效。某數年來頗以爲苦，用藥多，殊未有驗。近於張唐公處，得一方，他言親用有效。然亦未曾合，今粗錄呈，可試用也……。

三月戊申二十五日，上幸後苑，賞花於華景亭，釣魚於涵曦亭，設宴於太清樓，可記盛事。如與好友吳長文書云：「春氣猶寒，竊承動履清勝。……某衰病日增，勉強碌碌，卒無毫分以塞咎責……前日賞花釣魚，獲侍清宴。自景祐三年逮今二十六年，獲見盛事，獨恨長文不在爾……。」

五月與好友王仲儀書，論及人生際遇。認爲盛衰之理，固常如此，奚足爲悲？如云：「……不相見數年，人事百變。前夕清卿之室，已與擇之共牢而食。士夫聞之，莫不竊歎。富貴浮名，何可久恃。至於妻子，亦不能保。然盛衰之理，固常如此，奚足爲之悲也？君謨已歸，皤然一翁，病勢自劉京來頓減。前日與余廣州在弊齋閑會，坐中相顧，歷道諫院中語笑，但奉思爾。衰病索然，百事俱懶，惟故人相見，庶幾有少清況爾……。

六月，與門下弟子焦千之書。如云：「今夏病暑，不可勝任。又得喘疾，遂且在告。蓋衰老之態，自然如此也。」

先生近見臺諫官因言得罪，接連謫外。影響朝野驚疑，至感大惑不解。因上「論臺諫官唐介等宜早牽復箚子」，全文一千三百餘言，針對問題，剖析利弊。祇爲維護朝廷難得建立之諫官制度，爲國惜賢。引證被逐各人出處本末迹狀，坦誠建言，懇請召還。摘述如次：

㈠、諍官優容與謫外

……近見諫官唐介、臺官范師道等因言陳旭事得罪。或與小郡，或竄遠方。陛下自臨御已來，擢用諍臣，開廣言路。雖言者時有中否，而聖慈每賜優容。一旦臺諫聯翩四出，命下之日，中外驚疑。臣雖不知臺諫所言是非，但見唐介、范師道皆久在言職。其人立言，各有本末，前後補益甚多。豈於此時，頓然改節。故爲欺罔，上昧聖聰。在於人情，不宜有此……。

㈡、人主聽言之難易

自古人主之聽言也，亦有難有易，在知其術而已。夫忠邪並進於前，而公論與私言交入於耳，此所以聽之難也。若知其人之忠邪，辨其言之公私，則聽之易也。凡言拙而直，逆耳違意。初聞若可惡者，此忠臣之言也。言婉而順，希旨合意。初聞若可喜者，邪臣之言也。

臣自立朝，耳目所記：景祐中，范仲淹言宰相呂夷簡，貶知饒州；皇祐中，唐介言宰相文彥博，貶春州別駕；至和初，吳中復、呂景初、馬遵言宰相梁適，並罷職出外；其後趙抃、范師道言宰相劉沆，亦罷出外；前年韓絳言富弼，貶知蔡州；今又唐介等五人言陳旭得罪。自范仲淹貶饒州後，至今凡二十年間，居臺諫者多矣，未聞有規諫人主而得罪者。臣故謂方今諫人主則易，言大臣則難。陛下若推此以察介等所言，則可知其用心矣。

㈢、各人出處本末事迹

昨所罷黜臺諫五人，惟是呂誨入臺未久，其他四人出處本末，迹狀甚明，可以歷數也。唐介前因言文彥博，遠竄廣西煙瘴之地。賴陛下仁恕哀憐，移置湖南，得存性命。范師道、趙抃、並因言忤劉沆。罷臺職，守外郡，連延數年，然後來復。今三人者，又以言樞臣罷黜。然介不以前蹈必死之地爲懼，師道與抃不以中滯進用數年爲戒。遇事必言，得罪不悔。蓋所謂進退一節，終始不變之士也。至如王陶者……可謂徇公滅私之臣矣。此四人者，出處本末之迹如此，可以知其爲人也……

㈣、斥逐諫官，阻塞言路

介等此者雖爲謫官，幸蒙陛下寬恩，各得爲郡，未至失所。其可惜者，斥逐諫臣，非朝廷美事。阻塞言路，不爲國家之利。而介等盡忠守節，未蒙憐察也。

㈤、請召還介等

欲望聖慈，特賜召還介等。置之朝廷，以勸守節敢言之士，則天下幸甚。

八月二日，先生「撰內制集序」。

先生憶昔在洛陽（西京）時，留守錢惟演（希聖），待之甚厚。尤荷通判謝鋒（希深），器重知己。幕府多名士，他與尹洙（師魯）、梅堯臣（聖俞）的交善，遂成莫逆摯友。此時，他想起錢思公（惟演）。嘗謂：

朝廷之官，雖宰相之重，皆可雜以他才處之。惟翰林學士，非文章不可。思公自言爲此語，頗取怒於達官，然亦自負以爲至論。今學士所作文書多矣，至於青文齋文，必用老子浮圖之說；祈禳祕祝，往往近於家人里巷之事；而制詔取便於宣讀，常拘以世俗所謂四六之文，其類多如此。然則可謂之文章者乎？

他在翰林六年，謙稱因天下無事，四夷和好，故無戰事。致使朝廷之文，類皆指麾號令，訓戒約束。自非因事，無以發明。且以中年早衰，意思零落。以非工之作，又無所遇以發。只有屑屑應用，拘牽常格。深感卑約不振，自覺可羞。於是道出此集之因由，以資笑談，故爲之序。如云：

然今文士，尤以翰林爲榮選。予既罷職，院吏取予直草，以日次之，約四百餘篇，因不忍棄。況其上自朝廷，內及宮禁，下暨蠻夷海外，事無不載。而時政記日曆，與起居郎舍人有所略而不記，未必不有取於斯焉。嗚呼！予且老矣！方買田淮潁之間。若夫涼竹簟之暑風，曝茅簷之冬日。睡餘支枕，念昔平生仕出處。顧瞻玉堂，如在天上。因覽遺藁，見其所載職官名氏。以較其人盛衰先後，孰在孰亡。足以知榮寵爲虛名，而資笑談之一噱也。亦因以誇於田夫野老而已。

第十四章　轉戶部侍郎參知政事

第一節　參知政事

嘉祐六年閏八月辛丑二十一日，先生奉詔轉戶部侍郎參知政事。並進官一等，進封開國公，加食邑五百戶。

制詞

勑、夫萬務之理，命令之出。謀謨於堂上，風行於天下。使來者可觀而與言無譏者，非吾二三相輔乎？本兵之府，號爲樞機。布政之方，實繫原柢。更踐大府，參知衡柄。向匪全德，疇副毗倚。樞密副使……歐陽某，識鑒明遠，才猷通劭。議論貫前儒之學，文章擅獨步之名。遍歷清華，迭居中外。自居重任，已試異能。忠言不私，直道無屈。是用易地，且俾遷官。……俾我有宋之治如三代盛時者，亦惟吾相輔而已。力行王道，今也其時。無謂吾不能行，其同心以濟，勉之哉！可特授依前守尚書禮部侍郎參知政事，進封開國公，加食邑五百户，食實封二百户……。

辭參知政事表

……恩榮所被、踽踽難安。本乏材能，徒緣幸會。列於侍從，白首無聞。置在樞機，素餐已甚。……矧惟政事之臣，實代天工之任。俾之贊貳，宜擇材賢。……伏望求俊乂於在廷，擢之不次。俾獲安於舊職，冀免速於罪辜。報効之誠，殞糜後已。

謝參知政事表

贊貳國鈞，參聞廟論。謂宜不次而選，冀得非常之材。迺以敘遷，俾之承乏。誤恩過被，訴讓靡從。……叨言語侍從之流，逮今踰紀。玷出納樞機之任，初乏可稱。幸先彈理之未加，每欲逡巡而引去。敢期睿眷，俾與政機。優以寵章，進其爵秩。望非意及，榮與憂并。……猥以備員，遂茲冒寵。敢不益堅素守，自勉不強。惟殫犬馬之勞，上答乾坤之造。

謝參政與兩府書

寵兼憂而並至，恩與責以俱深。叨讓靡從，撫循無措。……待罪樞庭，顧無分而可錄。備員政府，用累日以敘升。……誤加品目，俾玷光靈。雖冥拙之無知，豈忘感勵。苟疲駑之可策，尚冀涓塵。鄙訥之誠，敷陳罔罄。

宋代仁宗盛世，得以流芳萬世者。乃是先生轉任樞密副使至參知政事期間，協同韓琦輔政。百官奉法循理，故稱郅治。摘述兩點如次：

一、蘇轍欒城集云

公在兵府，與曾魯公考天下兵數。及三路屯戍多少，地理遠近，更爲圖籍。凡邊防人缺屯戍者，必加蒐補。其在政府，凡兵民官吏財吏之要。中書所當知者，集爲總目，遇事不復求諸有司。時富公久以母憂去位，公與韓公同心輔政。每議事，心所未可，必力爭。韓公亦開懷不疑。故嘉祐之政，世多以爲得。

二、歷代紀事年表云

時韓琦爲宰相，法令典故問曾公亮，文學之事問公。三人同修輔政，百官奉法循理，朝廷稱治。

九月庚申十一日，同修中書時政記。

先生齒痛求藥，與好友王仲儀書：「近以口齒淹延，遂作孽。兩頰俱腫，飲食言語皆不能。呼四醫工並來，未有纖效。聞仲儀有蜀中眞山豆根，乞一二兩。病苦，加以餓損。薾然疲臥，不暇及他……。」

二十八日，作有古詩鬼車一首。託物感慨，寓意深遠。摘錄如次。如云：

天愁無光月不出，浮雲蔽天眾星沒。舉手嚮空如抹漆，天昏地黑有一物。不見其形，但聞其聲。……吾謂此何聲，初莫窮端由。老婢撲燈呼兒曹，云此怪鳥無疋儔。其名爲鬼車，夜載百鳥凌空遊。其聲雖小身甚大，翅如車輪排十頭。凡鳥有一口，其鳴已啾啾。此鳥十頭有十口，插一舌連一喉。一口出一聲，千聲百響更相酬。……我思天地何茫茫，百物巨細理莫詳。吉凶在人不在物，一蛇兩頭反爲祥。卻呼老婢炷燈火，捲簾開户清華堂。須臾雲散眾星出，夜靜皎月流清光。

又有「感二子」及「讀書」二首，不僅深切了解他對好友之逝，念念不忘；更體悟他讀書自嘆，充分表露淡泊明志，一心求退，歸隱潁濱之素願。摘錄如次：

一、感二子

黃河一千年一清，岐山鳴鳳不再鳴。自從蘇（舜欽）梅（堯臣）二子死，天地寂默收雷聲。百蟲坏户不啓蟄，萬木逢春不發萌。豈無百鳥解言語，喧啾終日無人聽。二子精思極搜抉，天地鬼神無遁情。及其放筆騁豪俊，筆下萬物生光榮。古人謂此覷天巧，命短疑爲天公憎。……英雄白骨化黃土，富貴何止浮雲輕。唯有文章爛日星，氣凌山岳常崢嶸。賢愚自古皆共盡，突兀空留後世名。

二、讀書

吾生本寒儒，老尚把書卷。眼力雖已疲，心意殊未倦。……至哉天下樂，終日在几案。……歲月不我留，一生今過半。……自從中年來，人事攻百箭。……乃知讀書勤，其樂固無限。少而干祿利，老用忘憂患。又知物貴久，至寶見百鍊。紛華暫時好，俯仰浮雲散。淡泊味愈長，始終殊不變。何時乞殘骸，萬一免罪譴。買書載舟歸，築室潁水岸。平生頗論述，銓次加點竄。庶幾垂後世，不默死芻豢。信哉蠹書魚，韓子語非訕。

十月，與門生焦千之書云：「某病衰如昨，不惟任責愈難，常至於勞苦，亦筋骸不能支等為可責。心裡早自知止，猶勝彊顏以貪寵利。自計非不熟，但恐未得如志，遂為君子之棄而小人之歸爾……。」

議定皇子，候服除取旨。

秋間，諫官司馬光言立皇子事，既而知江州。呂誨亦上疏論述。於今，宰相韓琦與曾公亮、先生同入垂拱殿，未及有所啓。仁宗遽曰：朕有此意多時矣，但未得其人。因而顧左右曰：宗室中誰可考者？琦曰：此事非臣下敢議，當出自聖擇。仁宗曰：宮中嘗養二子，小者其純，然近不惠，大者可也。琦請其名？仁宗曰：名宗實，今三十歲矣。琦等力贊之。議定將退，復奏曰：此事至大，臣等未敢施行。請陛下今夕更思之，來日取旨。

明日，奏事崇政殿，因又啓之。仁宗曰：決無疑也。琦等曰：事當有漸，容臣等商量所除官，來日再奏。既退，遂議再判宗正。時宗實猶居父喪，乃議起復泰州防禦使知宗正寺。仁宗大喜曰：如此甚好。琦等又奏曰：此事若行，不可中止。乞陛下斷在不疑，仍乞自內中批出，臣等奉行。仁宗曰：此事豈可使婦人知之。只中書行，可也。

命既出，宗實再三辭避。有旨，候服除取旨。

十一月丁巳，起復右衛大將軍泰州防禦使知宗正寺。

十二月丙戌七日，臘享太廟，先生攝太尉行事。

舉劉攽、呂惠卿箚子，乞置之館閣，以副聖朝養育賢材之選。後來二人賢奸分野，劉攽賢名遠播，流芳千古。呂惠卿奸佞誤國，遺臭萬年。

先生參政，任務艱鉅。然仍不忘前爲學士日兼職期間未竟之事。尙有兩篇箚子、一篇祭文。前者，皆是有關國計民生之卓見。後者，則爲一交誼甚深，卻無故於其晚年所著雜誌中謬加詆毀。先生不問其過惡，曾於其臨終時往弔慟哭，並爲作墓誌銘流傳。充分顯示先生知人之明，以及大度之能容。謹分述如次：

一、乞差檢討官校國史箚子

先生前爲學士日，兼充史館修撰。因見本院國史，自進本入內後，即呈現官守空司。故奏乞降付院收藏，以備檢討。旋奉朝旨，於龍圖閣關送本院，令修撰官躬親對讀修改，其國史尋已寫好。但他洞悉官場因循習性，所以坦誠建請添差檢討官三兩員，以竟功效。如云：

竊緣本院元有修撰官三員，後來孫抃及臣，相次別蒙差任，今止有故宿一員。在未經對讀，卷數尚多。竊慮寫下多日，闕官校對。久不了當，漸至因循。欲乞添差檢討官三兩員，同共對讀，早令了當。況檢討官檢閱本朝故事，亦是本職，仍乞不令漏泄。

二、論牧馬草地箚子

本篇是他爲學士日，兼充羣牧使。朝廷憂慮長久以來馬政的積弊，曾差他與吳中復共議利害，欲有所改更作爲。然因未見得牧地善惡多少，致難爲廢置。原擬乞差官先行打量牧馬草地次第，忽蒙恩擢任樞府。雖對牧馬利害商量未了事件，有所見解。方欲條陳，卻已離職。於今聞悉諸監所差官各將前去，遂竭懇誠，特爲陳奏。如云：

㈠、積弊原因

緣監牧帳舊管地甚多，自來界至不明。官私作弊，積久爲民間侵占耕種，年歲已深。昨已曾差高訪等根括打量，人户多稱父祖世業。失卻契書，無憑照驗，但追呼搔擾而已。今若更行根究，必亦難明，徒爲追擾。未見其利，民先被害。

㈡、解決辦法

今欲乞令差去官，只據見在草地逐段先打量的實頃畝，明立封標界至。因便相度其地肥瘠，宜與不宜牧馬。其廢置改更，候逐官回日。令相度牧馬所據利害，擘畫申奏。其已爲民間侵耕地土，更不根究。蓋以本議欲以見在牧地給與民耕，豈可卻根究已耕之地，重爲搔擾。至於民間養馬等事，利害甚多，臣當續具奏聞。在不根究侵耕地土一事，伏乞先賜指揮。

三、撰江鄰幾墓誌銘

按宋人軼事彙編卷八、頁三五四能改齋漫錄載：「江鄰幾與公契分不疎，晚著雜誌，詆公尤力。梅聖俞以爲言，公終不問。鄰幾死，公往弔，哭之慟。且告其子曰：先公埋石，修當任其責矣。故公敘鄰幾無一字貶之。前輩云：非特見公能容，又使天下後世，讀公之文，知公與鄰幾始終如一，且將不信其所詆矣！」

茲摘錄其墓誌銘云：

君諱休復，字鄰幾。其爲人外若簡曠，則內行修飭，不妄動於利欲。其彊學博覽，無所不通，而不以矜人。至有問輒應，雖好辯者不能窮也，已則默若不能言者。其爲文章淳雅，尤長於詩。淡泊閑遠，往往造人之不至。善隸書，喜琴奕食酒。與人交，久而益篤。孝於宗族，事孀姑如母。天聖中，與尹師魯、蘇子美遊，知名當時。舉進士及第……入判三司鹽鐵句院、修起居注、累遷刑部郎中。君於治人，則曰：爲政所以安民也，無擾之而已。故所至，民樂其簡易。至辨疑折獄，則或權以術。舉無不得而不常用，亦不自以爲能也。君所著書，號唐宜鑒十五卷。……言皇嗣事，以謂皇嗣，國大事也。……君之論議頗多，凡與其遊者，莫不稱其賢，而在上位者久未之用也。自其修起居注，士大夫始相慶，以爲在上者知將用之矣。而用君者亦方自以爲得，而君亡矣！嗚呼！豈非其命哉！君以嘉祐五年四月乙亥，以疾終於京師，即以其年六月庚申，葬於某所。君享年五十有六，方其亡恙時，爲理命數百言，已而疾且革，其子間所欲言？曰：吾已著之矣，遂不復言。……君姓江氏，開封陳留人也……。

先生喜茶道，歲末，作有「雙井茶」七言古詩一首。如云：

西江水清江石老，石上生茶如鳳爪。窮臘不寒春氣早，雙井芽生先百草。
白毛囊以紅碧紗，十斤茶養一兩芽。長安富貴五侯家，一啜猶須三日誇。
寶雲日注非不精，爭新棄舊世人情。豈知君子有常德，至寶不隨時變易。

君不見建溪龍鳳團，不改舊時香味色。

第二節 立宗實爲皇子、賜名曙

嘉祐七年（一〇六二）壬寅，先生五十六歲，在京城。

春正月己酉一日，大慶殿朝賀，先生攝侍中，承旨宣制。

先生因病，告假在家休養。學書，信筆作有「歐陽氏三琴記」，分段敘述如次：

一、三琴之名與特徵

吾家三琴，其一傳爲張越琴、其一傳爲樓則琴、其一傳爲雷氏琴。其製作皆精而有法，然皆不知是否？要在其聲如何，不問其古今何人作也。琴面皆有橫文，如蛇腹。世之識琴者，以此爲古琴。蓋其漆過百年，始有斷文，用以爲驗爾。其一金暉，其一石暉、其一玉暉。金暉者，張越琴也；石暉者，樓則琴也；玉暉者，雷氏琴也。金暉其聲暢而遠，石暉其聲清實而緩，玉暉其聲和而有餘。

二、老人惟宜石暉琴

世人多用金玉蚌飾暉，此數物者。夜置之燭下，炫耀有光。老人目昏，視暉難準。惟石無光，置之燭下，黑白分明，故爲老者之所宜也。

三、自少獨愛琴聲

余自少不愛鄭衛，獨愛琴聲，尤愛小流水曲。平生患難，南北奔馳，琴曲率皆廢忘。獨流水一曲，夢寢不忘。今老矣，猶時時所能作之，其他不過數小調弄，足以自娛。琴曲不必多學，要於自適。琴亦不必多藏，然業已有之，亦不必以患多而棄也。嘉祐七年上巳後一日。

又有與宰相富弼慰節哀書云

……惟以時順變，徇禮節哀。上副人主之眷懷，下爲士民自重。某自承乏東府，忽已半歲。碌碌無稱，厚顏俯仰，尚思有一論報而去。然勉強庸拙，不知所爲。苟終止若斯，顧亦安能遲久！尚自爲計也，未知尚有可教否……。

據周必大文中集題六一先生慰富文忠書藁中云：

富公丁憂，歐公爲副樞。是年閏八月遷參政，翌年正月入東府，恰半年，與書詞相應。或疑京洛密邇，何爲經歲方遣慰疏？蓋仁宗本虛，首相起富公。公懇辭甚力，閏月方許終喪。韓忠獻公遂拜昭文，而歐公亦遞廷，又數月後發此書爾。

二月，宗實服除，仍堅臥稱疾，前後十餘讓。

三月乙卯七日，先生祈雨南郊，攝太尉行事。

辛酉十三日，提舉三館秘閣。寫校書籍，同譯經潤文。

四月壬午四日，上嘉祐編勑。起慶曆四年，盡嘉祐三年，凡十二卷。五月庚午，包拯卒。宋史卷三一六，頁一至三云：包拯（希仁，九九八——一〇六二）合肥人，進士及第。

知開封，卒年六十五。謚孝肅，有奏議十五卷。

續資治通鑑卷一百九十六、頁二八二二云：

嘉祐七年五月庚午，樞密副使給事中包拯卒，贈禮部尚書，謚孝肅。拯性峭直，然奏議平允。常惡俗吏苛刻，務爲敦厚。雖疾惡甚至人情所不及，即推以忠恕，不爲苟合。未嘗色辭以悅人，不作私書。至於干請，無故人親賞，一皆絕之。居家儉約，衣服器用飲食，雖貴如初官時。

六月丁亥，秘閣上補寫御覽書籍。按續長篇卷一九七、頁二八三：先生言秘閣、初爲太宗藏書之府。並以黃綾裝潢，號曰：太清本。復因宣取入內，多留禁中。而書頗不完，請降舊本令補寫之。遂詔龍圖、天章、寶文閣、太清樓管勾。內臣檢所閱書錄上，於門下者補寫。至是，上之賜判秘閣范鎭及管勾補寫官，銀絹有差。

七月庚戌六日，差充明堂鹵簿使。

八月，立宗實爲皇子，賜名曙。

按宰相韓琦與先生爲立皇子，正名天下，議定覲見。

韓公議曰：宗正之命始出，則外人皆知必爲皇子也。不若遂正其名，使其知愈讓而愈進。示朝廷有不可回之意，庶幾肯受。曾公與公皆以爲然。

及將上，今上累讓表。仁宗問如何？韓公未對。

公即前奏曰：宗實自來不領職事。今外人忽見不次擢此子，又判宗正，則天下皆知陛下將立爲皇子也，今不若遂正其名。緣防御使判宗正，降誥勑，得以堅臥不受。若立爲皇子，只煩陛下命學士作一詔書，告報天下。事即定矣，不由受不受也。

仁宗沉思久之，顧韓公曰：如此莫亦可否？

韓公力贊之。

仁宗曰：如此，則須於明堂前了當。遂降詔書，仍更今名。

自議皇子事，凡所奏請，皆公與西廳趙侍郎自書。其在改名劄子，公所書也。初擇日旁十字，請仁宗親點之。其下一字，乃今名也。

是仁宗親點，今封在中書。

今上（英宗）自在濮邸，即有賢名。及還入內，良賤不及三十口。行李蕭然，無異寒士。有書數廚而已，中外聞者相賀。

先生與劉侍讀原父書

……蒙惠以韓城鼎銘及漢博山槃記，二者實爲奇物。某集錄前古遺文，往往得人之難得。自三代以來，莫不皆有。然獨無前漢字，亦以爲恨！今遽獲斯銘，遂大償其素願。其爲感幸，自宜如何！屬患膝瘡，家居絕客。無人爲識古文，故第於郵中粗報已受二銘之賜。篆畫當徐訪博識尋繹，續得附致……。

九月，以皇子爲齊防禦使，封鉅鹿郡公。

戊申五日，文德殿奏請致齋，先生攝侍中，奏中嚴外辦。己酉，朝饗景靈宮。庚戌朝饗太廟，並攝司徒。辛亥，大饗明堂。己未，進階正奉大夫、加柱國、仍賜推忠佐理功臣。

上辭明堂加恩表云：

祭之爲惠，雖澤貴平均。而賞不因功，則士無以勸……方懼素餐之責，敢懷濫得之心。屬宗祀之有嚴，奉精禋之致孝。陪一二大臣之後，既竊窺於盛儀。獻千萬歲壽之觴，獲共慶於成禮。然而賜之胙餕，蒙福已多。加以寵榮，在臣豈稱……特收渙汗之行，仰冀曲全之造。

先生作有「曾祖曾祖母焚黃祭文」云：

維嘉祐七年歲次壬寅某月朔日……修以不肖之質，獲蒙祖考之餘休，享有爵祿。材薄任重，繆膺獎擢，踐更二府。國有常典，命及其先。非惟優異丞弼之臣，蓋所以彰積善垂慶，其來有自……冀不顛墜其家聲，以對揚天子之寵靈，以永賴祖考之遺德。官有職位，繫身於朝。不得瞻望松楸，親執籩豆。謹遣兄之子盧陵縣尉嗣立以告。

又有皇考太師祭文。

嗣子……幼罹孤苦，蒙賴積德積善之慶。不殞其躬，得從士大夫之列。天子哀其祿不獲養，而寵及其親。非以爲榮，俾以伸汝志。亦以示國家推仁廣惠，不忘人之先也。……修官職有守，不得以時躬親即事。留君之命於家，不恭。不勉力於其親，不孝，罪莫大焉。是以涕泣憂懼，不能自安……。

又皇妣太夫人祭文

嗣子……修有不孝之罪，不論躬親省視松柏者，於茲十年。無歲不請於朝，而屹不獲報，遂以貪冒榮祿，留連歲時。獨幸天子仁恩，教人以孝，俾得寵及其親。故自嘉祐之元，殆今凡四被追封之告，亦足以少慰烏鳥之心。而備官東府，任責至重，不論退徇其私……謹遣兄之子嗣立以告。

又與劉侍讀原父書

……復惠以古器銘文。發書，驚喜失聲。羣兒曹走問，迺翁夜獲何物？其喜若斯，信吾二人好惡之異如此，安得不為世俗所憎邪！其窮達有命爾，求合世人以取悅則難矣。自公之西，集古屢獲異文。並來書集入錄中，以為子孫之藏也……。

十二月丙申，仁宗幸龍圖閣召羣臣、宗臣觀祖宗御書。又幸寶文閣親繕飛白書分賜羣臣。先生得雙幅大書「歲」字，下有御押，加以御寶。王珪夾題八字云：「嘉祐御禮送歐陽修」。仍於絹尾書「翰林學士臣王珪奉聖旨題賜名」。

又出御製觀書詩一首，令羣臣屬和，遂宴羣玉殿。

按、飛白書乃書法之一體。宋黃伯思云：「取其若絲髮處，謂之白。其勢飛舉，謂之飛。」又明趙宧光云：「白而不飛似篆，飛而不白者似隸」。

仁宗復率近臣及三館臣僚赴天章閣，觀三朝瑞物太宗、眞宗御集。次赴寶文閣，親御飛白書。先生獲賜金花牋字。復宴羣玉殿。

先生召侍，兩宴皆蒙賜書。

是年，先生撰有集古錄自序云：

物常聚於所好，而常得於有力之彊。有力而不好，好之而無力。雖近且易，有不能致之……予性顓而嗜古，凡世人之所貪者，皆無欲於其間。故得一其所好於斯，好之已篤。則力雖未足，猶能致之。故上自周穆王以來，下更秦、漢、隋、唐五代；外至四海，九州名山大澤。窮崖絕谷，荒林破塚。神仙鬼物，詭怪所傳。莫不皆有，以爲集古錄……又以謂聚多而終必散，乃撮其大要，別爲錄目。因並載夫可與史傳正其闕謬者，以傳後學，庶益於多聞……廬陵歐陽修序。

又有與知友蔡襄（君謨）書

……辱惠擘窜翁墨，多荷多荷。佳物誠爲難得，然比他人，尚少其二。幽齋隙寂時，點弄筆硯，殊賴於斯，雖多無厭也。煩聒，計不爲嫌矣。

再與蔡君謨求書集古錄序書

……曩在河朔，不能自閑，嘗集錄前世金石之遺文。自三代以來古文奇字，莫不皆有。中間雖罪戾擯斥，水陸奔走，顛危困路。兼之人事，吉凶憂患，悲愁無聊，倉卒未嘗一日忘也。蓋自慶曆乙酉逮嘉祐壬寅，十有八年。而得千卷，顧其勤至矣，然亦可謂富哉！竊復自念，好嗜與俗異馳。乃獨區區之收拾世人之所棄者，惟恐不及，是又可笑也。因輒自敘其事，庶以見其志焉……僕之文陋矣，顧不能以自傳。其或幸而得所託，則未必不傳也。由是言之，爲僕不朽之託者，在君謨一揮毫之頃爾。竊惟君子樂善欲成人之美者，或聞斯說，謂宜有不能卻也。故輒持其說而不疑，伏惟幸察。

按明陶宗義書史會要云：「歐公好古嗜學，凡周秦以降。金石遺文，斷篇殘簡，一切輟拾。研稽異同，謂之集古錄。因此得古人之筆意，遺墨流傳，遒勁可愛，人皆寶之。」

第三節　仁宗崩英宗立

嘉祐八年（一〇六三）癸卯，先生五十七歲，在京城。

正月上元夜，按華孳亨增訂歐公年譜，載有一則笑樂事：

上元夜賜中書、樞密院筵於相國寺羅漢院。是日，韓、曾二公、樞密張太尉皆在假不赴。惟公與西廳趙侍郎槩、副樞胡諫議宿、吳諫議奎四人在席。酒半，相顧四人者皆同時翰林學士，相繼登二府，前者未有也。因相與道玉堂舊事爲笑樂，詫爲一時盛事。

先生累蒙恩賜，至表感荷，遂作「謝賜飛白并賜宴詩狀」：

去月二十七日，伏蒙聖慈召赴天章閣，觀太宗、眞宗御集。次赴寶文閣，觀御飛白書，賜以金花牋字，遂賜宴於羣玉殿。……臣既得以尸素偷安，而又獲親侍清光，便蕃恩錫。一時之盛事，千載之難遇，不勝至榮至幸。謹課成召赴天章閣、寶文閣、觀祖宗御集賜飛白、羣玉殿賜宴，五言八韻詩一首，隨狀上進……。

羣玉殿賜宴：

至治臻無事，豐年樂有成。圖書開秘府，宴飫集羣英。

論道皇墳奧，貽謀寶訓明。九重多暇豫，八體極研精。

筆力千鈞勁，豪端萬象生。飛牋金灑落，拜賜玉鏘鳴。

盛際崇儒學，愚臣濫寵榮。惟能同舞獸，聞樂識和聲。

又有回池州呂侍讀溱謝到任書：

……深慮危心，君子固嘗多難。處窮與否，昔賢因以知人。矧遠志之莫量，佇華塗之歸踐。過承謙挹，曲損諭言。感愧之誠，敷宣罔既……。

二月乙亥三日，奉勑充沈貴妃冊禮使。

題薛公期畫云：

善言畫者，多云鬼神易爲工，以謂畫以形似爲難。鬼神，人不見也。然至其陰威慘淡，變化超騰。而窮奇極怪，使人見輒驚絕。及徐而定視，則千狀萬態。筆簡而意足，是不亦爲難哉！此畫雖傳自妙本，然其筆力精勁，亦自有嘉處。嘉祐八年仲春旬休日，竊覽而嘉之，題還薛公期書室……。

三月辛未三十日，仁宗崩，遺制皇子即位，皇后爲皇太后。大赦天下。此事經過，按宋史全文卷九下頁三三六及續資治通鑑長編卷一百九十八、頁二九八所載略同。唯前者簡略，後者較詳。茲引述後者如次：

二月癸未，帝不豫。

丙戌，中書、樞密院奏事於福寧殿之西閣。見上所御幄帟，裀褥皆質素暗敝，久而不易。上顧韓琦等曰：朕居宮中，自奉止如此爾。此亦生民之膏血也，可輕費之哉。

三月甲辰，詔前鄆州觀察推官孫兆邠、司戶參軍單驤診御脈。上初不豫，宋安道等進藥，久未效。而兆與驤以醫術知名，特召之。

丙午，詔中書劾宋安道事罪以聞。

甲子，御延和殿，賜進士許將等一百二十七人同出身，諸科一百四十七人及第同出身。又賜特奏名進士諸科一百人及第同出身。

乙丑，以聖體康復，宰臣詣上閤門拜表稱賀。

辛未晦，上暴崩于福寧殿。是日，上飲食起居尚平寧，甲夜忽起索藥甚急，且召皇后。皇后至，上指心不能言。召醫官診視投藥灼艾，已無及。

丙夜遂崩。左右欲開宮門召輔臣。皇后曰：此際宮門豈可夜開？且密諭輔臣黎明入禁中。又取粥於御廚。醫官既出，復召入，使人禁守之。

四月壬申朔（一日），輔臣入至寢殿。后定議，召皇子入。告以上晏駕，使嗣立。皇子驚曰：某不敢爲！某不敢爲！因反走。輔臣共執之，或解其髮，或被以御服。召殿前馬步軍副都指揮使、都虞侯及宗室刺史已上、至殿前諭旨。又召翰林學士王珪草遺制，珪惶懼不知所爲。韓琦謂珪曰：大行在位凡幾年？珪悟，乃下筆。至日昳，百官皆集，猶吉服。但解金帶及所佩魚，自垂拱門外，哭而入班福寧殿前。韓琦宣遺制。英宗即皇帝位，見百官於東楹。百官再拜復位哭乃出。帝欲亮陰三年，命韓琦攝冢宰，輔臣皆言不可，乃止。

宋史本紀卷一九、頁一、二宋史新編卷四、頁一一至一六

仁宗趙禎，初名受益（一〇一〇——一〇六三），眞宗第六子，母李宸妃也。天性仁孝寬厚，進封昇王，冊封皇太子。眞宗崩，即皇帝位，前皇后爲皇太后。章獻明肅劉皇后稱制，至明道二年殂後，仁宗始親政。仍爲勤政愛民之君，卒年五十四，在位四十二年。謚曰：神文聖武明孝皇帝。

英宗即位未改元。按蘇轍欒城集後集卷二三，頁六五九

皇子嗣位，海內泰然，有磐石之固。然後天下皆詠歌仁宗之聖，以及諸公之賢。而向之黨議消釋無餘，至於小人亦磨滅不見矣。

楊希閔歐公年譜按語

用賢之效如此，此天意祚宋，俾仁、英、神三朝交際之間，得中書數公維持之也。

按宋史卷二四二，頁八、九。宋史新編卷五九、頁四二云：

曹皇后（一〇一六——一〇七九）靈壽人，彬女孫。景祐初冊爲皇后。神宗立，尊爲皇太后。王安石變法，變亂舊章，后乘間語常舊。享年六十四，謚慈聖光獻太后。

甲戌三日，先生奉勅書大行皇帝哀冊謚寶。

旋又奉差祭神州地祇於北郊，作有「論祠祭行事劄子」。云：

……竊見有司行事不合典禮……今據祀儀，四時及三王五帝。上辛祈穀。春分祀九宮朝日、高禖。孟夏雩。秋分夕月。仲秋祀九宮貴神。季秋大享明堂。冬至祀昊天、臘蜡。夏至祀皇地祇。及孟冬祭神州地祇。凡一十七祭，並係大祀。一例錯誤，並合改正。……有司失傳，行事之際，於禮謬誤。伏乞下禮院詳定。依開寶通禮改正祀儀，及教習禮生，使依典禮，以上副聖朝精嚴祀事之意……。

甲申十三日，覃恩特授金紫光祿大夫，行尚書戶部侍郎，依前參知政事。加食邑五百戶，食實封二百戶。仍賜推忠協謀佐理功臣，勳封如故。制詞云：

朕受命先帝，傳畀大寶。始初踐阼，居士民之上。與二三丞輔，講求天下之理。恩意之及，宜先老臣……賜紫金魚袋歐陽某。氣清神深，學足以飾經治……杞梓良材，廟堂重器。久弼亮於大本，方倚平於至公。尚書地官，機政所出。往踐厥服，思所以致君堯舜之任。無俾專美於前人，朕所望焉。

謝覃恩轉戶部侍郎表

……伏遇皇帝陛下奮發乾剛，嗣承天統。當茂業繼文之始，乃歡謳歌歸啓之初。宗社獲安，人神洽慶……敢不勉勵衰殘，感遇今昔。更竭疲駑之效，庶伸塵露之微。

謝皇太后表

……伏遇皇太后殿下坤元厚載，母道居尊。惟慈聽覽之初，務霈汪洋之澤。臣敢不勉修職業，上副憂勤。送往事居，忘身盡節。庶展涓埃之效，少酬覆燾之私。

英宗覃恩轉官回前兩府賀書：

……蒙先帝之誤知，自諸生而獎擢，久塵侍從，蔑著聲猷。不圖衰病之齡，進備政機之貳。幸久安於無事，容充位以素餐。……發大號以惟新，推恩一切。致茲濫及，莫獲懇辭。內省庸虛，實虞顛覆……。

乙酉十四日，奉勑篆受命寶。其文曰：皇帝恭膺天命之寶。

五月，回富相公弼辭樞密使書

樞密相公，搢紳舊德，社稷元勳。維石巖然，朝廷以爲輕重。出城隱若，中外繫其安危。嚮由執禮以居憂，重於至性之難奪。聖君仄席而勞想，樞庭虛位以待賢……敢謂謙撝，例貽誨翰。罔知承命，但極感悰。

又回富相公謝書：

顯奉制書，茂膺寵數……嘉謀早著於先朝，時望久隆於巖石。屬嗣聖繼明之始，乃宵衣講治之初。首速元臣，來還宰席。三接之際，羣心以安。出納樞機，雖爲於要任。調和鼎鼐，當正於鴻鈞。始塞輿談，敢期謙眷，曲示誨函。既深抃躍之誠，復積悚銘之抱。

五月戊辰二十八日，英宗祁福於南郊，先生攝太尉行事。

英宗初嗣位，因有疾病，情緒欠佳，致與曹太后相處不甚融洽。幸賴時相韓琦與先生二三大臣，苦心孤詣，忠誠事主。終使母子和樂，政局穩定。摘述如次：

英宗即位不日，百官正候見。忽聞簾內連聲大呼：待殺我！左右莫不駭栗。韓琦投杖於地，揭簾而入，直趨至前曰：誰激怒官家？且入內中服藥，遂擁帝以授宮人內侍，扶帝而歸。出則語景仁（范鎭）曰：此事唯內翰見，謹勿漏露。俄命百官拜慰而退，外廷無一人知者。歐陽公退謂所親曰：始見韓公用事，眞不及也。

此事內情，無非英宗因病情緒不佳，語言舉動，往往失常。加以宦官分派，從中挑撥。觸忤曹太后，曹太后不能堪。氣話傳來傳去，致使母子失和。承遺命無人敢異，歐陽公因妻薛夫人與曹太后相得，發言較他人爲有力，仍勸太后善待英宗。歐陽公曰：

太后事仁宗數十年，仁聖之德著於天下。婦人之性，鮮不妒忌。昔溫成驕恣，太后處之裕如，何所不容。今母子之間，而反不能忍耶？

太后曰：得諸君如此，善矣！

公曰：此事何獨臣等知之，中外、莫不知也。

太后意稍和。

公又言曰：仁宗在位歲久，德澤在人，人所信服。故一日晏駕，天命稟承遺命，奉戴嗣君，無一人敢異同者。今太后深居房帷，臣等五六措大爾。舉動若非仁宗遺意，天下誰敢聽從。

太后默然。

韓琦等晉見英宗，英宗曰：太后待我無恩。對曰：自古聖帝明王不爲少矣。然獨稱舜爲大孝，豈其餘盡不孝也？父母慈愛而子孝，此常事不足道。惟父母不慈愛而子不失孝，乃可事稱。政恐陛下事太后未至，父母豈有不慈愛者？帝大悟，自是亦不復言太后事矣！

六月庚辰十日，考訂史傳，書新戒刻石。

跋唐令長新戒

唐開元之治盛矣，玄宗嘗自擇縣令一百六十三人，賜以丁寧之戒。其後天下爲縣者，皆以新戒刻石，今猶有存者。余之所得者六，世人皆忽，不以爲貴也。玄宗自除內難，遂致太平，世徒以爲英豪之主。然不知其興治之勤，用心如此，可謂爲政知本末矣！

十五日，先生作有「跋杜祁公衍書」全文二百餘言，憶述感念素蒙知獎禮遇之恩德，時切縈懷。不僅對於杜祁公胸襟功德，素所敬仰，無論片紙隻字之墨寶，珍重收藏。

文中首述杜公於景祐中，爲御史中丞。先生以鎭南軍掌書記爲館閣校勘，始登公門，遂見知獎。十五年後，先生以尙書禮部郎中龍圖閣直學士留守南都，杜公已罷相退休家居數年。歲時皆率僚屬問候起居。斯時杜公福壽康寧，言笑不倦。歲餘，先生遭母喪居潁。服除，來京城。召入翰林爲學士，與杜公書問往還無虛月，情誼歷久彌堅。又二歲，杜公以疾病逝於家。先生既哀泣而論次杜公之功德，作有祭文及墓誌銘，以表哀悼之忱。然後簡敘本文因由。如云：

又集在南都時唱和詩爲一卷，以傳二家之子孫。又發篋，得公手書簡尺歌詩，類爲十卷而藏之。余與時寡合，辱公之知，久而愈篤，宜於公有不能忘。矧公筆法，爲世楷模，人人皆寶而藏之。然世人莫若余得之多也。

七月癸卯中元日，作有「跋永城縣學記」。云：

唐世執筆之士，工書者十八九。蓋自魏、晉以來，風流相承，家傳少習，故易爲能也。……及宋一天下，於今百年，儒學稱盛矣。以翰墨之妙，中間寂寥者久之，豈其忽而不爲乎？將俗尚苟簡，廢而不振乎？抑亦難能而罕至也。

蓋久而得三人焉！嚮時蘇子美兄弟以行草稱。自二子亡，君謨書特出於世。君謨筆有師法，眞草惟意所爲，動造精絕。世人多藏以爲寶，而余得之尤多。若荔枝譜、永城縣學記，筆畫尤精而有法者，故聊誌之。俾世藏之，知余所好，而吾家之有此物也。

十九日，作有「書荔枝譜後」。云：

善爲物理之論者，曰：天地任物之自然。物生有常理，斯之謂至神。圓方刻畫，不以智造而力給。然千狀萬態，各極其巧以成其形，可謂任之自然矣。而其醜好精麤，壽夭多少，皆有常分。不有尸之，孰爲之限數。由是言之，又若有爲之者，是皆不可詰於有無之間，故謂之神也。

牡丹，花之絕而無甘實。荔枝，果之絕，而非名花。昔樂天有感於二物矣，是孰尸其賦予邪。然斯二者，惟一不兼萬物之美，故各得極其精。此於造化不可知，而推之至理宜如此也。余少遊洛陽，花之盛處也，因爲牡丹作記。君謨閩人也，故能識荔枝而譜之。因念昔人有感於二物，而吾二人者，適各得其一之詳。故聊書其所以然，而以附君謨譜之末。

八月秋，作有「跋學士院題名」。云：

余嚮在翰林七年，嘗以謂宰輔有任責之憂，神仙無爵祿之寵。既邦榮顯，又享清閑，而兼有人天之樂者，惟學士也。自頃以來，叨被恩私，俾豢政論。力疲矣而勤勞不得少息，心衰矣而憂患浩乎無涯。卻思玉堂，如在天上。偶因發篋，閑覽題名。不覺慨然，遂書於此。

癸巳二十四日，奉勑篆大行皇帝謚寶。其文曰：「神文聖武明孝皇帝之寶。」

戊午二十九日，作有與「蔡君謨書」。云：

前夕，承惠紅絲硯，誠發墨。若謂勝端石，則恐過論。然其製作甚精，眞爲几格間佳物也……又承惠水清泉香餅數十枚，聊報厚貺。吾儕日以此等物爲事，更老，應當澹死租庸，遂更作一程。無由頻面，聊當一咲。

九月，淮陽郡王改賜名頊。

十月，增修太廟成命，告七室。

甲午，葬仁宗神文聖武明孝皇帝於永昭陵。

先生作有「永昭陵挽詞」三首

其一、與子雖天意，知人昔帝難。一言謀早定，九鼎勢先安。大舜仁由性，成湯治以寬。孤臣恩未報，清血但汍瀾。

其二、干戈不用臻無事，朝野多歡樂有年。便坐看揮飛白筆，侍臣新和柏梁篇。衣冠忽見藏原廟，簫鼓愁聞向洛川。寂寞秋風羣玉殿，還同恍惚夢鈞天。

其三、行殿沉沉晝翣重，淒涼挽鐸出深宮。攀號不悟龍胡遠，侍從猶穿豹尾中。日薄山川長起霧，天寒松柏自生風。斯民四十年涵煦，耕鑿安知荷帝功。

續作永昭陵挽詞五首

其一、王者居尊本無外，由來天下以爲家。大龍白日乘雲去，何用金錢買道車。

其二、苦霧霏霏著彩旗，猶排吉仗雜凶儀。常時鳳輦行遊處，今日龍輴慟哭隨。

其三、都人擾擾塞康莊，西送靈車過苑牆。金鼎藥成龍已去，人間惟有鼠拖腸。

其四、素幕悠悠逗曉風，行隨哀挽出深宮。妃嬪莫向蒼梧望，雲覆昭陵洛水東。

其五、叨陪法從最多年，慣聽梨園奏管絃。從此無因瞻黼座，惟應夢魂到鈞天。

又有與好友王益柔書云：「……集古錄序，鄙文無足采。第君謨筆法精妙，近時石刻罕有也。薄酒四器，聊助待賓，不罪輕浼……。

十二月，押伴契丹賀正旦人使御筵於都亭驛。歲末，先生諸多感慨，隨意作有七言律詩兩首，特照錄如次：

其一、赴集禧宮祈雪，追憶從先皇駕幸，泫然有感

琳闕岧岧倚瑞煙，憶陪遊豫入新年。雲深曉日開宮殿，水闊春風颺管絃。

千騎清塵回輦路，萬家明月放燈天。一朝人事淒涼改，惟有靈光獨巋然。

其二、夜宿中書東閣

翰林平日接羣公，文酒相歡慰病翁。白首歸田徒有約，黃扉論道愧無功。

攀髯路斷三山遠，憂國心危百箭攻。今夜靜聽丹禁漏，尚疑心在玉堂中。

英宗（趙曙）治平元年（一〇六四）甲辰，先生五十八歲。在京城。

正月，立春後一日，先生在太廟齋宮書「隋丁道護啓法寺碑」眞蹟。云：

啓法寺碑，丁道護書。蔡君謨博學君子也，於書尤稱精鑒。余所藏書，未有不更其品目者，其謂道護所書如此……余所集錄開皇仁壽大業時碑頗多，其筆畫率皆精勁，而往往不著名氏。每執卷惘然，爲之歎息。惟道護能自著之，然碑刻在者尤少。余家集錄千卷，止有此爾……。

二月，清明前一日，先生作「跋觀文王尙書舉正書」。云：

……王公字伯中，清德之老也。余晩接公遊，愛其爲人。未幾，公以病卒，因錄其遺迹而藏之。實思其人，不獨玩其筆也……余爲翰林學士，公以書殿兼職經延，始得竊從公後，故得公手筆不多……其遺迹尤可惜，矧公素以書名當世也。

按先生於慶歷三年爲諫官時，一本國計民生，舉賢黜劣，知無不言之立場，曾於五月間

上奏「論王舉正等箚子」。認爲時任參知政事王舉正，最號不才。久居柄用，柔懦不能曉事，緘默無所建明，且可罷之以避賢路。

今則於其卒後，因錄其遺迹。譽其書名當世，而追念其人，故有本文之流傳。仰見先生一生公正賢明，對事不對人之胸襟志節。

清明日，又作「跋學士院御詩」。先生於至和元年秋，初蒙恩召爲翰林學士，因事與先帝仁宗獨對便殿。仁宗密諭將幸玉堂，及欲如祖宗時夜召學士，遂問唐故事。奏曰：

……唐世學士，以獻替爲職業。至於進退大臣，常參密議，故當時號爲内相。又謂之天子私人，其職在禁近。故唐制，學士不與外人交通。比來，選用非精，致上恩禮亦薄，漸見疎外，無異百司。若聖君有意崇獎，則當漸修故事。予遂退而建言，不許私謁執政。時人喧然，共以爲非。蓋流俗習見近事，不知學士爲禁職，舊制是通外人也……近時當直者多不宿。宿者暮入晨出，玉堂終日闃然，吏人共守空院而已。職隳事廢已久，自朝廷近臣，皆不知故事，流俗不足怪也。因覽刻石，遂並記之於後。

先生撫今追昔，對於古今玉堂制度之變易，不勝感慨萬千，故於文末又附敘云：

院中名畫，舊有董羽水、僧巨然山，在玉堂後壁。其後又有燕肅山水，今又有易元吉猿及狚，皆在屛風。其諸司官舍，皆莫之有，亦禁林之奇玩也。余自出翰苑，夢寐思之。今中書、樞密院，惟内宴更衣，則借學士院解歇。每至，裴回畫下，不忍去也。

此時，有感而發，遂作多首律詩以抒懷，摘錄五首如次：

一、送王學士勝之赴兩浙轉運使

漢家財利析秋毫，暫屈清才豈足勞……平昔壯心今在否？江山猶得助詩豪。

二、早朝

閶闔初開瑞霧中，丹霞曉日上蒼龍。鳴鞭響徹廊千步，佩玉聲趨戟百重。

雪後朝寒猶凜冽，柳梢春意已丰茸。少年自結芳菲侶，老病惟添睡思濃。

三、下直

宮柳街槐綠未齊，春陰不解宿雲低。輕寒漠漠侵駝褐，小雨班班作燕泥。

報國無功嗟已老，歸田有約一何稽。終當自駕柴車去，獨結茅廬潁水西。

四、齋宮尚有殘雪、思作學士時，攝事於此。嘗有聞鶯詩寄原父，因而有感四首（錄一、四兩首）

雪壓枯條脈未抽，春寒慘慄作春愁。卻思綠葉清陰下，來春曾聞黃栗留。

詩篇自覺隨年老，酒力猶能助氣豪。興味不衰惟此爾，其餘萬事一牛毛。

五、下直呈同行三公

午漏聲初轉，歸鞍路偶同……戢戈清四海，論道屬三公。

自愧陪羣彥，從來但樸忠……買地淮山北，垂竿潁水東。

稻粱雖可戀，吾志在冥鴻。

三月，與好友王仲儀書，可見先生思友心情，躍然紙上。如云：

春物嚮榮，然尚在過音……老年相知無幾。尺書相問，略亦無嫌。餘暇惜數字，少慰病翁。然以自久無書，不敢責怪也。

邇來，先生見有臣僚上言。乞將南省考試舉人，各以路分糊名，逐路每十人解一人等事。雖已奉聖旨，送兩制詳定。然而，先生對於此事的看法，深感不以爲然。因此，一本公忠赤忱，知無不言之天性。根據祖宗以來科場制度之利弊，提出不可更改者六點。認爲遵行舊制，但務擇人。推朝廷之公，待四方如一。惟能是選，人自無言。强調此乃當今可行之法，必須貫徹實行。至於科場積弊，可下有司議革，不宜更改法制。慷慨直言，旨在維持公正之國家科舉制度。故上陳「論逐路取人箚子」，全文一千二百七十餘言。擇要條述如次：

一、科場考舉爲不可易之制

國家取士之制，比於前世，最號至公。蓋累聖留心，講求曲盡。以謂王者無外，天下一家，故不問東西南北之人。盡聚諸路貢士，混合爲一，而惟材是擇。又糊名謄錄而考之，使主司莫書爲何方之人，誰氏之子，不得有所憎愛薄厚於其間。故議者謂國家科場之制，雖未復古法，而便於今世。其無情如造化，至公如權衡。祖宗以來，不可易之制也。傳曰：

無作聰明亂舊章。又曰：利不變者不變法。今言事之臣，偶見一端，即議更改，此臣所區區欲爲陛下守祖宗之法也。

二、言事之臣，偶見一端，即議更改。提出六不可易制

㈠、東南進士得多，西北進士得少，故欲改法，使多取西北進士……東南之俗好文，故進士多而經學少。西北之人尚質，故進士少而經學多。所以科場取士，東南多取進士，西北多取經學者。各因其材性所長，而各隨其多少取之。今以進士經學合而較之，則其所均。若必論進士，則多少不等，此所謂偏見之一端。

㈡、國家方以官濫為患，取士數必難增。若欲多取西北之人，則卻須多減東南之數。今東南州軍進士取解者，二三千人處，只解二三十人。是百人取一人，蓋已痛裁抑之矣。西北州軍取解，至多處不過百人。而所解至十餘人，是十人取一人。比之東南，十倍假借之矣。若至南省，又減東南而增西北，則是已裁抑者又裁抑之，已假借者又假借之。

㈢、東南之士，於千人中解十人，其初選已精矣。故至南省，所試合格者多。西北之士，學業不及東南。當發解時，又十倍優假之，蓋其初選已濫矣，故至南省，所試不合格者多。今若一例以十人取一人……亦須充足十一之數。使合落者得，合得者落。取捨顛倒，能否混淆。

㈣、專以較藝取人，而使有藝者屈落，無藝者濫得。不問繆濫，只要諸路數停。

㈤、本欲多取諸路土著之人，若此法一行，則寄應者爭趨而往。今開封府寄應之弊可驗矣，此所謂法出而姦生。

㈥、今廣南東西路諸州，今若一例與諸路十人取一人，此爲繆濫，又非西北之比。

三、貢舉之設，事久之弊，止在振舉綱條，不須更改法制

貢舉所設，本待材賢。牢籠不逞，別當有術，不在科場也。惟事久不能無弊，有當留意者。然不須更改法制，止在振舉綱條。

四、科場大患，責由有司，議革其弊

近年以來，舉人盛行懷挾。排門大譟，免冠突入。虧損士風，傷敗善類。此由舉人既多，而君子小人雜聚，所司力不能制。雖朝廷素有禁約，條制甚嚴。而上下因循，不復申舉。惟此一事爲科場大患，願下有司，議革其弊。

按先生此一劄子，係對諫官司馬光所上「貢院乞逐路取人」之事而發，係根據事實列舉評比，析論詳明，朝廷自無疑義。

四月己丑二十三日，作有「唐魏載墓誌銘」眞蹟書，簡敘載祖父乃唐太宗時之宰相魏徵，惜載死不幸。而家譜不錄，史官不書。非事載斯誌而誌錄於集古錄，其遂泯滅於無聞。

甲午二十八日，奉勑祈雨社稷。

五月戊申十三日，皇太后還政，朝廷頒有皇太后還政合行典禮詔。按曹皇太后稱制僅十三閱月。

英宗病癒親政，命宰臣謝天地、宗廟、社稷、及宮觀。

閏五月戊辰三日，先生奉詔特轉吏部侍郎。

先生深感皇恩浩大，增秩賞賜頻繁，殊覺難安。即上辭表，並連上三件劄子。懇辭不允。情非得已，方始勉爲接受。摘要簡述如次：

一、辭特轉吏部侍郎表

受寵若驚，況被非常之命。事君無隱，敢傾至懇之誠……學古自愚，非有適時之用。論材甚薄，豈堪任重之難……甫茲彌年，再以增秩。方命書之始下，駭羣聽以生疑……望回日月之餘光，廓乾坤之大度……特收渙汗之恩，庶安常業……。

二、再辭轉官第一劄子

……去年陛下即位之初，均慶之典，臣已首叨遷秩。今來恩命，實在非常。……望賜寢停……。

三、第二劄子

……猥以庸材，參聞國政。上所賞罰，臣職奉行。若羣臣之間，有功狀不明，迹涉僥倖。尚當裁抑，以絕濫恩。而臣乃自貪寵榮……伏乞追寢成命……。

四、第三劄子

……君恩至優，違則有咎。然事體所繫，義有難安。……欲望前後所陳，曲加裁擇，特賜寢停……。

五、謝特轉吏部侍郎表

驟膺渙渥，備瀝愚誠。雖至辭窮，罔避煩言之爲黷。重乎令出，莫回成命於已行。祇受以還，驚惶失節……曾未踰年之久，復進秩以叨榮……誓殫犬馬之微，少答乾坤之造。

六、轉吏部侍郎回謝親王書

……伏念某學問不強，顓蒙自守。流離當世而寡合，幸會先朝之誤知。拔自衆人，俾參國論……君恩至篤，天聽莫回。……致茲冒寵，仍貽誨翰，曲賜褒揚……。

乙酉二十日，作有「跋後孔德操碑眞蹟」

……其名已磨滅，但云字德操者，宣尼公二十世孫都尉君之子也。仕歷郡諸曹史，年二十，永興二年七月，遭疾不祿。碑在今兗州孔子墓林中。永興，孝桓帝年號也。早卒，無事蹟可考。余集錄所藏孔林中漢碑，最後得此，遂無遺者。蓋以其文字簡少，無事實，故世人遺而不取，獨余家有之也。

又有謝韓琦慰卹書

某以私門薄祐，少苦終鮮。惟存二姪，又喪其一。衰晚感痛，情實難勝。仰煩台慈，特賜慰卹，豈任哀感之至。酷暑復盛，伏承台候萬福。來日參假，當奉言侍，謹且附此敍謝。

六月，淮陽郡王頊爲潁王祁國公。

作有回潁王書

伏承顯膺帝制，榮啓國封，伏惟歡慶……顧惟爵秩之崇，實繫朝廷之體。眞王錫號，蓋遵有國之彝章。寵命始行，方愜公之輿議。豈期謙挹，曲示誨函。感戢之私，欣瞻併集。

又賀潁王書：「……方寵命之初行，聽僉言而惟允。莫遑伸慶，徒積忻瞻。」

與好友吳長文書，敘及春末以來疫疾、水災、飢疫之概況。如云：

某自春末家中疫疾，深夏甫定。遽此水災，驚奔不暇，僅有餘生。入今年來，兩目昏甚，屯滯百端。直以京師飢疫，復此水患。上心憂勞，正當竭力，未敢請外。其如無所裨補，其責愈深……。

七月丁丑，先生深感書法難工，對於好友蔡襄（君謨）之小字，新出而傳者有二。認爲集古錄目序橫逸飄忽，而茶錄勁實而端嚴。爲體雖殊，而各極其妙。故有「跋龍茶錄後序」之作云：

茶爲物之至精，而小團又其精者，錄敘所謂上品龍茶者是也。蓋自君謨始造，而歲貢焉。仁宗尤所珍惜，雖輔相之臣，未嘗輒賜。惟南郊大禮致齋之夕，中書、樞密院各四人，共賜一餅。宮人剪金爲龍鳳花草貼其上，兩府八家，分割以歸。不敢碾試，但家藏以爲寶，時有佳客出而傳翫爾。至嘉祐七年，親享明堂齋夕，始人賜一餅。余亦忝預，至今藏之。余自以諫官供奉仗內，至登二府。二十餘年，纔一獲賜。而丹成龍駕，舐鼎莫及。每一捧翫，清血交零而已！因君謨著錄，輒附於後，庶知小團自君謨始，而可貴如此。

八月辛丑六日，奉勑祁晴太廟。

是秋，先生先後有與時相韓琦三封函件。摘述如次：

一、娩勸勉屈高誼，不可輕議去意。

不奉顏色，忽已經旬，霜寒……竊承表啓累上，聖意決不少疑。量斯勢也，似非辯說可入。莫且當勉屈高誼，兼副中外人情否？某衰病，最宜先去者，尚此遲疑。矧公繫國體重，豈可輕議。昔人歎好事難必成，皆此類也。旦夕瞻近，姑此以道愚見，幸高明裁察也……。

二、函覆當試勉強俾撰先令公眞贊，以應嘉命。

……辱簡誨，俾撰先令公眞贊。前世文人，喜爲聖賢記述，蓋欲自託以垂名。矧盛德清芬，備載史牒。但恐衰病，久廢筆硯，不能稱道萬一。當試勉強以應嘉命，值夜草草。

三、俾作眞贊，滯於簡拙，勉自錄呈。

承敎，俾作魏國令公眞贊，屢日抒思，不勝艱訥。蓋以鉅德難銘，非委曲莫究萬一。而滯於簡拙，遂至窘窮。實辱嘉命，惟負慚恐，勉自錄呈。

十二月，作有「回宋相公庠謝除司空致仕書」字裡行間，得悉先生對於宋相公由衷之敬重，他文少見。簡述如次：

……伏承顯奉制書，入應召節。遂諧歸政之請，兼陞論道之崇，伏惟慶慰。司空相公，道覺天民，學臻聖域。兩朝碩望，文武兼資。四海具瞻，搢紳取法。雖欲優游於進退，實繫輕重於朝廷。矧初政之日新，方任人而圖舊。所以奏封累上，眷遇彌隆。終於雅志之重違，難循輿情之所惜……況惟庸懦，早荷知憐。方深欣頌之私，遽辱誨存之厚。感銘之至，敷敘奚周？

第四節　濮議波瀾

治平二年（一〇六五）乙巳，先生五十九歲，在京城。

正月，詔夏國主諒祚，自今涇原秦鳳路熟路及弓箭地分，不可再行侵擾。

先生關心國事，尤其重視西北邊防。新春時節，特爲上奏三狀。摘述如次：

一、乞獎用孫沔劄子

……諒祚猖狂，漸違誓約。僭叛之迹，彰露已多。年歲之間，必爲邊患。國家禦備之計，先在擇人。而在慶曆罷兵以來，至今二十餘年。當時經用舊人，零落無幾，惟尚書户部侍郎孫沔尚在。西事時，沔守環慶一路。其人磊落有智勇，但以未嘗出兵，又不遇敵，故未有臨陣破賊之功。然其養練士卒，招撫蕃夷。恩信著於一方，至今邊人思之……沔今年雖七十，聞其心力不衰。飛鷹走馬，尚如平日。況所用者取其智謀，藉其威信，前世老將彊起成功者多。沔雖中間曾以罪廢，棄瑕使過，正是用人之術。

欲乞朝廷，更加察訪，如沔實未衰羸。伏望聖慈特賜獎用，庶於擇材難得之時，可備一方之寄……。

二、言西邊事宜第一狀。全文二千餘言，坦誠析論，鉅細無遺。既爲大臣論政，宛若名將談兵。如云：

……諒祚狂僭，釁隙已多。不越歲年，必爲邊患。臣本庸暗，不達時機。輒以外料敵情，內量事勢。鑒往年已驗之失，思今日可用之謀。雖兵不先言，俟見形而應變。然坐而制勝，亦大計之可圖。謹具條陳，庶裨萬一。

(一)、外料敵情者

……國家自寶元、慶曆以後。一方用兵，天下騷動，國虛民弊。如此數年，元昊知我有厭兵之患，遂復議和。而國家待之，恩禮又異於前矣。號爲國主，僅得其稱臣。歲予之物，百倍德明之時，半於契丹之數。今者諒祚雖曰狂童，然而習見其家世所爲。蓋繼遷之叛而復王封，元昊再叛而爲國主。今若又叛，其志可知。是在欲自比契丹，抗衡中國，以爲鼎峙之勢爾。此臣竊料敵情，在於如此也。

(二)、內量事勢者

慶曆用兵之時，視方今禦邊之備。較彼我之虛實彊弱，以見勝敗之形也……至寶元初，元昊復叛。蓋三十餘年矣，天下安於無事，武備廢而不修。廟堂無謀臣，邊鄙無勇將。將愚不識干戈，兵驕不識戰陣。器械朽腐，城郭隳頹。而元昊勇驁桀黠之虜也，其包畜姦謀欲窺中國者累年矣，而我方恬然不以爲慮。待其謀成兵具，一旦反書來上，然後茫然不知所措。中外震駭，舉動蒼惶。所以用兵之初，有敗而無勝也……。

方今謀臣武將，城壁器械，不類往年。而諒祚狂童，不及元昊遠甚。往年忽而不思，今又已先覺，可以早爲之備。苟其不叛則已，若其果叛，未必不爲中國利也。可因此時，雪前恥，收後功，但顧人謀如何爾？若上憑陛下神威睿算，係纍諒祚君臣，獻於廟社，此其上也。其次逐狂虜於黃河之北，以復朔方故地。最下盡取山界，奪其險而我守之，以永絕邊患。此竊量事勢，或謂如此。

㈢、往年已驗之失，言其大者

所謂大計之謬者，攻守之策皆失爾。慶曆禦邊之備，東起麟府，西盡秦隴。地長二千餘里，分爲路者五。而路分爲州軍者，又二十有四。而州軍分爲寨爲堡爲城者，又幾二百，皆須列兵而守之。故吾兵雖眾，不得不分。所分既多，不得不寡。而賊之出也，常舉其國眾，合聚爲一而來。是吾兵雖多，分而爲寡。彼眾雖寡，聚之爲多。以彼之多，擊吾之寡，不得不敗也。此城案之法，不足自守矣！……進不能出攻，退不足自守。是謂攻守皆無策者，往年已驗之失也。

㈣、今日可用之謀者

先定出攻之計，必用先起制人之術，乃可以取勝也。……出攻之計，使彼疲於守禦，則我亦得計矣……我以五路之兵，番休出入。使其一國之眾，聚散犇走，無時暫停。則無不困之虜矣，此所謂方今可用之謀也。蓋往年所失在守，方今之利在攻……乞遣一重臣，出而巡撫，親與邊將議定攻守大計等事。

(五)、充分準備因敵制勝

……嚴戒五路，訓兵選將。利器甲，畜資糧，常具軍行之計。待其反書朝奏，則王師暮出。以駭其心，而奪其氣。使其枝梧不暇，則勝勢在我矣！……必欲招之，亦須先藉勝捷之威。使知中國之彊，則方肯來附也。由是言之，亦以出攻爲利矣！

三、言西邊事宜第二劄子

(一)、諒祚爲邊患，未能發兵誅討。

……諒祚負恩背德如此，未能發兵誅討。但遣使者齎詔文賜之，又拒而不納。使者羞媿，俛首懷詔而回。則大國不勝其辱矣！當陛下臨御之初，遭此狂童，威沮國辱，此臣等之罪也。

(二)、遣將用兵，責將相以成功。

陛下宜赫然發憤，以邊事切責大臣。至於山川形勢，有利有不利。士卒勇怯，孰可用孰不可用。何處宜攻，何處宜守。何兵宜屯某地，何將可付某兵。如此等事甚多，皆陛下聖慮所宜及者。陛下宜因閑時，御便殿，召當職之臣。使按圖指畫，各陳所見。陛下可以不下席而盡在目前，然後制以神機睿略，責將相以成功……。

㈢、慮淺言狂，自可黜去。

臣以非才，陛下任之政府，便是國之謀臣。若其謀慮淺近，所言狂妄，自可黜去不疑……。

二十三日，先生上乞外任第一表。

……兩目之舊昏，自去秋而漸劇。精明晻藹，瞻視茫洋。冬春以來，職業多廢……雖未責於曠官，亦難安於尸祿……伏望察其愚直，不敢矯誣。許辭政事之名，假以州符之寄。則臣不止偷安而養拙，亦將自療以求痊。尚冀昏瞳之復明，會圖後效而論報。

又上第一箚子：

……臣自去年八月喪一女子，凡庶常情，不免悲苦。因此發動十年來久患眼疾，又爲老年全服涼藥不得。自深冬以來，氣暈昏澀，視物艱難。接此春旱，陽氣上攻，遂至大段妨事……臣以非才，過蒙任用。使其聰明彊健，猶懼不能稱職。況此衰病，何以堪處。昨日雖面奉聖旨，令且未要入文字。蓋臣迫於情懇，退不自安。今已具表陳乞，伏望聖慈哀許……。

二十五日，奉詔批答不允。

二十六日，再上第二表。

……奉批答不允者。天甚仁而溥愛，人有欲而必從。苟睿聽之未回，由懇誠之不足。敢干斧鉞，再瀝肺肝……苦此雙瞳，莫能久視。眊然終日，兀爾尸居。上無以副人主之憂勤，一無以伸臣子之報效。久而不去，罪則奚逃……伏望哀其可憫，寬以不誅。俾諧得請之恩，當識謝生之所。

又上第二箚子。

……十年舊疾，自去秋發動，日益昏澀。看讀文字，艱難憂慮。職事曠廢，有誤國家。所以敢布懇誠，乞憐君父。冀一閑僻處，將養三二年。或目復清明，則乞一邊遠繁難處展效。乃是臣自爲僥倖之計，與辭榮避寵者不同。欲望聖慈不以爲難，早賜恩許……。

二十九日，再上第三表。二月二日，批答不允。

……近上表章乞解政事，伏蒙聖慈再降批答不允者。臣聞事君以忠信爲本，立朝以進退爲難……苟非迫於衰病，豈敢固自欺誣。伏望……俯哀愚款，念其蒲柳，質易朽而先衰。譬若馬牛，力已疲而則止。賜其如請，恕以苟安。則臣刮膜祛昏，尚冀清明之來復。捐軀殞命，終圖報效於餘生。

二月，英宗疾病既愈，曾對執政諸大人，數問蔡襄如何人？遂有相當深刻之問答與決定。由此可見英宗誤聽小人飛語之偏見。若非諸賢臣敢言以對，則時賢蔡襄之後果，殊難逆料。謹將先生全集奏事錄中有關「辨蔡襄異議」一篇，照錄如次，藉明究竟：

蔡侍郎襄自給事中三司使、除禮部侍郎端明殿學士知杭州。初，上入爲皇子，中外相慶，知大計已定矣。既而稍稍傳聞有異議者，指蔡公爲一人。及上即位，始親政。每語及三司事，便有忿然不樂之色。

蔡公終以此疑懼請出。既有除命。韓、曾二公因爲上言蔡襄事出於流言，難以必信。前世人主以疑似之嫌，害及忠良者，可以爲鑒也。

臣修亦啓曰：或聞蔡襄文字尚在禁中，陛下曾親見之乎？上曰：文字即不曾見，無則不可知其必無。臣修奏曰：若無文字，則事未可知。即使陛下曾見文字，猶須更辨眞僞。往時夏竦欲陷富弼，乃先令婢子學石介書字。歲餘學成，乃僞作介與弼書，謀廢立事。書未及上，爲言者廉之而發之。賴仁宗聖明，弼得免禍。

至如臣，自丁母憂服闋。初還朝時，有嫉臣者。乃僞撰臣一劄子，言乞沙汰內官，欲以激怒羣閹。是時家家有本，中外諠傳。亦賴仁宗保全，得至今日。

由是而言，陛下曾見文字，猶須更辨眞僞，何況止是傳聞疑似之言，何可爲信？

上曰：官家若信傳言，蔡襄豈有此命。

三月，英宗垂詢韓琦及先生有關國事之問答，摘述如次：

英宗問輔臣，天下金錢幾何？

韓琦具以對。因問冗兵之費倍於曩者，何也？

先生對曰：自西事以來，邊城廣爲守備。既增置軍額，則歲費益多。

英宗又問，祖宗綏懷如此，尚有倔强者？

韓琦對曰：國家急於息民，故示大體，含容之爾。彼衆亦自驕惰，雖時有倔强，蓋犬戎之態如此。

四月，英宗既親政，詔令禮部及待制以上，議崇尊濮王典禮。溯自英宗初即位，既覃恩大慶於天下。羣臣並進爵秩，恩澤遍及存亡，而宗室故諸王亦已加封贈。惟濮安懿王乃英宗生父，翰林學士王珪方議濮王高官大國，極其尊榮。侍從官如司馬光、呂公著等言官，皆請稱皇伯而不名。中書據古今典禮及漢孝宣光武故事，皆稱其父爲皇考。而皇伯之稱既非典禮，出於無稽，未敢施行。別下三省詳議合行典禮。英宗遽降手詔罷議，而追崇之禮亦寢，凡言一切留中。然臺諫官忿怨朝廷不用其言，並謂先生等壅塞言路，借題發揮，諸多詆毀。

英宗對執政諸大臣云：

朝廷當以至公待天下，若臺官所言可行，當即盡理施行，何止一二。若所言難行，豈當應副人情以不可行之事，勉強行之豈不害事邪？

中書以上語切中事理，不敢更有所請。

英宗仍問曰：所言莫有可行而未行者否？

韓琦以下相顧曰：實無之。因曰：如此則未有。

是月，先生作有回前宰輔文彥博兩書一啓，足見彼此相知，益顯敬重先進之忱。摘述如次：

一、回文相公服闋入覲書

……榮奉制恩，顯膺寵典……爰被徽章，遂趨召節。介圭來覲，方優體貌之隆。前席嘉謀，即正弼諧之任。實繫士夫之素論，豈惟朽拙之焉依。敢謂謙撝，特依誨翰。感銘之至，忻抃交深。

二、又回文相公服除遷侍中移判永興書

……顯奉制恩，薦奉寵拜……弛張文武之才，出入將相之任……理當根本於朝廷，即期廊廟之來歸，始慰士夫之素望。過蒙謙挹，曲示誨言……。

三、又回文相公辭避樞密使啓

……顯膺制命，首贊樞庭……竊承謙挹，尚欲逡巡。敢謂不遺，亦貽善誨。即期前賀，但切感銘。

另外與知交時相韓琦，作有「相州晝錦堂記」。如云：

仕宦而至將相，富貴而歸故鄉。此人情之所榮，而今昔之所同也……公相人也，世有令德，為時名卿……所謂將相而富貴，皆公所宜素有……然則高牙大纛不足爲公榮。桓圭衮冕，不足爲公貴。惟德被生民，而功施社稷。勒之金石，播之聲詩。以耀後世，而垂無窮。此公之志，而士亦以此望於公也。豈止夸一時，而榮一鄉哉！公在至和中，嘗以武康之節，來治於相。乃作晝錦之堂於後圃，既又刻詩於石以遺相人。其言以快恩讎矜名譽爲可薄，蓋不以昔人所夸者爲榮而以爲戒。於此見公之視富貴爲如何，而其志豈易量哉！故能出入將相，勤榮王家，而夷險一節。至於臨大事決大議。垂紳正笏，不動聲氣，而措天下於泰山之安，可謂社稷之臣也。……余雖不獲登公之堂，幸嘗竊誦公之詩。樂公之志有成，而喜爲天下道也，於是乎書。

六月，孫侍郎長卿罷環慶總管，拜集賢院學士，爲河東都轉運使。臺諫官交章論列長卿守邊無狀，宜加降黜。中書以長卿無敗事，且以歲滿得代，無過可黜。然而臺諫官仍論奏不已，最後賈中丞三章，六月十一日進呈。英宗厲聲曰：已行之事，何可改易？先生認爲凡事應辨明是非曲直，不爲已行難改，故特爲「論孫長卿爲臺諫所劾事」。如云：

……臣等不爲已行難改，若朝廷果是除授不當，能用臺諫之言改正，足以上彰陛下從諫之聖。至於臣等能不遂非而服義，改過不怯。聖賢所難，亦是臣等好事。但以長卿除授不爲過當，若曲從臺官之言，使彼銜冤受黜。於理豈安，故難行也。韓公曰：自陛下親政已來，臺諫所言，施行者少。外人之譏，謂致人主有拒諫之名者，是臣等之過。若其言有可行者，臣等豈敢不行。直以長卿無過難，徇言者濫行黜罰耳。上皆然之。上又曰：人言臺諫奪權。臣修奏曰：此則爲陛下言之過也。朝廷置臺諫官，專爲言事。若使默然，卻是失職。苟以言事爲奪權，則臺諫無職可供矣。

七月，韓琦、曾公亮意欲薦請先生爲樞密使，將進擬，不以告知。先生察覺兩人意圖，乃對兩人說：「今天子諒陰（展喪之廬）母后垂簾，而二三大臣自相位置，何以示天下？」兩人深服至言，議遂止。不久，樞密使張昇去位。英宗欲用先生接任，力辭不拜。賢者胸襟，旨在福國利民，視富貴如浮雲。

八月辛卯三日，大雨水，詔下責躬。廣求直言，罷開樂宴。先生深感秋潦暴興，百姓遭殃。覆溺無數，哀鴻遍野。於是，連上爲雨水爲災待罪迄避位三表。摘述如次：

第一表

……頻年已來，害氣交作。春飢已甚，饉疫相望。秋潦暴興，覆溺無數。下致生民之愁苦，上貽聖主之焦勞。臣獨何心，安於厥位……伏望伏察愚忠，俾解政機，推行憲罰。以塞上穹之降責，以警庶位之修官……自然人神以和，災異咸弭。不惟臣適其分，亦俾國無屈刑。

第二表

……上表待罪，蒙降批答不允者……貳政機，五更歲律……辜朝廷之委任，貽君父之憂勞……置之散地，全以寬恩……。

第三表

……再上表待罪，蒙降批答不允，仍斷來章者……時災荐臻……示人警戒，咎必有歸……伏望退其不肖，以爲修政之先。不以空文，庶得應天之實。

先生諸多感慨，三次上表乞外，未蒙俯允。無奈只好竭智盡忠，報效社稷。偶發詩興，作有多首律詩以抒懷，摘述四首如次：

一、馬上默誦聖俞詩有感

興來筆力千鈞勁，酒醒人間萬事空。蘇、梅二子今亡矣，索寞滁山一醉翁。

二、定力院七葉木

伊洛多佳木，娑羅舊得名。常於佛家見，宜在月宮生。釦砌陰鋪靜，虛堂子落聲。

夜風疑雨過，朝露炫霞明。車馬王都盛，樓臺梵宇閎。惟應靜者樂，時聽野禽鳴。

三、秋陰

秋陰積不散，夜氣凜初清。雨冷侵燈暈，風愁送葉聲。

國恩慚未報，歲晚念餘生。卻憶滁州睡，村醪自解酲。

四、秋懷

節物豈不好，秋懷何黯然。西風酒旗市，細雨菊花天。

感事悲雙鬢，包羞食萬錢。鹿車終自駕，歸去潁東田。

此時，濮園之議，又起波瀾。緣因濮議未定，臺諫官慚憤。忿怨朝廷不用其言，遂爲決定去就之計。彼等認爲因言得罪，猶能獲取美名。於是誣指先生爲首議之人，壅塞言路。恣意醜詆，肆爲毀謗，惟務激怒朝廷。

彼等造謠朝廷背棄仁宗恩德，惟務崇獎濮王。影響庸俗俚巷之人，相互傳言：「待將濮王入太廟，換了仁宗本主」。

致使中外洶洶，莫可曉諭。

有識之士，知皇伯之議爲非者，微有一言佑朝廷，便指爲姦邪。太常博士孫固，曾有議請稱親。但其議尚未及上，而臺官交章彈劾。由是，有識之士，皆鉗口畏禍矣。

久之，中書商量欲共定一酌中禮數行之，以息羣論。乃略草一事目進呈，乞依此降詔：云濮安懿王，是朕本生親也。羣臣咸請封崇，而子無爵父之義。宜令中書門下以塋為園，即園立廟，令王子孫歲時奉祠。在禮止於如此而已，乃是歲九月也。

英宗覽之，略無難色。曰：只如此，極好。然須白過太后，即可行，且少待之。

時將近南郊，朝廷事多，臺議亦稍中息。英宗又未暇白太后，中書亦更不議。

是月壬寅十四日，先生單獨與英宗問答於崇政殿。進呈文字畢，斂笏將退，英宗有所問。於是就展開很坦誠的君臣問對：

先生奏曰：近聞臺諫略有文字，彈奏臣不合主濮王之議。上荷陛下保全，知此議非臣所得獨主。臺諫文字既悉留中，言者於是稍息。

英宗曰：參政性直，不避眾怨。每見奏事時，或與二相公（韓琦、富弼）有所異同。便相折難，其語更無回避。亦聞臺諫論事，往往面折其短，若似奏事時語，可知人皆不喜也。今後宜少戒此。

先生對曰：臣以愚拙，敢不如聖訓。

英宗曰：水災以來（是月三日），言事者多云不進賢。

先生對曰：近年以來，進賢之路太狹，此誠當今之患。臣每與韓琦等論議未合。

英宗曰：何謂進賢路狹，中書常所進擬者，其人皆如何？

先生對曰：自富弼、韓琦當國以來，十數年間。外自提刑轉運，內則省府之類。選撰甚精，時亦得人。比於往年，絕不同也。然皆錢穀刑名強幹之吏，此所謂用材也。如臣所言進賢之路，謂館也。

英宗曰：如何？

先生對曰：朝廷用人之法，自兩制（今學士、舍人待制，通謂之。）選居兩府，自三館選居兩制。是則三館者，輔相養材之地也。往時入三館，有三路，今塞其二矣，此臣所謂太狹也。

英宗曰：

何謂三路？

先生對曰：進士高科，一路也。大臣舉薦，一路也。因差遣例除，一路也。往時進士五人已上及第者，皆入館職，第一人有及第纔十年而至輔相者。今第一人及第者，兩任近十年，方得試館職。而第二人已下，無復得試，是高科一路塞矣。往時大臣薦舉，隨即召試。今但令上簿候館閣闕人與試。而館閣人無員數，無有闕時。所上簿者永無試期，是薦舉一路又塞矣。唯有因差遣例除者，半是年勞老病之人也，此臣所謂進賢之路太狹也。

復數日，英宗因中書奏事，遂處分，令擇人試館職。

茲將先生對人處事之態度，略舉三點，即知其個性使然。

一、吳充云

公嘗稱故相王沂公之言曰：恩欲歸己，怨使誰當？且曰貧賤常思富貴，富貴必履危機，此古人之所嘆也。惟不思而得，欲得而不患失之者，其庶幾乎？

二、續資治通鑑長編云

公與二三大臣主國論，每廉前奏事，或執政聚議。事有不同，公未嘗不力爭。臺官至政事堂論事，事雖非己出，同列未及啓口，而公已直前折其短。於是怨謗者益多，個性使然。

三、御藥陳承禮監造袞冕事

先是三司奏，造作諸物，舊屬少府監文思院，復後苑作紫雲樓下。近年多別置局，以內臣監作，各爭占工匠。乞一切依舊，歸於有司。遂依奏。

既而少府監申造袞冕，內批令禦藥院陳承禮監造。中書覆奏。上以南郊日近，須內臣庶可辦集。韓、曾二公奏以銜改近降指揮，不若令承禮就少府監作。上意未決。

臣修奏曰：此是陛下新降指揮。從來所患朝令夕改，今若依前用承禮監作，只是移御藥院置局就少府監中耳。如此何害集事。上遂曰可。

九月辛酉三日，先生上奏已編纂禮書完成百卷。詔以「太常因革禮爲名」。厚賜銀帛獎勵。

朝廷對於僧官有闕，多因權要請謁，即可內降補人。當時諫官御史，略有論列。仁宗深悟其事，因著令僧職有闕，命兩街各選一人，較藝而補。至是鑒義有闕，中書已下兩街選一人。人選尚未上報，而內臣陳承禮即以寶相院僧慶輔爲請，就得內廷降令付與鑒義。中書執奏以爲不可。韓琦，曾公亮極陳其事，請英宗明鑒。

十九日，先生上奏曰：

補一僧官，當與不當，至爲小事，何繫利害。但中書事已施行，而用內降衝改先朝著令，則是內臣干撓朝政，此事何可啓其漸？

又奏曰：

官女近習，自前世常患難於防制。今小事若蒙聽許，後有大事，陛下必以害政不從。是初欲姑息而反成怨望，不若絕之於漸。此一小事，陛下不爲意而從之。彼必自張於外，以謂爲上親信，朝政可迴。在陛下目前，似一閑事，外邊威勢不小矣。

英宗有所警悟，遽可中書所奏，令只依條例選試。

先生爲期英宗見微知著，愼思明辨，故又奏曰：

事既不行，彼必有言。萬事只由中書，官家豈得自由行一事？陛下試思從私請與從公議，孰爲得失。而韓、曾二公亦所陳甚多。按楊希閔云：「英宗明斷勝於仁宗，惜臨御不久耳。公言，無不聽。可見當時君臣之間，坦誠面對，無話不談，稱得上明君賢臣，相得益彰。

此時，先生作有律詩多首，摘述三首如次：

一、初寒

多病淹殘歲，初寒悄獨吟。雲容乍濃淡，秋色半晴陰。
籬菊催佳節，山泉響夜琴。自能知此樂，何必戀腰金。

二、寄渭州王仲儀龍圖

羨君三作臨邊守，慣聽胡笳不慘然。弓勁秋風鳴白角，帳寒春雪壓青氈。
威行四境烽煙斷，響入千山號令傳。翠幕紅燈照羅綺，心情何似十年前。

三、崇政殿試賢良晚歸

槐柳依依禁御長，初寒人意自淒涼。鳳城斜日留殘照，玉闕浮雲結夜霜。
老負漁竿貪國寵，病須樽酒送年光。歸來解帶西風冷，夜袖猶霑玉案香。

十月，作有回蔡端明襄謝到任書

……出領要藩，已諧禮上，伏惟歡慶……剛毅體仁，粹明迪哲。直道信於中外，高風凜乎搢紳……經綸之業，蓄素蘊以未施。偃息於藩，邈沖懷而自遠。雖重違於誠請，實深鬱於輿情。諒煖席之未遑，即追鋒而迅召。遂登大用，顧匪私言。寒律向嚴，神襟善嗇。瞻凝感著，交集悰靈。

十一月，壬申十四日，朝廷祀南郊大典，先生攝司空行事，進階光祿大夫、加上柱國、食邑五百戶。作有「南郊慶成」五言律詩一首。如云：

祀教民昭孝，天惟德是親。太宮嚴大享，吉士兆精禋。
禮樂三王盛，梯航萬國賓。恩霑羣動洽，慶典一陽新。

奉册尊長樂，均釐及眾臣。不須雲物瑞，和氣浹人神。

十二月，先生與王龍圖益柔（字勝之）書，言及得淋渴病（今稱糖尿病）近況。如云：

……辱書感慰，差審經寒動履清勝……某竊位於此，已六七年。白首碌碌，初無補報。而罪責無量，謗咎獨歸。自春已來，得淋渴疾。癯瘠昏耗，僅不自支。他人視之，若不堪處。況以殘骸勉強，情緒可知。久不通問，因書，輒敢自道。勝之知我，必見哀憐。深寒，事外惟冀以時自愛。

是年，先生撰有「徂徠石先生墓誌銘並序」及「祭王深甫文」兩篇誠摯感人之作。雖無註明月日，然研誦全文，藉悉先生對於故友與晚輩悼念之情誼。摘述如次：

一、徂徠石先生墓誌銘並序

徂徠先生姓石氏，名介，字守道，兗州奉符人也。徂徠魯東山……先生魯人之所尊，故因其所居山以配其有德之稱。曰徂徠先生者，魯人之志也。先生貌厚而氣完，學篤而志大……指切當世。賢愚善惡，是是非非，無所諱忌……。

不幸遇疾卒，遭毀謗。賴天子仁聖，察其誣。得不發棺，而保全其妻子……慶曆五年七月某日卒於家，享年四十有一。友人廬陵歐陽修哭之以詩，以謂待彼謗焰熄，然後先生之道明矣！……。

後二十一年，其家始克葬先生於某所。將葬，其子師訥……等來告曰：謗焰熄矣，可以發先生之光矣，聽請銘……乃爲之銘曰：徂徠之巖巖，與子之道兮。魯人之所瞻，汶水之湯湯。與子之道兮，逾遠而彌長。道之難行兮，孔孟遑遑。一世之屯兮，安在乎桓魋與臧倉。自古聖賢皆然兮，噫子雖毀其何傷？

二、祭王深甫文

嗟吾深甫，孝悌行於鄉党，信義施於友朋。貧與賤不爲之恥，富與貴不爲之榮。雖得於內者，無待於外物。而不可掩者蓋由其至誠。故方身窮於陋巷，而名已重於朝廷。若夫利害不動其心，富貴不更其守。處於衆而不隨，臨於得而不苟。惟吾知子於初，世徒信子於久。

念昔居潁，我壯而子方少年。今我老矣，來歸而送子於泉。古人所居，必有是邦之友。況如子者，豈止一邦之賢。舉觴永訣，夫復何言？

第十五章　以道自任全節早退

第一節　連上表狀堅請外任

治平三年（一〇六六），先生六十歲。

正月，翰林學士范鎭請外知陳州。緣因韓琦求去，鎭草批答，引用周公不之魯爲詞。英宗不悅。鎭遂請外，出知陳州。時論或謂鎭以議濮王追崇事，曾忤逆於先生，故其出知陳州，認係受先生之言影響。可見當時士庶言論之自由，實荷承仁宗盛世之遺澤，以及韓、富與先生等諸公勤慎輔政之所致。

英宗即位以來，由於濮王之議，迭起風波。導致言官與執政輔臣不斷爭議，實爲擾亂朝廷之癥結所在。

二月一日，又起尊親尊皇之議論。臺諫官與輔臣，勢難兩立。朝廷辨明眞相，全在言官沽名釣譽，胡作非爲所致。事已至此，必須妥善處置。己亥十四日，英宗問執政，韓琦與先生對曰：

御史以爲勢難並立，若臣等有罪，當留御史。

英宗猶豫久之，命出御史。於是詔下：「遷呂誨知蘄州、范純仁通判安州、呂大防知休寧縣、趙鼎通判淄州、趙瞻通判汾州、傅堯俞知和州、呂公著知蔡州。」誨等既出，濮議亦寢。

按先生全集頁九七九至九九六有濮議序，濮議四卷，詳載此事本末。茲摘述要點如下，庶幾洞察實情，藉悉宋代言官之善惡面，以及君主政治之良窳。如云：

正月，臺議復作，中書再將前所草事目進呈，乞降詔。上曰：待三兩日白過太后，便可施行矣。不期是夕忽遣高居簡就曾公亮宅，降出皇太后手書。云濮王許皇帝稱親。又云濮王宜稱皇，三夫人宜稱后。與中書所進詔中事絕異。而稱皇稱后二事，上亦不曾先有宣諭。從初，中書進呈詔草時，但乞上直降詔施行。初無一語及慈壽宮，而上但云欲白過太后，然後施行。亦不云請太后降手書。此數事，皆非上本意，亦非中書本意。

是日，韓琦以祠祭致齋，惟曾公亮、趙槩與臣修在垂拱殿門閤子內，相顧愕然。以事出不意，莫知所爲。因請就致齋處召韓琦同取旨。少頃，韓琦至。不及交言，遂同上殿。琦前奏曰：臣有一愚見，未知可否？上曰：如何？琦曰：今太后手書三事，其稱親一事，可以奉行。而稱皇稱后，乞陛下辭免。別降手詔，止稱親。而卻以臣等前日進呈詔草，以塋爲園，即園立廟，令王子孫奉祠等事，便載於手詔施行。上欣然曰：甚好，遂依此降手詔施行。

初，中外之人，爲臺官眩惑。云朝廷尊崇濮王，欲奪仁宗正統，故人情洶洶。及見手詔所行禮數，止於如此。皆以爲朝廷處置合宜，遂更無異論。

惟建皇伯之議者，猶以稱親爲不然。而呂誨等已納告勑，杜門不出，在勢亦難中止。遂專指稱親爲非，益肆其誣罔。言韓琦交結中官蘇利涉、高居簡，惑亂皇太后，致降手書。又專指臣修爲首議之人，乞行誅戮以謝祖宗。其奏章正本奏入，副本便與進奏官，令傳布。誨等既欲得罪以去，故每對見，所言悖慢，惟恐上不怒也。

上亦數諭中書云：誨等遇人主，無復君臣之禮。然上聖性仁厚，不欲因濮王事逐言事官，故屈意含容久之。至此，知其必不可留，猶數遣中使還其告勑，就家宣召。既決不出，遂各止以本官除外任。蓋濮園之議，自中書始，初建請以至稱親立廟，上未嘗有一言欲如何追崇。但虛懷恭己，一付大臣與有司，而惟典禮是從爾。在不稱皇伯欲稱皇考自是中書執議，上亦無所偏執。及誨等累論久而不決者，蓋以上性嚴重，不可輕回。謂已降手詔罷議，故稱伯稱考一切置而不議爾，非意有所偏執也。

上嘗諭韓琦等云：昔漢宣帝即位八年，始議追尊皇考。昨中書所議，何太速也。以此見上意慎重不敢輕議耳！豈欲過當追崇也。至於中書惟稱號不敢用皇伯無稽之說，欲一遵典故耳。其他追崇禮數，皆未嘗議及者，蓋皇伯皇考稱呼猶未決而遽罷議，故未暇及追崇之禮也。其後所議，止於即園立廟而已。如誨等廣引哀、桓之事爲厚誣者，皆未嘗議及也。

初、誨等既決必去之意，上屈意留之，不可得。趙瞻者，在數人中尤爲庸下，殊不識事體，遂揚言於人云：昨來官家但不曾下拜我耳，以此自誇有得色。而呂誨亦謂人曰：嚮若朝廷於臺官所言事，十行得三四，使我輩遮羞，亦不至決去。由此言之，朝廷於濮議，豈有過舉。逐臺官，豈是上本意。而誨等決去，豈專爲濮議耶！

士大夫但見誨等所誣之言，而不知濮事本末，不究誨等用心者。但謂以言被黜，便是忠臣。而爭爲之譽，果如誨等所料。誨等既果以此得虛名，而薦誨等者又欲因以取名。夫揚君之惡而彰己善，猶不可。況誣君以惡而買虛名哉！嗚呼！使誨等心迹不露，而誣罔不明。先帝之志，不諭於後世，臣等之罪也。故直書其實，以備史官之采。

濮議既寢，朝廷爲使臣僚了解事件本末情況，遂即牓詔朝堂，指斥呂誨等非是。如云：

朕以本生之親改稱皇伯，歷考無據。進封大國，於禮未合。向自奏議之後，呂誨等奏促不已。忿其未行，歷加誣詆。自比師丹，意欲搖動人情，衒惑衆聽，以至封還告勑，擅不赴臺。以訕上文，錄傳都下。前疏云生育之恩，禮宜追厚。今反以稱親爲非，自相抵牾。既撓權而恃衆，復歸過以取名。朕命各以本官補外。

錢大昕潛研堂集語

吾未聞以世父爲伯者也。雖非人子，以爲人後，而不得有其父母於人子之心，自有難安者。歐陽公之議，於理於情，本無可易。

段玉裁經韻集語

夫謂本生父爲父爲考，亦天理人情之自然。僅稱皇考不稱皇帝，固無礙於大統也。歐陽公何失哉？

三月丁巳三日，朝廷賜上巳宴，先生年花甲。戊寅二十四日，濮議雖寢，但言者仍指濮議爲邪說。先生一生，秉持正義公理。坦蕩胸襟，俯仰無愧。然仍遭受奸佞小人誣陷。時年花甲，滿懷感慨！於是力請求去。故即連上三表五箚子，藉明心迹。摘述如次：

一、再乞外任第一表：三月二十四日上，二十七日批答不允。

臣聞忠以事上，雖見義而必爲。力有不能，則知難而當止。是惟臣子進退之分，實繫國家利害之機。……臣以衰退之朽質，久當機要以妨賢。有守經泥古之愚，無應變適時之用。考於外論，早合黜幽……伏望……曲回睿眷，俯察愚忠。念其獲親日月之光，頗歷歲時之久。居常碌碌，曾莫異於片言。一有紛紛，遂獨當於衆怒。尚乏周身之智，豈堪爲國之謀。因其自訴於病衰，幸俾獲逃於罪戾。退之散地，得盡餘齡……。

二、乞出第一箚子

……伏自濮園之議既興，言事之臣，荒唐不學，妄執違經非禮無稽之說。恥於不用，不勝其忿。遂厚誣朝廷，借以爲名。因乃肆言訕上，指臣爲姦邪首議之人……及詔定濮王典禮，不如誨等所誣。現又詔牓朝堂，諭以本末，由是中外釋然。凡素爲誨等誣誑衒惑之人，皆議朝廷本意，但恨曉諭之晚。今則是非已正，曲直已分。臣所被誣，亦已獲雪。然則更何所辨，豈合有言，而臣義有不得已者……。

呂誨等連章累疏，惡言醜詆。陛下爲臣愛惜，留中而不出。誨等自寫章疏，宣布中外。今閭巷之人，皆能傳誦。雖誨等急於賣直取名，肆其誣罔。不暇惜國體，而自爲傳播。如臣者，豈合彊顏忍恥，獨安厥位，使天下何所瞻望……由是言之，臣豈得已哉。

使臣無疾病，猶當懇自引去。況臣不幸適值自春來消渴不止。昨日面奉德音，陛下悉已知臣所苦。聖恩憫恤，爲之惻然。伏望陛下特賜除臣近京一郡，俾養衰殘……。

三、第二表：三月二十八日上，四月三日批答不允。

臣近貢封章，願還政事，伏蒙聖慈批答不允者……昔云高位之疾顚，何況千人之所指。繼以恙痾之苦，薾然氣血之衰。藥石之功，既難求於速效。機政之地，豈宜久於曠官。伏望……曲軫睿慈，俯哀危懇。謂獻納訏謨之任，已無益於明時。而沮傷憔悴之餘，實難安於久處。許其引避，寬以優容。儻後來因此以得賢，則臣去猶爲於有補。苟未塡於溝壑，誓終竭於涓埃。

四、第三劄子

……特降批答，丁寧訓誨，未賜允俞。臣本庸材，不堪大用。遭逢聖主，誤被奬知……遂致浮詞異論，中外諠譁。惟務含胡，無一言以辨正。但欲因循，苟於無事。以此養成羣小，誣謗聖朝。上則煩黷睿聽，下則自取身辱。雖陛下閔臣拙直，眾怒獨當。

察臣暗愚，不識陷穽……

與其負慚俛首以見縉紳，孰若乞身遠去少避指目。是則聖恩許臣解罷，俾臣稍獲便安。乃是臣居位也以榮爲辱，其去也以黜爲升。惟望天慈，曲從人欲……除臣蔡、亳一州差遣。

五、第三表：四月初四日上、初七日批答不允，斷來章。

……違時背俗，速謗招尤。雖無獨立弗懼之明，粗懷可殺不辱之節。所以彊顏忍恥，不知軒冕之榮。加之多病久衰，難勝筋力之任。近從去歲，益以中乾。渴如飽鼠之飲河，喘若吳牛之見月。多言外噪，眾疾内攻。心已自危，豈足當於謀慮。力雖欲彊，幾或至於踣顛……苟不知退，其時殞生……。

伏望……察臣粗識廉恥，閔臣遽此衰疲。丐以一州，俾從素志……。

六、第三劄子

臣近以疾病乞解重任，除一蔡、亳州差遣，已三上表及兩具劄子陳述。伏蒙聖慈累降批答不允，斷來章者……。

伏望聖慈察臣哀切懇迫之誠，不以臣比從容於進退者。特許臣解罷政事，除臣一外任差遣。則臣雖死之日，猶生之年……。

七、第四劄子

……臣以非才，誤膺獎任。存之既無所惜，去之何足可思……憐臣衰殘，不忍遽便棄捐，務欲退人以禮。今臣表章劄子各已三上。伏蒙三降批答，丁寧訓勗，未即允俞。中外之人，皆知階下曲意留連，恩禮已足。伏乞出自宸斷，早賜恩許除臣一外任差遣。

八、第五劄子

臣昨日獲對威顏，備陳懇迫。而言意拙訥，不能感動。愚誠雖切，天聽未回。夙夜省循，莫遑安處。臣本庸材，不足比數。然而職所任者國政，身所繫者國體。而遭罹誣枉，毀辱百端。既不自辨明，便當引去。加以年齒凋耗，疾病侵凌。豈可勉彊衰殘，不知廉恥。此臣所以披肝瀝血，干冒誅夷，不能自止者也……。

臣出入二府，已七八年。迄無一言建明，一事可採。以前日之碌碌如此，可知後日之無所爲也……。

伏望聖慈察臣悃愊，特許臣所乞。則臣未盡之年，尚知論報……。

六月，先生對於屢請外任，未蒙賜准，寢食難安。此在與好友王君貺書中所言，即可體會得到。如云：

……自公留滯於外，士大夫之論鬱然。而當職者負慚與責久矣……某痔病薾然，昨屢乞懇。以經此詆辱，於國體非便。第顧勢未得遽去，以此強顏，成何情況。事有所激，實如來諭。其諸多端，匪遠，可以面敘本末……。

七月，先生攝太尉行事。

九月，作有兩篇劄子及與韓琦書。摘述如次：

一、乞補館職劄子

竊以治天下者，用人非止一端，故取士不以一路……方今取士之失，患在先材能而後儒學，貴吏事而賤文章……夫材能之士，固當擢用。然專以材能爲急，而遂忽儒學爲不足用。使下有遺賢之嗟，上有乏材之患，此甚不可也……。

二、論館閣取士劄子

竊以館閣之職，號爲育才之地。今兩府闕人，則必取於兩制（翰林學士謂之內制，中書舍人知制誥謂之外制。今幷雜學士待制，通謂之兩制。）兩制闕人，則必取於館閣。然則館閣，輔相養材之地也。材既難得而又難知，故當博採廣求而多畜之。時冀一得於其間，則傑然而出爲名臣矣！……。

自祖宗以來，所用兩府大臣多矣。其間名臣賢相出於館閣者，十常八九也……先朝循用祖宗舊制，收拾養育，得人尤多。自陛下即位以來，所用兩府之臣一十三人，而八人，出於館閣，此其驗也。只自近年，議者患館職之濫，遂行釐革而改更之。初矯失太過，立法既峻，取人遂艱。使下多遺賢之嘆，國有乏材之患……

臣今略具館閣取人舊制幷新格，則可見取人之法如何？所得之人多少也。

㈠、舊制館閣取人，以三路進士高科：

一路也，大臣薦舉。一路也，歲月疇勞。一路也，進士第三人以上及第者，幷制科及第者……今三路塞其二矣！……惟有疇勞帶職一語，尚在爾。

(二)、新制，館閣共置編校八員……以此待天下之多士，宜其遺材於下矣。八員之內，仍每七年方遇一員闕而補一人，以此知天下滯材者眾矣！

……陛下必欲牢籠天下英俊之士，則宜脫去常格而獎拔之。今負文學懷器識磊落奇偉之士，知名於世而未爲時用者不少。惟陛下博訪省察，悉召而且置之館職。養育三數年間，徐察其實，擇其尤而擢用之。知人自古聖王所難，然不以其難而遂廢。但拔十而得一二，亦不爲無益矣！……。

先生與時相韓琦，執政多年，誼屬莫逆之交，往來書簡甚多。此時又有「與韓稚圭（琦）」書。云：

……昨日辱以相臺園池記爲貺，俾得拭目辭翰之雄。粲然如見眾製高下映發之麗，而樂然如與都人士女遊嬉於其間也。榮幸榮幸。

晝錦書刻精好，但以衰退之文不稱爲慚，而又以得託名於後世爲幸也。眾篇一時盛事，往往佳作咸得珍藏，豈勝感愧？……。

十月，詔宰臣，參知政事，舉才行士可試館職者各五人。

十二月癸未四日，先生奉敕篆皇帝尊號寶，其文曰：乾體膺歷文武廣孝皇帝之寶。

乙未十六日，宰臣祁於天地、宗廟、社稷。

壬寅二十三日，立潁王頊爲皇太子。

第二節　英宗崩神宗即位

神宗（趙頊）治平四年（一〇六七）丁未。先生六十一歲，在京城。春正月丁巳八日，英宗崩。

趙曙，又名宗實（一〇三二——一〇六七），濮王懿安允讓第十三子。母仙遊縣君任氏。帝天性篤孝，好讀書。立爲皇子，改今名。詔齊州防禦使，鉅鹿郡公。八年仁宗崩，嗣帝位，詔請皇太后同聽政。在位四年，享年三十六。謚曰：憲文肅武宣孝皇帝。

太子趙頊即位，是爲神宗。

戊辰十九日，先生以覃恩轉尙書左丞，進階特進。加食邑五百戶，食實封二百戶。仍賜推忠協謀同德佐理功臣。

二月，上辭覃恩轉左丞表

……臣本以妄庸，早由平進……十駕其駑，終不堪於遠用。徒以旦暮千載，遭逢兩朝。擢貳鈞衡，坐淹歲月。國恩未報，但虞塡壑以遺羞……幸遇陛下重離繼照，正統當天……致茲孱朽，亦玷光華。然夫位高而疾顚者，是亦其勢然。器滿而必覆者，蓋由其量過。敢忘戒懼，誠迫懇辭。伏望陛下特軫睿慈，俯矜愚守。當萬機之新政，收厚賞於無功……。

謝覃恩轉左丞表

……臣性質迂愚，器能淺陋……徒以早荷兩朝之誤知，拔自孤生而獎用……伏遇陛下光紹寶圖，惟新聖政……致此妄庸，首霑渙汗。臣敢不退思警懼，益勵衰疲……。

薦司馬光箚子：

……龍圖閣直學士司馬光，德性淳正，學術通明。自列待從，久司諫諍。讜言嘉話，著在兩朝。自仁宗至和服藥之後，羣臣便以皇嗣爲言。五六年間，言者雖多而未有定議。最後光以諫官極論其事，敷陳激切，感動主聽。仁宗豁然開悟，遂決不疑。由是先帝選自宗藩，入爲皇子。曾未踰年，仁宗奄棄萬國，先帝入承大統。蓋以人心先定，故得天下帖然。

今以聖繼聖，遂傳陛下。由是言之，光於國有功爲不淺矣，可謂社稷之臣也。而其識慮超遠，性尤愼密。光既不自言，故人亦無知者。臣以忝在政府，因得備聞其事。臣而不言，是謂蔽賢掩善。詩云：無言不酬。無德不報。光今雖在侍從，日承眷待。而其忠國大節，隱而未彰。臣既詳知，不敢不奏。

人類自有歷史以來，綜觀人材之賢愚，實爲每一時代盛衰之關鍵。

先生光明磊落，性直不避嫌怨。對於臺諫論事，往往面折其短。屢遭謗毀，不以爲意。然小人奸詐，反覆無常。人面獸心，陰險毒辣。此時卻無端禍起蕭墻，銜恨飛語，竟被小人誣陷。雖經迭章查究，朝廷洞察奸謀。事理既明，蒙冤昭雪。然下定決心，堅請罷政外任，終獲如願以償，遠離宦海波瀾。摘述事件本末，藉悉因由。

一、禍起蕭墻：蘇轍欒城集後集云：「濮園之議，臺官意公主之，專以詆公。既以不勝補外，而來者持之愈急，御史蔣之奇並以蜚語汙公。」蔣之出此，可謂禍起蕭墻。蓋私論濮園事，惟蔣之奇說合公意。公薦爲御史。蔣見公論所趨，公勢孤。而英宗未久崩殂，神宗繼位。公政治地位隨而不穩，竟趁勢投機反戈，思所以自解。

二、銜恨飛語：緣公夫人薛氏從弟薛宗儒坐舉官被劾，冀會赦免。而公乃言，不可以故徼幸。故宗儒坐免官，於是銜恨揚言公與兒媳有曖昧行爲。會劉瑾亦素仇家，乃騰其謗語御史中丞彭思永，思永以語蔣之奇。

續資治通鑑長篇云：「蔣之奇藉此遂獨上殿劾公，乞肆諸市朝。上疑其不然。之奇以思永爲證，伏地叩首，堅請必行。」

此項控訴，誠屬駭人聽聞，較諸慶曆控公張甥案，益爲嚴重。據曾慥東齋錄頁一注九按稱：「薛夫人爲續絃後母，與長媳吳氏，可能不和。」致貽人濫造飛語，肆意中傷。

根據神宗舊史本傳云：（四朝國史本傳略同）

英宗以疾未親政事，慈聖光獻太后垂簾。修與二三大臣主國論，每簾前奏事，或執政聚議。有未可，修未嘗不抗是非力爭。臺諫官至政事堂論事，事雖非己出，同列未及啓口。而修已直折其短，以至士大夫建明利害及所祈請。前者執政多媕阿，不明白是非。至修，必一二數之。曰：某事可行，某事不可行，以是怨誹者益多。

英宗嘗面稱修曰：性直不避眾怨。修亦嘗稱誦故相王曾之言曰：恩欲歸己，怨使誰當。及上即位，御史蔣之奇言修帷箔事，連其長子婦吳氏。修杜門，請付有司按治。先是修妻之從弟薛宗孺坐舉官被劾，冀會赦免。而修乃言不可以臣故徼幸，乞特不原。以故宗儒免官，怨修。因摘爲無根之言，欲以汙辱之。會劉瑾亦素仇家，乃騰其謗以語中丞彭思永，思永以語之奇。之奇始以私議濮王事與修合，而修特薦爲御史。時方患眾論指目爲姦邪。及得此，因亟持以自解。

於是詔詰語所從來。之奇言得之思永，以與瑾同鄉，或力抵以爲風聞。上爲其辭窮，降思永知黃州，之奇監道州酒。遣中使手詔慰安修，修遂稱疾，力乞解機務。

茲將先生連上乞明究此事劄子及表，摘述如次：

一、乞根究蔣之奇彈疏劄子

……今竊聞蔣之奇再有文字誣臣以家私事。臣忝荷國恩，備員政府。橫被汙辱，情實難堪。雖聖明洞照，察臣非辜。而中外傳聞，不可家至而戶曉。欲望聖慈解臣重任，以之奇所奏出付外庭，公行推究。以辨虛實，顯示多方。……。

二、再乞根究蔣之奇彈疏劄子

……臣夙夕思惟，之奇誣罔臣者。乃是禽獸不爲之醜行，天地不容之大惡。臣若有之，萬死不足以塞責。臣若無之，豈得含胡隱忍，不乞辨明……

今之奇所誣臣之事，苟有之，是犯天下之大惡。無之，是負天下之至冤。犯大惡而不誅，負至冤而不雪。則上累聖政，其體不細。由是言之，則朝廷亦不可含胡不爲臣辨明也。

大抵小人欲中傷人者，必以曖昧之事，貴於難明，易爲誣汙。然而若以無根之謗，絕無形迹，便可加人。則人雖不可誣，人人誰能自保？

欲望聖慈特選公正之臣，爲臣辨理。先賜詰問之奇所言，是臣閨門内事。之奇所得，必有從來。因何彰敗，必有蹤跡。據其所指，便可推尋。盡理根窮，必見虛實。若實，則臣甘從斧鉞。若虛，則朝廷典法，必有所歸。如允臣所請，乞以臣劄子幷蔣之奇所奏，降出施行。

三、乞罷政事第一表

……臣本出羈單，粗知業履……荷三聖之殊愚，特察孤忠……頃自去秋，累陳愚款。先皇帝惻然垂閔，慰以恩言。許至新年，俾解重任。萬乘之仙遊忽遠，孤臣之素願莫從……伏望俯察懦忠，念孤根之易危，哀小器之難用。置之閑處，賜以保全……。

四、又乞罷任根究蔣之奇言事劄子

……蔣之奇誣奏陰私事，已具劄子，乞差官根究，明辨虛實。伏緣臣見任政府，在於事體，理合避嫌。欲望聖慈先罷臣參知政事，除一外任差遣。臣既解去事權，庶使所差之官，無所畏避，得以盡公根究……。

癸卯二十四日，神宗差中使朱可道賜御札傳宣撫問云：

春寒安否？前事，朕已累次親批出詰問。因依從來，要卿知。付歐陽修。

先生上「謝賜手詔箚子」

……賜臣手詔，委曲慰安。臣孤危之迹，橫爲言事者誣以莫大之罪。自非遭遇聖明，特爲窮究，則當爲冤死之鬼。然事出曖昧，上煩天造，累行詰問，必見蹤由。臣仰恃聖君在上，內省於心，必冀終獲辨雪……。

五、乞詰問蔣之奇言事劄子

……前日再具劄子，乞詰問之奇自何所得？因何蹤跡彰敗，乞差官據其所指推究虛實。

伏緣之奇所誣臣者，乃非人所爲之大惡。人神共怒，必殺無赦之罪。傳聞中外，駭聽四方。四方之人，以謂朝廷執政之臣。犯十惡死罪，乃曠世所無之事。皆延首傾耳，聽朝廷如何處置？

惟至公以服天下之心，若實有之。則必明著事迹，暴揚其惡。顯戮都市，以快天下之怒。若其虛妄，使的然明白。亦必明著其事，彰示四方，以釋天下之疑。

至如臣者，若實有之，則當萬死。若實無之，合窮究本末。辨理明白，亦不容苟生。若托以曖昧，出於風聞。臣雖前有鼎鑊，必不能中止也。以此言之，繫天下之瞻望，繫朝廷之得失，繫臣命之死生。其可忽乎？其得已乎？

伏乞以臣所奏，詰問蔣之奇得於何人？其人所說有何事？更不得徒說虛辭，直具所說人姓名及所聞事狀，據實聞奏。臣所瀝血懇，必望朝廷理辨虛實，乞不留中。

六、再乞詰問蔣之奇言事劄子

臣近累陳血懇，煩黷天聽，爲彭思永、蔣之奇奏臣陰私事，乞辨明虛實。伏蒙聖恩累賜詰問，至今未聞有所指陳。

竊以臺憲之司，雖許風聞言事。然所謂風聞者，謂事不親見而有聞於他人耳。然其說必有其人，其人必有姓名。若所聞小事，則有不足論。若所聞大事，繫人命之死生，則必須審問所說之人事狀虛實，然後可之上言。況之奇明列章疏，伏地頓首，堅請必行。若不明見事狀，審知虛實，豈敢果決如此？及朝廷窮究，又卻不指定所聞之人姓名，亦不明言有何事迹。但飾遊辭，無所的確。

蓋之奇初以大惡誣臣，期朝廷更不推究，便有行遣。及累加詰問，遂至辭窮也。不然，思永、之奇懼見指說出所說人姓名後，朝廷推鞫，必見其虛妄，所以諱而不言也。

臣忝列政府，動繫國體，不幸枉遭誣陷。惟賴朝廷至公推究，別證虛實，使罪有所歸。則臣雖死之日，猶生之年也。

臣竊慮朝廷須所說人姓名，思永、之奇無事指說，必以朝廷拒諫爲言，此乃辭窮理屈而妄說也。臣謂若朝廷聞言事不行，則是拒絕言者。今以所言事體不可直行，須當根究虛實，乃是用臺官之言，即須行遣爾，豈足爲拒諫也。

七、封進批出蔣之奇文字劄子

臣以拙直，受恩兩朝。惟以至公之心，爲報國之效。凡於親舊，不敢有纖介阿私。是致怨怒臣深者造爲飛語，誣臣以家私陰事。是人倫之大惡，所以語駭人聽，易於傳布……。

今思永心知事無實狀，而不能爲臣辨明。反碌碌隨衆，騰口搖舌。蔣之奇專用怨仇人飛語，便以虛爲實，上惑聖聰。及至朝廷再三詰問，須要事實，則各不能明指一人之言，明陳一事之據。思永既云無實狀，則知虛妄可知。之奇則飾游辭，謂風聞於衆。

且臺官雖許風聞，而朝廷行事，豈可不辨虛實？大凡可駭之語，易於傳布。假如怨仇之人，有誣大臣以叛逆不道者。飛語一出，則必騰口相傳。豈可便以傳聞之衆，致大臣族誅。如此，則爲大臣者，終日恐懼，彌縫不暇。何敢盡公行事，以身當怨！而一夫之怒，飛語騰出，可以搖動朝廷。則正人端士，不立足矣！以此言之，則思永、之奇專用風聞，惑亂聖聰。爲耳目之官，罔上欺君，其害豈細。

今閭巷小民有罪，猶須證驗分明，案節圓備，方可行刑。之奇言臣死罪，未明虛實，豈可含胡。

伏乞朝廷以至公之明，必爲分別。令事理窮盡，止於兩端，不過虛與實而已。實則臣當死，虛則之奇安得無罪。使事實而臣不死，不足以顯之奇之言。使事虛不罪之奇，不足以雪臣之冤枉。

臣非敢顧惜名位，不自引去。但以冤若不得雪，則身是罪人。朝廷自當行法，豈容臣自引退。若虛，則幸望朝廷辯別分明。使中外之人，知臣無罪，然後可以容臣自陳引去。臣初乞朝廷差官根究虛實，故當乞解權任以避嫌。今既蒙朝廷直行詰問，故臣合杜門俟命。乞不留中，降出施行。

八、乞辨明蔣之奇言事劄子

臣先於慶曆中擢任諫官，臣感激仁宗恩遇。不敢顧身，力排姦邪，不避仇怨。舉朝之人，側目切齒，惡臣如讎。適會臣有一妹夫張龜正前妻女，嫁臣一疏族不同居姪晟，於守官處與人犯姦。是時錢明逸爲諫官，遂言臣侵欺本人財物，與之有私。既蒙朝廷置獄窮勘，並無實狀，事得辯明。

當時執政之臣，惡臣者眾。其陰私事雖已辯明，猶用財務不明，降臣知滁州。今惟趙槩知此事甚詳。若非仁宗至聖至明，察臣無辜，爲臣窮究。則臣豈復更有今日，仁宗豈有用臣至此。

今臺官方舉前事彈錢明逸陷害良善，不意蔣之奇自又效尤。欲望朝廷特加裁察，若以蔣之奇所對語無事實，知其虛妄。乞早賜明告中外，以辨臣冤。若猶疑於虛實之間，則乞更加盡理，推窮辯正。

九、再乞辨明蔣之奇言事劄子

……近以蔣之奇誣奏臣家私事，乞賜辯正，杜門俟命。今已多日，雖蒙朝廷累賜詰問。之奇則但云得自彭思永，而思永又云事無實狀。是曖昧之言若此，便欲加臣十惡大罪。雖州郡小民犯罪，官司斷獄，必未敢便斷其死。臣孤拙無黨，特被兩朝眷遇。忝列政府，橫被小人誣以禽獸不爲之惡。本因臣以至公報國，以身當怨。不徇親黨阿私，至多積仇怨。造作飛語中傷，而以忠取禍。之奇乃以虛爲實，欺天罔上。及至朝廷詰問，則辭窮理屈，並無實狀指陳。至於彭思永亦自言曖昧無實，各自乞罷去。若臣果有實狀？何故惜而不言，何故自言無實狀？而自乞罷去？以此見思永、之奇等欲以曖昧之事，惑亂聖聰，使臣不能自辯。冀望朝廷便不辨明，便以風聞行法。況聖君在上，公道方行。臣必不能枉受大惡之名，當舉族碎首，叫天號冤。仰訴於闕庭，必不能含胡而自止。當陛下聖政惟新之日，使執政之臣守闕號冤，固知非朝廷美事。然臣以惡名不可虛受，將不得已而爲之，期於以死必辨而後止……。

三月壬子四日，神宗差中使朱可道賜御札云：

春暖，久不相見，安否？數日來，以言者污卿以大惡。朕曉夕在懷，未嘗舒釋。故累次批出，再三詰問其從來事狀，訖無以報。前日見卿文字，力要辨明，遂自引過。今日已令降黜，仍出牓朝堂，使中外知其虛妄。事理既明，人疑亦釋。卿宜起視事如初，無恤前言。賜歐陽修。

同日，先生於持誦御札後即上謝賜手詔劄子云：

……臣捧讀感咽，不知涕泗之橫流。竊伏自念天地父母，能生臣身，不能免臣於憂患。陛下神聖聰明，無幽不燭。察臣孤危，辨臣冤枉。使臣不陷大惡，得為完人……而臣又有大罪者，蒙國寵榮，忝居重位。處危機之地而自任拙直，不防禍患。怨仇所積，謗怒交興。當陛下即位之初，外有機政之繁，內有孝思感慕之戚。於此之時，致言事者以陰私之惡，愧穢之言，上黷聖聽。煩陛下曉夕在懷，為臣親加詰問，特賜辨明……。

臣已依詔旨，來日詣閤門，祗候入見。冀面天顏，別陳血懇次。

十、乞罷政事第二表

……臣聞高而必危，蓋處易傾之勢。滿則招損，實存至戒之言。敢再瀝於懇私，輒自干於斧鉞……。

臣本以庸妄，出於遭逢。誤被國恩，俾參政論。材非適用，而當重任之難。智不周身，而履危機之地。既不能於阿徇，故多積於怨仇。謗怒之興，紛紜靡一。所恃者，聖君在上，公道方行。雖構造中傷，人言可畏。而聰明聽察，天鑒孔昭。既悉辨於罔誣，遂判分於枉直。俾臣不陷大惡，得為完人。今亂國之讒，已蒙於遠屏。立朝之士，皆保於自安……。

念臣病羸之質，年迫已衰。寵祿之盈，理難久處……伏望……閔其孤拙，曲賜矜從。予以一州，俾自退處。亦有民社，可宣教條。苟知盡瘁之方，未失事君之節。

十一、第三表

……臣聞士之行己，所愼者始終之不渝。臣之事君，所難者進退而合理。苟無大過，善退其身。昔之爲臣，全此者少……。

臣之本末，亦豈頓殊。蓋以處非所宜，用過其量。惟是要權之地，不勝指目之多。周防所以履危，而簡疎自任。委曲所以從衆，而拙直難移。宜其舉足則蹈禍之機，以身爲斂怨之府。復盤桓而不去，遂謗議以交興。讒說震驚，輿情共憤。皇明洞照，聖斷不疑。孤臣獲雪於至冤。四海共忻於新政……。

伏望……俯察愚衷，許解劇繁。處之閑僻，物還其分，庶獲遂於安全……。

此時，先生忽接好友時相韓琦專函慰勉，即作覆云：

……杜門俟命，已上三表，便値休假。方欲旦夕馳布懇誠於左右，忽辱惠翰，感慰兼深。某去就之際，不惟果於自決，而相知者皆勉以必走不疑。亮公見愛素深，意必不殊也。此來，賴君相之明，爲之辨別。皎然明白，中外無所疑惑矣。則某之引去，不嫌稍速。所推恩禮，不必過優。使災難中遂逃禍咎，而保安全於始終，蒙德不淺矣！

回……。

十二、又乞外郡第一劄子

……前日獲對便坐，已具血懇，披陳臺官誣臣以陰醜之事……陛下即政之初，日有軍國萬機之繁。乃以人口不道之事，上煩聖慮。蒙陛下曉夕在懷，親批詰問，再三窮究。得其虛妄之狀，特使行遣。曉告中外，使臣大冤獲雪，人疑盡釋……。然臣有不得已而必不能處者，蓋臣所以致此大謗者。本出怨仇之口，由臣拙直多忤於物。而在位已久，積怨已多。若使臣頓然變節，勉學牢籠小人以弭怨謗。非惟臣所不能，亦非陛下所以任臣之意。若使臣復居於位，祇如前日所爲。則臣恐怨家仇人，以臣不去。必須更爲朝廷生事，臣亦終不能安……。

況臣一二年來，累爲言者攻擊，心志摧沮。加以衰病所侵，兩目昏暗，四支骨立。顧身已如此，而人情又如此，亦復何心貪冒榮寵。

伏望聖慈憫臣之志，誠可哀矣。察臣之迹，誠難安矣。特許臣解罷除一外郡，則天地保全之恩，何以論報。臣今已上第三表，伏乞早賜降出施行。

十三、第二劄子

……乞解政事，已上三表。殆今累日，夙夜俟命，跼蹐靡遑……臣性既簡拙，恥爲阿徇。又復愚暗，不識禍機。多積怨仇，動遭指目。謗怒毀辱，不可勝言。一二年來，屢爲言事者攻擊。以臣一人無日不煩君父。不惟朝廷未嘗少靜，而君亦未嘗少安……。臣能薄材劣，竊位已久……若臣復處事權，遷延不去……顧臣何以自處……

伏望察臣勢已難安，予以一州，俾自藏縮。如此，則臣大冤已雪，既彰新政之清明，孤迹獲安，又荷聖恩之優假。言事者但得臣去，亦稍釋其忿。必無疑而安處，別不為朝廷生事。則臣之一去，所利甚多。惟乞出自睿斷，早賜允俞。

十四、第三劄子

今月二十日……所上第三表，乞解政事，特降批答不允，仍斷來章者。聞命以還，憂惶隕越。懇誠所迫，欲止不能……

今臣自以懇請，與言事者不復相關。若賜允俞，是陛下出臣於萬死之中，保全其終始，而使之善退也。如此，則臣之大冤，已蒙辨雪，危迹又保安全……

臣自上三表後，已兩具劄子披陳，必已蒙省覽。臣之血誠，竭於是矣。今更不敢煩言，上黷睿聽。惟乞哀憫，早賜施行。

第三節　懇罷政事乞郡保全

三月壬申二十四日，先生終蒙神宗恩准，得除觀文殿學士轉刑部尚書知亳州，改賜推誠保德崇仁翊戴功臣。即上

謝傳宣撫問劄子

今日伏蒙聖慈差中使傳宣撫問，以臣累表乞解政事之職，已除觀文殿學士刑部尚書知亳州，仍問臣幾日朝參者……乃蒙睿恩，曲賜矜許。既特加美職，又超轉官資。仍假

善邦，俾從私便。

臣孤危之迹，已荷保全。衰晚之年，猶貪榮寵。但以未受新命，無由入謝。又蒙聖造，曲賜記錄。丁寧慰諭，趣其入見。恩數優異，舉族歡呼。

伏緣自二十六日後，前後殿不坐。臣欲乞候御殿日參假，冀面天顏，別披血懇次。

申戊二十六日，上辭刑部尚書箚子：

……猥以庸材，久竊重任。雖策勵駑蹇，訖無補報。而荏苒歲月，漸迫衰殘。所以屢陳危懇之誠，上干宸造者。正以願避寵榮，冀全衰朽……未逾兩月，恩典頻仍。無功之賞，度越常格……。

欲望聖慈，憫臣孤拙。察臣畏避寵榮之懇，特許臣只以本官兼職，或止轉一官。庶俾少安常分，誓竭晚節，上報鴻恩……。

堅辭不准，乃上謝觀文殿學士刑部尚書知亳州表：

……誣言詰服，已大釋於羣疑。危跡保全，俾不虧於素守。犬馬合思於報效，桑榆奈迫於衰遲。屢貢懇私，上干聰睿。遂蒙開允，俾解繁機。而晚節餘生，本期避寵。清資顯秩，益更貪榮。被優渥之非常，但凌兢而失措……。

曲軫至慈，俯從誠請。仍憐舊物，特示殊恩。顧非木石之頑，宜識乾坤之造。颯然素領，雖難強於筋骸。皎若丹心，獨自欺於塵露。

閏三月辛巳二日，朝廷宣簽書駐泊公事。先生陛辭。奏乞便道經過潁州時，准允少留，如願以償。

先生久處京城，值此離京外任之時，公私事務，諸待料理。簡述二事如次：

一、進永厚陵挽歌辭三首引狀

……伏蒙聖恩，差臣知亳州軍州事，見發赴本任次。伏見大行皇帝將來八月，遷坐於永厚陵。中外羣臣咸進挽歌辭。

臣以非才，久竊重任。遭遇先帝，蒙被聖知。恩極昊天，未知論報。痛深喪考，徒切攀號。臣今謹撰成大行皇帝靈駕發引日挽歌辭三首（原文略），謹隨狀上進，伏候勑旨。

二、濮議序

……臣聞事固有難明於一時，而有待於後世者，伯夷、叔齊是也。夫君臣之義，父子之道，至矣。臣不得伐其君，子不得絕其父，此甚知之事也。方武王之作也，人皆以爲君可伐。濮議之興也，人皆以爲父可絕，是可怪駭者也……

然則濮園之議，其可與庸人以口舌一日爭耶？此臣不得不述其事於後世耶！濮議之興也，儒學奮筆而論，臺諫廷立而爭，閭巷族談而議。是舉國之人，皆以爲父可絕矣！世又無夷齊以抗之。雖然，賴天子聖明仁孝，不惑羣議。據經約禮，置園立廟。不絕父子之恩，以爲萬世法，是先帝之明也。今士大夫達於禮義者，渙然釋其疑，蓋十八九矣。固不待夷齊餓死、孔子復生而後明也。然有不可不記者，小人之誣罔也。

蓋自漢以來，議事者何嘗不立同異。而濮王之議，皆當世儒臣學士之賢者，特以爲人後之禮，世俗廢久，卒然不暇深究其精微。而一議之失，出於無情，未足害其賢。惟三數任言職之臣，挾以他事，發於憤恨。厚誣朝廷，而歸惡人主，借爲奇貨以買名。而世之人不原其心迹，不辨其誣罔，翕然稱以爲忠。使先帝之志，鬱鬱不明於後世，此臣子之罪也。臣得與其事而知其詳者，故不得已而述焉……。

先生全集，頁九七七濮議序起至九九五止，載有濮議卷一至四。對於濮議始末，敘述詳明。按此序爲先生此時所撰進。其餘有關濮議波瀾經過，本書有關章節，均有摘述。

先生偉大人格，猶如日月之光明。決非無恥奸佞小人之誣罔，所能毀損其分毫。千秋萬世，史冊留芳，益顯尊崇。

五月，先生赴亳，假道汝陰，因得閱書於好友子履之室。仰觀仁宗皇帝之御飛白，不勝感慨繫念！故作有「仁宗御飛白記」。摘述如次：

治平四年夏五月，余將赴亳，假道於汝陰，因得閱書於子履之室。而雲章爛然，輝映日月。爲之正冠肅容，再拜而後敢仰視，蓋仁宗皇帝之御飛白也。曰：此寶文閣之所藏也，胡爲於子之室乎？子履曰：曩者，天子宴從臣於羣玉，而賜以飛白，余幸得與賜焉……。

遭時清明，天子嚮學。樂育天下之材，而不遺一介之賤，使得與羣賢並遊於儒學之館。而天下無事，歲時豐登，民物安康。天子優游清閑，不邇聲色。方與羣臣從容於翰墨之娛。而余於斯時，竊獲此賜。非惟一介之臣榮遇，亦朝廷一時之盛事也。子其爲我志之。余曰：仁宗之德澤，涵濡於萬物者，四十餘年。雖田夫野老之無知，猶能悲歌思慕於壟畝之間。而況儒臣學士，得望清光，蒙恩寵，登金門而上玉堂者乎，於是相與泫然流涕而書之……。

今賜書之藏於子室也，余知將有望氣者，言榮光起而屬天者，必賜書之所在也。

二十五日，離潁，未行間，接長公子發來書，即覆。如云：

……孫宗吉來，得汝書。知與幼小各安，甚寬憂想。惟眞所傳神，改了甚善。梅都官者，必已畫了。所是韓孟惟眞，既言自有本，便可畫也。須是四櫈，頭面髣髴一般大小，方好看。且傳語催伊早畫了，才到亳，便去取也。押付發。宅圖且勿與看，梅須亦帶接籬。不然，帶楮冠子。但取好畫，隱士帽，亦好。

先生一行於二十五日離潁，二十八日平安至亳。二十九日，與長公子發第一書，如云：

……初二日，上事臨離潁時，累有書去，約汝於遞中發書，令先至亳。及至此兩日，杳不得一字，何故何故？以此不無憂想，不知爾來汝與諸幼各安樂否？迎孫、婆孫入夏來長進否？婆孫瘡痍較未不瘦否？此吾日夕所念也。今專遣急腳子去勾當，將來山陵發引排祭一事，汝宜用心。速與問，當早令回報，蓋慮後時難辦也。其餘事，更三兩日，黃清去，別有書也。此外夏熱，汝與諸幼各好將息。遞中頻發一書來，不必須候專人也。

今令急腳子計會王昌、及杜延禧問當進奏官，及轉問北京定州進奏官。前次仁宗山陵發引時，北京定州排祭，用何儀式？其祭前排列明器人物等，用多少數目？祭食味數贈作錢馬數目，並令一一問取今體例來。

今別具畫一劄子。汝速召王昌、杜延禧，令體問，早令此急足回來，要作準備。如杜延禧短使，即令王昌用心勾當，不管誤事。此急腳子回時，買明黃羅一疋附來。

六月戊申二日，先生到衙視事，即遞「亳州謝上表」。云：

……伏蒙聖恩，授臣觀文殿學士刑部尚書知亳州軍州事，已於今月二日赴上訖者。貳政非才，雖獲奉身而退，分符善地，猶懷竊祿之慚。祇荷寵靈，惟知戰懼……臣性實甚愚，疎於接物，事多輕信者。蓋以至誠，如彼匪人，失於泛愛。平居握手，惟期道義之交。延譽當朝，常丐齒牙之論。而未乾薦禰之墨，已彎射羿之弓。知士之難，世必以臣爲戒。常情共惡，人將不食其餘。而臣與遊既昧於擇賢，在滿不思於將覆。自貽禍釁，幾至顛隮。上煩睿聖之保全，得完名節於終始……。察臣自取於怨仇，本由孤直。憫臣力難於勉強，蓋迫衰殘。既獲免於非辜，仍曲從於私欲。遂同萬物，俾無失所之嗟。未盡餘生，敢忘必報之效。

初七日，又與發第二書云：

……書必已到，此中兩日內，卻併得遞中來者兩書，知汝與諸幼各安。只是聞得婆孫患臟腑後甚煩惱……。

此郡閑僻，未去間，足以頤養。孃瘦及食少，心頭氣滿與其餘。並如在京時，汝可勿憂。

黃清、李德，今並遣回。餘事當續附書。此外變熱，汝曹各好將息。稍無人便，即於遞中附書。千萬……。

十八日，王昌等到，又得長公子發書，並寄來生日信物，依數收訖。遂於二十三日，予以回書云：

……汝昨寄文字，比舊甚進。可惜中止，已得塗轍，可以力進也。吾此公事絕少，渴已減，但瘦少力。及耳聽漸重，然未甚妨事，皆可勿憂。此後恐人便漸少，但過十日無人。便發書，即於遞中附一信來。此外，夏熱各好將息。……

排祭事，已指揮王昌，並囑應辦之事項。

謝上表，劉多時，因何不傳？若傳，人言謂何？及今諸事，有何議論？亦問沖卿，便知。仔細報來，此中如井底……。

七月日，先生特請好友尙書令史李歘前往太清，以清酌庶羞之奠，致祭於亡友石曼卿之墓下，而弔之以文。爲便於讀者閱覽之連貫性，已將本文提前照錄於本書第四章第三節。慶曆元年春二月四日，曼卿病逝於京師。先生全力爲之料理後事，所作哭曼卿等文之其三，茲不贅言。

八月八日甲寅，作有英宗皇帝靈駕發引祭文云：

……臣以官守有職，不得攀號於道左。謹擇順天門外，恭陳薄奠。瞻望靈輿，臣修西望泣血頓首死罪言曰：伏惟大行皇帝，至仁至孝。本堯舜之心，克儉克寬。躬禹湯之聖，德澤被物，威靈其天……

臣受恩最深，報國無狀……罔極銜哀……冀伸犬馬之誠。臣無任號天摧絕哀慕感切之至……。

九月乙未，作有歸田錄序云：

歸田錄者，朝廷之遺事，史官之所不記。與夫士大夫笑談之餘而可錄者，錄之以備閑居之覽也。有聞而誚余者曰：何其迂哉！子之所學者，修仁義以爲業，誦六經以爲言，其自待者宜如何？而幸蒙人主之知，備位朝廷與聞國論者，蓋八年於茲矣。既不能因時奮身，遇事發憤，有所建明以爲補益。又不能依阿取容以徇世俗。使怨疾謗怒，叢於一身，以受侮於羣小。當其驚風駭浪，卒然起於不測之淵。而蛟鱷黿鼉之怪，方駢首而闖伺。乃措身其間，以蹈必死之禍。賴天子仁聖，惻然哀憐。脫於垂涎之口而活之，以賜其餘生之命。曾不聞吐珠銜環，效蚍雀之報。蓋方其壯也，猶無所爲。今既老且病矣，是終所負人主之恩。而徒久費大農之錢，爲太倉之鼠也。爲子計者，謂宜乞身於朝，退避榮寵。而優遊田畝，盡其天年，猶足竊知止之賢名。而乃裴回俯仰，久之不決。此而不思，尚何歸田之錄乎！

余起而謝曰：凡子之責我者，皆是也。吾其歸哉，子姑待。治平四年九月乙未……。

十一月，作有與蘇丞相頌（子容）書云：

某以孤拙，蒙上恩憐。予以一州，俾養衰朽。又得在使部，遂依公庇。頓安危心，豈勝天幸。

某至此已數月，幸歲豐盜息，民事亦稀。蝗蝻不多，隨時撲滅。承齋舲下汴，首及弊封。當得親受約束，面布懇誠……。

第四節　三朝元老、功在社稷

神宗（趙頊）熙寧元年（一〇六八）戊申，先生六十二歲，在京城。正月九日，作有「與直講都官書」云：

某辭青不獲，勉策病軀東來。而東州土石深厚，歲豐盜訟亦稀。甚爲養拙之幸，而獨苦衰朽老疾日增爾。歸計遷延，更須年歲也。

上亳州乞致仕第一表云：

……貳政非才，雖獲奉身而退。分符善地，猶懷竊祿之慙。祇荷寵靈，惟知戰懼……

臣性實愚……必報之效。

先生經過宦海浮沈，備嘗世態炎涼。志在還鄉，以遂歸田宿願。因此，不斷懇請，以期得遂素心。分述表奏如下：

第一箚子

……自到亳以來，殆將歲暮。舊苦痟渴，蓋已三年。腰腳細瘦，惟存皮骨。行步拜起，乘騎鞍馬，俱覺艱難。而眼目昏花，氣暈侵蝕。視一成兩，僅分黑白。職事至簡，猶多妨廢。坐尸厚祿，益所難安……欲乞一致仕名目，就近於潁州居止，以養殘年……。

第二表

……近貢封章，乞還官政。伏奉詔答，未賜允俞。退自省循，奚勝隕越……今乃苦於衰病，莫自支持。顧難冒於寵榮，始欲收於骸骨。敢期聖念，過軫天慈。謂雖迫於桑榆，未忍棄於草莽……伏望……矜其至懇，俾解方州之任，遂歸環堵之居……惟辛勤白首，迄無一善之稱。孤負明時，莫報三朝之德。此爲慙恨，何可勝陳。

第二箚子

……瀝陳血懇，乞一致仕名目，以養殘年。聖恩憐閔，不忍遽棄。特降詔諭，未賜允俞。承命之際，惟知感泣。竊以七十之制，雖著禮經。而歷代以來，人臣進退，多不拘此……如臣愚陋，不敢過自陳其不肖。輒竊自比於中常之人，猶有不及者。貪冒榮寵，過其涯分。荷三朝之恩德，而無所報效。被小人之摧辱，而不能遠去。固非有識分知止之明，而直以疾病侵陵。心神昏耗，力不能勉。然後不得已而自陳耳，此臣自媿於心者也。雖然，臣以犬馬之賤，蒙陛下天地養育之恩。始終保全，以至今日。晚暮一節，尚賴君父之仁，獎成其志。臣今已具二表陳乞，伏望聖慈特賜開許……。

第三表

……臣今三請，雖未忍弃捐之意。曲煩再諭，以丁寧而不勝迫切之誠，尚冀終蒙於開可……昔而少健，黔驢之伎已殫。今也病衰，駑馬之疲難強。始露肺肝之懇，乞收骸骨而歸。迹臣前後之心，可見遲徊之久。不敢爲於妄舉，蓋幸冀於必從……伏望賜以哀憐，許上印章，退居田里。使病樗擁腫，盡爾天年……。

第三箚子

……三上表章……未賜允俞……橫遭誣陷，幾臣顚隮。上賴……以保全之。察其誠心，許解重任。假以善地，從其私便。偷妄苟祿，优幸已多。而臣量盈器極，福過災生……是敢眞露肺肝，願還印綬。而皇慈垂惻，未忍遽弃。三賜詔諭，慰以恩言。中外之人，皆知聖慈恩禮之數，過厚於臣者至矣。而臣之懇悃迫切不能自止之誠，亦已至矣……伏望特賜允臣累表所乞，俾以本官致仕，歸老田閭。則臣雖死之年，猶生之日……。

按臨川集載有制詞云：「卿翊戴三朝，德明諒直。有言有績，著在朕心。重違勤求，外寄藩屏。邦之儁老，不以遐遺。

第四表

……臣累貢封章，乞從致政。伏奉詔書，所乞宜不允者……臣以一介無能之賤，荷三朝特達之知。仁宗擢自諸生，俾叅二府。先帝力排羣議，深察孤忠。曁逢神聖之纂臨，竊幸風雲之感會。至於辨正誣枉，保全始終。雖天地之施無私，恩非責報。而犬馬之微自效，力不逮心。繼之衰疾之纏綿，加以年齡之晚暮。寵榮旣過，小器盈而必顚。筋力已疲，飛鳥倦而思止。輒露乞身之請，願諧解組之歸……是敢再殫悃愊，仰冀哀矜。伏望……賜以允俞……以終晚節，永荷鴻私。

夏四月，又上第四劄子

……臣自治平二年已來，遽得痟渴。四肢瘦削，腳膝尤甚。行步拜起，乘騎鞍馬，近益艱難。而兩目昏暗多年，舊疾氣暈侵蝕。積日轉深，視瞻恍惚。數步之外，不辨人物。至於公家文字，看讀簽書，動成妨廢……自今年春夏以來，日更增加，其勢未止。惟恐年歲之間，遂成廢疾……未知報效，遽迫病衰。天心仁憫，必垂矜惻……伏望聖慈，特賜開許。

六月乙卯十四日，作有「集賢校理丁君（寶臣）墓表」

按仁宗景祐四年（一〇三七），先生在峽州夷陵縣令任內，曾與時任峽州軍事判官丁寶臣，字元珍，常有同遊附近山水勝蹟的唱和詩作。先生素重情誼，雖宦海浮沉，彼此際遇不同。然獲悉其屢經憂患，方通判永州，正待闕於晉陵。竟驚聞噩耗，不勝哀悼！故為作一千餘言之墓表，摘述如次：

君諱寶臣，字元珍，姓丁氏，常州晉陵人也。景祐元年，舉進士及第，爲峽州軍事判官……君爲人，外和怡而內謹立。望其容貌進趨，知其君子人也。居鄉里，以文行稱。少孤，與其兄篤於友悌。兄亡，服喪三年。曰：吾不幸幼失其親！兄、吾父也……

……

其後天子患館閣職廢，特置編校八員。其選甚精，乃自諸暨召居秘閣。君治州縣，聽決精明，賦役有法，民畏信而便安之……由是所至有聲。及居閣下，淡然不以勢利動其心，未嘗走謁公卿。與諸學士羣居恂恂，人皆愛親之……久而朝廷益知其賢。英宗每論人物，屢稱之……

知端州時，其戍無兵。一日，儂智高乘不備，陷邕州，殺將吏。有眾萬餘人，順流而下，潯、梧、封、康諸小州，所過如破竹，吏民皆望而散走。獨君猶率羸卒百餘拒戰，殺六七人，既敗亦走。初賊未至，君語其下曰：幸得兵數千人，伏小湘峽。扼其險，以出驕兵，可必勝也。乃請兵於廣州，凡九請，不報。又嘗得賊覘者一人，斬之。賊既平，議者謂君文學，宜居臺閣。備侍從以承顧問……（後遭小人陷害，仕途頓挫。）方待闕於晉陵，以治平四年四月某甲子。暴中風眩，一夕卒，享年五十有八。累官至尚書司封員外郎、階朝奉郎，勳上輕騎都尉……

君娶饒氏，封晉陵縣君，先卒。子、男四人，曰隅、曰除、曰隮，皆進士，曰恩兒，才一歲。女一人，適著作佐郎集賢校理胡宗愈。君既卒，天子憫然推恩，錄其子隅爲太廟齋郎。

君之平生，屢憂患而遭困阨。處之安焉，未嘗見戚戚之色。其於窮達壽夭，知有命，固無憾於其心。然知君之賢，哀其志而惜其命止於斯者，不能無恨也。於是相與論著君之大節，伐石紀辭。以表見於後世，庶幾以慰其思焉。

秋七月，上第五表

……五降詔書，未賜俞允。上恩曲諭，已至矣而丁寧。下愚弗移，但頑然而迷執……自伸五請之勤，已涉三時之頃。天慈惻隱，聖度優容……固當上體至仁，勉安厥位。而夏秋交際，痾疹日增。弱脛零丁，惟存骨立。昏暗眊瞀，常苦冥行。既未知痊損之期，終當廢去。而苟遂退休之懇，尚竊美名。是敢更殫悃愊之私，冀動高明之聽。伏望……俯徇至誠之請，庶使戒滿盈而知止，免災疾以全生。老安治世之和，永荷終生之賜。

又上第五乞守舊任劄子

臣今月六日，準樞密院遞到詔書一道，以臣上第五表乞致仕，伏蒙聖恩未賜俞允者……

……六降詔書，丁寧訓諭。感極惟泣，不知所容。再念臣昨蒙恩許，守此便郡，以養衰殘。今到任已及一年，蓋爲腳膝乘騎鞍馬艱難，憂慮非時，別有移替。欲望聖慈許臣，且更於此將理一二年間，若稍獲安痊，則不敢上煩聖聽……。

先生此時，深感衰病難名，而屢乞致仕，又未俞允，所以仍以歸心欲速為告也。觀其與好友王樂道書，便可體會得到。如云：

……近急足自府回，辱書……某衰病難名！凡老患，或耳或目，不過一二。諸老之疾，併在一身，所以歸心不得不速也。蒙惠藥方，益荷意愛，已依方合和也……。

八月乙巳五日，先生奉詔轉兵部尚書改知青州，充京東東路安撫使。

己酉九日，上辭免青州第一劄子

今月八日，準樞密院遞到誥勑各一道，蒙恩授臣兵部尚書依前觀文殿學士知青州者。伏念臣近以疾病衰殘，累上表章，陳乞致仕。天慈憫惻，六降詔書，未賜俞允……今青州所管一路，寄任至重，實藉幹才。以臣居之，必至曠敗。……欲望聖慈，特賜矜察。許臣且守舊任，冀得將理衰殘。所有誥勑，臣未敢祗受，已送軍資庫寄納……。

戊辰二十八日，上第二劄子

今月二十七日，準樞密院遞到詔書一道，以臣辭免青州恩命，所乞宜不允者……今則忽被新恩，有所遷擢。乃是臣乞退休而得進秩，方稱疾而領要任……雖天度寬仁，未以此責臣。而臣之心顏，何以自處……伏望聖慈憫臣衰病，哀臣誠悃，俾臣且守舊任，更將理一二年間。……所有降到詔勑，不敢祗受。見在本州軍資庫寄納，伏乞早賜許臣繳納……。

九月再上第三箚子

今月十四日……奉聖旨，令臣便受勑告疾速赴青州本任者。……今進退皆觸於罪戾。蓋臣若進而祗受，則有連章累懇，矯激欺詐，以邀恩寵之罪，而其罪大。若退而懇辭，則有稽違君命，煩言屢黷之罪。然比於矯詐邀恩，則其罪似輕……前奏已具陳述，不敢虛矯。欲望聖慈於未許臣休致間，且令臣守舊任，便於將理。所有勑告……伏乞早賜許臣繳納……。

又辭轉兵部尚書箚子

……近自去春由尚書吏部侍郎轉左丞，未逾兩月，又超轉三資，除刑部尚書。今纔逾歲，又超轉兩資，尚書六曹。一歲之間，超轉其五。無功之賞，公議豈容，此臣所以不避煩言屢黷之罪，而上干宸造也。然臣已三被詔書，慰諭深切。進退惶惑，不知所措。敢不力勉衰殘，上副恩眷。臣今不敢辭免青州差遣。若得只守舊官而往，庶幾可免矯激邀求之責……伏望特許免臣轉官恩命，繳納近降誥勑。所有青州差勑，臣見別候指揮。

按容齋四筆云：

所謂左丞超三資除刑書者，謂歷工、禮乃至刑也。下云：又超兩資者，謂歷户部乃至兵部也。其上惟禮部。故言尚書六曹超轉其五云。此是熙寧元年未改制時，今人多不能曉，蓋昔者左右丞在尚書下也。

丙申二十六日，安抵青州。

十月丙寅二十七日，青州就任，謝上表云：

……臣已於今月二十七日赴上訖。掌國五兵，叨進中臺之秩。宣風一面，俾綏東土之人。祗荷寵靈，徒知隕越……

過推優渥，以慰癃殘。惟孤拙之無堪，蹈艱危而已甚。世之所榮者，臣之所懼。人以爲寵者，臣以爲憂。是敢輒殫悃愊之誠，累黷高明之聽。迫於危慮，罔避煩辭。而聖度並容，寬其罪戾。恩言屢降，譬以丁寧。知成命之難回，勉靦顏而祇受……臣敢不策勵疲羸，勤思夙夜。庶期盡瘁，少答鴻私。

十一月丁亥十八日，郊祀大赦，恩加食邑五百戶，食實封二百戶。上謝表云：

……職忝頒條，位拘守土。執豆籩而祇役，罔獲施勞。逮輝翟之餕餘，遽蒙均惠。無功受賞，莫遑俯傴之辭。盡瘁事君，惟誓糜捐之效。

十二月，與常夷甫書云：

……到官忽忽，已復窮冬。老病疎墉，闕於致問。雪後清冽，體況想佳。某幸居僻事簡，足以養拙。歸心雖切，尚少盤桓。款晤未期，深寒加愛。

先生早思致仕歸隱之計，是年，終於築第於潁，希望得償宿願。

熙寧二年（一〇六九）己酉，先生六十三歲。

二月癸亥二十五日，內侍王延慶傳宣撫問，仍賜香藥一銀合，又遞賜新校定前漢書一部。由於先生曾經參與刊定完成之功績獲賜。

謝傳宣撫問賜香藥銀合表：

……祇命有嚴，瞻天威而不遠。撫躬增惕，拜君賜以爲榮……臣職在撫綏，任叨案委。曲煩訓諭，備極丁寧。仍因使傳之馳，特示恩頒之寵。臣敢不恪官自警，祇事以時。惟善是從，勉企前人之迹。俾民受賜，上寬明主之憂。

三月，謝賜漢書表

……已於今月日據進奏院遞到，臣已祗受訖者……竊以右文興化，乃政治之所先。著錄藏書，須太平而大備。漢室上繼三代之統，而班史自成一家之書。文或舛訛，蓋其傳之已久。詔加刊定，俾後學之無疑。一新方册之文，增煥秘書之府。而奏篇之始，方經衡石之程。賜本之榮，惟及鈞樞之近。敢於孤外，特與恩頒。此蓋……曲軫睿慈，俯矜舊物。謂其嘗與臣鄰之列，不忍遽遺。憐其自喜文字之間，俾之娛老。然臣兩目皆眊，雖嗟執卷之已艱。十襲珍藏，但誓傳家而永寶。

據王國維五代兩代監本考云：

玉海嘉祐六年十二月，命秘書丞陳繹重校前漢書，又詔參政歐陽修看詳。熙寧二年八月六日，參政趙抃進新校漢書印本五十册。注釋云：內府藏本漢書，景祐元年，余靖上言，有嘉祐六年陳繹重校，歐陽修看詳，雕印，熙寧二年成書。

六月，先生與趙叔平書

……竊惟宴閒之樂，大愜雅懷。回視塵瑣，必深閔歎也。某衰病日增，尚此遷延，爲愧不淺。然亦不晚，必能勉追高躅也……。

冬、上乞壽州第一劄子：

……臣本以妄庸，逢時竊祿。寵榮踰分，報效無聞。嘗以疾病乞從休退……適會東秦闕守，誤被選差，委以一路。臣亦屢陳朽憊，既不獲辭……雖勉力支持，日虞曠敗。兼臣到任已及一年有餘，欲乞就移淮潁間一差遣，以便私計。伏望特賜憐憫，許差臣知壽州一次，冀就閑僻，苟養衰殘……。

第二劄子：

……伏蒙……憐憫舊物，不忍遽棄。屢煩恩詔，委曲慰安，欲令且更勉勵故臣。今者未敢別有陳請，祇欲求淮潁之間一便郡。苟竊俸祿，以盡餘生……。

是歲，撰歐陽氏譜圖

按蘇洵嘉祐集云

爲蘇氏族譜，它日歐陽公見而歎曰：吾嘗爲之矣。出而觀之，有異法焉。曰：是不可使獨吾二人爲之，將天下舉不可無也。洵於是又爲大宗譜法，以盡譜之變。而並載歐陽氏之譜，以爲譜例。以告當世之君子，蓋將有從焉。

歐、蘇族譜乃用「小宗之法也。凡天下之人，皆得而用之，而未及大宗也。」如家族

繁衍，則可用大宗之法。修譜之德，始終脫不出歐、蘇所定型式。此雖是史學傍支，卻亦爲中國社會之一大貢獻。（見劉子健著）

吳俊升世界李氏宗譜第二輯序云：

昔歐陽公爲譜學開宗。而宋代李氏族譜，即始作於歐公。文文山跋歐公所爲李氏譜。謂爲「世代源流，記載釐然。他族求如此精核，十無二三。」范文正作序，亦許爲信譜。今雖未獲見原譜，惟廬陵原序猶存。」（東方雜誌復刊十二卷四期）今日國人遷徙他邦日眾，甚或改名換姓，久之不知祖宗姓名，族譜有其意義。

熙寧三年（一〇七〇）庚戌，先生六十四歲。

春正月乙卯二十四日，詔諸路散青苗錢。此法立意乃是政府貸款於農，助增生產，毋受富民高利盤剝之苦。

是月，作有「撰詩譜補亡後序」云：

歐陽子曰：昔者聖人已沒，六經之道，幾熄於戰國，而焚弃於秦。自漢以來，收拾亡逸，發明遺義。而正其訛繆，得以粗備。傳於今者，豈一人之力哉……

毛鄭於詩，其學亦已博矣。予嘗依其箋傳，考之於經而證以序譜，惜其不合者頗多。蓋詩述商周，自生民玄鳥上陳稷契，下至陳靈公，千五六百歲之間，旁及列國君臣世次、國地山川、封域圖牒、鳥獸、草木、魚蟲之名。與其風俗善惡，方言訓故，盛衰治亂美刺之由、無所不載。然則孰能無失於其間哉！予疑毛、鄭之失既多，然不敢輕爲改易者，意其爲說不止於箋傳，而恨己不得盡見二家之書，未能遍通其旨。夫不盡見其書而欲折其是非，猶不盡人之辭而欲斷其訟之曲直，其能果於自決乎！其能使之必服乎！

世言鄭氏詩譜最詳，求其久矣，不可得。雖崇文總目秘書所藏，亦無之。慶曆四年，奉使河東，至於絳州，偶得焉。其文有注而不見名氏。然首尾殘缺，自周公致太平已上，皆亡之。其國譜旁行，尤易爲訛舛。悉皆顛倒錯亂，不可復考……

初，予未見鄭譜，當略考春秋史記本紀世家年表，而合以毛、鄭之說，爲詩圖十四篇。今因取以補鄭譜之亡者，足以見二家所說世次先後甚備。因據而求其得失，較然矣。而仍存其圖，庶幾以見予於鄭氏之學，盡心焉耳。夫盡其說而有所不通，然後得以論正，予豈好爲異論者哉。

凡補其譜十有五，補其文字二百七，增損塗乙改正者三百八十三，而鄭氏之譜復完。

二月丁亥二十六日，與二公子奕書

自聞汝失意，便遣郭順去接汝……今日劉王自京來，得汝八日書，稍知動靜。若至潁，見了大哥，便先歸，則今應已在路。

得失常事，命有遲速。汝必會得，應不甚勞心。卻是旅中不如意，漸熱難行，故未免憂想。若此書到，尚在潁。則且先歸，爲孃切要見汝，蓋憂汝煩惱也。汝切寬心求安，如過亳州，只約黎、曹二君，南臺相見。勿入城，千萬千萬……。

周必大文忠集云：

公家書一通，蓋其仲子下第時也。前二年公方自亳帥青，故戒以勿入城。所謂黎君即州學教授，公集中嘗酬答三詩者。曹不知何人。

三月，先生對於朝廷新頒青苗錢，政府執行不善，曾上箚子云：

朝廷以青苗錢本爲惠民之意。然縉紳之士，議論益多。至於田野之民蠢然，乞去二分之息，令民止納本錢，明不取利。罷提舉管勾等官，專委州縣隨多少散之，不必闔縣户民盡請，如此自無抑配之患矣。

四月，又上箚子云：

青苗錢，夏料已散錢，尚未有一户送納。若夫俵散秋料錢，竊慮積壓拖久，枉有失陷官錢。臣已指揮本路諸州軍，並令未得俵散秋料錢，欲望特許詳擇。

此時王安石在朝爲宰相，荷神宗特達之知，實行變法。造成天下民怨，終告失敗。他對於先生在青州擅行止散青苗錢，認爲有奉聖旨，不合不聽指揮。擅行止散之罪，特與放免。因此，先生即上「謝擅止散青苗錢放罪表」云：

……昨遇國家新建官司而主計，大商財利以均通。分命出使之車，交馳於郡縣。悉發舊藏之鏹，取息於民氓。而臣方久苦於昏衰，初莫詳其利害。漸已大諠於物議，始知不便於人情。亦嘗略陳眾弊之三，冀補萬分之一。屬再當於班給，顧已逼於會期。雖具奏陳，乃先擅止。據茲專輒，合被譴呵。豈謂……

：俯矜朴拙，免從吏議，特貸刑章。夫何草木之微，曲被乾坤之施。敢不答思祇畏，更勵操修。戒小人之飾非，希君子之改過。冀圖薄效，少答鴻私。

壬申十二日，奉聖旨：「除檢校太保宣徽南院使，判太原府，河東路經略安撫監牧使，並兼代澤、潞、麟府、嵐、石路兵馬都總管。」神宗欲起用先生，乃遣內臣馮宗道賜（判）太原告敕，欲令赴闕朝見。

先生堅不入朝，緣因歷經宦海浮沉，人情冷暖，早已看透一切。按檢校官分：太師、太尉、太傅、太保、司徒……十九等（文獻通考卷四六檢校官條）。

在此之前，尚有一段權臣王安石為求官穩，違背良心的言行，辜負昔年先生累次力薦王安石的恩德，殊堪浩歎！

按續長篇本末卷六九、頁六、七云

先是上復欲用公執政。問王安石以修何如邵亢？安石曰：修非亢比也。又問何如趙抃？安石以為勝抃。他日又問何如呂公弼？其意欲以代公弼也。安石謂勝公弼。又問何如司馬公？安石亦謂勝光。上遂欲用之。

安石設詞阻公。安石曰：陛下宜召對與論時事，更審察其在政府有補與否？修性行雖善，然見事多乖理……上患無人可用。安石曰：寧用尋常人不為梗者。上曰：亦須用肯作事歟！安石曰：肯作事者固佳，若所欲作與理背，卻誤陛下所欲為。又陛下每事未免牽於眾論，或為所牽，即失事機。上曰：待修到，更徐議之。

於是安石知修決不附己，益毀之。他日，上論文章，以爲華詞無用，不如使材有益。安石曰：若徒事於華詞，如不知道，適足以亂俗家理。如歐陽修文章，於今誠爲卓越。然不知經，不識義理。非周禮，毀繫詞。中間學士，爲其所誤，幾至大壞。

又按林逸教校編著歐陽文忠公年譜評論云：

安石抹煞一切，可謂血口噴人。況其爲公賞識，曾屢受公推薦。爲求官穩，出此下策，似非所宜。

徐度卻掃編卷上云：

輔臣既罷，領宮官使。其後惟以使相，節度、宣徽使爲之。無所職掌，奉朝請而已。

乙亥十五日，先生撰有「瀧岡阡表」。

先生孝思，光耀千古，照錄全文如次：

瀧岡阡表

嗚呼。惟我皇考崇公，卜吉于瀧岡之六十年。其子脩始克表於其阡，非敢緩也，蓋有待也。脩不幸，生四歲而孤。太夫人守節自誓。居窮，自力於衣食。以長以教，俾至于成人。太夫人告之曰：汝父爲吏，廉而好施與，喜賓客。其俸祿雖薄，常不使有餘。曰：毋以是爲我累。故其亡也，無一瓦之覆，一壠之植，以庇而爲生。吾何恃而能自守邪？吾於汝父，知其一二，以有待於汝也。自吾爲汝家婦，不及事吾姑，然知汝父之能養也。汝孤而幼，吾不能知汝之必有立，然知汝父之必將有後也。吾之始歸也，汝父免於母喪，方逾年。歲時祭祀，則必涕泣曰：祭而豐，不如養之薄也。間御酒食，則又涕泣曰：昔常不足，而今有餘，其何及也。吾始一二見之，以爲新免於喪適然耳。既而其後常然，至其終身，未嘗不然。吾雖不及事姑，而以此知汝父之能養也。汝父爲吏，嘗夜燭治官書，屢廢而歎。吾問之，則曰：此死獄也！我求其生不得爾！吾曰：生可求乎？曰：求其生而不得，則死者與我，皆無恨也。矧求而有得邪！以其有得，則知不求而死者有恨也。夫常求其生，猶失之死，而世常求其死也。回顧乳者抱汝而立于旁。因指而歎曰：術者謂我歲行在戌、將死。使其言然，吾不及見兒之立也，後當以我語告之。其平居教他子弟，常用此語。吾耳熟焉，故能詳也。其施於外事，吾不能知。其居于家，無所矜飾。而所爲如此，是眞發於中者邪？嗚呼！其心厚於仁者邪？此吾知汝父之必將有後也。汝其勉之！夫養不必豐，要於孝。利雖不得博於物，要其心之厚於仁。吾不能教汝，此汝父之志也。脩泣而志之，不敢忘。先公少孤力學，咸平三年，進士及第。爲道州判官，泗、綿二州推官，又爲泰州判官。享年五十有九。葬沙溪之瀧岡。太夫人姓鄭氏，考諱德儀，世爲江南名族。太夫人恭儉仁愛而有禮，初封福昌縣太君，進封樂安、安康、彭城三郡太君。自其家少微時，治家以儉約，其後常不使過之。曰：吾兒不能苟合於世，儉薄所以居患難也。其後脩貶夷陵，太夫人言笑自若。曰：汝家故貧賤也，吾處之有素矣。汝能安之，吾亦安矣。自先公之亡二十年，脩始得祿而養。又十有二年，列官于朝，始得贈封其親。又十年，脩爲龍圖閣直學士尚書吏部郎中，留守南京。太夫人以疾終于官舍。享年七十有二。又八年，脩以非才入副樞密、參政事。又七年而罷。自登二府，天子推恩褒其三世。故自嘉祐以來，逢國大慶，必加寵錫。皇曾祖府君累贈金紫光祿大夫太師中書令。曾祖妣累封楚國太夫人。皇祖府君累贈金紫光祿大夫太師中書令兼尚書令。祖妣累封吳國太夫人。皇考崇公累贈金紫光祿大夫太師中書令兼尚書令。皇妣累封越國太夫人。今上初郊，皇考賜爵爲崇國公。太夫人進號魏國。於是小子脩泣而言曰：嗚呼！爲善無不報而遲速有時，此理之常也。惟我祖考積善成德，宜享其隆。雖不克有於其躬，而賜爵受封，顯榮褒大，實有三朝之錫命，是足以表見於後世而庇賴其子孫矣。乃列其世譜，具刻于碑。既又載我皇考崇公之遺訓、太夫人之所以教人而有待於脩者，並揭于阡。俾知夫小子脩之德薄能鮮，遭時竊位，而幸全大節不辱其先者，其來有自。熙寧三年歲次庚戌四月辛酉朔十有五日乙亥。男推誠保德崇仁翊戴功臣觀文殿學士特進行兵部尚書知青州軍州事兼管內勸農使充京東東路安撫使上柱國樂安郡開國公。食邑四千三百户，食實封一千二百户。脩表。

乙丑二十九日，辭宣徽使判太原府箚子

……伏念臣久苦老疾，自今春眼目疼痛及渴淋舊疾作。腳膝細瘦，行步艱難。自二月已來，交割卻本州公事，見今在假將理。所有今來恩命優異，寄任非輕。以臣非才，固不敢當。兼以久嬰疾病，未得痊安。見別具奏章，陳乞一小郡差遣次。所有賜到勑告，臣未敢祗受。已於青州軍資庫寄納，別聽指揮次……。

五月庚寅一日，又上

……奉聖旨，令臣依前降指揮。疾速起發，仍赴闕朝見訖，發赴本任者。伏念臣以老疾經春，方在病假中，忽被此恩命。自揣才力，難當寄任。尋已具辭免，仍乞一淮潁間小郡，見別聽候朝旨次……。

又附馮供奉入奏

……臣以非才久病，心力衰耗，難當擢任之寵。兼自春以來，疾患久在假告。已於四月二十九日、五月一日，兩具劄子奏聞，辭免恩命。至今祗候提點刑獄席汝言到任，交割公事，別聽朝旨次。欲望聖慈矜察，早賜允俞……。

又乞許換近潁一州

辛亥二十二日，奉到詔書，未賜允俞者……再念臣自在亳州，累乞致仕，殆今三歲矣。而口誦退休之言，身貪榮進之寵。既自違於言行，豈不愧於心顏。雖聖度之兼容，必公議之難遏。伏望睿慈，曲加憫察。特許追還新命，許換近潁一州。則天地父母之恩，敢忘犬馬之報……。

又上箚子

……臣貪榮苟得，所宜必辭者三：義所難安，一也。精力已衰，二也。用非所學，三也。然於三者之中，其二尤急。若其義所難安者，幸蒙聖恩獲免。俾臣不取非於清議，而無愧於晚節。則陛下之賜臣者，榮於高秩厚祿之賜遠矣……伏望聖慈哀臣誠至之言，察非矯僞之飾。特賜允臣屢請追還新命，換一小州。則臣雖死之日，猶生之年……。

又與執政書

……某衰病累年，中外具察，不待煩言。自去冬漸難勉強，遂有壽陽之請，而朝恩未許。間以接奉春陽，攻注眼目。服藥過度，渴淋復作，遂不能支。自三月下旬在假，亦兩曾奏知。不期於病告中，忽蒙此恩還。事出意外，莫不驚憂……已具劄子細陳，乞免此誤恩。敢望台造察其誠實，其餘區區常談難信之語，更不復云。惟早賜允俞，免再三煩瀆，則大造也……。

七月辛卯三日，改知蔡州。

詔：新判太原府歐陽修罷宣徽南院使，復爲觀文殿學士，知蔡州。

按續長編卷二一三、頁一云：

……先是公病，辭宣徽使至五六。因論青苗法，又移書責王安石，安石不答，而奏從其請。

注釋又云：此公晚節不污，所以得爲君子人也。

八月，與韓琦書

……近昨過鄆，瞻望留都，纔三四驛。因假急足拜問，粗布區區。不謂遠煩專介，直走淮濱。誨諭勤勤，仰認意愛。兼審秋寒，台候動止萬福，下情豈勝感慰。修過潁少留，以足疾爲苦。不久勉之官守，情悰索然。素志未遂，其餘鄙冗，莫道萬一。惟乞爲國自重，以副具瞻。

九月，作有「續思潁詩序」云：

續思潁詩序

皇祐二年。余方留守南都。已約梅聖俞買田於潁上。其詩曰：「優游琴酒逐漁釣，上下林壑相攀躋。及身彊健始爲樂，莫待衰病須扶攜」。此蓋余之本志也，時年四十有四。其後丁家艱，服除還朝，遂入翰林爲學士。忽忽七八年間，歸潁之志雖未遑也，然未嘗一日少忘焉。故其詩曰：「乞身當及彊健時，顧我蹉跎已衰老。」蓋歎前言之未踐也，時年五十有二。自是誤被選擢，叨塵二府，遂歷三朝。蓋自嘉祐治平之間，國家多事，固非臣子敢自言其私時也。而非才竊位，謗咎已盈。賴天子仁聖聰明，辨察誣罔，始終保全。其出處俯仰，十有二年，今其年六十有四。蓋自有蹉跎之歎，又復一紀矣。中間在亳，幸遇朝廷無事，中外晏然。而身又不當責任，以謂臣子可退無嫌之時。遂敢以其私言，天子惻然。閔其年猶未也。謂尚可以勉，故奏封十上，而六被詔諭，未賜允俞。今者蒙上哀憐，察其實病且衰矣。既不責其避事，又曲從其便私。免并得蔡，俾以偷安。此君父廓大度之寬仁，遂萬物之所欲，覆載含容養育之恩也。而復蔡潁連疆，因得以爲歸老之漸。冀少償其夙願，茲又莫大之幸焉。初。陸子履以余自南都至在中書所作十有三篇爲思潁詩，以刻於石。今又得在亳及青十有七篇以附之。蓋自南都至在中書。十有八年而得十三篇。在亳及青三年而得十有七篇。以見余之年益加老，病益加衰。其日漸短，其心漸迫，故其言愈多也。庶幾覽者知余有志於彊健之時，而未償於衰老之後，幸不識其踐言之晚也。熙寧三年九月七日六一居士序。

丙申九日，作有「六一居士傳」云：

六一居士傳

六一居士初謫滁山，自號醉翁。既老而衰且病，將退休於潁水之上，則又更號六一居士。客有問曰：六一何謂也？居士曰：吾家藏書一萬卷、集錄三代以來金石遺文一千卷、有琴一張、有基一局、而常置酒一壺。客曰：是爲五一爾。奈何！居士曰：以吾一翁老於此五物之間，是豈不爲六一乎。客笑曰：子欲逃名者乎，而屢易其號。此莊生所誚畏影而走乎日中者也，余將見子疾走大喘渴死而名不得逃也。居士曰：吾固知名之不可逃，然亦知夫不必逃也。吾爲此名，聊以志吾之樂爾。客曰：。其樂如何？居士曰：吾之樂可勝道哉！方其得意於五物也，泰山在前而不見，疾雷破柱而不驚。雖響九奏於洞庭之野，閱大戰於涿鹿之原，未足喻其樂且適也。然常患不得極吾樂於其間者，世事之爲吾累者眾也。其大者有二焉：軒裳珪組，勞吾形於外。憂患思慮，勞吾心於內。使吾形不病而已悴，心未老而先衰，尚何暇於五物哉！雖然，吾自乞其身於朝者三年矣。一日，天子惻然哀之，賜其骸骨。使得與此五物，偕返於田廬。庶幾償其夙願焉，此吾之所以志也。客復笑曰：子知軒裳珪組之累其形，而不知五物之累其心乎。居士曰：不然，累於彼者已勞矣，又多憂。累於此者既佚矣，幸無患。吾其何擇哉！於是與客俱起，握手大笑曰：置之，區區不足較也。已而歎曰：夫士少而壯，老而休。蓋有不待七十者矣，吾素慕之，宜去一也。吾嘗用於時矣，而訖無稱焉，宜去二也。壯猶如此，今既老且病矣。乃以難彊之筋骸，貪過分之榮祿。是將違其素志而自食其言，宜去三也。吾負三宜去，雖無五物。其去宜矣，復何道哉！熙寧三年九月七日。六一居士自傳。

甲寅二十七日，先生安抵蔡州任所。

蔡州謝上表

……臣伏奉勑命，就差知蔡州軍州事，已於九月二十七日赴上訖者……古豫之名邦，控長淮之右壤。士風深厚，物產豐饒。雖宣化班條，慚無異術。而守官循法，足以偷安。此蓋伏遇皇帝陛下惻以至仁，包之大度。既不責其避事，又曲從其便私。哀爾尪殘，容其僥倖。仰被乾坤之造，顧非木石之頑。臣敢不自勵其筋骸，更殫盡瘁之節。苟未塡於溝壑，尚知圖報之方。

十月己卯二十二日，撰「硯山亭記」云：

峴山亭記

峴山臨漢上，望之隱然。蓋諸山之小者，而其名特著於荊州者，豈非以其人哉。其人謂誰？羊祜叔子、杜預、元凱是已。方晉與吳以兵爭，常倚荊州以爲重。而二子相繼於此，遂以平吳而成晉業，其功烈已蓋於當世矣。止於風流餘韻，藹然被於江漢之間者。至今人猶思之，而於思叔子也尤深。蓋元凱以其功，而叔子以其仁。二子所爲雖不同，然皆足以垂於不朽。余頗疑其反自汲汲於後世之名者，何哉！傳言叔子嘗登茲山，慨然語其屬，以謂此山常在。而前世之士，皆已湮滅於無聞。因自顧而悲傷，然獨不知茲山待己而名著也。元凱銘功於一石：一置茲山之上，一投漢水之淵。是知陵谷有變，而不知石有時而磨滅也。豈皆自喜其名之甚而過爲無窮之慮歟！將自待者厚而所思者遠歟！山故有亭，世傳以爲叔子之所遊止也。故其屢廢而復興者，由後世慕其名而思其人者多也。熙寧元年。余友人史君中煇以光祿卿來守襄陽。明年，因亭之舊，廣而新之。既周以回廊之壯，又大其後軒，使與亭相稱。君知名當世，所至有聲，襄人安其政而樂從其遊也。因以君之官，名其後軒爲光祿堂。又欲紀其事于石，以與叔子、元凱之名並傳于久遠。君皆不能止也，乃來以記屬於余。余謂君知慕叔子之風而襲其遺迹，則其爲人與其志之所存者可知矣。襄人愛君而安樂之如此，則君之爲政於襄者又可知矣，此襄人之所欲書也。若其左右山川之勝勢，與夫草木雲煙之杳靄。出沒於空曠有無之間，而可以備詩人之登高。寫離騷之極目者，宜其覽者自得之。至於亭屢廢興。或自有記，或不必究其詳者，皆不復道。熙寧三年十月二十有二日。六一居士歐陽脩記。

十一月，「與呂誨叔書」云

……養拙東州，久自藏縮。加之病苦廢事，遂闕拜問。比者得請淮西，道出治下。方俟及疆奉狀。行次南郡，遽辱賜教。其爲感愧，何可勝言。仍審坐鎭之餘，動履多福。某衰晚之年，蒙上信其實病。不以避事爲責，而從其所欲。恩出萬幸，何感如之……。

又「與王樂道書」云

某年齒日加，衰殘日甚。理所宜然，不足多怪。昨者蒙上哀憐，信其實病。免並得蔡，恩出萬幸。兼去潁數程，便於歸計。再尋前請，不遠朝夕。承樂道亦有卜居許下之意。柴車藜杖，歲時往來。此自一段好事，古人難遂。蓋公素緼未施，盛年方壯也。若某，則實難策勵爾。

十二月「與韓琦書」云

……立朝雖久，忝冒實多，而未有卓然可稱於人者。蒙公愛念，贈以嘉篇。語重文雄，過形褒借，但秘藏榮感而已。拙句唐突大匠，出於勉彊，慚恐慚恐。某自至蔡，遂不曾作詩。老年力盡，兼亦憂畏頗多，冀靜默以安退藏爾。

熙寧四年（一〇七一）辛亥，六十五歲。

春正月，在蔡州任所。

二月辛酉六日，詔治吏沮青苗法者。

與長子發書：

……陝西軍賊撲滅已多，其餘些小潰散，更俟續報。若一成定㨂，則過聖節可陳乞爾，恐知恐知。二哥一向不得書，憂損憂損。吾卻且視事，蓋不請假，亦自可下表，在亳時如此也……。

三月，遣使察奉行新法不職者。

五日，又與長子發書。以後多日皆有書，摘述如次：

……吾在告已十餘日，二哥自京有書來言自家求休退。都下別無議論，西事亦不如傳聞，別無警急……續思潁詩，何爲卻不刻石，問得言來……。

六日，姚都官行，令急足隨去，附書並酒，計昨自已到也……吾在假已十七八日，表幷劄子，寫下數日，遷延未發……。

八日，決已發表封遞角次。又得黎書，切怪在假。仍戒爲輕發，遂又遲疑……。

九日，表劄今日待發，凌晨間忽聞邊事緊急，又卻未敢發。然素計蹉跌，身心躁撓。昨爲黎教授云云，遂陷惑至此……。

二十五日，吾已出廳五六日，本爲西賊驚傳。今得諸處關報，皆云招捉，潰散無多也。吾之進退，自此以後，自決於心。如事從容希恩禮，悠悠之談，相誤至此也……。

四月九日，蔡州大風微雨，斗寒。思汝數日前盡將綿衣寄歸，不知彼中陰晴，與此同否？憂汝驟寒，卻無綿衣，吾與孃憂心不能安。今立走急足送綿衣去。急足到，立便令回。或汝歸時帶來，亦得。未歸，先遣回，亦得……。

十二日，今日郭順來，得汝書，書其彼安樂，甚解憂想。此中老幼各安，可勿過憂。蔡人今歲絕不疾疫，但寒暑不常。昨初九日大風寒，所以專令送綿衣去。及問郭順，乃云九日潁州大熱，方解憂心……。

累書去問汝歸日，皆不言，孃甚恠……此書到，千萬且歸。它事，前書已詳，餘好將息。

十九日，已入卻致仕文字。若近例，一削便允。則旦暮間便有命，尤要汝歸。

蔡州再乞致仕第一表

……嚮由災疾，願謝軒裳。披瀝肺肝，累奏封而五上。留連寵祿，復歲序之三遷。間被誤恩，驟加擢任。顧已難於策勵，遂復力於懇辭……

臣年日加老，病益交攻。新春以來，舊苦增劇。中痟渴涸，注若漏巵。弱脛零丁，兀如槁木。加以晴瞳氣暈，幾廢視瞻。心識耗昏，動多健忘……

伏望……察其情實，賜以矜從。許解郡章，歸榮里閈。俾其酣詠樂時之盛化，優游爲世之幸民。以畢餘生，永依鴻造。

又箚子

……差知亳州，到任之明年，遂乞致仕……凡五上表章，四具奏劄，皆蒙詔答，未賜允俞……尋又蒙恩超轉臣兵部尚書安撫淄清一路……甫及一年……尋又蒙恩除臣宣徽使，移守并門，付以河東一路。官益榮，任益重……自到今任，忽已半年。幸值歲物豐成，民訟稀少。坐尸厚祿，足以偷安……

蓋自冬春以來，舊苦愈增。上渴下淋，晝夜不止。腳膝細瘦，僅存皮骨。行履拜跪艱難。加以眼目昏暗，視物睛痛，有妨簽書看讀公家文字。載念臣昏衰疾病，既已累年。量分知止，亦非一日。寵祿之榮，無容久竊。臣今輒具表章，再伸舊請。乞一致仕名目，欲望聖慈，特賜開許……。

二十六日，又與長子發書：

……十九日已入劄致仕文字。若近例，一削便允，則旦暮間便有命。尤要汝歸，故更遣急足去……所是準備吾歸潁之計。今一日未暇，汝但且歸。此中旦夕，專望路中好將息。

五月，撰薛簡肅公文集序。

薛簡肅公文集序

君子之學，或施之事業，或見於文章，而常患於難兼也。蓋遭時之士，功烈顯於朝廷，名譽光於竹帛。故其常視文章爲末事，而又有不暇與不能者焉。至於失志之人，窮居隱約。苦心危慮，而極於精思。與其有所感激發憤，惟無所施於世者。皆一寓於文辭，故曰窮者之言易工也。如唐之劉、柳，無稱於事業，而姚、宋不見於文章。彼四人者，猶不能於兩得，況其下者乎！惟簡肅公在眞宗時，以材能爲名臣。仁宗母后時，以剛毅正直爲賢輔。其決大事，定大議。嘉謀讜論，著在國史。而遺風餘烈，至今稱於士大夫。公、絳州正平人也。自少以文行推於鄉里。既舉進士，獻其文百軸於有司，由是名動京師。其平生所爲文，至八百餘篇。何其盛哉！可謂兼於兩得也。公之事業顯矣！其於文章，氣質純深而勁正。蓋發於其志，故如其爲人。公有子直孺早卒。無後，以其弟之子仲孺公期爲後。公之文既多，而往往流散於人間，公期能力收拾。蓋自公薨後三十年，始克類次而集之爲四十卷。公期可謂能世其家者也。嗚呼！公爲有後矣。熙寧四年五月日序。

上乞致仕第二表

……近上表章，乞從致仕。伏奉詔書，所乞宜不允者。……寵榮既溢其涯，憂患亦隨而至。稟生素弱，顧身未老而先衰。大道甚夷，嗟力不前而難強。每念恩私之莫報，兼之疾病以交攻。爰於守亳之初，遂決竄湋之計。逮此三遷於歲律，又更兩易於州符。而犬馬已疲，理無復壯。田廬甚邇，今也其時。是敢更殫螻蟻之誠，仰冀乾坤之造……伏望……曲從其欲，賜報曰俞。俾其解組官庭，還車故里……其爲榮幸，曷可勝陳。

又劄子

……臣自熙寧元年，初有陳乞。迄今四年之間，凡八上表章，五具劄子。其懇悃迫切，言意重複。干冒天慈，煩黷聖聽，固已可厭而可責矣。而蒙陛下未加誅譴，曲爲優容。八被詔音，丁寧慰譬。此天地父母之仁，可謂至矣。然臣猶有不得已者，臣前嘗奏述古之爲臣，不必伏於牀忱，然後稱疾。不待廢其支體，然後辭官。但其心力已衰，不能勉彊，則自宜知止而不可貪榮……臣若蒙哀憐，得遂其請。則上不損朝廷之體，下不失優倖之恩。而又竊知止之名，爲一時之佳事，則臣之受賜者多矣……。

乙巳二十一日，再上第三表

……伏蒙聖慈，以臣再乞致仕，未賜允俞者。恩深照嫗，感極涕洟。雖情有迫於危心，不知自止。而辭已窮於累牘，幾至無言……竊惟臣之事君，必本忠信。言不顧行，是爲罔欺……每自省循，莫遑啓處。是敢罔避再三之煩黷，猶希萬一之矜從。伏望……俯回睿聽……乞以殘骸。臣若得上還印綬於有司，自駕柴車而即路。晚節知無於大過，沒身永荷於鴻私。

六月甲子九日，以觀文殿學士太子少師致仕。終於如願以償，得以榮歸潁濱頤養天年。

蘇轍欒城集賀歐陽少師致仕啓云

公獨以道自任，仕以其力者，力衰而後去。進以其道者，道高則難留。故七十致仕，在禮則然。而六一自名，此志久矣。

韓琦安陽集云

身雖輔公，志在林泉。七十致仕，乃先五年。上惜其去，公祁益堅。卒遂其請，始終克全。

歐陽發事迹云

年未及禮制，一旦勇退，近古數百年所未嘗有，天下士大夫仰望驚歎！

神宗實錄本傳墨本：

觀公結髮三朝，讜直不回。身任眾怨，至於白首。而謗訕不已，卒以不污。年六十以論政不合，固求去位，可謂有君子之勇。

先生上謝致仕表云

……愚誠懇至，曲軫於皇慈。寵命優殊，特加於常品。本期得謝，更此叨榮……三朝被遇，四紀服勞。蒙德重於丘山，論報亡於毫髮。而年齡晚暮，疾病尫殘。輒希知止於前人，不待及期而後請。自陳悃愊，屢至瀆煩。既久歷於歲時，始曲蒙於開可。仍超加於異數，非止賜於殘骸。道愧師儒，乃忝春宮之峻秩。身居畎畝，而兼書殿之清名。至於頭垂兩鬢之霜毛，腰束九環之金帶。雖異負薪之里，何殊衣錦之歸。使閭巷咨嗟，共識聖君之念舊。縉紳感悅，皆希後福之有終。豈惟愚臣獨受大賜，此蓋……陛下無私覆物，博愛推仁。以其夙幸遭逢，密契風雲之感會。曾經服御，不忘簪履之賤微。致此便蕃，萃於衰朽。雖伏櫪之馬，悲鳴難戀於君軒。而曳尾之龜，涵養未離於靈沼。餘生易畢，鴻造難酬。

七月，先生奉准退休。揆其一生，光明磊落，仁民愛物。望重士林，天下歸心。離職之日，蔡州吏民，夾道歡送，熱情感人。此次歸潁，如釋重負。返璞歸眞，得遂平生志願，心身至感健適愉快。

潁州（今安徽阜陽）西北三里有西湖。據詞絜引一統志云：

湖長十里，廣二里，潁河合諸水匯流處也。當時晏殊、歐陽公（修）、蘇軾相繼爲守，皆嘗賞於此，與杭之西湖並稱。

蘇轍欒城集後集卷二三、頁六六〇云：

公昔守潁上，樂其風土，因卜居焉。及歸，而居室未定，處之怡然，不以爲意。

莊仲方南宋文選卷三六頁二〇云：

學授孟母，一代文宗……全節早退，潁水清風。

澠水燕談錄云

初歐陽文忠與趙少師槩同在政府，嘗約還政後，再相會。及告老，趙自南京訪文忠於潁上。文忠所居之西堂曰會老，仍賦詩以志一時盛事。時翰林學士呂公著方牧潁，特置酒於堂宴二公。公作口號云：

金馬玉堂三學士，
清風明月兩閒人。

會老堂詩

古來交道愧難終，此會今時豈易逢；
出處三朝俱白首，凋零萬木見青松。
公能不遠來千里，我病猶堪釂一鍾；
已勝山陰空興盡，且留歸駕爲從容。

解官後答韓魏公（琦）見寄

報國勤勞已蔑聞，終身榮退最無倫；
老爲南畝一夫去，猶是東宮二品臣。
侍從籍通清切記，笑歌行作太平民；
欲知念舊君恩厚，二者難兼始兩人。
先生注云：新制，推恩致仕，許依舊兼。自王仲儀始，今某仍出特恩。

題杜祁公祠堂

余昔留守南京，得與杜祁公唱和詩，有答公見贈二十韻之卒章云：「報國如乖願，歸耕寧買田；期無辱知己，肯逐利名遷」。逮今二十有二年，祁公捐館，亦十有五年矣。而余始蒙恩，得遂退休之請。追懷平昔，不勝感悌。輒爲感句，寘公祠堂。

掩涕發陳編，追思二十年；門生今白首，墓木已蒼煙。
報國如乖願，歸耕寧買田；此言今始踐，知不愧黃泉。

答端平王尙書見寄兼簡景仁、文裕二侍郎二首：

日久都城車馬喧，豈知風月屬三賢。唱高誰敢投詩社，行處人爭看地仙。
酒面撥醇浮大白，舞腰催拍趁繁絃。與公等是休官者，方把鋤犁學事田。
多病新還太守章，歸來白首興何長。琴書自是千金產，日月閑銷百刻香。
尚有俸錢酤美酒，自栽花圃趁新陽。醉翁生計今如此，一笑何時共一觴。

寄題景純學士藏塢新居

清才四紀擅時名，晚卜丘林遂解纓。欲借青春藏向此，須知白首尚多情。
水浮花出人間去，山近雲從席上生。漫說市朝堪大隱，仙家誰信在重城。

叔平少師去後會老堂獨坐偶成：

積雨荒庭遍綠苔，西堂瀟灑爲誰開。愛酒少師花落去，彈琴道士月明來。
雞啼日午衡門靜，鶴唳風清晝夢回。野老但欣南畝伴，豈知名籍在蓬萊。

退居述懷寄北京韓侍中二首

悠悠身世比浮雲，白首歸來潁水濆。曾看元臣調鼎鼐，卻尋田叟問耕耘。
一生勤苦書千卷，萬事銷磨酒百分。放浪豈無方外士，尚思親友念離羣。
書殿宮臣寵並叨，不同憔悴返漁樵。無窮興味閑中得，強半光陰醉裏銷。
靜愛竹時來野寺，獨尋春偶過溪橋。猶須五物稱居士，不及顏回飲一瓢。

贈潘道士

門無車轍紫苔侵，雞犬蕭條陋巷深；

寄語彈琴潘道士，雨中尋得越江吟。

八月，將祀明堂，詔赴闕陪位。

先生不欲赴闕，乃上乞免明堂陪位箚子：

……富惟大饗之禮，國家盛典。千官分職以奉事，萬國駿奔而在庭。方以老病衰殘，退伏閭里……特賜詔召，俾與侍祠之列。此臣子之至榮至幸……

臣自春涉秋，舊苦增劇。腳膝細瘦，行履拜跪艱難。伏況祠事恭虔，出於彊力。而臣迫此疾苦，不獲祇赴召命。無以上副君父記錄愛憐之恩，臣不勝惶恐。

謝免明堂陪位表

……臣近辭印紱，方服田廬。當與庶民，並蒙餘澤。敢期睿眷，尚錄孤孱。俾陪在外之臣，來預侍祠之列。載念臣自緣災疾，幸獲退休。殆未踰時，尚嬰舊苦，雖朝廷禮樂之盛，得與者爲榮。而犬馬筋力之衰，告疲而已久。既不能於策勵，始自信於奇屯……。

九月辛卯九日，大饗明堂，赦天下，內外官造秩有差。

己亥十七日，朝廷差官賜衣一襲、金腰帶一條、銀器一百五十兩、絹一百五十疋、及米、麵、羊、酒等物件，備極榮寵。

謝明堂禮畢宣賜表

今月十七日，伏蒙聖恩，特差右班殿直王昌賜臣衣一襲、金腰帶一條、銀器一百五十兩、絹一百五十疋、米麵羊酒等者。太室精禋，方集神明之貺。篳門增耀，亦霑慶賜之優。祗受以還，兢營失措……

臣以衰殘之病質，荷寬假之深仁。方居畎畝以偷安，莫睹朝廷之盛禮。璽書賜召，不違祗命而趨。使指就臨，特被匪頒之寵。此蓋伏遇陛下容之大度，推以至慈。念簪履之雖微，猶爲於舊物。閔桑榆之向暮，俾慰其餘生。惟嗟犬馬之己疲，莫報乾坤之大施。

十月，先生所患渴淋之病，未見少減。此在與門生曾鞏書中，即可體會得到。如云：

一、答曾舍人(鞏字子固)

某自歸里舍，以杜門罕接人事，少便奉書。中間嘗見運鹽王郎中，得問動靜。兼承傳誨，近又聞曾少違和。急足至，辱書，喜遂已康裕，甚慰甚慰。某秋冬來，目足粗可勉，第渴淋不少減。老年衰病，常理不足怪也。餘在別紙，某白。

見諭乞潁且止，亦佳。此時尤宜安靜，爲得理也。惠碑文，皆佳。多荷多荷。常筆百枚表信，不罪不罪。

二、又同前

辱示爲人後議，筆力雄贍，固不待稱贊。而引經據古，明白詳盡。雖使聾盲者得之，可以釋然矣。父子三綱，人道之大，學者久廢而不講。縉紳士大夫安於習見，閭閻俚巷、過房養子、乞丐異姓之類，遂欲諱其父母。方羣口諠譁之際，雖有正論，人不暇聽。非著之文章以要於久遠，謂難以口舌一日爭也。斯文所期者遠而所補者大，固不當以示常人，皆如來諭也。

某亦有一二論述，未能若斯文之曲盡。然亦非有識之士，未嘗出也。閑居乏人寫錄，須相見可揚搉而論也。

自去年至蔡，遂絕不作詩。中間惟有答韓、邵二公應用之作，不足采。惟續思潁十餘篇，是青州以前者、並傳記皆石本，今納上。自歸潁，它文字亦絕筆不作……。

十一月，與薛少卿公期書云

……迓吏過州，辱書。承經寒體況清裕，貴眷各安，甚慰勤企。

某與諸幼幸各如宜，自還田舍，已百餘日。庶可稍成倫理，粗免勞心，始覺漸有閑中趣味。然目足之疾，初來少損。蓋累年舊苦，勢難頓減。又迫於年齒，愈老而益衰。其如坐享厚俸，飲食無爲。緻倖之愧，感激而已。

承美替有期，冬末行舟淮潁，當得一會面。但恐未間，別有美命就移。不然，豈勝欣望也。深寒未相見間，多愛多愛。

熙寧五年（一〇七二）壬子，先生六十六歲

春，與薛公期書

……自使舟過郡，閑門庶事乏力。又值雪寒，難於舉動，加之病齒妨飲，遂不成主禮。退居屏迹，惟交親難相會，每以爲恨。幸一相見，又事多。艱滯如此，信乎人事如意難得也，然尚得靜話數日爾……。

又同前

近辱書，喜獲平安到京，甚慰傾企。乍至都下，人事必多，仍審已謁告歸絳州，何其速也，不亦少勞乎。

即日春暄，竊惟氣體清適。某自相別後，令醫工脫去病齒，遂免痛苦。然至今尚未敢放口喫酒，情悰索然。

但覺一歲衰如一歲爾。集序已了，祇候更了鐫刻，一併納呈。閑居難得人便附書，比此書至京，計已西去，故令八齋轉附至絳，故未及其他。惟嚮暖保愛早還，以副瞻思。

七言律詩答吳充見寄

老得閑來興味長，問將何事送餘光；
春寒擁被三竿日，宴坐忘言一炷香。
報國愧無功尺寸，歸田仍值歲豐穰；
樞庭任重才餘暇，猶有新篇寄草堂。

三月與呂晦叔書

……昨晚辱教答，承齒疾尚未平，若苦不敢勸酒，莫可略枉顧否?蓋欲少接清論，不主於酒食物，亦令減滋味也。矧茲疾，某亦嘗苦，每蒙寬假也，更此咨啓。

七言律詩，初夏西湖：

積雨新晴漲碧溪，偶尋行處獨依依；
綠陰黃鳥春歸後，紅蘤青苔人跡稀。
萍匝汀洲魚自躍，日長欄檻燕交飛；
林僧不用相迎送，吾欲臺頭坐釣磯。

六月，與吳沖卿書

……某田野之人，自宜屏縮。而況機政方繁，猶蒙曲記其生日，貺之厚禮。仰佩眷意之篤，感懼交并。某以衰病退藏，人事或不能勉力。交親必賜寬恕，謹此以代布謝之萬一。

又書云：

竊承懇奉屢上，而中外瞻矚方切，恐未能遽遂高懷也。近叔平自南都惠然見訪，此事古人所重，近世絕稀，始知風月屬閑人也。有會老堂三篇，方刻石，續納……。

閏七月庚午二十三日，先生平靜安祥地往生極樂世界，享年六十有六。神宗聞耗震悼，不視朝。朝野人士，咸表悼念！

一代宗師，承先啓後；
浩然正氣，萬古流芳。

先生仙逝，遺夫人薛氏，累封仁壽郡夫人。男發、奕、棐、辯四人，女三早折。孫男愻、憲、恕、愬四人，皆恩試秘書省校書郎。孫女六人，皆幼。

遺著有集古錄一千卷、唐書七十五卷、五代史七十四卷、易童子問三卷、詩本義十四卷、居士集五十卷、歸榮集一卷、外制集三卷、內制集八卷、奏議集十八卷、四六集七卷、集古錄跋尾一〇卷、雜著述十九卷、諸子集家總目八卷、及逸不錄數百篇。

八月丁亥十一日，贈太子太師。制詞云：

勅，大臣還官告老，以高秩尊爵歸第，固朝廷所禮異也。矧嘗參弼大政，有兩朝定策援立之勳。德甚盛而弗居，年未至而辭位。遽茲長逝，宜厚追褒。故推誠保德崇仁翊戴功臣觀文殿學士特進太子少師致仕上柱國樂安郡開國公食邑四千三百户，食實封一千二百户歐陽某。以文章革浮靡之風，以道德鎮流兢之俗。挺節強毅而不撓，當官時辯而莫奪。三世寵榮，一德端亮。朕方將圖任舊老，疇咨肅乂。而雅志沖邈，必期退休。未閱數歲，章踰十上。在大義難盡其力，茲勤請所以不違。謂其脫去人間之累，當饗期頤之壽。天遽殲奪，曾靡慭遺。覽奏之日，爲之不能臨朝。諸坊六傳，師惟長首。舉以爲贈，用紓予哀。尚其有知，享此嘉命。可特贈太子太師。詔潁州令歐陽某家上某所撰五代史。

據宋會要云

公所撰五代史計列本紀十二、列傳四十五、考三、世家年譜十、附錄三及目錄，共七十五卷，歷時十八載，書成藏於家。

又歐陽發事迹云

先公於五代史尤所留心，褒貶善惡，爲法精密。發論必以「嗚呼」曰，此亂世之書也。其論曰：昔孔子作春秋，因亂世而立治法。余述本紀以治法而正亂君，此其志也。書成，減舊史之半，而事迹添數倍。文省而事備，其所辨正前史之失甚多。嘉祐中今致政侍郎范公等列言於朝，請取以備正史，公辭以未成。熙寧中有旨，取以進御。

按五代史習稱已久，迄至清季輯薛居正史名舊五代史，於是遂名公史爲新五代史。

趙甌北二十二史札記極推重新五代史云：

不閱薛史，不知歐公之簡嚴。歐史不惟文筆潔淨直追史記，而寓春秋書法紀傳之中，雖史記亦不及。

錢穆重視新五代史所用義法云

一、五代爲梁、唐、晉、漢、周，梁代第一個本紀爲朱溫。薛史稱朱爲帝。歐史稱朱溫，以大法正亂君。

二、五代甚短，一時期八姓十三君，惟梁、唐兩代各得三十多年，此外僅幾年或十幾年。歐史以其人爲一朝。臣則入梁臣傳或入唐臣傳，歷事數朝，則入雜傳，是爲創例，可見五代史爲一黑暗史。

三、照舊史例，傳後有論有贊，歐史於論贊不苟作，每以「嗚呼」二字書在傳贊開始，蓋以五代之時無可贊惟可哀也。

四、歐以春秋筆法，愼用攻伐討征四字。如兩軍相交處同等地位者稱「攻」、以大國攻小國，或以政府攻一地方稱「伐」、對方有罪稱「討」、天子自往稱「征」。兵事成果亦用字不同，用兵獲地或稱「取」或取「克」、易得稱「取」、難取稱「克」。敵人投降以身稱「降」、帶轄地來歸稱「附」。背叛此而附彼稱「叛」、在彼稱「附」、在此稱「反」。爲國爲公而「死節」，大罪該殺而「伏誅」。

蘇東坡（軾）序先生之文曰

自歐陽子出，天下爭自濯磨，以通經學古爲高，以救時行道爲賢，以犯顏納諫爲忠。長育成就，至嘉祐末，號稱多士，歐陽公之功爲多。

朱子集跋歐陽文忠公帖云

歐陽公作字如其爲文，外若優遊，中實剛勁，惟觀其深者得之。

韓元吉跋范元卿所藏歐陽公帖云：

文忠公手置，世固多有之。二帖蓋與原甫、君謨，皆平日至厚。周緻委曲，情如家人。足以見前輩交友之誼，爲可寶也。

熙寧七年（一〇七四）甲寅：

八月，謚文忠。按謚法：道德博聞曰文，廉方公正曰忠。遂謚文忠。

樞密副使吳充撰行狀，同知太常禮院李清臣撰謚議。

熙寧八年（一〇七五）乙卯：

九月乙酉二十六日，葬先生於開封府新鄭縣旌賢鄉。（今鄭州市新鄭縣歐陽寺村）

先生墓誌銘爲太師魏國公韓琦撰。

神道碑屬蘇軾，久而未就。歿後三載，其弟轍續成之。時崇寧五年，去公之葬已三十二年。先生四子，獨棐猶在。

元豐三年庚申（一〇八〇）十二月，以子升朝，遇大禮，贈太尉。

元豐八年乙丑（一〇八五）十一月，贈太師，追封康國公。

哲宗紹聖三年丙子（一〇九六）五月，追封袞國公。

徽宗崇寧三年甲申（一一〇四）追封秦國公（以子棐遇郊恩）。政和三年癸巳（一一一三）追封楚國公（以子棐遇郊恩）。

明世宗嘉靖九年庚寅（一五三〇）從祀文廟。

附錄壹

根據當代各家筆記，有關先生軼事部份，摘錄三十七則如次：

一、孔平仲談苑：（宋人軼事彙編、以下同）

永叔夢見鸜鵒飛其樹上，意甚快悅，聞榆莢香特異。永叔嘗自言上有一兄未晬而卒，母哭之慟！夢神人別以一子授之，白毫滿身。母既娠，白毫無數。永叔生，毛漸脫落。

二、東坡志林、仇池筆記：

歐陽文忠嘗言，少時有僧相我，耳白於面，名滿天下。唇不著齒，無事得謗。其言頗驗。耳白於面，衆所共見。唇不著齒，余不敢問，不知何如也。

三、默記：

晏元獻知貢舉，出司空掌輿地之圖賦。既而舉人上請，皆不契元獻之意。最後一目眊瘦弱少年，獨於簾前上請云：據賦題出周禮司空，鄭康成注云：如今之司空掌輿地圖也。若周司空不止掌輿地之圖而已；若如鄭說今司空掌輿地之圖也，漢司空也，不知做周司空與漢司空也。元獻微應曰：今一場惟賢一人識題，正謂漢司空也。少年舉人歐陽修也，是榜爲省元。

四、孔平仲談苑、東坡集書、歐陽公黃牛廟詩後略同：

歐陽永叔作校勘時，夢入一廟，於庭下謁神。丁元珍同列，而元珍在上，廟前有石馬無一耳。後責夷陵，元珍爲判官，同謁黃牛廟，元珍職在縣令上。廟前有石馬無一耳，如昔所夢。

五、冷齋夜話、閑窗括異志：

歐陽文忠，慶曆末夜泊釆石渡，舟人鼾睡，潮至月黑。公滅燭方寢，微聞呼聲曰：去未舟尾。答曰：有參政宿此，不可擅去，齋料幸爲攜至。公私念曰：舟尾逼浦，且無從人，必鬼也。通夜不寐，五更聞岸上玂玂馳驟聲。舟尾呼曰：齋料幸見。還岸上，且行且答曰：道場不淨，竟無所得。公異之，後日遊金山與長老瑞新語此事。驚曰：某夜有施主設水陸，攜室人至，方拜，忽乳一子。俄腥風滅燭，一衆盡恐。乃公宿釆石之夜也，後公果參大政。

六、能改齋漫錄：

歐公云：吾昔貶官彝陵，方壯年未厭學。欲求漢史一觀，公私無有。因取架閣陳年公牘，反覆觀之。見其枉直乖錯，不可勝數。違法徇情，滅情害義，無所不有。彝陵荒遠僻小，尙如此，天下固可知也。當時仰天誓心，自爾遇事不敢忽。

江鄰幾與公契分不疎，晚著雜誌，詆公尤力。梅聖俞以爲言，公終不問。鄰幾死，公往弔，哭之慟，且告其子曰：先公埋石，修當任其責矣。故公敘鄰幾無一字貶之。前輩云：非特見公能容，又使天下後世讀公之文，知公與鄰幾始終如一，且將不信其所詆矣。

七、東軒筆錄：

歐陽文忠自館下謫夷陵令，移光化軍。乾德縣知軍張詢，河北人。不能知文忠，待以常禮。後二年，詢移知清德軍。文忠自龍圖閣直學士爲河北都轉運使，詢乃部屬。初迎見文忠於郊外，雖負恐惕，猶斂板操北音曰：龍圖久別安樂，諸事且望揜惡揚善。文忠知其朴野，亦笑之而已。

八、曲洧舊聞：

歐公與王禹玉、范文忠同在禁林。故事進春帖子，自皇后、貴妃以下諸閣皆有。是時溫成薨未久，詞臣闕而不進。仁宗不懌，諸公聞之惶駭！禹玉、文忠倉卒作不成。公徐曰：某有一首，但寫進本時，偶忘之耳。乃取小箋自錄其詩曰：

忽聞海上有仙山，煙鎖樓臺日月閒；
花下玉容長不老，只應春色勝人間。

既進，上大喜，禹玉拊公背曰：君文章眞含香丸子也。

九、行營雜錄、厚德錄：

歐公慶曆間爲諫官，大忤權貴。未幾，以龍圖閣學士爲河北都轉運。公在河北，職事甚振，無可中傷。

會公甥張氏，幼孤鞠育於家。嫁姪晟，晟自虔州司戶罷，以僕陳諫同行，而張與諫通。

事發鞫於開封府，右軍巡院張懼罪，且圖自解免。其語皆引公未嫁時事，詞多醜異。軍巡判官孫揆，止劾張與諫通事，不復支蔓。宰相聞之怒，再命太常博士蘇安世劾之，遂盡周、張前後語案。又差王昭明監勘，蓋以公前事欲令釋憾也。（按公爲河北轉運，令內侍王昭明同往，相度河事。公言侍從出使故事，無內侍同行。臣實恥之，朝廷從之。）昭明至獄，見安世所劾案牘，駭曰：昭明在官家左右，無三日不說歐陽修。今省判所勘，乃迎合宰相意，加以大惡，異日昭明喫劍不得。（按厚德錄云：獄不成。蘇云：不如鍛鍊。昭明曰：上令某監勘，止欲盡公道耳，鍛鍊何等語耶！）安世聞之大懼，竟不敢易揆所勘。但劾歐公用張氏資買田產立戶事，落知制誥、知滁州。

十、避暑錄話：

歐陽文忠公在楊州，作平山堂，壯麗爲淮南第一。堂據蜀岡，下臨江南數百里。眞、潤、金陵三州，隱隱若可見。公每暑時，輒凌晨攜客往遊。遣人走邵伯取荷花千餘朵，插百許盆，與客相間。遇酒行，即遣妓取一花傳客，以次摘其葉盡處以飲酒，往往侵夜，載月而歸。

余紹聖初始登第，嘗以六七月之間，館於此堂。是歲大暑，環堂左右，老木參天。後有竹千餘竿，大如椽，不復見日色。寺有一僧，年八十餘，及見公，猶能道公時事甚詳。

兩府例得墳院，歐公既參大政，以素惡釋氏，久而不請。韓公爲言之，乃請瀧岡之道觀。又以崇公之諱，因奏改為西陽宮。韓魏公戲曰：道家以超昇不死為貴，公乃使在丘隴之側，老君無乃卻辭行呼！後公罷政出守青社，自為阡表，刻碑以歸。江行過采石，舟裂碑沉，舟人曰：神如有知，石將出。有頃，石果見。遂得以歸，立於其宮。紹興乙卯宮焚，不餘一瓦，碑亭獨無恙。

另按獨醒雜誌、棗林雜俎云：

吉安永豐縣有瀧陵阡，即歐公葬祖父處。國朝某年間忽失處，落廣信永豐縣，人怪之。後又還吉安永豐縣，時有謠曰：

吉永豐移廣永豐，永豐二字適相同；

人民城郭依然是，只少當年六一翁。

王荊公初不識歐陽文忠，曾子固力薦之，而荊公終不肯自通。至和初為羣牧判官，文忠還朝始見知。遂有：「翰林風月三千首，吏部文章二百年」之句。然荊公猶以為非知己，故酬之曰：「它日倘能窺孟子，此身安敢望韓公。」公亦不以為嫌。及其政府，薦可以為相者三人。同一箚子，呂司空晦叔、司馬溫公與荊公也。呂申公本嫉公為范文正之党，滁州之謫實有力。溫公議濮廟，力排公而佐呂獻可。荊公又以經術自任而不從公。公於晦叔則忘其嫌，於溫公則忘其議論，於荊公則忘其學術，世服其能知人。張安道與歐公素不相能，慶曆初，杜祁公、韓、富、范四人在朝，欲有所為。文忠為諫官，協助之。而前日呂許公用人多不然，於是諸人以朋黨罷去。安道繼爲中丞，頗彈擊前事。二人遂交怨，蓋趣操各有主也。

嘉祐初，安道守成都，文忠爲翰林，蘇明允父子自眉州走成都。安道曰：吾何足以爲重，其歐陽永叔乎！乃爲作書辦裝，使人送之京師，謁文忠。文忠得明允父子所著書，亦不以安道薦之非其類。大喜曰：後來文章當在此，極力推譽，天下於是高此兩人。子瞻兄弟後出入四十餘年，雖物議於二人各不同，而亦未嘗敢有纖毫輕重於其間也。

歐陽子孫奉釋氏嚴。余在汝陰，嘗訪公子棐於其家，入門，聞歌唄鐘磬聲。棐出，手猶持數珠諷佛名。其謝今日適齋日，與家人共爲佛事方畢。問之，云：公無恙時，薛夫人已自爾，不禁也。

汝陰有老書生，猶及從公遊。爲予言：晚聞富、韓公得道於淨慈本老，執禮甚恭，以爲富公非苟下人者。因時與法師住薦福寺，所謂顒華嚴者，本之高弟，公稍從聞其說。顒使讀華嚴，讀未終而公薨。

十二、墨莊漫錄：

揚州蜀岡上大明寺平山堂，歐陽文忠手植柳一株，人謂之歐公柳。公詞所云：「手種堂前楊柳，別來幾度春風」者。薛嗣昌作守，亦種一株自榜。曰：「薛公柳。」人莫嗤之。嗣昌既去，爲人伐之。

公知潁州時，呂公著爲通判，爲人有賢行而深自晦默，時人未甚知。公後還朝力薦之，由是漸見進用。

又陳恭公素不喜公，知陳州時，公自潁移南京過陳，拒而不見。後公還朝作學士，陳爲首相，公遂不造其門。已而陳出知亳州，尋罷使相。公當制，自謂必不得好詞。及制出，詞甚美。至云：「杜門卻埽，苦避權貴以遠嫌。處事執心，不爲毀譽而更變。」陳大驚曰：使與我相知深者，不能道此，此得我之實也。手錄一本寄李師中曰：吾恨不早識此人。

歐陽公於修唐書，最後至局，專任紀志而已。列傳則宋尙書祁所修。朝廷以一書出兩手，體不能一、遂命公看詳列傳，令刪革爲一體。公雖受命，退而歎曰：宋公於我爲前輩，且人所見多不同，豈可悉如己意！於是一無所易，及書成奏御，御史曰：舊例修書，祇列局內官高者一人姓名，公官高宜書。公曰：宋公於列傳亦功深者，爲日且久，豈可掩而奪其功乎？於是紀志書公姓名，列傳書宋姓名。宋公聞而喜曰：自古文人不相讓而好相陵，此事前所未聞也。

十二、涑水紀聞：

士大夫以濮議不正，咸疾歐陽修，有謗其私從子婦者。御史中丞彭思永、殿中侍御史蔣之奇，承流言劾奏之。之奇仍伏於上前，不肯起。詔二人具語所從來，皆無以對，俱坐謫官。

先是之奇盛稱濮議之是以媚修，由是薦爲御史。既而攻修，修尋亦外遷。其上謝表曰：未乾薦禰之墨，已彎射羿之弓。

歐公在政府日，臺官以閨閫誣訕之，公上章力乞辨明。神宗手詔賜公曰：春寒安否？前事朕已累次親批出詰問因依從來，要卿知。又詔曰：「春暖久不相見，安否？數日來以言者污卿以大惡。朕曉夕在懷，未嘗舒釋。故累次批出，再三詰問其從來事狀，迄無以報。前日見卿文字要辨明，遂自引過。今日已令降出，仍出榜朝堂，使內外知爲虛妄。事理既明，人言亦塞。卿直起視事如初，毋恤前言。」又塗去塞字，改作釋字，宸翰今藏公家。

十三、獨醒雜誌：

歐公自南京留守，奉母喪歸葬於瀧岡。將興役，忽陰雨彌月。公念襄事愆期，日夕憂懼。里之父甲往告公曰：鄉有沙山之神，乃吾郡太守也。廟祀於此，盍以告焉。公乃爲文謁於神曰：修扶護母喪歸祔先域，大事有日。陰雲屢興，今即事矣，幸神寬之。假三日不雨，則終始之賜，報德何窮。翌日天宇開霽，始克舉事。公後在政府，一夕，忽夢如坐官府。門外列旌幟甚衆，其名號皆曰沙山公。因感悟前事，遂以神之嘉惠其民者，聞於朝。

歐陽公之父崇公與母韓國太夫人，皆葬沙溪瀧岡。胥、揚兩夫人之喪，亦歸祔葬。公辭政日，屢乞豫章。欲歸省墳墓，竟不得請。鄉里父老至今相傳，云公葬太夫人時，嘗指其山曰：此次當葬老夫。後葬新鄭，非公意也。

十四、歸田錄：

嘉祐二年，余與端明韓子華、翰長王禹玉、侍讀范景仁、龍圖梅公儀，同知禮部貢舉。辟梅聖俞為小試官，凡鎖院五十日，六人相與唱和，為古律歌詩一百七十餘篇，集為三卷。禹玉、余為校理時武成王廟所解進士也。至此新入翰林，與余同院，又同知貢舉，故禹玉贈余云：

十五年前出門下，
最榮今日預東堂。

余答云：

昔時叨入武成宮，曾看揮毫氣吐虹。
夢寐閑思十年事，笑談今日一樽同。
喜君新賜黃金帶，顧我宜為白髮翁。

天聖間，余舉進士，國學南省，皆忝第一人薦名。其後景仁相繼亦然，故景仁贈余云：

淡墨題名第一人，
孤生何幸繼前塵。

聖俞自天聖間與余為詩友，余嘗贈以蟠桃詩，有韓、孟之戲，故至此贈余詩云：

猶喜共量天下士，
亦勝東野亦勝韓。

子華筆力豪贍，公儀文思溫雅而敏捷，皆勁敵也。前次爲南省試官者，多窘束條制，不少放懷。余六人者，懽然相得。羣居終日，長篇險韻，衆製交作。筆吏疲於寫錄，僮史奔走往來。間以滑稽嘲謔，形於諷刺。更相酬酢，往往烘堂絕倒。自謂一時盛事，前此未有也。

十五、石林燕語：

至和、嘉祐間，場屋舉子爲文奇澀，讀或不能成句，歐公力欲革其弊。既知貢舉，凡文涉雕刻者，皆黜之。時范景仁、王禹玉梅公儀等同事，而梅聖俞爲參詳官。未引試前，唱酬詩極多。

文忠詩：無譁戰士銜枚勇，下筆春蠶食葉聲。最爲警策。

聖俞有：萬蟻戰時春日煖，五星明處夜堂深。亦爲諸公所稱。

及放榜，平日有聲如劉煇輩皆不與選。士論頗洶洶，以爲主司耽酬唱，不暇詳考校，且以五星自比，而以我曹爲蠶蟻。因造爲醜語，自是禮闈不復敢作詩。終元豐末幾三十年。元祐初，雖稍稍爲之，要不爲前日之盛。然是榜得蘇子瞻爲第二人，子由與曾子固皆其選，亦不可謂不得人矣。

十六、桯史：

歐陽文忠知貢舉，省闈故事，士子有疑，許上請。蓋自日昃猶喋喋勿去者，過晡則闐矣。方與諸公酌酒賦詩，士猶有扣簾。梅聖俞怒曰：瀆則不告。文忠不可，竟出應，鵠袍環立，觀所問。士因前曰：諸生欲用堯舜事，而疑其爲一事或二事，惟先生教之。觀者鬨然笑。文忠不動色，徐曰：似此疑事，誠恐其誤，但不必用可也。內外又一笑。

十七、**江西通志**：

瀧岡阡表成，勒諸石，遣吏齎之歸，並檄郡守董墓。渡江，風濤大作，有龍蜿蜒夾舟，舟欲覆，篙師呼曰：客有懷寶者乎？請投之以禳此厄。客曰：無之，惟碑在焉，因共擠之江。龍乃冉冉去，波亦平，遂得竟渡。吏持檄以告郡守，守訝之，令吏祭墓。且以告，則碑已巋然植於其側矣。守墓者曰：昨夜震電發土，碑於是出。薄視之，見表文內獨以朱圈「祭而豐，不如養之薄」八字。滴水淋漓，自額及趺不絕。硃迹炳然，閱數百載如新。

十八、**湘山野錄**：

歐公撰石曼卿墓表，蘇子美書，邵錬篆額。山東詩僧秘演，屢督歐，俾速撰。文方成，演置石於相藍，礱訖白歐公。寫石之日，爲具召館閣諸公。觀子美書畢，演大喜曰：吾死足矣。飲散，歐前屬演曰：鐫訖且未得打，意以辭翰之妙。演不能卻。歐公於定力院見之，問寺僧，僧曰：半千買得。歐怒回詬演曰：吾之文乃與庸人半千鬻之？演徐語歐曰：學士已多他三百八十三矣。歐愈怒曰：是何言？演曰：公豈不記省元時，庸人競摹新賦。叫於通衢，復更名呼曰：兩文來買歐陽某省元賦。今一碑五百，價已多矣。歐因解頤。徐又語歐曰：吾友曼卿不幸早逝，因欲得君之文。張其名，與日星相磨。而又窮民售之，頗濟其乏，又非利乎？公笑而無語。

十九、名臣言行錄：

蘇子容云：歐公不言文章，而喜談政事。君謨不言政事，而喜論文章，各不矜其所能也。

二十、宋稗類抄：

世言歐陽文忠每誇政事，不誇文章。蔡君謨不誇字、呂濟叔不誇棋、何公南不誇飲酒、司馬君實不誇清約、大約不足則誇也。

二十一、王直方詩話：

郭功父少時喜文忠公詩，一日過梅聖俞。聖俞曰：近得永叔書，方作廬山高詩，自以爲得意，恨未之見也。功父爲誦此詩。聖俞擊節嘆賞曰：使吾更作詩三十年，亦不能道其間一句。功父再誦，不覺心醉。遂置酒，又再誦。酒數行，凡十數遍，不交一談而罷。

二十二、過庭集：

韓魏公在相爲晝錦堂，歐公記之。「仕宦至將相，富貴歸故鄉。」韓公得之愛賞。

後數日，歐復遣介，別以本至。曰：前有未是，可換此本。韓再三玩之無異前者。但於仕宦富貴下各添一而字，文義尤暢。前輩爲文不易如此。

二十三、**宴簡**：

歐公晚年，嘗自竄定平生所爲文，用思甚苦。其夫人止之曰：何自苦如此，尙畏先生嗔耶！公笑曰：不畏先生嗔卻怕後生笑。

二十四、**貴耳集**：

歐陽論琴帖，爲夷陵令得一琴於河南，劉帆常琴也。後作舍人又得一琴，乃張粵琴也。後作學士又得一琴，蓋雷琴也。官愈昌，琴愈貴而意愈不樂。在夷陵，青山綠水，日在目前，無復俗累。琴雖不佳，意則自適。及作舍人學士，日奔走於塵土間。聲利擾擾，無復清思。琴雖佳，意則昏雜。何由有樂趣，乃知在人不在琴。若心自適，無絃可也。

二十五、**類苑引倦遊雜錄**：

歐陽文忠在蔡州，屢乞致仕，門下生蔡承禧因間言曰：「公德望爲朝廷所重，且未及引年，豈容遽去也。答曰：某平生名節爲後生描畫盡，惟有速退以全節，豈可更俟馳逐乎！

二十六、**澠水燕談錄**：

初歐陽文忠與趙少師槩同在政府，嘗約還政後再相會，及告老，趙自南京訪文忠於潁上。文忠所居之西堂曰會老，仍賤詩以志一時盛事。時翰林呂學士公著方牧潁，特置酒於堂宴二公。文忠作口號云：金馬玉堂三學士，清風明月兩閒人。

二十七、嬾眞子：

六一先生慶曆五年，坐言者論張氏事責知滁州，時方三十九。未及强壯之年，已有醉翁之號。後與韓魏公同在政府，六一長魏公一歲，魏公諸事頗從之。至議推尊濮王，同朝俱攻六一。故六一遺令託魏公作墓志，言初議推尊，乃政府熟議，共入文字。欲令魏公承當此事，以破後世之惑耳。

二十八、詩話總龜：

韓魏公薨，士大夫以勳德難名，知與不知，皆爲泫然而歎曰：天何不爲我留歐陽公爲魏公作誌文而後死也。

歐公素不信釋氏之說，既登二府。一日被病，夢至一所，見十八人冠冕環坐。一人云：參政安得至此，宜速返舍。公出門數步，復往問之。曰：公等豈非釋氏所謂十王乎？曰：然。因問世人造經飯僧，爲亡人追福，果有福乎？答云：安得無益。既寤，病良已，自是遂信佛法。

二十九、聽雨記談：

公葬母夫人於瀧岡，蓋終公之身，未嘗再至也。後葬於潁，子孫遂爲潁人。瀧岡有西陽宮，宮之道士，歲時省展，如其子孫。

三十、老學庵筆記：

歐陽文忠初但謚文，蓋以配韓文公。常夷甫方兼太常，晚與文忠相失。乃獨謂公有定策功，當以忠字，實抑之也。李邦直作議不能固執，公論非之。當時士大夫相謂曰：永叔不得謚文公，此謚必留與介甫耳，其後信然。

三十一、藝苑雌黃：

歐陽公送劉貢父守淮陽作長短句云：平山欄楯倚晴空，山色有無中。平山堂望江左諸山甚近，或謂公短視故云。東坡笑之，因賦快哉亭及其事云：長記平山堂上欹枕，江南煙雨，杳杳沒孤鴻。認取醉翁語，山色有無中。

三十二、石林燕語：

歐陽文忠近視，常時讀書甚艱，惟使人讀而聽之。其在政府數年，每進文字，亦如常人。

三十三、石林詩話：

毗陵正素處士張子厚善書。余嘗於其家見歐陽文忠子棐、以烏絲蘭絹一幅、求子厚書文忠明妃曲兩篇、廬山高一篇。略云：

先公平日未嘗矜其所爲文，一日被酒語棐曰：吾詩廬山高，今人莫能爲，唯太白能之。明妃曲後篇，太白不能，唯子美能之。至於前篇，則子美亦不能，唯吾能之也。因欲別錄此三篇也。

三十四、清波雜志：

於友人歐陽儁處，得其遠祖文忠公自初進擢至贈謚綸誥一無遺者，可謂故物，不愧鄭公笏。

三十五、元遺山王辰雜編：

安平都尉完顏斜烈嘗鎭商州，偶搜伏於竹林，得歐陽文忠子孫甚多，以歐故並其族屬鄉里三千餘人，悉縱遣之。

三十六、梅磵詩話：

劉改之有代歐陽丞上平章韓侂胄詩曰：

當年歐富與韓范，戮力同心佐漢廷；
今日故家渾似舊，醉翁之後獨飄零。
玉立堂堂社稷臣，人言忠憲是前身；
三生畫錦堂前夢，莫忘當年作記人。

大爲韓所稱賞。

三十七、湧幢小品：

平山堂歐公爲揚州守時所創，負堂而望。江南諸山，歷歷在簷楹間。公政暇輒往遊，嘯詠竟日而返。

慶元十一月，有右司郎中縻師旦遊堂中，宛如疇昔所經，獨歎惜壁間字畫、堂前楊柳不存耳。翌日渡江，適其兄倅江口，即移柳數十本屬揚帥趙子固爲補植。且寄詩云：

壁上龍蛇飛去久，堂前楊柳補來新；
一生企慕歐陽子，重到平山省後身。

是夕舟行，兄弟對語，至戊夜方寢，晨起師旦逝矣。先是師旦登第時，過婦家姑蘇之黃渡，飲於園亭。夜半，忽屏間有大書太師字。秉燭聚觀，墨影隨滅，人謂師旦他日必達到。至是始悟歐陽公官至太子太師，益驗後身之句云。

附錄貳

卷一

祭文

韓忠獻王 琦

維熙寧五年歲次壬子某月某日，具官某謹遣三班奉職隨行指使李珪。以清酌庶羞之奠，致祭于少師永叔之靈。惟公之生，粹稟元精。偶聖而出，逢辰以亨。歷時三朝，翼登太平。大名既遂，大功既成。年未及老，深慮滿盈。連章得謝，潁第來寧。精當畀以福祿，天宜錫之壽齡。胡不憖遺，遽爾摧傾。此冥理莫得致詰，而天下爲之失聲。嗚呼哀哉！公之文章，獨步當世。子長退之，偉贍閎肆。曠無擬倫，逮公始繼。自唐之衰，文弱無氣。降及五代，愈極頹敝。唯公振之，坐還醇粹。復古之功，在時莫二。公雖云亡，其傳益貴。譬如天衢，森布列緯。海內瞻仰，日高而偉。公之諫諍，務傾大忠。在慶歷初，職司帝聰。顏有必犯，闕無不縫。正路斯闢，姦萌輒攻。氣勁忘忤，行孤少同。於穆仁廟，誠推至公。孰好孰惡，是焉則從。善得盡納，治隨以隆。人畏清議，知時不容。各礪名節，恬乎處躬。二十年間，由公變風。公之功業，其大可記。屢殿藩垣，所至懷惠。嘗尹京邑，沛有餘地。早踐西掖，晚當內制。凡厥代言，典謨之懿。凡厥出令，風雷其勢。三代炳焉，公辭無媿。樞幄猷爲，台衡弼貳。撫御四夷，兵戈不試。整齊百度，官師咸治。服勞一心，定策二帝。中外以安，神人胥慰。不校讒言，懇求去位。見之進退，遠邁前賢。合既不苟，高惟戒顚。身雖公輔，志則林泉。七十致政，乃先五年。上惜其去，公祈益堅。卒遂其請，始終克全。嗚呼哀哉！余早接公，道同氣類。出處雖殊，趣向何異。既忝宰司，日親高誼。可否明白，襟懷坦易。事貴窮理，言無飾僞。或不知公，因罹謗忌。青繩好點，白璧奚累。嗚呼哀哉！自公還事，心慕神馳。徒憑翰墨，莫挹姿儀。公嘗顧我，惠以新詩。雖亟訓答，奈苦衰疲。欲復爲問，動已踰時。忽承訃音，且駭且悲。哀誠孰訴，肝膽幾墮。公之逝矣，世鮮余知。不如從公，焉用生爲。遐修薄薦，奠公一卮。魂兮有靈，其來監茲。尙饗。

同前

王荊文公安石

夫事有人力之可致，猶不可期。況乎天理之冥寞，又安可得而推。惟公生有聞于當時，死有傳于後世。苟能如此足矣，而亦又何悲。如公器質之深厚，智識之高遠，而輔以學術之精微。故形於文章，見於議論。豪健俊偉，怪巧瑰琦。其積於中者，浩如江河之停蓄。其發於外者，爛如日星之光輝。其清音幽韻，凄如飄風急雨之驟至。其雄辭閎辯，快如輕車駿馬之奔馳。世之學者無問乎識與不識，而讀其文則其人可知。嗚呼！自公仕宦四十年，上下往返，感世路之嶇崎。雖屯邅困躓，竄斥流離。而終不可掩者，以其有公議之是非。既壓復起，遂顯于世。果敢之氣，剛正之節，至晚而不衰。方仁宗皇帝臨朝之末年，顧念後事，謂如公者可寄以社稷之安危。及夫發謀決策，從容指顧。立定大計，謂千載而一時。功名成就，不居而去。其出處進退，又庶乎英魄靈氣。不隨異物腐敗，而長在乎箕山之側與潁水之湄。然天下之無賢不肖，且猶爲涕泣而歔欷。而況朝士大夫平昔游從，又予心之所嚮慕而瞻依。嗚呼，盛衰興廢之理，自古如此。而臨風想望不能忘情者，念公之不可復見而其誰與歸。

同前

曾舍人鞏

惟公學爲儒宗，材不世出。文章逸發，醇深炳蔚。體備韓馬，思兼莊屈。垂光簡編，焯若星日。絕去刀尺，渾然天質。辭窮卷盡，含意未卒。讀者心醒，開蒙愈疾。當代一人，顧無儔匹。諫垣抗議，氣震回遹。鼓行無前，跋疐非恤。世僞難勝，孤堅竟窒。紫微玉堂，獨當大筆。二典三謨，生明藏室。頓挫彌厲，誠純志壹。斟酌損益，論思得失。經體慮萌，沃心造膝。帝曰汝賢，引登輔弼。公在廟堂，尊明道術。清淨簡易，仁民愛物。斂不煩苛，令無迫猝。棲置木索，里安戶逸。櫝斂兵革，天清地謐。日進昌言，從容密勿。開建國本，情忠力悉。卯未之歲，龍駕飈欻。再拯大艱，垂紳秉笏。乾坤正位，上下有秩。功被社稷，等夷召畢。公在廟堂，總持紀律。一用公直，兩忘猜昵。不挾朋比，不虞訕嫉。獨立不回，其剛仡仡。愛養人才，獎成誘掖。甄拔寒素，振興滯屈。以爲己任，無有廢咈。維公平生，愷悌忠實。內外洞徹，初終若一。年始六十，懇辭冕黻。連章累歲，乃俞所乞。放意立樊，脫遺羈馽。沈浸圖史，左右琴瑟。志氣浩然，不陋蓬蓽。意謂百齡，重休累吉。還斡鼎軸，贊微計密。云胡傾殂，憖遺則弗。聞訃失聲，皆淚橫溢。戇冥不敏，早蒙振祓。言繇公誨，行繇公率。戴德不酬，懷情獨鬱。西望轜車，莫持紼綍。維公犖犖，德義譔述。爲後世法，終天不沒。託辭敘心，曷能髣髴。嗚呼哀哉！尚饗。

同前　范蜀忠文公鎮

惟公平生，諒直骨鯁。文章在世，煒煒炳炳。老釋之闢，賁育之猛。拒塞邪說，尊崇元聖。天下四方，學子甫定。邇來此風，勃焉而盛。如醒復醉，如愈再病。粵醒與病，有幸不幸。幸不見排，不幸不正。嗟余空疎，敢處季孟。公訃之來，淚下縻綆。聞公卜宅，許洛之境。余居在焉，儻得同井。異時往來，或接光影。簿酒一樽，菲肴數皿。遠不得前，寄此耿耿。

同前　通判杭州日　蘇文忠公軾

嗚呼哀哉！公之生於世六十有六年。民有父母，國有蓍龜。斯文有傳，學者有師。君子有所恃而不恐，小人有所畏而不爲。譬如大川喬獄，雖不見其運動。而功利之及於物者，蓋不可以數計而周知。今公之沒也，赤子無所仰芘，朝廷無所稽疑。斯文化爲異端，學者至於用夷。君子以爲無與爲善，而小人沛然自以爲得時。譬如深山大澤，龍亡而虎逝。則變怪雜出，舞鱓鰌而號孤狸。昔其未用也，天下以爲病。而其既用也，則又以爲遲。及其釋位而去也，莫不冀其復用。至其請老而歸也，莫不悵然失望。而猶庶幾於萬一者，幸公之未衰。孰謂公無復有意於斯世也，奄一去而莫予追。豈厭世溷濁絜身而逝乎！將民之無祿而天莫之遺。昔我先君，懷寶遁世，非公則莫能致。而不肖無狀，因緣出入。受教於門下者，十有六年於茲。聞公之喪，義當匍匐往救。而懷祿不去，愧古人以忸怩。緘詞千里，以寓一哀而已矣！蓋上以爲天下慟，而下以哭吾私。嗚呼哀哉！

同前

蘇文定公　轍

維年日月。具官蘇轍謹以清酌庶羞之奠，致祭于故觀文少師贈太師九丈之靈。嗚呼。嘉祐之初，公在翰林。維時先君，處于西南。世所莫知，隱居之深。作書號公，曰是知予。公應嗟然，我明子心。吾於天下，交遊如林。有如斯文，見所未曾。先君來東，實始識公。傾蓋之歡，故舊莫隆。遍出所爲，歎息改容。歷告在位，莫此蔽蒙。報國以士，古人之忠。公不妄言，其重鼎鍾。厥聲四馳，靡然向風。嗟維此時，文律頹毀。奇邪譎怪，不可告止。剽剝珠貝，綴飾耳鼻。調和椒薑，毒病唇齒。咀嚼荆棘，斥棄羹胾。號茲古文，不自愧恥。公爲宗伯，思復正始。狂詞怪論，見者投棄。踽踽元昆，與轍皆來。皆試於庭，羽翼病摧。有鑒在上，無所事媒。馳詞數千，適當見懷。擢之衆中，羣疑相豗。公恬不驚，衆惑徐開。滔滔狂瀾，中道而回。匪公之明，化爲詼俳。公德日隆，歷蹈二府。轍方在艱，撫視逾素。納銘幽宅，德遠存故。終喪而還，公以勞去。公年未衰，屢告遲暮。自亳徂青，迄蔡而許。來歸汝陰，嘯傲環堵。轍官在陳，於頓則鄰。拜公門下，笑言歡欣。杯酒相屬，圖史紛紜。辯論不衰，志氣益振。有如斯人，而止斯耶。書來告衰，情懷酸辛。報不及至，凶訃遄臻。嗚呼！

公之於文，雲漢之光。昭回洞達，無有采章。學者所仰，以克嚮方。知者不惑，昧者不狂。

公之在朝，以直自遂。排斥姦回，罔有劇易。後來相承，敢隕故事。雖庸無知，亦或勉勵。

此風之行，逾三十年。朝廷尊嚴，庶士多賢。伊誰云從，公導其先。自公之歸，忽焉變遷。

又誰使然，要歸諸天。天之生物，各維其時。朝賜薰風，春夏是宜。凍雨急雪，匪寒不施。

時去不返，雖彊莫違。矧惟斯人，而不有時。時既往矣，公亦逝矣。老成云亡，邦國瘁矣。

無爲爲善，善者廢矣。時實使然，我誰懟矣。哭公於堂，維其悲矣！嗚呼哀哉！尚饗。

行狀

吳正憲公充

故推誠保德崇仁翊戴功臣，觀文殿學士，特進太子少師致仕，上柱國樂安郡開國公。食邑四千三百戶，食實封一千二百戶。贈太子太師，歐陽公行狀。

曾祖郴：累贈金紫光祿大夫、太師中書令。

祖偃：累贈金紫光祿大夫、太師中書令兼尚書令。

父觀：皇任泰州軍事判官，累贈金紫光祿大夫，太師中書令兼尚書令。追封鄭國公。

本貫吉州永豐縣明德鄉。年六十六。

歐陽氏之先，本出於夏禹之苗裔。少康封其庶子于會稽，以奉禹祀。歷夏、商、周，以世相傳。至越王勾踐，傳五世至王無疆。爲楚威王所滅，諸子皆受封于楚。而無疆之子蹄，封於歐餘山之陽，是爲歐陽亭侯，子孫遂以爲氏。後稍北，徙青之千乘，冀之渤海。千乘之顯者，曰生，字和伯。以經爲漢博士，所謂歐陽尙書是也。渤海之顯者，曰建，字堅石。所謂渤海赫赫歐陽堅石者是也。詢、通父子顯于唐。自通三世生琮，爲吉州刺史。又八世生萬，爲吉州安福令。後世或居安福，或居廬陵。安福之六世孫，即公曾祖也。生八男：曰儀者、中南唐進士第。父母皆在，鄉里榮之。命其鄉曰儒林，里曰歐桂，坊曰具慶。皇祖而下，始居吉水。至和中，析吉水爲永豐，今爲永豐人矣。曾祖仕南唐，爲武昌令，檢校右散騎常侍兼御史大夫。性孝友，鄉里稱之。累贈金紫光祿大夫太師中書令。曾祖妣劉氏，追封楚國太夫人。皇祖少以文學稱，獻所爲文。南唐召試，爲南京街院判官。累贈金紫光祿大夫太師中書令兼尙書令。祖妣李氏，累對吳國太夫人。皇考少孤力學，咸平中進士及第。天性仁孝，居官決獄，主於平恕哀矜，終於泰州軍事判官。累贈金紫光祿大夫太師中書令兼尙書令，追封鄭國公。妣鄭氏，累封韓國太夫人。皇考之捐館舍，公纔四歲。太夫人守節自誓，而教公以讀書爲文。及公成人，太夫人自力衣食。不以家事累公，使專務爲學。及見公之身名偕顯，而夫人壽考康寧。爲善之報，豈虛也哉。公諱修、字永叔。天聖中進士甲科，補西京留守推官。用王文康公薦，召試。遷鎭南軍節度，掌書記館閣校勘。以書責諫官不論事，諫官以聞，謫峽州夷陵縣令。徙光化軍乾德令，改武成軍節度判官。范文正公經略陝西，辟掌書記，辭不就。俄遷太子中允，館閣校勘。方修禮書，命權同知太常禮院，辭不受。預修崇文總目成，改集賢校理，遂知太常禮院。請補外，通判滑州。召以爲太常丞知諫院，賜緋衣銀魚。未幾，同修起居注。閱月，拜右正言知制誥，賜三品服出使河東。還，改龍圖閣直學士河北都轉運按察使。左遷知制誥，知滁州。改起居舍人，知揚州，徙知潁州。復龍圖閣直學士，知應天府兼南京留守司，歷尙書禮部、吏部郎中。丁韓國太夫人憂，服除。判吏部流內銓，入翰林，爲學士。加史館修撰，勾當三班院。請郡，改侍讀學士，知蔡州。留不行，判太常寺兼禮儀事，權知禮部貢舉，拜右諫議大夫，判尙書禮部又判秘閣秘書省。加侍讀，辭不受。同修玉牒兼龍圖閣學士，權知開封府。以給事中罷，同提舉在京諸司庫務，改羣牧使。唐書成，拜禮部侍郎兼侍讀學士。嘉祐五年，以本官爲樞密副使。明年閏八月，參加政事，兼譯經潤文。歷戶部，吏部二侍郎，皆參大政。進拜左丞，出爲觀文殿學士刑部尙書，知亳州。熙寧初，遷兵部尙書，知青州京東東路安撫使。除檢校太保宣徽南院使，判太原府河東路經略安撫監牧使，兼幷代澤、潞、麟、府、嵐、石路兵馬都總管。三辭不受，徙知蔡州。熙寧四年六月，於觀文殿學士太子少師致仕。階特進，勳上柱國。食邑四千三百戶，食實封一千二百戶。明年閏七月二十三日，薨于汝陰之私第。天子聞之震悼！爲之一日不視垂拱朝。贈太子太師。卹孤法賻，皆從加等。公爲人剛正，質直閎廓。未嘗屑屑於事，見義敢爲。患害在前，直往不顧，用是數至困逐。及復振起，終不改其操，眞豪傑之士哉！居三朝數十年間，以文章道德，爲一世學者宗師。接人待物，誠信樂易，不爲表襮。諸生進者，與之抗聲極談，簡直明辨。至於貴顯終始如一，見者莫不愛服。而天資高遠，常人自不能與之合，公待之一也。有所稱薦，姑取其一善，後或毀公於朝。遇其人或其家厄且困，必力振之。曰：吾行己，不以喜怒私也。於經術，務究大本。其所發明，簡易明白。其論詩曰。察其美刺，知其善惡，以爲勸戒。所謂聖人之志者，本也。因其失傳而妄自爲之說者，經師之末也。今夫學者得其本而通其末，斯善矣。得其本而不通其末，闕其所疑。可也。不求異於諸儒。嘗曰：先儒於經不能無失，而所得固多矣。盡其說而理有不通，然後得以論正，予非好爲異論也。其於詩、易，多所發明。爲詩本義，所改正百餘篇。其餘則曰毛鄭之說是矣，復何云乎。公幼孤，家貧無資。太夫人以荻畫地，教以字書。稍長，從閭里借書讀。或手抄之，抄未畢而成誦。公之舉進士，學者方爲時文，號四六。公就視之。曰：此不足爲。然切於養，勉爲之，而人亦不能及。故屢試有司，皆第一，名聲籍甚。及景祐中，與尹師魯偕爲古學，已而有詔戒天下學者，爲文使近古。學者盡爲古文，獨公古文既行世，以爲模範。自兩漢後五六百年，有韓愈。愈之後又數百年，而公繼出。李翺、皇甫湜、柳宗元之徒，不足多也。蓋公之文備眾體，變化開闔，因物命意，各極其工。其得意處，雖退之未能過。筆札精勁，自成一家。當世士大夫有得數十字，皆藏以爲寶。生平以獎進人材爲己任，一時賢士大夫，雖潛晦不爲人知者。必延譽慰薦，極其力而後已。後進之士一爲公所稱，遂爲聞人。篤於朋友，尹師魯、梅聖俞、孫明復皆貧甚。既卒，公力爲經紀其家。表其孤於朝，悉錄以官。他嘗所與厚者，未嘗遺也。公既書責諫官以申范文正，坐謫夷陵。而尹洙、余靖亦連貶。蔡君謨爲四賢詩，世傳之。及范公之使陝西，辟公偕往，朝廷從之。時天下久無事，一旦西陲用兵。士之負材能者，皆欲因時有所施設。而范公望臨一時，好賢下士，故士之樂從者衆。公獨歎曰：吾初論范公事，豈以爲己利哉。同其退，不同其進。可也。卒辭焉。慶歷初。公方登朝，數論天下事。爲策以揣敵情，及指陳利害甚衆。既而有詔：百官上封事。公又上疏言三弊五事，力陳當時之所宜憂者。仁宗增諫官員，首預其選。是時西師久，京東西盜賊羣起，中外騷然。仁宗既進退大臣，欲遂改更諸事。公感激恩遇，知無不言。時范文正公、杜正獻公、今司徒韓公、司空富公皆輔政。公屢請召對諮訪，責以所爲。既而仁宗降出手詔。出六條，虛心以待。後遂下詔勸農桑、興學校、多所更革，小人不悅。一時知名士，見謂爲黨人矣。公爲朋黨議以進，見集中。溫成后方有寵。公言前世女寵之戒，請加裁損。燕王薨，議者以國用不足，請待豐年以葬。公言士大夫家有所待而侈，不如及時薄葬。況天子叔邪！且非所以示四方也，卒從公議。澧州進柿木，成文，有太平之道字。公言今四海騷然，未見太平之象。又太平之道，其意可推。自古帝王，致之皆有道。得道則太平，失道則危亂。今見其失，未見其得。願陛下憂勸萬務，漸期致理，其瑞木請不宣示于外。淮南轉運使呂紹寧到任，進羨餘錢十萬貫。公請拒而不受，以防刻剝陝西用兵之後。河東困弊，芻糧不足。言者請廢麟州，或請移於合河津、或請廢五寨。公既使河外爲四議，以較麟州利害。請移就食於瀕河清塞堡，緩急不失應援。而平時可省餽運，麟州得不廢。又建言忻、代、岢嵐、火山四州軍沿邊有禁地，棄而不耕，人戶私糴北界斛斗入中以爲邊儲。今若耕之，每年可得數百萬石以實邊。朝廷從之，大爲河東之利。自西事後，河東賦斂重而民貧，道路嗟怨。公奏罷數千事以寬民力。公自河東還，會保州兵叛，遂出爲河北都轉運使。保州卒既降，大將李昭亮私納婦女，通判馮博文等竊傚之。公發其姦，下博文獄。昭亮惶恐，立出之。自保州之變，河北兵驕。小不如意，即謀爲亂，人情務在姑息。公乞假將帥權，事從鎭重以銷未萌，河北卒無事。保塞之脅從者二千餘人，分隸河北宣撫使。恐復生變，欲以便宜悉誅之。公權知成德軍，遇之於內黃宣撫使。夜半，屛人以告公。公曰：禍莫大於殺降。昨保州叛卒，朝廷許以不死。今戮之矣。此曹本以脅從故得脫，奈何一旦殺無辜二千人？且非朝旨。若諸郡不肯從，緩之必生變，是趣其爲亂也。且某至鎭州，必不從命。遂止。公在河北，奏置御河催綱司。通粮運，邊州賴之。置都作院於磁、相二州，以繕戎器。仁宗遇公厚，嘗論及當世人材。目公曰：如歐陽某者，豈易得哉！常欲大用而未果。及使河北，陛辭曰。上面諭曰：無爲久居計，有事，言來。公對以諫官得風聞，今在外使事有指，越職罪也，況不得其實邪。上曰：有事第以聞，勿以中外爲辭。及黨論大起。公極言請加明辨，勢益危。初、公妹適張龜正。龜正無子，有女非歐出也。妹既嫠，無所歸，以孤女偕來。及笄。以嫁宗人晟。張氏後以他事下獄，小人欲幷中公。乃捃張氏貲產事窮治，久之。卒無有，猶貶滁上。公丁太夫人憂，既免喪，入見。仁宗惻然！怪公髮白。問在外幾年？今年幾何？恩意甚至，命判流內銓。小人恐公且復用，僞爲公奏，乞汰內臣。疏傳之中外，宦者人人切齒。內官楊永德陰以言中公，出知同州。而外議不平，論救者衆。上尋開悟，故馮翊之命卒不行。公在侍從八年，多所聞益。初、河決澶淵。陳恭公為相，欲塞商胡，開樓壠故道。公言功大恐不可成，徒勞人。未幾，陳罷去。新宰相復用李仲昌議，欲開六塔河。公言六塔不能吞伏，且復決。再爭之，不得。既而果然，賓、滄、德、博數千里，大被其害，仲昌等得罪流貶。至和初，公奉使契丹。契丹使其貴臣惕隱及北宰相蕭知足等來押宴。曰非常例也。以公名重，故爾，為外夷所畏如此。公在翰林。仁宗一日乘間見御閣春帖子，讀而愛之。左右曰：學士歐陽某之辭也。乃悉取宮中帖閱之，見其篇篇有意。歎曰：舉筆不忘規諫，眞侍從之臣也。每學士院進文字，必曰何人當直？至公之筆，必詳覽之，每加歎賞。嘉祐初。公知貢舉，時舉者為文以新奇相尚。文體大壞，公深革其弊。前以怪僻在高第者，黜之幾盡，務求平澹典要。士人初怨怒罵譏，中稍信服。已而文格遂變而復正者，公之力也。公之尹京，承包孝肅公之後。包以威嚴為治，公一切循理，不事風采。或以為言。公曰：人材性各有短長。今捨所長，彊其所短。以徇俗求譽，我不能也。至寵貴犯禁令，又求苟免者必寘於法。雖詔命，有所不從，且請加本罪二等。至今行之，由公奏進也。公在樞密，與今侍中曾魯公悉力振舉紀綱，革去宿弊。考天下兵數，及三路屯戍多少？地理遠近，更為圖籍之法。邊防久闕屯守者，大加蒐補。數月之間，機務浸理。嘗因嘉祐水災，凡再上疏：請選立皇子以固天下根本，言甚激切。及在政府，遂與諸公協定大議。而先帝力辭宗正之命。公進曰：宗室不令職事，忽有此除。天下皆知陛下將儲以為嗣，不若遂正其名。且判宗正寺誥勑付閤門，得以不受。今立為皇子，止消一詔書，事定矣。仁宗以為然，遂下詔。及先帝初年，未親政事。慈壽垂簾，公與諸公往來兩宮，鎭撫內外。而危言密議，忠力爲多。至先帝親御萬機，內外肅然。每諸公聚議，事有未可。公未嘗不力諍。臺諫官至政事堂論事，往往面折其短。英宗嘗面稱公曰：性直不避衆怨。嘗稱故相王沂公之言曰。恩欲歸己，怨使誰當。且曰：貧賤常思富貴，富貴必履危機。此古人之所歎也。惟不思而得，既得而不患失之者，其庶幾乎。及彭思永、蔣之奇等以飛語污公。公杜門，請付有司治之。上連詔詰問所從來。二人辭窮，悉逐之。上親遣中貴人，手詔慰安。公遂稱疾，力解機務。自嘉祐以後，朝廷務惜名器，而進人之路稍狹。公屢建言：館閣育材之地，材既難得而又難知。則當博採而畜之，時冀一得於其間。則傑然出爲名臣矣，餘亦不失爲佳士也。遂詔二府各舉五人，其後中選者，往往在清近，朝廷稍收其用矣。京師百司所行兵民官吏財用之類，皆無總數。中書一有行移，則下有司纂集。公因暇日，盡以中書所當知者，集爲總目。上有所問，宰相以總目爲對。公以祀假家居，上遣中貴人就中書閣取而閱之。連典劇郡，以鎭靜爲本。不求赫赫名，舉大體而已，民便安之。滁、揚二州，生爲之立祠。公在亳。年甫六十。表致仕者六，不從。至蔡而請益堅，卒不能奪公心，其勇退如此。公平生於物少所好，獨好收畜古文圖書。集三代以來金石銘刻爲一千卷，以校正史傳百家訛繆之說爲多。晚年自號六一居士，曰吾集古錄一千卷，藏書一萬卷，有琴一張，有棋一局、而常置酒一壺、吾老於其間。是爲六一，自爲傳以刻石。嘗被詔撰唐書紀十卷，志五十卷、表十五卷、又自撰五代史七十四卷。其爲紀，一用春秋法。於唐禮樂志，明前世禮樂之本出於一，而後世禮樂爲空名。五行志不書事應，盡破漢儒菑異附會之說，其論著類此。五代史辭約而事備，及正前史之失爲多。公之薨。上命學士爲詔，求書於其家，方繕寫進御。嘗著易童子問三卷、詩本義十四卷、居士集五十卷、歸榮集一卷、外制集三卷、內制集八卷、奏議集十八卷、四六集七卷、集古錄跋尾十卷、雜著述十九卷、諸子集以爲家書總目八卷。其遺逸不錄者，尙數百篇。別爲編集，而未及成。公初娶胥氏，翰林學士贈吏部侍郎偃之女。繼室楊氏，集賢院學士諫議大夫大雅之女。今夫人薛氏，資政殿學士戶部侍郎贈太尉簡肅公奎之女，累封仁壽郡夫人。男八人、女三人。長女師、蚤卒。次發、光祿寺丞。次女蚤卒。次奕、光祿寺丞。次棐、大理評事。次某蚤卒。次辯、光祿寺丞。次三男皆蚤卒。次女封樂壽縣君、蚤卒。孫男四人、曰愬。曰憲。曰恕。曰愬。皆以公恩試秘書省校書郎。孫女六人、皆幼。將以熙寧八年九月二十六日，葬公於開封府新鄭縣旌賢鄉之原。謹狀。熙寧六年七月日。樞密副使正奉大夫行右諫議大夫上柱國賜紫金魚袋吳充狀。

謚誥

省司準勑定謚。據本家發到故推誠保德崇仁翊戴功臣、觀文殿學士、特進太子少師致仕、上柱國樂安郡開國公。食邑四千三百戶，食實封一千二百戶。贈太子太師歐陽某行狀，依例牒太常禮院擬謚。今準回牒，連到議狀。謚曰文忠宣德郎守太常丞充集賢校理同知太常禮院李清臣。

太子太師歐陽公歸老於其家，以疾不起。將葬，行狀上尚書省。移太常請謚，太常合議曰：公維聖宋賢臣，一世學者之所師法。明於道德，見於文章。究覽六經羣史，諸子百氏。馳騁貫穿，述作數十百萬言，以傳先王之遺意。其文卓然，自成一家。比司馬遷、揚雄、韓愈，無所不及而有過之者。方天下溺於末習，爲章句聲律之時。聞公之風，一變爲古文。咸知趨尙根本，使朝廷文明不愧於三代漢唐者，太師之功。於教化治道爲最多，如太師眞可謂文矣。博士李清臣得其議，則閱讀行狀。考按謚法。曰唐韓愈、李翺、權德輿、孫逖、本朝楊億、皆謚文。太師固宜以文謚。吏持衆議白太常官長，官長有曰：文則信然，不復易也。然公平生好諫諍，當加獻爲文獻。無巳，則加忠爲文忠。衆相視曰：其如何？則又合言曰：忠亦太師之大節。太師嘗參天下政事，進言仁宗。乞早下詔立皇子，使有明名定分以安人心。及英宗繼體，今上即皇帝位。兩預定策，翊戴有安社稷功。和裕內外，周旋兩宮間，迄於英宗之政。蓋太師天性正直，心誠洞達明白。無所欺隱。不肯曲意順俗，以自求便安。好論列是非，分別賢不肖。不避人之怨誹狙嫉，忘身履危，以爲朝廷立事。按謚法：道德博聞曰文，廉方公正曰忠。今加忠以麗文，宜爲當。衆以狀授清臣，爲謚議。清臣曰：不改於文而傅之以忠，議者之盡也。清臣其敢不從。遂謚文忠。謹議。

朝奉郎守尙書工部郎中、充秘閣校理、直舍人院兼同修起居注權判吏部流內銓、騎都尉賜緋魚袋錢藻。宣德郎守尚書刑部員外郎、充集賢校理兼同修起居注、權同判吏部流內銓騎都尉賜緋魚袋竇卞。

伏準太常禮院謚議如前。

天下文物繁盛之極，學士大夫競夫鏤刻組繪。日益靡靡，以汩沒於倬詭魁殊之說，而不復如淳古之爲正也。於是時，天下曰是，太師曰非。天下以爲韙，太師以爲陋。學士大夫磨牙淬爪，爭相出力以致之危害。太師不之顧。曰：我道，堯舜也。我言，孔子、孟軻也。而天下不我從，將焉往。然卒由太師而一歸於醇正。故仁義之言，其華曄然。獨輝灼乎一代之盛，遠出二京之上。嗚虖孅哉！大丈夫束帶立夫人之朝，所以大過人者，大節立焉。不齪齪小節以求曲全，可也。佛眾慮，彊君以難，是爲大節。不徇世俗之論，而先識以制未形，是爲大節。太師當嘉祐之間，協議建儲正名。挈天下之疑而泮之，萬世因而若維太山而安不危，斯之謂大節。謚法：道德博聞曰文，廉方公正曰忠。生平論譔文章，務明堯、舜、孔、孟之教於已壞之後，可謂道德博聞矣。排左右持祿取容之慮，特建萬世無窮之策。而自不以爲功，可謂廉方公正矣。太常易名曰文忠，庶乎天下有以知公議之不能泯也。

省司準例於都亭驛集合省官同參詳，皆協令式。請有司準例施行，謹詳定訖。遂具狀中書門下取裁，奉宰臣判準中謹具狀奏聞。伏候勑旨。

尚書都省。宋故推誠保德崇仁翊戴功臣，觀文殿學士、特進太子少師。致仕、上柱國樂安郡開國公。食邑四千三百戶，食實封一千二百戶。贈太子太師歐陽脩。謚曰文忠。

卷二

宋故推誠保德崇仁翊戴功臣、觀文殿學士、特進太子少師致仕、上柱國樂安郡開國公。食邑四千三百戶，食實封一千二百戶。贈太子太師文忠歐陽公墓誌銘并序。

淮南節度觀察處置等使、開府儀同三司、守司徒檢校太師兼侍中、判相州軍州事、上柱國魏國公韓琦撰。

朝散大夫右諫議大夫充集賢院學士、史館修撰權判尚書都省、判秘閣提舉醴泉觀公事上護軍、賜紫魚袋宋敏求書

翰林侍讀學士龍圖閣學士、朝散大夫尚書吏部郎中、知河陽軍州事兼管內勸農使上護軍、賜紫金魚袋韓維題蓋。

熙寧五年閏七月二十三日，觀文殿學士太子少師致仕歐陽公，薨於汝陰之私第，年六十六。上聞震怛，不視朝。贈公太子太師。太常謚曰文忠。卹後加賻，不與常比。天下正人節士知公之亡，罔不駭然相弔，痛失依仰。其孤寺丞君，乃以樞密副使吳公所次功緒，并致治命，以墓銘爲請。竊惟當世能文之士，比比出公門下。不屬於彼，而獨以見屬。豈公素諒其愚，謂能直筆足信後世邪！此其敢辭。公諱脩，字永叔。唐太子率更令詢四世孫琮，嘗爲吉州刺

史。又八世生萬，後爲吉之安福令，子孫因家焉。曾祖諱郴，安六世孫也。孝悌之行，鄉里師服。仕南唐爲武昌令，累贈太師中書令。曾祖妣劉氏，追封楚國太夫人。祖諱偃，彊學善屬文。南唐時獻所爲文十餘萬言，召試補南京街院判官。累贈太師中書令兼尙書令。祖妣李氏，追封吳國太夫人。父諱觀，性至孝，力學，咸平中擢進士第。當官明而恕，每決重辟，尤加審愼。苟理有可脫，必平反之。終泰州軍事判官，累贈太師中書令兼尙書令，追封鄭國公。自公祖始徙居吉水，後吉水析爲永豐，今爲永豐人。公四歲而孤，母韓國太夫人鄭氏，守志不奪。家雖貧，力自營贍，教公爲學。公亦天資警絕，經目一覽，則能誦記。爲文下筆，出人意表。及冠，聲聞卓然。天聖中舉進士，凡兩試國子監，一試禮部，皆爲第一。逮崇政試雖中甲科，人猶以不魁多士爲恨。初補西京留守推官，洛尹文康王公知非常才，歸薦於朝。景祐初召試，遷鎭南軍節度掌書記、館閣校勘。時文正范公權尹京邑，以直道自進。每因奏事，必陳時政得失。大忤宰相意，斥守饒州。諫官不敢言，公貽書責之，坐貶峽州夷陵令。余安道、尹師魯繼上書直范公，復被逐。當時天下以四賢稱之。俄徙光化軍乾德令，改武成軍節度判官。康定初召還，使館閣校勘，遷太子中允。預修崇文總目成，改集賢校理，同知太常禮院。請外補，通判滑州事。慶歷初，仁宗御天下久，周悉時弊。重以西師未解，思欲整齊衆治，以完太平。登進輔臣，必取人望。收用端鯁，以增諫員。公首被其選，擢太常丞，知諫院事，賜五品服。未幾同修起居注。公素凜忠義，遭時遇主。自任言責，無所顧忌。橫身正路，風節凜然。時正獻杜公、文正范公、今司空富公，皆在二府。公每勸上乘間延見，推誠諮訪。上後開天章閣，屢召諸公。詢究治本，長策大議。稍稍施用，紀綱日舉。僥倖頓絕，小人始大不喜。相與巧詆，必期破壞，公常極力左右之。俄拜右正言、知制誥，賜三品服。大臣有建白請廢麟州，徙其治於合河津，以省餽餉者。命公親往相視，使回奏曰：麟州天險，正據要害，不可廢。第減其兵駐並河諸堡，有警呼集數舍之近爾。兵既減，粮自不乏。詔從之。又奏忻、代州岢嵐火山軍並邊民田。始潘美為帥，患虜時入寇。徙其民以空之，遂號禁地。自景德通好，我雖循舊，而虜人盜耕不已。請募民計頃出丁為兵，量入租粟以耕之。歲可得數百萬斛，邊用給矣。不然，他日必盡為虜人所有。時幷帥恥謀不自己，沮撓久之，其後卒如公請。凡賦斂過重民所不堪者，又奏罷十數事，疲俗以安。四年秋。北虜盛兵雲州，聲言西討。朝廷疑其有謀，議選文武材臣，密為經畫。二府請輟公以往，即以公為龍圖閣直學士河北都轉運使。公至則區別官吏，使能者盡力。均徙財用，而邊計有餘。奏廣御河漕運，造鏁栿船以絕侵盜。置都作院於磁相州，一道兵械悉仰給焉。方條列北方利病，欲大為措置。會文正范公與同時入輔者，終為讒說所勝，相繼罷去。一時進用者，皆指之為黨。公復慨言上書，極言論救。執政與其朋益怒，協力擠之。初公有妹適張龜正，龜正亡無子。妹挈前室所生孤女以歸，及笄，公為選宗人晟以嫁之。會張氏以失行繫獄，言者乘此欲幷中公。復捃張氏貲產事，遂興詔獄窮治。上為命內臣監劾，卒辨其誣，猶降授知制誥知滁州事。執政意不快，摭勘官與監劾內臣細故，皆被責。八年春，就改起居舍人知揚州事，踰年徙知潁州事。皇祐初，復龍圖閣直學士。二年秋，移知應天府，兼南京留守司事。歷尙書吏部郎中。丁太夫人憂，去職。服除、入見。上怪公鬚髮盡白，惻然存撫。恩意甚厚，命判吏部流內銓。素忌公者恐將大用，乃僞爲公疏，請汰內臣以激衆怒。有選人胡宗堯者，當引對改官。前任本州嘗以官舟假人，已而經赦去官，止得循資。公與判南曹官，對曰取旨，上欣然令改官。宦者楊永德密奏曰：宗堯翰林學士宿之子，有司援救之，私也。遂出公知同州事，物論不平。上亟開悟，留公刊修唐書。俄入翰林爲學士、史館修撰、勾當三班院。至和二年夏，請郡，改侍讀學士知蔡州事。留不行，復除翰林學士，判太常寺兼禮儀事，遷右諫議大夫。嘉祐三年夏，兼龍圖閣學士、權知開封府事。前尹孝肅包公，以威嚴得名，都下震恐。而公動必循理，不求赫赫之譽。或以少風采爲言，公曰：人材性各有短長，吾之長止於此，惡可勉其所短以徇人邪！既而京師亦治。四年春，請罷府事。改給事中，充羣牧使。唐書成，拜禮部侍郎，俄兼翰林侍讀學士。五年冬，以本官爲樞密副使。明年秋，參知政事。英宗登極，遷戶部侍郎。治平初，特轉吏部侍郎。今上嗣位，改尙書左丞。公自處二府，益思報稱。毅然守正，不爲富貴易節。凡大謀議大利害，與同官論辨。或在上前，必區判是否，未嘗少有回屈。文武之士，陳請百端。公常委曲開諭曰：某事可行，某事不可行，用是人多怨誹。至於臺諫官論事有不中理者，往往正色折之。其徒尤切齒，日欲求疵合攻。公自視無他，不恤也。英廟踐祚，按祖宗舊典，皇族尊屬之亡者，皆贈官改封。濮安懿王，英廟所生父也。中書以本朝未有故事，請付有司，詳處其當。上謙恭慎重，命過仁廟大祥，下禮院與兩制官同議。如期詔下，衆乃言王當稱伯，改封大國。中書以所生生父稱伯，疑無經據。方再下三省議，上遽令權罷。俾有司徐求典故，事久不行。臺官挾憤不已，遂持此斥公爲主議。上章歷詆，必請議定。及以朝廷未嘗議及之事，肆爲誣說，欲惑衆聽。又相率納告身，以示必去。上數敦諭，知不可留，各以本官補外。後來者以風憲不勝爲恥，窺伺愈急。今上即位初，御史蔣之奇者。乃造無根之言，欲以汙公，中丞彭思永乘虛助之。公退伏私居，力請公辨。上照其誣罔，連詔詰問。二人者辭窮，皆定貶。公遂懇辭柄任，上不得已，除公觀文殿學士，刑部尙書，知亳州事。熙寧元年秋，遷兵部尙書、知青州事、充京東東路安撫使。時散青苗錢法初行，衆議皆言不便。朝廷既申告諭，公猶請除去二分之息，令民止納本錢，明不取利。又請先罷提舉管勾官，然後可以責州縣不得抑配。不報。三年夏，除檢校太保，宣徽南院使判太原府河東路經略安撫使。公累上章辭丐易蔡州，大略以久疾昏耗，不任重寄。復曰：時多喜新奇，而臣思守拙。衆方興功利，而臣欲循常。執政知終不附己，俄詔聽以舊官知蔡州事。公在亳已六上章請致政，上眷惜之，不允。至蔡踰年，復申前請，志益堅確。上察其誠，命優改官致仕，年方六十有五。天下士大夫聞公勇退，無不驚歎！云近古所無也。公天資剛勁，見義敢爲。襟懷洞然，無有城府。常以平心爲難，故未嘗挾私以爲喜怒。奬進人物，樂善不倦。一長之得，力爲稱薦。故賞識之下，率爲聞人。惟視姦邪，嫉若仇敵。直前奮擊，不問權貴。後雖陰被讒逐，公以道自處，怡怡如也。平生篤於朋友，如尹師魯、梅聖俞、孫明復既卒。其家貧甚，公力經營之，使皆得以自給。又表其孤於朝悉錄以官。自唐室之衰，文體隨而不振。陵夷至於五代，氣益卑弱。國初柳公仲塗一時大儒，以古道興起之，學者卒不從。景祐初，公與尹師魯專以古文相尚。而公得之自然，非學所至。超然獨騖，衆莫能及。譬夫天地之妙，造化萬物。動者植者，無細與大。不見痕跡，自極其工。於是文風一變，時人競爲模範。自漢司馬遷沒幾千年，而唐韓愈出。愈之後又數百年，而公始繼之。氣燄相薄，莫較高下。何其盛哉！所治經術，務究大本。嘗以先儒於經所得多矣，而不能無失。惟其說或有未通，公始爲辨正，不過求聖人之意以立共論。嘉祐初，權知貢舉。時舉者務爲險怪之語，號太學體。公一切黜去，取其平澹造理者，即預奏名。初雖怨讟紛紜，而文格終以復古者，公之力也。筆翰遒勁，自成一家。人有得其片幅，必寶藏之。歷典大郡，以鎮靜爲本。明不至察，寬不至縱。吏民受賜，既去追思不已。滁、揚二州皆立生祠。嘗奉使契丹，其主必遣貴臣押宴，出於常例。且謂公曰：以公名重故爾。其爲外夷欽服如此。至和中，陳恭公爲相。欲塞商胡決河，使歸橫壠故道。公言橫壠地已高仰，功大不可爲。未幾，陳罷去。有李仲昌者，乃議道商胡水入六塔河。公復上言六塔。素隘狹，不能容大河。若爲之，必潰決，害愈甚。時執政是仲昌議，又不用公言。後六塔隄果壞不成，自博以下數州。皆被水患，衆服公先識。在侍從八年，竭誠補益，前後上言百餘事。仁宗嘗曰：如歐陽某者，何處得來！故其言多所聽納。因嘉祐水災，凡兩上疏。請選立皇子，以固根本。及在政府，遂與諸公參定大議。方英廟過自謙退，未即承命。事久未決，衆悉危之。公協心開助，忠力爲多。及即位之初，感疾未能聽覽。慈壽預政，事出權宜。公與諸公往來兩宮，鎭安內外。卒復明辟，人無間言。嘗被詔撰唐書紀十卷、志五十卷、表十五卷、又自撰五代史七十四卷、易童子問三卷、詩本義十四卷、居士集五十卷、歸榮集一卷、外制集三卷、內制集八卷、奏議十八卷、四六集七卷、集古錄跋尾十卷、雜著十九卷。公於物無他玩好，獨好收古文圖書。集三代以來金石銘刻，爲一千卷。用以校正傳記訛繆，人得不疑。晚年自號六一居士。曰：吾集古錄一千卷，藏書一萬卷、有琴一張、有棋一局、常置酒一壺，吾老於其間，是爲六一。因自爲傳以志之。初娶胥氏，翰林學士偃之女。繼室楊氏，集賢院學士諫議大夫、大雅之女。今夫人薛氏，資政殿學士戶部侍郎簡肅公奎之女。累封仁壽郡夫人。男八人。長發、次奕，光祿寺丞。次棐，大理評事。次辨，光祿寺丞。餘早卒。女三人皆早卒。孫男四人：曰愻、曰憲、曰恕。曰愬、皆以公恩試秘書省校書郎。孫女六人皆幼。熙寧八年九月庚申朔二十六日乙酉。諸孤奉公之喪，葬於開封府新鄭縣旌賢鄉之原。銘曰。

噫公之節，其剛烈烈。彊違斥姦，義不可折。噫公之文，天資不羣。光輝古今，左右典墳。直道而行，屢以譏蹶。卒寤而知，惟帝之哲。升贊機務，方隅以寧。參議宰政，社稷是經。成此王功，大忠以效。德高毀及，退不吾較。公之來歸，既安且怡。宜報以壽，戾也胡爲。公文在人，公迹在史。茲惟不窮，亘千萬祀。

歐陽文忠公神道碑

蘇轍

熙寧五年秋七月，觀文殿學士太子少師致仕歐陽文忠公薨於汝陰。八年秋九月，諸子奉公之喪葬於新鄭旌賢鄉。自葬至崇寧五年，凡三十有二年矣。公子棐以墓隧之碑來請。轍方以罪廢於家，且病不能執筆。辭不獲命。乃曰：病苟不死，當如君志，既而病已。謹按歐陽氏自唐率更令之四世孫琮，爲吉州刺史，後世因家於吉。曾祖諱郴，南唐武昌令，贈太師中書令。妣劉氏，追封楚國太夫人。祖諱偃，南唐南京街院判官，贈太師中書令，兼尙書令。妣李氏，追封吳國太夫人。考諱觀，泰州軍事推官，贈太師中書令兼尙書令，封鄭國公。妣鄭氏，追封韓國太夫人。公諱脩，字永叔，生四歲而孤。韓國守節自誓，親教公讀書。家貧，至以荻畫地學書。公敏悟過人，所覽輒能誦。比成人，將舉進士，爲一時偶儷之文，已絕出倫輩。翰林學士胥公，時在漢陽。見而奇之，曰子必有名於世。館之門下，公從之京師。兩試國子監，一試禮部。皆第一人。遂中甲科，補西京留守推官。始從尹師魯遊，爲古文議論當世事，迭相師友。與梅聖俞遊，爲歌詩，相倡和，遂以文章名冠天下。留守王文康公知其賢，還朝薦之。景祐初召試，遷鎭南軍節度掌書記，館閣校勘。時范文正公知開封府，每進見，輒論時政得失。宰相惡之，斥守饒州。公見諫官高若訥，若訥詆誚范公以爲當黜。公爲書責之，坐貶峽州夷陵令。明年移乾德令，復爲武成軍節度判官。康定初，范公起爲陝西經略招討安撫使，辟公掌書記。公笑曰：吾論范公，豈以爲利哉！同其退不同其進可也，辭不就。召還，復校勘。遷太子中允，與修崇文總目。慶歷初，遷集賢校理，同知太常禮院。求補外，通判滑州事。時西師未解，契丹初復舊約。京東西盜賊蜂起，國用不給。仁宗知朝臣不任事，始登進范公、及杜正獻公、富文忠公、韓忠獻公，分列二府。增諫員，取敢言士。公首被選，以太常丞知諫院，賜五品服，未幾修起居注。公每勸上延見諸公，訪以政事。上再出手詔，使諸公條天下事。又開天章閣召對，賜坐給紙筆，使具疏於前。諸公惶恐，退而上時所宜先者十數事。於是有詔勸農桑興學校、革磨勘任子等弊。中外悚然，而小人不便，相與騰口謗之。公知其必爲害，常爲上分別邪正，勸力行諸公之言。初范公之貶饒州，公與尹師魯、余安道皆以直范公見逐，目之黨人。自是朋黨之論起，久而益熾。公乃爲朋黨論以進，言君子以同道爲朋，小人以同利爲朋。人君但當退小人之僞朋，用君子之眞朋。其言懇惻詳盡，其後諸公卒以黨議，不得久留於朝。公性疾惡，論事無所回避。小人視之如仇讎，而公愈奮厲不顧。上獨深知其忠，改右正言知制誥。賜三品服，仍知諫院。故事知制誥必試，上知公之文，有旨不試。與近世楊文公、陳文惠公比，逮公三人而已。嘗因奏事論及人物，上目公曰：「如歐陽脩何處得來。」蓋欲大用而未果也。四年，大臣有言河東芻粮不足，請廢麟州。徙治合河津、或請廢其五寨。命公往視利害。公曰：麟州天險，不可廢也。麟州廢，則五寨不可守。五寨不守，則府州遂爲孤壘。今五寨存，故虜在二三百里外。若五寨廢，則夾河皆虜巢穴。河內州縣，皆不安居矣。不若分其兵，駐並河清塞堡。緩急不失應副，而平時可省轉輸。由是麟州得不廢。又言忻、代州、岢嵐火山軍、並邊民田，廢不得耕，號爲禁地。吾雖不耕，而虜常盜耕之。若募民計口出丁爲兵，量入租粟以耕，歲可得數百萬斛。不然，他日且盡爲虜有。議下，太原帥臣以爲不便持之，久之乃從。凡河東賦斂過重，民所不堪，奏罷者十數事。自河東還，會保州兵亂。又以公爲龍圖閣直學士、河北都轉運使。陛辭，上面諭無爲久留計，有所欲言言之。公曰：諫官得風聞言事，外官越職而言，罪也。上曰：第以聞，勿以中外爲意。河北諸軍，怙亂驕恣。小不如意，輒脅持州郡。公奏乞優假將帥，以鎭壓士心，軍中乃定。初、保州亂兵，皆招以不死。既而悉誅之，脅從二千人，亦分隸諸州。富公爲宣撫使，恐後生變，與公相遇於內黃。夜半屛人謀，欲使諸州同日誅之。公曰：禍莫大於殺巳降，況脅從乎！既非朝命，州郡有一不從，爲變不細。富公悟乃止。公奏置御河催綱司，以督粮餉，邊州賴之。又置磁相州都作院，以繕一路戎器。河北方小治，而二府諸公相繼以黨議罷去。公慨然上書論之，用事者益怒。會公之外甥女張，嫁公族人晟，以失行繫獄。言事者乘此欲幷中公，遂起詔獄窮治張貲產。上使中官監劾之，卒辨其誣，猶降官知滁州事。居二年，徙揚州、又徙潁州。遷禮部郎中，復龍圖閣直學士，留守南京。遷吏部郎中，丁韓國太夫人憂。至和初。服除入見，鬚髮盡白。上怪之，問勞惻然。恩意甚厚，命判吏部流內銓。小人畏公且大用，僞爲公奏乞澄汰宦官，宦官聞之果怒。會選人胡宗堯當改官，坐嘗以官舟假人，經赦去官。法當循資，公引對取旨。上特令改官。宦官有密奏者曰：宗堯翰林學士宿之子，有司右之，私也，遂出公知同州。言者多謂公無罪，上悟。留刊修唐書，俄入翰林爲學士。自滁州之貶，至是十二年矣。上臨御既久，遍閱天下士，羣臣未有以大稱上意。上思富公、韓公之賢。復召寘二府。時慶歷舊人，惟二公與公三人，皆在朝廷。士大夫知上有致治之意，翕然相慶。公以學士判三班院，二年，奉使契丹。契丹使其貴臣宗愿、宗熙、蕭知足、蕭孝友四人押燕。曰此非常例，以卿名重故爾。嘉祐初，判太常寺。二年，權知貢舉，是時進士爲文，以詭異相高，文體大壞。公患之，所取率以詞義近古爲貴。凡以嶮怪知名者黜去殆盡。牓出，怨謗紛然。久之乃服，然文章自是變而復古。三年，加龍圖閣學士、權知開封府事。所代包孝肅公，以威嚴御下名震都邑。公簡易循理，不求赫赫之譽。有以包公之政勵公者，公曰：凡人材性不一，用其所長，事無不舉。強其所短，勢必不逮。吾亦任吾所長耳！聞者稱善。四年，求罷遷給事中、充羣牧使。唐書成，拜禮部侍郎，俄兼翰林侍讀學士。公在翰林凡八年，知無不言，所言多聽。河決商胡，賈魏公留守北京，欲開橫壠故道，回河使東。有李仲昌者，欲導商胡入六塔河，詔兩省臺諫集議。公故奉使河北，知河決根本。以爲河水重濁，理無不淤。淤從下起，下流既淤，上流必決。水性避高，決必趨下。以近事驗之，決河非不能力塞，故道非不能力復。但勢不能久，必決於上流耳。橫壠功大難成，雖成必有復決之患。六塔狹小，不能容受大河。以全河注之，濱滄德博必被其害。不若因水所趨，增治隄防。疏其下流，浚之入海。則河無決溢散漫之憂，數十年之利也。陳恭公當國，主橫壠之議。恭公罷去，而宰相復以仲昌之言爲然。行之而敗，河北被害者凡數千里。狄武襄公爲樞密使，奮自軍伍。多戰功，軍中服其威名。上不豫，諸軍訛言籍籍。公言武臣掌機密而得軍情，不惟於國不便，鮮不以爲身害。請出之外藩，以保其終始，遂罷知陳州。公嘗因水災上言，陛下臨御三十餘年，而儲宮未建，此久闕之典也。漢文帝即位，羣臣請立太子。羣臣不自疑而敢請，文帝亦不疑其臣有二心。後唐明宗尤惡人言太子事。然漢文帝立太子之後，享國長久，爲漢太宗。明宗儲嗣不早定，而秦王以窺覬陷於大禍，後唐遂亂。陛下何疑而久不定乎！公言事不擇劇易，類如此。五年，以本官爲樞密副使。明年，爲參知政事。公在兵府，與曾魯公考天下兵數。及三路屯戍多少，地里遠近，更爲圖籍。凡邊防久闕屯戍者，必加蒐補。其在政府，凡兵民官吏財利之要，中書所當知者，集爲總目。遇事不復求之有司。時富公久以母憂去位，公與韓公同心輔政。每議事，心所未可，必力爭。韓公亦開懷不疑。故嘉祐之政，世多以爲得。時東宮猶未定，臣僚間有言者，然皆不克行。最後諫官司馬光、知江州呂誨，言之中書，因將二疏以請。幸上有可意，相與力贊之。一日奏事垂拱，讀二疏，未及有言。上曰：朕有意久矣。顧未得其人耳，宗室中誰可者？韓公對曰：宗室不接外人，臣等無由知之。抑此事非臣下所敢議，當出自聖斷。上乃稱英宗舊名，曰宮中嘗養此人，今三十許歲矣，惟此人可耳。是日君臣定議於殿上。將退，公奏曰：此事至大，臣等未敢即行。陛下今夕更思之，來日取旨。明日請之崇政。上曰：決無疑矣。諸公皆曰：事當有漸，容臣等議所除官。時英宗方居濮王憂，遂議起復。除泰州防禦使，判宗正寺。來日復對，上大喜。諸公奏曰：此事既行，不可中止。乞陛下斷之於心，內批付臣等行之可也。上曰：此豈可使婦人知之，中書行之足矣。時六年十月也，及命下，英宗力辭。上聽候服除。七年二月，英宗既免喪，稱疾不出。至七月，韓公議曰：宗正之命既出，外人皆知必爲皇子矣。今不若遂正其名，使知愈退而愈進。示朝廷不可回之意，衆稱善，乃以其累表上之。上曰：今當如何？韓公未對。公進曰：宗室舊不領職事，今有此命，天下皆知陛下意矣。然誥勑付閤門，得以不受。今若以爲皇子，詔書一出而事定矣。上以爲然，遂下詔及宮車晏駕。皇子嗣位，海內泰然，有磐石之固。然後天下皆詠歌仁宗之聖，以及諸公之賢。而向之黨議，消釋無餘。至於小人，亦磨滅不見矣。英宗即位之初，以疾未親政。慈聖光獻太后臨朝，公與諸公往來二宮。彌縫其間，卒復明辟。樞密使嘗闕人，公當次補。韓公、曾公議將進擬，不以告公。公覺其意，謂二公曰：今天子諒陰，母后垂簾。而二三大臣自相位置，何以示天下。二公大服而止。其後張康節公去位，英宗復將用公，公又力辭不拜。公再辭重位，諸公不喻其意而服其難。八年，遷戶部侍郎。治平初，特遷吏部。神宗即位，遷尙書左丞。公性剛直，平生與人盡言無所隱。及在二府，士大夫有所干請，輒面諭可否。雖臺諫論事，亦必以是非詰之。以此得怨，而公不䘏也。朝廷議加濮王典禮，詔下禮官與從官定議。衆欲改封大國，稱伯父。議未下，臺官意公主此議，遂專以詆公。言者既以不勝補外，而來者持公愈急。御史蔣之奇幷以飛語汙公，公杜門求辨其事。神宗察其誣，連詔詰問，詞窮逐去。公亦堅求退。上知不可奪，除觀文殿學士，知亳州事。熙寧初，遷兵部尙書知青州事、充京東東路安撫使。時諸路散青苗錢。公乞令民止過本錢，以示不爲利。罷提舉管勾官，聽民以願請。不報，三年。除檢校太保宣徽南院使，判太原府河東路經略安撫使。公辭，求知蔡州。從之。公在亳巳六請致仕，比至蔡，逾年復請。

四年，以觀文殿學士太子少師致仕。公年未及謝事，天下益以高公。公昔守潁上，樂其風土，因卜居焉。及歸而居室未完，處之怡然，不以爲意。公之在滁也，自號醉翁。作亭琅邪山，以醉翁名之。晚年，又自號六一居士。曰：吾集古錄一千卷、藏書一萬卷、有琴一張、有棋一局、而常置酒一壺、吾老於其間、是爲六一。自爲傳刻石，亦名其文曰居士集。居潁一年而薨，享年六十有六。贈太子太師，謚文忠。天下學士聞之，皆出涕相弔。後以諸子贈太師，追封兗國公。公之於文，天材有餘，豐約中度。雍容俯仰，不大聲色，而義理自勝。短章大論，施無不可。有欲效之，不詭則俗，不淫則陋。終不可及，是以獨步當世。求之古人，亦不可多得。公於六經，長於易詩春秋。其所發明，多古人所未見。嘗奉詔撰唐本紀表志、撰五代史二書。本紀法嚴而詞約，多取春秋遺意。其表傳志考，與遷、固相上下。凡爲易童子問三卷、詩本義十四卷、唐本紀表志七十五卷、五代史七十四卷、居士集五十卷、外集若干卷、歸榮集一卷、外制集三卷、內制集八卷。奏議集十八卷、四六集七卷、集古錄跋尾十卷、雜著述十九卷。昔孔子生於衰周而識文武之道。其稱曰：文王既沒，文不在茲乎。雖一時諸候不能用，功業不見於天下，而其文卒不可揜。孔子既沒，諸弟子如子貢、子夏，皆以文名於世。數傳之後，子思、孟子、孫卿並爲諸侯師。秦人雖以塗炭遇之，不能廢也。及漢祖以干戈定亂，紛紜未已。而叔孫通、陸賈之徒，以詩書禮樂彌縫其闕矣。其後賈誼、董仲舒相繼而起，則西漢之文，後世莫能髣髴。董、孔氏之遺烈，其所及者如此。自漢以來，更魏、晉、歷南北，文弊極矣。雖唐貞觀、開元之盛，而文氣衰弱。燕許之流，倔強其間，卒不能振。惟韓退之一變復古，闢其頹波。東注之海，遂復西漢之舊。自退之以來，五代相承，天下不知所以爲文。祖宗之治，禮文法度，追迹漢唐。而文章之士，楊、劉而已。及公之文行於天下，乃復無愧於古。於乎！自孔子至今千數百年，文章廢而復興。惟得二人焉，夫豈偶然也哉！公篤於朋友，不以貴賤生死易意。尹師魯、石守道、孫明復、梅聖俞既沒，皆經理其家。或言之朝廷，官其子弟。尤奬進文士，一有所長，必極口稱道，惟恐人不知也。公前後歷七郡守，其政察而不苛，寬而不馳，吏民安之。滁、揚之人，至爲立生祠。鄭公嘗有遺訓，戒慎用死刑。韓國以語公，公終身行之。以謂漢法惟殺人者死，今法多雜犯死罪。故死罪非殺人者，多所平反，蓋鄭公意也。公初娶胥氏，即翰林學士偃之女。再娶楊氏，集賢院學士大雅之女。後娶薛氏，資政殿學士簡肅公奎之女。追封岐國太夫人。男八人：發，故承議郎。奕，故光祿寺丞。棐，朝奉大夫。辨，故承議郎。餘早亡。孫男六人：愻，故臨邑縣尉。憲，通仕郎。恕，奉議郎。愬，故宣議郎。愿、懋，皆將仕郎。孫女七人，皆適士族。公之在翰林也，先君文安先生以布衣隱居鄉閭。聞天子復用正人，喜以書遺公。公一見其文。曰：此孫卿子之書也。及公考試禮部，亡兄子瞻以進士試稠人中。公與梅聖俞得其程文，以爲異人。是歲，轍亦中下第。公亦以謂不忝其家。先君不幸捐館舍，亡兄與轍皆流落不偶。元祐初會於京師，公家以公碑諉瞻。子瞻許焉，既又至於大故。轍之不敏，以兄故，不敢復辭。銘曰：

於穆仁宗，有臣文忠。自嶮而夷，保其初終。惟古君臣，終之實難。匪不用賢，有孽其間。公奮自南，聲被四方。允文且忠，有煒其光。上實開之，下實柅之。三起三僨，誰實使之。僨而復全，惟天子明。克明克忠，乃卒有成。逮歲嘉祐，君臣一德。左右天造，民用飲食。舜禹相受，不改舊臣。白髮蒼顏，翼然在廷。功成而歸，維公本心。彼其何知，言恐不深。潁水之濱，甲第朱門。新鄭之墟，茂木高墳。野人指之，文忠之遺。忠臣不危，仁祖之思。

卷三

神宗實錄本傳 墨本

歐陽脩，字永叔。唐太子率更令詢之後。詢四世孫琮，爲吉州刺史。又八世，生萬，爲吉州安福令。其子孫或居安福，或居廬陵。萬之八世孫觀，脩父也，徙居永豐。脩四歲而孤，母鄭氏有女節。以荻畫地，教脩畫字。稍長，從鄰里借書讀。或手抄之，抄未竟而成誦。舉進士，有聲，補西京留守推官。召試學士院，遷鎮南軍節度掌書記，館閣校勘。脩爲人質直閎廓，見義敢爲。機穽在前，直行不顧。每放逐困躓，輒數年。及復振起，終不改其操。范仲淹貶知饒州，論救者眾，諫官高若訥獨不言。脩以書責若訥，言其不復知人間有羞恥事。若訥以聞。謫峽州夷陵令，徙光化軍乾德、改武成軍節度判官、遷太子中允、館閣校勘、修崇文總目。書成，改集賢校理，知太常禮院，數論天下事。陝西用師，上三策以揣敵情，及指陳利害甚眾。詔百官上封事。又上疏言三敝五事，力陳當時之所宜憂者。以貧求補外，得通判滑州。仁宗增諫官員，用天下名士，召脩知諫院。是時西師久，京東西羣盜起，中外騷然。仁宗既進退大臣，欲遂改更諸事。范仲淹、杜衍、韓琦、富弼皆輔政。脩屢請召對咨訪，責以所爲。仁宗降手詔，出六條。後遂下詔：勸農桑，興學校，多所更革。用脩同修起居注，閱月。拜右正言，知制誥。初、呂夷簡罷相，夏竦爲樞密使，復奪之，代以杜衍。同時進用富弼、韓琦、范仲淹等。石介作慶曆聖德詩，言退姦不易進賢之難，而終篇意在夏竦。竦尤不悅，因與其黨造爲黨論，目仲淹、衍、及、修爲黨人。脩乃上朋黨論。其大略言小人無朋，惟君子則有之。蓋小人所好者利祿，所貪者財貨。當其同利之時，蹔相黨引以爲朋。及其見利而爭先，或利盡而交疏，則反相賊害。其兄弟親戚，不能相保，故曰小人無朋。君子則不然，所守者道義，所行者忠信，所惜者名節。以之脩身，則同道而相益。以之事國，則同心而共濟。終始如一，故君子有朋友。又上疏言杜衍、韓琦、范仲淹、富弼，相繼罷去。天下皆知其有可用之賢，而不聞其有可罷之罪。自古小人讒害忠賢，其說不遠。欲廣陷良善，不過指爲朋黨。欲動搖大臣，必須誣以專權。其故何也？去一善人而眾善人尚在，則未爲小人之利。欲盡去之，則善人少過，難爲一一求瑕。唯是指以爲朋，則可一時盡逐。至如自古大臣，已被主知而蒙信任，則難以他事動搖。惟有專權是上之所惡，必須此語方可傾之。正士在朝，羣邪所忌。謀臣不用，敵國之福也。今此四人一旦罷去，而使羣邪相賀於內，四夷相賀於外，臣所以爲陛下惜之也。爲黨論者尤惡脩異己，又善言其情狀。至使內侍藍元震上疏言范仲淹、歐陽脩、尹洙、余靖，前日蔡襄謂之四賢。斥去未幾，復陞天衢。四賢得時，遂引蔡襄以爲同列。下則以國家爵祿爲己私惠，上則朋黨膠漆皆聚本朝。設使逐人私黨不過十數。同心醜正巳爲五六十人。相依爲重，將紊紀綱。九重至深，萬機至重。何由察知？賴仁宗終不之信。脩之使河東，以陝西用兵久。河東芻粮不足。言者請廢麟州，或請移治合河津，或請廢五寨。脩爲四議以較麟州利害，請移兵就食於濱河清塞堡。緩急不失應援，平時可省餽運，麟州得不廢。又建言忻、代、岢嵐、火山四郡有禁地，棄而不耕，民私糴虜中以應軍須。今悉耕之，歲可得數百萬石以實邊。又言河東民故貧，軍興以來。賦歛尤重，行路嗟怨，條上可罷者數十事以寬民力。脩自河東還，會保州兵叛。出脩爲龍圖閣直學士河北都轉運使。保州平，大將李昭亮私納婦女，通判馮博文等竊效之。脩捕博文繫獄，昭亮皇恐，立出之。自保州之變，河北兵驕。小不可意則思亂，人情務在姑息。脩乞假將帥權重，以消未萌。保塞之脅從者二千餘人，分隸河北。夏竦爲宣撫使。（事迹、神道碑，並以爲富鄭公。）曰：是去禍而遺根也，欲以便宜誅之。脩權知成德軍，遇之於內黃。竦夜半，屏人以告脩。脩曰：禍莫大於殺降。昨保州叛卒，朝廷許以不死，今戮之矣。此曹本以脅從故脫得，奈何一旦殺無辜二千人？既非朝旨，諸郡且不肯從。緩之，則籍籍必生變，是趣之爲亂也。遂止。河決澶淵，陳執中欲塞商胡，決橫隴故道。脩言功大必不可成，徒勞人。執中罷，文彥博復用李仲昌議，欲開六塔河。脩言六塔河不能吞伏，且復決。

再爭之，不得。既而濱、滄、德、博數千里皆被害。初，脩出河北。仁宗面諭曰：勿爲久居計，有事言來。脩對曰：諫官乃得風聞，今在外使事有指。越職，罪也。仁宗曰：有事但以聞，勿以中外爲詞。爲黨論者愈益惡之。脩妹適張龜正，龜正無子而死。有龜正前妻之女才四歲，無所歸，以俱來。及笄，脩以嫁族兄之子晟。張氏後在晟所與奴姦，事下開封府。獄吏附致其言以及脩。乃以戶部判官蘇安世，內侍王昭明雜治之，卒無秋毫。乃坐用張氏匳中物買田立歐陽氏券。左遷知制誥，知滁州。久之，遷起居舍人知揚州、徙潁州。復龍圖閣直學士知應天府，以母憂去。既免喪，入見。仁宗惻然！怪脩髮白。問在外幾年？今年幾何？恩意甚至，命判流內銓。小人恐脩復用，僞爲脩奏乞澄汰內侍兩省挾威令爲姦利者。書騰都下，宦者人人切齒。楊永德者，陰以言中脩，出知同州。外議不平，論救者衆，遂留刊修唐書。爲翰林學士，加史館修撰，勾當三班院。改侍讀學士，知蔡州。未行。復爲翰林學士，判太常寺。脩在朝，以獎進天下士爲己任。延譽慰薦，極其力而後已。於經術，治其大者。不爲章句，不求異於諸儒。景祐中，與尹洙皆爲古學。已而，有詔戒天下學者。爲文使近古，學者盡爲古文。而脩之文章，遂爲天下宗匠。蜀人蘇洵嘗論脩文章，詞令雍容似李翺，切近適當似陸贄，而脩之才亦似過此二人。至脩作唐書志、五代史，敘事不愧劉向、班固也。權知貢舉，文士以新奇相尙，文體大壞，脩深革其弊。前以怪僻在高第者，黜之幾盡。務求平淡典要，士人初怨怒罵譏，中稍信服，已而文格變而復正。拜右諫議大夫、判尙書禮部。又判秘閣秘書省、加兼侍讀。辭不受。同修玉牒、兼龍圖閣學士、權知開封府。承包拯威儀之後，一切循理，不事風采。或以爲言。脩曰：人材性各有短長，實不能舍所長彊其所短。以給事中罷，同提舉諸司庫務，改羣牧使。唐書成，拜禮部侍郎，爲樞密副使，與曾公亮同力振舉紀綱，革去宿弊。考天下兵數及三路屯戍，幾何地里近遠，皆爲圖籍。未幾參知政事，預定策立英宗爲皇子事。仁宗失褒、豫、鄂三王後，遂無皇子。至和三年正月，疾暴作，數十日不能朝。中外憂恐，久乃康復。自是言者常以立皇子，固天下根本爲急。包拯、范鎭所言，尤激切。其餘不爲外人所知者，不可勝數。富弼、韓琦亦屢進說。修因水災，亦再上疏，每輒留中不下。如此五六年，言者亦已稍怠。嘉祐六年，內出諫官司馬光、知江州呂誨言立皇嗣事。修與韓琦、曾公亮奏事垂拱殿。讀二章畢，未及有所啓。仁宗遽曰：朕意亦決矣，但未得其人。左右顧曰：宗室中誰可者？琦皇恐對曰：此事非臣下敢議，當已簡在聖心。仁宗即道英宗藩邸名。且曰：今三十許歲矣。琦等乃議定。又奏曰：此事至大，陛下今夕更思之。明日奏事崇政殿，又啓之。仁宗曰：決無疑矣。於是琦等言事當有漸，乃以英宗判宗正寺。而英宗猶在濮王喪，辭讓再三。有旨聽終喪。七年二月，服除。英宗稱疾，堅臥不起。至七月，琦議曰：宗正之命初出，則外人皆知必爲皇子也。不若遂正其名，使知愈讓而愈進，示朝廷有不可回之意。公亮、修，皆以爲然，琦乃以英宗累表進。仁宗問如何？琦未對。修進曰：宗室不領職事，忽有此除，天下皆知陛下將立爲皇子也。不若遂正其名，且判宗正寺誥敕付閤門，得以不受。今立爲皇子，止用一詔書告天下，事即定矣。仁宗湛思久之，顧韓琦曰：如此，莫亦好不？琦力贊之。仁宗曰：如此，則明堂前了當。遂降詔書，而中外晏然。嘉祐之事，修自序云爾。英宗初年，未親政事。茲聖光獻太后垂簾，脩與二三大臣佐佑兩宮，鎭撫四海。執政聚議，事有未可，脩未嘗不力爭。臺諫官至政事堂論事，往往面折其短。英宗嘗面稱修曰：性直不避眾怨。脩亦嘗稱誦故相王曾之言曰：恩欲歸己，怨使誰當？自嘉祐以後，朝廷務惜名器，而進人之路稍陋。脩屢建言館閣育材之地，人材既難得而又難知，則當博采而多畜之。時冀一得於其間，則傑然出爲名臣矣，餘亦不失爲佳士也。遂詔韓琦、曾公亮、趙槩及脩各舉五人。其後中選者多在清近，朝廷亦稍收其用矣。京師百司所行兵民官吏財用，皆無總數。中書一有行移，則下有司考會。脩因暇日盡以中書所當知者，集爲總目。上有所問，宰相以總目對。脩以奉祠假家居，上遣內侍就中書閣取而閱之。蔣之奇言脩帷箔事，事連其長子婦。脩杜門，請付有司案治。詔詰問之奇，語所從來。之奇言得之彭思永，思永言出於風聞。曖昧無實，嘗戒之奇勿言。天子爲其辭窮，降思永知黃州、之奇監道州酒，遣中使手詔慰安脩。脩遂稱疾，力解機務，以觀文殿學士刑部尚書知亳州。年六十矣，乞致仕者六。不從，遷兵部尚書知青州、除檢校太保宣微南院使、判太原府。三辭不受，徙知蔡州，以老病乞骸骨。章數上，乃爲觀文殿學士太子少師致仕。卒年六十有六，贈太子太師。太常初謚曰文。常秩曰：脩有定策之功，請謚文忠。乃用之。方英宗亮陰，而脩以治平元年五月，建議濮安懿王德盛位隆，宜有尊禮。詔須大祥後議之。二年四月，乃詔禮官與待制以上詳議。而有司以爲宜準先朝封贈期親尊屬故事，尊以高官大國。朝廷以典禮未稱，下尚書省集三省御史臺官議奏。而皇太后手書，以議事詰責執政。於是手詔罷議，令有司博求典故以聞。御史呂誨等彈奏脩首開邪議，琦、公亮、槩，附會不正，請如有司所議。而脩論本生之親改稱皇伯，歷考前世，並無典據。進封大國，則又禮無加爵之道。已而皇太后出手書：濮安懿王及譙國太夫人王氏、襄國太夫人韓氏、仙游縣君任氏，可令皇帝稱親。仍尊濮安懿王爲皇，三夫人並稱后。是日手詔：欲遵慈訓稱親，而不敢當追崇之典。誨及范純仁、傅堯俞、趙瞻、趙鼎論列不已。英宗問執政當如何？脩對曰：御史以爲理難並立。臣等有罪，即留御史。若以臣等爲無罪，則取聖旨。英宗猶豫良久，乃令出御史，而曰不宜責之太重。蔣之奇者，私論濮園事，與脩合。脩薦之。時已用王珪等所薦御史孫昌齡、郭源明、黃照，又特批以之奇爲御史，論者以此短脩。脩議濮園事雖不叶羣議，觀脩結髮立朝。讜直不回，身任眾怨。至於白首，而謗訕不已，卒以不污。年六十以論政不合，固求去位，可謂有君子之勇。而言者指脩既爲執政行私以專寵祿，亦過矣。脩博極羣書，好學不倦。集三代以來金石刻爲一千卷，校正史氏百家譌謬之說爲多。所著易童子問三卷、詩本義十四卷、居士集五十卷、內外制奏議、四六集、又四十餘卷。子發、奕、棐、辯。

重修實錄本傳朱本

葉　濤

脩字永叔，唐太子率更令詢之後。詢裔孫萬爲吉州安福令，其子孫因家焉。至脩父觀，始徙居永豐。脩四歲而孤，母鄭氏，力教以讀書爲文。及冠，舉進士。翕然有聲。補西京留守推官，召試學士院，遷鎭南軍節度掌書記，館閣校勘。時范仲淹以陳時政得失不顧避。忤宰相意，貶知饒州。論救者甚衆，而諫官高若訥獨含胡不言。脩以書質責若訥，至以爲不知人間有羞恥事。若訥大憤，連其書以聞。坐貶峽州夷陵令、徙光化軍乾德令、改武成軍節度判官、遷太子中允館閣校勘、預修崇文總目。書成，改集賢校理，知太常禮院，出通判滑州。慶曆初，呂夷簡以老病在相位。主斷既久，天下事積成抏弊，不思所以振治。而最後元昊盜邊，陝右師老兵頓。天子憂之，未知所出。一日，夷簡罷相。夏竦爲樞密使，既除復罷，而更用杜衍。又范仲淹、富弼、韓琦同時擢執政。收攬一時名士，增諫官員。而脩首在選中，擢太常丞、知諫院。脩極力左右時事，屢請召對執政，責以時所可爲。於是仁宗開天章閣，給二府筆札，令具所以施行條上。其後下詔：勸農桑、興學校、於僥倖多所裁革，脩之發明居多。是時執政，皆脩素所厚善。而脩所言事，一意行徑。略不以形迹嫌疑顧避，亦卒無懷利附會之實。天下之士，知其立朝有本末。質行正直，頗推許之。於是小人自此側目，而黨人之論作矣。初、石介作慶曆聖德詩，言進賢退姦之不易。其指以美杜衍等進，而竦見黜也。竦既懷不滿，因與其黨造爲黨論，目仲淹、衍、及脩爲黨人。脩乃上朋黨論：其大略，言小人無朋，惟君子則有之。如書曰：紂有臣億萬，惟億萬心。周有臣三千，惟一心。紂億萬人各異心，可謂無朋矣，而紂用以亡。武王之臣三千人，可謂大朋矣，而周用以興。蓋君子之朋，雖多而不厭故也。俄擢同修起居注。閱月，拜右正言、知制誥。於是爲黨論者惡脩，擿語其情狀。至使內侍藍元震密上疏，言范仲淹、歐陽脩、尹洙、余靖。前日蔡襄謂之四賢，斥去未幾，復還京師。四賢得時，遂引蔡襄以爲同列。以國家爵祿爲私惠，膠固朋黨，苟以報謝當時歌詠之德。今一人私黨，止作十數。合五六人門下黨與，已無慮五六十人。使此五六十人遞相提挈，不過三二年，布滿要路。則誤朝迷國，誰敢有言。挾恨報讎，何施不可。九重至深，萬機至重，何由察知？然仁宗終不之信也。會被旨使河東，河東自陝西兵興，芻粮久不繼。言者屢請廢麟州，脩請移兵就食。濱河諸堡，使緩急不失應援，平時可省餽運，麟州以故不廢。又建言忻、代州、岢嵐火山軍，故時並邊皆民田。潘美患虜入寇，乃使民內徙。空其地，號禁地。自後虜人歲盜耕不已，請益募民賦田入租。歲可得穀數百萬斛給邊，仍計頃出丁爲兵。不者，他日盡爲虜所有矣！朝廷從之。會保州兵叛，出脩爲龍圖閣直學士河北都轉運使。仁宗面諭曰：勿爲久居計，有事第言之。脩對以諫官乃得風聞，今在外使事有指。越職，罪也。仁宗曰：事苟宜聞，豈可以中外爲辭耶。嘗上疏言今杜衍、韓琦、范仲淹、富弼相繼罷去，天下皆知其有可用之賢，而不聞其有可罷之罪。自古小人敗事，其說不遠。欲廣陷良善，不過指爲朋黨。欲動搖大臣，必須誣以專權者。蓋去一善人而衆善人尚在，則未爲小人之利。欲盡去之，則善人少過，難以一一求瑕。唯是指以爲朋，則可一時盡逐。至如自古大臣，已被主知而蒙信任，則難以他事動搖。惟有專權是上之所惡，方可傾之。夫正士在朝，羣邪所忌。謀臣不用，敵國之福。今此四人一旦罷去，而使羣邪相賀於內，四夷相賀於外，此臣所以爲陛下惜之也。於是爲黨論者，愈益忌之。初、脩妹適張龜正。龜正卒，無子而有女，女實前妻所生。甫四歲，以無所歸，其母攜養於外氏。

及笄，脩以嫁族兄之子晟。會張氏在晟所與奴姦，事下開封獄，獄吏因附致其言以及脩。詔以戶部判官蘇安世、內侍王昭明雜治之。卒無狀，乃坐用張氏匳中物買田立歐陽氏劵。左遷知制誥、知滁州。久之，遷起居舍人、知揚州、徙潁州。復龍圖閣直學士、知應天府、以母憂去。既免喪入見。仁宗惻然！怪脩髮白。問在外幾年？今年幾何？恩意甚至。命判流內銓。小人恐脩復用，乃僞爲脩奏乞汰內侍挾威令爲姦利者，宦者人人忿怨。楊永德者，陰以言中脩，出知同州。外議不平，仁宗復悟。留刊修唐書，爲翰林學士加史館修撰，勾當三班院。改侍讀學士、知蔡州。未行，復爲翰林學士，判太常寺。時文士以磔裂怪僻相尙，文體大壞。及是，脩知貢舉，深革其弊。前在高第者盡黜之，務求平淡典要。士人初怨怒罵譏，已而文格卒變。拜右諫議大夫、判尙書禮部。又判秘閣秘書省、加兼侍讀。辭不受。同修玉牒兼龍圖閣學士，權知開封府。以給事中罷，同提舉諸司庫務，改羣牧使。唐書成，拜禮部侍郎、爲樞密副使。嘗因水災，凡再上疏請立皇子，言甚激切。未幾，參知政事，與韓琦等協定大議，立英宗。已而英宗力辭宗正之命。脩進曰：宗室不領職事，今忽有此除。天下皆知陛下將以爲嗣也，則不若遂正其名。且宗正誥勑付閤門，故得不受。若立爲皇子，則止降一詔書，大事定矣，不可辭也。仁宗以爲然，遂下詔。及英宗以疾未親政事，慈聖光獻太后垂簾。脩與二三大臣主國論，每簾前奏事，或執政聚議。事有未可，脩未嘗不抗是非力爭。臺諫官至政事堂論事，事雖非己出。同列未及啓口，而脩已直前折其短。以至士大夫建明利害及所祈請，前此執政多媕阿，不明白是非。至脩，必一二數之。曰：某事可行，某事不可行，用是怨誹者益多。英宗嘗面稱脩曰：性直不避衆怨。脩亦嘗稱誦故相王曾之言曰：恩欲歸己，怨使誰當？及上即位，御史蔣之奇言脩帷箔事，事連其長子婦吳氏。脩杜門，請付有司案治。先是，脩妻之從弟薛宗孺坐舉官被劾。內冀會赦免，而脩乃言不可以臣故徼幸，乞特不原。以故宗孺坐免官，而怨脩切齒。因構爲無根之言，苟欲以汙辱脩。會劉瑾亦素仇家，乃騰其謗以語中丞彭思永。思永間以語之奇，之奇始以私議濮王事與脩合，而脩特薦爲御史。時方患衆論指目爲姦邪，及得此，因亟持以自解。於是詔詰語所從來？之奇言得之思永。思永以與瑾同鄉里，且相習熟，故力抵以爲風聞。天子爲其辭窮，降思永知黃州、之奇監道州酒。遣中使手詔慰安脩。脩遂稱疾，力乞解機務，以觀文殿學士刑部尚書知亳州。時脩年六十，乃連六表乞致仕。不從，遷兵部尚書、知青州。以擅止散青苗錢，詔特放罪。除檢校太保宣徽南院使、判太原府。三辭不受，徙知蔡州。以老病乞骸骨，章數上，乃爲觀文殿學士太子少師致仕。卒年六十六，贈太子太師。太常初謚曰文。常秩曰：脩有定策之功，請加以忠，乃謚曰文忠。初、英宗即位。按祖宗故事，追贈宗室尊屬，至濮安懿王，中書以本朝未有故事，請付有司詳議。英宗謙恭，重其事，詔須大祥後議之。後乃詔禮官與待制以上詳議，而有司以爲王當稱伯，改封大國。朝廷以典禮未正，再下尚書省集議。而皇太后手書，以議事詰責執政。於是手詔權罷議，令有司博求典故以聞。御史呂誨等彈奏脩首開邪議，琦、公亮、槩、附會不正，請如有司所議。脩論本生之親改稱皇伯，歷考前世，皆無典據。進封大國，則又禮無加爵之道。已而皇太后出手書曰：濮安懿王、及譙國太夫人王氏、襄國太夫人韓氏、仙游縣君任氏，可令皇帝稱親。仍尊濮安懿王爲皇，三夫人並稱后。是日手詔：欲遵太后手書稱親，而不敢當追崇之典。誨及范純仁、傅堯俞、趙瞻、趙鼎，論列不已。英宗問執政當如何？脩對曰：御史以爲理難並立。若以臣等有罪，即留御史。若無罪，則惟聖旨是聽。英宗猶豫良久，乃令出御史。其後脩著濮議，引喪服記曰：爲人後者爲其父母報，報者，齊衰期也。謂之降服，親不可降。降者，降其外物爾，喪服是也。其必降者，示有所屈也。以其承大宗之重，尊祖而爲之屈爾，屈於此以伸於彼也。生莫重於父母，而爲之屈者，以見承大宗者亦重也，此以義制者也。父子之道，天性也。臨之以大義，有可以降其外物。而本之於至仁，則不可絕其天性。絕人道而滅天理，此不仁者之或不爲也。故聖人制服，爲降三年爲期，而不沒其父母之名。以見服可降而名不可沒也，此以仁存心者也。又曰：今議者欲以爲之後之故，使一旦反視父母若未嘗生我者，其絕之已甚矣。使其眞絕之歟！是非人情也。迫於義而僞絕之歟！是仁義者教人爲僞者也。所議大略如此。國朝接唐、五代末流，文章專以聲病對偶爲工。剽剝故事，雕刻破碎。甚者若俳優之辭，如楊億、劉筠輩。其學博矣，然其文亦不能自拔於流俗。反吹波揚瀾，助其氣勢。一時慕效，謂其文爲崑體。時韓愈文，人尙未知讀也。脩始年十五六，於鄰家壁角破簏中得本，學之。後獨能擺棄時俗故步，與司馬遷、賈誼、揚雄、劉向、班固、韓愈、柳宗元爭馳逐，侵尋乎其相及矣。是時，尹洙與脩，亦皆以古文倡率學者。然洙材下，人莫之與。至脩文一出，天下士皆嚮慕，爲之唯恐不及。一時文字，大變從古。庶幾乎西漢之盛者，由脩發之。然至論易，則以繫辭非孔子之言論、周禮，則疑非周公所作。是以君子之愛其文者，猶嘆息於斯焉。脩性剛直，處善惡黑白分明。於當路有權勢者，雖知其設機穽見待，必直前觸發之不顧。其放逐流離至數年者，屢矣！而復振起，志氣故自若也。脩雖以文雄一時，然無忌前好勝之氣。喜推轂賢士而身下之，一時聞人，多出其門。嘉祐間，朝廷進人之路陿，脩建言以館閣多蓄人材。後詔韓琦、曾公亮各舉六人，歐陽脩、趙槩各五人，一時得士爲多。脩集三代以來金石刻爲一千卷，頗是正譌謬。所著易童子問三卷、詩本義十四卷、居士集五十卷、內外制奏議、四六集又四十餘卷。子發、奕、棐、辯。

卷四

神宗舊史本傳

歐陽脩，字永叔。吉州永豐人。四歲孤。母鄭，教讀書爲文。中進士第，補西京留守推官。召試學士院，遷鎭南軍節度掌書記、館閣校勘。時范仲淹以言事忤宰相，貶知饒州。論救者甚衆，而諫官高若訥獨不言。脩以書責之，以爲不知恥。若訥怒，連其書以聞。坐貶峽州夷陵令、徙光化軍乾德令、改武成軍節度判官、遷太子中允館閣校勘。預修崇文總目，書成。改集賢校理、知太常禮院，出通判滑州。慶曆初，呂夷簡老病，在相位，天下事積成抏弊。

元昊盜邊，陝右師老兵頓，天子憂之。一日，夷簡罷相，夏竦爲樞密使。既除復罷，而更用杜衍。又范仲淹、富弼、韓琦同時擢執政，收攬一時名士。增諫官員，脩首在選中。擢太常丞，知諫院。脩力時事，屢請責執政以時所可爲者。於是仁宗開天章閣，給二府筆札，令具所以施行條上。其後下詔，勸農桑、興學校、抑僥倖，脩之發明居多。是時執政，皆脩素所厚善。而脩所言事，一意徑行，不以形迹嫌疑顧避。天下之士，知其立朝有本末，質行正直，衆頗推許。小人自此側目，而黨人之論興矣。初、石介作慶曆聖德詩。言進賢退姦之難，其指以美杜衍等進，而竦見黜也。竦既懷不滿，因與其黨造爲黨論，目仲淹、衍、及脩爲黨人。脩乃上朋黨論，其大略言小人無朋，惟君子則有之。如書曰：紂有臣億萬，惟億萬心。周有臣三千，惟一心。紂億萬人各異心，可謂無朋矣，而紂用以亡。武王之臣三千人，可謂大朋矣，而周用以興。蓋君子之朋，雖多而不厭故也。擢同修起居注，閱月，拜右正言知制誥。於是爲黨論者惡脩，擿語其情狀。使內侍藍元震密上疏。言范仲淹、歐陽脩、尹洙、余靖，前日蔡襄謂之四賢，斥去未幾復還。四人得志，遂引襄爲同列。以爵祿爲私惠，膠固朋黨。轉相汲引，不過三二年，布滿要路。則誤朝迷國，誰敢有言。仁宗不聽。會被旨使河東，自陝西兵興，芻粮久不繼，言者屢請廢麟州。脩請移兵就食於濱河諸堡，使緩急不失應援。平時可省餽運，麟州以故不廢。又建言忻、代州、岢嵐火山軍，故時並邊皆民田。潘美患虜入寇，勿使民內徙，空其地。自後虜人盜耕不已。請益募民賦田入租，歲可得穀數百萬斛給邊。仍計頃出丁爲兵，不者。他日盡爲虜所有矣！從之。會保州兵叛，出脩爲龍圖閣直學士河北都轉運使。仁宗面諭曰：勿爲久留計，有事第言之。脩對以諫官乃得風聞，今在外使事有指，越職、罪也。仁宗曰：事苟宜聞，豈可以中外爲辭。嘗上疏言今杜衍、韓琦、范仲淹、富弼，相繼罷去。天下皆知其有可用之賢，而不聞其有可罷之罪。自古小人敗事，其說不遠。欲廣陷良善，則指爲朋黨。欲動搖大臣，則誣以專權。蓋去一善人而衆善人尙在，則未爲小人之利。欲盡去之，則善人少過，難一一求瑕。唯是指以爲朋，則可盡逐。至如自古大臣，被主知而蒙信任，則難以他事動搖。惟有專權是上之所惡，方可傾之。夫正士在朝，羣邪所忌。謀臣不用，敵國之福。今此四人一旦罷去，而使羣邪相賀於內，四夷相賀於外。臣所以爲陛下惜之也。於是爲黨論者愈益忌之。初，脩妹適張龜正，卒。無子而有女，女實前妻所生。甫四歲，以無所歸，其母攜養於外氏。及笄，脩以嫁族兄之子晟。會張氏與奴姦，事下開封獄，獄吏因附致其言以及脩。詔以戶部判官蘇安世、內侍王昭明雜治之。卒無狀，乃坐用張氏奩中物，買田立歐陽氏券。左遷知制誥、知滁州。久之，遷起居舍人、知揚州、徙潁州。復龍圖閣直學士、知應天府，以母憂去。既免喪入見，脩老矣，髮白。仁宗惻然！問在外幾年？今年幾何？恩意甚渥，命判流內銓。小人恐脩復用，乃僞爲脩奏乞汰內侍挾威令爲姦利者，宦者人人忿怨。楊永德者，陰以言中脩，出知同州。仁宗悟，留刊修唐書，爲翰林學士加史館脩撰、勾當三班院。改侍讀學士、知蔡州。未行，復爲翰林學士、判太常寺。時文士以磔裂怪僻相尙。脩知貢舉，深革其弊。前在高第者盡黜之，務求平淡典要。舉子皆造言謗之，已而文格卒變。拜右諫議大夫、判尙書禮部。又判秘閣秘書省、加兼侍讀。辭不受。同修玉牒兼龍圖閣學士，權知開封府。以給事中罷，同提舉諸司庫務，改羣牧使。唐書成，拜禮部侍郎、爲樞密副使。嘗因水災，凡再上疏請立皇子，言甚激切。未幾。參知政事，與韓琦等協定大議，立英宗。已而英宗力辭宗正之命。脩進曰：宗室不領職事，今忽有此除。天下皆知陛下將以爲嗣也，不若遂正其名。且宗正誥勑付閤門，故得不受。若立爲皇子，則止降一詔書，大事定矣，不可辭也。仁宗以爲然，遂下詔。及英宗以疾未親政事，慈聖光獻太后垂簾。脩與二三大臣主國論，每簾前奏事，或執政聚議。事有未可，脩未嘗不抗是非力爭。臺諫官至政事堂論事，事雖非己出。同列未及啓口，而脩已直折其短。以至士大夫建明利害及所祈請，前此執政多媕阿，不明白是非。至修，必一二數之。曰：某事可行，某事不可行，用是怨誹者益多。英宗嘗面稱脩曰：性直不避衆怨。脩亦嘗稱誦故相王曾之言曰。恩欲歸己，怨使誰當。及上即位，御史蔣之奇言脩帷箔事，連其長子婦吳氏。脩杜門，請付有司按治。先是脩妻之從弟薛宗孺坐舉官被劾，內冀會赦免。而脩乃言不可以臣故徼幸，乞特不原。以故，宗孺坐免官。怨脩，因構爲無根之言，欲以汙辱之。會劉瑾亦素仇家，乃騰其謗以語中丞彭思永。思永以語之奇，之奇始以私議濮王事與脩合，而脩特薦爲御史。時方患衆論，指目爲姦邪。及得此，因亟持以自解。於是詔詰語所從來?之奇言得之思永，以與瑾同鄉。或力抵以爲風聞。上爲其辭窮。降思永知黃州、之奇監道州酒。遣中使手詔慰安脩。脩遂稱疾，力乞解機務，以觀文殿學士刑部尚書知亳州。時脩年六十，乃連六表乞致仕。不從，遷兵部尚書、知青州。脩嘗薦王安石於朝，及安石執政，助神宗有為。脩不悅常平法下，乃以擅止散青苗錢。詔釋其罪，除檢校太保宣徽南院使、判太原府。三辭不受，徙知蔡州。以老病乞骸骨，章數上，乃為觀文殿學士太子少師致仕。卒年六十六，贈太子太師。太常初謚曰文。常秩曰：脩有定策之功，請加以忠，乃謚曰文忠。初、英宗即位。追贈宗室尊屬，至濮安懿王。中書以本朝未有故事，請付有司詳議。英宗謙恭，重其事，詔須大祥後議之。後乃詔禮官與待制以上詳議，而有司以為王當稱伯，改封大國。朝廷以典禮未正，再下尚書省集議。而皇太后手書，以議事詰責執政。於是手詔權罷議，令有司博求典故以聞。御史呂誨等彈奏脩首開邪議，琦、公亮、槩，附會不正。請如有司議。脩論本生之親改稱皇伯，歷考前世，皆無典據。進封大國，則又禮無加爵之理。已而皇太后出手書曰：濮安懿王、及譙國太夫人王氏、襄國太夫人韓氏、仙游縣君任氏，可令皇帝稱親。仍尊濮安懿王為皇，三夫人並稱后。是日手詔：欲遵太后手書稱親，而不敢當追崇之典。誨及范純仁、傅堯俞、趙瞻、趙鼎，論列不已。英宗問執政當如何？脩對曰：御史以為理難並立。若以臣等有罪，即留御史。若非罪，則惟聖旨是聽。英宗乃令出御史。其後脩著濮議，引喪服記曰：為人後者為其父母報，報者，齊衰期也，謂之降服。親不可降，降者，降其外物爾，喪服是也。其必降者，示有所屈也。以其承大宗之重，尊祖而為之屈爾！屈於此以伸於彼也。生莫重於父母，而為之屈者：以見承大宗者亦重，此以義制者也。父子之道，天性也。臨之以大義，有可以降其外物。而本之於至仁，則不可絕其天性。絕人道而滅天理，此不仁者或不為也。故聖人制服，為降三年為期，而不沒其父母之名。以見服可降而名不可沒也，此以仁存心者也。又曰：今議者欲以爲人後之故，使一旦反視父母若未嘗生我者，其絕之已甚矣。使其眞絕之歟！是非人情也。迫於義而僞絕之歟！是仁義者敎人爲僞也。所議大略如此。國朝接唐、五代末流，文章專以聲病對偶爲工。剽剝故事，彫刻破碎。甚者若俳優之辭，如楊億、劉筠輩。其學博矣，然其文亦不能自拔於流俗。反吹波揚瀾，助其氣勢。一時慕效，謂其文爲崑體。時韓愈文，人尙未知讀也。脩始年十五六，於鄰家壁角破簏中得本。學之，後獨能擺弃時俗故步，與劉向、班固、韓愈、柳宗元爭馳逐。是時，尹洙與脩亦皆以古文倡率學者。然洙材下，人莫之與。至脩文一出，天下士皆嚮慕，爲之唯恐不及。一時文章大變，庶幾乎西漢之盛者，由脩發之。然至論易，則以繫辭非孔子之言。論周禮，則疑非周公所作。是以君子之愛其文者，猶嘆息於斯焉。脩性剛直，處善惡，黑白明。遇事直前，不避機穽。其放逐流離者屢矣，而復振起，志氣猶自若也。嘗集三代以來金石刻爲一千卷，頗是正譌謬。所著易童子問三卷、詩本義十四卷、居士集五十卷、內外制奏議、四六集又四十餘卷。子發、奕、棐、辯、文。史臣曰：法言變而有離騷，自是而降，相望千百年。其間雖有名世者，而馬遷、韓愈莫能過也。宋興承平百年，士生斯時多矣。然接五代琱瑑之習，風聲氣俗尙在也。歐陽脩奮然躡二子之後，無愧焉！至其以繫辭爲非孔子所作，此道隱於小成，言隱於浮華者歟。

四朝國史本傳 淳熙間進

歐陽脩，字永叔。吉州永豐人。四歲而孤，母鄭氏，親誨之學。及冠，嶷然有聲。宋興且百年，而文章體裁，猶仍五季餘習。鏤刻駢偶，澳涊弗振。士因陋守舊，論卑氣弱。蘇舜元、舜欽、柳開穆、脩輩，咸有意作而張之，而力不足。韓愈遺稾閟於世，學者不復道。脩游隨，得於廢書簏中，讀而心慕焉。晝停飡、夜忘寐。苦志探賾，必欲幷轡絕馳而追與之並。舉進士，試南宮第一，擢甲科。調西京推官，留守錢惟演器其材，不攖以吏事，脩以故益得盡力於學。入朝，爲館閣校勘。范仲淹以言時事貶，在廷多論救。司諫高若訥獨以爲當黜。脩詒書責之，謂不知世間有羞恥事。若訥上其書。坐貶夷陵令、稍徙乾德令、武成軍節度判官。仲淹使陝西，辟掌書記。脩笑而辭曰：昔者之舉，豈以爲利哉。同其退不同其進，可也。久之，復校勘、進集賢校理。慶曆三年，知諫院。時仁宗更用大臣，杜衍、富弼、韓琦、仲淹，皆在位。增諫官員，脩首在選中。每進見，勸帝延問執政，咨所宜行。既多所張施，小人翕翕不便。修慮善人必不勝，數爲帝分別言之。又上朋黨論，其略以謂小人無朋，惟君子則有之。小人所好者利祿，所貪者財貨。當同利之時，暫相黨引。及見利而爭先，則反相賊害。雖兄弟親戚，不能相保。故曰小人無朋。君子則不然，所守者道義、所行者忠信、所惜者名節。以之脩身，則同道而相益。以之事國，則同心而共濟。終始如一，故曰君子有朋。紂有臣億萬，惟億萬心。可謂無朋矣，而紂用以亡。武王有臣三千，惟一心。可謂大朋矣，而周用以興。蓋君子之朋，雖多而不厭故也。脩天性疾惡，論事無所回隱。人視之如仇，而愈奮厲不顧。帝獨獎其敢言，面賜五品服。顧侍臣曰：「如歐陽脩者，何處得來！」同修起居注，遂知制誥。故事，必試而後命，詔特除之。奉使河東，自西方用兵，議者欲廢麟州以省餽餉。脩曰：麟州天險，不可廢。廢之，則河內郡縣，民皆不安居矣。不若分其兵駐並河諸堡，緩急得以應援。而平時可省轉輸，於策為便，由是州得存。又言、忻、代、岢、嵐多禁地廢田，願令民得耕之。不然，將為虜有。朝廷下其議，久乃行，歲得粟數百萬斛。使還，會保州兵亂，以為龍圖閣直學士河北都轉運使。陛辭。帝曰：勿為久留計。有所欲言，言之。對曰：臣在諫職得論事，今越職而言。罪也。帝曰：但言之，勿以中外為間。賊平，大將李昭亮、通判馮博文，私納婦女。脩捕博文繫獄。昭亮懼，立出之。兵之始亂也，招以不死，既而皆殺之。脅從二千人分隸諸郡，富弼為宣撫使，恐後生變，將使同日誅之。與脩遇於內黃，夜半，屏人告之故。脩曰：禍莫大於殺已降，況脅從乎！既非朝命，脫一郡不從，為變不細。弼悟而止。杜衍等相繼罷去，脩上疏曰：此四人者，天下皆知其有可用之賢，而不聞其有可罷之罪。小人欲廣陷良善，必指為朋黨。欲動搖大臣，必誣以顓權。蓋善人少過，唯指以為黨，則可一時盡逐。今四人一旦罷去，臣為朝廷惜之。於是邪黨益忌脩，因其孤甥張氏獄，傅致以罪。左遷知制誥、知滁州。居二年，徙揚州、潁州。復學士，召判流內銓。時在外十一年矣，帝見其髮白，問勞甚至。又有詐為脩奏乞汰內侍為姦利者，其羣皆怨怒，譖之。出知同州，帝納吳充言而止，遷翰林學士。於是富弼，韓琦復用，慶曆故臣稍集。士大夫知天子有致治之意，相賀於朝。脩乞蔡州去，帝復納劉敞、趙抃之言而止。奉使契丹，其主命貴臣四人押燕。曰：此非常制，以卿名重故爾。知嘉祐二年貢舉，時士子尚為險怪奇澀之文，號太學體。脩痛排抑之，凡如是者輒黜。畢事，向之囂薄者同脩出，聚譟於馬首，街邏不能制。然場屋之習，從是遂變。加龍圖閣學士、知開封府。承包拯威嚴之後，簡易循理。不求赫赫名，京師亦治。旬月，改羣牧使。在翰林八年，知無不言。河決商胡，北京留守賈昌朝欲開橫壠故道，回河使東。有李仲昌者，欲導入六塔河。議者莫知所從。脩以為河水重濁，理無不淤。下流既淤，上流必決。以近事驗之，決河非不能力塞，故道非不能力復，但勢不能久耳。橫壠功大難成，雖成，將復決。六塔狹小，而以全河注之，濱、滄、德、博，必被其害。不若因水所趨，增隄峻防。疏其下流，縱使入海，此數十年之利也。宰相陳執中主昌朝，文彥博主仲昌，竟為河北患。狄青為樞密使，有威名。帝不豫，訛言籍籍。脩請出之於外，以保其終。嘉祐元年水災，脩上疏曰：陛下臨御三紀，而儲宮未建。昔漢文帝初即位，以羣臣之言，即立太子。而享國長久，為漢大宗。唐明宗惡人言儲嗣事，不肯早定。致秦王之亂，宗社遂覆。陛下何疑而久不定乎！其後建立英宗，蓋原於此。五年，拜樞密副使。六年，參知政事。英宗未親政，皇太后御簾。大臣奏事，間有未可，脩必力抗是非。臺諫官至政事堂，所論或矯異。它執政夫未言，已面折其短。朝士建白利害及凡所求請，必甚告之曰：某事可行，某事不可行，以是怨誹益衆。帝將追崇濮王，命有司訂議。皆謂當稱皇伯，改封大國。脩引喪服記。以為為人後者，為其父母報。降三年為期，而不沒其父母之名。以見服可降，而名不可沒也。若本生之親改稱皇伯，歷考前世，皆無典據。進封大國，則又禮無加爵之道。故中書之議，不與衆同。太后出手書，許帝稱親尊王爲皇，三夫人爲后。帝不敢當。於是御史呂誨等六人爭論不已，指脩爲主議，皆被逐。惟蔣之奇之說合脩意，脩薦爲御史，衆目爲姦邪。之奇患之，則思所以自解。脩婦弟薛宗孺有憾於脩，造帷薄不根之謗，摧辱之。展轉達於中丞彭思永，思永以告之奇，之奇即上章劾脩。神宗初即位，欲深譴脩，訪於故宮臣孫思恭。思恭爲辨釋。脩杜門，請推治。帝使詰思永、之奇，問所從來。辭窮，皆坐黜。脩亦罷爲觀文殿學士、知亳州。明年，移青州。改宣徽南院使、判太原府。辭不拜，徙蔡州。脩本以風節自持，既數困污衊。纔年六十，即連乞謝事。帝輒優詔弗許。及守青，又以擅止散青苗錢，爲王安石所詆，故求歸愈切。熙寧四年，以太子少師致仕。五年薨，年六十六。贈太子太師，謚曰文忠。脩始在滁州，號醉翁、晚更號六一居士。天資剛勁，見義勇爲。雖機穽在前，觸發之不顧。放逐流離，至于再三。志氣自若，不悔也。爲文天材自然，豐約中度。其學推韓愈、孟軻以達於孔氏。著禮樂仁義之實，以合於大道。其言簡而明，信而通。引物連類，折之於至理以服人心。超然獨騖，衆莫能及，故天下翕然師尊之。獎引後進，如恐不及。賞識之下，率爲聞人。曾鞏、王安石、蘇洵、洵子軾、轍，布衣屏處，未爲人知。脩即游其聲譽，謂必顯於世。篤於朋友，生則振掖之，死則調護其家。好古耆學，凡周、漢以降，金石遺文，斷篇殘簡，一切掇拾。研稽異同，立說於左。的可表證，謂之集古錄。奉詔脩唐書紀志表，自撰五代史記。法嚴詞約，多取春秋遺旨，殆與史漢相上下。蘇軾敘其文曰：論大道似韓愈，論事似陸贄。記事似司馬遷，詩賦似李白。識者以爲名言。中子棐，棐字叔弼。廣覽彊記，能文詞。年十三時，見脩著鳴蟬賦，侍於側不去。脩撫之曰：兒異時必能爲此，因書以遺之。用蔭爲秘書省正字，登進士乙科。念父老，不肯仕。强之，乃調陳州判官，終不行。脩所爲文須人代者，多出其手。脩薨，代草遺表。神宗讀而愛之，意脩自作也。免喪，始爲審官主簿、官制局檢詳官、太常博士、主客考功員外郎。議者患選人員多，請令二十五歲而試於銓。又守選三年而後仕，進士特奏名者，予之官而不使調選。棐曰：「是非朝廷所以立議本意也。且所爲議冗官者，欲利士人耳。今加年而使守選，是反害之也。所謂特奏名者非它，儒人老於場屋者也。閔其無成而老，故予之微官，使霑祿而後歸。今乃授之虛名，是終窮之也，遂得不變」。元祐初。以集賢校理爲著作郎、判登聞鼓院。復徙職方禮部員外郎、知襄州。曾布執政，其婦兄魏泰恃聲勢，來居襄。規占公私田園，强市買與民爭利，郡縣莫敢誰何。至是，指州門東偏官邸廢址爲天荒而請之。吏具成牘至，棐曰：孰謂州門之東偏有天荒，卻之。眾共白曰：泰橫於漢南久，今求地而緩與之，且不可，而又可卻邪？棐竟持不與。泰怒，譖於布。徙之潞州，旋又罷去，奪校理。元符末，還朝。歷吏部右司二郎中，以直祕閣知蔡州。蔡地薄賦重，轉運使又爲覆析之。令多取於民，民不堪命。會有詔禁止，而佐吏憚使者、不敢以詔旨從事。棐曰：州郡之於民，詔令苟有未便，猶將建請。今天子德意深厚，知覆折之病民，手詔止之。若有憚而不行，何以爲長吏？命即日行之。未幾，坐黨籍廢。十餘年卒，年六十七。史臣曰：由三代以降，薄乎秦漢。文章雖與時盛衰，而藹如其言，曄如其光，皦如其音。蓋均有先王之遺烈，涉晉、魏而弊。至唐，韓愈氏乃復起。唐之文，涉五季而弊。至脩復起，闢百川之頹波，道之東注。斯文正傳，追步前古。匹夫而爲百世師，一言而爲天下法。此兩人足以當之。愈不極於用，脩用矣而不極其至。然國朝文風，彬彬至今，脩之功。學士大夫相與尸而祝之，可也。

卷五

事迹

歐陽發等述

先公爲人，天性剛勁，而器度恢廓宏大。中心坦然，未嘗有所屑於事。事不輕發，而義有可爲。則雖禍患在前，直往不顧，以此或至困逐。及復振起，終莫能掩。而公亦正身特立，不少屈奪。四五十年之間，氣象偉然蓋天下，而以文章道德爲一世學者宗師。故歷事三聖，常被眷倚。遂託以天下安危之計，而公亦以身許國。進退出處，士人以爲輕重。至於接人待物，樂易明白，無有機慮與所疑忌。與人言，抗聲極談。徑直明辨，人人以爲開口可見心腑。至於貴顯，終始如一。不見大官貴人事位貌之體，一切出於誠心直道。無所矜飾，見者莫不愛服。而天資勁正高遠，無纖毫世俗之氣，常人亦自不能與之合也。平生學之所得，以至文章事業。皆明識所及，性所自得。不勞而至，無所勉強。而眾人學之者，終莫能及。其於經術，務明其大本，而本於情性。其所發明，簡易明白。其論詩曰：察其美刺，知其善惡，以爲勸戒。所謂聖人之志者，本也。因其失傳而妄自爲之說者，經師之末也。今夫學者，得其本而通其末。斯盡善矣。得其本而不通其末，闕其所疑，可也。又云：今夫學者知前事之善惡，知詩人之美刺。如聖人之勸戒，是謂知學之本而得其要。其學足矣，又何求焉。公於經術，去取如此。以至先儒注疏有所不通，務在勇斷不惑。平先所辨明十數事，皆前世人不以爲非，未有說者。如五帝不必皆出於黃帝，春秋趙盾弑君非趙穿，許世子非不嘗藥，武王之十有一年非受命之年數。及力破漢儒災異五行之說，正統論破以秦爲僞閏。或以功德，或以國地不相臣屬，則必推一姓以爲王之說，以爲正。正天下之不正，統一天下之不一。至于各據地而稱帝，正朔不相加，則爲絕統，惟今天下於一者爲正統。統或絕或續，而正統之說遂定焉，然亦不苟務立異於諸儒。嘗曰：先儒於經不能無失，而所得已多矣。正其失，可力詆之，不可也。盡其說而理有不通，然後得以論正。予非好爲異論也。其於詩易，多所發明。爲詩本義，所改正百餘篇。其餘則曰毛鄭之說是矣，復何云乎。其公心通論如此。

先公四歲而孤，家貧無資。太夫人以荻畫地，教以書字。多誦古人篇章，使學爲詩。及其稍長，而家無書讀。就閭里士人家借而讀之，或因而抄錄。抄錄未畢而已能誦其書，以至晝夜忘寢食，惟讀書是務。自幼所作詩賦文字，下筆已如成人。兵部府君閱之，謂韓國太夫人曰：「嫂無以家貧子幼爲念，此奇兒也。不惟起家以大吾門，他日必名重當世。」及舉進士時，學者方爲四六，號時文，公已獨步其間。天聖七年，補國子監生。是秋取解，明年南省試，皆爲第一人，由是名重當世。及景祐中，在西京，與尹公洙偕爲古文。已而有詔戒天下學者盡爲古文，獨公古文既行，遂擅天下。四十年間，天下以爲模範。一言之出，學者競相傳道。不日之間，流布遠近。外至夷狄，莫不仰服。後進之士，爭爲門生，求受教誨。當世皆以爲自兩漢後五六百年，有韓退之。退之之後，又數百年而公繼出。自李翺、柳宗元之徒，皆不足比。然公之文，備盡衆體。變化開闔，因物命意，各極其工，或過退之。如醉翁亭記、眞州東園記。創意立法，前世未有其體。作尹公洙誌文，以爲尹公文簡而有法。意而爲之，即得其體。石先生介墓誌，不多假事迹。但述其平生志意所存，與其大節氣慨。讀之，如見其人。作集古錄敘，今王丞相以謂讀之可辟瘧鬼。

先公既奉敕撰唐書紀志表，又自撰五代史七十四卷。其作本紀，用春秋之法。雖司馬遷、班固，皆不及也。其於唐書禮樂志，發明禮樂之本。言前世治出於一，而後世禮樂爲空名。五行志不書事應，悉壞漢儒災異附會之說，皆出前人之所未至。其於五代史，尤所留心。褒貶善惡，爲法精密。發論必以嗚呼！曰：此亂世之書也。其論曰：昔孔子作春秋，因亂世而立治法。余述本紀，以治法而正亂君，此其志也。書成減舊史之半，而事迹添數倍。文省而事備，其所辨正前史之失，甚多。嘉祐中，今致政侍郎范公等列言於朝，請取以備正史，公辭以未成。熙寧中有旨，取以進御。按神宗實錄，熙寧五年八月丁亥。詔潁州令，歐陽某家上某所撰五代史。

先公筆札，精勁雄偉，自為一家。當世士大夫有得數十字，皆藏以為寶。而未嘗為人書石。

先公平生，以獎進賢材為己任。一時賢士大夫，雖潛晦不為人知者，無不稱譽，薦舉極力而後已。既為當世宗師，凡後進之士。公嘗所稱者，遂為名人。時人皆以得公一言為重，而公推揚誘進不倦。至於有一長者，識與不識，皆隨其所長而稱之。至今當世顯貴知名者，公所稱薦為多。今湖州孫正言覺為合淝主簿，未與公相識。郡守怒之，欲捃拾以罪。時胡侍講在太學以屬公，公為作手書與其寮佐，令保全之，遂獲免。福州處士陳烈，素不與公相識。公聞其名，知其行義。屢薦於朝，乞賜召用。朝廷即召烈，為國子監直講。

先公嘗言平生為學所得，惟平心無怨惡為難。故於事，未嘗挾私喜怒以為意。雖仇讎之人，嘗出死力擠陷公者。它日遇之，中心蕩然，無纖芥不足之意。嘗曰：孔子言以直報怨，夫直者，是之為是，非之為非。是非付之至公，則是亦不報也。

先公初貶滁州，蓋錢明逸輩為之。自外還朝，遇明逸於京師。屢同飲宴，不以為嫌。其後公在中書，明逸罷秦州歸，復用為翰林學士。近日小人蔣之奇，妄興大謗。及公移青州，其兄之儀知臨淄縣。為二司所不喜，力欲壞之。亦以託公，公察其實無它，力保全之。

先公平生文章擅天下，未嘗以矜人。而樂成人之美，不掩其所長。詩筆不下梅聖俞而嘗推之，自謂不及，然識者或謂過之。初奉勅撰唐書，專成紀志表。而列傳則宋公祁所撰，朝廷恐其體不一。詔公看詳，令刪為一體。公雖受命。退而曰：宋公於我為前輩，且人所見不同，豈可悉如己意，於是一無所易。書成奏御，舊制，惟列官最高者一人。公官高，當書。公曰：宋公於傳，功深而日久。豈可掩其名，奪其功。於是紀志表、書公名。而列傳書宋公。宋丞相庠聞之。歎曰：自古文人，好相凌掩。此事，前所未有也。

先公篤於交友，恤人之孤。梅聖俞家素貧，既卒。公醵於諸公，得錢數百千，置義田以恤其家，且乞錄其子增。尹龍圖洙已卒，公乞錄其子構。孫先生復、有尊王發微十五卷，有旨進內，未畢而卒。公乞令其家錄進，而推恩其子大年。尹構孫大年、梅增，皆蒙錄用以官。天聖初，胥公在漢陽。先公時年二十餘，以所為文謁之。胥公一見奇之。曰：子當有名於天下。因館於門下，與公偕入京師。及公登第，乃以女妻之。

王文康公知西京，先公為留守推官。一日，當都廳勘事。有一兵士自役所逃歸，文康問公曰：勘兵士何謂未斷？公曰：合送本處行遣。文康曰：似此，某作官處斷過甚多。推官新作官，不須疑。公曰：若相公直斷，雖斬亦可，有司則不敢奉行。一夜，文康夜召，問軍人未斷否？公曰未。文康曰：幾至誤事。明日，遂送所屬處。

先公在河南，以文學負當世之名。前後留守，皆名公好賢，莫不傾身禮接。王文康自西京召歸，謂公曰：今來有例，合舉館職，當奉舉。遂用王文康公薦，自西京留守推官召試。

范文正公以言事忤大臣，貶知饒州。先公一日遇司諫高若訥於余襄公家，若訥非短范公，以為宜貶。公歸遂為書與之辯，且責若訥不能論列。若訥繳進其書，遂坐貶為夷陵令。既而余襄公、尹公洙，亦連坐被貶。蔡公為四賢詩述其事，天下傳之。

先公既坐范公遠貶數年，復得滑州職官。會范公復起，經略陝西。辟公掌牋奏，朝廷從之。時天下久無事，一旦西邊用兵。士之負材能者，皆欲因時有所施爲。而范公以天下重名，好賢下士，故士之樂從者眾。公獨歎曰：吾初論范公事，豈以爲己利哉。同其退，不同其進，可也。遂辭不往，其於進退不苟如此。以至致位二府，惟以忠義自得主知，未嘗有所因緣憑藉。

先公在館中，遇西邊用兵，天下多事。詣闕上書，爲三策，以料賊情及指陳天下利害甚眾。既而有詔：百官許上封章言事。公上疏言三弊五事，力陳當時之患。仁宗增諫官爲四員，先公與蔡公襄、余襄公靖、今致政王尙書素，同時選用。是時，陝西用兵已久，京東西盜賊羣起，內外多事。仁宗既進退大臣，遂欲改更闕失，方急於求治。公遇事感激，知無不言。范文正公、杜正獻公、今司徒韓魏公、富鄭公四人，同時登用。公屢請召對訪問，責以所爲。既而仁宗降手詔，出六條以責諸公，各亦有所陳述。公言諸公所陳，宜力主張，勿爲羣言所奪。而王文安公爲三司使，有爲無名詩中之者。公請嚴禁止之，以絕小人流言搖動朝政之漸。勑出官爵，購捕其人。時上欲改更朝政，小人不便，故造作語言動搖。及勑牓出，自此遂絕。是後，上遂下詔勸農桑，興學校，改更庶事之弊。

自范文正公之貶，先公與余襄公等坐黨人被逐。朋黨之說遂起，久而不能解。一時名士，皆被目爲黨人。公在諫院，爲朋黨論以獻。羣言遂息，大救當時之弊。時天下久安，上下失於因循。一旦陝西用兵，而羣賊王倫、張海等所在皆起。先公請遣使者按察州縣，朝廷命諸路轉運使皆兼按察。公言轉運使苟非其人，則按察遂爲空名。復條陳按察大事，於是兩府聚議。盡破常例，不次用人。其後州縣多所升降，內外百職振舉。及杜待制杞爲京西轉運使，與御史蔡稟同治賊事。公言杞可獨任，無用稟。杞果遂平諸盜，京西無事。

時張溫成方有寵，人莫敢言。因生皇女，染綾羅八千疋。先公上言，乞裁損其恩寵及其親戚恩澤太頻，可以減罷。極陳女寵驕恣，以至禍敗之戒，

皇叔燕王薨，議者以國用不足，請待豐年而葬。先公乞減費而葬，以爲不如薄葬。留之以待侈葬，徒成王之惡名。使四夷聞天子皇叔薨無錢出葬，遂輕中國。有旨：減節浮費而葬。

澧州柿木成立有「太平之道」四字。先公上言今四海騷然，未見太平之象。又曰：太平之道者，其意可推自古帝王致太平，皆有道。得道則太平，失道則危亂。今見其失，未見其得。願陛下之憂勤萬務，漸期致理。其瑞木，乞不宣示於外。

慶曆三年御試進士，以應天以實不以文爲賦題。公爲擬試賦一道以進，指陳當世闕失，言甚切至。

淮南轉運使呂紹寧到任，便進羨餘錢十萬。公乞拒而不受，以彰朝廷均恤外方，防禦刻剝。前後所上章疏百餘，其間斥去姦邪，抑絕徼倖。以謂任人不可疑，節制不可不一。當推恩信以懷不服，其事往往施行。

先公以諫官除知制誥。故事，知制誥當先試，有旨更不召式。有國以來不試而受者，惟楊文公、陳文惠公、與公三人。公既典制誥，尤務敦大禮。初作勸農勑，既出。天下翕然，人人

傳誦。王言之體，遠復前古。

陝西兵役之後，河東困弊，粮草闕少。又有言者請廢麟州，或請移於合河津，或請廢五寨。朝廷命先公，視其利害、及察訪一路官吏能否擘劃經久利害、及計置粮草。公爲四議，以較麟州利害。請移兵就食於河濱、清塞堡、緩急不失應援。而平時可省餽運，麟州遂不廢。又建言忻、代、岢嵐、火山四州軍沿邊有禁地，棄而不耕。人戶私糴北界斛斗入中以爲邊儲。今若耕之，每年可得三二百萬石以實邊，朝廷從之。此兩事，至今大爲河東之利。自西事後，河東賦歛重而民貧，道路嗟怨。先公奏罷十事以寬民力。

先公自河東還，會保州兵叛，遂出爲河北都轉運使。別得不下司箚子云河北宜選有文武材識轉運使二員，密授經略之任。使其熟圖利害，豫爲禦備。

保州既降，總管李昭亮私取叛兵妻女。通判馮博文等亦往往効之。先公發博文罪，置獄推劾。昭亮恐懼，立令送出。

自保州事後，河北兵驕。少不如意，即謀結集。處處有之，上下務在姑息。先公屢乞主張將帥每事鎭重，以遏士心，河北卒無事。

保州叛兵既降，其脅從者二千餘人，分隸河北諸州。富鄭公爲宣撫使，恐其復生變，欲委諸州同日誅之。方作文書，會先公權知鎭府，遇富公於內黃。富公夜半屏人，密以告公。公曰：禍莫大於殺降，昨保州叛卒，朝廷許以不死招之。今已戮之矣，此二千人本以脅從，故得不死。奈何一旦無辜就戮？且無朝旨，若諸郡不肯從命。事既參差，則必生事，是趣其爲亂也。且某至鎭州，必不從命。富鄭公遂止。

先公在河北，既被朝廷委任之重，悉力經營。凡一路官吏能否？山川地理、財產所出、兵粮器械、教閱陣法，一一別爲圖籍。盡四路之事，如在目前。或問公曰：公以文章儒學名天下，而治此俗吏之事乎？公曰：吏之不職，吾所愧也。繫民休戚，其敢忽乎！奏置御河催綱司，通致粮運，以省入中之數。置都作院於磁、相二州，以省諸州兵器之費。既究見河北利害本末，乃一一條列。遍貽書於執政，將大爲經畫，未盡行而公罷去。

慶歷初，仁宗既復四諫之職，拔英俊賢能材德之士，並進於朝。公負天下之望而居其職。仁宗寵異之意，獨絕眾人。嘗因奏事，論及當世人材。仁宗不覺謂公曰：如歐陽某何處得來！乃公盡心悉力，思所補報。遇事不避，以至犯忤權貴。排擊姦佞，怨怒隨至，常欲大用而未果。是時中外多事，仁宗意以謂艱難之際，非公不足以辦事。故自諫官奉使河東，委以一路之利害。及保州事作，河北轉運使張昷之得罪。公自河東還，未數月，復出爲河北轉運使，及陛辭之日。仁宗面諭曰：不久當還，無爲久居計。有事，但言來，無以中外爲限。公對曰：在京師所言，尙以風聞，或恐失實。況於在外。仁宗曰：有所聞，但言來。行與不行，則在此。及至河北，百事振舉。小人忌公恐大用。而又杜、范、韓、富，同時罷黜。小人彙進。見上疏，極言四人忠實可用而無過。辨明小人誣罔之言，請加任用。於是羣小益懼，相與造爲謗辭。及詔獄之起，窮究無狀。仁宗亦悟。止奪職，知滁州。

南京素號要會，賓客往來無虛日。一失迎候，則議論鋒起。先公在南京，雖貴臣權要過者，待之如一。由是造爲語言，達於朝廷。時陳丞相升之安撫京東，因令審察是非。陳公陰訪之民間，得俚語：謂公爲照天蠟燭。還而奏之，方欲召用，而公丁太夫人憂。

先公初服除，還朝，惟除本官龍圖閣直學士，而無主判。入見日，仁宗惻然。怪公鬚髮之白。問公在外幾年？今年幾何？恩意甚至。公求補外。仁宗曰：此中見人多矣！爲小官時，則有肯盡言。名位已高，則多顧藉，如卿且未要去。明日以責大臣，即以公判流內銓。是時小人忌公且見進用，僞爲公乞澄汰內臣箚子。傳布中外，內臣人人切齒。判銓六日，楊永德以差船及引見胡宗堯事中公，出知同州。而外議紛紜，論救者衆。上亦開悟。適會劉公沆有箚子乞催宋公祁結絕唐書。上曰：莫不須宋祁否？劉公曰：別未有人。上曰：歐陽某知同州，臣寮已有文字請留。劉公曰：乞自陛下宣諭。明日朝辭，上殿。上曰：休去同州，且修唐書。既而曾魯公自翰林學士換侍讀學士、知鄭州。劉公奏歐陽某見未有主判處，乞替曾某判三班院。上曰：翰林學士有人未？劉公曰：見商量。上曰：歐陽某不止一好差遣，亦好一翰林學士，便可替曾某。遂入翰林爲史官、判三班院。上嘗面問公以唐學士院鈴索故事。將議臨幸，其於眷待之意甚厚。

先公在侍從八年，知無不言。屢建議，多見施行。自初還朝，唐公介與諸公方居言職，所言久之未見聽納。公上疏言人君拒諫之失，請採聽言者。其後上遂用諫官言，進退宰相。用唐介等疏，罷陳執中。

時議者方以河患爲意，陳恭公在相位。欲塞商胡，開橫壠，回大河於故道。先公上疏言其不可。未幾，恭公罷去，新宰相復用李仲昌議，欲開六塔全回河流。公兩上疏爭之，不聽。河纔成而決，濱、滄、德、博數千里，大被其害。仲昌等議者，流竄遠方。卒如公議。

至和二年，先公奉使契丹，契丹使其貴臣陳留郡王宗愿、惕隱大王宗熙、北宰相蕭知足、尙父中書令晉王蕭孝友來押宴。曰：此非常例，以卿名重。宗愿、宗熙、並契丹皇叔、北宰相，蕃官中最高者。尙父中書令晉王，是太皇太后弟。送伴使耶律元寧言：自來不曾如此一併差近上親貴大臣押宴。

嘉祐初，狄武襄公爲樞密使。狄自破蠻賊之後，方振威名。而是時仁宗不豫久之，初康復。而狄得士心，京師訛言可畏！先公因水災言武臣典機密得士心，而訛言可畏。非國之便，請且出之於外，以保全之。未久，狄終以流言不已，罷知陳州。

嘉祐中，復用賈魏公爲樞密使。先公言其爲人，好爲陰謀，陷害良士。小人朋附，樂爲其用。前任相位累害善人，所以聞其再來，望風畏恐。乞早罷還之舊鎭，其命遂止。

先公在翰林，嘗草春帖子詞。一日，仁宗因閑行。舉首見御閤帖子，讀而愛之。問何人作？左右以公對。即悉取皇后、夫人諸閤中者閱之，見其篇篇有意。歎曰：舉筆不忘規諫，眞侍從之臣也。自是每學士院進入文書，必問何人當直。若公所作，必索文書自覽。先公每述仁宗恩遇，多言此事。云內官梁寔爲先公說春帖子詞有云：陽進升君子，陰消退小人。聖君南面治，布政法新春。至今士大夫盡能誦之，及溫成皇后閤帖子云：聖君念舊憐遺族，常使無權保厥家。

仁宗嘉祐中，先公在翰林、富鄭公在中書、胡侍講在太學、包孝肅公爲中丞。士大夫相語曰：富公眞宰相、呼先公字、曰眞翰林學士、胡先生眞先生、包公眞中丞。時人謂四眞。

嘉祐二年，先公知貢舉。時學者爲文，以新奇相尙，文體大壞。僻澀如狼子、豹孫、林林逐逐之語。怪誕如周公伻圖、禹操畚鍤傳說、負版築來築太平之基之說。公深革其弊，一時以怪僻知名在高等者，黜落幾盡。二蘇出於西川，人無知者，一旦拔在高等。牓出，士人紛然驚怒怨謗。其後，稍稍信服。而五六年間，文格遂變而復古。公之力也。

先公知開封府承包孝肅公之後。包公以威嚴爲治，名震京師。而公爲治循理，不事風采。或謂公曰：前政威名，震動都下，眞得古京兆尹之風采。公未有動人者，奈何！公曰：人材性各有短長，豈可捨己所長，勉强其所短，以徇俗求譽。但當盡我所爲，不能則止。既而都下事無不治。

開封府既多近戚寵貴干令犯禁，而復求以內降苟免。先公既命，屢有其事。即上奏論列乞今復求內降以免罪者，更加本罪二等。內臣梁舉直私役官兵，付開封府取勘。既而內降放罪，凡三次內降。公終執而不行。

嘉祐三年閏十二月，京師大雪，民凍餒而死者十七八。明年上元，有司以常例張燈，先公奏請罷之。

故事，國史皆在史院，近制皆進入內。自是每日曆成亦入內，而有司惟守空司。先公請錄本付外，遂如公言。今史院之有國史，公請也。

先公在密院，與今侍中曾魯公悉力振舉紀綱，革去宿弊。大考天下兵數及三路屯戍多少，地里遠近，更爲圖籍之法。邊防久闕屯守者，大加蒐補。數月之間，機務浸理。臺諫官唐公介、王公陶、范公師道、呂公景初，皆以言事被逐。先公言四人剛正敢言，蹤跡有本末，宜早賜牽復。其後四人遂復進用。

先公在侍從，因嘉祐水災。凡再上疏，請選立皇子以固天下根本。言甚激切。及在政府，遂與諸公協定大議。而英宗力辭宗正之命，堅臥久之。諸公議，不若遂正皇子之名，奏事仁宗前。顧問之際，公獨進曰：宗室，自來不領職事。今外人忽見有此除授，皆知陛下將以爲子，不若遂正其名。蓋判宗正寺，降誥勑，得以不授。今立爲皇子，只煩陛下命學士作一詔書告天下，事即定矣。仁宗以爲然，大計遂定。及英宗初年未親政事，慈聖垂簾。危疑之際，公與諸公往來兩宮，鎭撫內外。而公之危言密議，忠力爲多。以至英宗親御萬機，內外睦然。

先公天性勁正，不顧仇怨。雖以此屢被讒謗，至於貶逐。及居大位，毅然不少顧惜。尤務直道而行，橫身當事，不恤浮議。是時，今司徒韓魏公當國。每諸公聚議，事有未可。公未嘗不力爭，而韓公亦欣然忘懷，以此與公相知益深。或奏事上前，衆議未合，公亦往返折難，無所顧避。嘗一日獨對。英宗面諭公曰：參政性直，不避衆怨。每見奏事，與二相公有所異同，便相折難，其語更無回避。亦聞臺諫論事，往往面折其短，若似奏事時語。可知人皆不喜也，宜少戒此。而公又務抑絕僥倖，有以事干公者，或不可行，面爲其人分別可否？曰：

此事必不可行。以此人多怨謗，而公安然未嘗少衄。嘗稱故相王沂公之言曰：恩欲歸己，怨使誰當！每亦曰：貧賤常思富貴，富貴必履危機，此古人之所歎也。惟不思而得，既得不患失之者，其庶幾乎。及濮園議起，非公所獨專。朝廷亦未有定議，而言者妄以非禮之說指公爲主議，公亦不與之較。其後小人彭思永、蔣之奇等造爲無根之飛語，欲以危公。自人主而下，朝廷名臣巨公，天下有識之士。皆知因公亮直不隱，得怨於小人。故上連降手詔，詰問思永、之奇。二人引服誣罔，悉皆貶逐。

自嘉祐以後，朝廷務惜名器，而進人之路稍狹。先公屢建言館閣育材之地，宜盛其選以廣賢路。遂令兩府人各舉五人，其後中選者十人。

嘗因僧官闕人，內臣陳承禮以寶相院僧慶輔爲請內降，從之。舊有著令，僧官必試而補。諸公相與執奏其事，先公進言曰：補一僧官，至爲小事。但內降衝改著令，內臣干擾朝政。不可啓其端。且宦女近習，前世常患，難於防制。乞絕之於漸，英宗即欣然嘉納。

契丹降人韓皐謨者，自言太叔使來。言太叔謀取其國，乞中國出兵爲應。二府會議其事，時有意主之者，將議從之。先公爭曰：中國待夷狄，宜以信義爲本，奈何欲助其叛亂？使事不成，得以爲辭。主議者大笑。曰：迂儒迂儒。公力爭之不已，遂止。既而虜中太叔舉事不成而死。

初、樞密使闕人，先公以次當拜。時英宗未親政事，二府密議，不以告公。一日待漏院中，公見二相耳語，知其所爲。問曰：得非密院闕人而某當次補乎。二公曰然。公曰：此大不可。今天子不親政，而母后垂簾。事之得失，人皆謂吾輩為之耳！今如此，則是大臣二三人相補置耳！何以鎮服天下？二公大然公言，遂止。及今致政張太師罷樞密使，英宗復用公。公力辭不拜。

京師百司所行兵民官吏財用之類，皆無總數。中書一有行移，則下有司纂集。先公因暇日，盡以中書所當知者，集為總目。一日。上有所問，宰相以總目為對。公以祀假家居，上遣中貴人就中書閤子，取而閱之。先公平生連典大郡，務以鎮靜為本，不求聲譽。治存大體，而施設各有條理，綱目不亂。非盜賊大獄，不過終日，吏人不得留滯為姦。如揚州、南京、青州，皆大郡多事。公至數日，事十減五六。既久，官宇闃然。嘗曰：「以縱為寬，以略為簡。則事馳廢，而民受弊。吾所謂寬者不為苛急，簡者去其繁碎爾！」故所至不見治迹，而民安其不擾。既去，至今追思不已。今滁、揚二州，皆有生祠。而公天性仁恕，斷獄常務從寬。嘗云：「漢法惟殺人者死。後世死刑多矣，故凡死罪非已殺人而法可出入者，皆全活之。曰：此吾先君之志也。」其在河北一議，活二千人之命。及晚年在京東奏寬沙門島刑名，設法減其人數，賴以獲全者甚眾。沙門島罪人寨主，舊敢專殺，故數不多而易制。馬默知登州，務全人命。舉察甚嚴，稍優䘏罪人。罪人既多而又不畏本寨，漸沓橫難制，京東議者大患之。有司之意，多欲許令依舊一面處置。公以為朝廷既貸其命，豈可非理殺之。奏請將編勑州名合配沙門島，而情稍輕者，只配遠惡州軍，見在島多年情輕者放還。遂以無事，而人亦獲全。

先公初有太原之命，今赴闕朝見。中外之望，皆謂朝廷方虛相位以待公。公六上章，堅辭不拜。而請知蔡州，天下莫不歎公之高節。

先公在亳，年纔六十一，已六上章乞致仕。而上方眷留，未聽。及在蔡，勤請益堅，遂如素志。公既氣貌康强，而年未及禮制。一旦勇退，近古數百年所未嘗有。天下士大夫仰望驚嘆！公雖退居于家，士論猶望以爲輕重。

先公平生以直道見忌於羣小，再被貶逐，而未嘗以介意。初在峽州，作至喜亭。及自河北，以小人無名之謗，降知滁州。治州南山泉爲幽谷泉，作亭於瑯玡山，自號醉翁。及晚年，又自號六一居士。曰吾集古錄一千卷、藏書一萬卷、有琴一張、有棋一局、而常置酒一壺、吾老於其間，是爲六一。自爲傳以刻石。

先公平生，於物少所嗜好。雖異物奇玩，不甚愛惜。獨好收蓄古文圖書、集三代以來金石錄刻爲一千卷，以校正史傳百家訛繆之說爲多。藏書一萬卷，雖至晚年。暇日惟讀書，未嘗釋卷。

先公平生著述，易童子問三卷、詩本義十四卷、五代史七十四卷、居士集五十卷、歸榮集一卷、外制集三卷、內制集八卷、奏議集十八卷、四六集七卷、集古錄跋尾十卷、雜著述十九卷、諸子集以爲家書總目八卷、其遺逸不錄者、尚數百篇，別爲編集而未及成。又奉勑撰唐書紀十卷、志五十卷、表十五卷。在館職日，與同時諸公共撰崇文總目祖宗故事。

附錄叁
永叔先生年譜摘要

紀年	公元	年齡	大事記要	附記
真宗 景德四年丁未	1007	1	先生是歲丁未六月二十一日寅時，生於四川綿州（今四川綿陽市）。時父觀爲綿州軍事推官。	
大中祥符元年戊申	1008	2	在綿州。	大赦改元。
大中祥符二年己酉	1009	3	在綿州。	蘇洵（明允）生。
大中祥符三年庚戌	1010	4	父觀病逝於泰州（今江蘇泰州）軍事推官任所，享年五十有九。母太夫人鄭氏，年方二十有九。先生叔父曄，時任隨州推官，因而卜居。先生母太夫人攜同往依之，遂家於隨。貧無資，以荻畫地，教導書字。	

			稍長，多誦古人篇章，使學爲詩。叔父後歷閬州推官、江陵府掌書記，仕至二千石，終都官員外郎。	
大中祥符四年辛亥	1011	5	在隨州。是歲，父觀葬於吉州吉水縣瀧岡（其後至和元年，析吉水縣之報恩鎮置永豐縣，遂隸永豐）。	邵雍（堯夫）生。
大中祥符五年壬子	1012	6	在隨州，母教讀書習字及待人處事之道。	十二月壬申九日，改孔子諡號，以玄字犯聖祖諱，改玄聖爲至聖。蔡襄（君謨）生。
大中祥符六年癸丑	1013	7	在隨州，母教讀書習字及待人處事之道。	
大中祥符七年甲寅	1014	8	在隨州，母教讀書習字及待人處事之道。	

大中祥符八年乙卯	1015	9	在隨州，母教讀書習字及待人處事之道。	
大中祥符九年丙辰	1016	10	在隨州，家益貧，借書抄誦。州南大姓李氏子堯輔好學，先生多遊其家，於故書中得唐韓昌黎文集六卷，乞以歸，讀而愛之。爲詩賦，下筆如成人。都官曰：奇童也，他日必有重名。	
天禧元年丁巳	1017	11	得唐代書法家虞世南撰書碑刻「孔子廟堂碑」，得以學習書法。	王旦卒 韓維生
天禧二年戊午	1018	12	在隨州，賢母教導下，日夜苦讀。私淑韓文公深厚雄博之文章思想，由此因緣，奠定復興古文之基礎，成就聖聖相傳之宋代儒宗。	八月甲辰四日，立皇子昇王受益爲皇太子，更名禎。大赦天下，宗室加恩，羣臣賜勛。文同、呂公著生。

			仁宗		
天禧三年己未	天禧四年庚申	天禧五年辛酉	乾興元年壬戌	天聖元年癸亥	天聖二年甲子
1019	1020	1021	1022	1023	1024
13	14	15	16	17	18
在隨州。	在隨州。	在隨州。	在隨州。	應舉隨州，試左氏失之誣論。人已傳誦，坐賦逸官韻黜。	初舉未中，先生因取所藏韓氏之文復閱之，則喟然嘆曰：學者當至於是而止爾。因怪時人之不道，而顧己亦未暇學，徒時時獨念於予心……當盡力於斯文，以償其素志。
曾鞏、王珪、司馬光、謝景初、宋敏求生。	張載、蘇頌生。	王安石、吳充生。	二月戊午十九日眞宗崩，遺詔皇后權處分軍國事。太子禎即位，是爲仁宗。	劉攽生。	

天聖三年乙丑	1025	19	在隨州，益勵勤學。	
天聖四年丙寅	1026	20	自隨州薦名於禮部。	
天聖五年丁卯	1027	21	是春，先生赴京，試禮部，未中。	呂大防生。
天聖六年戊辰	1028	22	先生攜文謁晤胥學士偃於漢陽。胥公大奇之，留置門下，勉勵獎掖。偕至京師，爲之稱譽諸公之間，助益甚大。	孫覺生。
天聖七年己巳	1029	23	春，應試國子監，名列第一。補廣文館生。秋，赴國學解試，又第一。	呂夷簡同平章事，夏竦參知政事。范仲淹請太后還政，罷知河中府。
天聖八年庚午	1030	24	正月，試禮部第一。三月，御試崇政殿。先生中甲科第十四名進士。五月，授將士郎，試秘書省校書郎，充西京（今洛陽市）留守推官。	劉摯生。石介、劉渙，同年登進士第。

天聖九年辛未	1031	25	三月，先生至西京，補留守推官。錢惟演爲留守，幕府多名士，與尹洙（師魯）、梅堯臣（聖俞）尤善。日爲古文歌詩，遂以文章名冠天下。 是歲初，胥公以女許配先生，乃親迎於東武。	
明道元年壬申	1032	26	是春及秋，兩遊嵩嶽。從通判謝絳奉御香告廟，禮畢，同遊五人，皆見峭壁大書「神清之洞」四字。有古詩嵩山十二首。 先生又嘗行縣，視察旱蝗災況。	十一月甲戌六日，大赦改元。
明道二年癸酉	1033	27	正月，以吏事如京師，因省叔父於漢東。 三月，先生還洛陽，夫人胥氏病逝，時生子未踰月。 九月，錢惟演離去京師，王曙繼之，曙瞬拜樞密使。 十月，莊獻劉后、莊懿李后，祔葬定陵。先生至鞏縣陪祭。 十二月，進階承奉郎（從八品）。	
景祐元年甲戌	1034	28	三月，西京秩滿，歸襄城。 五月，如京師，會前留守王曙入樞府，薦召試學士院。 閏六月乙酉，授宣德郎（正七品）試大理評事兼監察御史，充鎭南軍節度掌書記，館閣校勘。三館秘閣藏書多脫謬，亟待整理。	八月，薛奎、王曙病逝。

			七月甲辰十六日，詔委官編定總目，倣開元四部模式，先生參預其事。 是歲，先生再娶諫議大夫楊大雅之女。	
景祐二年乙亥	1035	29	七月，胞妹夫張龜正，病逝襄城，請假往弔。 九月，夫人楊氏病故。	
景祐三年丙子	1036	30	是歲，天章閣待制權知開封府范仲淹言事忤宰相呂夷簡，落職，知饒州。先生切責司諫高若訥，義正詞嚴，可謂金石之聲。若訥以其書聞。 五月戊戌，先生降爲峽州夷陵縣令。 先生自京城沿汴，絕淮，泝江，奉母太夫人赴貶所，十月丙申二十六日至夷陵。	蘇軾、曾布生。
景祐四年丁丑	1037	31	三月，告假至許昌，娶資政殿學士薛奎女爲繼室。 是夏，叔父都官病故。作有祭文、墓誌銘，哀慟逾恆。 九月，還夷陵。 十二月壬辰二十五日，移光化軍（京西路河南府）乾德令。	丁謂卒。 朱光庭生。

寶元元年戊寅	1038	32	三月，赴乾德（今湖北光化西）令任所。 是歲，胥夫人所生子夭折。	孔文仲生。 元昊反，就大夏帝。 朝廷棄綏撫政策，佈置軍事。
寶元二年己卯	1039	33	二月，知制誥謝希深出守鄧州。梅聖俞將宰襄城，與希深偕行。 五月，先生請假往會，留旬日而返。 六月甲申二十五日，先生復舊官，權武成軍節度判官。 自乾德奉母夫人，待次於南陽。冬，暫留襄城。	謝絳（希深）卒。 蘇轍生。 夏元昊稱帝。
康定元年庚辰	1040	34	二月，先生赴滑州（河南滑縣）。 時范文正公起爲陝西經略招討安撫使，徵召先生掌理書記。辭不就，以同其退不同其進作答。 六月辛亥召還，復充館閣校勘，仍修崇文總目。 十月，先生轉太子中允，同修禮書。 十二月二十四日，通進司上書，爲三策以料賊情。 是年，撰正統論，原七首，後刪成序論、正統論上下三者。 撰縱囚論，對朝廷大赦，常持相反之意見。撰原弊，以臨民取用，益不足爲非是。	正月，元昊寇延州（陝北重鎮）。 二月丙午二十一日改元。

			師嚴道尊，答祖擇之書。 長男發生。	
慶曆元年辛巳	1041	35	五月庚戌二日，權同知太常禮院。以現修崇文總目，辭，許之。 八月乙酉八日，許州對公事回，依舊供職。 十月，歎京師名醫難請，親疾無醫人下藥，爲人子何以爲心！ 十一月丙寅二十日，大赦，改元，祀南郊。攝太常博士，引終獻。 十二月，加騎都尉。己丑十四日，新修崇文總目六十卷成，改集賢校理。	石延年（曼卿）卒。
慶曆二年壬午	1042	36	正月丁巳十二日，考試別頭舉人。 三月丙辰，御試進士進擬御試應天以實不以文賦一首，賜勅書獎諭。 四月丙子三日，復差同知禮院。契丹遣泛使求關南地。宰相呂夷簡薦富弼報聘，人皆危之。先生上書引顏眞卿使李希烈事，乞留弼。不報。 五月，復應詔上書，極陳弊事。 八月，請外。 九月，通判滑州。	

			十月，至任所。	
慶曆三年癸未	1043	37	是歲，仁宗廣言路，修政事。人多薦先生爲臺諫，首被其選。 三月，召還。癸巳二十六日，遷太常丞，知諫院。 四月，至京。 九月戊辰，賜緋衣銀魚。 十月，戊申十四日，擢同修起居注。 十二月己亥，召試知制誥。辭，辛丑，有旨不試，直以右正言知制誥，仍供諫職。 丁未，同詳定編勑。	
慶曆四年甲申	1044	38	三月庚午，兼判登聞檢院。 四月己亥八日，奉命往視河東利害。 七月還京師。 八月甲午，保州軍叛，契丹聲言討西夏。 癸卯十四日，除龍圖閣直學士河北都轉運按察使。 九月，三朝典故成書，嘗預編纂，賜詔獎諭。 十一月，南郊恩典，進階朝散大夫，封信都縣開國子，食邑五百戶。	呂夷簡、陳堯佐卒。

慶曆五年乙酉	1045	39	春，眞定帥田況移秦州，先生權府事三月。時二府杜、范、韓、富，以黨論相繼去。先生遠在河北，聞此鉅變，心殊焦慮，上書力辨之。小人素已憾恨先生，適值其孤甥張氏犯法，諫官錢明逸，因以財產事涉及先生。下開封鞫治，府尹楊日嚴觀望傅會。上命戶部判官蘇安世，入內供奉官王昭明監勘，得無他。八月甲戌，猶落龍圖閣直學士罷都轉運按察使，降知制誥、知滁州。十月甲戌二十二日，至郡。次男奕生。	黃庭堅（魯直）生。石介卒。
慶曆六年丙戌	1046	40	仍知滁州。六月，撰豐樂亭記。又撰醉翁亭記，自號醉翁。	
慶曆七年丁亥	1047	41	以南郊恩，加上騎都尉，進封開國伯，加食邑三百戶。三男棐生。	
慶曆八年戊子	1048	42	閏正月十六日乙卯，轉起居舍人，依舊知制誥，徙知揚州（江蘇江都）。二月赴任，庚寅二十二日至郡。五月在揚州建平山堂，壯舉爲淮南第一。	四月趙頊，初名仲鍼生，爲英宗長子。西夏主趙元昊殂，子諒祚立。

			先生治滁、揚二州，政績斐然。眾皆稱便，吏民受賜，二州皆立生祠崇敬。	摯友尹朱（師魯）、蘇舜卿（子美）遽逝，哀慟至深。
皇祐元年己丑	1049	43	正月丙午十三日，移知潁州（安徽阜陽）。 二月丙子十三日至郡。樂西湖之勝，將卜居。 四月丙戌二十四日，轉禮部郎中。 八月辛未十一日，復龍圖閣直學士。 四男辯生。	呂公著爲通判，爲人有賢行，而深自晦默。先生還朝力薦之。
皇祐二年庚寅	1050	44	七月丙戌二日，改知應天府兼南京留守司事。己酉二十五日至府。 十月己未六日，明堂覃恩，轉吏部郎中，加輕車都尉。 閏十一月六日，與十四弟煥書，託照管祖墳。 是歲，約梅聖俞買田於潁。	
皇祐三年辛卯	1051	45	春，留守南京。 夏母病，多方營求醫藥。	
皇祐四年壬辰	1052	46	三月壬戌十七日，母太夫人病逝於官舍，享年七十有二。 先生扶護母靈柩歸潁州。 四月，改復舊職，固辭。 八月，朝廷准辭職。	五月二十日，范仲淹病逝。

皇祐五年癸巳	1053	47	八月，自潁州扶護母喪歸，葬於吉州之瀧岡，胥、楊二夫人附葬。二夫人誌，爲門人徐無黨、焦千之秉筆。 冬，復回至潁。	
至和元年甲午	1054	48	五月，喪服滿，仍龍圖閣直學士。 六月癸巳一日，入京，乞郡不許。 七月甲戌十三日，權判流內銓。 八月戊申十七日，詔修唐書。 九月辛酉一日，遷翰林學士。壬戌二日，兼史館修纂。 冬，又差勾當三班院。 十月乙巳十五日，朝饗景靈宮天興殿，攝侍中。 十二月庚戌二十一日，臘饗孝惠孝章淑德章懷皇后廟，攝太尉行事。	三月改元。 上箚子薦呂公著、王安石。
至和二年乙未	1055	49	正月，以學士判三班院。 六月己丑二日，上書論宰相陳執中，已而乞外，改翰林侍讀學士集賢殿修纂，出知蔡州。未行。侍御史趙抃、知制誥劉敞，上疏乞留。 七月戊午二日，復留領，判太常寺兼禮儀事。 八月辛丑十六日，假右諫議大夫充賀契丹國母生辰使。將持送仁宗御容，會虜主殂。癸丑二十八日，改充賀登位國信使。	

			十二月庚戌二十七日，宿虜界松山。	九月改元。
嘉祐元年丙申	1056	50	二月甲辰二十一日，先生出使還，進北使語錄。 閏三月丁亥，判太常寺兼禮儀事。 孟夏薦饗，攝太尉行事。 五月癸未二日，知通進銀臺司兼門下封駁事。乙未，免勾當三班院。 八月甲子十五日，先生奉詔權發遣三司公事，以俟知益州張方平至。 九月辛卯十二日，大廣殿行恭謝禮。先生爲贊引太常卿，加上輕車都尉，進封樂安郡開國侯，加食邑五百戶。 十二月，被差押伴契丹賀正旦人使御筵於都亭驛。	
嘉祐二年丁酉	1057	51	正月癸未六日，權知禮部貢舉，賜御書「文儒」二字。乙巳二十八日，磨勘轉右諫議大夫。 三月癸卯二十七日，爲狄青發哀苑中，攝太常卿。 七月壬午八日，攝禮部侍郎，以印授冊使。乙未二十一日，兼判尚書禮部。 九月己卯六日，兼判秘閣秘書省。 十一月辛巳八日，權判史館。丙申二十三日，權知審刑院。 十二月辛亥九日，權判三班院。癸亥二十一日，權奉安	

			明德、元德、章穆三后御容於啓聖院，車駕行酌獻禮，充禮儀使。 是月，被差押伴契丹賀正旦人使御筵於都亭驛。	
嘉祐三年戊戌	1058	52	正月壬午十一日，上幸興國寺及啓聖院，朝謁太祖、太宗神御殿，先生攝太常卿。 二月癸卯二日，契丹使來告其國母喪，遣使祭奠弔慰。先生爲館伴。 三月辛未一日，兼侍讀學士。癸未十三日，充宗正寺同修玉牒官。甲午二十四日，同陳旭考試在京百司等人。 六月庚戌十一日，加龍圖閣學士權知開封府。	
嘉祐四年己亥	1059	53	二月戊辰三日，准免開封府。轉給事中，同提舉在京諸司庫務。充御試進士詳定官，賜御書「善經」二字。 四月丁卯，奏告今冬太廟親行祫饗之禮。癸酉九日薦饗，並攝太尉行事。丙子十二日，兼充羣牧使。 六月甲申二十一日，刪定景祐廣樂記。 九月丁酉五日，奉勑祈晴相國寺。 十月壬申十一日，車駕朝饗景靈宮。癸酉十二日，祫饗太廟，並攝侍中行事。丁丑十六日，加護軍，食實封三百戶。	

嘉祐五年庚子	1060	54	四月丁卯九日，薦饗太廟，攝太尉行事。 七月戊戌十二日，上新修唐書二百五十卷。庚子十四日，推賞，轉禮部侍郎。 八月，乞外未允。 九月丁亥一日，兼翰林侍讀學士。 十月庚午十五日，下元節，車駕朝拜景靈宮天興殿，朝謁眞宗及章懿太后神御殿，攝侍中。 十一月辛丑十六日，拜樞密副使，加食邑五百戶，食實封二百戶。甲寅二十九日，同修樞密院時政記。 十二月，被差押伴契丹賀正旦人使，御筵於都亭驛。	
嘉祐六年辛丑	1061	55	三月戊申二十五日，侍上幸後苑，賞花於華景亭、釣魚於涵曦亭、設宴於太清樓。 六月病暑，又得喘疾，遂且在告。 閏八月辛丑二十一日，轉戶部侍郎，參知政事，並進官一等，進封開國公，加食邑五百戶，食實封二百戶。 九月庚申十一日，同修中書時政記。 十二月丙戌七日，臘享太廟，攝太尉行事。	
嘉祐七年壬寅	1062	56	正月己酉一日，大慶殿朝賀，攝侍中，承旨宣制。 三月乙卯七日，祈雨南郊，攝太尉行事。辛酉十三日，提舉三館秘閣，寫校書籍，同譯經潤文。	五月，包拯卒。 八月，立宗實爲皇子，賜名曙。

嘉祐七年壬寅	嘉祐八年癸卯
1062	1063
56	57
四月壬午四日，上嘉祐編勑。 七月庚戌六日，差充明堂鹵簿使。 九月戊辛五日，文德殿奏請致齋，攝侍中，奏中嚴外辦。庚戌七日，朝饗太廟，並攝司徒。辛亥八日，大饗明堂，大赦。己未十六日。進階正奉大夫，加柱國，仍賜推忠佐理功臣。 十二月丙申，上幸龍圖天章閣，召輔臣至待制、二司、副使以上臺諫官、皇子、宗室、駙馬、都尉、管軍、觀三聖御書。又幸寶文閣，親御飛白書，分賜羣臣。先生得雙幅大書「歲」字，下有御押，加以御寶。王珪夾題八字云：「嘉祐御札賜歐陽修」。仍於絹尾書「翰林學士臣王珪奉聖旨題賜名。」又出御製觀書詩一首，令羣臣屬和，遂宴羣玉殿。庚子，再召近臣及三館臣僚赴天章閣，觀三朝瑞物，太宗、眞宗御集。次赴寶文閣，觀御飛白書。賜先生金花牋字。復宴羣玉殿。後數日，先生以狀進詩謝。 是月，先生被差押伴契丹賀正旦人使，御筵於都亭驛。	二月乙亥三日，奉勑充沈貴妃冊禮使。 四月甲戌三日，奉勑書大行皇帝哀冊謚寶。甲申十三日，恩轉戶部侍郎、樞密副使，進階金紫光祿大夫，加食邑五百戶，食實封二百戶，仍賜推忠協謀佐理功臣。乙酉。
	三月辛未三十日，仁宗崩。遺制皇子即皇帝位。皇后爲皇太后。

年號		英宗	
		治平元年甲辰	治平二年乙巳
		1064	1065
		58	59
事蹟	十四日，奉勑篆受命寶。其文曰：「皇帝恭膺天命之寶」。 五月戊辰二十八日，爲皇帝祈福於南郊，攝太尉行事。 七月戊申，押伴契丹祭弔人使御筵於都亭驛。 八月癸巳二十四日，奉勑篆大行皇帝諡寶。其文曰：神文聖武明孝皇帝之寶。 十月乙酉，增修太廟成命，告七室。 十二月庚午，押伴契丹賀正旦人使御筵於都亭驛。	四月甲午二十八日，奉勑祈雨社稷。 閏五月戊辰三日，特轉吏部侍郎。 八月辛丑六日，奉勑祈晴太社。 十二月壬子，差押伴契丹賀正旦人使，御筵於都亭驛。	正月己丑二十九日，上表乞外，不允。 八月辛卯三日，大雨水爲災，待罪上表乞避位。不允。 九月辛酉三日，提舉編纂太常禮書百卷成，詔名「太常因革禮」，賜銀絹。 十一月壬申十四日，祀南郊，攝司空行事。 進階光祿大夫，加上柱國，食邑五百戶。
時事	大赦。 四月壬申一日，皇子曙即位，是爲英宗。 九月，淮陽郡王改名頊。	六月，淮陽郡王頊爲潁王祈國公。	

年號	西元	年齡	事蹟	大事
治平三年丙午	1066	60	三月丁巳三日，賜上巳宴，先生年花甲。戊寅二十四日，言者指濮議爲邪說，力請求去。 七月癸酉，薦饗太廟，攝太尉行事。 十二月癸未四日，奉勑篆皇帝尊號寶，其文曰：「乾體膺歷文武廣孝皇帝之寶。」乙巳，差押伴契丹賀正旦人使，御筵於都亭驛。	十二月壬寅二十三日，立潁王頊爲皇太子。
神宗				
治平四年丁未	1067	61	正月戊辰十九日，覃恩轉尙書左丞，進階特進，加食邑五百戶，食實封二百戶，仍賜推忠協謀同德佐理功臣。 二月，第三男棐登進士及第。是月，御史彭思永、蔣之奇以飛語汙先生。上察其誣，斥之。先生力求去。 三月壬申，除觀文殿學士，轉刑部尙書，知亳州。改賜推誠保德崇仁翊戴功臣。 閏三月辛巳，宣簽書駐泊公事。陛辭，乞便道過潁少留，許之。 五月甲辰二十八日，至亳。 六月戊辛二日，視事。	正月丁巳八日，英宗崩，太子頊即位，是爲神宗。
熙寧元年戊申	1068	62	是歲，連上表，乞致仕，不允。 八月乙巳，轉兵部尙書，改知青州，充京東東絡安撫使。 九月丙申，至青。 十一月丁亥，郊祀，恩加食邑五百戶，食實封二百戶。	

熙寧二年己酉	1069	63	二月癸亥二十五日，內待王延慶便道傳宣撫問，仍賜香藥一銀合，又遞賜新校定前漢書，以先生嘗預刊定也。冬，乞許知壽州便私計，不允。
熙寧三年庚戌	1070	64	四月，壬申十二日，除檢校太保宣徽南院使，判太原府，河東路經略安撫監牧使，並兼代澤潞麟府嵐石路兵馬都總管。先生堅辭不受。七月辛卯三日，改知蔡州。九月甲寅二十七日至蔡。是歲，更號六一居士。
熙寧四年辛亥	1071	65	先生在蔡，累章告老。六月甲子九日，以觀文殿學士太子少師致仕。七月，歸潁。八月，將祀明堂，詔赴闕陪位，上章乞免，從之。九月辛卯九日，大饗明堂，赦天下，內外官造秩有差。己亥十七日，差賜衣一襲，金腰帶一條，銀器一百五十兩，絹一百五十匹，米麵羊酒等。
熙寧五年壬子	1072	66	閏七月庚午二十三日，先生病逝於汝陰私第。享年六十有六。皇上聞耗震悼，不視朝。八月丁亥，贈太子太師。

			先生當代儒宗，道德學問，垂範萬世。訃聞傳播，天下吏民悲悼，四夷驚歎！遺夫人薛氏，累封仁壽郡夫人。男發、奕、棐、辯四人，女三早折。孫男愻、憲、恕、愬四人，皆恩試秘書省校書郎。孫女六人皆幼。
熙寧七年甲寅	1074		八月，謚文忠。按謚法：道德博聞曰文，廉方公正曰忠，遂謚文忠。樞密副使吳充撰行狀，同知太常禮院李清臣撰謚議。（見附錄）
熙寧八年乙卯	1075		九月乙酉二十六日，葬於開封府新鄭縣旌賢鄉。
元豐三年十二月	1080		以子升朝，遇大禮，贈太尉。
元豐八年十一月	1085		贈太師，追封康國公。

帝王	紀年	西元		事蹟	備註
哲宗	紹聖三年丙子	1096		追封兗國公。	
徽宗	崇寧三年甲申	1104		追封秦國公。	以子棐遇郊恩。
	政和三年辛卯	1111		追封楚國公。	仝右。
明世宗	嘉靖九年	1530		進入文廟，從祀孔子，稱先儒歐陽子。	

書後語

我自發心闡揚宋代三賢歐陽、蘇、黃之事蹟，由於先已蒐集蘇、黃二公諸多資料，乃先撰蘇、黃二公。於今，「宋代儒宗歐陽修全傳」亦已出版發行。虛心檢討，感觸良多！

我以退休垂暮之年，毫無寫作經驗，竟憑仰慕昔賢之忱，堅定信心、勇氣與毅力。每一全傳，自動筆至脫稿，均能貫注精神，心無旁騖。似皆融入各該歷史時空，面對三賢生死榮辱的一生遭遇。充滿智慧泉源，不斷揮毫，恍若親炙謦欬，得以巨細無遺。秉筆直書，眞實無隱。終能順利完成，至感欣慰。

本書旨在希冀將讀者引入時光隧道，回到先生的時代，如親見一代儒宗的風範，欣賞其爲文、賦詩、待人處事，及廟堂諫諍的神態。反觀今日社會，正邪難分，視聽混淆。而時尙捨本逐末，只知譁衆取寵，是非不明。各種怪異現象，若任其蔓延，深懼我國固有文化，難免遭受衝擊，勢將日趨式微。曷勝憂慮！

我中華民族擁有五千年悠久光榮的歷史文化，聖聖相傳的王道政治思想。無論歷代政權如何更替，制度如何變易，統治者如何賢愚，都無法改變人民趨善棄惡的天性。

本書之成，只是縷述先生的志節風範。期盼志士仁人，見賢思齊，發揚光大。

本書荷承同學知友劉國香、黃忠範、內子劉逸蓮、舍侄斐章等悉心審校，提供諸多卓見，小女斐珉悉心設計編排，方得以順利付梓，謹此表示由衷謝意。惟作者才疏學淺，端賴仰慕昔賢之忱，而竭愚者千慮之一得。錯漏之處，在所難免，尚祈讀者不吝賜教。

參考書目

一、歐陽修全集上下冊　楊家駱主編「中國文學名著」　世界書局印行。
二、宋歐陽文忠公修年譜　王雲五主編，林逸編著「新編中國名人年譜集成」第九輯　臺灣商務印書館發行。
三、宋人軼事彙編上下冊　丁傳靖輯　臺灣商務印書館發行。
四、歐陽文忠公遺跡與祠祀　歐陽禮編著　文史哲出版社印行。
五、歐陽修詞箋註　黃畬箋註　文史哲出版社印行。
六、宋代中央政治制度　楊樹藩著，王壽南、陳水逢主編　岫廬文庫〇〇八　臺灣商務印書館發行。
七、宋代興亡史　王雲五主編，張孟倫著　人人文庫九六二　臺灣商務印書館發行。
八、歐陽修研究　劉若愚著　臺灣商務印書館發行。
九、六一居士歐陽修·中國文學家傳記——歐陽修　林子鈞著　莊嚴出版社發行。
十、歷代小說筆記選·宋　江畬經編　臺灣商務印書館發行。

宋代儒宗歐陽修 ／ 黃篤書編著. -- 初版. --
臺北市：臺灣商務, 2005[民 94]
面： 公分
參考書目：面
ISBN 957-05-1968-1（平裝）

1.（宋）歐陽修－傳記

782.8515 94006205

宋代儒宗歐陽修

定價新臺幣 700 元

編著者 黃篤書
美術設計 吳郁婷
發行人 王學哲
出版者
印刷所 臺灣商務印書館股份有限公司
臺北市 10036 重慶南路 1 段 37 號
電話：(02)23116118 · 23115538
傳真：(02)23710274 · 23701091
讀者服務專線：0800056196
E-mail：cptw@ms12.hinet.net
網址：www.cptw.com.tw
郵政劃撥：0000165 － 1 號
出版事業登記證：局版北市業字第 993 號

· 2005 年 6 月初版第一次印刷

ISBN 957-05-1968-1（平裝） 32237020

廣 告 回 信
台灣北區郵政管理局登記證
第 6 5 4 0 號

100臺北市重慶南路一段37號

臺灣商務印書館 收

對摺寄回，謝謝！

傳統現代 並翼而翔

Flying with the wings of tradition and modernity.

讀者回函卡

感謝您對本館的支持，為加強對您的服務，請填妥此卡，免付郵資寄回，可隨時收到本館最新出版訊息，及享受各種優惠。

姓名：__________ 性別：□男 □女

出生日期：____年____月____日

職業：□學生 □公務（含軍警） □家管 □服務 □金融 □製造 □資訊 □大眾傳播 □自由業 □農漁牧 □退休 □其他

學歷：□高中以下（含高中） □大專 □研究所（含以上）

地址：□□□__________

電話：（H）________ （O）________

E-mail: __________

購買書名：__________

您從何處得知本書？

□書店 □報紙廣告 □報紙專欄 □雜誌廣告 □DM廣告 □傳單 □親友介紹 □電視廣播 □其他

您對本書的意見？（A/滿意 B/尚可 C/需改進）

內容____ 編輯____ 校對____ 翻譯____

封面設計____ 價格____ 其他____

您的建議：__________

臺灣商務印書館

台北市重慶南路一段三十七號　電話：（02）23116118・23115538
讀者服務專線：0800056196　傳真：（02）23710274・23701091
郵撥：0000165-1號　E-mail：cptw@ms12.hinet.net
網址：www.cptw.com.tw